중국 경제 발전의 세계적 의의

中国经济发展的世界意义 by 蔡昉

@2019 by China Social Sciences Press
This Korean edition was published by HAKGOBANG PUBLISHER in 2025.
All rights reserved.
Sponsored by B&R Book Program

이 책은 China Social Sciences Press를 통한 저작권자와 독점계약으로
도서출판 학고방에서 출간되었습니다.
저작권법에 의해 한국 내에서 보호를 받는 저작물이므로 무단전재와 복제를 금합니다.

중국 경제 발전의 세계적 의의

中国经济发展的世界意义

차이팡 蔡昉 저자
심향동 沈向东
오옥교 吴玉娇 역자

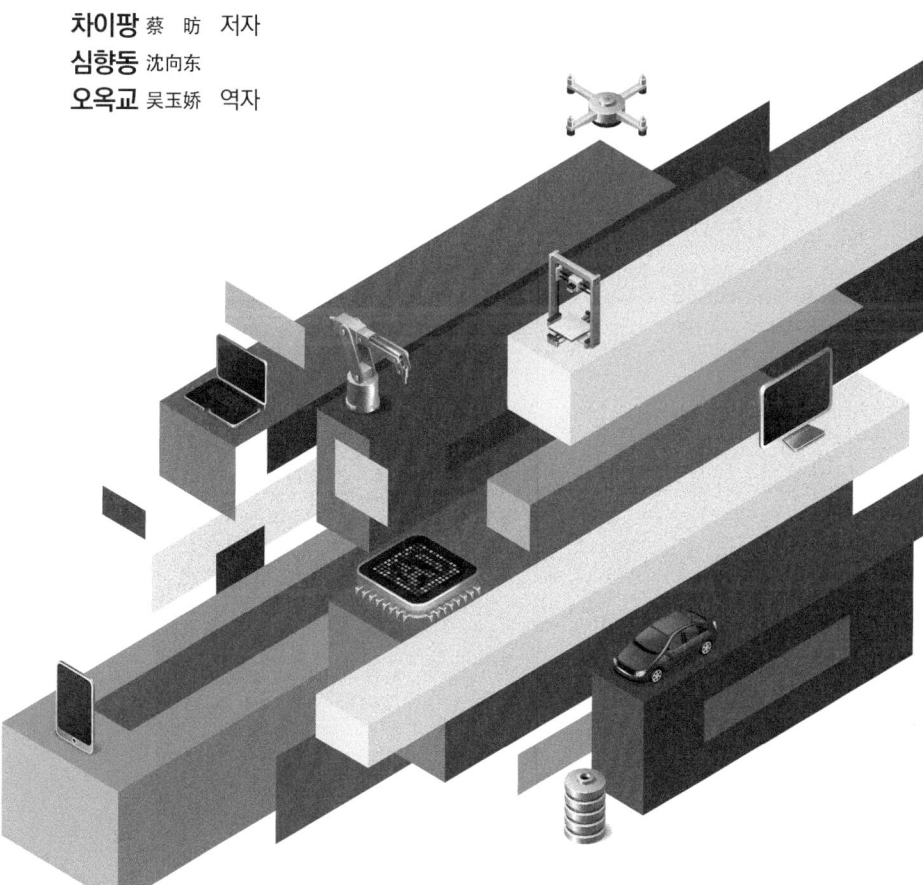

學古房

서론

　중화인민공화국 성립 이래 중국은 세계 민족의 숲에서 자립하여 탁월한 업적을 취득하였다. 특히, 개혁개방 이래로 중국은 세인의 주목을 받는 업적을 많이 이룩했고 그 중의 하나는 경제 발전에 있었다. 모든 나라의 경제 발전 역사가 보여주듯이, 중국의 경제 발전 과정에서도 좌절을 겪어봤고 여러번의 우여곡절이 있었으며 고통스러운 대가를 치렀다. 그러나 중화인민공화국 성립 이래의 70년, 특히 개혁개방의 40년에서 중국은 결국 인류역사상 보기 드문 성과를 거뒀다. 1978-2018년 기간 동안 중국 경제는 연평균 9.4%의 실질 성장률을 유지하고 있는 것은 동시기 어느 나라의 성장 속도보다도 훨씬 높은 것으로, 메이너드 케인스가 Maynard Keynes 말하는 '복리의 기적'의 전형적인 예증이 되었다.[1]

　중국 경제 발전의 성과는 매우 귀중하고 국제 사회에서도 높이 평가되었다. 중국 경제학자와 해외 경제학자들은 줄곧 이론적 총결을 시도해 왔으며, 중국 기적의 세계 의의를 제시하려는 유익한 성과도 적지 않았다. 한 국가의 경제 발전에 대한 연구는 반드시 그 국가가 실제로 걸어온 길에 적합한지 아닌지를 근거로 과정의 본질적 특징을 제시할 수 있는지를 우열로 판단하여 일반적인 의미를 지닌 법칙성을 추출할 수 있는가를 가

---

[1] 케인스는 '복리의 기적'이라는 개념을 제시하며 인류 경제 발전 전망에 대한 낙관적인 판단을 내놓았다. 그러나 그가 근거로 삼은 경제 성장 경험은 지난 40여 년간 중국이 이룬 기적과 비교할 수 없을 만큼 많고, 그가 근거로 삼은 생산성 향상은 오늘날의 신기술 혁명과는 비교가 안 된다. John Maynard Keynes, "Economic Possibilities for our Grandchildren" (1930), in Lorenzo Pecchi and Gustavo Piga(eds), *Revisiting Keynes Economic Possibilities for our Grandchildren*, Cambridge, Massachusetts and London, England: The MIT Press, 2008, pp. 17-26.

치로 삼아야 하고, 일부 고인이 된 경제학자들의 가르침에 부합하는지를 근거로 삼지 말아야 한다.

이러한 몇 가지 관점에서, 지금까지 우리가 본 중국의 개혁개방 발전 경험을 공유하는 해독 문헌은, 외국 학자들의 연구는 중국의 역사와 현실에 대해 자주 간지러운 거리감을 가지고 있고 국내 학자들의 연구는 전체적으로 전세계적인 시야와 역사적 깊이가 부족하며 일반적인 법칙과 중국적 특색을 잘 조화시킬 수 있는 작품들이 드물었다. 이러한 여러 가지 결함들은 불가피하게 중국 경제 발전의 세계적 의의를 과소평가하게 되었다. 중국 경제에 있어 무시할 수 없는 시각, 그리고 경제학은 왜 이러한 시각이 부족하면 안 되는가, 먼저 다음 네 가지 측면에서 알아보자.

첫째, 중화인민공화국 수립 초기인 1950년에 중국 총인구는 5억 5400만명으로 세계인구의 21.9%를 차지하였고 개혁개방이 시작된 1978년에는 9억 6600만명으로 세계인구의 22.4%를 차지하였으며, 2017년인 현재 중국 총인구는 13억 90만명으로 세계인구의 18.41%를 차지하고 있다. 총 인류수의 5분의 1에서 4분의 1에 달하는 중국 인민이 진행하는 경제 개발 탐구와 실천은 다른 나라 인민들의 희망, 노력과 동일하고 사람들의 주목을 끄는 위대한 업적을 이룩했다는 것 자체만으로 현저한 세계 의의를 가지고 있다.

둘째, 모든 나라의 경제 발전은 자신의 독특한 역사적 출발점과 일정 기간 내의 특정 환경에서 발생했듯이 중국의 경제 발전도 자신의 역사적 연원과 현실적 환경을 가지고 있다. 그러나 전체 세계 경제사와 경제학사, 그리고 인류가 함께 따라야 하는 일부 경제 발전 법칙은 바로 모든 독특한 나라의 경제 발전 경험에서 추출되고 추상적으로 도출된 것이었다. 일반성과 특수성의 통일, 다양성과 사안성의 통합은 발전 법칙의 원천일 뿐만 아니라 경세제민經世濟民의 학문으로서의 역할도 하고 있다. 중국 경제를 일반 법칙과 비교하여 시사하는 바는 중국 경제 발전이 갖는 세계적인 의미이기도 하다.

셋째, 성공적인 경제 발전과 구조 변화 그리고 성과 공유는 모두 경세제민을 자신의 책임으로 하는 경제학이다. 특히 발전 경제학과 성장 이론이 추구하는 목표인 개혁개방 방식과 경로는 또한 다른 경제학 분파, 예를 들어 제도경제학, 궤도경제학 등과 같은 높은 관심을 가지고 있는 제도 변혁 과정이다. 중국은 그 모든 분야에서 진행하는 실천들이 자신의 특색이 없지 않지만 동시에 많든 적든 직접적이든 간접적이든 증명 또는 위증의 방식으로 많은 경제 이론, 정리, 가설과 관련되어 경제학 이론의 수정, 검증, 풍부 그리고 창신에 유익한 양분을 제공하고 있다. 게다가 중국은 경제 규모가 크고, 제도 변천의 내용이 다양하며 성과도 현저함으로서 중국 경험은 경제학 연구에서 빼놓을 수 없는 부광富鑛이다.

마지막으로 중국은 2010년에 세계 제2위 경제체가 된 이후로부터 경제 총규모가 계속 확대되어 2018년에 국내총생산GDP은 미국의 66.4%에 해당하는 13조 6100억 달러에 달해 저소득 국가와 중위소득 국가를 합친 42.9%를 차지하고 세계 경제 총량의 15.9%를 차지하게 되었다. 2020년대 초에 중국 1인당 GDP가 고소득 국가의 문턱에 도달하고 2030년대 초의 경우 중국 경제 총량이 미국을 추월할 것으로 예측된다. 즉, 중국은 곧 전례 없는 대국이 되겠고 단기간 내에 저소득, 중위이하소득, 중위이상소득 등 단계를 거쳐 고소득 국가의 행렬로 올라설 수 있다고 예측된다. 이러한 경제 발전이 중요한 세계적 의의를 지닌다고 인정한다면 중국 경제의 미래 경로와 추세, 그리고 방향은 세계 경제 특히 신흥 경제체들과 다른 개발도상국들의 발전에 현저한 영향을 미칠 수밖에 없다.

이 책은 중화인민공화국의 70년 경제 발전, 특히 40년 개혁개방 발전을 중국 역사의 종적 차원 및 세계 경제의 횡적 차원 속에 놓고 고찰하려고 시도했고 그 과정에서의 관건 순간을 특히 중점을 두어 서술하여 개혁개방 발전의 관건 환절을 제시하고 사람들이 중국의 경험과 중국의 지혜를 이해하는 데 영향을 미치는 주요 문제들을 분석하였다. 이와 함께, 중국 경제 발전의 특색과 일반 의미를 제시하기도 하였다. 이 책은 총 14장으로 구성되어 있는데 지금부터 이 책의 논리적 맥락, 장절 구성, 그리고 주요 내용에 대해 언급해 보고자 한다.

제1장은 전서로 첫 장로서 중국 경제 발전의 세계 의의를 중점적으로 논술하였다. 중화인민공화국의 성립 이후 중국 경제는 독립적이고 자주적인 발전의 길로 접어들어 각각 다른 단계에서 어려운 모색을 진행하여 성공적인 경험과 유익한 교훈을 쌓았으며, 결국 개혁개방조건하에서 전 세계적인 주목을 받은 성과를 거두었다. 이전 30년 경제건설의 기초 위에, 이후 40년 동안의 개혁개방은 계획 경제 체제의 폐단을 점차 없애고, 시장경제하의 효과적인 동기부여 메커니즘을 형성하며, 자원재배치를 촉진하며, 중국은 전 방위로 세계경제 분업에 참여하여, 전례 없는 발전기적을 창조하였으며, 세계 경제 발전에도 현저한 공헌을 하였다.

첫째, 중국 경제는 세계에서 가장 빠른 성장 속도와 계속 확대되는 총 규모로 총량 제 2 위 및 증량에 가장 큰 기여를 하는 경제국으로 세계 경제의 엔진과 안정기 역할을 하고 있다.

둘째, 세계 인구의 5분의 1을 차지하는 중국 인민의 성공적인 실천은 수적인 의미에서 중국 경험의 세계성과 식별력을 확립하고, 광범위한 개발도상국들에게 매우 귀중한 경험 공유와 지혜의 귀감을 제공한다.

마지막으로, 중국 경제개발탐색에서 나타난 공통적인 발전법칙과 일반법칙을 특수국정과 결합하는 방법론은 경제이론을 수정, 풍부하고 혁신하는 데 유익한 소재를 제공하였으며, 특히 발전경제학의 부흥을 촉진하는데 도움이 되었다. '2 개의 100년' 목표에 대하여, 중국 경제는 중위소득단계에서 고소득단계로 나아가고 있으며, 더 높은 수준의 개혁개방은 지속 가능한 발전을 유지하는 관건일 뿐만 아니라, 세계에 더 큰 기여를 할 것이다.

제2장 성장이론과 경제사의 관점에서 중국 경제 발전을 위한 역사적 좌표를 확립하려고 시도한다. 신고전성장이론은 서방 국가 개발 경험에 기초하여 경제 성장을 단일하고 균질적인 과정으로 간주하고 중국을 포함한 많은 개발도상국의 현실 경제 발전을 인식하고 해석하는 데 이론과 방법론상의 한계를 드러낸다.

이 장에서는 다양한 경제 발전 이론을 통해 물질 자본과 인적 자본의 축적 장려 관점에서 경제 성장의 성패를 설명하는 통일된 분석의 틀을 형성하려고 시도한다. 비교적 거대한 경제사적 시야에서 경제 성장을 맬서스Malthus 빈곤트랩, 루이스Lewis의 이원 경제 발전, 루이스Lewis의 터닝포인트, 신고전성장 등 몇 가지 유형 또는 단계로 구분한다. 아울러 중국 경제 발전 문제를 해당 성장 유형과 단계에 삽입하고 '조지프 니덤Joseph Needham의 난제', '루이스 터닝포인트', '중위소득트랩' 등 단계별로 관련 중대 중국 명제를 실증분석해 정책을 제안한다.

제3장 경제 성장 이론의 틀에 입각하여 경제사 연구에서 '대분류의 수수께끼'의 중국 버전 "조지프 니덤의 난제"를 분석하여 중국 경제 발전의 역사적 깊이를 증진시키려고 노력한다. 한 계속 순환되는 빈곤의 함정에서 임계 최소 물적 자본 축적의 조건이 형성되어야 하며, 혁신과 생산 활동의 결합이 이루어지지 않으면 빈곤의 균형이 깨질 수 없다. 따라서 '조지프 니덤의 난제'는 왜 중국 역사상 맬서스 빈곤의 함정을 깨는 데 필요한 물질적 자본과 인적 자본 축적이 이루어지지 못했는지에 대해 재정의할 수 있으며 이를 과학기술 혁신으로 전환시켜 중국이 산업혁명의 탄생지가 되지 못하고 현대화를 품을 수 있는 역사적 기회를 놓치게 할 것이다.

이 장은 옛 현대시대 유럽의 전형적인 봉건제와 중국의 왕조제국제의 큰 차이를 제시하며 물질자본과 인적자본의 축적 장려 메커니즘을 만들어 '조지프 니덤의 난제'를 이해하는 데 경제 성장 시각을 제공하려 했다.

제4장 중국이 겪고 있는 이원 경제 개발 단계에 이론과 경제사를 입혀 일반적 의의를 부여하려 한다. 주류성장이론에서 전통적으로 단지 하나의 경제 성장유형, 즉 신고전성장만을 인정하고 개발도상국에 보편적으로 존재하는 이원 경제 개발 유형 및 단계를 무시한다. 이것은 루이스의 경제개발이론을 과소평가하는 학술사적 기여를 할 뿐만 아니라 신고전성장이론의 대량개발현상에 대한 해석력과 예측력을 약화시킨다.

이 장에서 신고전적 성장 이론의 이 논리적 결함을 보완하려는 시도한다. 경제 성장이론과 경제사 문헌을 정리하여 경제사 연구의 경험과 발견을 통합하여 각국 경제사에 대규모 농업 잉여 노동력이 축적되어 이원적인 경제 구조를 형성하는 과정을 거쳤다는 것을 논증하여 '글츠네Geertz 내권화' 경제 발전 단계라고 한다. 이렇게 하면 동서양 각국의 경제 발전을 전형적으로 맬서스 빈곤함정, 글츠네 내권화, 루이스 이원 경제 발전, 루이스 전환점과 솔로Solow의 신고전적 성장으로 요약할 수 있다. 따라서 제2장에서 논한 바에 의하면, 경제 성장의 유형과 단계를 논리적으로 보다 완전하고 경험적으로 보다 풍부하고 포괄적으로 구분할 수 있다.

제5장 중국의 개혁개방 경험을 전체적으로 제시합니다. 40년에 달하는 중국의 개혁개방 경험을 총결산하면 인류사회발전의 법칙에 대한 인식을 현저하게 증진시킬 수 있고 경제학을 회고하고 총결산, 경험분석, 이론 추출에 풍부한 소재를 제공한다. 비록 국내외 경제학계의 중국 경험의 성공에 대해 높이 평가하지만, 중국의 개혁과 발전에 대한 이론 해석과 평가를 하는 연구에서, 주류를 차지하는 패러다임은 여전히 신고전경제이론과 담론을 규범으로 삼고 있다.

이 장에서는 중국실제로부터 국내외 경제학계의 관련문헌에 대한 토론과 결합하여 중국경험의 독특성과 그 일반 경제 발전법칙과의 일치성을 제시하여 중국의 지혜와 중국방안을 요약한다. 본 장에서는 역사논리와 이론논리에 입각하여 통일된 사상방법을 설명하고, 중국의 개혁개방 발전의 역정을 간략하게 설명하고, 상호관계와 추진논리를 설명하며, 동기부여 메커니즘, 요소축적과 자원배치체제, 시장발달, 거시정책조건 등의 방면의 개혁을 통해 경제 성장과 구조조정, 생산성 향상 효과를 실현하고 발전단계 변화와 함께 개혁에 대한 비전을 제시하고 정책 제언을 한다.

제6장 경제 발전의 법칙적 관점에서 농촌개혁의 경제 발전에 대한 공헌을 정리한다. 이 장에서는 농업내권화 배경에서 농업내권화에서 현대화 농업생산방식으로의 몇 가지 선택경로와 그 다른 국가에서의 적용성을 설명하여 농업인민공사화의 논리 및 인민공사가 실패한 원인을 설명하였다. 농촌에서 가족연계생산 도급제를 실시하여 농업생산에 인센티브가 부족한 문제를 일거에 해결한 후, 40여 년의 개혁개방 시기에 농촌개혁 내지 전체 경제개혁은 시종 농민들에게 생산요소에 대한 배치권 부여를 중심으로 진행되어 농촌 노동력이 생산성이 낮은 생산활동에서 끊임없이 퇴출될 수 있도록 하여 나날이 충분히 지역간, 도시간, 산업간 이동하며, 생산성이 더 높은 생산활동 부문으로 차례로 진입할 수 있도록 하였다.

경제 발전단계의 변화에 따라 농업경영규모 문제는 다시 중요한 의사일정으로 부상하였다. 한편으로는 토지경영규모의 제약으로 농업에 자본보수체감현상이 발생하여 하나의 산업으로서 자립성과 경쟁력이 결여됨을 보여주었으며, 다른 한편으로는 농업산업 특수론으로 대표되는 통념은 농업발전의 정책적 사고로를 가두어 중국농업으로 하여금 과도한 보조금 의존과 보호의 길로 나아가기 시작하였으며, 농업발전의 새로운 단계의 임무는 지체없이 해결되지 못하였다. 이 장에서는 현대 농업생산방식을 구축하는데 불리하다는 통념을 이론적으로 명확히 하고, 중국 농업이 규모의 비경제로 인해 직면한 어려움을 경험적으로 밝히고, 토지제도와 호적제도 등 토지경영의 확대를 저해하는 제도적 장애를 해소할 것을 정책적으로 건의하였다.

제7장 가장 대표적인 세 가지 역사적 순간이나 사건을 선정하여 각각 노동력에서 저생산성 농업 및 농촌산업에서 '탈퇴', 농업과 비농업산업간, 도농간, 지역간의 '이동', 주거, 고용, 사회적 신분면에서 도시와 그 부문과 사회의 세 가지 관점에서 개혁과정과 발전과정이 동시에 되는 중국 특색의 도시화에 대해 서술한다.

도시화로 대표되는 중국의 개혁발전 경험은 다음과 같은 중요한 문제들에 대한 답변을 할 수 있으며, 일반적인 발전문제를 해결하기 위한 방안을 제시할 수 있다. 첫째, 생산요소에 축적된 인센티브 문제와 생산요소 재배치의 메커니즘 문제를 개혁으로 해결하여 필요조건을 실제 경제성장으로 전환한다. 둘째, 노동력 재배치에 입각하여 더욱 충분한 고용을 촉진하고, 개혁, 개방, 발전, 공유를 하나로 통합함으로써 사회 전체의 개혁에 대한 공감대를 얻어 지속적으로 추진할 수 있도록 한다. 셋째, 발전단계 변화에 따라 경제 성장에 필요한 여건을 유지하고 발굴하기 위해 개혁의 초점을 끊임없이 조정한다. 같은 논리에 편승해 더욱 개혁·발전하려면 농업의 노동생산성을 높이는 동력으로 노동력 퇴출을 촉진하고, 심층 체제의 장애물을 제거해 충분한 이동을 촉진하며, 사회 종적 이동의 사다리를 만들어 더 높은 진입을 촉진해야 한다.

제8장에서는 중국의 경제개혁이 경제 성장을 촉진하는 효과에 대한 중요한 시각, 즉 개혁이 어떻게 중국 경제개혁과 가격신호 교정, 체제장애 제거를 통해 생산요소 특히 노동력의 재배치를 촉진하고, 증량과 재고량 두 가지 측면에서 자원배치 효율을 높일 수 있는지 살펴본다. 이 장에서는 중국 경제 개혁과 성장 효과를 분석하는 국내외 관련 연구 성과를 정리하고 중국 경제 발전의 기적을 실현하기 위한 충분 조건, 메커니즘, 구조적 시각 그리고 단계적 변화 등의 측면에서 드러나는 기존 연구의 한계에 대해 필자 나름의 보완을 시도하였다. 이 장은 노동력 재배치의 각도

에서 일련의 체제개혁의 과정과 논리를 서술하고, 경험적 각도에서 3개 산업총체 및 산업구조 변화의 노동생산성 향상에 대한 공헌을 평가하며, 경제 성장을 알리는 자원 재배치의 효과를 제시하고, 중국 경제의 진일보한 개혁과 발전의 의미를 설명한다.

분석에 기초하여, 본 장은 발전경제학의 세 고전적 모델 및 그 강조된 노동력이전 중점 과제에 힘입어 각각 루이스 이전 단계, 토다로TODARO M P 이전 단계, 페-라니스Ranis-Fei 이전 단계의 논리적 관계와 시간적 접근성을 이용하여 노동력이전을 더욱 실현하는 데 대한 정책을 제안한다.

제9장 중국의 가장 생산적인 성공적 실천인 대규모 빈곤감축과 그 경험을 분석한다. 중국이 실시한 일련의 경제개혁은 생산요소의 이동과 배치를 가로막는 체제 장벽을 허물고 노동력을 저생산성 고용분야에서 계속 퇴출시키고, 도시와 농촌간, 지역간, 산업간의 충분한 이동을 실현하며, 더 높은 효율의 재배치를 얻어 경제 고속성장에 필요한 조건을 만들었을 뿐만 아니라 노동력이전과 고용확대를 통해 농가소득을 향상시켰으며, 동시에 발전과 공유를 실현했다.

이러한 전체적인 공유형 발전과 병행하여 중국 정부는 전문적인 농촌구호개발 전략을 실시하였고, 발전단계와 빈곤의 성격 변화에 따라 빈곤 대상에 대한 초점을 시대에 맞게 조절하여 빈곤구호 효과의 한계치 감소에 대한 미사를 타파하고 세계의 주목을 받는 빈곤감소 성과를 거두었다.

이 장에서는 빈곤퇴치 40년의 개혁발전과정을 약술하여 이 시기의 경제 성장의 원천을 제시하여 발전이 갖는 공유적 성격을 보여주고, 국가농촌빈곤구호전략의 실행과정을 되돌아보고, 국민중심의 발전사상을 제시하여 개혁발전과 빈곤퇴치를 위한 실천, 주요경험 및 그 세계적 의의를 요약하고, 2020년 현행 기준에 따른 농촌빈곤인구 전량탈출목표달성에 따른 새로운 과제에 대한 비전을 제시하며, 그에 따른 정책을 제안한다.

제10장에서는 중국 경제가 새로운 발전단계에 진입한 감속현상에 대

해 논한다. 이 장에서는 중외경제학자들이 성장감속현상의 셋 가지 유행 패러다임을 종합하여 중국 경제에 대한불합리한 방법을 억지로 적용함을 해부한다. 공급측 원인 인구배당금 소멸에 따른 잠재성장률 하락의 관점에서 중국 경제 성장감속을 설명하고 수요측 또는 주기적 요인에서 감속현상의 합리성을 부정하며 중국 경제 발전의 새로운 단계에서 나타난 감속과 이전에 나타난 주기적 감속을 구분하며, 그리고 중국 경제의 뉴노멀은 세계 경제의 새로운 평범과는 달리 과도한 수요측 거시경제 부양책의 잠재적 위험을 국제 경험과 교훈으로 설명한다.

중국 경제 발전의 특수단계에 대해 제10장에서는 중위소득함정의 한 가지 더 초점을 맞춘 버전인 문턱함정을 제시하여 중국이 고소득국가에 진입하기 직전에 성장, 개혁, 민생보장에 새로운 도전을 제시하였다. 국제경험을 참고할 뿐만 아니라 중국의 문제제기에 입각하여 노동력공급, 인적자본 축적, 투자수익률 및 전요소생산성 등에서 잠재성장률의 추가 하락요인을 지적하였다. 생산요소 공급과 생산성 향상을 가로막는 체제적 장애물을 제시한 뒤 구조개혁을 통한 잠재성장률 제고 필요성을 지적하고, 개혁배당금 획득의 핵심 분야를 순차적으로 논리로 제시했다.

제11장 글로벌화와 세계경제의 동일시점에서 중국 경제개발을 고찰한다. 역대 산업혁명의 기초 위에서 형성된 글로벌화 절정은 비록 이론적으로 세계경제와 각국의 성장에 강력한 동력을 제공할 것으로 예상되지만, 제1차 산업혁명과 제2차 산업혁명, 그리고 이에 대응하는 글로벌화 1.0과 글로벌화 2.0은 광범위한 개발도상국을 수익자에서 배제한다. 1990년대 이래, 개발도상국과 궤도전환국은 전세계 가치사슬 분업에 광범위하게 참여하면서 동시에 국내 경제체제 개혁을 진행하여 글로벌화 3.0을 촉진하고 이익을 얻었으며, 후발 국가 경제 발전의 추종을 실현하여 세계 경제의 현저한 동치를 초래하였다.

이번 글로벌화와 병행하여 중국은 경제개혁과 대외개방을 실시하여 발전에 필요한 '첸나리Chenery 조건'을 창출하고, 개선 및 자원배치 효율향상을 장려하는 통일을 이룩하였으며, 글로벌화 배당금을 나누면서 새로운 산업혁명의 선두에 나섰다. 국제정세 변화와 자체 개발단계 변화에 따라 글로벌화로부터의 역풍과 전통성장 운동능력의 식미式微에 직면하여, 중국 경제 발전도 심각한 도전에 직면하였다. 경제개혁 심화, 대외개방 확대, 글로벌화, 개방, 포용적 성격 유지, 자신의 발전에 필요한 "첸나리 조건"을 견지·완화하면 중국 경제는 장기적으로 지속 가능한 성장을 이룰 수 있다.

제12장 글로벌화 추세와 중국이 취해야 할 대응전략을 설명한다. 1990년대 이래 글로벌화 절정은 폭과 깊이에서 종전을 넘어서 많은 산업화 국가들의 국내 경제 사회 정책이 그 뒤를 따라가지 못하고 일자리 손실과 소득 침체를 초래하며 중산층과 저소득자들이 "패자"가 되어 점점 더 강한 불만을 표출하고 있으며, 정치인들은 중국을 포함한 신흥 경제권의 발전에 문제를 지향하고 있다. 미국의 신용공여확장으로 대표되는 대응정책은 생산성의 지체를 공급측에서 해결하지 못하고, 재분배를 통한 글로벌 수익의 공유문제도 해결하지 못한 채 부동산 거품을 부채질하여 결국 거품이 꺼지고, 국제금융위기에 이어 유럽 채무위기로 이어져 세계경제를 평범한 상태로 몰아넣었다.

서구 국가들의 정치 구조의 포퓰리즘화에 따라 무역, 투자, 이민 등의 영역에서 보호주의 정책이 성행하고 있으며, 글로벌화 추세는 역전되거나 정체될 위험이 있다. 중국은 개혁개방과 이원 경제 발전 시기에 지난번 글로벌화 기회를 십분 활용하여 고속 경제 성장과 고용 확장을 실현함으로써, 글로벌화 성과를 광범위한 기초 위에서 공유할 수 있게 되었다. 식미式微 한 글로벌화 추세에서 중국은 경제력과 잠재 소비력으로 세계경제에서 상당한 우위를 점하고, 국제 문제에서 주도적으로 새로운 글로벌화의 원동력이 돼야 한다.

제13장 전세계 공공재 공급과 그 중국 방안을 논의한다. 영국과 미국은 단일 패권국가로서 국제 공공재 공급을 주도하는 전통적인 글로벌 거버넌스 모델은 각국의 공동의지와 평등한 이익을 널리 대변하지 못하기 때문에 결국 진정한 의미의 공공재를 제공할 수 없다. 세계경제와 그 기여자의 다극화에 따라 전통적인 관리 방식과 구도가 더 이상 불가결한 것이 아닐 뿐만 아니라 전세계 공동 관리 새로운 모드의 형성은 불가피하게 되었다.

따라서 오늘날 세계에는 공공재 공급 진공이나 지배 주도권 인수에 관한 킨델베르그 함정Kindleberger Trap이 존재하지 않는다. 중국이 세계 경제에서 위상이 상승함에 따라 반드시 적극적으로 전세계 지배에 참여할 것이며, 신흥 경제국과 광범위한 개발도상국을 대표하여 더 큰 발언권을 쟁취할 것이다. 그러나 이것은 결코 패권국가로서의 위치와 그 내포된 글로벌 공공재 공급자의 주도적 위치를 모색할 것을 의미하지는 않는다. 인류 평화와 발전에 더 크게 기여하려는 열망에서 출발해 개혁·개방 촉진과 공유의 성공 경험을 세계 각국과 공유하고 세계 빈곤 퇴치에 대한 중국의 방안을 제시해 이스털리Easterly의 비극으로 불리는 반빈곤란 문제를 푸는데 지혜와 노력을 기울일 책무와 능력도 있다.

제14장 새로운 산업혁명을 맞이하기 위해 필요한 경제학혁명을 설명한다. 중국 경제와 세계경제는 모두 제4차 산업혁명과 글로벌화 4.0의 참신한 도전에 직면해 있다. 이전의 역대 산업혁명과 다른 판본의 글로벌화는 경제 성장엔진 역할을 하고 있음에 틀림없지만 경제 발전사를 돌이켜 보면, 산업혁명과 글로벌화가 동시에 세계경제의 이질화, 국내발전의 불균형, 소득불평등 더 나아가서 빈곤과 같은 고질적인 문제점을 발견할 수 있다.

경제사상사를 보면, "낙수효과"가 존재한다고 가정되는 두 가지 경제학 통념, 즉 낙수경제학과 침투경제학은 더욱 원천적으로 긴 오도와 그 결과가 끊임없이 이어진다. 경제사의 회고와 경제학의 반성을 결합하면, 기술변혁이 모든 영역에 동등한 수준으로 침투하지 않을 뿐만 아니라, 이로 인해 자연스럽게 균형발전을 초래하거나, 가만히 앉아만 누릴 수 있기를 바라서도 안 되고 성장의 과실이 나오는 균등한 나눔을 기다려서는 안 된다.

경제이론은 경제정책 정립의 근간이자 이념의 근원인 만큼 현재 일어나고 있는 새로운 산업혁명과 더 높은 글로벌화에 정확하게 대응하기 위하여 정책 수립에 오도가 되는 실증경제학 방법론, 정책 정립에서의 유교의론, 그리고 시장과 정부 관계를 다룰 때의 일성불변론을 타파하고 인민을 중심으로 경제 발전 전략과 산업 정책을 정립 및 실행해야 한다.

차 례

서론 · 5

제1편
경제사와 성장이론 시각

제1장 세계 인구 1/5의 공헌 · 24

1. 머리말 · 24
2. 세계 경제의 발동기와 안정기 · 29
3. 경제 발전의 기본 조건을 찾아보기 · 32
4. 부흥 발전 경제학 · 37
5. 맺음말 · 45

제2장 중국 발전의 경제사 좌표 · 49

1. 머리말 · 49
2. M타입 성장 및 '대분류 수수께끼' · 53
3. L타입 성장 및 '중국 기적' · 61
4. T타입 성장 및 '중위 소득 함정' · 67
5. S타입 성장 및 지속 가능한 원천 · 76
6. 맺음말 · 80

제3장 성장적 시각으로 '조지프 니덤의 난제'를 다시 풀어보기 · 82

1. 머리말 · 82
2. 맬서스 함정 속의 중국 경제 · 88
3. '고수준 균형 함정' 가설 · 95
4. 인적 자본 및 물적 자본의 축적 격려 · 101
5. 맺음말 · 111

제4장 일반 발전 단계로의 이원 경제 · 114

1. 머리말 · 114
2. 고전 경제학으로 회귀 · 119
3. 비약 조건으로의 인구 증가 · 123
4. 농업 내권화 및 이원 경제 형성 · 130
5. 비약 전의 전통 경제 내권화 · 134
6. 맺음말 · 142

제2편
개혁개방 발전의 공유 서사

제5장 중국 경험에서 무엇을 배울 수 있을까? · 148

1. 머리말 · 148
2. 계획경제에서 놓친 수렴 기회 · 154
3. 개혁개방의 논리와 과정 · 159
4. 개혁개방에서 인구 순익의 실현 · 164
5. 맺음말 · 173

제6장 농촌 개혁의 배경, 논리와 공헌 · 178

1. 머리말 · 178
2. 인민공사의 흥쇠: 유토피아실험 · 186
3. 농촌 개혁은 퇴출 조건을 어떻게 만드는가? · 194
4. 발전 결과로의 농업 점유율 하락 · 199
5. 규모 경제의 회귀 · 207
6. 맺음말 · 220

제7장 개혁개방 발전 중의 도시화 · 223

1. 머리말 · 223
2. 개혁의 세 가지 역사적 순간 · 228
3. 중국 특색 도시화의 특징화 사실 · 233
4. 농업 노동 생산성을 어떻게 향상시키는가? · 241
5. 가로 유동에서 세로 유동으로 · 252
6. 농민공의 정착을 촉진하는 체제 개혁 · 257
7. 맺음말 · 260

제8장 개혁의 자원 재배치 효과 · 263

1. 머리말 · 263
2. 자원 재배치는 왜 중요한가? · 268
3. 노동력의 이동 및 배치 · 273
4. 노동 생산성의 증가 및 원천 · 278
5. 역쿠즈네츠 과정 방지 · 283
6. 노동력 이동 미완성 단계 · 290
7. 맺음말 · 296

제9장 중국의 빈곤 구제 이념, 실천 및 글로벌 공헌 · 300

1. 머리말 · 300
2. 널리 공유하는 고속 성장 · 306
3. 개혁 시기의 빈곤 감소 실천과 효과 · 315
4. 중국 빈곤 감소 성과의 세계적 의의 · 321
5. 맺음말 · 327

제10장 중국 경제 성장의 감속을 인식하기 · 331

1. 머리말 · 331
2. 경제학자들은 왜 주기적 시각을 고집하는가? · 338
3. 발전단계 변화의 상징적 전환점 · 345
4. 인구 배당금에서 개혁 배당금으로 · 350
5. 고소득 클럽의 '문턱 함정' · 358
6. 맺음말 · 364

제3편
신기술 혁명과 하이버전 글로벌화

제11장 글로벌화, 수렴과 중국 경제 발전 · 368

1. 머리말 · 368
2. 리카도로 회귀: 글로벌화의 특성 변화 · 371
3. 클럽 수렴에서 새로운 대수렴으로 · 377
4. 글로벌화 배경 하의 중국 경제 발전 · 385
5. 맺음말 · 390

제12장 글로벌화의 정치·경제학 및 중국 전략 · 393

1. 머리말 · 393
2. 차별화된 글로벌화: 폭과 깊이 · 397
3. 글로벌화의 후과와 정치적 반영 · 406
4. 글로벌화의 수혜자인 중국이 왜 다른가? · 415
5. 역글로벌화 배경 하의 도전과 전략 선택 · 422
6. 맺음말 · 429

제13장 글로벌 공공재 공급과 중국 방안 · 432

1. 머리말 · 432
2. 어떠한 글로벌 공공재인가? · 437
3. 국가의 빈곤과 통치 모델의 빈곤 · 448
4. 중국 이야기부터 중국 방안으로 · 454
5. 맺음말 · 463

제14장 신기술 혁명과 경제학적 반성 · 466

1. 머리말 · 466
2. 기술 진보의 사상 약사 · 470
3. 낙수경제학 비판 · 477
4. 침투경제학의 오류 · 481
5. 경제학이 시급히 응답해야 할 문제 · 486
6. 맺음말 · 493

후기 · 497

제1편

경제사와
성장이론 시각

제1장

세계 인구 1/5의 공헌

1. 머리말

21세기의 두 번째 10년이 끝날 즈음, 중국의 경제 발전이 이룩한 성과는 전세계의 주목을 받고 있다. 오늘날 중국은 전세계 경제에서 중요한 위치를 차지하고 있다. 지난 40년의 개혁개방도, 개혁개방 이전 30년의 탐구를 떠날 수 없다. 1949년 중화인민공화국이 성립되어 중국 경제 식민지, 반식민지의 성격을 바꾸어 중국을 독립적이고 자주적인 발전의 길로 가게 하였다. 1970년대 말 개혁개방 이전에, 중국 경제 건설은 다년간의 전란으로부터 회복되었고, 인민들은 편안하게 생활할 수 있었다. 사망률이 크게 감소함에 따라 인구전환은 높은 출산율, 높은 사망률, 낮은 자연성장률의 제1단계에서 높은 출산율, 낮은 사망률, 높은 자연성장률의 제2단계로, 개혁개방 이후 낮은 출산율, 낮은 사망률, 낮은 자연성장률로의 전환 과정에서 경제 성장으로 인구배당금을 거두기 위한 필수단계이다.

개혁개방 이전 30년동안 완전공업체제를 구축하여 개혁개방 동안 산업구조 조정을 실시하여 자원재배치의 효율성을 얻는 출발점을 마련하였다. 중화인민공화국이 성립된 후, 중국의 공업화 전략은 중공업 우선발전으로 확정되었다. 그때 이 전략을 실행하는 데에는 특정한 역사적 조건하의 합리성이 있었다. 서방국가 봉쇄는 많은 발전의 한계를 형성하였으며, 중공업을 우선적으로 발전시켜 타파해야 한다.

예를 들어, 없어서는 안될 전략적 산업으로서 자력갱생自力更生의 석유 자급자족을 실현하는 것은 당시 환경하에서는 어쩔 수 없는 일이기도 하지만, 또한 불가결한 일이었다. 이와 유사한 것은 화학공업, 전자공업, 핵공업, 우주공업도 있는데, 바로 보다 높은 우선적 지위를 부여했기 때문에 획기적인 발전을 이루었다.

하지만 중국 경제는 30년 전 세계 경제가 크게 움직일 기회[1]를 놓쳤고 선진 경제국들의 추월을 실현하지 못했다. 단순하게 수치상으로 본다면 계획경제 시기 중국의 경제 성장률은 매우 좋지 않은 것 같다. 매디슨Maddison이 1990년 국제 구매력 평가 달러 구조에 따르면 1952-1978년 사이 중국의 GDP 실질 성장률은 연평균 4.4%였다. 그러나 1950년대 이후 많은 후발국들이 비교적 빠른 성장속도로 선진 경제국 추월을 이뤘기 때문에 같은 기간 '부유국'으로 정의된 전체 성장률은 4.3%에 달했고, 이 그룹에 속하지 않은 '다른 나라'(주로 저소득, 중위소득 국가) 전체 성장률은 4.9%, 세계 평균 성장률은 4.6%에 달했다[2].

이 기간 동안 일부 저소득 및 중위소득 국가(지역)의 1인당 소득은 '부

---

[1] 미국 학자인 마이클·스펜스(Michael Spence)는 1950년대 세계 경제가 큰 융합의 시대를 열었다고 주장한다. 참조Michael Spence, *The Next Convergence: The future of Economic Growth in a Multispeed World*, Part One, Farrar Straus and Giroux, 2011.
[2] 앵거스 매디슨(Angus Maddison): 〈중국 경제의 장기 성과 - 서기 960-2030년〉 상하이 인민출판사 2008년판, pp. 108-109.

유국가'로 접근했고, 중국은 이 흐름을 따라가지 못했기 때문에 오히려 세계와의 격차가 벌어졌다. 상기 수치에 따르면, 1952년 중국의 1인당 GDP는 538달러로 '부유국가' 평균 소득수준의 8.7%, '기타국가' 평균 소득수준의 46.5%, 그리고 세계 평균 소득수준의 23.8%에 불과했다. 중국의 1인당 GDP 성장속도가 모두 상기의 그룹에 비해 낮아 1978년에 이르러 중국의 1인당 GDP(978달러)는 이 3개 그룹의 평균에 해당하는 백분율로 오히려 떨어져서 6.8%, 42.1%, 22.1%를 기록했다.

사실 스펜스Spence가 말한 세계대동주의는 냉전과 그에 따른 세계 경제 시스템의 분단 때문에 그 범위가 매우 제한적이다. 실제로 선행 국가들의 추격을 실현한 것은 유럽의 일부 상대적으로 낙후된 국가들과 일본, 아시아의 4소룡 등 경제 국가들 뿐, 보다 광범위한 개발도상국들을 포함하지는 않았다. 다만 1990년 이래로 신흥 경제국과 계획경제에서 전환한 많은 국가들이 개방정책을 실시하여 새로운 경제 글로벌화에 깊이 관여함으로써 전세계적인 범위의 동조현상이 나타나 세계 경제지형에 근본적인 변화를 가져왔다[1]. 중국은 바로 이 경제 글로벌화의 적극적인 참여자이자 수혜자로, 40년 동안 선진국을 기적의 경제 추격을 이뤄냈다.

세계 경제의 구성 요소, 즉 모든 국가, 혹은 경제 국가들은 이론적으로 자신의 개선이나 악화에 의해, 전체에 영향을 미친다. 그러나, 실제로 영향을 미치려면, 전체 구성 부분인 이 경제 국가들은 충분한 총 규모와 비중을 가질 필요가 있다. 21세기에 접어든 중국 경제는 고도 성장 및 결과로서 규모 확대와 비중의 향상으로 세계 경제에 점점 더 큰 영향을 미친다.

이러한 산출 기여가 개인 생산품으로서 세계 경제에 기여하는 것이라면, 이러한 성과에 도달한 발전 경험과 발전이념, 그리고 그에 따른 규칙

---

[1] 차이팡: 〈글로벌화, 수렴, 중국 경제 발전〉, 〈세계경제와 정치〉 2019년 제3기.

제정에 대한 발언권, 발전이념에 대한 유익한 견해와 사례에 따른 건설적인 도전은 세계 경제에 대한 공공재적 기여에 해당한다.

중국은 결코 세계 경제 패권을 추구하지 않으며, 또한 자신의 개발 모델을 수출하지 않지만, 세계 제2의 경제국, 제1의 공업국, 제1의 화물 무역국, 그리고 제1의 외환 보유국 등으로서, 중국은 광범위한 개발도상국과 신흥 경제국을 대표하여 국제 경제 무역 규칙에 관한 요구와 글로벌화 거버넌스 방식의 전환을 이끌어야 한다. 뿐만 아니라, 다음과 같은 특징에 의해, 중국과 그 발전은 특히 세계에 대한 의의가 중요하다.

우선, 중국은 세계 최대 규모의 인구를 보유하고 있으며, 2017년에는 세계 전체 인구의 약 18.5%로 인류의 5분의 1을 차지하는 중국인민이 이룩한 성취가 세계 의의에 대한 현저성은 다른 나라들과 비교할 수 없을 정도로 현저하다.

둘째, 지식인은 흥망성쇠興亡盛衰의 수수께끼를 탐구하는 학문적 호기심을 타고나서, 많은 학자들이 대답해 볼 수 있는 중국의 과학기술(발전)이 왜 번창에서 쇠퇴로 바뀌었는지에 대한 조지프 니덤의 난제Needham's Grand Question는 경제사학에서도 유명한, 왜 16세기 이후 세계 경제 발전에 대한 대분류大分流를 펴냈는지 탐구하기 위한 중국판이다.

마지막으로 중국은 유일한 학문적 호기심을 충족시키는 데 있어서, 지금까지 경제 개발의 모든 필요 단계의 개발 도상국에 가까울 뿐만 아니라, 경제 개발은 번창에서 쇠퇴로 다시 번창을 경험했다.

일찍이 1742년에 영국 고전경제학의 선구자인 데이비드David Hume 휴머가 유명한 예언을 한 적이 있다. 그는 예술과 과학이 한 나라에서 극치에 도달하면 그 순간부터 예술과 과학이 자연스럽고 필요 이상으로 쇠미해져 그 이후로는 결코 그 나라에서 부흥하지 못할 것이라고 생각했다[1]. 지

---

[1] D. Hume. "On the Rise and Progress of the Arts and Sciences", in D. Hume ed.,

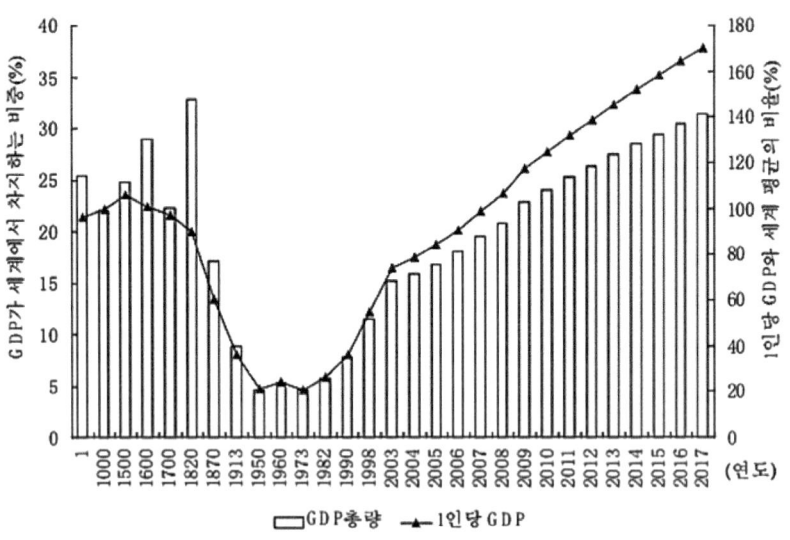

그림 1-1 중국 경제 발전의 번창에서 쇠퇴로 다시 번창으로

자료출처: 2003년 이전 데이터는 Angus Maddison, "Contours of the World Economy (1-2030AD)", Essay in Macro-Economic History, Oxford University Press, p. 379, table A.4; p. 382, table A.7; 2004년 이후 데이터계는 2003년 데이터를 기반으로 세계은행 불변 가격 국제 달러 GDP 관련 성장률 추계, 세계은행 데이터베이스: http://data.worldbank.org/, 2019년 3월 18일.

금까지 전 세계에서 관찰된 중국의 기적은 아직 완성되지 않았다면, 이 '휴머예언'을 깨뜨리고 있는 것이다. 적어도 중국은 경제 발전 수준에서 번창에서 쇠퇴로 다시 번창을 이르는 격동의 역사를 거쳤다.

경제사학자 앵거스 매디슨Angus Maddison이 구축한 장기 역사 데이터를 이용하여 동일하거나 비슷한 구경에 맞추어 갱신하려고 노력하였다. 우리는 그림 1-1에서 2천여 년 동안 GDP가 전세계 경제의 몫을 차지하고

Essays: Moral, Political and Literary, E. F. Miller(ed.), Indianapolis, Liberty Fund, p. 135.

1인당 GDP가 세계 평균 대비 백분율로 표시된 중국 경제의 세계적 지위가 뚜렷한 V자형 변화 궤적을 거쳤음을 보여주고 있다. 특히 주목할 만한 것은 그림에서 보는 중국 경제가 쇠퇴에서 번창의 후반기에 짧은 시간이나 엄청난 규모로 봤을 때도 이 기적은 모두 동서고금에서 보기 드문 것이다.

2. 세계 경제의 발동기와 안정기

경제규모로는 국가가 큰 것도 있고 작은 것도 있고, 성장효과로 보면 국가가 성공할 때도 있고 실패할 때도 있다. 지난 70년간의 경제 발전 과정에서 중국은 파란만장한 변화를 했고, 실패의 교훈으로 더 성공적인 경험을 했다. 40여년 전 개혁개방을 시작한 이래로 중국은 안정된 걸음걸이로 세계에서 유일무이한 경제 규모는 충분히 크고, 성장 속도는 충분히 빠르며, 자신의 모습뿐만 아니라 세계 경제지형을 변화시킨 나라가 되었다. 중국은 세계 경제의 엔진이자 안정기로서의 역할을 수행하여 세계 백년에 없는 큰 변혁을 초래했다고 할 수 있다.

우선 중국 경제는 총규모, 전세계에서의 순위 및 세계경제에서 차지하는 비중으로 세계경제에 현저한 기여를 하고 있다. 세계은행 데이터에 따르면 2010년 무변가로 달러화를 계산하면 중국 GDP 총규모는 1978년 2,943억 달러로 전세계 14위이며 전세계 전체 경제량의 1.1%, 미국 경제의 4.6%에 불과하다. 1990년에는 중국의 GDP가 8,296억 달러로 증가하고 세계 경제 비중이 2.2%로 높아졌으며 미국의 9.2%로 멕시코, 호주, 네덜란드, 사우디아라비아를 각각 넘어서 세계 10위를 기록하였다. 이후 10년간 중국 경제 규모는 스페인, 캐나다, 브라질, 이탈리아, 영국을 차례로 추월하였으며 2000년에는 세계경제 5위, 총 2조 2,400억 달러로 세계 경제 비중 4.5%를 차지하였으며 미국의 17.6%에 해당한다. 중국은 2010년 세계 2위의 경제대국으로 올라섰으며, 총 6조1,000억달러, 세계 경제의 9.2%, 미국의 40.8%에 해당한다. 2017년 현재 중국 GDP는 10조2,000억달러로 세계 경제에서 차지하는 비중은 12.7%, 미국 경제의 58.7%에 해당한다.

둘째, 몸집이 커지고 전세계에서 가장 긴 기간 동안 고속 성장을 지속함에 따라 중국 경제의 증량의 현저성은 매년 높아지고 있으며, 중국 경제는 세계 경제 성장에 큰 기여를 하고 있다. 예를 들어 중국 GDP의 연간 증가량은 1990년에는 베트남, 룩셈부르크, 케냐 등의 GDP 총량을 넘어섰고, 2000년에는 이스라엘, 나이지리아, 아일랜드 등의 총량을 넘어섰고, 2010년에는 스위스, 사우디아라비아, 아르헨티나 등의 총량을 넘어섰고, 2017년에는 네덜란드와 폴란드 등은 물론 전체 저소득 국가를 합한 총량을 넘어섰다. 1990년대 이전까지만 해도 중국이 세계 경제 성장에 기여한 바가 미미했고, 심지어 개혁개방 이전까지도 세계 경제 성장을 '부담'했다면 1990년 이후 중국 경제는 세계 경제에 대한 증량 기여가 10%를 넘었고, 2008년 국제 금융위기 이후 줄곧 30%정도를 유지했다.

셋째, 중국 GDP의 연도별 증가분이 점차 확대되어 1990년대 이래 세계 경제 성장에 기여한 바가 현저하게 높아졌으며, 특히 세계 다른 지역에 비해 중국 경제 증량의 높은 안정성으로 인해 세계 경제 안정기로서의 중국 경제의 역할이 점점 두드러지고 있다. 연도별 성장률로 볼 때 세계 경제 성장에 비하여 초기 중국의 경제 성장 변동성은 크지만, 총량과 증량 모두 작기 때문에 세계 경제 전반에 미치는 영향은 현저하지 않다. 그 특징이 점점 달라지고 있다.

그림 1-2에서 우리는 중국 경제의 연간 증량을 각각 중국의 데이터를 포함하지 않는 세계의 다른 지역 경제 증량과 중국을 포함한 세계 경제 총 증량과 비교하여, 중국 경제 성장이라는 요소가 있는 경우와 없는

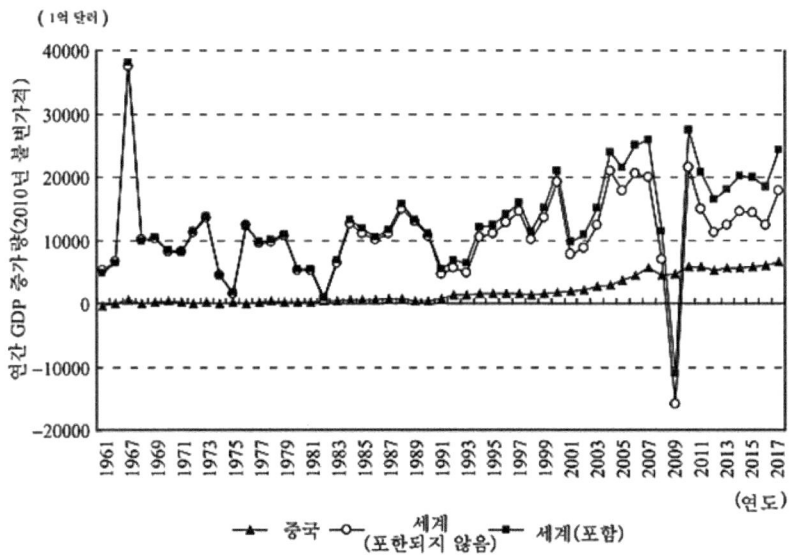

그림 1-2 중국 경제의 연도별 증량 및 세계 경제 안정에 대한 공헌

자료출처: 세계은행 데이터베이스, 세계은행 공식 웹사이트(https://data.worldbank.org/).

경우에 세계 경제 성장의 안정성은 판이하게 다르다는 것을 발견할 수 있다.

중국 데이터를 포함하거나 포함하지 않는 경우의 세계 GDP 성장률의 분산과 비교를 보면 1990년대부터 이 효과가 이미 어느 정도에 나타났고 이후 중국 경제의 연간 증량이 점차 확대되면서 안정성이 강해지면서 중국의 경제 성장이 세계 경제 성장을 안정시키는 역할이 더욱 두드러진다. 특히 21세기의 세계 경제가 비정상적으로 변동하는 해에는 바로 중국 경제의 안정 작용으로 인해 전세계의 변동성이 현저히 감소된다.

마지막, 중국을 비롯한 더 많은 개발도상국과 신흥경제국들의 경제 추월은 장기적으로 이론적으로만 논의되어 온 동조화 가능성을 마침내 전세계 경제의 현실로 만들기 시작했다. 이와 함께, 경제 추이의 결과로, 개발도상국 1인당 소득 수준이 대폭 향상되었고, 전 세계 절대 빈곤 인구 규모와 빈곤 발생률이 전례 없이 감소하였다. 중국의 개혁개방에 따른 발전과 나눔은 도시와 농촌의 주민소득을 높이는 전반적인 효과를 가져와 빈곤을 대폭 감소시키고 전세계 빈곤감소에 크게 기여하고 있다. 또한 중국의 절대빈곤인구 감소는 전세계 빈곤인구 감소에 직접적인 수적으로 기여를 하고 있다.

세계은행에 따르면 1981년 전 세계에서 세계은행의 절대빈곤 기준 (2011년 구매력평가 기준 하루 1.91달러 이하) 이하에 살고 있는 인구는 총 18억 9000만 명, 중국은 8억8000만 명으로 전 세계 빈곤 인구의 46.4%를 차지했다. 2015년 전 세계 빈곤 인구는 7억 5천만 명으로 줄었고 중국은 960만 명으로 전 세계 빈곤 인구의 1.3%에 불과했다. 이 기간 중국은 세계 빈곤 감소에 76.2%의 기여를 했다. 실제로 2015년 이후 중국은 세계은행보다 높은 기준에 따라 농촌 빈곤 퇴치 전략을 실시하였고 농촌 빈곤 인구는 2016년 1240만 명, 2017년 1289만 명, 2018년 1386만 명 감소해 중국은 세계은행 기준 절대빈곤 현상을 전체적으로 해소했다고 볼 수 있다.

3. 경제 발전의 기본 조건을 찾아보기

제2차 세계대전 후, 많은 나라들이 독립적인 발전의 길로 들어서 빈곤한 모습을 변화시키는 다양한 탐구를 시도하였다. 경제학은 경세제민經世濟民의 학문으로서 이러한 현실적 필요에 의해 1950년대에 광범위한 개발도상국을 대상으로 하는 발전경제학이 형성되었고, 각종 발전에 관한 이론적 가설과 전략적인 주장이 쏟아져 나왔다. 원래 경제적으로 낙후된 유럽 국가들과 일본, 아시아의 4소룡 등 경제국들이 선진국들을 비교적 빠르게 따라잡았지만 80년대까지 세계 경제 범위에서는 경제학자들이 예상하는 동조 현상이 나타나지 않았다. 혹은 그 시기부터 관찰할 수 있었던 것은 비슷한 조건의 경제국들 간의 "클럽 동조"나 소수의 소규모 경제국들의 추이 현상일 뿐이다.

왜 개발도상국들이 따라잡기에 실패하여 세계적으로 빈곤 문제가 해결되지 못했는지 원인을 찾는 동안, 사람들은 유행하는 발전이론에 대해서도 반성했다. 몇몇 발전경제학의 선구자들은 자기 변호에 나섰고[1], 다른 학자들은 발전경제학 자체의 '빈곤'을 밝히기 위해 선구자들의 이론적 입지를 부정했다[2]. 결국 발전경제학 전체가 코너에 몰린 꼴이 됐다.

이에 따라 신고전경제학은 점차 주류를 이루는데, 그 중에서도 신자유주의 사조는 개발도상국의 개발전략, 전환도상국의 개혁전략, 국제 및 지역개발기구, 선진국의 원조이념에 각각 영향을 미치는 등 크게 유행하고 있다. 그러나, 이러한 이론과 이념은 정확한 인식론으로 각국이 자신의 발전에 적합한 길을 찾도록 유도하지도 못하고, 오히려 발전을 모색하는 국가들이 자신의 개발에 필요한 조건을 찾도록 도와주지도 못하고 있다.

동서냉전과 남북이 분리된 시대에 중국은 서방국가와 국제원조기구와 밀접한 관계를 맺지 않고 독립적이고 자주적인 환경 속에서 발전의 길을 모색하였다. 개혁개방 이후 중국은 각국과 무역을 발전시키고 외자를 도입하였으며 세계은행 등의 국제기구와도 협력관계를 구축하였다. 그러나 중국은 개혁초반부터 어떠한 선험적인 교조도 받아들이지 않았다. 즉, 기존의 패턴이나 도로 또는 이른바 공통의 인식을 그대로 따르지 않고 대신 생산력 발전과 국력 향상, 민생 개선의 근본 목적에 따라 점진적 개혁·개방을 견지하고 개혁, 발전, 나눔의 이념을 계승했다.

---

[1] Gerald M. Meier, *Leading Issues in Economic Development* (Revised), Oxford University Press, Incorporated, 1995.

[2] Deepak Lal, *The Poverty of "Development Economics"*, London: Institute of Economics Affaires, 1983.

중국의 개혁개방 발전을 나누는 과정을 요약하면, 거기에 나타난 논리를 볼 수 있고, 나아가 추월을 추구하는 국가, 어떤 필요한 단계를 어떻게 발견하고 따라야 하는가, 필요한 발전 조건을 만드는 지혜를 얻을 수 있다. 이러한 필요한 조건을 만드는 단계들은 모두 경제 체제 개혁과 밀접하게 관련되어 있기 때문에, 개혁은 또한 성장을 실현하기 위한 충분한 조건이다.

그 첫걸음은 '점석성금'點石成金을 활성화하는 인센티브 메커니즘이다. 시어도어 슐츠Theodore Schultz는 "투자기회와 효과적인 인센티브가 주어지면 농민들은 점석성금[1]"이라는 명언이 있다. 실제로 "격려를 맞혀라"하는 것은 경제전환을 위한 교과서적인 신조이자 조언이 되었다. 그러나 이러한 일반적인 표현이나 단순히 사유재산권 제도의 존재 여부만을 문제 삼는 것은 중국 계획경제 체제의 폐해를 잡는 데 도움이 되지 않는다.

중공업 우선 발전 전략을 실행하는 조건 하에서 농산물 가격을 억제하기 위해서 공업·농산물 가격 차이를 공업화 축적의 수단으로 삼고 농산물 일괄 구매 일괄 판매 제도가 필요하다. 농업에서 생산요소가 손실되지 않도록 생산요소 중에 특히 노동력을 농업활동으로 엄격히 제한함으로써 인민공사제도와 호적제도가 생겨났다. 이 제도의 "삼가마차"는 자원배치의 왜곡, 농업생산의 비효율과 노동의 인센티브 부족을 초래했다. 개혁 전에 이러한 체제의 폐해는 극에 달했다. 1977년 전국 1인당 농산물 생산량은 식량 300kg 미만, 목화 2kg밖에 안되고, 유류 4kg, 당료 21kg이었다. 1978년에는 2억5000만명의 농촌 인구가 연간 100인미폐 미만의 소득을 올렸다.

이러한 상황에서 농업 생산 현상의 개선을 위한 어떤 변화도 농민을

---

[1] [미]시어도어·슐츠: 〈전통 농업을 개조하다〉, 량소소민 번역, 비즈니스 인서관, 1987년판, p. 5.

포함한 전 국민의 동의를 얻을 수 있을 것이다. 중국공산당의 11기 3중전회에서 개혁적인 정치환경을 만든 후, 가정연산청부제의 급속한 보급은 이러한 요구에 부응하는 제도의 변화이며, 또한 일종의 파레토 개선이다. 노동노력은 생산량 및 소득과 직결되며, 농산물 수매가격의 상승과 인센티브의 활성화로 매우 짧은 시간 내에 농산물 생산량을 대폭 증가시키고, 농촌 인구의 빈곤 발생률을 대폭 감소시키고, 농민들의 먹고사는 문제를 해결하였다.

두 번째 단계는, 자원 재배치를 위한 쿠즈네츠Kuznets 과정이다. 농업의 장려 메커니즘의 개선, 생산과 노동의 적극성을 동원, 농업 노동 생산성을 향상, 단위 면적당 사용 노동시간 대폭 감소, 장기간 축적된 농업 잉여 노동력의 급속한 양성화되고 있다. 이때, 가족연산도급제의 또 다른 효과는 농민들이 생산요소 특히 노동력을 자유롭게 배치할 수 있는 권리를 얻었다는 것이다. 농촌 노동력은 소득이 향상의 신호에 따라 경제활동 분야와 지역을 각각 이동했다.

예를 들면, 농촌 노동력은 단일 식량 생산에서 재배업에 이르기까지 다양한 경영과 농림목축어업 전면적으로 재배치를 거쳤으며, 이후 향진기업 등 농촌의 비농업산업에 취업하여 작은 도시와 다양한 규모의 도시로 순차적으로 이전하였고, 중서부 지역은 연해 지역으로 이동하였다. 국가통계청 자료에 따르면 1978년 70.5%에서 2017년 27.0%로 농업인력의 비중이 낮아졌는데, 필자의 연구 결과에 따르면 현재 농업인력의 비중은 공식 수치보다 10% 정도 더 낮아질 가능성이 높다.

노동력 이동을 가로막는 일련의 체제 장벽이 점차 제거되었기 때문에, 노동자들의 소득 향상의 개인적 동기와 재배치의 효율 구동력이 연결되고 대규모 노동력 이동을 함께 추진하게 되었으며, 동시에 거시적인 의미에서 자원 재배치 과정을 형성하여 산업 구조의 고도화를 촉진시켰다. 시몬 쿠즈네츠Simon Kuznets는 산업구조 변화 뒤에서 나타나는 노동생산성 향상의 본질을 최초로 밝혀냈기 때문에, 아오키Masahiko Aoki는 이 농업노동력의 이동과 상대지분 하락으로 상징되는 산업구조 변화를 쿠즈네츠Kuznets 과정이라고 부른다[1]. 1978-2015년 동안 중국의 전체 노동생산성(노동평균 GDP)은 17배 가까이 향상되었는데, 그 중 노동력은 농업에서 비농업 산업으로 노동력이 이동하며, 전체 기여율은 44.9%에 달한다[2].

세번째 단계, 세계 경제 분업 체계에 전방위적으로 참여하다. 중국의 경제 개혁과 대외 개방은 동시에 발생한다. 1979년에 경제 특구를 건설하기 시작하여 연해 도시와 연해 성의 개방에서 전면 개방까지 거치고 1986년에 GATT 체약국 지위 회복 신청을 제출하고 2001년에 세계 무역기구WTO에 가입했다. 무역의 확대, 외자 유치와 연해 지역의 외향적 경제 발전은 노동력의 이동에 많은 일자리를 제공하고 산업 구조를 자원 비교우위에 맞도록 유도하며, 또한 제조업 제품의 국제 경쟁력 획득에 기여했다. 2017년 중국이 유치한 외국인 직접투자 순유입액은 전 세계의 8.6%를 차지하고, 수출재화와 서비스 총액은 전 세계 10.5%로 전체 수출 중 70%가 세계은행이 정의한 고소득 국가를 상대로 한 것으로, 중국이 국제무역에서 중위소득 단계의 비교우위를 발휘하고 있음을 반영했다.

이 같은 개혁개방 삼부작의 결과로 중국 경제는 40년에 걸쳐 연평균 9.4%의 성장률을 기록했다. 한편, 중국의 이 성과는 개발도상국의 선진국에 대한 따라잡기와 세계 경제 동향에 큰 공헌을 하였다. 다른 한편으로는, 많은 개발도상국이 이 글로벌화에 참여했기 때문에, 신흥 경제국은 견줄 만한 발전 성과를 거두었고 세계 경제는 역사상 처음으로 일치하는

---

[1] Masahiko Aoki, "The Five Phases of Economic Development and Institutional Evolution in China", Japan and Korea, in Masahiko Aoki, Timur Kuran, and Gérard Roland (eds.), *Institutions and Comparative Economic Development*, Basingstoke: Palgrave Macmillan, 2012, pp. 13-47.

[2] 차이팡: 〈중국 경제 개혁 효과 분석-노동력 재배치의 관점〉, 〈경제 연구〉 2017년 7호.

추세를 나타냈다. 1978-2017년 동안, 저소득 및 중위소득 국가의 GDP가 세계 경제에서 차지하는 비중은 21.3%에서 35.3%로, 중국의 GDP가 저소득 및 중위소득 국가의 경제 총량에서 차지하는 비중은 5.3%에서 36.0%로 높아졌다. 이 시기에, 불변가격으로 계산하면 저소득 및 중위소득 국가의 GDP 총액은 4배로 확대되었고, 그 중 중국의 기여는 43.6%에 달했다.

4. 부흥 발전 경제학

괴테Goethe는 일찍이 말하기를: 이론은 회색이고 생명의 나무는 항상 푸르다. 이 말은 반드시 이론이 중요하지 않다는 것을 의미하지는 않는다. 이 말을 보다 적극적으로 이해하면, 이론을 성공적으로 실천한 경험에서 특징화된 사실을 추출하고, 기존의 이론 체계를 계속 풍부하고 수정하며, 이론 자체의 생명을 항상 푸르게 할 수 있다는 결론을 얻을 수 있다.

지금까지 중외경제학자들은 중국의 개혁개방이라는 풍부한 경험자원을 낭비하지 않았으며, 연구탐구에서는 다음의 세가지 연구 패러다임을 형성했다. 먼저, 중국 경제학자들은 각각 마르크스주의 정치경제학 원리를 적용하고, 궤도전환국가에 관한 경제학 토론, 시장경제학에 관한 서구경제학의 이론을 받아들여 중국의 개혁개방 발전에 대한 일련의 독특한 인식을 형성하고, 이를 지도적으로 실천하려고 시도했다. 둘째, 외국의 경제학자들은 중국의 경험을 서구의 주류 이론으로 설명하려고 시도하고, 정책 수립에도 영향을 주려고 한다. 셋째, 많은 경제학자들은 중국의 경험의 독특성을 이용하여 주류 경제학에 도전, 수정, 심지어 부정까지 제기한다.

경제 개발 실천에 의해 형성된 새로운 경험에 의해, 이미 각종 이론의 유파에 대한 재인식, 재정립 및 집적이 진행되어, 대체적인 인식 체계를 제안한다, 경제 이론 특히 발전 경제학의 발전이 응당한 논리와 원천이 있다. 세계 인구의 5분의 1을 차지하는 중국 인민이 창조한 개혁과 발전 성과에 대해서는 현저성에 있어서, 그 책임에 있어서, 경제학을 발전시키는 데 풍부하고 발전적인 공헌을 해야 한다. 이것은 중국 발전의 독특한 경로를 일반화하는 것에 착안하여 주류 경제 이론이나 그 암묵적인 도전에 대응함과 동시에 자신의 전 과정을 설명할 수 있을 뿐만 아니라, 더 일반적인 발전 문제에 참고할 수 있는 이론적 해답을 제시할 필요가 있다. 그 중 몇몇 문제에 대해 간략하게 설명하겠다.

우선, 이원 경제 발전 단계가 보편화되어 있는가 하는 점이다. 신고전적 성장 이론은 로마 쪽으로 가는 길 하나 밖에 없다고 주장한다. 앨빈 영Alwyn Young과 폴 크루그먼Paul Krugman등이 동아시아 모델을 꾸준히 비판하며 중국의 경제 성장을 위축시킨 것은 이원 경제 발전이라는 발전단계가 존재한다는 것을 인정하지 않기 때문이며 인구배당금이 특정단계에서 경제 성장의 원천이 될 수 있는 것도 보이지 않기 때문이다. 그들은 선험적으로 노동력이 부족하고, 자본의 보수 체감이 무조건적이어서, 요소투입이 지속 가능한 성장을 유지할 수 있다는 점을 부인한다. 따라서, 그들은 동아시아 경제와 중국 경제의 양호한 성장이 지속 가능한 것이 아니라고 생각한다.

전요소생산성에 대해 유일한 지속 가능한 성장요인으로 보는 것은 틀리지 않으나, 이원 경제 발전을 인정하지 않고서는 자원 재배치가 이 단계에서 거대한 전요소생산성의 원천이 될 수 있으며, 심지어 파레토Pareto 개선으로 크게 향상될 수 있다. 신고전 이론에 얽매여, 이원 경제 발전을 먼저 부정함으로써, 경제학자들이 각종 통계 기법을 불명예스럽게 사용함으로써, 노동력의 무한한 공급 특성을 가진 경제 체제에서 전 요소 생산성이 개선되었다는 사실을 부인하려고 한다[1].

그러나 어떤 경제학자들은 경제 발전이 처음부터 끝까지 솔로적인 신고전적 성장은 아니라는 것을 보았다. 실제로 프레스콧Edward C. Pre-scott 등은 맬서스Malthus 단계도 경제 성장 모델에 포함시키려 했으며[2], 그리고 맬서스에서 솔로 사이에 농업 노동력이 재배치되는 과도기적 단계가 존재함을 시사했다[3]. 차이팡은 경제사적 회고를 통해 이원 경제의 형성과정, 나아가 이원 경제 발전 단계는 각국의 경제 발전과정에서 보편적으로 존재하기 때문에 인류 경제 발전을 맬서스 빈곤함정Malthus Poverty Trap, 게르츠 네권화Geertz Involution, 루이스 이원 경제 발전Lewis Dual Sector Model, 루이스 전환점The Lewis Turning Point, 솔로 신고전성장Solow Growth으로 다섯 가지 유형 또는 다섯 단계를 구분할 수 있다고 보았다[4].

중화인민공화국 수립 이전에는 산업화가 세계적으로 크게 뒤떨어져 농업은 클리퍼드 게르츠Clifford Geertz라고 불리는 인볼루션involution 과정에 오랜 기간 지속되어 막대한 잉여노동력이 축적되어 왔다[5]. 중화인민공화

---

1 Alwyn Young, "The Tyranny of Numbers: Confronting the Statistical Realities of the East Asian Growth Experience", *The Quarterly Journal of Economics*, Vol.110, No.3, 1995, pp. 641-680; Alwyn Young, "Gold into the Base Metals: Productivity Growth in the People's Republic of China during the Reform Period", *Journal of Political Economy*, Vol.111, No.6, 2003, pp.1220-1261; Paul Krugman, "Hitting China's Wall", New York Times, July 18, 2003.

2 Gary D. Hansen, Edward C. Prescott, "Malthus to Solow", *American Economic Review*, Vol.92, No.4, 2002, pp.1205-1217.

3 F. Hayashi and E. Prescott, "The Depressing Effect of Agricultural Institutions on the Prewar Japanese Economy", *Journal of Political Economy*, Vol.116, No.4, 2008, pp. 573-632.

4 차이팡: "중국 경제 발전의 과거와 현재, 미래를 이해하는—관통적인 성장 이론의 틀에 기초한다."〈경제 연구〉2013년 11호; 차이팡: "이원 경제 발전 단계로서의 형성 과정",〈경제 연구〉2015년 7호.

5 Clifford Geertz, Agricultural Involution: The Process of Ecological Change in

국 수립 이후 중공업 우선 발전 전략의 조건 하에서 '삼두마차'라는 제도가 농업 잉여노동력의 이동을 저해하여 급속한 산업화와 함께 오히려 저급화된 산업구조를 형성하였다. 개혁개방 이후에야 쿠즈네츠 과정은 실제로 시작되었고, 산업구조 개편과 함께 노동생산성을 대폭 향상시켰다. 그리고 이 과정에서 인구연령구조 형성에 유리한 잠재적 인구배당금이 실현되어 고도 경제 성장의 원천이 되었다.

둘째, 이원 경제개발 단계에서 경제 성장의 원천은 어디에서 오는가. 주류경제학은 신고전성장 가설 위에 세워져 노동력 부족이 일상이라고 가정하면, 비록 자본축적이 성장에 필수적이지만 보수체감의 제약을 받게 되므로, 따라서 이 이론체계는 전요소생산성이 경제 성장의 유일한 원천이라고 생각한다. 그러나 우리가 모든 경제 성장을 신고전형식이라고 인정한다면, 신고전형식과는 다른 성장원천이 존재한다고 완전히 믿을 수 있다.

인구연령구조는 생산적 특성(노동연령인구의 증가가 빠르고 비중이 높아 인구부양비가 낮고 지속적으로 감소한다)을 가지고 있으며, 잉여노동력이 보편적으로 존재하는 조건에서 (1) 효과적인 인센티브와 동원 메커니즘이 존재하는 한 노동력 공급은 충분하고, (2) 교육이 발전하고 신성장 노동력이 노동시장에 끊임없이 진입하면 전체 노동력의 인적자본도 현저하게 개선될 수 있으며, (3) 인구부양비가 낮고 끊임없이 하락하면 높은 저축률을 유지할 수 있고, (4) 노동력의 무한공급은 자본보수체감 현상의 발생을 지연시킬 수 있으며, (5) 노동력이 저생산성 부문(농업)에서 고생산성 부문(비농업산업)으로 이동하여 자원 재배치 효율을 얻을 수 있으며, 전요소생산성 향상의 주요 부분을 구성할 수 있다. 이러한 성장 원천은 모두 신고

Indonesia, Berkeley, University of California Press, 1963; 황종지:"발전인가,내권인가?18세기 영국과 중국 - 평퓰란 〈대분기점: 유럽, 중국 및 현대 세계경제의 발전〉",〈역사연구〉2002년 4호.

전적 성장 이론의 기대에서 찾아볼 수 없다[1].

중국의 이원 경제 개발 단계에서의 급속한 성장, 그리고 루이스의 전환점이 도래하고 인구배당금이 사라진 후의 성장 감소는 이러한 독특한 성장원천의 존재를 증명한다. 많은 계량적 결과들은 이원 경제 개발의 독특한 성장원천이 존재한다는 것을 증명한다.

예를 들어 1978~2010년 사이 노동연령인구 급속한 증가와 인구부양비 지속적인 하락은 그동안 연평균 9.9%의 GDP 성장으로 노동력 수 기여율 9%, 인적자본 기여율 6%, 자본축적 기여율 61%, 자원재배치 효율성 기여율 8%, 나머지 설명되지 못한 잔차(자원재배치 효율 외 전요소생산성) 기여율 16%로 추정되고 있다[2].

이러한 생산요소 공급과 배치에 의하면 이 시기 중국 경제의 잠재성장률은 9.7~10.4% 사이로 추정되고 있다. 2010년 이후 노동연령인구의 마이너스 성장과 인구부양비 하락에 따라 이러한 성장 원천이 현저히 약화되었고, 이에 따라 잠재성장률도 십이오 기간 평균 7.6%, 십삼오 기간 평균 6.2%로 낮아졌다[3].

마지막으로 빈곤의 덫에서 벗어나는 것과 중위소득 단계를 건너뛰는 것은 어떻게 경로상 다른가? 긴 시간 동안, 발전에 주목한 경제학자들은

---

[1] 신고전적 성장 이론은 자본보수체감현상에서 융합가설을 도출할 때 사실 동일한 이론 가설로 이원 경제 발전 단계의 성장원천을 충분히 인식할 수 있다. 하지만 절대다수의 경제학자는 개발도상국의 현실을 직시하면서 스스로 이런 이론의 일관성을 포기했다.

[2] Fang Cai and Wen Zhao, "When Demographic Dividend Disappears: Growth Sustainability of China", in Masahiko Aoki and Jinglian Wu(eds.), *The Chinese Economy: A New Transition,* Basingstoke: Palgrave Macmillan, 2012

[3] Fang Cai and Yang Lu, "The End of China's Demographic Dividend: the Perspective of Potential GDP Growth", in Garnaut, Ross, Fang Cai and Ligang Song(eds), China: *A New Model for Growth and Development,* ANUE Press, Canberra, 2013, pp. 55-74.

임계 최소 요구사항에 도달한 자본축적 수준, 시장역할을 수행하는 체제, 대외개방정책 등 빈곤의 함정을 타개하기 위한 기본조건을 요약하는데 초점을 맞추었다. 점점 더 많은 국가들이 결국 빈곤의 함정에서 벗어나 새로운 중위소득 국가로 부상함에 따라, 발전경제학자들은 중위소득 국가의 반열에서 고소득 국가의 반열에 진입하고, 더 나아가 계속적으로 다음의 그룹에서의 1인당 소득 순위를 높이는 것은 빈곤의 함정에서 벗어나는 것만큼 어려운 과제이다. 많은 연구들도 경험적으로 중위소득의 단계를 장기간 맴돌고 있기 때문에 "중위소득의 함정"이라는 명제를 갖게 되었고 광범위한 토론을 불러일으키다[1].

중국은 거의 이미 저소득국가에서 중위소득단계를 거쳐 고소득국가로 진입하는 완전한 전환과정을 거치고 있다. 2010년 불변가격에 따라 1978년 중국의 1인당 GDP는 308달러로 전형적인 저소득국가였고 1993년에는 1001달러로 중위소득국가에 진입했고 2009년에는 4142달러로 중상위소득국가에 진입했다. 현재가격으로 계산하면 2018년 중국의 1인당 GDP가 9771달러에 달했다는 것은 중국이 고소득국가의 진입장벽이 가까워졌다는 것을 의미한다. 중국이 이미 성취한 성공경험과 여전히 직면한 현실적 도전은 두 발전단계의 공통점과 상이한 점을 답하는 데 도움이 된다.

경제학에서 "트랩"이란 초안정적 균형 상태를 말한다. 즉, 어느 하나의 방해로 인한 괴리에 대해, 성장 속도는 여전히 초기 상태로 돌아갈 것이다. 따라서, 빈곤의 함정을 타개하기 위해서는, 초기 발전경제학자들이 임계 최소의 노력을 필요로 하며, 그 중 가장 중요한 조건은 저축률이 임계 최소의 수준에 도달하는 것이다. 제2차 세계 대전 후, 많은 개발도상국

---

[1] 세계은행 경제학자들이 그 개념을 처음 제안했다. Indernit, Gill and Homi Kharas et al., *An East Asian Renaissance: Ideas for Economic Growth*, The World Bank, 2007.

들이 독립적이고 자주적으로 자국 경제를 발전시키기 시작했다. 식민주의에서 벗어나고 선진국을 따라잡아야 한다는 절박감, 그리고 당시 소련의 계획경제의 성공은 많은 국가들의 선택에 중요한 촉진제 역할을 했으며, 즉, 정부의 역량 축적을 가속화하고 산업화 과정을 추진하였다.

이러한 따라잡기 전략은 시장 메커니즘의 역할을 소홀히 하고 폐쇄적인 경제 시스템을 형성하기 때문에 미시적인 단계에서 기업가의 활력과 노동의욕이 부족하고 자원배분의 효율성이 떨어지며 산업구조와 기술선택이 비교우위에 괴리되어 대부분의 국가들이 성공적으로 따라잡기를 실현하지 못하기 때문에 각종 경제개발이론이 많은 비난을 받고, 발전경제학 자체가 발전난국에 빠지게 된다[1].

계획경제 시기의 중국은 자원동원 능력이 매우 강하여 높은 자본축적률을 실현하였다. 1953-1978년 동안 중국의 축적률은 평균 29.5%로 세계 평균보다 높았다. 인적 자본축적 조건도 같은 개발수준의 국가보다 우수하였다. 그러나 계획경제는 경제 성장의 다른 두 가지 필요한 체제조건인 자원배치 및 인센티브 메커니즘 문제를 잘 해결하지 못하여 유리한 인구요인이 경제 성장원천으로 전환되지 못하였다. 다만 1978년 이후, 전통 경제 체제에 대한 심각한 개혁이 진행되어 규칙적으로 대외 개방을 확대함으로써, 성장의 기본 조건을 창출하고, 저소득 단계를 뛰어넘고, 고소득 단계로의 전환을 빠르게 실현하였다.

중상위소득단계에서 고소득단계로 나아가는 과정에는 전통적으로 성장 동력이 약해지는 심각한 도전이 수반된다. 중국에서는 인구전환과정과 경제 발전과정 사이, 그리고 두 과정이 함께 이루어지는 발전단계는 인과관계에서 서로 영향을 미치기 때문에 시간적으로도 완전히 겹친다.

---

[1] Deepak Lal, *The Poverty of "Development Economics"*, London: Institute of Economics Affaires, 1983.

따라서 인구배당금이 30여 년간 중국의 고속성장을 도운 데, 이어 2010년 이후 인구배당금이 급속히 사라지면서 자연스레 경제 성장의 둔화가 불가피해졌다.

새로운 발전단계에서 경제 성장은 점점 전요소생산성 향상을 위해 뒷받침되어야 할 때[1], 노동력 등의 요소가 농업에서 비농업산업으로의 이동이 느려지고, 자원재배치의 효율성을 개선할 수 있는 공간이 축소되어, 전요소생산성 향상을 위한 기술혁신과 제도혁신에 더 많은 의존을 필요로 한다[2]. 이러한 혁신을 실현하기 위한 조건을 구축하는 것은 더 높은 개혁개방 요구이며, 정부의 기능과 시장과의 관계를 재정립하는 것이 필요하다. 또한 이 시점에서 '파레토 개선'을 가져올 수 있는 개혁 기회도 더욱 희박해지고, 더 나아가서는 개혁개방이 기득권에 부딪힐 수 밖에 없으며, 장애물을 만나면서 성장 고민도 함께 가져온다.

따라서 고소득 국가 대열에 가장 근접한 이 고비에서는 한 나라는 반드시 더 많은 어려움을 겪게 될 것이며, 더 큰 위험에 직면하게 될 것이며, 또한 조금도 헤매거나 후퇴할 수 없게 될 것이다. 그래야 중위소득 수준의 초안정 균형 상태를 피할 수 있다. 이전의 효과적인 방법 또한 새로운 도랑을 건너는 것을 보장할 수 없으며, 개혁, 발전, 안정은 반드시 더욱 조화롭고 유기적인 방식으로 결합되어야 한다. 경제사적으로 성공적인 경험과 실패의 교훈을 볼 때, 이 단계부터 더 발전하기 위해 직면한 심각한 도전에 대응하는 것은 빈곤의 함정에서 벗어나는 것보다 조금도 쉬

---

[1] 에천그린 등은 전체 요소 생산성의 감소가 특정 개발 단계에서 성장 둔화의 85%를 설명할 수 있음을 발견했다. 참고 Barry Eichengreen, Donghyun Park, and Kwanho Shin, "When Fast Growing Economies Slow Down: International Evidence and Implications for China", NBER Working Paper, No. 16919, 2011.

[2] 차이팡: 〈파파되지 않고 서 있지 않으며, 막히지 않고 흐르지 않고: 무효 생산 능력을 청산하여 성장 동력 전환을 촉진한다〉, 〈비교〉 2018년 제1집

운 실천이 아니며, 요구되는 이념적 혁신도 발전경제학의 전문 분야를 구성하기에 충분하다.

5. 맺음말

중화인민공화국은 이미 70년의 역정을 거쳤으며, 그 동안의 경제 발전은 전 30년의 탐구와 교훈, 후 40년의 혁신과 경험도 있다. 시행착오나 성공은 지식의미에서 귀중한 재산이니, 중국사람들 스스로도 소중히 여기고, 같은 탐구를 하고 있는 다른 개발도상국에도 공헌해야 하며, 발전경제학의 최신 판본에 기록될 가치가 있다. 이미 추출된 지혜에 근거하여 정해진 방향과 목표에 따라 동일한 개혁개방 논리와 경로에 근거하여 중국은 여전히 계속 실천적 탐색을 계속하여 세계에 새로운 더 큰 공헌을 할 것이다.

우선 경제 성장의 동력을 시간적으로 지속하고 업그레이드해야 한다. 중국 경제가 루이스의 전환점을 지나면서 인구 배당금이 사라지면서 이원 경제 발전 단계가 끝나가고 있다. 성장동력의 측면에서 볼 때 '낮은 과실' 성격의 경제 성장의 원천은 대규모 노동력 이동이 요소공급과 생산성 개선에 도움이 되는 효과가 점차 사라지고 경제 성장은 점점 더 신고전적 성장 이론이 예상하는 그러한 원천에 의존하고 있는데, 예를 들어, 시장 메커니즘에 따른 적자 생존, 인적 자본의 향상, 기술 혁신 및 기타 방법을 통해 전체 요소 생산성을 향상시킨다.

그러나 많은 중위 소득 국가들의 교훈에서 증명하듯, 이 단계에서 신고전경제학의 교리가 중국 경제 성장을 주도할 수 있는 것은 아니다. 이른바 중위소득의 함정이라는 명제가 제시하는 이치는 바로 이 성장 운동능력의 전환은 자연스런 것이 아니라 각 국가의 특수한 상황에 따라 새로운 성장의 원천을 개발할 수 있는 여건을 만들어야 한다는 것이다. 중국에게 있어서 이것은 많은 분야에서 전면적인 체제 개혁을 심화시킬 것을 요구한다.

개혁의 실질적인 추진은 잠재성장률을 높이는 효과가 있다. 개혁 효과에 대한 합리적인 가정을 통해 우리는 중국의 미래 잠재성장률을 예측할 수 있다. 전반적으로, 중국 경제 성장은 점차 감소하고 있지만, 하지만 상당 기간 동안 중국 경제 성장속도는 여전히 세계평균보다 높을 것이며, 특히 미국과 같은 고소득국가들의 성장수준보다 높을 것이다[1].

따라서 미국 경제가 지난 20년간 추이 속도로(서브프라임 모기지 부실 때 2년간 마이너스 성장 숨아내기) 성장했다고 가정할 때, 중국은 2035년 전후 미국을 제치고 세계 1위 경제국이 될 것으로 예상됩니다. 동시에 2010년 가격변경을 하지 않을 경우, 중국의 1인당 GDP는 1만8,000달러를 넘어설 것이다. 이것은 중위소득 단계의 도약이 이루어지면 중국은 경제 발전의 모든 형태를 온전히 경험하고, 그리고 저소득에서 중간 소득, 심지어 고소득 단계로 전환하는 최대 경제 대국이라는 것을 의미하다.

둘째, 공간에서 개혁개방, 발전과 나눔의 논리를 확장한다. 중국의 지난 40년간의 개혁개방발전은 일정한 구배성을 가지고 있다, 즉 연해지역이 먼저 개혁개방을 하고 비교적 일찍 경제 발전의 실효를 거두며 "일부 지역이 먼저 부유해지도록"를 실제로 구현하였다. 지역간 발전수준의 격차가 현저하게 확대되는 가운데, 두 가지 메커니즘은 지역적 차이를 줄이는 역할을 하기 시작했다. 첫 번째 메커니즘은 주로 시장화된, 즉 연해지역의 제조업 발전으로 대규모 노동수요가 발생하였고, 중서부지역의 농

---

[1] 차이팡과 육양의 추산을 참조하라. Fang Cai and Yang Lu, "The End of China's Demographic Dividend: the Perspective of Potential GDP Growth", in Garnaut, Ross, Fang Cai and Ligang Song(eds.), China: A New Model for Growth and Development, ANU E Press, Canberra, 2013, pp. 55-74.

촌노동자의 유입을 유도하여 노동자들의 비농업산업에 대한 참여율을 높였으며, 농가소득을 증가시켜 전반적인 노동생산성을 향상시켰다. 두 번째 메커니즘은 정부 정책의 역할, 즉 서부 대개발 전략을 포함한 다양한 지역 균형 전략을 실행함으로써 중서부의 지역 인프라와 투자 환경의 개선을 촉진시켰다.

중국 경제가 루이스의 전환점을 맞으면서 연해지역에서 노동력 부족이 더욱 두드러졌고 제조업은 이들 지역에서 가장 먼저 비교우위를 잃었다. 이 때 중서부 지역은 산업 이동을 맞이할 수 있는 여건이 마련되어 '국내판 기러기 큐Wild Goose Queue 모델'을 형성하게 되었다[1]. 이와 함께 중국은 광둥성, 홍콩, 마카오의 만구 건설, 양자강 삼각주 통합 등 지역 발전 배치를 시작했는데, 이는 규모의 경제에 초점을 맞춰 제조업 우위를 유지하려는 의도다.

다만 노동집약적 산업은 결국 중국에서 비교우위를 상실하고 여전히 새로운 '국제판 기러기 큐Wild Goose Queue 모델'을 만들어야 하며, 이는 일부 제조업이 노동력이 풍부한 주변국과 아프리카 등으로 이동한다는 것을 의미한다. "일대일로"는 인프라 건설에 선행하여, 나아가 산업의 이동을 이끌어내고 기러기 큐Wild Goose Queue 모델이라는 일반적인 발전법칙에도 부합할 뿐만 아니라, 중국 자체의 구배적 발전 실천을 위해 유효함을 증명한다.

마지막으로 나눔의 차원으로부터 개혁과 확대개방을 심화시킨다. 각국이 경제 발전을 추구하는 것은 발전 자체 때문이 아니라, 국민복지의 개선을 가져오기 때문에 경제 발전을 위한 개혁과 개방을 촉진하는 것이며,

---

1 Yue Qu, Fang Cai, and Xiaobo Zhang, "Has the 'Flying Geese' Phenomenon in Industrial Transformation Occurred in China?" in Huw McKay and Ligang Song(eds.), Rebalancing and Sustaining Growth in China, Canberra: Australian National University E Press, 2012, pp. 93-109.

이러한 목적에서만 사람들의 긍정적인 환영을 얻을 수 있다. 지난 40년 동안 중국이 개혁개방 과정에서 이룩한 위대한 성과도, 핵심은 바로 다음과 같은 세 가지 과정을 통일하고 공유한다는 데 있다. 첫 번째는 노동력 자원이 재배치되어 생산요소의 충분한 공급이 보장되고 전반적인 노동생산성이 향상되어 경제 성장이 인구배당금을 누리게 되었다는 점이다. 둘째, 노동력이 풍부한 자원의 소질을 제조업 비교우위로 전환하고, 국제적으로 중국 제품의 경쟁우위를 획득하여 글로벌 배당금을 획득한다. 셋째, 대량 고용 창출로 도시와 농촌의 고용이 더욱 충분해졌고, 노동력이 희소요소로 대두되면서 일반 근로자들은 점점 더 높은 노동 시장의 보상을 받았다.

중국 경제가 새로운 발전 단계에 접어들면서 시장 메커니즘 자체에서 소득 분배 개선 효과가 줄어들 것이다. 경제 성장 패러다임이 투입형에서 혁신형으로 전환되는 상황에서 생산성 향상의 원천도 산업간 자원 재배치에서 경영주체간 우위열세로 바뀌면 창조적 파괴 메커니즘의 역할이 증대될 수밖에 없다. 더 높은 발전단계에서 글로벌 가치사슬 분업에 참여하면 선진국과의 경쟁효과는 상호보완효과보다 클 것이다. 개혁개방이 깊어질수록 팔레토 개선의 공간이 좁아질수록 기득권 저해에 부딪힘이 많아진다. 이러한 것들은 모두 인민중심의 발전사상의 통솔하에 공유성을 더욱 개혁개방발전의 전 과정에 구현함과 동시에 정부의 재분배 강도를 높이고 사회정책의 기초기능을 발휘할 것을 요구한다.

제2장

중국 발전의 경제사 좌표

1. 머리말

개혁개방 이래 중국의 경제 발전이 일궈낸 기적은 세계적으로 광범위한 찬양과 관심을 불러일으켰다. 그러나, 더욱 특이한 점은, 역사적인 시각에서 본다면, 이 성장의 기적은 중국이성쇠成衰를 겪고 다시 일어서는 유일한 경제 성장 사례가 될 수 있으며, 경제 발전의 수수께끼를 탐구하는 데 열심인 경제학자들을 위해 지적 도전을 제시되어경제사학자와 성장경제학자의 학문적 호기심도 상당 부분 충족시킬 것이다. 이와 함께 중국 경제 성장이 세계 경제에 미치는 영향에 대해 설명력 있는 이론의 탄생을 부르짖고 있다. 비록 세계 경제 역사에서 다양한 발전 경로와 성공 사례가 적지 않지만, 이러한 경험은 일반적인 성장 이론에서 설명될 수 있어야만 의미가 있다.

전통성장 이론은 신고전경제학의 많은 중국 현실과 일치하지 않는 교리로부터 출발하여 중국의 기적을 원만하게 설명할 수 없다. 제도경제학은 중국의 경험이 보여주는 이러한 중대한 제도변천을 설명하기 위해서이지만, 항상 어떤 머리 속의 '공감'을 교조적으로 사용하여 특정한 제도변천의 궤도를 미리 만들어 놓았기 때문에, 프리드먼이 실증경제학에 대해 설정한 '예측' 기능을 끝내 만족시키지 못하여, 또한 요령없는 난처함을 겪게 된다.

지금까지 중국 경제의 기적을 서로 다른 현실적 관찰점과 이론적 시각으로 해석해 왔으며, 벌써부터 해석이 분분하다. 그러나 현재 중국의 기적을 해석하는 각 학자의 설은 이론적으로 통일되어 있지 않다. 이 또한 어쩐지 경제 발전을 설명하는 이론은 서로 다른 문파로 나뉘어져 있고, 각자 한켠에 자리 잡고 있으며, 화지는 견고하다. 다음 기준으로 볼 때 이러한 이론적 설명은 아직 만족스럽지 못하다.

첫째, 경제 성장 해석은 이론논리와 역사논리의 일치성을 가져야 하며, 현재 현상을 설명할 수 있는 이론의 틀이 있어야 하며, 과거를 설명과 미래를 예측하는 데 사용될 수 있어야 한다. 그것만이 경제이론이 현실을 지도하고 미래를 전망하는 데 유용하다.

둘째, 한 나라의 경제 발전 현상을 설명하는 이론적 틀은 다른 나라들도 해석할 수 있어야 하며, 따라서 선행 국가 경험에 대한 해석을 통해 후발 국가들에게 귀감이 될 수 있어야 한다.

셋째, 인류 역사상 가장 큰 규모이며 가장 빠른 경제 성장이 경제학과 경제사학에 기여하고 세계 경제 발전의 전모에 대한 인식을 증진시켜야 한다.

이 장에서는 이 도전적인 과제에 대한 대응으로 다음의 세 가지 명제를 보다 거시적인 역사적 측면에서 통일된 고찰을 시도한다. 즉, 하나의 통일된 이론으로 틀을 분석하여 일치되게, (1) "대분류의 수수께끼", 즉 "조지프 니덤의 난제"의 보다 일반적인 의미의 표현 즉, 구 현대사회에서 중국 과학기술이 한때 다른 문명에 비해 월등히 앞섰으며, 근현대 중국은 이러한 선두적 지위를 더 이상 갖지 못하였는지에 대한 것이다. (2) "중국 기적의 수수께끼", 즉 개혁기에 중국 경제가 왜 그리고 무엇에 의해 고속 성장을 이룩했는지에 대한 것이다. (3) "중위소득 함정 우려" 즉, 중국이 지금까지의 고도성장 과정을 계속하여 예상대로 고소득 국가 대열에 진입할 수 있을 것인가 하는 것이다.

결국, 필자는 성장 이론과 경제사의 결합에서 중국 경제 발전이 어떻게 번영에서 쇠퇴했는지, 그리고 쇠락에서 번영으로 이어질 수 있는지에 대한 거대한 명제를 동시에 답해 보려고 시도했다. 이에 대한 일관된 이론의 틀은, 어떤 시대의 경제 성장에 기초하여, 결국 특정한 인센티브 메커니즘에 의지하여, 물적 자본과 인적 자본의 촉진하고, 이를 기반으로 영감을 받은 다양한 아이디어ideas를 생산성 향상으로 전환하고 보상 증가를 실현하는 것이다.

특정 발전단계의 보수체증, 보수체감, 요소한계대체율체감, 요소동일 비율의 증가 및 그 사이의 연결을 동시에 또는 각각 표현할 수 있도록 요소축적에 따른 성장과 생산성 향상에 따른 성장을 구분하고, 경제의 정체상태, 성장상태 및 그 원인을 동시에 표현할 수 있도록 생산함수의 표현을 버리고, 등생산량선이라는 분석도구를 빌려 다른 유형의 경제 성장과정을 기술한다.

자본과 노동의 두 가지 생산요소만을 고려한 상태에서 양자의 상대적인 희소성으로 인해 상대적인 가격과 다른 요소들의 조합으로 특정 생산수준이 결정된다. 생산요소의 증가나 생산성 향상으로 생산은 증가하며 생산 라인은 바깥쪽(오른쪽 위쪽)으로 이동하여 경제 성장을 이룬다.

서로 다른 경제 발전 단계에서 생산 요소의 소질과 축적 방식은 생산성 향상 가능성과 방식에는 큰 차이가 있어 경제 성장의 종류도 다르다. 지금까지 인류 역사에 존재했던 경제 성장 유형이나 상태를 망라하기에 충분한 세 가지를 식별했으며, 즉 맬서스 모델로 대표되는 빈곤의 함정

상태, 혹은 줄여서 M형 성장, 루이스 모델로 대표되는 이원 경제 발전, 줄여서 L형 성장(그 사이에 루이스 전환 단계, 또는 줄여서 T형 성장을 포함하였다), 그리고 솔로 모델로 대표되는 신고전 성장, 줄여서 S형 성장 등이다. 역사적으로, 상기 세 가지 경제 성장 유형은 각각 상속 관계를 갖는 다른 경제 발전 단계로 볼 수도 있다.

오늘날 주류 경제학자들의 눈에는 노동력의 무한한 공급을 특징으로 하는 이원 경제 발전 단계가 존재하지 않는다. 그들은 솔로처럼 선진국으로 대표되는 신고전적 성장을 정해진 것으로 보거나, 쿠즈네츠처럼 역사를 연결할 때 전통경제에서 현대 경제로의 전환을 보았으며, 더 늦어진 연구는 한센Gary Hansen과 프레스콧Edward Prescott으로 맬서스 타입의 경제 성장을 솔로 타입의 경제 성장과 통일시키는 이론적 틀로 접근했다[1]. 그러나 프레스콧은 또 다른 협력 논문에서 '맬서스'와 '솔로' 사이에 과도기가 존재하고 있다고 인정했으며, 노동력의 이동을 제약하는 장벽을 제거하는 것이 핵심 과제였다[2]. 아오키는 이러한 과도기의 존재를 인정했지만, 그는 그것을 루이스 단계라고 부르지 않고 쿠즈네츠적인 구조 변화를 이 단계의 특징으로 삼았다[3].

경제 전체가 농업과 비농업 산업으로 구분되고, 농업에 존재하는 잉여 노동력이 산업화와 도시화에 따라 계속 이동하고 있으며, 이러한 과정은 단지 후발 국가들을 따라잡는 특별한 현상이 아니다. 서양의 산업화에 앞

---

[1] Gary D. Hansen and Edward C. Prescott, "Malthus to Solow", *American Economic Review*, Vol 92, No. 4, 2002, pp. 1205-1217.

[2] F. Hayashi and E. Prescott, "The Depressing Effect of Agricultural Institutions on the Prewar Japanese Economy", *Journal of Political Economy*, Vol. 116, No. 4, 2008, pp. 573-632.

[3] Masahiko Aoki, "The Five-Phases of Economic Development and Institutional Evolution in China and Japan", in Masahiko Aoki and Jinglian Wu(eds), *The Chinese Economy:A New Transition*, Basingstoke: Palgrave Macmillan, 2012.

장선 국가들도 맬서스의 함정에서 산업혁명을 거쳐 신고전적 성장 단계에 진입한 것은 아니다. 다만 서방 경제사에서 수천 년에 걸친 맬서스 시대에서 솔로 시대로의 이행은 달팽이처럼 천천히 진행되었고, 인구 전환 과정도 단계적인 변화를 보여주지 못하여 그 사이에 존재했던 루이스 시대를 쉽게 볼 수 없게 되었다.

그래서 우리는 인류 경제 발전사를 관찰할 때 루이스로 이름붙인 이원 경제 개발 단계에 가입하여 초기 산업화 국가의 역사에 대한 해석력을 조금도 저하시키지 않으면서 후발 산업화 지역(대표적으로 일본과 아시아의 4소룡)과 아직 이 과도기를 완성하지 못한 개발도상국이 직면한 문제에 대한 이해를 크게 높였다. 특히 성장연구의 목적은 가능한 한 많은 경제 성장 유형에 대해 최대한 일치된 해석을 제공하는 것이며, 발전경제학은 현대 경제 발전 현상을 겨냥하는 것이다.

우리는 이원 경제 발전을 경제 성장의 유기적인 논리적 사슬로 삼아 '조지프 니덤의 난제'에서 오랫동안 존재해 온 '고수준 균형함정'을 제거하는데 도움을 줄 수 있고, '중위소득함정'에 대한 관찰차원적 측면과 해석의 틀도 제공할 수 있을 것이다.

2. M타입 성장 및 '대분류 수수께끼'

인류 역사의 대부분의 시기는 맬서스 빈곤의 함정에 처해 있었다. 함정이라는 단어는 경제학에서 어떤 교란적인 변화도 지속할 수 없는 고도의 균형 상태를 나타내며, 결국 원래의 균형으로 돌아간다. 맬서스의 함정, 경제 발전 단계로서 인류 역사를 가장 오래 지배했다.

세계는 경제 전반의 역사로서 18세기 후반과 19세기 초반에 산업혁명이 일어나기 전까지 세계 어느 모퉁이에서도 1인당 소득은 가장 낮은 생존 수준이었으며, 본질적인 차이 없이 맬서스적인 빈곤 상태에 있었다. 그래서 이 맬서스 시대에는 경제 성장과 같은 것이 있을 수 없다고 생각하게 되었다. 그러나 경제 성장은 누적되어 왔고, 그 후 활발한 산업 혁명이 헛된 것이 아니기 때문에, 결국 M형 경제 성장이라는 맬서스적인 경제 변화가 있었다.

그림 2-1과 같이 이러한 빈곤의 함정에서, Ok_0의 자본투입과 Ol_0의 노동투입과 같은 자본과 노동의 조합투입은 Q_0으로 대표되는 등생산량의 선상에서 생존수준만을 유지할 수 있는 생산액을 형성한다. 동시에, 이러한 성장 모델에서는 경제적 잉여가 발생하여 새로운 자본이 형성될 수 있고, 인구의 증가는 노동 공급을 증가시킬 수 있으며, 창조 발명품도 자주 배출될 수 있다[1]. 따라서, 요소의 축적으로 자본투입이 Ok_1 수준으로 증가하여 노동투입이 Ol_1 수준으로 증가하거나, 혁신으로 인한 생산성 향상(더 많은 경우는 둘 다 발생)으로 생산수준을 Q_1로 대표되는 등 생산수준을 확대할 수 있다. 경제 성장이 이렇게 된 것 같다.

그러나 맬서스 균형 함정의 본질은 증가된 모든 산출이 주로 소비재(주로: 식료품)을 개선함으로써 사망률을 낮추고 출산율을 높임으로써 인구 증가를 부추겨 1인당 생산재(자본)를 얇게 하는 데 있다. 예를 들어, 이 효과는 생산 수율을 등생산선인 Q_2 수준으로 낮출 수 있다. 이렇게 하면, 1인당 생활 자료의 보유 수준이 낮아지면 사망률이 높아지고 출산율이 감소하여 인구가 감소하게 된다. 인구 감소가 노동 공급에 영향을 미칠 때

---

[1] 크라머와 린이푸 모두 인구 규모가 크면 더 많은 창조적 발명을 창출하고 인구 압박을 해결하는 데 유리하다고 지적했다. Michael Kremer, Population Growth and Technological Change: One Million B. C. to 1990, The Quarterly Journal of Economics, 108(3), 1993, pp. 681-716; 린이푸 〈조지프 니덤의 난제, 웨버 의문과 중국의 기적: 송나라 이래의 장기 경제 발전〉, 린이푸 〈린이푸 자선집〉, 산시출판그룹, 산시경제출판사 2010년판.

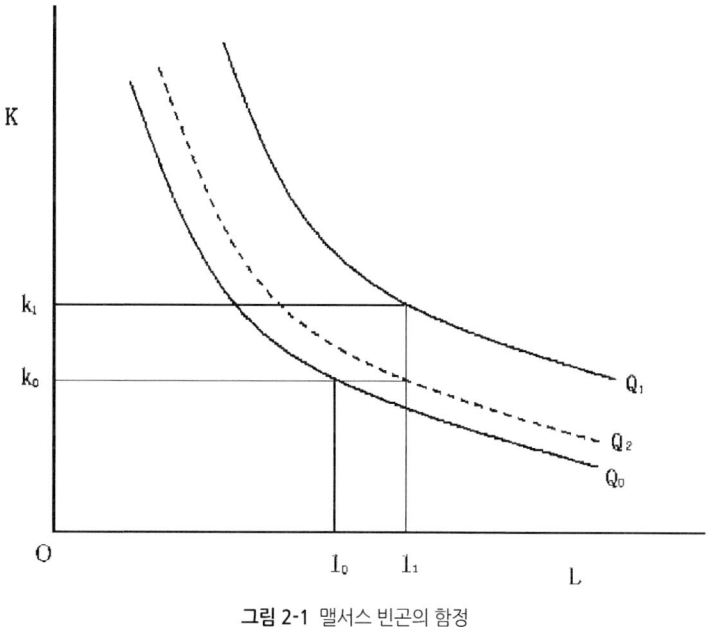

그림 2-1 맬서스 빈곤의 함정

노동 투입은 Ol_1에서 Ol_0 수준으로 감소하고 생산은 Q_0의 빈곤 균형 수준으로 돌아간다. 이런 맬서스적인 조건에서 이른바 '경제 성장'은 이렇게 헛발질을 반복한다.

M타입의 성장은 단지 과거 역사상의 한 단계일 뿐만 아니라, 또한 역사를 돌파하는 시간적 좌표의 성장 유형으로 간주될 수 있다. 즉, 이러한 유형의 성장은 산업 혁명 이전의 일반적 상황, 산업 혁명 후의 대분류의 낙오자, 그리고 현대의 세계의 빈곤 국가 및 빈곤 지역의 여러 경제 상황을 동시에 겨냥한다.

산업 혁명이 일어나기 전 인류 역사 전체가 사실상 긴 밤 동안 맬서스의 함정에 빠져 있었다. 케인스가 지적했듯이, 기술혁신과 자본축적이 크게 이루어지지 않았기 때문에 최소 4000년 동안 인류의 생활수준은 실질적으로 향상되지 못했으며, 역병과 기근, 전쟁 재난으로부터 결코 벗어날

제1편 경제사와 성장이론 시각　55

수 없었다[1]. 그러나 맬서스의 함정이 특징이었던 시대, 특히 그 말기에 케인스가 묘사한 '세계의 모든 문명의 중심에 사는 사람들의 생활수준은 그다지 달라지지 않았다'는 상징적 표현 이후 일부 국가들은 이미 그 함정을 타개하기 위해 필요한 요소를 느리지만 되돌릴 수 없이 축적하기 시작했으며, 특히 관련 제도적 조건이다.

그 토대 위에서 영국을 발원지로 산업 혁명이 일어나 다른 유럽 국가들로 급속히 확대되었고, 그 뒤를 이어 많은 유럽 식민 국가들이 생겨났다. 그리하여 인류 역사상 처음으로 플러스 경제 성장을 이룩함과 동시에 세계 경제의 "대분류"를 형성하였다. 즉, 산업 혁명 이후, 많은 나라들이 오랫동안 맬서스의 함정이나 M형 성장 상태에 있었다. 상당 기간 동안, 초기 산업 국가를 추월할 수 있는 국가도 거의 없었다.

진실로 큰 흐름과 대조를 이루는 "대추동" 현상은 1950년대 이후에야 비로소 나타난다. 게다가 이러한 이른바 동조현상은 단지 초기 산업화 국가들과 동질성을 가진 일부 국가들의 후자 추종일 뿐이기 때문에 기껏해야 "동조 클럽"일 뿐이다. 이후의 장에서는 1990년대 이후에나 보다 광범위한 세계 경제 동질 현상이 나타날 것으로 보인다.

오늘날에도 여전히 세계 은행들의 그룹 내 '저소득' 대열에 있는 나라가 많다는 점이 주목할 만하다. 그 중 몇몇 국가들은 이원 경제 발전 단계에 들어섰을지도 모르지만, 몇몇 국가들은 여전히 맬서스 함정이나 M타입 성장 단계에 있다. 예를 들어 2010년 가격변경을 하지 않고 계산하면 1인당 GDP가 1000달러 이하인 저소득 국가가 통계 범위 내에서 차지하는 비율은 1990년 22.2%에 달했고 2017년에도 여전히 13.6%에 달했다.

---

[1] John Maynard Keynes, Economic Possibilities for our Grandchildren(1930), in Lorenzo Pecchi and Gustavo Piga(eds.) *Revisiting Keynes Economic Possibilities for our Grandchildren*, Cambridge, Massachusetts and London, England: The MIT Press, 2008, pp. 17-26.

현재 세계 경제에서 저소득국가들이 여전히 M형 성장 단계에 있다고 한다면, 그것은 산업혁명 이전 시기와는 다른 특징을 많이 가지고 있다는 점도 지적해야 한다. 특히 이들 가난한 나라는 중위소득과 고소득국가가 많은 왕양대해로 둘러싸여 있어 이들 국가와 세계은행, 유엔개발계획, 세계보건기구 등 국제기구로부터 금융, 투자사업, 의료보건 등의 지원을 받을 수 있어 이들 저소득국가의 '낙후'도 시대에 걸맞은 새로운 성과를 내고 있다.

오늘날의 저소득 국가들은 산업 혁명 이전의 물적 자본 부족에 비하여, 국내 투자 자금의 부족을 보충하기 위해 외부 자금의 유입을 지원받고 차입할 수 있다. 따라서, 이러한 경제 국가들에 있어서, 자본의 수익률이 낮은 문제보다는 자본의 요소 부족 문제가 더 두드러진다.

"왜 자본은 부유한 나라에서 가난한 나라로 가지 않는가"라는 명제를 놓고 성장 경제학자들은 폭넓은 토론을 벌였다. 솔로로 대표되는 성장 이론은 자본의 보수가 감소한다는 가정 하에 가난한 나라와 부유한 나라 성장이 일치하다는 가설을 도출한다. 여기서 인용된 결론은, 자본의 수익률이 가난한 나라에서 부유한 나라보다 높아야 한다는 것이다. 그러나 로버트 이루카스Robert Elucas, Jr.는 인적자본 차이, 인적자본의 유출성, 자본시장의 미비성 등 몇 가지 가설을 근거로 자본수익률이 가난한 나라에서 기대만큼 높지 않다고 보고 "왜 자본은 부유한 나라에서 가난한 나라로 흘러가지 않는가"라는 질문에 답을 시도했다[1].

또한 오늘날의 저소득 국가들은 산업혁명 이전과는 다른 특징을 가질 수 있도록 시대와 연관된 요소들도 존재한다. 예를 들면, 첫째, 물적 자본

---

[1] Robert E. Lucas, Jr., Why Doesn't Capital Flow from Rich to Poor Countries? *The American Economic Review*, Vol. 80, No. 2, *Papers and Proceedings of the hundred and Second Annual Meeting of the American Economic Association*, May, 1990, pp. 92-96.

의 법칙과 유사하게 가난한 나라가 직면한 인적 자본 부족 현상도 결국 그 보상 수준이 너무 낮아서 축적 인센티브가 부족하고, 둘째, 오늘날 저소득국가의 인구 변화도 완전히 내생적인 것이 아니라 외생의 출산 관념, 정부 정책, 산아제한 수단, 의료 보건 상황에 영향을 받고 있으며, 마지막, 맬서스의 함정에서 벗어난 개발도상국이라고 하더라도 여전히 일부 빈곤 지역이 존재하고 있으며, 여전히 M성장상태이다.

예외 없이 중국은 현대 역사 시대에 진입하기 전 수천 년 동안 맬서스의 빈곤 함정에 허덕였다. 다만 GDP 총량과 1인당 GDP 수준에 관해서도 중국이 한때 세계 평균보다 앞섰고 마크 엘빈Mark Elvin 등 경제사학자들에 따르면 중국은 오랫동안 '높은 수준의 균형 함정'에 놓여 있었다.

앵거스 매디슨의 역사 데이터에 따르면 서기 1000~1600년 사이에 중국의 1인당 소득은 대체로 세계 평균 수준이었다. 경제 규모(GDP 총량)는 1820년에 중국이 세계의 3분의 1을 차지했을 때였다. 바로 그 시점에서 중국은 세계 경제의 "대분류" 속에서 침체된 국가의 반열에 떨어졌고, 경제 총량이 세계 비중과 세계 평균 대비 1인당 소득 수준은 계속 하락했다.

한때 오랫동안 유행했던 '고수준 균형함정'은 중국 역사상 농업의 실천이 전통기술과 생산요소를 완벽히 조합하여 유럽의 초기 역사보다 높은 생존수준을 유지했기 때문에 인구증가가 매우 빠르며, 이에 따라 노동력이 과다하고 지나치게 저렴해지기 때문에 노동절약형 기술이 자주 적용되지 못한다고 가설하였다[1]. 그러나 이러한 설명은 왜 중국에서 이러한 농업적 실천이 이루어졌는지에 대해서는 답하지 못하고 있는 것이 분명하다.

---

[1] Daniel Little, Microfoundations, Method and Causation: On the Philosophy of the Social Sciences, Transaction Publishers, 1998, pp. 151-169.

이전에 맬서스의 빈곤함정에 대한 설명을 보았을 때, M타입의 경제 성장을 가진 국가라면, 전반적으로 확대된 등생산량선(그림 2-1의 Q_1)에 있는 기간이 길고, 균형 등생산량선 Q_0으로의 회귀 속도가 느리고, Q1으로의 이동이 비교적 용이하다면, 이 나라는 높은 수준의 균형함정의 성격을 갖는다. 이마오커 등 학자들의 연구는 옛 현대 시절의 중국 경제가 이러한 특수한 균형 함정에 항상 처해 있으면서도 중국을 경제 성장의 M타입에서 제외할 수 없음을 증명한다[1].

의도적으로 대분류의 형성 원인을 설명하지 않는 이론적 가설이지만, 경제 성장 이론과 경제사는 점점 더 두 주류 방향으로 집중되어 경제 성장이 성공할 수 있었던 원인을, 하나의 사회가 충분히 많은 발명, 창조, 혁신, 혹은 총칭 아이디어의 창출, 그리고 효과적인 재산권 보호를 위한 제도적 장치를 형성하기 때문에, 창조자에게 인센티브를 줄 수 있기 때문이다. 따라서 대분류의 수수께끼를 푸는 열쇠는 물적 자본과 인적 자본을 축적하고 낮은 수준의 균형 함정을 깨기에 충분한 임계 최소 요구에 도달할 수 있는 사회에 제도적 시스템을 형성할 수 있느냐 하는 것이다.

나아가 세계 경제 역사를 대상으로 제시된 '대분류의 수수께끼'도 좋고, 그 특수한 중국 버전인 '조지프 니덤의 난제'도 물적자본과 인적자본의 인센티브 메커니즘, 그리고 실효성을 축적하는 등 중국과 서방이 양분된 양극단으로 해석해야 한다. 따라서, 이 두 수수께끼는 사실 중국 고대처럼 왜 후진국들이 맬서스의 균형의 함정을 깨는 데 필요한 물질자본과 인적자본 축적을 형성하고 이를 과학기술 혁신과 경제 발전으로 바꾸기 위해 필요한 제도를 결여하였는지에 대해 일반적 또는 특이적으로 기술할 수 있다.

실제로 세계의 저소득국가들이 균형잡힌 함정을 타파할 수 있도록 지

---

[1] 우리는 다음 장에서 이 인기 있는 '고수준 균형 함정' 가설을 검토할 것이다.

도와 귀감이 연구의 출발점이 된다면, 오늘날 세계의 빈부격차와 남북분야가 많든 적든 대분류 현상의 연속이라는 것을 깨닫고, 현대의 세계 경제 성장현상에 대한 우리의 관심은 적어도 경제사에 대한 관심 동량의 기이한 광경이다. 즉, 맬서스 빈곤의 함정을 연구하는 것은 경제사를 설명하는 데 의의가 있을 뿐만 아니라 현재 개발도상국의 빈곤 현상을 인식하는 데에도 중요한 의미가 있어야 한다.

한 국가의 물적 자본과 인적 자본의 양과 증대에 있어서, 품질의 요소는 결코 변화할 수 없는 것은 아니다. 이러한 변화를 이끌어낸 동력과 그 유발 메커니즘은 여러 요인에 의해 영향을 받는다. 경제학설사는 단일 영향 요인에 기초한 '결정론'이 국가 간 물적 자본과 인적 자본의 축적에 있어서 차이가 발생하는 원인을 결코 충분히 밝혀내지 못하기 때문에 일반적인 이론적 해석력을 갖기 어렵다는 것을 시사한다.

그러나 지리적 위치와 환경, 자연자원의 자질, 정치제도적 유산, 경제체제 선택, 우발적인 역사적 사건, 문화종교 등의 요소들은 자본축적에 미치는 영향을 달리한다. 이 모든 요소들이 서로 다른 방식으로 조합될 때, 물질 자본과 인적 자본의 축적이 그 방향 또는 다른 방향으로 변화하도록 촉진하는 어떤 힘이 형성될 것이다. 이 때 경제 발전의 특정한 경로가 형성되고, 한 나라로 하여금 어떤 경로에 의존하게 할 수도 있다. 국가가 어떤 요소의 조합에 의해 결정되는 발전 모델에 지나치게 의존하게 되면 그에 상응하는 고도의 안정 균형 상태인 맬서스트랩에 빠지게 된다.

M타입의 성장을 인식하는 것은 일반적인 분석의 틀을 갖출 필요도 있고, 연구 대상인 구체적인 국가나 지역의 이러한 독특한 영향 요소들의 조합을 찾아내야 한다는 것을 알 수 있다. 이는 이 과제가 이처럼 까다로운 학식과 실감을 요구하기 때문에, 대분류 수수께끼와 조지프 니덤의 난제가 관련 분야 연구자들의 꾸준한 학문적 목표가 되어, 즐겁기도 하고, 폭넓은 공감을 얻을 수 있는 돌파구를 마련하기도 어렵다.

중국은 이전 현대 시대에 서유럽 봉건 사회와는 다른 제도적 형식을 가지고 있었고, 이로 인해 물질적 자본과 인적 자본의 축적에 불리한 일련의 요소들이 파생되었다. 첫째, 거대한 중앙 제국과 분산된 흩어진 소농가 사이에 독립적이면서도 규모가 큰 경제 주체가 부족하기 때문에 임계 최소 규모의 물적 자본 축적을 형성하기에 부족하여 낮은 수준의 균형의 함정을 깨기 어렵다. 둘째, 이러한 사회는 필요한 혁신의 수요요소가 부족하기 때문에, 그에 따라 인재도 혁신의 지향점을 따라 양성되고 선별될 수 없으며, 인적 자본의 축적 역시 낮은 수준의 균형의 함정을 깨는 임계적 요구에 미치지 못한다. 다음 장에서는 이 두 가지 방향으로 조지프 니덤의 난제에 대응하려고 시도할 것이다.

3. L타입 성장 및 '중국 기적'

루이스Arthur Lewis의 이론과 떼려야 뗄 수 없는 이원 경제 발전 단계는 한 국가에서 경제 전체가 잉여 노동력이 많이 존재하는 농업과 무제한 노동력을 공급받을 수 있는 비농업 부문으로 뚜렷하게 구분되어 농업이 잉여 노동력을 방출하는 과정과 비농업 산업이 노동력을 흡수하는 과정으로 경제 성장 과정을 이룬다[1]. 중국과 많은 개발도상국들은 이 개발 단계에 있다. 일본과 아시아의 4소룡으로 대표되는 후발 산업화 경제국도 일찍이 이러한 개발 단계를 거쳤다.

이 성장유형이 미국과 유럽의 초기 산업화 국가들 외외에서 그 증가 양상이 더욱 두드러지게 나타난 것은 후발 국가들이 더 빠른 인구 전환

---

[1] Arthur Lewis, "Economic Development with Unlimited Supply of Labor", *The Manchester School*, Vol 22, No.2, 1954, pp. 139-191.

과정을 거쳤기 때문이다. 인구 변화가 빠르게 일어나 고출생, 저사망, 고성장 단계에 이르면 노동력의 잉여가 형성된다. 다른 한편으로는, 어떤 제도적 요소는 노동력의 충분한 이동을 저해하기 때문에 노동력의 공급 과잉 불균형을 단번에 변화시킬 수 없기 때문에, 점차적으로 잉여 노동력을 소화하는 것이 경제 성장의 기본 특징을 이룬다. 이것이 우리가 정의하는 L형 경제 성장이다.

그림 2-2에 나타낸 바와 같이, 자본 투입 Ok_0과 노동 투입 Ol_0은 같은 생산 라인 Q_0에 초기 생산 수준을 형성한다. 이러한 성장 유형은 노동력의 무한한 공급 특성을 가지고 있기 때문에, 동시에 발생할 수 있는 경제적 여유는 일단 축적되면 새로운 자본 투입이 형성되고, 노동 투입에 비례하는 보조를 취하여 경제 성장을 이룰 수 있다. 예를 들어 그림 2-2에서 확장된 자본투입 Ok_1과 노동투입 Ol_1은 같은 생산 라인인 Q_1에 새로운 생산 수준을 형성한다. 노동력 공급이 여전히 충분한 한 이러한 생산량 확대 과정이나 경제 성장은 지속될 수 있다.

뿐만 아니라, 자본과 노동투입의 규모가 계속 확대되는 순환왕복 과정에서 노동력은 잉여상태에서 생산적으로 사용되며, 동시에 한계노동생산력이 매우 낮은 농업에서 한계노동생산력이 훨씬 높은 비농업산업으로 전환되어 하나의 자원재배치 과정을 이루게 됨으로써 이원 경제 발전단계 특유의 전요소생산성의 원천인 자원재배치 효율을 얻게 된다.

뿐만 아니라 산업혁명 이후의 개발도상국들은 선진국과 기술격차로 인해 독특한 후발우위를 가지고 있으며, 기술 및 기계장비의 도입으로 전요소생산성을 향상시키다. 이는 그림 2-2에서 자본과 노동의 증가로 산출 수준이 Q_0에서 Q_1로 이동함과 동시에 전요소생산성 향상으로 산출 수준이 Q_2로 더 이동되는 것을 나타낸다. 많은 국가들의 경험에 따르면, 이원 경제 개발단계에서 전요소생산성은 향상될 뿐만 아니라, 비교적 빠른 속도와 비교적 큰 폭으로 향상될 수 있다. 따라서, 이원 경제 개발 시기는

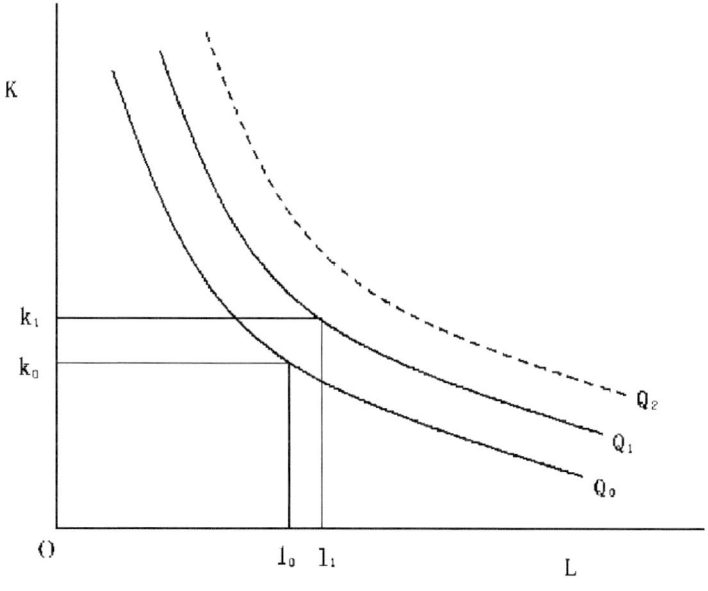

그림 2-2 루이스의 이원 경제 발전

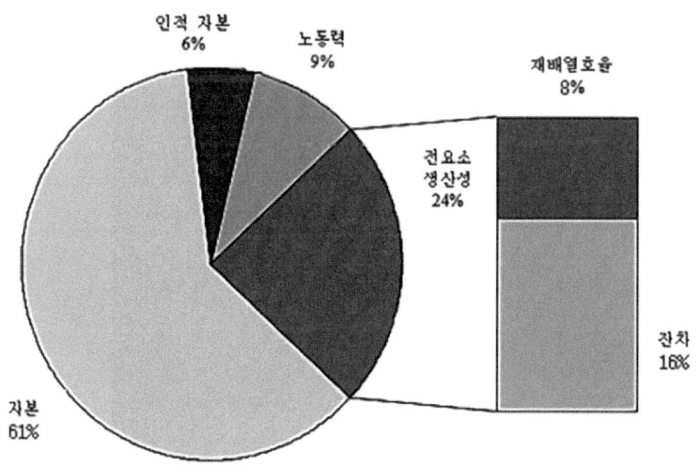

그림 2-3 개혁기 경제 성장의 원천(1979-2010년)

자료출처: 이 중국 경제 성장의 원천에 관한 분해는 조문과 토론하고 그가 구체적으로 추산한 것이다.

제1편 경제사와 성장이론 시각   63

통상적으로 고도성장을 수반한다.

이 모델에서 보듯이 이원 경제 발전 과정에서는 이미 현대 경제 성장 부문과 현대교육체계가 존재하기 때문에 물적자본과 인적자본의 축적은 자연적인 한계가 없으며, 문제는 축적과 그 효율적 구성을 위한 인센티브 메커니즘을 실현하는 데 있다.

예를 들어, 계획경제 시대에 중국은 물적자본과 인적자본의 축적 면에서 모두 동등한 소득 국가보다 훨씬 앞섰지만, 제대로 된 배치를 받지 못했고, 경제 성장도 두드러지지 않았다. 따라서 개혁개방 기간을 중국의 대표적인 L형 경제 성장 단계로 삼는다면, 이 시기의 제도변화가 어떻게 물적자본과 인적자본을 효율적으로 배치할 수 있는 인센티브를 창출하고 풍부한 노동력을 방출하여 인구배당금을 통한 전례 없는 고속 경제 성장을 이룰 수 있을 것인가 하는 문제를 모색할 필요가 있다.

1970년대 말부터 시작된 중국의 개혁은, 물적 이익 원칙을 운용하는 노동자의 적극성과 기업의 이윤 동기를 높이는 것으로부터 출발했고, 가격 형성 메커니즘의 변화와 기업 경쟁의 증강에 따라, 개혁은 자원 분배 체제에 더욱 와닿게 되고, 가격 복선제와 같은 개혁 방식을 통해 계획 경제 체제는 점차 포기되었다. 그 과정에서 물적자본과 인적자본의 축적을 위한 두 가지 인센티브가 형성되었다.

첫째는 직접 미시적 경제활동에 대한 인센티브 메커니즘이다. 농업가족청부제, 노동보수제도개혁, 노동력시장발육, 공기업개혁, 비공유 경제 발전, 자본과 노동의 축적과 합리적 배치가 경제활동당사자에게 최대한 혜택이 돌아가도록 한다.

둘째는 지방정부가 경제 발전에 개입하기 위한 인센티브 제도이다. 재정분권, 정부심사제도, 임원승진제도 등의 개혁은 각 급 (특히 재정예산권이 있는)정부가 지방 경제 발전에 적극성을 북돋워 정부간 경제 성장속도 경쟁을 형성한다[1]. 지방정부는 직접 투자를 유치하고 기업이 상위 정부로부터 자원을 확보하도록 도울 뿐만 아니라 각종 인적 자본의 기여를 장려하고, 인재영입 정책을 실시하기까지 노동력이 부족할 경우 농민공들을 유치하기 위한 정책을 수립하여 내놓기도 한다.

인센티브 시스템이 점차 개선되는 조건 하에서, 노동력의 무한 공급의 특징은 고속 성장을 촉진하기 위해 사용되고 잠재적인 인구 배당금은 경제 성장 성과로 실현된다. 1979-2010년 동안, 중국 GDP의 연평균 성장률은 9.9%였다. 이러한 전형적이고 완벽한 이원 경제 발전의 기적은 노동력의 무한한 공급 특성과 관련하여 많은 '불균형' 현상이 발생하여 자원이 재배치될 수 있는 기회를 얻게 된 것이다.

다음, 우리는 자신의 성장 분해(그림 2-3)에 근거하여 이원 경제 발전과 관련된 일련의 특수 성장 기회를 관찰하고, 어떻게 고속 성장 원천이 될 수 있는지 연구하며, 우리의 분해 결과를 하나의 표적으로 다른 학자들의 관련 결론과 비교한다. 경제학자들은 보통 성장 분해에 인구 부양비(의존적 인구 대비 노동 연령 인구의 비율)라는 변수를 넣어 인구 배당금이 경제 성장에 기여하는 것을 구분한다[2]. 그러나 우리는 중국의 경험에서 인구 배당금의 역할은 부양비라는 변수가 다룰 수 있는 것이 아니라, 실제로는 거의 모든 성장 원천(또는 설명 변수)에서 나타난다..

중국의 모든 개혁 기간 동안, 동시에 급격한 인구 변화, 즉 출산율 저하로 노동 연령 인구의 총량이 지속적으로 증가하고, 전체 인구에서 차지하

---

1 장오창張五常는 중국의 '기적에 가까운 경제 성장'을 지방정부(특히 현급 정부를 지칭) 간 치열한 경쟁을 유발할 수 있는 체제 탓으로 돌렸다. 그러나 우리는 이 같은 체제 효과에 대한 무조건적인 추앙에는 동의하지 않는다.장오창張五常의 〈중국의 경제제도〉, 중신출판사 2009년판을 참조한다.
2 Jeffrey Williamson, "Growth, Distribution and Demography: Some Lessons from History", NBER Working Paper Series, No. 6244, 1997.

는 비중이 계속 높아지고, 노동력의 충분한 공급을 보장한다. 이것은 노동력 증가에 따른 경제 성장에 기여하는 것으로 나타난다. 인구 변동의 또 다른 지표인 인구 부양비 역시 크게 낮아져 경제 성장 창출의 잉여가 확대되고 높은 저축률을 달성함으로써 자본 축적을 위한 좋은 여건을 조성했다. 노동력 무한 공급의 특징은 자본 보수 감소 현상을 막고 신고전적 성장의 제한 조건을 허물어 자본 형성을 비교적 오랜 기간 동안 고속 경제 성장의 중요한 엔진으로 삼을 수 있게 한다. 이것은 자본의 기여로 나타난다. 새로운 성장 노동력의 교육 수준이 지속적으로 크게 향상되었고, 인적 자본의 축적 속도가 전례 없이 빨라져 인적 자본에 기여하였다. 개혁기간 동안 중국의 경제 성장에 대한 많은 분해가 유사한 실증결과와 결론에 도달했다. 결론적으로 말하자면, 중국의 고속 경제 성장에 기여한 가장 큰 요인은 자본 형성과 노동력 증가이며, 노동자들의 교육수준 향상에도 주목할 만한 기여를 했다는 것으로 요약된다.

전요소생산성의 향상과 경제 성장에 대한 공헌은 개혁개방의 시기를 계획 경제 시기와 뚜렷하게 구분하는 키포인트이다. 기술 격차 해소와 체제 변화 효과는 생산 요소의 축적 이외의 성장 원천인 전요소생산성 개선에서 크게 나타난다.

그러나 특히 이 경제 성장 유형과 관련된 생산성 원천, 즉 노동력이 농업에서 비농업 산업으로 전환되어 특유한 자원 재배치 효율을 창출하였으며, 전요소생산성 향상의 중요한 부분을 구성하였다. 전요소생산성은 개혁 이전의 성장에 대한 마이너스 기여에서 개혁 기간의 플러스 기여로[1]

---

1 양건백의 〈속도 구조 효율〉,〈경제연구〉1991년 제9호; Xiaodong Zhu, "Understanding China's Growth: Past, Present, and Future", *The Journal of Economic Perspectives*, Vol. 26, No.4, 2012, pp. 103-124; [미]드와이트 퍼킨스: 〈역사와 국제적 시각으로 본 중국의 경제 성장〉〈경제학〉(계간) 제4권 제4호, 중국 경제연구센터, 베이징대학교출판사 2005년판.

변화하며, 그 중 중요한 부분은 노동 부문 이전에 따른 자원 재배치 효율이다.[1] 주어진 요소들이 성장에 대한 현저한 기여분을 축적하고 경제학자들은 일반적으로 이 시기의 중국 경제 성장을 요소 투입 구동형으로 분류한다. 하지만 바로 L형 경제 성장이 갖는 노동력의 무한한 공급 성격 때문에 이러한 성장 모델이 주효하기 때문이다[2].

4. T타입 성장 및 '중위 소득 함정'

만약 우리가 농업노동력의 잉여 첫 걸음을 월급의 생존수준의 성격을 바꾸지 않고 끊임없이 노동력을 공급받을 수 있는 상태로 정의하고, 나아가 한계노동생산성이 비농업산업에 비해 현저히 낮은 경우로 정의한다면, 이원 경제 발전은 결국 잉여노동력의 종말을 맞게 될 것이다. 이것은 비록 점진적인 과정이지만, 노동력 부족 현상의 출현과 일반 노동자의 월

---

[1] L. Brandt and Xiaodong Zhu, "Accounting for China's Growth", *Working Paper* No. 395, Department of Economics, University of Toronto, February, 2010.

[2] Fang Cai and Wen Zhao, "When Demographic Dividend Disappears: Growth Sustainability of China", in Masahiko Aoki and Jinglian Wu (eds.), *The Chinese Economy: A New Transition*, Basing-stoke: Palgrave Macmillan, 2012. 주소동은 독특한 방법으로 중국 경제의 성장 원천을 분해해 개혁 기간 중국 경제의 주요 원천은 자본 투입이 아니라 전 요소 생산성 향상이라는 특이한 연구 결론을 도출했다. 참조, Xiaodong Zhu, "Understanding China's Growth: Past, Present, and Future", *The Journal of Economic Perspectives*, Vol. 26, No. 4, 2012, pp. 103-124. 사실, 당시 싱가포르 경험에 대한 논의가 보여주었듯이, 기술 진보의 요소는 자본 기여로 나타날 수도 있고, 생산성 기여로 나타날 수도 있으며, 이론 가설과 모델 선택에 달려 있다. (참조, Jesus Felipe, "Total Factor Productivity Growth in East Asia: A Critical Survey", EDRC Report Series, No. 65, Asian Development Bank, Manila, Philippines, 1997). 주소동의 방법과 결론은 신고전적 성장 이론과의 일치성을 확립함으로써, 전통 이론이 L형 경제 성장의 특수성을 이해하지 못하는 어색함을 피하기 위한 것이다.

급 상승과 같은 가장 특징적인 변화가 어느 시점에 두드러지게 나타나는데, 이를 루이스 전환점이라고 부른다.

이 전환점에서는, 이에 상응하는 특징적인 성장 유형, 즉 T형 경제 성장을 형성한다. 이것은 이원 경제 발전의 특수 단계, 혹은 L형 경제 성장이 S형 경제 성장으로 이행하는 특수한 형태이다.

그림 2-4에 나타낸 바와 같이 k_0과 l_0, k_1과 l_1 및 k_2와 l_2에 대응되는 자본의 노동 투입 조합은 등생산량 라인 Q_0, Q_1, Q_2에 각각 특정한 산출 수준을 이루며, 앞서 기술한 이원 경제 발전 시기의 성장 과정을 구성한다. 그러나 노동투입이 l_2 수준에 이르렀을 때 경제 발전은 노동투입을 더 늘리면 노동자의 임금을 올려야 한다는 루이스의 전환점을 맞았다. 이론상 잉여노동력의 흡수가 거의 끝나 노동력이 희소생산 요소로 작용하는 시초라고 볼 수도 있다. 따라서 k_3에 자본을 더 많이 투입하는 상황에서 더 이상 동률적인 노동투입이 이루어지지 않게 되면 자본보수체감 현상이 발생할 수 있다. 그 후 경제 성장은 솔로적 신고전 단계에 접어들게 된다.

그러나 이원 경제 이론에서 루이스의 전환점은 노동력 부족, 일반 노동자의 임금 상승의 시작일 뿐, 정작 이원 경제 발전 단계를 종식시키는 전환점은 농업과 비농업산업의 한계인 노동생산력이 동등할 때 비로소 도달하는 이른바 상업화 포인트다[1]. 즉, 루이스의 전환점이 도래했다고 해서, 경제 성장이 곧 솔로적인 신고전 세계로 들어가는 것은 아니다. 실제로, T형 경제 성장은 여전히 L형 경제 성장의 한 단계이며, 동시에 이원 경제 발전과 신고전적 성장의 두 가지 특징을 가지고 있다.

2004년 중국 연해 지역에 '노동자 부족'이 발생하였고, 이후 다른 도시 지역으로 급속히 확산되어 전국적인 노동력 부족 현상이 되었으며, 이에

---

[1] Gustav Ranis and John C. H. Fei, "A Theory of Economic Development", *The American Economic Review*, Vol. 51, No. 4, 1961, pp. 533-565.

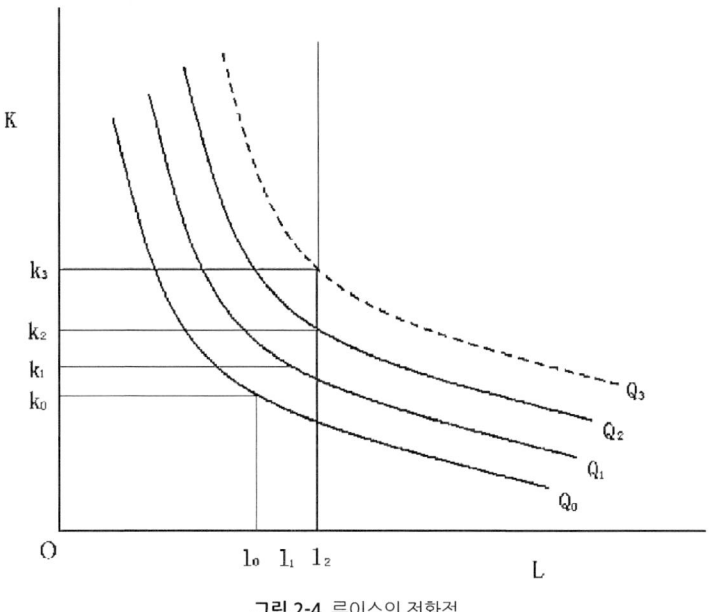

그림 2-4 루이스의 전환점

따라 일반 노동자들의 임금은 지속적으로 인상되었다. 국가통계청의 연례 조사에 따르면 2003~2012년 사이에 전국 농민공의 실질 임금 인상률은 연 12%였다. 같은 기간 도시 노동자 임금과 농업 노동자 임금의 인상속도도 빠르다.

이원 경제 이론에 따르면, 이것은 2004년이 루이스의 전환점에 도달한 연도를 의미한다. 루이스 전환점의 도래는 인구 보너스의 없어짐과 밀접한 관련이 있다[1]. 6차 인구 센서스의 데이터에 따르면, 15~59세의 노동연령 인구는 2010년에 정점을 찍은 후 마이너스를 기록하기 시작했다. 따라서 루이스의 전환점이 도래한 2004년을 보수적으로 기점으로 삼고,

---

[1] Fang Cai, Demographic Transition, "Demographic Dividend, and Lewis Turning Point in China", *China Economic Journal*, Vol. 3, No. 2, 2010, pp. 107-119.

노동연령인구 증가정지로 대표되는 인구배당금 소멸연도인 2010년을 종점으로 삼는다면 루이스 전환구간도 완성돼 중국의 이원 경제 발전은 그 막바지에 접어들었다.

루이스의 전환을 뛰어넘은 중국 경제는 아직 신고전적 성장 유형이 될 수는 없지만, 후자로의 전환을 위한 급행 차선에 접어들었다. 이러한 전환 단계에 있는 국가들로서는, 한편으로는 전통적인 성장 요인의 식미式微에 직면하여 성장이 감속되는 반면, 많은 이전의 효과적인 물적 자본과 인적 자본이 축적된 인센티브 메커니즘은 더 이상 유효하지 않을 수 있기 때문에, 경제 성장은 감속 가능성에 직면하게 된다[1].

루이스의 전환기를 완성한 중국 경제는 이러한 경제 발전 단계에 있다. 잠재고용성장률, 투자성장률, 전요소생산성 추이에 따라 다른 성장요인의 변화가 없다면 중국 경제의 잠재성장률은 '제십이차 오개년 계획' 기간 현저히 낮아지고 '제십삼차 오개년 계획' 기간에도 계속 낮아질 것으로 예측됐다(그림 2-5). 이전의 경제 개발 경험과 교훈에 대한 연구에 따르면, 한 국가가 이러한 감속에 제대로 대응하지 못하면 '중위 소득의 함정'에 빠질 위험이 있다고 한다[2].

개발 단계의 변화로 인해 잠재적인 경제 성장 능력이 떨어진다고 해서 반드시 중위 소득의 함정을 초래하는 것은 아니다. 그러나 감속 원인에 대해 잘못 판단할 경우, 즉 공급 측면의 요인에서 잠재성장률을 높이는 것이 아니라 수요 측면의 요인에서 경제 성장을 부양하는 데 초점을 맞춘다면 부적절한 정책성향이 형성될 수 있다. 잠재성장률을 높이고 합리적

---

[1] Barry Eichengreen, Donghyun Park, and Kwanho Shin, "When Fast Growing Economies Slow Down: International Evidence and Implications for China", NBER Working Paper, No. 16919, 2011.

[2] [미]인도르미트·질, 호미·칼라스 등: 〈동아시아 부흥: 경제 성장에 관한 관점〉, 중신출판사 2008년판.

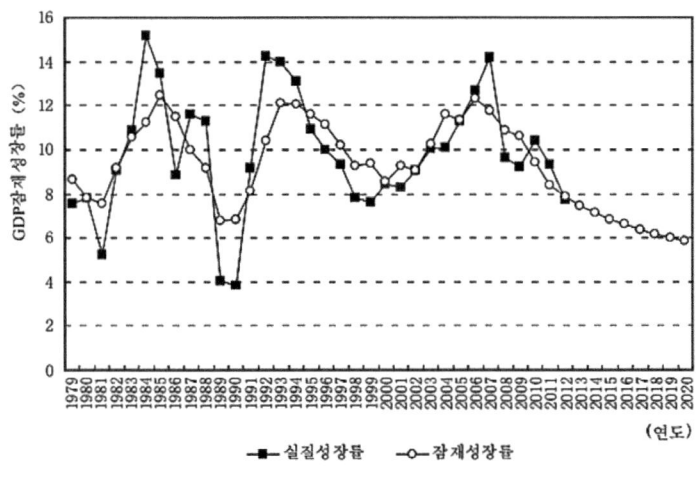

그림 2-5 잠재성장률하락세

자료 출처: 차이팡과 육양의 연구에 근거하여 수정한 결과. 참조, Cai Fang and Lu Yang, "Population Change and Resulting Slowdown in Potential GDP Growth in China", China & World Economy, Vol. 21, No. 2, 2013, pp. 1-14.

인 경제 성장 속도를 유지하는 키포인트는 전요소생산성을 높이는 것이며, 그 실현의 길은 제도 혁신과 기술 혁신이다.

일반적으로 혁신이 빌려야 할 수단은 일종의 '창조적 파멸'이지만 정부인은 수요를 자극하는 고도의 개입 방식으로 승자 고르기에 열중하면서도 실패를 받아들일 수 없기 때문에 결과적으로 독점을 유지하고 후진성을 보호해 '좀비기업'을 만들고, 결국 물적 자본과 인적 자본에 대한 인센티브가 쌓이는 피해를 입게 마련이다.

정책 실수로 경제 성장의 자연감속이 장기 침체로 전환되면 좋은 인센티브가 없는 상황에서 렌트추구행위가 난립하고 자원 및 소득분배가 불합리한 격차로 확대되는 방향으로 변화하게 되어 불공정하고 불평등한 이익구도가 형성될 수밖에 없다.

중남미 일부 국가들의 경험에 의하면, 케이크 증량 없이 기존의 케이크 분배 구조가 기득권 집단과 불가분의 관계에 있는 상황에서 재분배에 대한 정치인들의 약속은 전혀 지켜지지 않고 사회 정책이 나로드니키 Narodniki 주의의 늪에 빠져 있다. 불평등한 분배 구도에서 기득권이 두드러질수록 이득자는 개혁에 대한 거부감이 강해져서 체제의 고착화와 기득권의 강성화가 누적되었다[1]. 서양 속담에서 "나쁜 일이 꼬리를 물고 늘어지는 것은 모두 못 하나 때문이다"라고 하며[2], 중위소득의 함정과 여러 가지 벗어나기 어려운 문제들은 보통 경제 성장이 감속된 후의 부당한 정책 조치에서 비롯된다. 따라서 경제 성장의 감소에 대한 미약해지는 것을 막기 위해 올바른 인식과 정책적 대응이 미진해야 한다.

지금까지 많은 경제학자들과 정책 연구자들은 인구배당금 소멸에 따른 잠재성장률 하락의 원리를 알지 못했고, 중국의 경제 성장률 감소가 수요 부족에 기인한 것으로 오해하여 산업정책을 채택하는 데 열심이며, 중앙정부의 투자주도형 지역발전전략과 자극적인 거시경제정책을 적극적으로 추구하여 투자수요를 촉진하는 목적을 달성하였다. 이러한 정책 성향에 따른 지방 정부의 부채 창출 현상과 과잉 생산 능력이 더욱 심해지고 있다. 사실, 역사적 교훈으로 볼 때, 지방 부채와 과잉 생산 능력은 아직 가장 큰 위험이라고 할 수 없다. 일본의 뼈아픈 교훈은 과잉 유동성이 결국 비생산적이거나 투기적인 투자처로 흘러가 더 위험한 거품경제를 형성하게 된다는 것을 보여주고, 예를 들어, 이재업, 부동산업, 해외부동산투자 등이다.

잠재성장률이 낮아졌다는 것은 제조업 비교우위와 경쟁우위가 떨어져 기존 생산기업으로는 버틸 수 없다는 것을 의미한다. 일반적으로 실물 경

---

[1] Rudiger Dornbusch and Sebastian Edwards, "Macroeconomic Populism in Latin America", NBER Working Paper, No. 2986, 1989.
[2] 서양에서 널리 퍼진 속담 중 하나는, 전문은 이 적어서 발굽이 없어지고, 발굽이 적어서 군마가 죽고, 군마가 부족해서 대장이 죽고, 대장이 부족해서 전쟁에서 이기지 못하고, 전쟁에 져서 왕국이 죽고, 나쁜 일들이 줄줄이 못이겨요.

제가 강하지 않은 상황에서 인프라와 같은 공사에 대한 열의도 높지 않다. 일본 정부는 대규모 공공 투자로 경제를 부양하려고 시도할 때 투자 자금이 조달하기 어려운 궁핍한 상황에 처했다. 일본 경제기획청 장관을 지낸 미야자키 하야지는 재정 부양책 시행 중 공공투자가 우선 '예산이 있어도 지급하지 않았다', 이어서 '하도금이 제대로 되지 않았다', 나아가 '자금이 도착하여 착공하지 않았다' 등의 겹겹이 할인되는 문제가 있다[1].

미야자키 하야지는 자금이 어디로 갔는지 끝내 파악하지 못했다. 이에 대해 케인스의 비판자들은 1933년에 이미 선견지명이 있었다. 케인스의 부양책 제안에 대해 그는 경제정보위원회의 경제학자 동료인 휴버트 한더슨이 그에게 편지를 보내 "2억 파운드라는 거대한 프로젝트를 시작하겠다고 발표하면 최소 1년 동안 주문서를 하나도 받지 못하며, 동시에 프놈펜 주식 같은 시장에 급격한 영향을 미칠 것이다. 그러면 당신은 선순환이 시작되기 전에 악순환에 사로잡혀 헤어나지 못할 수도 있다[2]." 일본의 거품이 꺼진 후 '잃어버린 20년'에 빠졌다.

중국의 급속한 경제 성장과 함께 도시와 농촌 주민의 소득 격차도 확대되고 있다. 일부 연구에 따르면 자원점유 불평등으로 인한 재산적 소득, 특히 합법과 비합법 사이의 회색소득을 고려하면 소득의 불평등 정도가 훨씬 더 높을 수 있다[3]. 이러한 소득분배구도 뒤에는 일련의 체제요인에 의한 자원분배 기제의 불규범과 불투명성이 있기 때문에, 소득분배 문제의 해결은 반드시 근본적인 개혁을 추진하는 것에서부터 시작하여 체제 및 메커니즘에서 기득권 구도를 타파해야 한다.

---

1 [일]미야자키 하야시 : 〈일본 경제 정책 체험자 실록〉, 중신 출판사 2009년판, pp. 188-189.
2 로버트 스키드르스키: 〈케인스전〉, 생활·독서·신지 삼련서점 2006년판, p. 550.
3 왕소루: 〈회색 소득과 국민 소득 분배〉, 송소소우, 이실, 석소민, 뢰덕성 편집장 〈중국 소득 분배: 탐구와 논쟁〉, 중국 경제 출판사 2011년판.

개혁에 걸림돌이 되는 기득권을 없애는 한편, 소득 분배의 부당한 문제를 해결하는 동시에 경제 성장의 감소에 제대로 대처하는 것이 더 중요하고 케이크가 계속 커지고 있는지 확인하다. 이제 중국 경제가 처한 이 발전단계에서 어떻게 해야만 걷잡을 수 없는 경제 붕괴와 침체를 피할 수 있는지 살펴본다. 이원 경제 발전은 노동력의 무한 공급이라는 특유한 현상 때문에 노동력 부족이라는 새로운 고전적 조건을 타개할 수 있다는 점에서 자본의 한계 보수 감소를 피할 수 있다. 따라서 루이스가 전환점을 오기 전에 잉여 노동력이 계속 풀리고 흡수되는 과정에서 자본보수 체감이 일어나지 않고 투자수익률도 낮아지지 않을 것이다.

그림 2-6에서 보듯이, 경제 발전 단계가 L포인트(루이스 전환점)에 도달할 때까지 자본 보수와 투자수익은 R의 변함없는 수준을 유지한다. 그러나 L포인트 이후 자본의 보수 감소 현상이 발생함에 따라 $R_0 R_1$의 궤적을 따라 자본의 한계보수와 투자수익이 하락하는 자연스러운 추세이다.

그러나 추상적으로 자본 보수와 투자수익을 분리하여 살펴보는 경우, 그림 2-6에서 보듯이, 둘의 하락을 각각 저지하거나 지연할 수 있는 두 가지 방법이 있다. 첫 번째는 노동 공급을 늘리고 노동력 부족 현상을 완화할 수 있는 방법이라면 자본의 한계 보수 체감하는 과정을 늦출 수 있고, 그림 2-6에서 $R_0 R_2$의 변화 궤적으로 나타낼 수 있다.

싱가포르는 루이스의 전환점을 늦추고 인구 배당금 수확 기간을 연장하는 등 외국인 노동자를 많이 도입한 예이다. 출산율 저하에 따른 노동 연령인구 증가 감소와 급속한 경제 성장에 따른 노동력 부족으로 인해 싱가포르는 1970년대 중반부터 이민 정책을 완화하면서 외국인 취업자에 대한 도입 규모를 점차 늘려나갔다. 2010년에 싱가포르 전체 노동력의 34.7%가 외국인이었다[1]. 바로 싱가포르의 노동 공급이 비교적 풍부하

---

[1] Siow Yue Chia, "Foreign Labor in Singapore: Rationale, Policies, Impacts, and

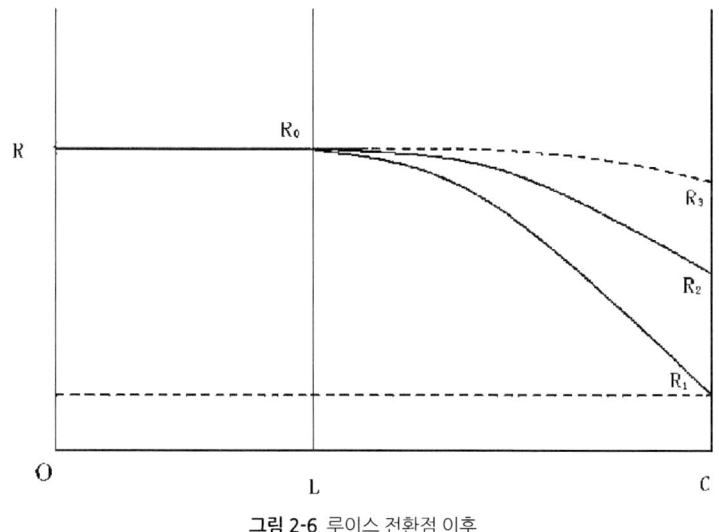

그림 2-6 루이스 전환점 이후

게 유지되었기 때문에 자본 보수 체감이 지연되어 비교적 오랜 기간 고속 성장을 유지하였고, 전요소생산성의 발전으로 전환할 수 있는 시간을 벌었다.

중국에서도 외국인 이민을 끌어들이는 것 외에 개혁을 통해 노동 공급을 늘릴 수 있는 잠재력은 매우 크다. 도시에서 고용 안정과 주거 전망이 부족하여 균등한 공공서비스를 받지 못하기 때문에 농민공의 노동참여율이 인위적으로 억제되었고 농민공의 시민화를 핵심으로 하는 호적제도의 실질적인 개혁을 추진하면 인구배당금을 연장하고 자본 보수 체감을 지연시키는 역할을 할 수 있다.

그러나 이원 경제 발전 시기는 결국 완결될 것이고 신고전적 증가 단계는 어떤 후발 국가라도 도달해야 할 목적지이다. 따라서 자본의 보수

Issues", *Philippine Journal of Development*, No. 70, First and Second Semesters, Vol. XXXVIII, No. 1 & 2, 2011, pp. 105-133.

감소는 결국 불가피하며, 투자수익률을 유지하는 키포인트는 노동생산성의 향상에 달려 있다. 이것이 두 번째 방법, 즉, 자본 수익의 감소로 인한 격차를 메우는 것이 투자 수익률 하락의 길을 가로막는다. 다시 말해, 노동생산성을 높이는 것은 자본의 한계 보수 감소를 막는 것이 아니라, 후자의 투자수익률 하락 효과를 상쇄하고 경제 성장을 유지하는 것이다. 이 효과는 그림에서 R_0 R_3의 변화 궤적을 나타내며, 경제 발전이 상용화 시점(그림에서는 C로 대표됨)에 도달할 때까지 경제 성장이 완전히 신고전형으로 변화하며, 투자수익률을 뒷받침하는 유일한 요인은 생산성 향상이다.

5. S타입 성장 및 지속 가능한 원천

어느 경제국이라도 루이스의 전환점을 넘어서 농업과 비농업 산업의 한계 노동 생산력에 맞먹는 상업화 지점에 도달하면, 그 경제 성장은 솔로가 정의하는 신고전적 유형에 속한다. 이 주류 경제학자들은 전력을 기울여 "부지유한, 무논위진不知有漢, 無論魏晉"의 경지에 도달한 S형 경제 성장에서 노동력은 부족하다고 가정되었다. 노동력의 질적 향상으로 자본 노동비는 여전히 합리적으로 향상될 수 있지만 자본 축적으로 인해 지속적으로 증가하는 투자는 결국 어느 한 가지 점에서 보수 체감을 겪게 될 것이다.

그림 2-7에서, 최초의 자본과 노동의 투입 조합은 Ok_0 대응 Ol_0이고 등생산량 라인 Q_0 위에 생산 수평을 형성한다. 반면 자본투입이 Ok_1으로 확대된 후에도 노동투입은 Ol_0의 그대로 유지되었고 산출수준은 Q_1로 대표되는 등생산량 라인까지 올라갈 수 있었지만 자본보수체감은 여전히 발생했다. 따라서 경제의 지속 가능한 성장은 전적으로 전요소생산성의 향상, 즉 변함없는 생산요소 투입수준에서 생산수준이 생산성 향상으로 Q_2

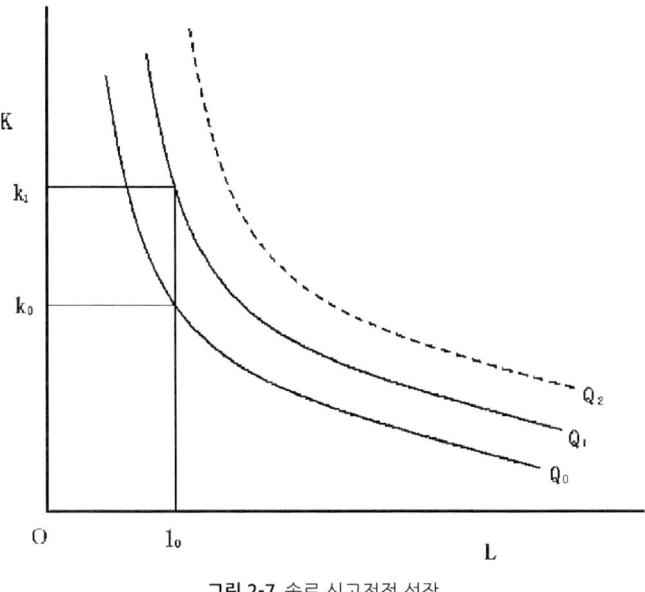

그림 2-7 솔로 신고전적 성장

로 대표되는 등생산량 선상에 도달해야 한다.

바로 이러한 성장유형에 속하는 선진국이 기술선봉에서 홀로 가야 하기 때문에 경제 성장속도는 더 이상 L유형에 도달할 수 있는 수준이 아니기 때문에, 하나의 경제체는 신고전 상태에 접근하는 과정에서 현저한 성장감속을 겪을 수밖에 없다.

각국의 경제 발전 경험에 따르면 솔로적 신고전경제 상태는 위험으로부터 멀리 떨어져 있는 '약속의 땅The Promised Land'가 아니다. 신고전 상태에서 경제 성장 위험이 발생하는 것들은 일반적으로 국가 및 지역 간 경쟁력 증감과 경제 주기의 발생은 결국 불가피하며 사회보험 프로그램 특히 공공양로보험 프로그램의 경우 많은 국가에서 지속 가능한 위기에 처하게 된다.

구체적인 경험과 교훈으로는 일본식 '고소득 함정'과 같은 '잃어버린 20년', 유럽의 국가채무위기로 인한 각국의 저성장, 고실업과 재정 지속

제1편 경제사와 성장이론 시각 77

불가, 미국에서 흔히 존재하는 금융 리스크와 고용 없는 회복 등이 있다.

게다가 거의 모든 성숙한 제도 형태에 있어서 오래 지속되는 논쟁이 있으니, 일치하기 어렵다. 경제의 자유방임을 더 떠받들 것인가, 정부 개입을 더 강조할 것인지, 사회적 보호와 노동 시장 제도가 필요한지, 효율적인 손실이 발생하지는 않는지, 금융시장에 대한 규제를 강화해야 하는지 등등. 그러나, 경제 연구 성과는 S형 경제 성장에 대해 약간의 공감대를 형성하고 있으며, 중국처럼 신고전 성장 단계로 변화하는 경제 국가들에게 경제 성장의 원천과 제도 건설에 대한 귀감을 제공할 수 있다.

첫째, 신고전성장은 안정된 균형이 아니라 많은 불균형이 존재하며, 불균형이 균형에 가까워지는 과정에서 창조적인 파괴로 가득 차 있다. 다만, 그것만이 생산성 향상의 기회의 창구를 형성한다. 따라서 신고전성장도 슘페터적인 혁신의 과정이다.

예를 들어, 일부 경제학자들의 연구는 미국과 같은 성숙한 시장경제 국가에서 기업의 부문 진입과 퇴출, 성장과 소멸, 창조적 파괴의 과정이 형성되고 자원 재배치 효율이 발생하며, 그에 따른 전요소생산성의 향상은 전체 생산성 진보의 30~50%를 차지한다[1]. 이 때문에 이른바 보수 체증 현상이 존재하는 것이다.

둘째, 창조적 파괴의 과정이 있기 때문에 기업은 신생, 성장, 생존, 사망 속에서 경쟁적으로 존재하여, 그에 따라 근로자도 때때로 주기적, 구조적과 마찰적 실업에 시달리게 된다. 특히 기술 변화 속도가 빠르고 슘페터식 혁신이 한창일 때 노동시장의 요구에 부응하지 못하는 많은 기능들이 사회 안전망의 보호를 받아야 한다. 따라서 경제학자들이 아무리 효율성을 추구하고 경쟁력이 부족한 노동자에 대해 냉담하다 하더라도 노동시

---

[1] Lucia Foster, John Haltiwanger and Chad Syverson, "Reallocation, Firm Turnover, and Efficiency: Selection on Productivity or Profitability?" *American Economic Review*, Vol. 98, No. 1, 2008, pp. 394-425.

장제도와 사회보험체계를 포함한 사회적 보호 메커니즘은 결국 필수불가결하다. 저소득단계에서 중위소득단계와 고소득단계로 넘어감에 따라 각국은 거의 예외 없이 이와 관련된 제도건설을 진행해왔다[1].

마지막으로, 정부와 시장 간의 관계의 확정은 일정한 규정이 없지만, 이와 관련된 이론적 논쟁은 오래 지속되어 거의 영원한 이슈가 되었지만, 일반적으로 공공재와 개인 제품의 성격에 따라 정부와 시장의 경계를 구분하여 양자의 관계를 다루고 각각의 기능을 규정하는 주요한 방법이 되었다. 루이스는 "정부의 실패는 그들이 너무 적게 했기 때문일 수도 있고, 너무 많이 했기 때문일 수도 있다"는 막연한 사실을 지적했다[2]. '루이스 패러독스'가 내포하고 있는 의미는 더 많이 하고 적게 하는 데에서 더 이상 활로가 없다는 것이다.

이론적 진전과 각국의 경제 발전 실천을 합쳐 정부가 '많다'는 것과 '적다'는 것에 얽매이는 루이스의 패러독스를 지양하고, 정부가 '무엇을 한다'는 것과 '무엇을 하지 않는다'는 것을 더 잘 규정하는 데 초점을 맞추고 있다는 공감대가 커지고 있다. 이 기본적인 문제가 비교적 분명한 상황에서, "어떻게 하는가"의 이차적인 문제를 더 탐색한다. 즉 정부가 수행해야 할 기능은 각종 독점행위를 방지하고 시장경쟁의 공정성과 충분성을 보호하는 것이고; 사회보장체계와 노동시장 제도를 수립하고; 직접 경제활동에 대해서도 정부는 재정정책과 통화정책 수단을 통해 거시경제 운용에 대한 조정을 필요로 하고; 산업정책 시행에서 정부는 경제 과정에 직접 참여하는 것을 최소화하고 생산요소 가격에 대한 왜곡을 근절하고 경영주체에 대한 차별적 처우를 방지해야 하며, 정부는 필요한 제도 개혁

---

[1] Richard Freeman, "Labor Markets and Institutions in Economic Development", *AEA Papers and Proceedings*, Vol. 83, No. 2, 1993, pp. 403-408.
[2] [영] 아서, 루이스: 〈경제 성장 이론〉 량소민 역, 상하이삼련서점, 상하이인민출판사, 1994년판.

제1편 경제사와 성장이론 시각

을 추진하는 데 필수적인 역할을 해야 한다.

중국 경제는 결국 신고전적 성장 단계에 진입해야 한다. 한편으로는 다른 선진 경제국과 동일한 문제에 직면하게 될 것이고, 예를 들어 전요소 생산성의 향상 경로를 모색해야만 경제 성장의 지속가능성을 유지할 수 있으며, 다른 한편으로는 이원 경제 개발 시기에 이미 형성된 '미부선로 未富先老'특징과 같은 독특한 도전도 여전히 직면하게 될 것이며, 중국에 특별한 중위소득 함정위험을 가져올 뿐만 아니라, 다른 형태로 더 높은 발전단계로 이끌게 될 것이며, 신고전단계의 경제 성장과 사회발전에 특별한 낙인을 찍게 될 것이다.

또한, 일본의 경제 발전 '잃어버린 20년'에서 드러났듯이, 높은 소득의 성장 단계에서 경제 성장은 자연스레 순항하고 개선되지 않을 뿐만 아니라, 더욱 도전적인 난제를 극복해야 한다. 사실, 이원 경제 발전 단계에서 신고전적 성장 단계로 이행하는 과정에서, 이미 많은 미래의 도전들을 내포하고 있으며, 미리 대비해야 한다.

6. 맺음말

상당히 오랜 세계 경제사적 경도에서 인류가 경험하고 각국에서 각각 겪고 있는 경제 성장 유형 또는 단계는 각각 맬서스식 빈곤함정(M타입 성장), 루이스식 이원 경제 발전(L타입 성장), 루이스 전환점(T타입 성장), 솔로식 신고전성장(S타입 성장)으로 요약된다[1]. 이러한 몇 가지 성장 유형은 본

---

[1] 실제로 필자는 제4장에서 루이스 이원 경제 발전의 준비 단계로 '겔츠 내권화'라고 불리는 경제 발전의 형태나 단계를 추가할 것이다. 제4장에 두는 것은 전문적으로 논술할 충분한 지면이 필요하기 때문이다. 그러나 이러한 배열은 이 장의 무결성에 영향을 미치지 않다.

질적으로 상이한 자기 특성을 가지고 있고 경제적 인센티브와 성장의 원천이 서로 다르지만, 그에 따른 제도와 정책에 대한 욕구도 크게 다르고, 그러나 그것들은 서로 역사적, 논리적 연계가 있기 때문에, 경제 이론의 통일된 틀로 충분히 설명되어야 한다.

이 장에서 시도한 바와 같이, 이러한 통일된 이론의 틀을 만들면, 경제 발전 단계의 각종 현상과 경제 발전 동태의 다양한 차원으로부터 경제사에 대한 이론적 일치성, 관찰적 연속성, 실천적 비교 가능한 해석을 할 수 있는 유익한 분석 수단을 제공할 수 있다.

예를 들어, 인류가 겪고 있는 빈곤, 따라잡기와 부유함이라는 몇 가지 경제 상태, 침체, 도약, 고속, 고안정화에서의 저속 등의 몇 가지 성장 상태, 물적 자본과 인적 자본의 축적, 기술 및 제도 혁신, 생산성 향상 등의 경제 성장 동향은 모두 이 틀에 전부 받아들일 수 있다. 이렇게 하면, 오랫동안 파편화되고 형식화된 특징의 다양한 경제 발전 이론의 흐름들에 참신하지만 흙을 지키는 책임있는 해석력을 부여할 수 있다.

더 중요한 것은, 이 장의 목적은, 중국 경제 발전의 역사와 현실을 일치성 있는 이론적 틀로 해석하는 것이며, 그리고 미래를 전망한다. 상당히 긴 역사적 시야에서 볼 때, 중국은 이미 네 가지 성장 유형 중 첫 세가지 과정을 거쳤다. 또한, 중국은 세계 경제에서 현저한 관심으로 이러한 발전 단계의 변화를 거쳤으며, 경험, 교훈, 참고, 계발에 관한 풍부한 소재를 가지고 있을 뿐만 아니라, 그 급속한 변화율로 관찰의 편리함을 제공하였다.

이렇게 우리는 더욱 가용성을 갖춘 이론무기와 천혜의 발전역정을 이용하여 중국의 경험을 승화시키고, 지금까지의 "자위"행위를 "자각"행동으로 변화시켜 중국 경제 발전의 길에 대한 자신감을 높이고, 미래의 도전에 대한 인식을 증진시킬 수 있으며, 동시에 발전경제학의 부흥에도 중국 경제학자다운 공헌을 할 수 있다.

제3장

성장적 시각으로 '조지프 니덤의 난제'를 다시 풀어보기

1. 머리말

경제 성장 이론은 일반적으로 두 가지 관점에서 성장 문제를 탐구하고, 하나는 보수 감소, 즉 가난한 나라가 부유한 나라에 대한 동향을 추구하고, 다른 하나는 보수 상승에 초점을 맞춰 선진국의 지속적인 성장 원천을 모색한다. 이 두 가지 연구 전통의 이론적 출발점은 서로 대립되는 것처럼 보이지만, 역사상 모든 경제 개발 유형과 그 단계의 교체에 대한 관심을 같이 구성하고 있으며, 특히 오늘날의 선진국, 중위 소득국, 가난한 나라의 경제 개발 현상을 설명하는 데 도움이 된다.

발달과 미발달의 분야는 오랜 역사 프로세스가 만들어낸 결과이며, 전반적으로 지금으로부터 약 400년 전에 일어난 소위 '대분류great divergence'를 상징적인 출발점으로 삼을 수 있다. 만약 엄격한 시간 차원에 그치지 않고 역사와 논리가 통일된 차원으로부터 출발한다면, 이 큰 분류는 인류 경제 발전의 가장 중요한 분수령을 대표하고, 후자는 특정 시점에서 산업혁명을 빠르거나 느린 실현한 국가들을 구분하고, 이로부터 맬서스의 함정에서 벗어나 새로운 경제 발전 단계로 나아간다.

산업 혁명의 원흉이 되지도 않았고, 산업 혁명의 막차를 타지도 못한 나라들은 오랫동안 맬서스의 함정을 헤매고 다녔다. 다만 산업화에 필요한 과학기술은 이미 19세기와 20세기에 공공 지식이 되었기 때문에, 많은 가난한 나라들에게도 초기 산업 국가를 따라잡을 기회를 주었다. 그러나, 그 당시에 대분류에 의해 다른 나라로 밀려났던 나라들은 비록 일정한 현대 경제 부문이 있었지만, 아직도 많은 부분 중위 소득 발전 단계를 맴돌고 있다.

경제 개발의 문제는 종적으로 보면 경제사를 구성하는 연구 분야이고 횡적으로 보면 성장 이론의 연구 분야이다. 두 연구 분야 모두 연구자들의 끈질긴 탐구를 유도할 수 있는 수많은 개발 수수께끼를 남겼고, 왜 국가들 사이에 경제 발전의 '대분류'가 발생하는지, 혹은 왜 부유한 나라와 가난한 나라들이 각각 그 발전 상태를 유지하는지에 대한 근본적인 문제점들은 관련이 있다. 두 개의 차원을 하나로 연결한다면, 장기적인 경제 발전에 대한 우리의 인식을 증진시키고, 두 학문 분야에서 이 흥미진진한 연구 수수께끼를 푸는 데 도움이 될 것이라고 상상할 수 있다.

'조지프 니덤의 난제'는 중요한 학술 수수께기이고 보다 광범위한 명제인 '대분류의 수수께끼'의 중국 비전이다. 오랫동안 중국 과학기술사 연구에 종사해 온 조지프 니덤은 많은 사료로 기원전 3세기부터 15세기까지 중국의 과학발명과 발견이 동시대 유럽을 훨씬 앞질러 세계 최고 수준이었음을 증명하려고 시도했고, 그 이후에는 서방에 밀렸다. 따라서 '조지프 니덤의 난제'는 두 단계로 나눠서 답을 줘야 될 것 같고, 첫 번째 단계는 왜 중국의 초기 과학기술과 경제 발전이 크게 앞서갔는지, 두 번째 단계는 왜 중국이 15세기 이후의 과학기술과 경제 발전이 유럽에 크게 뒤떨어졌는지에 대한 해답을 필요로 하는 것이다.

이 수수께끼에 대해서, 각각 직접적인 발각과 보다 광범위한 배경 자료가 있다. 먼저, 많은 연구자들이 조지프 니덤의 연구 결론에 근거하여 중국의 여러 시기의 과학기술 발명들을 정리하고, 세계 과학기술 발명 역사에서 자신의 위치를 밝힌 후, 몇 가지 중요한 발견들을 설명하였다.

예를 들어 템플Robert Temple은 현대세계의 기초적인 발명 창출의 거의 절반 이상이 중국에서 비롯되었다고 결론지었다[1]. 그러나, 중국의 발명품 창출은 1500년 이후부터 세계적으로 차지하는 비중이 급격히 감소하여, 산업혁명이 시작되자마자 미미해졌다. 예를 들어 과학기술사 자료에 따르면 401~1000년 동안 전 세계 45건의 주요 과학기술 발명품 중 32건이 중국에서 발생했고 1501~1840년 동안에는 전 세계 472건의 주요 과학기술 발명품 중 19건만이 중국에 속했다.

둘째, 경제사학자들은 기존의 세계 경제 구조, 즉 유럽과 그 해외 이민지역이 과학기술과 경제에서 1인당 소득에서 절대적으로 앞서고 있는 것은 결코 지금까지의 일이 아니라는 것을 인정하고 있다. 학자들의 연구에 따르면 1500년 전후의 세계는 재산이 주로 동양에 집중되어 있었는데, 이 '동양' 개념에서 중국의 위상은 매우 중요했다. 다만 그 이후에야 유럽이 서서히 부상하기 시작했고 18세기 후반에는 동서양의 '대분류'가 나타났다[2]. 비슷한 시간대에 중국과 서방의 경제적, 과학기술적, 생활수준의 격차가 점점 더 커져서 결국 빈곤과 약소가 누적된 나라가 되었다. 그래서, 경제사학자와 성장이론가들 깊은 연구로 동서양의 이 '대분류'가 왜 등장했는지에 대한 해답을 시도하면서, '조지프 니덤의 난제'는 사실 대

---

[1] Robert Temple K. G., *The Genius of China: 3000 Years of Science, Discovery, and Invention*, London: Carlton Publishing Grout, 2007, p. 11.

[2] 대표적이고 영향력이 매우 넓어서, 하나의 유명한 학파(주요 학자들이 주로 캘리포니아 대학에서 교편을 잡고 있기 때문에 "캘리포니아 학파"라고 불린다)를 형성한 문헌은, 펑무란 〈대분류-유럽, 중국 및 세계 경제의 발전〉을 참조할 수 있다. 장쑤인민출판사 2003년판.

분류의 수수께끼'의 특별한 중국 버전일 뿐이다.

경제사학자들은 충분한 학문적 열정을 쏟아부어 '대분류의 수수께끼'와 '조지프 니덤의 난제'를 풀어내려고 시도했고, 서로 보완적이면서도 대립적인 여러 가지 가설을 형성했으며 관련 문헌들은 매우 풍성하지만 일치된 결론을 내릴 수 없다. 요약하자면, 소위 '고수준 균형함정'이라는 가설이 주류의 지위를 차지거나, 대부분의 관련 연구의 시작점이 되고 있으며[1], 왜 중국은 산업혁명으로 가는 진화의 길로 나아가지 못하는지에 초점을 맞추고 있다. 이러한 도전적인 중대한 역사적 명제는 자연히 경제학자들의 참여도 끌어들여, 그 중 가장 많이 등장하는 것은 바로 노스 Douglass C. North 전통의 제도경제학적 해석에서 비롯된 것이며, 그 주안점은 왜 중국이 산업혁명의 발생에 유리한 제도적 변천을 형성하지 못했는지를 설명하는 것이다[2].

기존의 연구성과는 분명 다른 각도에서 우리의 인식을 증진시켰지만, 대부분의 이론해설들은 "하나의 명제를 다른 명제로 귀결시키는 것"의 폐해에 흐르고 있으며, 지금까지도 우리는 '대분류의 수수께끼'와 '조지프 니덤의 난제'에 대한 틀에서 보다 종합적이고 이론적으로 보다 철저하며 경험적으로 서는 해답을 바라고 있다.

이 목표를 추구하기 위한 시도로서, 본 장은 경제 발전의 역사를 관통하는 성장 이론을 틀로 '대분류의 수수께끼'를 왜 동양국가들이 맬서스의 균형의 함정을 깨뜨리는 데 필요한 물적자본과 인적자본 축적 메커니즘을 형성하지 못하고 과학기술 혁신으로 전환시켜 산업혁명 호기를 놓쳤을 뿐만 아니라 막차를 따라잡지 못했는지에 대해 재정의한다. 그러나 이 책의 저자는 단지 이 중대한 명제의 중국 특례인 '조지프 니덤의 난제'에

---

[1] Mark Elvin, The Pattern of the Chinese Past: A Social and Economic Interpretation, California: Stanford University Press, 1973.
[2] [미] 더글러스·노스, [미] 로베스·토마스: 〈서구세계의 대두〉, 화하출판사 1999년판.

초점을 맞추고 있다. 비록 후자의 표현은 '대분류의 수수께끼'의 표현과 완전히 일치할 수 있지만, 우리는 여전히 아래에 추가적인 이론적 토대를 마련할 필요가 있다.

제2장의 토론에서, 우리는 장기적인 경제사적 과정으로부터 네 개의 시간계속 관계를 갖는 경제 발전 단계를 식별할 수 있어, 각각 맬서스식 빈곤의 함정, 루이스식 이원 경제 개발, 루이스 전환점, 그리고 솔로식 신고전적 성장으로 구분할 수 있다. 경제학자로 명명된 이 몇 개의 경제 발전 단계는 각각의 개발 단계의 가장 주요한 특징을 비교적 쉽게 파악할 수 있다.

어떻게 하면 전의 발전단계에서 다음 발전단계로 변화할 수 있는가는 경제 성장이론 연구의 일반적인 이슈이고 동양국가들이 왜 먼저 혹은 최소한 서양국가들과 함께 맬서스의 빈곤함정에서 벗어나 현대 경제 성장 단계에 진입하지 않았는지에 대해 특정적으로 답하는 것은 '대분류의 수수께끼'가 제시하는 이슈이며, 왜 중국은 산업혁명의 고향이 되지 않았는지에 대해 역사적으로 과학기술과 경제의 선두적 위치를 유지하는지에 대해 답하는 것이 '조지프 니덤의 난제'를 푸는 특별한 목적이 된다.

새로운 형태의 성장 이론 중 두 가지 방향의 이론적 흐름이 점점 더 주류를 이루고 있다. 하나는 경제 성장을 한한 사회가 충분히 좋은 발명, 창조, 혁신을 만들 수 있는가, 혹은 포괄적으로 말하면 아이디어$_{ideas}$를 만들 수 있는가 하는 것으로 귀결시키는 것이다. 또 하나는 제도 결정론이고, 즉 경제 성장 성과가 재산권을 효과적으로 보호하는 제도적 안배를 형성할 수 있느냐에 달려 있는데, 따라서 발명가들에게 보상을 줄 수 있다. 창의적인 아이디어를 낸 사람들이 보상을 받을 수 있도록 소유권을 보호하는 제도적 장치가 마련되어 있으며, 일반적으로 어떤 경제 성장 성과와 나아가 국가의 흥망성쇠를 결정하며, 특히 한 나라가 산업혁명의 진원지 또는 주요 전쟁터가 될 수 있는지가 결정된다[1].

중국이 맬서스의 함정에서 벗어나는 특수한 장애물을 맞춤형으로 해결하기 위해서는 위의 두 가지 성장 이론의 흐름을 수정하거나 보완할 필요가 있다. 먼저, 아이디어가 물적자본과 인적자본과 결합되어야만 경제 성장에 도움이 되는 엔진과 연료로 바뀔 수 있다. 둘째, 인적자본은 생산 아이디어의 원천이고, 물질자본은 창조의 운반체이며, 또한 물질자본과 인적자본의 축적에 영향을 미치는 요소는 동일하며, 실제로 둘 중 하나가 없어서는 안되며, 서로 협력해야 한다. 마지막으로, 물적자본과 인적자본의 형성을 방해하는 근원은, 재산권 제도가 부실하다는 것으로 귀결하고, 장려 메커니즘이 부실하다는 이론적으로 더 충분하다는 것으로 귀결하는 것이 타당하고, 장려라는 개념의 개괄성이 더 주연되기 때문이다.. 예를 들어, 인적자본의 축적을 장려하는 요소는 승진 제도와 같은 것도 포함되며, 유일한 재산권 제도에서 비롯되는 것은 아니다.

이제 우리는 좀 더 실증적인 '대분류의 수수께끼' 혹은 그 중국 버전인 '조지프 니덤의 난제'를 새롭게 정의하고 해답을 시도할 수 있다. 중국과 서방 맬서스 형식의 경제 성장의 차이는 물적자본과 인적자본의 장려 메커니즘의 차이, 즉 유럽의 전형적인 봉건제와 중국의 왕조 제국제가 서로 다른 장려 메커니즘을 만들어 냈다는 데 있다.

즉, 계속 순환적 빈곤의 함정 속에서 최소 자본축적을 위한 조건과, 인적 자본의 장려 메커니즘이 형성되어야 하여, 혁신과 생산활동이 결합되지 않으면 빈곤의 균형이 깨질 수 없다. 따라서 '대분류의 수수께끼'('조지프 니덤의 난제')는 어째서 동양국가(중국)가 고대에 맬서스의 균형의 함정을 깨뜨리는 데 필요한 물질자본과 인적자본 축적 메커니즘을 형성하지

---

[1] 더글러스·노스 등의 문헌 외에, 참조 Charles Jones, "Was An Industrial Revolution Inevitable: Economic Growth Over the Very Long Run", NBER Working Paper, No. 7375, 1999.

않고 이를 과학기술 혁신으로 전환시켜 산업혁명의 적기를 놓치게 했는지 다시 말할 수 있다.

2. 맬서스 함정 속의 중국 경제

인류의 경제 개발은 오랜 역사를 거쳤고, 그 대부분은 맬서스식 빈곤의 함정에 허덕이는 것이었다. 성장경제학자 존스는 "인류의 지금까지 100만 년 역사를 상상해 보면 길이가 100야드인 표준럭비 코트를 따라 출발점에서 종점까지 걸어왔다며 99야드 지점인 1만 년 전에야 인류가 농업을 일궈냈고, 단순히 어획, 채집만으로 살아가는 원시적 생산 방식과 고별했고, 로마제국의 전성시기는 종점에서 불과 7인치밖에 떨어져 있지 않고, 우리가 흔히 알고 있는 맬서스 시대와 산업화 시대를 구분짓는 산업혁명은 일단 그라운드의 종점에서 1인치도 채 떨어지지 않는다"고 비유한 바 있다[1].

많은 경제사학자들이 세계의 미개한 시대부터 시작된 경제 총량과 인류의 삶의 수준을 반영하기 위해 먼 경제사 데이터를 복원하려고 시도한다. 이러한 예측은 정확도 평가를 내리기 어려워 증거는 부족하지만, 그것은 결국 1500년까지 세계 1인당 GDP수준이 장기간 정체되었다가 그 이후에야 완만한 성장을 하고, 1인당 소득이 실질적으로 향상되기 시작하면 산업혁명의 대표 해인 1800년에나 볼 수 있다는 총체적인 개념을 우리에게 줄 수 있고(그림 3-1), 대분류가 발생한 것은 바로 그때 이후이다.

---

[1] Charles Jones, "Was An Industrial Revolution Inevitable: Economic Growth Over the Very Long Run", NBER Working Paper, No. 7375, 1999.

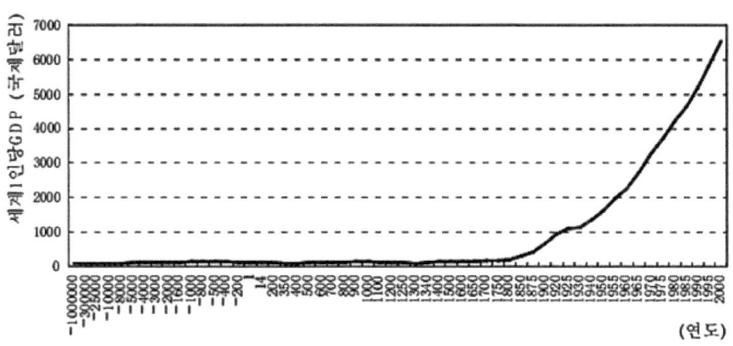

그림 3-1 세계 1인당 GDP의 배회와 성장

자료출처: Bradford DeLong, Estimating World GDP, One Million B. C. –Present, 1998, http://www.jbradford=delong.net/TCEH/1998_Draft/World_GDP/Estimating_World_GDP. Html, 2015년9월10일.

이 긴 세계 경제 발전의 역사 속에서 중국은 매우 중요한 부분일 뿐만 아니라 특별한 의미를 지니고 있다. 중국의 인구는 처음부터 끝까지 세계 총인구의 큰 몫을 차지한다. 예를 들어, 갈검웅葛劍雄은 적어도 기원후 원년부터 중국 인구가 세계 인구에서 차지하는 비율을 대체로 20~30%로 추정한다[1]. 중국은 세계 인구의 그렇게 높은 비율을 차지하고 있으며, 아직도 변화가 없다. 이에 따라, 중국의 전체 경제도 당연히 세계의 큰 몫을 차지하고 있다.

우선 매디슨의 추산에 따르면 1820년 중국 GDP 규모는 세계 전체의 32.9%에 달했고, 그 이전 1000여 년 동안 1/4 정도를 유지했다[2]. 따라서 중국의 경제 발전은 일정한 의미에서 세계 경제 발전의 총체적인 흐름을 나타낸다. 둘째, 세계 경제의 가장 중요한 사건인 대분류 역시 중국이 서

---

[1] 갈검웅: 〈중국인구사〉(제1권), 푸단대학교출판사 2005년판, p. 147.
[2] [영]앵거스·매디슨: 〈세계경제천년사〉, 베이징대학교출판사2003년판, p. 259, p. 238.

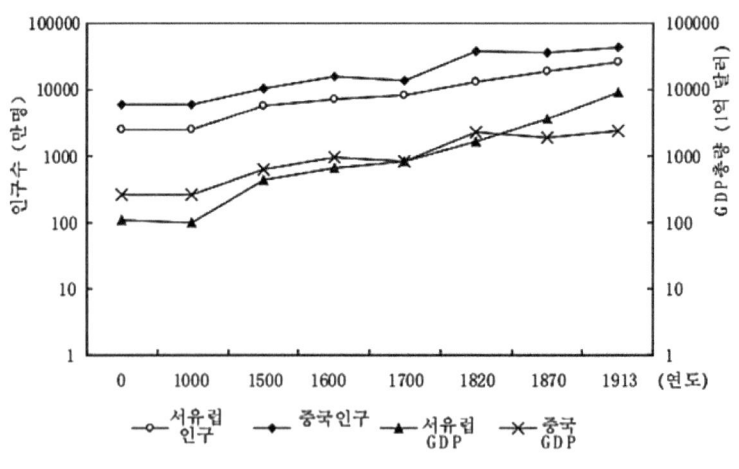

그림 3-2 중국과 서유럽의 역사 비교: 인구와 경제의 총 규모

참고: 두 세로축 모두 로그 형식을 사용한다.
자료출처: [영]앵거스·매디슨: 〈세계경제천년사〉, 베이징대학교출판사2003년판, p. 259, p. 238.

구 경제 발전에 뒤떨어진 것을 대표적인 사건으로 꼽을 수 있다. 이 두 가지 시각에서, 중국의 장기적인 경제 발전 – 말서스 함정에서의 발악, 대분류 후의 침체, 그리고 새로운 대추동에서의 부흥 추세와 현저한 위치를 설명하면, 세계 경제 발전과 그 학계에 반영되는 수수께끼들을 설명하고 인식한다.

옛 현대 시대의 중국 경제 발전은 산업혁명 이전의 세계 다른 지역과 동일한 특징, 즉 항상 맬서스 빈곤의 함정에 처해 있을 뿐만 아니라, 높은 수준의 균형 함정과 낮은 수준의 균형 함정에 교대하는 독특한 특징을 가지고 있다. 세계 경제의 '대분류'에 관한 관찰에서 밝혀진 바와 같이, 19세기 전반까지 중국의 경제 총량은 여전히 서유럽 국가들의 총합보다 컸다(그림 3-2).

그러나 이는 중국 경제 발전의 성과가 더 좋고, 1인당 소득 수준이 더 높다는 결론을 내리기에는 충분하지 않고 맬서스 시대 전체에서 중국은 서유럽보다 인구가 월등히 높았고, 산업혁명이나 '대분류'에 가까운 전환점일수록 서유럽보다 인구 증가 속도가 앞섰기 때문이다. 따라서 1인당 GDP를 기준으로 볼 때 중국의 초기 경제 발전은 고도의 안정성과 장기 침체의 특징을 띠고 있으며, 나중에는 서유럽에 급속히 뒤쳐지고 있다.

중국 인민의 생활수준은 상당히 긴 역사기간 동안 고도의 안정과 정체 불변의 상태에 있었고, 1인당 GDP가 항상 세계 평균보다 낮은 것은 아니지만, 적어도 1500년 이후부터는 이미 서유럽 국가들의 평균에 뒤떨어지기 시작했다. 매디슨이 정리한 1인당 GDP 수치에 따르면 1500-1820년 중국의 1인당 GDP는 600달러를 유지한 반면 서구권 평균은 774달러에서 1232달러로 높아졌다. 이후 격차는 더욱 빠르게 벌어졌고, 산업혁명 직전에 이르러 중국의 침체는 서구의 급속한 삶의 질 향상에 비해 '대분류'의 전형적인 낙후일극이 되었다.

여기에서 제기한 거창한 명제는 중국 경제가 늘 높은 수준의 균형을 이루고 있으면서도 이처럼 안정적이거나 급격히 흐름의 바로 뒤에 처져 있는 '대분류의 수수께끼'의 중국 버전인 '조지프 니덤의 난제'가 무엇인지는 분명해 보인다. 그리고 한 가지 작은, 그러나 앞의 더 큰 명제에 대답하는 논리적 고리에 없어서는 안 될 명제는, 중국 경제가 가지고 있는 '고수준 균형 함정'의 특징은 어떻게 하면 높은 안정과 침체와 동떨어지지 않는가.

산업혁명 이전의 중국 경제의 총량이 방대하고 지속적으로 성장했기 때문에 인구 증가를 촉진하고 거대한 인구 규모를 먹여 살릴 수 있다는 점에서만 본다면, 중국 경제 발전의 역사는 높은 수준의 균형 함정이라는 특징도 있다고 우리는 말할 수 있다. 그러나 이 특징은 역사적으로 중국이 과학기술발전, 경제 성장, 생활수준에서 세계보다 앞서 있다는 의미도 아니며, 왜 중국이 산업혁명이라는 분수령을 전후해 서방국가와 발전격차를 벌렸는지도 설명할 수 없다는 것을 보여줄 것이다.

수천 년 동안 높은 수준의 균형 함정을 유지할 수 있었지만 결국 서유럽의 경제 발전에 뒤떨어진 것은 중국의 경제 발전이 앞으로 나아가지 못하고 다시 시작하는 특별한 효과를 가지고 있다는 것을 의미할 것이다. 그래서 우리는 역사적으로 중국 경제 발전의 변동성질을 따져보고, 뒷면에 논리를 찾아내고, 왜 변동하는지, 어째서 주저주저하는지를 설명하여, 결국 세계역사조류에 의해 대분류의 다른 한끝에 휩쓸리게 되는 것이다.

중국 역사상 1인당 소득수준이 장기간 변하지 않은 이상, 이 통계지표를 살펴보면 경제 발전의 변동성을 볼 수 없으며, 따라서 경제 성장의 동태를 설명할 수 없다. 그러나 그림 3-2에서 볼 수 있듯이, 1인당 GDP의 장기적인 안정성은, 실제로 경제 총량의 변화 효과가 인구 변화에 의해 상쇄되는 것이며, 이것은 맬서스 메커니즘의 작용 방식이다. 즉 인구증가는 소득수준이 높아진 결과이지만, 인구증가는 그 후 1인당 자본과 산출 수준을 감소시켜 1인당 소득을 희석시키는 효과를 가져와 경제 발전수준과 삶의 질을 원점으로 되돌리는 결과를 낳는다. 따라서 역사적으로 인구 변화의 움직임을 경제 발전의 장기 배회에 대한 대리지표로서 방법론에 충분한 근거가 있고 유익하다.

역사학자는 사료기록에 근거하여 총합한 중국역사상 인구총량의 시계열 데이터에 대하여 약간의 문제가 존재하고 있고 학계에서 종래로 통일된 것은 없다. 데이터의 정확성과 인정에 영향을 미치는, 일반적으로 열거된 몇 가지 주요 요소들은 통계구경 문제, 예를 들면 역사상의 어떤 시기 공식 통계인 딩으로 인구를 대신과 가정으로 인구를 대시하고, 통계 범위의 문제, 예를 들면, 강역의 변화로 인한 인구통계의 불일치성, 데이터 부재, 기록 미상 등의 일반적인 문제이다.

따라서 각 연구소에서 제공하는 추정치의 차이는 매우 크다. 이 장의 목적은 인구수의 역사적 변화를 탐구하는 것이 아니라, 경제 발전이 반복

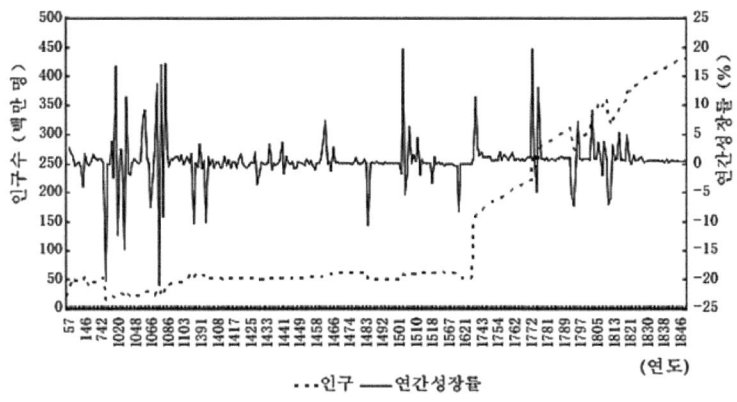

그림 3-3 오랜 역사 속의 중국 인구 변화

자료출처: 듀랜드Durand의 데이터를 바탕으로 정리하고 계산하다. John D. Durand, "The Population Statistics of China, A. D. 2-1953", Population Studies, Vol. 13, No. 3, 1960, pp. 209-256.

되는 동안 침체 상태를 변동성으로 반영하는 것이기 때문에, 우리는 John Durand의 연구를 참고하여 약간 처리하고 최대한 많은 연도를 포함하는 시계열 데이터를 제시한다[1]. 그림 3-3에 나타난 인구 변동 추세와 그 가설에서의 뒷면 경제 변동과 침체로 볼 때, 이 데이터 시리즈는 대체로 만족스러운 편이다. 그 추세는 중국 역사학자들이 일반적으로 생각하는 중국 역사에서 인구의 흥망성쇠는 규칙적인 현상이며, 경제 발전의 기복이 반영되는 것과 일치한다.

그림 3-3에 나타난 중국의 역사 인구 데이터의 출처로서 이 연구는 결국 상당히 낡았다는 것을 인정해야 한다. 더 늦어진 연구에 비해 듀랜드의 데이터 시리즈가 확연히 다른 것은 17세기 이전의 중국 인구 총량에

---

[1] John D. Durand, "The Population Statistics of China, A. D. 2-1953", *Population Studies*, Vol. 13, No. 3, 1960, pp. 209-256.

대한 추정이 다른 연구보다 훨씬 낮다는 것이다.

먼저, 듀랜드는 기원후 57년에 2,100만, 갈검웅은 기원후 원년에 6,000만[1], 매디슨은 서기 50년을 4,000만으로 추산한다[2].

둘째, 중국 인구가 1억 명을 넘어선 연대기가 듀랜드는 기원 1626년-1741년 사이, 갈검웅은 기원 700년-1100년 사이, 그 후에도 다시 1억 명 이하로 떨어진 적이 있으며, 매디슨은 1280년으로 추정되다가 다시 1억 명 이하로 떨어졌다가 1470년 다시 1억 명을 넘어서면서 대체로 1억 명 이상을 유지하다가 파동 속에서 점차 증가하고 있다.

그러나 중국의 모든 역사적인 인구 추정치는 인구의 변화 추이가 큰 변동의 완만한 증가로 나타난다는 공통점을 가지고 있다. 따라서 우리가 듀랜드의 장기 인구 변화 데이터를 빌리면 절대적인 인구 규모에 연연하지 않고 인구 변동의 특성을 주로 관찰함으로써 경제 성장이 정체된 성격에 대해 여전히 매우 유익한 정보를 얻을 수 있다는 장점이 있다.

비록 방대한 데이터의 부재와 많은 정보의 손실 등으로 변동 가능한 특성을 감추고 있지만, 인구 변동의 거시적 특성은 데이터 시리즈가 덮고 있는 1793년 동안 인구의 연간 성장률 변동이 최대 19.7%에서 최저 제로 성장 더 나아가서 마이너스 21.0%의 성장으로, 성장률의 차이가 16.4%에 달한다는 점을 여전히 드러낼 수 있다.

인구의 급격한 변동과 1인당 GDP의 높은 안정을 결합하여 관찰해 보면, 경제 총규모의 확장이 중국을 본래의 의미의 맬서스의 함정에서 벗어나게 하지는 못하며, 역사적으로 중국이 높은 수준의 균형함정에 있든 낮은 수준의 균형함정에 있든 간에 맬서스의 균형함정을 전형적으로 해석하고 있으며, 이 통용 이론에 대한 경험적 증거를 제공하고 있다. 사실 경

---

[1] 갈검웅: 〈중국인구사〉(제1권), 푸단대학교출판사 2005년판, p. 147.
[2] [영]앵거스·매디슨: 〈중국 경제의 장기적인 미래〉, 신화출판사1999년판, pp. 280-281.

제사학자들이 1인당 GDP라는 현대통계의 지표를 우리가 참조할 수 있도록 제공할 수 있는 연대기에 있어서 산업혁명 이전의 중국이 누렸던 최고 1인당 소득수준(1000~1600년)도 세계 평균수준에 지나지 않는다[1].

3. '고수준 균형 함정' 가설

높은 수준의 균형함정과 낮은 수준의 균형함정의 교체 속에서 중국의 장기침체상태를 살펴보면 과연 조지프 니덤이 의도한 '조지프 니덤의 난제'가 존재하는지, 다시 말해 전 현대화 시기에 과연 중국이 과학기술발명과 경제 발전에 있어서 세계의 다른 지역보다 앞서 있었는지에 대한 재검토가 상당히 필요하다. 분명히 이건 더 거대하고 더 어려운 미션이고 조지프 니덤이 평생을 바쳐 얻은 결론은 필자의 지식 구조에서 뒤집을 수 있는 것이 아니었다.

그러나 우리는 관련 문헌이 이미 조지프 니덤의 결론에 작은 단점을 열어 놓았음을 볼 수 있고, 그 기초에서 더 따질 가치가 있다. 장점을 발양하고 단점을 피하기 위해 (혹은 어떤 사람들은 무게를 피하면 가벼워진다고 생각할지도 모른다) 본 장은 과학기술 발전사, 심지어 경제사의 관점에서가 아니라 경제 성장 연구의 관점에서 이 문제를 제기하고 토론하는 것이다.

마크 엘빈Mark Elvin 등 경제사학자들이 제기한 '높은 수준의 균형 함정'이라는 가설도 어느 정도 '리요섭의 수수께끼'에 대한 본래의 의미와 동떨어진 것이다. 이 학파는 중국역사상의 농업실습이 전통기술과 생산요소를 완전무결하게 조합했기 때문에 유럽의 초기역사보다 더 높은 생존

---

[1] Angus Maddison, "Contours of the World Econimy, 1-2030 AD, Essays in Macro-Economic History", Oxford University Press, 2007, p. 379, table A. 4; p. 382, table A. 7.

소득수준을 유지하게 되어 인구증가가 매우 빠르며, 따라서 사람과 땅의 관계에 높은 긴장을 야기하고, 그에 따라 노동력이 과다하고 지나치게 저렴하게 되어 노동절약형 기술이 응용되지 못하게 되었다고 주장한다[1].

이 가설 자체는 이미 연구가 관련된 시기(대체로 명·청 두나라)로 대표되고 있으며, 이전 현대 시기 중국이 과학기술과 경제 발전에 있어서 서유럽보다 앞서 있었다는 설을 부인하고 있다. 만약 1인당 소득 수준이 과학기술 발전과 제도적 성숙도를 종합적으로 반영할 수 있고, 경제사학자들이 제공하는 1인당 GDP 수치가 방향성에 오류가 없다면, 결론은 이미 자명하다. 적어도 중국 고대에는 수많은 발명품 창출이 세계의 다른 지역보다 앞서 있었다 하더라도, 이러한 발명품 창출이 경제 활동에 적용할 수 있는 과학기술로 전환되지 않았기 때문에 경제 발전 수준에서 세계의 선두권을 차지하지는 못했다고 할 수 있다.

또한, 경제 성장 이론과 역사 경험의 관점에서 볼 때, 인구가 많고, 사람과 땅의 비율이 높은 자원소질은 혁신, 발명, 기술의 진보에 근본적인 장애가 되지 않는다.

첫째, 인구수가 많다고 해서 기술진보를 저해하지는 않는다. 마이클 크리머 Michael Kremer 는 인구증가와 기술변화를 결합한 성장모델에서, 모든 사람이 발명할 수 있는 기회를 총 인구와 무관하게 창조한다고 가정하고, 따라서 인구가 많은 국가에서도 혁신의 수가 더 많아졌다. 비록 맬서스식 개발단계에서 기술진전에 의한 인구증가는 오히려 1인당 소득수준을 희석시킬 수 있다. 그는 역사에 대한 정량적 고찰을 통해 이러한 결론을 경험적으로 검증했다[2].

---

[1] Daniel Little, *Micro Foundations, Method and Causation*: On the Philosophy of the Social Sciences, Chapter 8: The High-level Equilibrium Trap, pp. 151-169, Transaction Vublishers, 1998.

[2] Michael Kremer, "Population Growth and Technological Change: One Million B. C.

둘째, 사람과 땅의 비율도 기술의 진보에 장애가 되지 않는다. 유도적 기술변천 이론은 기술변천은 생산요소의 상대적 희소성에 의해 상대적 가격이 유발되어 생기는[1] 사람과 땅의 비율 불균형 조건하에서 노동력 과잉과 토지의 희소 자원소질이 노동절약형의 기술변천을 유발하지는 않으나, 토지절약형의 기술변천은 여전히 생산성 향상을 의미할 뿐 기술의 침체를 의미하지는 않는다고 지적하고 있다.

또 다른 연구에서 린이푸林毅夫는 리요섭의 결론에 도전하지는 않았지만, 전현대 시절 중국이 앞선 기술 수준과 활발한 시장경제, 번화한 도시로 서유럽 국가들을 넘볼 수 없게 만들었음을 인정했다. 그러나 그는 '조지프 니덤의 난제'를 답하면서 인구가 많아 발명품을 만드는 '시험착오'가 많아 성공할 확률이 높고, 생산성이 높아 기술수요가 커 '시험착오' 기회가 많은 이유를 설명해 옛 현대시대 특히 8~12세기 중국 기술혁신이 세계 최고 수준이었으며, 중국은 서양처럼 18세기 발명혁신을 '확률시험착오' 패러다임에서 '능동실험' 패러다임으로 전환하여 왜 과학기술혁명이 중국에서 발생하지 않았는지 설명했다[2].

린이푸는 리요섭의 수수께끼를 풀어나가는 '고수준 균형함정' 가설에 대해 비판적이었지만, 사실 그는 이전 필자가 정의한 바와 같은 '고수준 균형함정'으로 '리요섭의 수수께끼'의 전반부를 풀었다. 하지만 이 해석의 중요한 의미는 중국과 서유럽을 막론하고 전현대시대 기술발명의 기회가 있었음을 입증했다는 데 있다.

---

to 1990", *The Quarterly Journal of Economics*, Vol. 108, No. 3, 1993, pp. 681-716.

[1] Gustav Ranis and John C. H. Fei, "A Theory of Economic Development", *The American Economic Review*, Vol. 51, No. 4, 1961, pp. 533-565.

[2] Justin Yifu Lin, Needham Puzzle, "Weber Question and China's Miracle: Long Term Performance since the Sung Dynasty", *CCER Working Paper Series*, No. E2006017, November 22, 2006.

경제학자들은 현대 경제 성장을 분석할 때 기술가득성을 경제 성장의 성공여부를 분석하는 하나의 제약요소로 삼지 않는다. 예를 들어 스티븐 패렌트Stephen Parente와 에드워드 프레스콧Edward Prescott은 세계적으로 이미 가지고 있는 경험, 아이디어, 과학적 지식 등의 보유량은 국가별로, 기업별로 얻을 수 있기 때문에 전요소생산성의 차이를 초래하는 원인이 아니라고 지적한다[1].

오래 전부터 세계 각국이 경제적으로 상호 교류적인 성격을 띠었기 때문에, 그 결론은 전 현대 시대의 경제 성장에도 적용되었다. 통일된 지역 대국, 느슨하거나 긴밀한 제국, 약간의 성방, 공국 또는 제후로 이루어진 지역을 막론하고 지역 범위를 고찰 대상으로 삼는다면 서로간의 인구이동, 통상, 심지어 교전이 있는 한 필연적으로 사상, 기술, 제도형태의 교류가 이루어지게 되어, 각국은 상호학습, 참고, 모방을 통하여 각자의 지식 보유량을 축적할 수 있다. 이러한 정치, 상업, 기술, 사상의 교류는 인류 사회의 전반적인 진보에 따라 발전하고, 서로 잘 어울린다. 국가 차원의 정책은 개방과 폐쇄의 구분이 있으며, 현실적으로 인구의 이동에 의해 발생하는 경제, 정치, 문화, 기술의 교통은 결코 금지될 수 없다.

인류는 수천 년의 역사를 명확히 기록하고 있으며, 그 지식이 특정 지역 내에서 그리고 지역을 넘나들 수 있다는 충분한 증거를 제공하고 있다. 예를 들어 초기 로마인들은 에트루리아 장인을 영입하여 자신의 기예를 증진시키고, 사빈 여성을 빼앗 인구의 균형을 맞추고, 원로원 사절단을 보내 그리스 법을 배울 줄 알았다. 중국에서는 춘추전국시대에는 제후국간의 상업적 상식과 합종연횡의 사상교통이 있었다. 고대로마 확장기에 건설된 '조조대로'와 진나라 통일중국기의 '차동궤'도 병사와 상인들

---

[1] [미]스티븐·패렌트, [미]에드워드·프레스콧: 〈부자로의 장벽〉 제6장, 중국인민대학교 출판사 2010년판.

만이 아니라 당연히 각국의 아이디어와 기예의 교류도 포함된다.

2000여 년 전에 시작된 실크로드는 육로와 해로를 통해 중국과 서아시아, 중앙아시아, 아랍세계, 더 나아가 유럽의 상업, 문화, 과학기술, 종교, 외교를 연결시켰으며, 아랍인들은 유럽문명을 기록, 보존, 전파함으로써 서방의 과학기술을 소통하는데 매우 중요한 역할을 하였다. 예를 들어, 진나라과 한(漢)나라 시대에 형성된 중화제국은 유럽의 그리스와 로마 양대 제국과 직접 교집합을 이루지는 못했지만, 이미 동방의 인도와 페르시아 양대 제국과 직접 왕래하고 있으며, 그것들과 서양 양대 제국의 부속 지역을 통해 서방과 교통하고 있다[1].

한나라 이후 특히 당나라와 송나라 두 나라에 이르러 중국은 외부세계와 정치, 상무역, 문화, 종교교류가 더욱 빈번해졌고, 일부 정치문화의 중심인 수도 번영 상업도시, 심지어는 문전성시처럼 많은 외국인사들을 끌어들였다. 기독교 십자군의 동정이 아랍세계를 통해 중국과 간접적인 소통을 했다면 칭기즈칸의 서정은 서방세계와의 직접 교통을 확대시켰다.

중국과 유럽의 보다 직접적인 대규모 교류는 늦어도 1517년 포르투갈 상선이 광주에 도착하면서 시작되었다. 원나라 이후 중국이 쇄국하기 시작했다고 일반적으로 알려진 명나라와 청나라 두 나라 시대에 이르러 마르코폴로와 리마우스와 같은 외국인이 적지 않았다. 선교사로 중국에 와서 유람하거나 심지어 오래 살았던 외국 인사들은 과학 원리, 역법, 농업, 수리공정, 군사공업, 경제상무역 등 여러 분야에서까지 중앙정부와 상류 지식인들에게 정책 자문을 제공하는 고문 역할을 했다[2].

일단 한 인구대국(예: 중국)과 몇몇 작은 나라의 합을(예: 서유럽이나 유럽 전체 심지어 서양 전체) 비교하는 쌍방(사실, '리요섭의 수수께끼'는 바로 이 두 지역

---

[1] 향달: 〈중서교통사〉, 악록서사 2011년판.
[2] 향달: 〈중서교통사〉, 악록서사 2011년판.

간의 차이에서 착안한 것이다) 린이푸가 말한 이전 현대시대 중서양 기술발명 모델의 차이도 크게 줄어들었고 심지어는 존재하지 않았다. '리요섭의 수수께끼'에서 전 현대시대 중국의 과학기술이 세계보다 앞선다는 논단은, 대부분 어떤 기술이 중국에서 가장 먼저 발명되었고, 얼마나 많은 해가 지난 후에 서유럽에서 보였는지를 열거하는 방법을 채택하고 있다.[1]

역설적으로, 사실 이와 반대되는 순서를 출발하는 유사한 예를 들 수 있다. 예를 들어, 유클리드의 〈기하학 원리〉을 비록 2000여 년 전에 발표되었지만, 결국 1607년에 리마우스Matteo Ricci와 서광계徐光啟가 중국어로 합역한 것이 지금까지도 400여 년이다. 따라서, 세계는 많든 적든 '편평한'flat이 될 때, 열거된 여러 발명품 중 누가 먼저냐의 문제는 학술 토론에서 무색하게 사라질 수 있다.

다시 말해, 발명 성과 창출에 대한 적용 범위와 깊이, 나아가 그 후발효과까지 고려하게 되면(예를 들어 일련의 다른 창조 발명, 나아가 사회 경제적 결과) 발명권의 문제는 거의 무의미해진다. 더 의미있는 문제는 발명 창출의 기회가 대체로 동일한 조건에서, 어디에 더 강한 수요가 있으며, 어디에 가장 유리한 제도 환경을 조성하여 경로 의존을 형성하게 되고, 이로부터 기술적 진보는 걷잡을 수 없이 일파된다는 것이다. 반대로, 경제 활동에 적용할 수 있는, 높은 수준의 균형 조건에서 발생하는 다양한 발명품들에 대한 적절한 인센티브가 없다면, 맬서스 균형의 함정을 깨는 데 도움이 되지 않을 것이다.

예를 들어 로마인이 발명한 증기기술과 레버장비, 마야인과 아즈텍인이 발명한 바퀴, 인도의 하이드라바인이 만든 양질의 강재, 중국인이 발명한 화약, 제지기술, 인쇄술, 나침반, 삼돛대 항해선 등[2], 모두 이러한 창

---

1 Robert Temple K. G., *The Genius of China: 3000 Years of Science, Discovery, and Invention*, London: Carlton Publishing Group, 2007, pp. 278-282.
2 [미]윌리엄 이스털리: 〈성장의 안개 속에서 탐구: 경제학자의 저개발국에서의 탐험과

조발명은 일상적인 경제활동을 벗어나 그 탄생지에서 실제로 필요한 혁신으로 이어지지 않기 때문에 경제 발전을 촉진할 수 있는 유명한 예가 없다.

특히 중국의 '4대 발명품'인 화약, 나침반, 인쇄술과 종이의 발명은 베이컨이 전 세계를 변화시키는 힘과 영향을 끼쳤다고 평가하면서도 직간접적인 경로를 통해 전파되어 유럽에서 먼저 적용되었으며, 적절한 시기에 상업활동의 범위가 크게 넓어졌고, 산업혁명이 빠르게 잉태되고, 경제 제도가 빠르게 변화되었다.

4. 인적 자본 및 물적 자본의 축적 격려

잠재적인 발명이 창출하는 기회와 성공 확률이 대체로 같은 조건에서, 어떤 사회도 인적자본과 물적자본의 축적 인센티브가 부족하면 기술 진보와 경제 성장을 위해 충분한 혁신과 발명을 창출할 수 없다. 이러한 자본축적 인센티브는 근본적으로 제도적인 안배에 있고, 즉 어떤 적절한 제도적 환경에서만 경제활동 주체들은 인적자본과 물적자본을 축적할 강력한 동기를 갖게 된다. 초기 제도적인 안배 유인이 무엇이든, 특정한 역사적 조건에서 어떻게 작용하든 결국 그에 따른 경로 의존 결과를 낳는다.

세계 구석구석의 초기 역사를 연속적으로 관찰하고, 논리적으로 부락이나 부족에서 부족연합에 이르기까지 전쟁을 통해 멸망, 병합, 연합, 나아가 왕국을 건설하는 과정을 거친다. 다음 단계는 자연히 분립과 분산의 소규모 왕국에서 대형 제국 또는 통일 국가로 통일하는 것이다. 사실 모든 주요 문명 지역에서는 수천 년의 발전 역사에서 통일과 분단의 반복적

실패〉, 중신출판사 2005년판, pp. 160-161.

인 교체, 분립 왕국과 통일 제국의 교대로 가득 차 있다.

역사가들이 증명하는 바와 같이 중국의 역사는 간단하게 장기적이고 고도로 통일되어 있지 않고[1], 그러나 진시황제의 중국 통일 이후 더욱 자주, 주류, 상시적인 거버넌스 형태는 중앙정부(황조)가 주부, 군현, 성부 등의 블록체제와 통일된 국방, 세부, 호적의 상향식 관리로 중앙집권국가가 항상 존재하였기 때문에 주로 서구와 왕국과 분봉영주 사이에 권리와 의무를 나누는 봉건제도로 대립하였다.

서양의 봉건제도가 형성되고 발전하는 과정에서, 군주와 지방의 영주와의 관계는 전형적인 분봉관계, 즉 전자가 토지를 가족 구성원, 전쟁유공자, 귀족에게 분봉하는 이른바 '분토이치'의 봉건제도이다. 군주는 이에 대한 보답으로, 영주와 귀족은 수시로 일어나는 전쟁에서 활약할 것을 요구하고 특히, 상설 국가의 군대가 형성되지 않은 상태에서 봉건주가 기사 또는 무장 수령의 자격으로 제공하는 이러한 군사 복무와, 부름에 따른 표현은 군주와 영주 사이의 계약 관계이며, 동시에 군주 거버넌스의 합법성legitimacy을 확립하는 것이다.

서양에 비해 중국의 봉건사회는 비정형적이다. 비교적 이른 시기에 대일통의 중앙제국이 형성되었기 때문에 황조와 지방관료 및 사신의 사이는 전형적인 계약관계가 아니라 권위적인 계층구조, 이른바 '분민이치'라는 중국식 봉건제도로 인해 황조 거버넌스의 합법성은 지방관료 및 귀족과의 호혜적 기초 위에 세워지지 않았다. 따라서 봉건적 이데올로기와 의례 규칙을 확립하고, 군주의 신하로부터 위임받은 권력과 중앙 군사력을 보완하는 것이 합법성의 근본이자 유일한 보장이다. 고대 중서방中西方과 같은 봉건적 정권의 합법성의 차이는 맬서스 빈곤의 함정에 의한 물적자본과 인적자본의 축적상의 큰 차이를 낳았다.

---

1 갈검웅: 〈통일과 분단: 중국역사의 계시〉, 비즈니스인서관2013년판, p. 65.

서유럽에서는 일단 이러한 토지가 핵심적인 재산과 군사서비스간의 호혜, 은연중에 계약의 형태로 확정되어 분봉된 토지와 같은 자원을 취득하는 영주는 재산권도 동일한 합법성을 가지며, 이에 따른 경제 성장과 자원증식도 재산권을 보장받는다. 따라서 영주는 경제활동에 접근하여 직접 이익을 얻는 계층으로서 영지경제의 번영을 촉진하는 안정적인 인센티브를 얻게 된다.

또한 재산권력의 불안요소도 경제 발전의 인센티브가 된다. 많은 경우 외족의 침략과 인접영주들의 약탈은 재산의 손실 심지어 상실을 초래할 수 있다. 따라서 자신의 가능한 경제력과 기술력으로 가능한 한 견고한 성을 쌓는 것이 사재를 보호하는 유일한 수단이다. 그러나 집을 지키는 능력이든 공성략지의 능력이든 장원이나 영지의 경제 발전과 관계되는 것은 틀림없다.

이러한 제도적 틀에서, 엘리트 계층은 국왕을 위해 싸워 분봉을 받을 수도 있고, 지방 경제 조직가가 되거나 심지어 고급 승려가 되거나 심지어는 다른 장원의 재산을 강탈하거나 잠식함으로써 지배 계층으로 진입할 수도 있다. 이것은 객관적으로 지역 경제를 발전시키기 위한 강력한 동기를 형성한다.

역사가 닐 퍼거슨Niall Ferguson은 유럽 역사상 수백 개의 정치 단위(예: 국가) 또는 자치 단체(예: 자치 도시) 간의 경쟁과 더 많은 수의 기업, 노동조합 및 계층 간의 경쟁은 경제 발전의 경쟁 동력을 제공했다고 주장한다[1]. 많은 경제사학자들도 유럽 역사에서 이 가설을 논증할 수 있는 증거를 찾을 수 있다. 비록 많은 문헌들이 서로 독립적으로 완성되어 서로 직접적으로 호응하는 것은 아니지만, 여전히 경제사학자들의 논증 과정을 다음과 같은 논리로 정리할 수 있다.

---

1 [영]닐 퍼거슨: 〈문명〉, 중신출판사2012년판.

대부분의 사회가 상대적으로 짧은 기간 동안만 기술적인 창의력을 유지할 수 있다고 D. S. L. 카드웰D. S. L. Cardwell은 말한다[1]. 이 결론은 캐드웰의 법칙이라고 불린다. 그러나, 다른 학자들은 이것을 단일한 유럽 사회에 사용하는 것이 성립될지는 몰라도, 분할된 사회로 구성된 유럽 대륙 전체에 사용한다고 반드시 성립하지는 않는다고 주장한다. 예를 들어 나단 로젠버그Nathan Rosenberg와 보르드젤L. E. Birdzell, Jr.은 서구 역사에서 어느 정치 주체도 기술 변천에 의해 비즈니스 우위를 점하지 못하면 경쟁 관계에 있는 상대에게 밀리기 때문에 이러한 정치 주체 간의 경쟁성은 기술 진보에 대한 이익 집단의 정치적 저항을 억제할 수 있다고 주장한다[2]. 모질Joel Mokyr은 계량사학적 방법을 사용하여 이를 검증하여, 캐드웰 법칙이 유럽 역사상 다원적인 독립 경제를 가지고 서로 경쟁하는 것과 같은 상황에는 적용되지 않는다는 것을 증명하였다[3].

역사적으로 이러한 경제 자치체 간의 경쟁 압력으로 인해 기득권 집단의 혁신에 대한 장벽이 깨지고 기술 혁신의 장려가 이루어져야 할 때, 보다 중요한 것은 이러한 장려를 효과적으로 할 수 있는 필요 조건, 즉 그 자치체들이 규모의 경제, 재산권의 명확성, 수익의 내재화를 필요로 하는 특질을 알아야 한다는 것이다.

고대 중국에서는 천고황제가 멀었기 때문에 중앙정부는 방어적인 장성과 대규모 수리시설을 건설하는 등 필요한 기반시설을 건설할 때 전국적인 역량을 동원하여 경제활동을 조직하는 것 외에는 일반적인 생산활

---

[1] D. S. L. Cardwell, *Turning Points in Western Technology*, New York: Neale Watson, 1972, p. 210.
[2] Rosenberg Nathan and Birdzell L. E. Jr., *How the West Grew Rich: The Economic Transformation of the Industrial World*, New York: Basic Books, 1986, pp. 136-139.
[3] 여기서는 주로 경제사학자 조엘 모키르(Joel Mokyr)의 문헌 검토와 사실 검증의 성격을 검비한 글을 요약한 것이다. Joel Mokyr, "Cardwell's Law and the Political Economy of Technological Progress", *Research Policy*, Vol. 23, 1994, pp. 561-574.

동에 직접 개입하지 않았다. 지방정부는 중앙정부의 파견기관으로서 중앙정부에 대해서만 책임을 지며 지방경제와 직접적인 이해관계를 갖지 않았다. 따라서 경제 발전은 단지 한 집 한 집 경제 활동의 중첩에 지나지 않고 마르크스가 표현한 바와 같이, 이러한 분산된 소농은 '동명수적으로 간단히 합쳐져서 형성된다. 마령감자 한 자루가 자루에 담긴 감자를 하나씩 모아서 만든 것과 같다.'고 말했다[1].

이러한 전형적인 소농경제(地主經濟, 흔히 개인으로 표현되기도 하는 소작경제)는 비교적 탄력과 활력이 크고, 토지 자유 매매 등 많은 제도형태가 경제활동을 촉진하는 데도 유리하지만, 경제권 간의 경쟁으로 인한 기술혁신의 압력이 부족하고, 직접적인 이익과 관련된 규모의 경제라는 중간차원이 부족하여 기술혁신을 조직하고 장려함으로써 물질자본의 축적을 저해하고, 재부의 성장과 자본축적이 하나의 임계에 도달하기 어렵게 하고, 따라서 혁명적인 돌파구를 마련할 수 있는 기술적 진보를 저해할 수 있다.

이로써 인적자본의 축적과 관련된 가장 중요한 요소도 명백해졌다. 그것은 서구에서 군주와 영주간의 관계가 상호 호혜적인 계약관계에 가까우며 군주 거버넌스의 합법성이 여기에 뿌리를 두고 있는 이상, 영주에게 자신의 군주에 대한 충성을 요구하는 메커니즘을 형성할 필요가 없다는 것이다. 이것이 초기 서구사회에서 과거 제도와 같이 인적자본의 축적을 저해할 수 있는 제도가 형성되지 않았던 이유이다. 뿐만 아니라, 각 지방자치 경제 단위들 간의 치열한 경쟁과 수익에 대한 열망은 영주, 귀족, 도시 통치자들이 다양한 인재들이 창조 정신을 발휘하도록 기꺼이 지원하고 장려한다.

---

[1] 마르크스: 〈루이·보나파르트의 안개월 18일〉, 중국공산당 중앙 마르크스 엥겔스 레닌 스탈린 저작편역국 편찬 〈마르크스 엥겔스 문집〉 제2권, 인민출판사 2009년판, pp. 566-567.

알려진 것은 거의 모든 위대한 고전 음악가들과 화가들은 예외 없이 왕족과 귀족들의 보호와 기르기를 받고 있다는 것이고 사실 과학자와 발명가들, 더 많은 경우 다양한 기술자들과 장인들이 자치체 지배자들의 지원과 보호를 받고 있다는 것이다. 또한 경제 개발, 예술 창조, 기술 발명도 관련되고 통한다[1]. 예를 들면, 예술, 발명, 제조를 아우르는 레오나르도 다빈치가 상업 자치 도시 피렌체의 귀족들과 다른 지역의 지배자들로부터 직접 고용되어 발명품 창조에 보호와 지원을 하는 것이 고전적인 예이다.

인재에 대한 갈증은 필연적으로 인재경쟁을 심화시키고, 인재양성에 대한 욕구를 낳고, 더 나아가 교육의 발전으로 이어지게 된다. 자본주의 발전과 산업혁명에 중요한 추진력을 가진 영국의 양모가공 산업은 영국왕 헨리 7세가 직접 '저지대 국가'에 가서 개발경험을 공개 학습하고, 암암리에 숙련 노동자들을 쟁탈하기 위해 기획한 덕택으로 잘 알려져 있지 않다[2]. 이미 9세기 말 유럽에서는 처음으로 현대적인 의미의 대학이 생겨났으며, 이후 각지에서 대학들이 생겨났을 뿐만 아니라 교수내용이 신학에서 문학, 법률, 의학 및 자연과학 등의 분야로 확장되었다.

리요섭 자신부터 대다수의 학자들은 과거제도를 인재를 말살하는 창조성으로 열거하고, 실험 기반의 과학기술 혁신 패러다임으로의 전환을 실현하지 못하여, 결국 중국의 과학기술 발전을 가로막는 제도의 질곡이다[3]. 그러나 이러한 혁신적 사고를 억제하고 발명을 배척하는 인재의

---

1 경제학자 존·힉스는 "투시법은 15세기 피렌체와 베네치아의 회화에서 혁명을 일으킨 적이 있다"며 "투시법이 어떻게 처음 들어왔는지 탐구하려면 상업적으로 설명을 구하는 것이 좋다"고 지적했다. [영] 존·힉스: 〈경제사 이론〉, 비즈니스인서관 1987년판, p. 54.
2 장하준: 〈부국의 함정: 선진국은 왜 사다리를 걷어차는가〉, 사회과학문헌출판사 2009년판, pp. 20, 21, 64.
3 [영] 닐·퍼거슨: 〈문명〉, 중신출판사 2012년판, p. 26; 린이푸: 〈중국 경제 해석〉, 베이

이념과 체제가 어떻게 만들어졌는지에 대한 만족스러운 연구결과는 드물다.

사실 과거제가 만들어낸 제도적 기반은 중서방 봉건 제도의 차이에도 있다. 황권의 합법성이 각 계층의 엘리트들이 중앙의 권위에 대해 보여주는 정체성과 충성심에 더욱 의존하던 고대 중국에서 극기복례의 유가사상은 필연적으로 주류이데올로기로 선택되었고, 서한 동중서의 '백가를 물리치고 유술을 독존하다'에 이어 수나라와 당나라 시대에는 지배계급의 이데올로기와 충성을 밝히는 것을 유일한 내용으로 하는 과거제도가 형성되어 1000여 년 동안 지속되어 온 것이 이치에 맞다.

이러한 과거제도는 개방적인 관료선발제도로 간주되며, 동시에 모든 엘리트(또는 잠재적인 트러블메이커)를 과거 외나무다리를 통해 지배계층으로 끌어들이는 역할을 한다. 과거제도가 형성된 후, 당나라에는 상인과 장인은 시험에 응시할 수 없다고 명시하여, 사회 엘리트와 자본 축적 주체의 유전자의 연계를 제도적으로 철저히 차단하였다. 이러한 엘리트 선출 체제 하에서, 주류의 이데올로기에 대한 인정, 왕조 거버넌스의 합법성, 그리고 자신의 체제에 대한 충성을 논증하는 것이 엘리트 인재의 승진이 될 수 있는 길이다.

북송의 왕안석이 억시부양경의에 중점을 둔 과거제도의 개혁이 도덕(충성)을 최종적 기준으로 삼았고, 황조에 충성하는 인재를 얻는 것을 출발점으로 삼았다면, 명나라와 청나라에 이르러서는 과거제도의 시행이 더욱 팔고문 성행하고, 결당영사結黨營私하며, 이기를 배척하는 대무대가 되었다. 과거제도가 지식인의 취향을 이끌어내는 제도환경에서 과학기술, 공예기능은 모두 기음술이 되어 남의 말을 부끄럽게 하하고, 교육도 과학기술, 기예재경, 나아가 민생과는 전혀 인연이 없다. 따라서 과거제

징대학교출판사 2012년판, pp. 53-55.

도는 과학기술혁신을 위한 인적자본 축적의 길을 굳게 막았다.

이전 산업혁명 시대에 중국과 유럽의 물적자본과 인적자본 축적 모델을 이와 같은 거시적 비교를 해보면 경제 성장 관점에서 '리요섭의 수수께끼'에 대한 또 다른 해답을 내놓기는 어렵지 않다. 비록 전 세계가 맬서스 빈곤의 함정에 처해 있을 때, 중국이 비교적 일찍 그리고 종종 높은 수준의 균형 함정에 처해 있을지도 모르지만, 이러한 낮은 수준의 균형 함정과 높은 수준의 균형 함정이 번갈아 존재하는 현상은, 정치적 주기(때로는 자연적인 주기)의 경제적 쇠락의 한 단면일 뿐이다.

중국 봉건사회의 "그 흥기도 발작적이고 망기도 갑작스럽다"는 정치적 주기적 특성은 역사가들에게 널리 관찰되어 심지어 일반 대중들도 잘 알고 있다. 사실, 이러한 정치적 주기는 경제적 쇠퇴와 인과관계가 있다. 중국과 서양을 막론하고 봉건 사회의 지배자들은 항상 합법적인 위기에 처해 있을 것이다. 봉건 정권은 "합법적인 기회의 창구--합법적인 불안--합법적인 위기"라는 상호작용의 순환 속에 있었다.

로버트·달Robert Dahl은 정부 효과에 대한 인정도가 각각 정부의 권위 또는 합법성에 대한 신뢰도를 높이고 약화시키거나 변화시킬 수 있다고 지적했다. 정부의 행동과 그에 따른 믿음이 주기적이어서 합법성에 관한 저수지가 형성되고 시기별로 각각 충만, 결핍, 메마른 상태가 된다[1].

이 원리에 따르면, 우리는 그림 3-4로 이러한 순환적 정치 주기를 설명한다. 그림에서 D는 달이 언급한 합법성 '저수선'을 나타나고 즉, 이 임계점 이하에서는 정권의 합법성이 심각하게 위협받고 도전받고 있다. 원점 O에서 OO_w가 보여 주는 지역에서 합법성을 대변하는 기회의 창구는 새로운 왕조의 시작이 될 수 있고, 합법성을 증진시키기 위한 다양한 노력

---

[1] Robert A. Dahl, *Polyarchy: Participation and Opposition*, New Haven and London: Yale University Press, 1971, pp. 124-188.

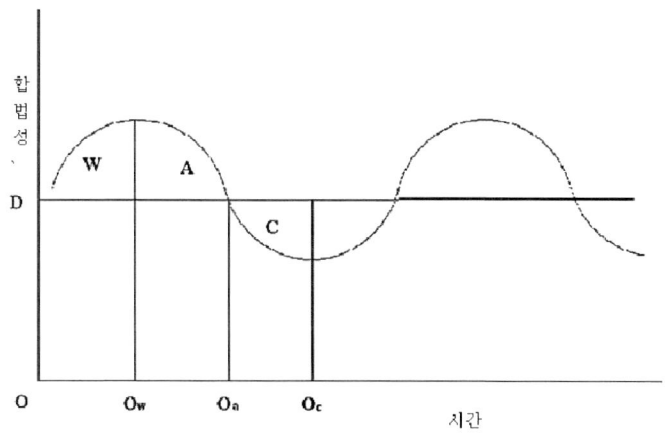

그림 3-4 봉건 왕조의 합법성 주기

의 효과가 있을 수 있다. 그러나 O_wO_a가 대표하는 지역에서, 상술한 합법성 증진에 유리한 노력의 한계효과는 점차 감소하여 합법성에 대한 불안감이 나타난다. 이러한 상황은 종종 합법성 증진 노력을 극단화시키고, 또한 심하게 왜곡되어 과유불급 상태가 되고, 결국 O_aO_c가 대표하는 합법성의 위기시기로 이어진다. 일단 정권이 이 단계에 빠지면, 그 거버넌스는 필연적으로 세대교체로 끝나거나, 격렬한 동요와 개혁을 거쳐 자기조정을 이루어 각각 새로운 거버넌스주기를 시작할 것이다.

서구의 분봉제 하에서, 이러한 합법적인 위기가 발생할 때마다, 일반적으로 군주나 귀족과 같은 영향력 있는 당사자들은 협상력의 상대적인 변화에 따라 계약을 다시 체결할 수 있으며, 즉 이미 존재하는 경제적 인센티브를 제거하거나 해치지 않으며, 나아가 물질자본과 인적자본의 정상적인 축적을 방해할 수 있다. 중앙제국의 거버넌스제도하의 중국에서는 합법성의 기반을 복원하고 증진시키려는 노력이 비록 민중의 휴식, 부세의 경감, 강역 개척 등의 방법이 있었지만, 더 많은 경우, 결국 참위 숭상,

중앙집권 강화, 삭번억강, 자본절제 등의 방면에서 나타났다[1].

이러한 노력의 효과가 경제와 민생에 도움이 될 때, 합법적인 기회의 창구가 형성되고, 이러한 방법의 효과가 감소하거나, 이러한 거버넌스 조치가 과유불급, 오히려 경제와 민생에 해를 끼칠 때, 새로운 합법적인 위기가 형성된다. 그러나 어떤 상황이 발생하더라도, 물적자본과 인적자본의 축적 메커니즘을 근본적으로 변화시킬 수 있는 것은 없다.

중국 봉건사회는 말기에 이르면 갈수록 심각하고 빈번한 합법성의 위기를 맞았고, 합법적인 기회창구의 출현 빈도가 낮을수록, 지속 시간이 짧았다. 강한 합법적 불안장애와 그 빈번한 발작이 반복되었고, 거버넌스 수단은 더욱 극성을 더해갔으며, 오히려 더 깊은 합법적인 위기로 몰고 갔으며, 새로운 기회창구로 되돌아가기 어려웠다.

예를 들어 진시황 분서갱유焚書坑儒는 역사적으로 결코 고례가 아니며, 강토가 가장 광활하고 상품경제가 더욱 발달한 청제국 시기에 정부 주관으로 〈사고전서〉를 집필하는 과정에 주류의식에 맞지 않거나 통치자의 기휘에 어긋나는 고서적이 수천종, 십수만에 달하며, 문자옥이 성행하는 것은 "방민의 입은 방천보다 더 큰다"라고 충분히 반영하고 있다. 결국에는 중국 봉건적 사회 정치 제도의 장점을 최대한으로 억제하고, 그 약점은 최대한으로 드러내어 그 뒤를 이을 수 없게 되었다. 유럽이 낮은 수준의 함정에서 높은 수준의 함정으로 승진을 통해 점차 산업혁명에 필요한 물적자본과 인적자본을 축적해 나갈 때 중국은 오히려 이 발전 단계에 들어가지 못하고 산업혁명을 실현할 기회를 놓치고 말았다.

---

1 전목: 〈중국 역대 정치의 득실〉, 생활·독서·신지삼련서점2001년판, pp. 170-173.

5. 맺음말

과학 발전의 역사는 선인들이 지식의 한계와 호기심에서 제기했던 학문적 수수께끼를 후세 사람들이 헌신적으로 탐구할 수 있도록 장려한다. 따라서, 이러한 수수께끼들은 학문 발전에 독특하고 중요한 역할을 한다. '대분류'와 그 중국판 '리요섭의 수수께끼'에 관한 풍부한 연구성과는 지금까지 문제에 대한 사람들의 인식을 크게 증진시키고 경제사 연구를 풍부하게 발전시켰다. 그러나 사회과학이 자연과학에 비해 극복하기 어려운 결함을 가지고 있으며 전자가 관련 가설을 검증하기 위해 완전히 통제된 조건에서 실험할 수 없다는 것이다. 경제사의 연구대상이 기존의 사건이라는 약점은 더욱 두드러진다.

그래서 '대분류'나 '리요섭의 수수께끼'와 같은 경제사적인 문제는 사실 하나의 궁극적인 해답이 존재하지 않는다. 다만, 이러한 문제들은 더욱 흥미진진하고 예나 지금이나 관련분야 연구자들이 미련을 둔다. 경제학자 맨큐의 말처럼, 일단 경제 성장에 대한 많은 수수께끼를 생각하기 시작하면 한 사람은 다른 것을 생각하기 어렵다[1].

이 장에서 다루고 있는 '대분류'와 '리요섭의 수수께끼'에 대해 학자들의 모든 노력은 결국 이러한 하나의 목적(사실은 그것 하나뿐)에 봉사하는 것에 불과하다. 즉 이러한 수수께끼에 답함으로써 서로 다른 시각에서 각자의 가설을 제시하고 서로 경쟁하여 학자 자신의 시야를 열고 사고의 지평을 넓히며, 각 독립된 학과의 촉수를 확장하는 것이다. 아울러 실증검증을 시도하는 과정에서 더 많은 경험소재를 발견하고 축적하여 인류학술문고를 풍부하게 함으로써 궁극적으로 경제사, 경제현실 및 미래 경제

---

[1] [미]로버트·바로, [미]하비에르·살라이마틴〈경제 성장〉의 서문을 인용, 중국사회과학출판사2000년판.

발전의 법칙에 대한 이해를 증진시킬 수 있을 것이다.

학문적 측위를 적절하게 수행함으로써, 이 장은 경제 성장의 차원으로부터 '리요섭의 수수께끼'를 고찰하고 대체 가능한 새로운 시각과 자료 및 문헌을 구성하기 위한 새로운 틀을 제시하는데 그 목적이 있다. 이 장에서, '리요섭의 수수께끼'는 필자의 인류 경제 성장에 관한 네 가지 유형 또는 개발 단계 중 하나로 결정되어, 하나의 중요한 일환으로 해답을 시도했다. 어떤 연구도 반드시 이전의 생각과 경험에서 깊은 근원을 찾아야 하며, 모든 분석 도구의 재발명을 기대할 수는 없다[1].

본 장에서는 가능한 한 관련분야의 성과를 흡수하여 소화하고, 여기에 주목하기를 바라는 가설을 제시하여, 봉건제도의 구조상 중서방적 차이를 제시함으로써 서로 다른 물질자본과 인적자본의 축적(그리고 격려) 메커니즘을 유도하여, 결국 과학기술 발전과 경제 성장의 표현의 중대한 차이를 초래함으로써, 이전 현대시대의 중국으로 하여금 맬서스 균형의 함정을 깨뜨리는 데 요구되는 자본축적의 임계 최소규모를 형성하지 못했다. 그리고, 특정시점에서의 유럽과의 '대분류'가 발생했다.

역사는 현재를 볼 수 있고, 현실을 이해하는 것도 역사를 인식하는 데 도움이 된다. 그 틀에 있어서 역사를 설명하는 이론은 현실 문제에 대한 분석에도 적용될 수 있어야 한다. 그러나 역사와 현실을 단순하게 비교할 수도 없다. 사람들은 역사나 현실은 서로 거울이 될 수 있고, 지금으로서는 옛것을 보고 옛것을 비유하면 사람을 똑똑하게 만들 수 있다고 생각하는 경향이 있다. 하지만, 아주 먼 시대 거리는 그 거울 속에 그윽한 광학적 변이를 일으키기 마련이다. 역사의 먼지를 털고 역사와 현실을 통일하는 분석의 틀은 개인의 능력과 상상력을 훨씬 뛰어넘는, 심지어 '대분

---

1 [미]카를·A. 위트프: 〈동양 전제주의: 전체주의 역량에 대한 비교 연구〉, 중국사회과학출판사1989년판, p. 26.

류의 수수께끼'나 '리요섭의 수수께끼'보다도 훨씬 복잡하고 방대한 과제이기 때문에 더욱 흥미진진하게 다가온다. 이 장이 이러한 학문적 추구의 유용한 시작이기를 바라며, 중국 경제 발전에 대한 어제의 반추격이 오늘과 내일을 인식하는 데 도움이 되기를 바란다.

제4장

일반 발전 단계로의 이원 경제

1. 머리말

서양 속담에 따르면 로마는 하루 아침에 건설된 것이 아니다. 그러나 서양의 경제 성장 학자들이 보기에 로마는 원래부터 존재해 왔다고 생각할 정도로 하루 아침에 건설되었다. 로베르트 솔로Robert Solow를 대표적인 인물로 하는 신고전적 성장 이론은 오랫동안 하나의 경제 성장 유형만을 인정해 왔으며 발전 단계를 구분하지 않았다. 그 유일한 경제 성장의 유형 또는 단계는 이른바 신고전적 성장, 혹은 솔로적 성장이다. 이러한 경제 성장 유형을 정의하는 성장 이론은 솔로를 대표주자로 하여 신고전 경제학의 틀 속에서 형성되었다[1].

이러한 성장이론은 일반적으로 저축률과 관련된 자본축적, 인구성장에

---

[1] Robert M. Solow, "A Contribution to the Theory of Economic Growth", *The Quarterly Journal of Economics*, Vol. 70, No. 1, 1956, pp. 65-94.

제약을 받는 노동력 공급, 그리고 기술의 진보, 제도의 변천, 기타 효율 개선에 따른 생산성, 특히 전요소생산성total factor productivity의 세 가지 성장 원천에 주목한다.

이러한 이론의 선험적 가설은 노동력 공급이 인구증가에 의해 제한되기 때문에 자본보수체감 현상이 필연적으로 발생한다는 것이다. 이 가설은 첫째, 낙후된 경제체가 선진경제국보다 더 빠른 성장속도를 실현하여 경제 발전 수준의 추이를 형성할 수 있다는 것; 둘째, 한 나라의 장기적인 지속 가능한 경제 성장은 생산요소 기여 이외의 외생원천원, 이른바 '솔로잔차' 또는 전요소생산성에서 나올 수밖에 없다는 두 가지의 의미를 담고 있다.

포스트케인즈성장이론인 해럴드-도마모델의 대체, 신고전성장이론, 그리고 그 이론 모델에서 탈태한 일련의 경제 성장 이론으로서 람세-케스-쿠프만 모델, 내생성장이론, 조건동조가설과 검증과 같은 현대 선진경제국의 성장 원천과 성장 메커니즘에 대한 해석력을 갖는다. 그러나 이러한 이론들은 전형적인 빈곤의 함정 유형의 전통 경제를 설명하는 데나, 이원적 경제 특성을 가진 현대의 개발도상국을 설명하는 데 적합하지 않기 때문에, 경제사적 의미의 국가 흥망성쇠에 대한 수수께끼를 풀거나, 개발도상국이 앞서가기 위한 정책 건의를 제안할 때, 종종 힘이 모자람과 대처할 수 없는 것을 느끼곤 한다.

인류는 오랫동안 맬서스 빈곤의 함정에 있었던 역사적 기억을 가지고 있다. 오늘날 가난한 나라들은 여전히 저개발 비신고전적 단계에 있으며, 경제학자들이 연구 시각에서 더 이상 묵과하지 않고, 나아가 이론적 분석에서 불합리한 방법을 억지로 적용하는 편견을 버릴 것을 요구한다.

경제학에서 역사적으로 중요한 경제학자들은 21세기에 들어서야 솔로식 성장 이전에 맬서스식 성장 단계가 존재하고, 두 단계 또는 유형을 하나의 통일된 분석의 틀에 두려고 시도했다고 한다[1]. 저자 중 한 명인 프레스콧Edward C. Prescott도 맬서스에서 솔로사이 과도적인 성장 단계가 존재해야 한다는 것을 은근히 느끼고 있다.

아오키Masahiko Aoki는 동아시아 경제 발전의 경험을 바탕으로 산업구조 변화의 특징을 강조하기 위해 과도적인 쿠즈네츠 단계(K단계)를 제시했다[2]. 아오키는 루이스 모형으로 이 발전 단계를 설명하는 것을 꺼려하면서 루이스 모형이 노동력이 무한히 공급되는 고전적 모형과 완전히 경쟁적인 노동시장의 새로운 고전적 모형을 기계적으로 통합했다고 주장했다. 그러나 필자는 그가 쿠즈네츠를 고집하며 루이스로 이름 붙이기를 거부하는 것은 후자의 분석방법과 이론적 가설이 신고전적 규범과는 거리가 멀기 때문에 루이스적 이원적 경제 발전을 한 주류 발전 유형이나 단계로 받아들이는 것은 방법론적, 구체적인 분석적 측면에서 통제하기 더 어려워지기 마련이고 이론적 일관성을 유지할 수 없기 때문이라고 짐작된다.

인류 경험, 그리고 현재 겪고 있는 경제 성장사를 전모적으로 묘사하기 위해 책은 이 앞부분에 시간적 계승과 공간적 양립을 통한 경제 성장을 이어 맬서스 빈곤함정(M형 성장), 루이스 이원 경제 개발(L형 성장), 루이스 전환점(T형 성장), 솔로 신고전성장(S형 성장) 등 네 가지 유형 또는 단계로 구분했다. 이러한 구분은, 후발 국가의 추월 과정과 초기 산업 국가의 발전 과정을 서로 연결되고 인과가 되는 논리 속에 두어 이원 경제 이론에 더 큰 해석력을 부여할 뿐만 아니라, 경제 성장 이론의 포용성도 강

---

[1] Gary D. Hansen and Edward C. Prescott, "Malthus to Solow", *American Economic Review*, Vol. 92, 2002, pp. 1205-1217.

[2] Masahiko Aoki, The Five Phases of Economic Development and Institutional Evolution in China and Japan, in Masahiko Aoki, Timur Kuran, and Gérard Roland (eds.), *Institutions and Comparative Economic Development*, London: Palgrave Macmillan, 2012.

화한다.

루이스 이원 경제 이론의 핵심은 전통 부문에 과잉 노동력이 존재함으로써 한 나라가 두 부문 사이의 전환을 통해 무제한 노동 공급을 조건으로 경제 발전을 이룰 수 있다는 것이다[1]. 루이스는 인구 변화와 이원 경제 구조 사이의 관계를 보일락말락하게 발견했고, 그 관계는 현대의 많은 개발도상국의 현실에서 검증될 수 있지만, 루이스와 추종자들은 초기 산업 국가들을 이원 경제 모델에서 제외시키려는 경향이 있다.

이전의 연구들은 일반적으로 개발도상국의 인구변화가 외생적 성격을 띠고 있는데, 예를 들면 선진국에서 도입한 산업과 기업의 도움으로 현대 경제 성장부문이 형성되었으며, 외래의 의료 위생 기술은 신속하고 현저하게 사망률을 낮출 수 있는 반면, 초기 산업화 국가의 이러한 과정은 모두 내생적이며, 장기적인 발전과정 속에서 천천히 발생한다고 보았다.

그러나 만약 우리가 이러한 후발국가와 초기 공업국가 사이의 차별이 유무의 근본적인 차이가 아니라 단지 통계적 의미에서의 빠르기와 느리기의 차이, 혹은 명확과 은밀 사이의 정도의 차이[2]를 확정할 수 있다면, 이원적 경제 발전 과정은 경제 발전의 일반적인 단계가 될 수 있으며, 루이스 이론은 더욱 중시되어야 한다. 이에 따라 경제 성장 이론은 재구성 또는 재건이라는 큰 도전에 직면하게 됐다.

---

[1] Arthur Lewis, "Economic Development with Unlimited Supplies of Labor", *The Manchester School*, Vol. 22, No. 2, 1954, pp. 139-191.

[2] 예를 들어, 1866-1950년 84년 동안 프랑스의 농업 고용 비율은 52%에서 33%로 감소했고 (Masahiko Aoki, The Five Phases of Economic Development and Institutional Evolution in China and Japan, in Masahiko Aoki, Timur Kuran, and Gérard Roland (eds.), *Institutions and Comparative Economic Development*, London: Palgrave Macmillan, 2012), 한국에서 동일한 농업 노동력이 완성되는 비중이 낮아진 것은 1968-1981년으로 13년밖에 걸리지 않았다 (차이팡: 〈'중진 소득의 함정'을 피하고 중국의 미래 성장 원천을 탐색〉, 사회과학문헌출판사 2012년판, p. 98.

경제사학자들은 현대 경제 성장에 진입한 중국과 서양 간의 차이를 설명하기 위해 경제 내권화involution의 개념을 제시하고 이를 둘러싸고 치열한 논전을 벌였으며, 대량의 역사적 증거와 그 확장성의, 각자의, 현저한 차이가 있는 해석을 제시하였다. 물론 이러한 서로 다른 자료와 해석들은 1800년에 시작된 세계 경제의 '대분류'가 어떻게 생겨났는지 답하거나 중국을 겨냥하여 '조지프 니덤의 난제'를 풀기 위한 많은 것들이었다[1].

이 장의 목적은 오히려 여기에 있지 않고, 이러한 제각기 자기 주장을 굽히지 않은 논쟁을 회피하려고 시도하고, 산산조각 난 사료들이 짜맞추기 괴리에서 벗어나, 경제 성장의 분석적 사고방식에서 이미 발굴된 공인된 역사적 사실들을 집대성하여, 서양에서도 동양에서도 역사적으로 하나의 전통경제가 내권화되는 과정이 존재함을 논증하다. 이 과정은 맬서스적인 빈곤순환과 달리 현대적인 의미의 인구변화의 시작점이기 때문에 이원적인 경제구조 형성의 초기 과정으로, 일단 현대 경제 성장 부문이 잉여노동력 흡수와 함께 확장될 수 있는 조건을 갖추면 루이스식 이원적인 경제 발전 과정이 시작된다.

이 장은 방법론적으로 세 가지 측면에서 전개되며, 그에 따라 세 가지 목적을 위해 서비스될 것이다.

첫째, 경제 성장 이론에 대해 말하자면, 아직 완전하고 이론 논리와 역사 논리가 통일된 분석 틀이 부족하다. 이 분석 틀 형성에 도움을 주기 위해, 여기서는 루이스 이원 경제 이론으로 신고전성장이론의 중요한 논리 단절된 띠를 메우려고 시도한다. 따라서, 이 장의 목적은, 중국과 서양의 일정한 역사 단계에 관계없이, 농업에서 대규모의 잉여 노동력을 축적하여, 이후 이원 경제 발전을 위한 시기들을 제시하는데 있다.

---

1 최근의 대표적인 문헌은 황종지의 〈발전인가 내권인가? 18세기 영국과 중국 – 평평무란(대분기: 유럽, 중국 및 현대 세계 경제의 발전)〉, 〈역사 연구〉 2022년 제4호; 평무란: 〈대분류: 유럽, 중국 및 현대 세계 경제의 발전〉, 강소인민출판사 2003년판.

둘째, 경제학설사에 있어서, 루이스의발전이론과 신고전성장이론을 하나의 완전한 틀로 융합하는 것은, 전자의 재생과 주류화에 도움이 될 뿐만 아니라 후자의 이론 해석력을 현저하게 향상시킬 수 있다.

셋째, 경제사에 있어서, 연구자들 사이에 이론적 틀과 방법론적 공감대가 부족하여 있다는 점을 감안하여, 성장이론의 통일된 틀과 가설을 참고로 하고 경제사학자들이 역사논리를 새롭게 인식하고 논술하여 역사데이터의 파편화 경향을 분석하는데 도움이 될지도 모른다.

2. 고전 경제학으로 회귀

루이스는 자신의 가장 중요한 논문에서 개괄적으로 지적하고 그 글이 고전 경제학의 전통에 따라 쓰여지고, 가설되고, 문제를 제기한다[1]. 그는 고전경제학의 핵심은 스미스와 마르크스 둘 다 자본주의의 초기 생존 수준의 임금으로 무제한 노동력을 공급받을 수 있다는 것을 관찰한 것이라고 주장했다. 그러나 루이스는 현대 (1950년대 전후로 관찰된) 개발도상국의 현실을 주안점으로 내세우면서도 노동력의 무제한 공급이라는 가설이 영국과 북서유럽 선진국에는 적용되지 않는다는 점을 깍듯이 인정했다.

루이스는 그 모델에 맞는 전형적인 개발 도상경제국을 두 부문으로 나누고, 본인과 후발 토론자가 종종 다른 표현을 사용해 둘을 규정하는데, 우리는 여기에서 통일적으로 전통 부문과 현대 성장 부문으로 부르고, 전자는 농업으로 대표되며, 토지와 자본에 비해 노동력이 과잉되기 때문에 대규모의 누적 잉여 노동력으로 특징지어지며, 후자는 공업으로 대표되

---

[1] Arthur Lewis, "Economic Development with Unlimited Supplies of Labor", *The Manchester School*, Vol. 22, No. 2, 1954, pp. 139-191.

며, 그 확장 속도로 자본이 축적되는 속도가 전통적인 부문의 잉여 노동력을 어떤 속도로 흡수할 수 있는가를 결정한다.

루이스는 개발도상국들이 주류 신고전경제학에서 간과한 이 이원적 경제특징이 존재하고, 고전경제학의 연구대상으로 진정으로 돌아가지 못하여, 그 후 주류경제학에서 다시 잊혀질 수 있는 복선을 깔아주었다. 예를 들어, 개발경제학자 라니스는 루이스의 이론은 앵글로 - 색슨 전통의 주류경제학에서 받아들여지지 않으며, 임금에 대해서는 수급관계 내생적 결정되는 것이 아니라 인구 밀도가 높은 특성으로 인해 특정 시스템 배치에 따라 외생적으로 결정된다는 관점을 발견했다[1].

비록 많은 연구자들이 현대의 개발도상국들을 깊이 관찰한 후, 점차 이원 경제 이론이 이러한 개발도상국들에 대해 이론의 개괄이 유효하다는 것을 인정하는 경향이 있지만[2], 루이스식 가설이 아직 선진국의 초기 발전경험에 대해 해석력이 있다고 여겨지지 않고, 이 이론은 여전히 소외된 위치에 있다. 따라서 초기 공업화 국가들도 이원 경제 발전 과정을 거쳤다는 이론과 사실이 입증된다면, 루이스의 이원 경제 이론의 해석력은 깊이와 폭에서 강화될 수 있고, 따라서 이 이론은 학설사적인 의미에서 구원을 얻을 수 있다.

스미스는 자본이 구동력을 축적하는 모순을 사실상 루이스 방식으로

---

1 Gustav Ranis, Arthur Lewis, " Contribution to Development Thinking and Policy", *Yale University Economic Growth Center Discussion Paper*, No. 891, 2004.

2 예를 들어 시카고 학파 경제학자 존슨 (D. Gale Johnson)은 농촌 잉여 노동력의 논의와 추산에 대해 이 잉여 노동력의 개념이 잘못됐고 실재할 수도 없다고 혹평했다. 그러나 중국에 대한 깊은 조사와 고민 끝에 그는 신고전적 전통에 반하여 중국에 농업 잉여 노동력이 많고 그들의 생산성이 도시 부문 노동력보다 훨씬 낮다는 것을 인정했다. [미]D. 게일·존슨 〈중국이 농촌에서 비농업 일자리를 창출하여 대부분의 농업 노동력을 이동할 수 있는지〉를 참조하고, [미]D. 게일 존슨 〈경제 발전 중의 농업, 농촌, 농민 문제〉, 상무인서관 2004년판, p. 65를 참조한다.

해결했다. 그는 자본축적에 종사하는 제조업자들이 더 많은 노동자를 필요로 하고, 이 더 큰 고용수요는 노동자들의 임금을 '자연적인' 가격 이상으로 인상하는 경향이 있어 자본가 이윤이 감소하여 축적 과정이 중단될 위험이 있다는 것을 관찰했다[1].

그러나 스미스는 '다른 상품에 대한 수요가 다른 상품의 생산을 필연적으로 지배하듯이, 인구의 수요도 인구의 생산을 필연적으로 지배한다'는 규율을 동시에 발견했기 때문이고[2], 즉 노동력에 대한 수요 증가는 임금을 생존수준 이상으로 올려 인구증가를 자극하는 경향이 있으며, 인구증가는 노동력 공급을 확대하여 임금의 계속적인 인상을 억제하고, 더 나아가 임금을 생존수준 이하로 낮추기 때문에 자본축적자의 이윤이 유지된다.

우리는 또한 이 메커니즘을 신고전적 방식 및 반설적 사실법counterfactual analysis으로 설명할 수 있다. 신고전성장이론은 노동력 부족이라는 가설에서 한정된 노동력에 비해 과도한 자본을 투입하면 자본의 보수가 감소한다는 결론을 내렸다. 반설적 사실법을 적용하면, 일단 노동력 부족의 가설이 깨지면, 자본의 보수 감소가 억제되고, 경제 성장은 투입이 증가하는 조건에서 이루어질 수 있다. 이러한 성장 유형은, 성격상 루이스식 이원적인 경제 발전이다.

지적할 만한 것은 스미스가 1764년에 집필에 착수하여 12년 후에 출판한 〈국부론〉은 비록 현대 경제학의 개산작으로 간주되지만, 사실 스미스가 집필한 시대에는 산업혁명이 완성되지 않았고, 현대 경제학의 입론적인 현대 경제 성장도 아직 모태가 되지 않았다는 것이다.

---

1 양정년의 〈역자서〉를 참고하여 아담·스미스 지음, 양정년 역 〈국부론〉를 기재하고, 산시인민출판사의 2011년판.
2 아담·스미스: 〈국민 부의 성격과 원인에 관한 연구〉 (상권), 곽대력, 왕아난 역, 상무인서관 1996년판, p. 73.

더욱 이상한 것은 스미스의 연구가 증거에 기초하고 있다고 하지만, 본인은 글쓰기 기간 집단에서 떨어져 살았고, 경제현실에 대한 직접 체험이나 직접적인 관찰도 없었으며, 도서자료의 충분하고 지속적인 업데이트가 부족했다는 것이고[1], 그래서 실제로 그가 관찰한 대상은 상당 부분 맬서스와 동일하다거나, 스미스 연구의 대상은 사실 맬서스의 성장 유형이 끝날 즈음, 현대 경제 성장 유형이 형성되기 이전의 과도 성장기였다. 다만 특정 시기의 관찰에 구애되고 발전 단계의 구분으로 이 시기의 성격을 정확히 규정할 줄은 몰라서 스미스는 200년 후의 루이스처럼 이 시기 특유의 경제 성장 유형을 정확히 요약하고 더 나아가 경제 발전 이론을 형성하지 못했다.

스미스가 관찰한 '인구수요의 법칙'은 맬서스가 묘사하는 빈곤의 악순환과 흡사하지만, 사실 전자가 영국의 특정 경제 발전 시기에 발견한 인구증가에 따라 임금인상을 억제할 수 있는 '하나의 똑똑한 메커니즘'은 분명 맬서스의 발전단계에서 가질 수 있는 것이 아니며, 사실 이것이 바로 루이스 이원 경제 발전의 메커니즘이다.

이 장의 목적은 스미스가 관찰하여 어느 정도 특징적인 사실stylized fact로 표현하고 있는 현상이, 더 이상 맬서스적인 빈곤의 함정이 아니라 루이스식 성장 유형에 가깝다는 것을 증명하는 것이고, 또는 그가 루이스식 이원 경제 발전을 초래하는 전제조건을 발견했다. 또한 스미스와 루이스와의 이러한 전승관계 때문이지, 맬서스와의 어떤 내적 연관성이 아니라 현대 경제학 원조의 자리를 굳건히 유지할 수 있도록 한 것이다.

스미스가 루이스 모델에서 핵심적인 내용을 발견했다고 하는데, 표현상 당연히 장유유서적, 역사적 발전의 순서와 이론 형성의 논리에 부합하지 않는다. 정확한 설명은 당연히 루이스는 스미스의 전통을 따랐으며,

---

[1] [영]개빈·케네디: 〈아담·스미스〉, 화하출판사 2009년판, p. 194.

스미스에게서 아직 명확하지 않은 관찰을 경제 개발 이론 모델로 끌어올렸다.그러나 루이스는 이원 경제 이론을 응용해 유럽국가들의 초기 경제 성장을 이해하고 설명하는 용감한 다음 단계를 밟지 못했다. 신고전경제학이론이든 고전시대 경제 발전 역사에 대한 신고전 해설이든 천하를 통일하는 힘이 너무 강해 가장 창조적인 능력을 가진 후발주자도 방황하는 것을 주저했고, 결국 그림에 갇힌 운명을 벗어나지 못해 전자와 완전히 헤어지지 못했다.

3. 비약 조건으로의 인구 증가

맬서스 시대의 경제 성장이 완전히 정체된 것이 아니라 매우 느린 속도로 진행되었기 때문에 맬서스식 성장 유형도 언제 어디서나 결코 고정불변의 것을 아니다. 일반적으로 맬서스 균형은 소득 향상에 도움이 되는 어떠한 혼란도 단명하고, 소득이 생존 수준보다 높으면 출산율이 높아지고 사망률이 낮아져 인구의 자연증가율이 높아져 인구-토지 관계가 악화되며, 그 결과, 토지 압력의 심각화는 결국 1인당 소득을 생존에 충분한 균형 수준으로 되돌린다.

그러나 경제사학자들은 서유럽이 서유럽은 산업혁명 이전인, 즉 맬서스의 함정에 처해 1700년에 있었을 때 1인당 소득이 세계 다른 지역보다 현저히 높았다는 사실을 발견했다[1]. 다른 경제사학자들은 중국에서 이른바 '고수준 균형 함정'이라는 독특한 현상을 발견했다[2]. 이 두 현상 모두

---

[1] Nico Voigtlander and Hans-Joachim Voth, "Malthusian Dynamism and the Rise of Europe: Make War, Not Love", in *American Economic Review: Papers and Proceedings*, Vol. 99, No. 2, 2009, pp. 248-254.

[2] Mark Elvin, The Pattern of the Chinese Past: *A Social and Economic Interpretation*,

맬서스의 함정에 대한 탈출인지, 아니면 두 현상 모두 아닌 것인지, 아니면 양자가 각각 다르고 심지어 정반대의 상황을 나타내는가? 이러한 질문에 대한 대답은 '대분류의 수수께끼'를 푸는 데 필수적이다.

이러한 의문에 대한 확신을 가질 수 있기 전에, 우리는 유럽의 1인당 소득이 더 높고 중국이 고수준 균형 함정을 형성하게 된 원인에 대한 질문을 잠시 접어두고, 이러한 예상하지 못한 더 높은 소득 수준이 이후 시대에 야기된 결과인 한때는 지속 가능했지만 중단될 수도 있는 장기적인 인구 증가를 살펴본다.

속수이 유지로가 제공한 데이터에 따르면[1], 1000~1750년 동안 세계 대부분의 지역에서 매우 완만한 장기 인구 증가를 경험했으며, 그 동안의 연평균 인구 증가율은 유럽과 그 후손이 거주하는 지역, 아시아 및 아프리카에서 각각 0.13%, 0.14%, 0.09%로 큰 차이가 없었다. 그러나 이후 유럽인 거주 지역의 인구 증가율은 빠르게 높아졌고, 아시아의 인구 증가율은 안정적으로 오락가락했으며, 아프리카는 한때 큰 파동을 겪었다. 1750~1850년의 경우 세 지역의 연평균 인구 증가율은 각각 0.73%, 0.45%, 0.00%였다. 유럽계는 19세기 말에 인구 증가의 정점을 찍은 반면, 아시아와 아프리카는 1930년대를 전후하여 유럽계 인구 증가가 둔화되었을 때 비로소 급속한 인구 증가를 얻었다. 예를 들어 1900년에서 1990년 사이 세 지역의 연평균 인구 증가율은 각각 0.91%, 1.48%, 1.69%였다[2].

Stanford: Stanford University Press, 1973.

[1] [일]속수이 유지로: 〈발전경제학-빈곤에서 부유로〉. 사회과학문헌출판사 2003년판, p. 56.

[2] 지적할 만한 것은, 세계, 각국 및 중국의 역사적 인구 데이터에 대한 다양한 추정치와 요약이 있으며 결과는 동일하지 않다. 여기서는 추세적 판단이 일치한다는 의미에서 관련 데이터만 인용한다.

경제 발전의 순서로 우리는 산업혁명이 유럽에서 최초로 발단과 전파되고, 나아가 다른 대륙의 유럽인들의 거주지역으로 확대되는 것을 관찰할 수 있으며, 라틴아메리카 지역이 한때 높은 발전수준을 얻었다가 장기간 중위소득단계에 정체되고 동유럽이 한때 뒤처진 것을 제외하고는 서유럽·북유럽·북미·호주·뉴질랜드가 고소득 선진국(지역)이 되었고, 아시아는 일본·한국·싱가포르·중국홍콩·중국대만 지역이 먼저 발전한 이후 급속하게 되었으며 아프리카의 발전은 늦게 시작되어 현재 따라잡기에 박차를 가하고 있다.

이로써, 가장 먼저 인구가 빠르게 증가하는 지역에서 산업혁명이 이루어졌음을 알 수 있다. 경제사학자 논쟁의 가장 집중된 문제는 왜 아시아(특히 중국)가 아닌 유럽이 산업혁명의 고향이자 성장지가 되었는지에 대한 것이다. 여기에 특정 인구 증가가 맬서스 함정에 대한 영구적인 돌파인지, 맬서스 균형에 대한 일시적인 벗어난지를 어떻게 판별할 것인지에 대한 질문도 반드시 대답해야 한다. 이는 유럽의 초기 고소득 현상과 중국의 '고수준 균형 함정'에 대한 판별과 같은 명제라고 할 수 있다.

매디슨이 제공한 데이터[1]에 따르면 1700년까지 아시아는 전 세계 GDP 총량의 61.8%를 생산했고, 최대 아시아 국가인 중국의 세계 GDP 총량 기여분은 22.3%로 관측됐다. 아시아, 일본, 중국이 각각 더 큰 인구 점유율을 가지고 있기 때문에, 이 지역과 이 두 나라의 1인당 GDP는 각각 세계 평균보다 낮지만, 그 폭은 그다지 크지 않다. 1500~1820년 동안 아시아의 인구 증가 속도는 세계와 서유럽의 평균보다 약간 빨랐고, 일본의 인구 증가율은 약간 낮았으며, 중국은 세계와 서유럽의 평균보다 현저히 높았다.

---

[1] [영]앵거스·매디슨: 〈세계 경제 밀레니엄 통계〉, 베이징대학교출판사 2009년판, pp. 262-269.

이 시기 중국의 GDP 성장률은 세계 평균보다 빨랐고 서유럽과 대체로 같은 수준을 유지했지만, 인구 증가가 더 빨랐기 때문에 1820년에는 중국 GDP 총량이 세계의 32.9%를 차지했지만, 1인당 GDP는 서유럽보다 현저히 낮을 뿐만 아니라 세계 평균보다 더 낮은 궤적을 보였다. 일본과 다른 아시아 국가들은 중국과 이런저런 차이가 있지만, 1인당 소득은 서유럽, 나아가 세계 평균에 비해 크게 뒤떨어진다는 점에서 아시아 국가들은 비슷한 궤적을 보였다.

특히 중국은 1820 - 1870년 이후 GDP와 인구가 모두 마이너스에 빠지면서 세계적인 '대분류'에서 불리한 대표국으로서 서양국가와의 발전 격차를 크게 벌렸다.

우리가 경제사학자들이 소위 '대분류'라고 부르는 시기를 1600 - 1950년 정도로 규정한다면[1], 이 분류의 한 단이 보여주는 것은 산업혁명의 남상이 영국에서 시작되어 북서유럽과 북미 및 서양에 이르기까지 빠르게 전파되고, 다른 한 단의 그림은 아시아, 아프리카 등의 국가들이 계속 맬서스 빈곤의 함정에 빠져있다는 것이며, '대분류'의 주요 표현은 1인당 GDP의 격차가 점점 커지는 것이다. 그러나 이 장의 목적에서 우리는 1인당 소득의 분화를 살피지 않고 인구 증가의 차이로 되돌아가려고 한다.

역사적인 인구 증가를 이해하고 국제적으로 비교하는 것은 종종 수치가 보여주는 불안정과 단절적인 변화에 미혹된다. 예를 들어 중국은 1700~1820년 사이 인구가 급격히 증가하여 서유럽 12개국의 평균치나

---

[1] 학자들의 분석과 경제사실은 대분류의 대략적인 시작연도에 대해 합의할 수 있는 것은 의심할 여지 없이 19세기 초 산업혁명이 실질적으로 일어났을 때이다(펑무란: 〈대분류: 유럽, 중국 및 현대 세계 경제의 발전〉, 강소인민출판사 2003년판). 대분류의 마감 연도에 대해서는 1950년이라는 스펜서 (Michael Spence, The Next Convergence: *The Future of Economic Growth in a Multispeed World*, Part One, Farrar Straus and Giroux, 2011) 의 말을 받아들일 수 있는데, 이는 바로 이때 세계 경제가 대수렴의 새로운 시기를 시작했다고 보기 때문이다.

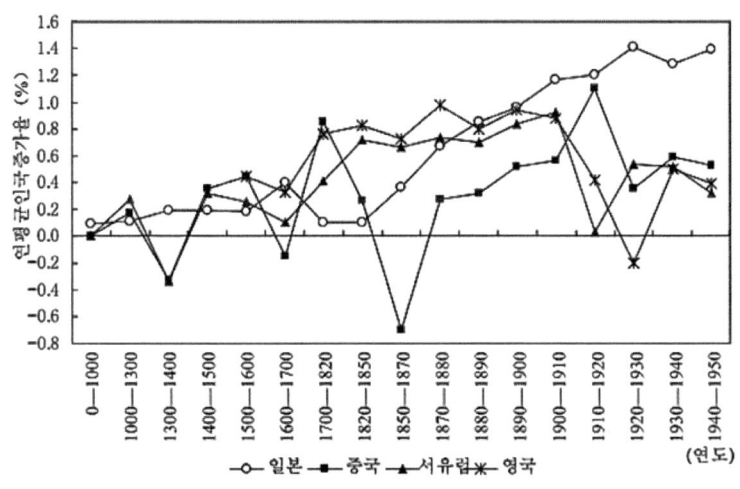

그림 4-1 인구증가율의 장기적인 다국적 비교

자료출처: 매디슨 데이터에 근거하여 계산한다. 그 중 일본과 중국은 1850년 및 이전의 데이터와 서유럽 데이터에 근거하여 앵거스·매디슨 〈세계 경제 천년사〉, 27페이지를 게재한다. 일본, 중국, 서유럽 (12개국 평균) 1870년과 그 이후 그리고 영국의 1500년 후의 데이터에는 앵거스·매디슨 〈세계 경제 밀레니엄 통계〉, 30, 32, 34, 158페이지가 실려 있다.

아시아의 일본보다 월등히 높았지만, 그러나 이후 오랜 기간 동안 급격히 감소하여 1850-1870년 동안 마이너스 성장을 기록했다(그림 4-1).

장기적인 추세에서 민폐적인 요소를 제거하기 위해, 여기서는 한 국가의 인구 변화가 인구 전환 이론에 요약된 단계적 추이에 부합하는지 여부를 판단 기준으로 삼는다. 인구전환 이론은 맬서스식 '고출산-고사망률-저(자연)성장률'을 거치면서 1인당 소득의 실질적 향상과 함께 인구전환이 '고출산-저사망률-고(자연)성장률'의 새로운 단계로 접어들었고, 이후 더 높은 경제 발전 수준에서 '저출산-저사망률-저(자연)성장률'의 단계가 형성될 것이라고 지적했다[1].

---

[1] John C. Caldwell, "Toward a Restatement of Demographic Transition Theory", *Popula-*

이 인구 변화는 본질적인 의의를 가지고 있으며 역사적 데이터에 의해 확인되며, 따라서 특히 강조할 만한 특징은 사망률의 안정적인 감소에서 비롯된다는 점이다[1]. 경제사학자들은 18세기 후반부터 서유럽에서 전통적인 맬서스식 인구억제 메커니즘이 변화했다는 충분한 증거를 갖고 있다면서 "농업의 장기 흉작과 전염병 피해로 인한 인구위기가 점차 줄어들어 19세기에 이르러서는 거의 완전히 사라졌다"고 말했다[2].

즉, 사망률이 실질적으로 감소된 상태에서도 높은 출산율이 그 관성을 유지해야만 인구의 자연증가율이 크게 향상될 수 있다. 우리는 이를 통해 경제 발전과 연관된 인구변화는 장기적으로 규칙적인 추세에 부합하며, 이는 맬서스의 함정을 뛰어넘은 최초의 사례이며, 그렇지 않다면 특이하거나 주기적인 요인에 의한 요란한 변화로서, 한 국가가 아직 맬서스의 함정에서 벗어나지 못하고 있음을 보여주는 판단 기준을 확립할 수 있다.

이러한 판별기준에 따르면, 그림 4-1에서 볼 수 있듯이, 우리는 비교경제국들 사이에서 인구증가가 가속되는 순서는, 경제가 도약하는 순서와 정확히 일치한다. 포스트 맬서스의 인구전환 궤도에 진입하는 시점이나, 경제도약 조건을 갖추는 시점이나, 비서방세계는 유럽국가에 현저하게 뒤떨어지는, 소위 '대분류' 시대를 형성한다.

서유럽(가장 대표적인 영국) 인구는 1700년 이후부터 장기적이고 추세적인 상승 단계에 있으며, 내생적 성격, 즉 경제 사회 발전의 영향을 받아 사망률 하락을 주요 메커니즘으로 하여 인구 전환의 정상 궤도에 진입하

---

tion and Development Review, Vol. 2, 1976, pp. 321-366.

[1] Massimo Livi-Bacci, *A Concise History of World Population* (fifth edition), Chapter 4, The Atrium, Southern Gate, Chichester, West Sussex, UK: Weiy-Blackwell, 2012.

[2] [미]로스토: 〈이 모든 것이 어떻게 시작되었는가-현대 경제의 기원〉, 상무인서관 2014년판, p. 71.

여 맬서스의 함정에서 영구히 벗어났다[1].

따라서 이러한 인구 증가 추세는 서유럽 국가들이 선진 경제국이 되어 인구 변화의 세 번째 단계에 접어들 때까지 계속되었고, 겨우 20세기에 현저하게 감속하기 시작했다. 예를 들면 쿠즈네츠가 제공하는 잉글랜드와 웨일스의 인구 숫자는 이러한 변화 과정과 메커니즘을 잘 보여준다[2]. 18세기 중반 이후 사망률이 계속 감소했고 출산율은 19세기 중반까지 비교적 안정세를 보이다가 20세기 초에 이르러서는 현저하게 감소했기 때문에 인구 자연 증가율은 역U자형의 변화 궤적을 보였다.

일본은 아시아에서 처음으로 산업혁명의 급화를 이어받은 국가로서 1870년 이후에야 급속한 인구 증가를 시작하였으며, 제2차 세계 대전 이후 선진 경제국이 된 이후에야 인구 변화가 더 높은 단계로 접어들면서 인구 증가가 현저하게 감소하였다.

중국의 인구 증가는 훨씬 복잡하고 우여곡절적인 변화 과정을 거쳤다. 그림 4-1에서 보듯 1700-1820년 한 세기 이상 연평균 0.85%의 높은 인구 증가율을 보인 중국은 일본(0.10%), 서유럽 12개국 평균(0.41%)은 월등히 높고 심지어 영국(0.76%)보다도 월등히 높다. 그러나 다음과 같은 이유는 중국이 이때부터 맬서스의 함정에서 벗어났다는 판단을 거부하게 한다[3].

첫째, 이 시기에 정곡탈락은 지방 관리들의 '부수정증' 우려가 없어지고, 따라서 대부분의 역사 연구 자료에 따르면 18세기 중국의 급속한 인

---

[1] 국제사학계에서도 영국의 18세기 인구증가의 주원인으로 출산율 증가를 꼽는 연구자가 많지만(유진요의 〈영국 18세기 인구와 발전의 학술사 회고〉, 〈사학 이론 연구〉 1995년 제3호 참조), 출산율 증가 역시 경제사회 발전 수준 향상과 관련이 있기 때문에 이 장의 결론과 그에 따른 분석 논리를 부정하지는 않는다.

[2] [미]시몬·쿠즈네스: 〈현대 비상 성장〉, 베이징경제대학교출판사 1989년판, p. 34.

[3] 중국의 인구 증가가 그때부터 이전과는 다른 특징을 갖게 되었다면 마침 나중에 논의될 게르츠 내권화 명제의 적합성을 향상시킨다.

구 증가는 아마도 실제 인구에 대한 인센티브는 단순히 새로운 증가가 아니라 과거에 은폐된 인구를 드러나게 할 것이다.

둘째, 17세기 중반부터 옥수수, 고구마, 땅콩 등 아메리카 농작물의 도입과 보급은 중국이 한계토지를 더욱 잘 이용할 수 있도록 도와주고 농업생산량을 증가시켜 흉년에 견딜 수 있는 능력을 향상시켰으며 인구증가에 대한 자극효과는 분명 현저한 것이었다. 한편, 이러한 효과는 점차적으로 나타나지만 결국에는 여전히 일회성이었다.

마지막으로 18세기 급속한 인구 증가 추세는 결국 지속되지 못했으며, 맬서스 함정이 고도의 안정적 균형 상태를 유지하는 메커니즘으로서 여전히 기능하고 있음을 보여준다. 19세기 초부터 인구 증가율은 하락하기 시작했으며, 심지어는 마이너스까지 떨어졌다가 19세기 말에야 다시 급속한 인구 증가를 시작했지만, 20세기 두 번째 10년 만에 최고 증가율(1910~1920년 동안 연평균 증가율은 1.1%)을 기록한 후 다시 하락하였다.

중화인민공화국이 성립될 때까지 잘 알려진 중국의 인구 증가 유형은: 완전히 인구 변화 법칙을 따랐으며, 선진국에서 경험했던 것보다 훨씬 빠른 속도로 비교적 빠른 시간 내에 인구 변화 주기를 완성하였다. 또한, 1978년 개혁개방 이후 중국은 급속한 경제 발전의 기적을 창조하였고, 저소득 국가 대열에서 중상위소득 국가 대열에 진입하여 고소득 국가 대열로 변화하고 있다.

4. 농업 내권화 및 이원 경제 형성

사람들은 이원 경제라는 개념이 루이스가 처음 창조한 것으로 알고 있다. 사실, 정확히 말하면 루이스가 최초로 이원 경제 발전이론을 창조한 것 이다. 그러나, 어떤 이론도 결국 학문적 연원을 가지고 있고, 어떤 위대한 이론도 반드시 거인의 어깨 위에 서있듯이, 루이스 이원 경제 개념의 내포는, 분명히 게르츠의 영향이 심대한 관찰과 요약에서 비롯되어야 한다[1]. 그르츠의 저작에 대한 후세 사람들의 해석[2]에 따르면, 우리는 그의 기여처와 다른 이론과 관찰 사이의 연결고리를 얻을 수 있다.

우선 농업 내권화가 어떤 요인에 기인하는지부터 살펴보자. 언제 어디서나 농업 노동생산성이 향상됨에 따라 통상적으로 잉여노동력이 발생하게 된다. 이때 여건이 성숙되면 이미 현대 경제 성장의 요인이 존재하게 되고, 이러한 새로운 요인의 다른 산업이 정상적으로 확장되고, 이전된 잉여노동력을 흡수할 능력이 있으며, 제도적 정책적 노동력 이동 장애 없이 예상되는 산업구조 변화로 경제 발전 과정이 발생하게 되고, 혹은 진화$_{evolution}$라고 한다. 식민정책, 정부박탈정책, 도시편향정책, 기타 어떤 왜곡된 정책으로 농업이 비농업산업 고용으로 전환되는 것을 막으면 잉여노동력이 농업에 축적되어 농업 내권화$_{involution}$가 일어난다.

글츠에 대한 텍스트 해석을 보면, 내권화$_{involution}$는 사실상 진화$_{evolution}$의 반대말이기 때문에, 후자를 밖으로 나가는 것으로 이해한다면, 전자를 안으로 들어가는 것으로 이해할 수 있다. 농민들은 이성적이면서 동시에 전통 사회의 공동체적 긴밀한 성격에 의해 결정되며, 어떤 노동력이 잉여인지 진정으로 구별하고 아무것도 하지 않고 적어도 두 가지 조정을 통해 대응해야 한다. 이 두 가지 조정을 관찰하면 내권화의 두 가지 내재적 의미가 동시에 드러난다.

---

1 Clifford Geertz, *Agricultural Involution: The Process of Ecological Change in Indonesia,* Berkeley, University of California Press, 1963.

2 여기서 주로 참조하는 비교적 포괄적이고 체계적인 개요와 해석문헌이고, Benjamin White, " 'Agricultural Involution' and Its Critics: Twenty Years after Clifford Geertz", *Working Papers Series*, No. 6, Institute of Social Studies, The Hague, February, 1983.

그 중의 하나는 경작수단이 여전히 전통적인 조건에서 비현대적 요소와 수단으로 지나치게 정교하게 경작되어 경직되고 변하지 않는 농업 생산 방식을 유지한다는 것이다. 본질적으로 이것은 여전히 슐츠가 정의한 전통농업이다. 즉 농업이 분화가능성을 갖게 되었을 때, 특정한 제도배치는 전통적인 소농경제를 파괴하거나 개조하지 않고 노동력 이동을 억제하는 방식을 통해 이를 이전의 생존 수준으로 계속 유지하여 고착화된 이원적 경제 구조를 형성한다는 것이다.

그 중의 둘, 이왕이면 잉여노동력이 이동되지 못하는 이상 노동자는 노동기회를 나누어야 한다는 의미인데, 이에 따라 루이스 이론적 의미에서 노동자 개개인은 한계 노동생산성 수준보다 낮은 수준의 나눔급여를 받을 수밖에 없는데, 게르츠가 내권화 개념 자체를 강조할 때는 농민이 분화되지 않는다는 의미를 담고 있기 때문에 빈곤나눔shared poverty이라고 불렀다. 이후 연구에서는 이것이 내부권화 사회에서 경제적 도약 조건을 형성하지 못한 이유(예: 제3장에서 논의된 '높은 수준의 균형 함정' 가설)로 간주된다.

한 나라를 이런 내권화 상태에서 벗어나게 할 수 있는 길이 있는지, 있다면 서로 다른 유형이 있는지, 이들 사이의 차별은 무엇을 의미하는지, 무엇을 의미하지 않는지 말이다. 이러한 질문에 대한 대답은 우리의 토론에 있어서 매우 중요한 의미를 갖는다. 실제로 우리가 보는 것은 전통적인 농업 사회에서 현대 경제 성장으로 변화하기 위한 여러 가지 패러다임들이 이러한 내권화 상태에서 출발한다[1]. 차이는 단지 내권화 상태에 머

---

[1] 물론 일부 국가, 지역 또는 공동체에서 노동력이 이동되지 않고 동시에 정밀 경작 농업 모델이 형성되지 않는 상황을 배제할 수 없다. 그러나 잉여 노동력의 존재가 키 포인트이며, 그들이 노동생산성이 낮고 농업에서 일하든, 아무것도 하지 않은 일단 외부로 이동할 동기를 갖게 되면 노동력의 나머지 상태는 이원 경제 발전의 출발점이 될 수 있다.

무르는 시간이 길고 짧을 뿐이며, 전환 과정에서 취하는 경로가 급진적이고 점진적이기 때문에 초래되는 결과는 서로 다르다. 역사적으로 우리는 몇 가지 다른 경로와 결과를 발견할 수 있다.

첫 번째 상황은 영국권역운동과 관련법 등 어떤 강제적인 방식을 통해서 가장 유명한 것으로, 잉여노동력을 전통적인 농업에서 밀어내고, 거대한 산업 예비군을 모아 대량생산체제와 소농경제의 대립을 형성하며, 전자가 후자를 파괴함에 따라 자본주의경제가 발전하게 된다. 사실, 이러한 경로의 진화과정도 여러가지 패러다임이고 예를 들면, 흔히 언급되는 영국의 도로, 프로이센의 도로, 프랑스의 도로 등과 같다. 그러나 이러한 '도로'의 일반적인 특징은 종종 전환이 발생하기 전의 농업 내권화 단계라는 점에서 잊혀진다.

두 번째 상황은 이원 경제 발전과정을 통해 현대 경제 성장이 끊임없이 확대되고, 전통적인 농업경제가 점유율이 낮아지는 과정에서 점차 현대화되는 것이다. 이 변화가 지속적으로 진행되다가 루이스의 전환점이 될 때까지 이원 경제 특성은 결국 사라지게 된다. 이런 경로에서 기점이 되는 농업 내권화가 실제로 존재했던 것을 쉽게 볼 수 있다.

세 번째 상황은 장기간 농업내권화상태에서 정체되어 경직된 이원 경제 구조를 형성한다. 사람들은 일반적으로 이러한 상황을 내권화 상태라고 말하지 않고 단지 이원 경제 구조하에서 전통농업에서 정체되어 있다고 말한다. 예를 들면, 실제로 슐츠가 연구한 '전통농업의 개조'는 겨냥하는 대상이 사실은 내권화 농업이다.

경제사의 진화 과정은 연속 함수와 같지 않으며 독립 변수의 0에 가까운 변화가 종속 변수에 해당하는 작고 연속적인 변화를 일으키는 것으로 정의할 수 있다. 인간사회 발전사건에 대해 우리는 독립 변수와 종속 변수 사이에 어느 정도의 인응성이 있어야 연속성과 비연속성을 구별할 수 있는지에 대해 확신을 가질 수 없기 때문이다. 루이스는 비록 후발국가들의 관찰에서 특별한 이원 경제 유형을 제시하였으며 그러나 이러한 국가들이 농업의 내권화를 보여 주는 것이나 경제적 이원성 등에 있어서 초기 공업화 국가들의 발전 과정에는 존재하지만, 단지 그 과정이 너무 느려서 관찰하기 힘들 뿐이다.

5. 비약 전의 전통 경제 내권화

전통 개념은 비교적 오랜 기간 동안 지속적인 인구 증가를 경제 도약의 징표로 간주한다. 경제학자들은 산업혁명이 맬서스의 빈곤 함정을 깨뜨리고 인구-토지 비율의 강경한 제약으로 인해 1인당 소득이 더 이상 생존으로 돌아가지 않게 함으로써 인구 증가가 오랜 세월 동안 인간의 생산을 지배해 온 맬서스의 균형을 뛰어넘어 진정한 경제 도약을 이룰 수 있다고 주장한다.

예를 들어 쿠즈네츠가 요약하는 (초기) 현대 경제 성장의 특징화 사실은 첫 번째 항목으로 '선진국이 이룬 1인당 높은 성장률과 높은 인구 증가율'이다[1]. 인구학자의 관찰과 이를 통해 추상화된 인구변화 이론은 경제학자, 즉 인구의 급속한 증가가 처음에는 경제 도약의 조건으로 사용될 수 있고, 그 후 한동안은 경제 발전이 현대 단계에 진입한 결과이며, 추가적인 경제 발전은 인구 증가를 둔화시킬 수 있다는 경제학자의 관점을 보완합니다. 이에 따라 집의 관찰과 인구학의 추상적 이론을 보완한다. 인구가 산업혁명이나 경제 도약의 조건과 출발점이 되는 방법과 그 메커니즘에 대해서는 경제 성장 이론과 경제사 문헌에 단서가 많지만 명확하고

---

1 Simon Kuznets, "Modern Economic Growth: Findings and Reflections, Modern Economic Growth: Findings and Reflections", *American Economic Review*, Vol. 63, 1973, pp. 247-58.

체계적인 이론적 요약은 없다.

그러나 이러한 질문에 대한 답변은 매우 중요하고, 경제권이 언제 맬서스의 함정을 돌파했는지를 판단하는 데 도움이 될 뿐만 아니라, 역사의 표상에 현혹되지 않고 경제 발전의 역사를 인식하는 분석의 틀을 짜는 데 매우 중요한 논리연계이다.

필자가 직접 구축한 장기적인 경제 발전의 4단계(유형)의 틀에서, 인구전환의 첫 번째 전환인 최초의 인구 증가가 가속화되고, 경제 도약에 대한 작용은 루이스가 정의하는 이원 경제 중의 전통적인 경제 부문을 형성하는 데 도움을 주고, 그 위에 추가적인 이원 경제 발전 단계가 있을 것이다. 일반적으로 받아들여지는 이원 경제에 대한 이해, 그 본질적 특징 및 존재조건은 농업경제에 많은 잉여노동력이 축적되어 노동의 한계생산력이 매우 낮기 때문에 노동력의 보수가 결정될 수 없으며, 농촌가정은 단지 제도적인 안배를 통해 농업의 평균노동생산력을 나누어 가질 수 있다는 것이다[1].

전형적인 맬서스 빈곤의 함정에서 농업 노동력의 잉여는 일상적이지 않다. 물론 맬서스적 악순환의 한 단계에서는 어떤 우연적인 요인으로 인해 소득이 증가하여 인구과잉을 초래해 인구-토지 비율을 높임으로써 실질 1인당 소득을 다시 생존 수준으로 끌어올릴 수 있는 인구역량이 생긴다.

그러나 이때 형성된 인구압박은 신생아와 다른 연령대에 이르는 미성년 인구를 가리키는 경우가 많다. 대부분의 경우 이들이 노동력으로 성장하지 못한 시점에서 맬서스식 악순환은 다시 최저생존수준을 유지하는 단계로 접어들면서 인구증가를 억제하는 힘이 다시 생겨났다. 적은 경우

---

[1] Arthur Lewis, "Economic Development with Unlimited Supplies of Labor", *The Manchester School*, Vol. 22, No. 2, 1954, pp. 139-191.

이 순환은 세대 이상의 시간을 거쳐 그런 다음 더 고통스러운 억제 방식(대규모 재해와 전쟁)으로 전통적인 균형으로 돌아간다.

이에 반해 인구변화의 법칙에 따라 발생하는 추세적인 인구증가와 인구연령구조에 영향을 미치는 새로운 단계까지 지속됨과 동시에 주기적인 천재인재를 억제할 수 있는 경제사회적 역량이 안정적으로 발생해야만 노동력 과잉의 이원 경제를 만들 수 있다. 이원 경제의 형성을 이해하고 농업에 어떻게 대규모 잉여노동력이 축적되는지를 밝히는 것이 키 포인트이다. 인구 증가가 인구 변화의 새로운 궤도에 진입한 결과인지, 아니면 여전히 맬서스의 함정에 빠져 있다는 표현인지 구별하는 가장 직접적인 방법은 관찰된 인구 증가가 한 국가가 이원적 경제 발전 내지 신고전적 성장기에 진입할 때까지 장기간 지속될 수 있는지 여부이다.

많은 경제사학자들에게, 농업에서 대규모의 과잉 노동력이 형성되는 과정은 농업의 내권화로 나타난다. '대분류' 이전이나 시작 시기에 중국과 유럽의 비교에 관해서는, 대부분의 연구가 중국의 강남 지역과 영국 사이에 집중되었다. 거의 동일한 관찰 대상에 따르면, 재료에 대한 다른 해석에 기초하여, 경제사학자들은 각각 다른 결론을 내렸다.

예를 들어, 황종지가 18세기 양자강 삼각주와 영국의 농업을 비교한 결과, 전자의 눈에 띄게 내권화가 발생하여 영국에서와 같이 노동절약의 기술과 농업자본화에 대한 수요가 발생하지 않았다[1]. 그가 보기에, 물적 자본의 증가로 인한 노동생산성의 향상만이 현대적 의미의 '발전'이 가능한데, 중국은 농업의 내권화를 겪었기 때문에 농업혁명은 말할 것도 없고 산업혁명의 단서도 없다.

경제학 이론에 따르면 농업의 기술적 변천이 단순히 노동생산성 향상

---

[1] 황종지 〈발전인가 내권인가? 18세기 영국과 중국 – 평평무란(대분기: 유럽, 중국 및 현대 세계 경제의 발전)〉, 〈역사 연구〉 2022년 제4호.

으로 나타나는 것이 아니라, 높은 인구-토지의 비율에서도 토지생산성 향상은 농업혁명의 통로가 될 수 있지만, 이는 논쟁의 핵심은 아니다. 우리가 관심을 갖는 초점은 영국도 같은 농업의 '내권화'를 일찍이 또는 늦게 경험했는지에 있고, 18세기 농업을 비교하면서 양측이 같은 일을 말하는지 아닌지를 논쟁한다.

황종지의 논쟁 대립면은 펑모란으로 대표되는데, 후자는 당시 중국이나 서유럽을 막론하고 농업에서 일어난 상황이 수많은 경이로운 유사점을 보였다. 펑모란은 많은 사료를 인용, '1500-1800년 유럽에서도 농업 생산의 확대가 생산성의 돌파구보다는 더 많은 노동 투입의 사용으로 인한 것이라는 것이 일반적인 상황이'이라고 지적했다[1]. 그는 잉글랜드와 강남을 '발전에서 내권으로 이어지는 연속체에서의 성격적 대립의 양단'으로 보는 것에 찬성하지 않을 뿐만 아니라, 현대의 초기 발전의 대립면으로 노동밀집의 추세를 꼽는 데 반대했다[2].

이에 대해 클리엣Peter Kriedte의 주장은 더 직설적이다. 그는 영국의 원시 공업화를 묘사한 저서에서 영국 농업의 이러한 내부 롤화가 루이스가 개괄한 '무한 노동력 공급하의 경제 발전'과 다르지 않음을 발견하고 루이스 이원 경제 이론의 유럽 원시 공업화에 대한 적용 가능성이 현대 저개발 국가보다 더 적용된다는 결론을 내렸다[3].

펑모란 등의 관찰과 분석은 경제학 이론과 경제학자들의 견해가 일치

---

1 펑무란: 〈대분류: 유럽, 중국 및 현대 세계 경제의 발전〉, 강소인민출판사 2003년판, p. 86.
2 펑무란: 〈세계 경제사의 근세 강남: 비교와 종합 관찰-황종지 선생에 대한 대응〉, 〈역사 연구〉 2003년 제 4 호.
3 Peter Kriedte, "The Origins, the Agrarian Context, and the Conditions in the World Market", in Kriedte, Peter, Hans Medick, and Jurgen Schlumbohm(eds.), *Industrialization before Industrialization*, London, New York, New Rochelle, Melbourne, Sydney: Cambridge University Press, 1981, p. 28.

하는 부분이 많아 경제학 이론으로 설명할 수 있다. 예를 들어 속수이 유지로와 라탄의 연구는 서로 다른 생산요소 소질조건에서 농업기술의 변천의 길은 다를 수 있으며, 토지의 상대적 희소성에 따라 농업기술의 변천은 전적으로 노동사용(자본절약)형일 수도 있고, 혹은 노동절약(자본사용)형일 수도 있다고 지적하였다[1].

다른 한편은, 노동투입의 고도(심지어 과도한) 밀집화는 맬서스의 함정에서 벗어나지 못한 전형적인 전통농업에서도 발생할 수 있다. 예를 들어, 슐츠는 전통농업에서도 가난한 농부들이 한정된 자원의 소질을 최대한 효율적으로 배치할 수 있다고 지적한다[2]. 즉, 사구-토지의 비율이 너무 높고, 노동자가 아무런 기회비용(비농업적 노동에 종사하는 소득)이 없다면 농업에 고도로 몰입하면서 노동의 한계생산성은 제로 또는 마이너스가 되지 않는다. 우리는 이러한 노동력 투입은 노동의 한계생산성을 떨어뜨릴 수 밖에 없지만, 그러나 생산량을 다소 증가시켜 공유형이지만 다양한 수준의 생존 수입을 형성하는 것을 상상할 수 있다.

경제사 연구에서 이 유명한 논쟁의 쌍방은 각각 우리와 가치있는 사료를 공유하여 의미있고 견해가 있는 결론을 제시하였으나, 통일된 이론의 틀 속에서 관련 연구성과를 집대성하고, 구동존이求同存異에 입각하여 경제사에 대한 이론적 해석력을 갖는 결론을 형성할 수 있다.

논전자들은 약속이나 한 듯 영국을 서유럽, 나아가 서양의 축소판으로 삼는 한편, 강남(양자강 삼각주)지역을 중국의 축소판으로 삼는다. 서유럽에 대한 영국의 대표성과 중국에 대한 강남의 대표성을 고려할 때, 비록 '대분류'라는 중대한 역사적 수수께끼를 해석하는 데 있어서, 두 지역의 비교연구는 결국 포괄적이고 충분한 연구가 아니라고 할 수 있고, 그러나

---

[1] Yujiro Hayami and Vernon Ruttan, *Agricultural Development: An International Perspective*, Baltimore and London: The John Hopkins University Press, 1980.
[2] [미]슐츠의 〈전통 농업 개조〉 상무인서관 1987년판을 참조.

이와 같은 전형적인 의미의 지역적 연구는 결국, 우리는 분명하고 이해하기 쉬운 생생한 정보를 제공하여 관련 질문에 대한 답을 찾는 데 도움이 된다.

앞 그림 4-1에 나타난 인구장기 증가 추이를 보면, 서유럽 국가들은 시종일관 영국에 대해 약간 뒤떨어졌지만 바짝 따라붙은 상태, 서유럽 국가들이 산업혁명에 처한 유사한 위치와 결합하여, 영국이 경제 발전 추세에 있어서 서방 세계의 대표성에 대해서는 의심할 여지가 없다. 강남은 처음부터 끝까지 중국이 상대적으로 발달한 지역이지만, 인구 이동과 경제 활동 이동이 존재하는 큰 통일 국가로서 강남의 인구와 경제 발전이 실제로 전국적 수준의 이상치가 되는 것은 아니다.

예를 들어, 조수기가 정리 요약된 인구수치[1]에 따르면, 청나라 중기에서 20세기 초까지의 인구증가율을 계산한 결과, 중국 인구의 연평균 증가율은 1776-1820년 0.47%에서 1820-1851년 0.42%로, 더 나아가 1850-1910년 0.00%로 떨어졌다. 같은 시기에 양자강 삼각주 지역에 대표성을 가지고 있었으며, 1776년 전국 인구의 25.9%를 차지했던 강소, 안후, 절강이 3개 성에서 조사한 결과 인구 변동 궤적은 중국 전국 상황과 거의 동일한다(그림 4-2).

겉으로 보면 18세기 전후 강남 농업의 내권화 경향은 영국보다 더 뚜렷한다. 예를 들어, 앨런Robert Allen의 추산에 따르면 1600년과 1800년에 강남농업의 노동생산성은 1750년 전후의 영국, 네덜란드, 벨기에와 조금도 뒤지지 않을 정도로 높고 안정적이었다. 토지생산성으로 말하면 1800년 강남의 전형적인 농가는 영국 곡물농가의 7배에 달한다고 한다[2]. 강남의

---

[1] 조수기: 〈중국인구사〉(제5권 하),푸단대학교출판사2005년판, pp. 703-704.
[2] Robert Allen, "Involution, Revolution, or What? Agricultural Productivity, Income, and Chinese Economic Development", Paper delivered at meeting of All-UC Group in Economic History on "Convergence and Divergence in Historical Perspective,"

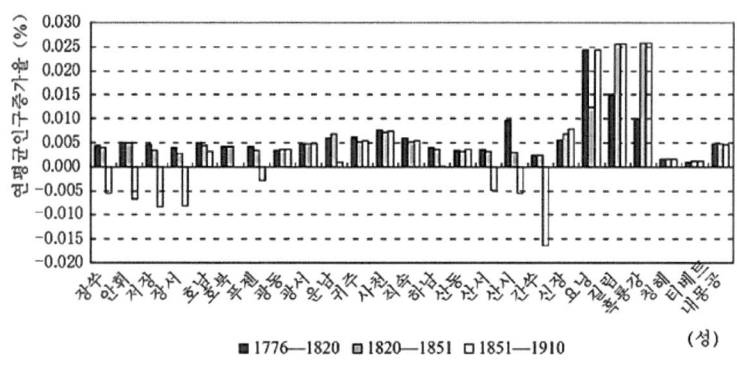

그림 4-2 청대 중기에 감소된 성의 인구 증가율

자료출처: 조수기〈중국인구사〉(제5권·하) (푸단대학교출판사 2005년판, 703-704쪽)에서 제공한 데이터에 근거하여 계산한다.

이 업적을 1700-1820년 사이 중국 인구의 급속한 증가와 연결짓는다면 농업 내권과 농업혁명의 이중효과로 볼 수 있다는 앨런의 결론에 동의할 수 있을 것 같다.

그러나, 다음 인구 증가 상황 및 경제 발전 운명은, 중국이 이로써 맬서스의 함정에서 벗어났다는 판단을 부정하는 것이다. 중국 강남 상황을 포함해서 중국은 거의 이백 년 동안, 인구 증가율은 영국과 서유럽을 따라잡지 못했다. 같은 시기에, 영국과 서유럽의 인구 증가는 지속적으로 가속화될 수 있었다. 즉, 영국으로 대표되는 유럽은 인구증가에 따른 농업의 내권화가, 이후 산업혁명에 의해 이원적인 경제 발전을 이룰 수 있는 여건을 조성했다. 반면, 중국에게는 같은 조건이 1950년대에야 안정적으로 형성될 수 있었다.

18세기 영국과 중국 강남에서 일어난 일이 그 취향을 크게 달리하고, 그 후 서구와 중국이 크게 다른 진로를 걷게 된 이상 장소를 가리지 않고

Irvine, CA, November, 2002, pp. 8-10.

'내권화'라는 개념을 범용함으로써, 원래 이론적 규정성이 결여된 개념의 유용성은 더욱 약화되었다.

황종지와 펑모란 그리고 기타 논쟁자들의 이 개념에 대한 용법을 자세히 살펴보면, 내권화가 가리키는 현상은 사실상 변화무쌍한 것이다. 현성의 의미에서는 인구-토지의 비율이 너무 높은 조건에서 전통농업의 균형상태를 묘사하는데 사용되며, 제도적으로 결정되는 생존수준 소득의 형성과 낮은 한계노동생산성을 포함하는 개념으로 사용되기도 한다. 암묵적인 의미에서 이 개념은 이원적 경제 발전의 전통적인 부문에 해당하는 형성 메커니즘을 설명하는 데에도 사용되며, 이 시작점에서 잉여 노동력이 방출되는 동적 개발 과정이 있다.

따라서 우리가 내권화 최초의 의미로 돌아간다면, 황종지가 18세기 중국 농업의 이 개념을 최초로 설명한 것은 창시자의 본래 취지와는 동떨어진 것이라고 할 수 있을 것이다. 예를 들어 인도네시아 농업을 내권화라는 개념을 가장 먼저 사용하여 분석한 게르츠는 사실상 자바 섬과 외도 사이의 이원적 경제구조를 반영하고 있는데, 사실 이보다 이른 시기에 네덜란드 학자 줄리우스 헤르만 보크Julius Herman Boeke의 같은 인도네시아 경제관찰과 논술로[1] 이원적 구조라는 루이스 이론의 개념을 탄생시킨 것이다.

앞서 말한 바와 같이 전형적인 맬서스 시대, 혹은 전형적인 이원 경제 발전에서 농업 노동력이 지나치게 집중 투입되어 노동생산성이 극히 저하되는 현상을 논한다면, 앞서 말한 바와 같이, 경제 성장 이론은 이미 고도의 개념화된 이론적 모델을 가지고 있으며, 이미 갖추어져 있고 유용하며, 내권화 개념은 여기서 완전히 쓸데없는 것이다. 그러나 우리가 맬서

---

[1] Julius Herman Boeke, *Economics and Economic Policy of Dual Societies*, New York: Institute of Pacific Relations, 1953.

스 성장 유형과 루이스 성장 유형 어느 과도기적 발전 단계에 내권화 단계를 둔다면, 이 개념을 사용하여 이원 경제에서 농업 노동력의 잉여 형성의 역사를 표현하면 유용하다고 할 수 있다.

이러한 방식으로 황종지가 주목하는 양자강 삼각주 농업이나 이무가 발견할 수 있는 '높은 수준의 균형 함정'과 같은 맬서스 함정에서 궁극적으로 벗어나지 못하는 주기적인 인구 증가는 우리가 우려하는 내권화가 아니다. 인구 전환 궤도에 영구 진입한 초기에 나타나는 인구 증가, 그리고 농업에서 잉여 노동력이 축적되는 상황이 진정한 의미의 내권화이다.

결론적으로 말하면, 내권화는 이원 경제 구조를 형성하는 한 단계이자, 그 이후의 이원 경제 발전의 전주곡이자, 물론 맬서스 성장의 커튼콜 단계이다. 실례를 무릅쓰고 필자는 인간 경제 발전의 오랜 역사에서 이 경제 성장 단계를 예를 들어 M형 성장이 L형 성장으로 이행하는 하위 유형 또는 하위 단계인 게르츠 내권화(또는 G형 성장)라고 할 수 있는 자리를 주어야 한다고 상상했다.

6. 맺음말

이 장에서는 스미스, 맬서스에서 루이스, 솔로에 이르는 경제 성장 사상과 이론적 모델을 정리하여 경제 성장의 과정과 단계에 대한 다른 학설, 관점 사이의 내재적 논리적 연관성을 제시하려고 시도한다. 이 분석 틀에서 경제사학자들이 발굴한(영세한 것이지만) 역사적 증거들을 참고해 보면, 필자가 지금까지 인류가 경험한 모든 경제 발전을 M형 성장, L형 성장, T형 성장, S형 성장으로 구분하면 한 유형 또는 단계인 루이스의 이원적 경제 발전(따라서 그에 상응하는 루이스 전환점 또는 T형 성장)은 현대 개발도상국에서만 관찰할 수 있는 독특한 발전 단계가 아니라 초기 공업화

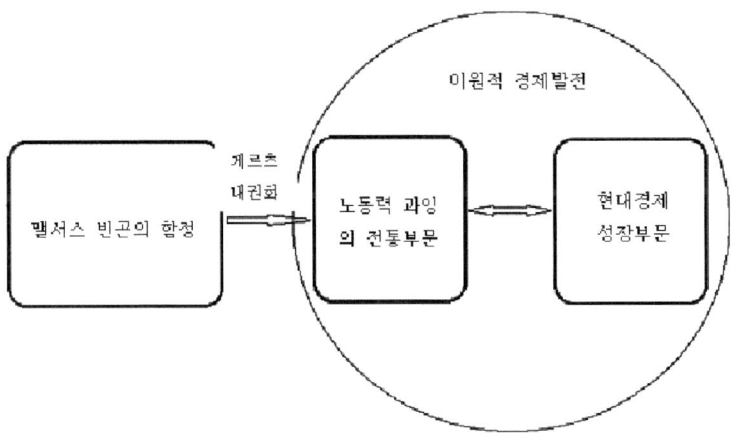

그림 4-3 맬서스의 함정에서 이원적 경제 발전으로의 전환

국가에서 현대 개발도상국에 이르기까지 경험하는 일반적인 발전 단계이다.

이 발견은 경제 성장 역사의 이론적 요약과 모형화의 공백을 메우고, 인류 경제 개발 역사의 전체적인 맥락을 부각시키는 데 우리가 좀 더 일반적인 이론과 경험적 결론을 도출할 수 있도록 보다 일관성 있는 분석의 틀을 적용할 수 있게 한다.

중국 서양 경제사에서 이원 경제 발전 단계의 존재 여부를 판단하는 키 포인트는 노동력 과잉을 전형적인 특징으로 하는 이원 경제 구조의 형성 과정이 있었는지를 증명하는 데 있다. 여기서 다른 두 가지 인구 증가 상황, 즉 한편으로는 맬서스 메커니즘이 결정하는 인구 증가, 다른 한편으로는 인구 전환 법칙이 만들어내는 인구 증가, 농업에서의 노동력의 과밀화는 실제로는 다른 두 가지 유형으로 구분되며, 맬서스 인구 메커니즘에 의한 노동력의 과밀화는 이원 경제 구조의 형성과는 무관하며, 인구 전환 궤도에 진입한 후에 나타나는 노동력의 과밀화만이 후에 나타나는 이원 경제 발전의 필수적인 과정이 된다는 것을 발견하였다. 논술의 필요를 위해 우리는 후자의 상황을 전통 경제의 내권화 과정으로만 간주한다.

　이로써, 우리는 그림 4-3으로 이원 경제 발전 단계의 형성 요점을 설명할 수 있다. 첫째, 단지 맬서스의 함정 안에서만 난동적인 인구 증가가 일어난다면, 물론 전통적인 경제에서 노동투입이 과밀해지기는 하지만, 이러한 상황은 결국 맬서스의 균형상태로 돌아가기 때문에 본 책의 의미의 내권화가 아니다.

　둘째, 인구전환의 법칙에 따라 맬서스의 함정을 돌파하는 인구증가만이 현대 경제 성장을 수반하기 때문에 노동력 과잉의 전통적인 부문과 잉여 노동력을 흡수하는 현대 경제 성장 부문의 병존과 상호작용이 루이스가 정의하는 노동력의 무한한 공급조건에 따른 경제 발전, 혹은 이원적 경제 발전을 이룬다.

　셋째, 이원 경제 발전의 성공은 결국 그림 4-3의 기술범위를 벗어난 솔로식 신고전적 성장단계의 도래를 초래하여, 한 나라의 경제 발전은 빈곤에서 부유로 이어지는 완전한 과정을 거치게 되고, 초기공업국가, 신흥공업경제국가, 현대개발도상국가에 대한 것이든 전형적이든 비전형이든 모두 동일하다.

　이를 통해 경제 성장 이론상 지금까지의 성장 유형이나 발전 단계에 대해 맬서스 트랩이 특징인 M형 성장, 게르츠 내권화가 특징인 G형 성장, 루이스의 이원적 경제 발전이 특징인 L형 성장, 루이스의 전환점이 특징인 T형 성장, 솔로 신고전 성장이 특징인 S형 성장 순으로 역사적으로 발생한 시점별 시나리오를 제시할 수 있다.

　경제 성장 이론의 모형화 능력은 매우 강력하고 일단 성장 이론가가 실사구시적으로 인정하면, 경제 역사상 이와 같은 성장 유형이나 단계가 존재하고, 서로 시간적(공간적)의 내재적 논리적 연관성을 가지게 되면, 우리는 일치성을 갖는 분석 틀이나 이론적 모형이 출현하여 점진적으로 개선될 것으로 기대할 수 있다. 비록 상당히 초보적인 연구 작업이 이루어졌을 뿐이지만, 필자는 여전히 초기 목표의 돌파구, 즉 다음의 네 가지 측면에서 기여하기를 희망한다.

첫째, 경제 발전 하위유형(또는 G형 성장)이라는 게르츠 내권화(또는 G형 성장)를 제시하고, 이에 따라 이원 경제 형성의 역사적 연원, 단계 및 메커니즘을 요약함으로써 경제 성장 유형과 단계의 구분이 논리적으로 완전해지고, 보다 자기화합적이고 포용적인 성장논리를 구축하는데 필요한 초석을 놓는다.

둘째, 루이스식이나 L형식의 보편적인 존재가 있기 때문에 이론과 역사논리에 있어서 어느 정도 현저한 검증을 받았고, 물론 이원 경제 이론은 학술사적으로 더 중요한 위치를 차지해야 한다. 물론, 이러한 방향으로는, 이후의 연구업무는 여전히 매우 중요하고 갈 길이 멀다.

셋째, 여기 제시된 분석틀은 하나의 기초가 될 수 있으며, 장기간 파편화되어 사용된 경제사 자료를 통합하여 동일한 주제에 대한 연구의 상호 보완성을 증대시키고, 더 많은 학문적 공감대를 얻음으로써, 그 분야의 논쟁들이 장기간의 일치된 결론을 내릴 수 없고, 자기 입담으로 인한 제로섬의 성격을 가능한 한 해소하는 것이다.

넷째, 이 분석틀의 제시, 결국 이 책의 중국 경제 발전에 대한 분석 서비스이다. 개혁개방 이후의 경제 개발 성과를 더욱 거대한 역사적 시야에 두기 위해서는, 더욱 긴 역사를 거슬러 올라가야 하고, 국제 비교의 시야를 가져야 한다.

제2편

개혁개방 발전의 공유 서사

제5장

중국 경험에서 무엇을 배울 수 있을까?

1. 머리말

중국공산당 제19차 전국대표대회에서 시진핑 신시대의 중국식 사회주의 사상을 중국공산당이 장기적으로 견지하고 발전시켜야 할 지도사상으로 확립했다. 본 대회의 보고에서 시진핑의 총서기는 "공산당 집권법칙, 사회주의 건설법칙, 인류사회 발전법칙에 대한 인식을 새롭게 하고 고난의 이론적 탐구를 통해 중대한 이론적 혁신을 이뤄내 신세대 중국식 사회주의사상을 형성했다"고 하였다[1]. 중국의 개혁개방과 발전과 공유의 실천은 이 사상을 형성하는 중요한 원천이다.

두 가지 상징적인 사건 발생 시점을 기준으로 할 때 중국의 경제개혁과 대외개방의 쾌거는 1978년에 시작됐다고 볼 수 있다.

---

[1] 시진핑, 〈전면소강사회 건설에 결정적으로 승리하고, 신시대 중국 특색 사회주의의 위대한 승리를 쟁취──중국공산당 제19차 전국대표회의 보고〉, 인민출판사2017년판, pp. 18-19.

첫째, 1978년 12월 18일부터 22일까지 중국공산당 제11기 3중전회에서 해방사상과 실사구시를 중국공산당의 사상노선으로 재정립하고, 전당의 사업을 경제건설로 집중 이전하기로 결정함으로써 개혁개방의 이론적 토대를 마련하였다.

둘째, 비슷한 시기에 안후이安徽성 봉양鳳陽현 샤오강小崗촌의 18개 농가가 생산팀의 얼렁뚱땅하는 노동방식을 버리고 가정단위도급방식으로 생산하기로 했다. 농촌가정단위농업생산도급제라고 불리는 이 방식은 이후 전국적으로 실시돼 인민공사 체제가 폐지됐다. 이 도급제는 전통적 계획경제 체제에 대한 최초의 돌파구이다. 샤오강촌의 예상을 뒤엎는 제도혁신은 중국 경제개혁의 우선순위으로 여겨지는 게 당연하다.

중국의 경제개혁과 대외개방도 동시에 일어났다. 1979년 4월 덩샤오핑鄧小平이 '수출특구'를 처음 제안하였고, 같은 해 7월 중국 공산당 중앙위원회와 국무원이 광둥廣東성의 선전深圳 주하이珠海 산터우汕頭와 푸젠福建성의 샤먼廈門에 수출특구(이후 경제특구)를 만들기로 결정하면서 대외 개방의 시작을 알렸다. 초기 대외 개방은 실험적이고 지역적이었으나 경제특구, 연해도시 개방, 연해성 개방 등을 시작으로 1990년대까지 세계무역기구WTO 가입을 위한 중국의 노력은 경제 글로벌화를 위해 전면적으로 힘쓰기 시작하였다.

따라서 중국의 경제개혁은 개방조건에 따른 개혁이고, 대외개방도 개혁 과정에서 추진되고 있으며, 국내 경제 발전과 글로벌 경제통합이 맞물려 있음을 보여준다.

1978년부터 2018년까지 개혁개방은 정확히 40년을 경험하였다. 공자孔子의 명언인 '40불혹不惑'을 여기서 쓴다면, 우선 40년의 성공실천이 중국식 개혁개방의 나아가야 할 길이라는 정확성을 확인시켜주고, 더 나아가 40년을 진지하게 총정리할 수 있는 시점으로 만들어서 개혁개방에 대한 우리의 인식을 더 높은 이론으로 발전시켜 미래의 개혁실천을 더 잘 이끌게 할 수 있도록 하자는 것이다.

불혹不惑은 약관弱冠과 이립而立에 비해 풍부한 역사자료, 사례, 문헌을 축적해왔기에 중국 경제 개혁에 대해 반성과 전망을 더욱 깊게 할 수 있는 충분한 조건을 갖추었다. 전반적으로, 보다 완전하고 풍부한 자료를 바탕으로 개혁과정을 더 정확하게 기록하거나 이론가설을 계량적으로 검증할 수 있다. 이와 함께 중국의 이야기를 일반적인 발전과 제도의 변천 규율에 입각해 경제학을 발전시키는 데 기여하는 비교고찰적 시각을 가져야 한다.

많은 경제학자들이 중국 경제의 개혁 과정을 설명하고 종합하고자 한다. 그 중 어떤 학자들은 특정 전공분야[1]로만 한정하기도 하고, 중국 경제의 개혁 전 과정을 서술[2] 하기도한다. 또한 개혁기간동안의 생산성 향상 여부 등 중요한 문제에 대한 연구를 진행하기도 한다[3]. 전체적으로 외국과 해외 경제학자들의 연구는 경제학계 주류에 지배적인 영향을 미쳤다. 그러나 이런 연구들은 일반적으로 미흡한 점이 있다. 사건 발생 지점에서 멀리 떨어진 것과 정보의 불충분으로 인한 사실을 잘못 이해하여 경제추세에 대한 잘못된 판단을 한 것 이외에 주된 결점은 서양의 주류이론을 중국에 적용하고 기존 규범을 그대로 중국에 적용하여 중국의 경험을 신

---

[1] 예를 들어 중국 경제의 변형을 다룬 한 저서에서 국내외 작가 45명이 경제학 부문에서 개혁성과를 상세히 분석했다. Loren and Thomas G.Rawski (ed.), *China's Great Economic Transformation*, Cambridge, New York: Cambridge University Press, 2008.

[2] Ronald Coase and Ning Wang, *How China Became Capitalist*, Palgrave Macmillan, 2012 ; 임의부, 차이팡, 이주 〈중국의 기적: 발전전략과 경제개혁〉, 격치출판사, 상하이삼련서점, 상하이인민출판사, 2014년; 우징렌 〈당대중국 경제개혁〉, 상하이원동출판사, 2003년.

[3] Alwyn Young, "Gold into the Base Metals: Productivity Growth in the People's Republic of China during the Reform Period", *Journal of Political Economy*, Vol.111, No. 6, 2003, pp. 1220-1261.

고전 신조로 해석한 것이다.

이렇듯 중국 개혁의 성공적인 경험을 부정하고 중국의 경제 발전 전망을 비관적으로 판단하든지[1], 아니면 중국 경험을 특례사례로 보고 일반적인 의미를 부정하든지[2], 혹은 그 일반적인 의미를 서방 주류 경제학의 공감대(워싱턴 컨센서스)까지 확장시켜 끌어낸 것이다. 예를 들어 많은 경제학자들이 사회주의가 시장경제와 결합할 수 있다고 믿지 않기 때문에 중국의 개혁개방 성공을 인정하는 것은 자본주의의 중국 내 성공이라는 결론에 도달할 수밖에 없다.

중국의 개혁은 자본주의로 가는 것이라고 믿었던 장오상은 일찌감치 중국이 이 길을 갈 것으로 예상하고 '성공'을 확신하였다[3]. 황아생은 중국 개혁을 중국 특색을 가진 자본주의라 정리하였다[4]. 자명해 보이는 논리에 그에 걸맞은 것이 개혁의 성공요인이고, 그에 걸맞지 않은 것이 개혁의 상황을 비관적으로 보는 근거이다. 비슷한 틀에 따라 중국의 개혁을 다룬 한 책은 아예 중국의 경험을 추앙하면서 어떻게 자본주의로 갈 것인가How China Became Capitalist라는 말로 종합적으로 개괄하였다. 중국의 이 같은 경제변형이 하이에크Hayek의 '인간 행위의 뜻밖의 결과' 이론의 좋은 사례로 꼽힌다[5].

---

[1] Alwyn Young, "Gold into the Base Metals: Productivity Growth in the People's Republic of China during the Reform Period", *Journal of Political Economy,* Vol.111, No.6, 2003, pp. 1220-1261; Paul Krugman, Hitting China's Wall, *New York Times,* July 18, 2013.

[2] Jeffrey Sachs, "Lessons for Brazil from China's Success", transcript, São Paulo, November 5, 2003.

[3] Steven Cheung, *The Economic System of China,* Beijing: China CITIC Press, 2009.

[4] Yasheng Huang, *Capitalism with Chinese Characteristics: Entrepreneurship and the State,* Cambridge, New York: Cambridge University Press, 2008.

[5] Ronald Coase and Ning Wang, *How China Became Capitalist*, Palgrave Macmillan, 2012.

하이에크Hayek는 유럽 전통적으로 이분법적인 인간 사회현상 즉 인간의 행동과 무관한 자연적 결과와 인간으로서 설계된 결과를 바탕으로 중간 위치에 있는 현상인 인간 행동의 뜻밖의 결과를 제시했다[1]. 이러한 삼분법의 일반적인 가치를 떠나 중국 경제 개혁을 설명함으로써 무수한 당사자(도시 주민과 노동자, 기업가, 정부 및 그 공작인원)들이 동일한 목표와 동기 부여를 지닌 제도 혁신 활동을 무시하는 것은 역사적 허무주의적인 태도이자 신조주의에 가까운 방법론이다. 따라서 이 같은 해석은 중국의 실질적 개혁 방향과 과정에 부합하지 않으며, 일반적인 의미를 지닌 중국의 지혜와 아이디어를 요약해 제시하는 데 도움이 되지 않는다.

중국의 경제체제 개혁은 당초 계획이 없었고 심지어 1992년 중국 공산당의 14대 개최 때까지도 사회주의 시장경제를 수립하는 방향을 정하지 못했다. 그러나 개혁개방이 사회적 생산력 향상과 국가 경쟁력, 인민생활의 종합적 향상을 목표로 하고 있다는 점에서 개혁은 단계별로 해결해야 할 문제이고, 개혁의 추진 순서와 과정 등에서 논리적 단서는 분명히 찾을 수 있다. 그래서 우리는 '역사적 논리와 이론적 논리'의 사상적 접근법[2]에 따라 개혁개방의 과정을 살펴보면 역사적 사실에 부합하면서도 내재 논리의 일관성을 갖는 결론을 내리기 쉽다.

경제 발전은 시간과 공간적으로 서로 독립적인 과정의 간단한 표면적인 결합이 아니라 처음부터 끝까지, 겉과 속이 안팎으로 결합하는 완전한

---

[1] Friedrich Hayek, Studies in Philosophy, *Politics and Economics,* Chapter 6, London: Routledge and Kegan Paul, 1967.

[2] 엥겔스는 〈칼 마르크스 '정치경제학 비판'〉에서 "역사는 어디서 시작되고, 사상적 발전은 어디서 시작돼야 하는지, 사상적 발전은 역사적인 과정이 추상적이고 논리적으로 일관된 형식적 반영에 불과하며, 이러한 반영은 수정된 것이지만 현실의 역사적 과정 자체의 법칙에 의해 수정된 것이며, 이때 요소 하나하나가 완전히 성숙되고 대표적으로 발전할 수 있는 점을 고찰할 수 있다."고 이 같은 사상적 방법을 요약했다. 〈마르크스 엥겔스 선집〉, 제 2 권, 인민출판사, 1995, p. 43.

과정이다.

우선 어느 공간(국가나 지역)이든 어느 시점에서의 경제 수준과 구조적 상황은 과거 발전의 결과이자 미래 발전의 출발점이다. 어디서 왔고, 무엇을 거쳐 왔고, 오늘의 모습을 결정했는지는 현재로서는 선택의 여지가 없다. 하지만 현재 상황이 어떠하고 현재를 어떻게 아느냐가 오히려 미래를 결정하고, 과거를 아는 것이 오늘의 필요조건이다. 선택은 매우 중요하고, 올바른 선택은 역사와 현실에 대한 올바른 인식에 달려 있다.

그리고 한 국가나 지역의 경제 발전은 특정 세계 정치경제 환경에서 발생하기에 외부 세계와 상호 의존하는 관계를 피할 수는 없다. 따라서 한 나라나 지역의 성공 경험과 실패의 교훈은 외부 세계에 대한 인식의 결과이자 그 자체로 인류의 지식을 증진시키는 공공물이 될 수 있다.

국가의 성쇠와 후진적 경제체제가 어떻게 선구적 경제체제를 따라잡을 수 있는지를 찾아내는 것은 경제학자들이 부지런히 탐구해야할 과제이다. 중국의 개혁개방 실천은 인류 역사상 최대 규모이자 가장 성공적인 제도변혁과 제도혁신으로, 결국 14억 인구를 기준으로 번영에서 쇠락으로 또 다시 번영으로 이어지는 역사의 완전한 변천을 이룩함으로써 인류 사회의 발전을 이룩한 가장 위대한 기적을 이루었다.

본 장은 최대한 논리적이고 완전한 논술과 분석틀을 마련하고 관련 성과를 참고하는 전제 아래 실제 경험에 입각하여 중국개혁을 실시하기 전에 발전 기회를 놓친 점을 배경으로 설명한다. 또한 이론과 역사를 결합한 논리에 따라 개혁 과정을 약술하고 나아가 다음과 같은 문제를 해결하기 위한 답을 제시하고자 하였다. 중국 경제 개혁의 초기 조건을 정하여 체제의 속박을 풀면, 요소 축적 수준과 배치 효율성이 어떻게 향상되는지, 나아가서는 잠재성장률을 어떻게 끌어올렸는지, 중국 경제가 도달한 발전단계에서 성장동력 신장을 어떻게 바꾸고, 어떤 개혁을 통해 새로운 성장동력을 얻을 수 있는지에 대한 문제에 대한 답을 제시하고자 하였다[1].

중국의 개혁개방은 여러모로 일반적인 의미의 제도적 변천 성격과 함께 자기만의 특색이 뚜렷했다. 중국은 경제 발전의 여러 유형과 단계를 거쳐 경제 발전의 직면하는 많은 문제를 순차적으로 해결한 모델로 개혁과 개방, 발전과 공유의 경험의 보고가 되고 있다. 따라서 중국 연구에 종사하는 경제학자들은 이러한 경험을 이론으로 승화시켜 다른 개발도상국들에 중요한 본보기가 되는 동시에 경제학의 이론적 혁신과 언어 전환에 기여해야 할 책임이 있다.

2. 계획경제에서 놓친 수렴 기회

현저한 저소득 수준이기 때문에 거대한 잠재력을 가진 발전 단계에서 어느 정도 계획적인 방법을 통해 물질자본과 인적자본의 축적을 실현하는 것이 바람직하고[2] 때로는 자유시장 모델을 차용하는 것보다 법적장치로 경제활동을 효과적으로 규제화 하지 못하는 체제는 오히려 자원동원 효과가 훨씬 크다. 또한 주로 행정적 장치로 시행되는 경제계획 방식도 중공업 우선 발전 전략 목표와 같은 특정 목적을 위해 일정 정도의 효과(효율적이지는 않음)를 지니는 자원 배치를 실행할 수 있다.

예를 들어 1980년 중국의 1인당 국민총소득(GNI)이나 1인당 국내총생산

---

[1] 후속 장에서는 개혁개방 과정에서 변화된 인센티브와 기회에 대해 해당 당사자가 어떻게 반응하는지 적당한 시간에 서술함으로써 주인공 같은 주체적 역할을 하게 될 것이다.

[2] Loren Brandt, Debin Ma, Thomas G.Rawski, "From Divergence to Convergence: Reevaluating the History behind China's Economic Boom", *Journal of Economic Literature*, Vol.52, No.1, p. 93.

GDP은 세계 100여 개국의 뒤에서 4위였지만 25세 이상 인구는 평균 교육 연수 기준으로 107개국 중 62위, 출생시 기대수명은 127개국 중 56위였다[1]. 1인당 낮은 소득수준은 자본 요소의 소유가 적음을 나타내지만, 계획경제 시기 중국이 막강한 자원 동원력을 가졌기에 매우 높은 자본 축적률을 달성하였다. 1953~1978년 사이에 중국의 축적률은 평균 29.5%로 세계 평균을 훨씬 웃돌았다[2].

그러나 계획경제는 온전하게 경제 성장의 필요 체제 조건을 해결하지 못하여 효율적인 자원배치와 인센티브 문제를 낳게되었다. 국가의 성쇠에 관한 성장이론과 경제사적 증거는 전형적인 인류 경제활동에서 사원의 희소가 반드시 발전실패가 아니라는 것을 나타내며 자원의 풍부함은 발전 성공을 보장할수 없다. (예를 들면, '자원의 저주' 가설) 또한 경제 발전의 성패는 자원배치 체제와 인센티브의 선택으로 인한 자원배치 효율성과 인센티브의 유효성 결과와 밀접한 관계가 있다.

다국적 경제연구와 중국 계획경제 시절의 경험을 통해 전통적 경제체제에서 시장메커니즘을 배제해 자원배치를 어렵게 하는 거시적 비효율, 인센티브의 부족에 따른 경제활동의 미시적 비효율, 무상벌제도가 공인, 농민, 관리자의 업무 적극성이 제지되었음이 입증되었다. 정부의 강력한 자원동원에 따른 인적 자본을 포함한 생산요소의 성장은 전체 요인 생산성의 마이너스 성장에 큰 부분이 상쇄되어 양호한 경제 성장으로 이어지지 못했다. 특히 잘못된 자원배분으로 산업구조가 기형적이고 과학기술

---

[1] Fang Cai, *Demystifying China's Economy Development*, Beijing, Berlin, Heidelberg: China Social Sciences Press and Springer-Verlag, 2015; Thomas Rawski, "Human Resources and China's Long Economic Boom", Asia Policy, 2011, No.12, pp. 33-78.

[2] Justin Yifu Lin, Fang Cai and Zhou Li, *The China Miracle:Development Strategy and Economic Reform* (Revised Edition), Hong Kong: The Chinese University Press, 2003, p. 71.

발전의 성과가 인민의 생활 관련 산업에 제대로 활용되지 못하여 인민의 생활 수준도 경제 발전과 함께 개선되지 못하고 있다.

중화인민공화국이 성립된 후, 계획경제 체제가 형성된 시기인 1950년대에 중국은 인구 재생산의 패턴이 높은 출생률과 높은 사망률, 저성장의 단계에서부터 높은 출생률, 낮은 사망률, 고성장으로의 전환까지를 모두 거쳤다. 이는 곧 경제인볼루션 과정의 완성을 의미한다. 논리에 따르면 중국 경제는 이원 경제 발전 단계로 나아가야 한다. 루이스의 정의와 중국의 당시 현황에 따르면 이원 경제 발전 단계의 가장 대표적인 특징은 농업에 심각한 과잉 노동력이 존재한다는 것이다.

이어 1960년대 후반부터 출산율이 하락세로 돌아섰고 인구 자연증가율은 크게 낮아져 경제 성장에 유리한 인구조건, 즉 잠재적 인구 순익이 형성된 것이다. 한편, 자본 축적과 공업화에 수반하여, 과잉노동력은 저렴한 생산요소로 전환되어 개방적인 조건 아래 한 나라의 비교우위와 경쟁우위를 나타낼 수 있게 되었다. 다른 한편으로는 노동력의 무한공급이라는 성질이 또 다른 성장유발 요인으로 작용해 고도성장을 따라잡는 것을 견지해준다.

그러나 공업화 추진에 급급해 선진국을 따라잡겠다는 강한 열망과 산업화에 대한 오해, 제한적인 공간 선택, 소농경제라는 여건에서 축적 능력과 소비 능력이 부족하면 강제로 축적하는 중공업 우선 발전 전략을 구사하여 자원이 집중 계획에 의존하게되는 체제를 구축하는 방안이 선택되었다. 또 이 시기 중국 경제의 성장과 잠재적인 비교우위로부터 멀어질 수밖에 없다는 점도 분명히 하였다. 개혁 전 계획경제 모델의 폐해는 일련의 체제 요인에 의해서 자원이 잘못 배치되고 쓸모없는 인센티브와 맞물린 낮은 생산성과 성장으로 이어지는 악순환에 있음을 보여준다.

임의부 등은 전통 경제 체제를 하나의 삼위일체의 모델로 개괄하였다. 즉, 중공업 우선 발전 전략을 추진한다는 전제 하에 우선 비교 우위에 어굿나는 거시 정책 환경이 조성되고, 제품과 요소의 가격이 왜곡되어 가능한 한 빨리 공업화 축적을 이루기 위한 것이다. 그 뒤를 이어 고도의 자원 배치를 계획하는 체제가 구축되어 시장 메커니즘이 없어지게 되었다. 이에 서로 맞는 미시적 관리체제를 구축해 중국의 공업은 기업이 절대적 지배적 지위를 차지하고, 농업은 인민공사화하며, 노동자의 급여와 노력의 정도와 인적 자본의 분리, 경영자는 지시하는 계획을 완전히 집행하고, 투자는 지출금의 형태로 재무상 통합적으로 수입과 지출을 하여 기업은 예산의 구속이 없고 경쟁압력이 없으며, 인센티브 부족과 미시적 효율성이 저하되는 것이라 구체적으로 표현하였다[1].

스펜스Spence 교수는 1950년경에 전세계 경제가 공통적으로 동일한 엄청난 시대를 열었다고 진단하였다[2]. 성장 경제학자들의 연구와 통계 데이터에 따르면 적어도 1990년대까지는 세계 경제가 같은 추세를 보이지 않았지만 일부 뒤처져 있는 유럽 국가, 일본과 아시아의 네 마리 용은 확실히 이 시기를 이용하여 선진 경제국을 추월하는데 성공하였다. 그러나 중국은 이 기회를 놓친 셈이다.

그동안 중국의 실제적 경제 성장 속도가 그에 상응하는 소득분위 평균보다 늦어짐에 따라 1인당 소득은 선진국, 다른 개도국, 세계 평균과 격차가 오히려 커졌다. 세계은행에 따르면 2010년 고정 달러화로 계산하면 1960-1978년간에 중국의 실질 1인당 GDP는 시작점도 낮고 성장도 다른 경제국보다 늦어져 격차가 크게 벌어졌다(그림 5-1 참고).

인민생활 개선이라는 국내적 시각에서나 국가 실력 등 관점으로의 국제 비교에서 중국의 발전 성과는 미흡했다. 인구 증가가 빨라 축적과 소

---

1 임의부, 차이팡, 이주, 〈중국의 기적: 발전전약과 경제개혁〉, 격치출판사, 상하이삼련서점, 상하이인민출판사, 2014.
2 Michael Spence, "The Next Convergence: The Future of Economic Growth in a Multispeed World", Part One, *Farrar Straus and Giroux*, 2011.

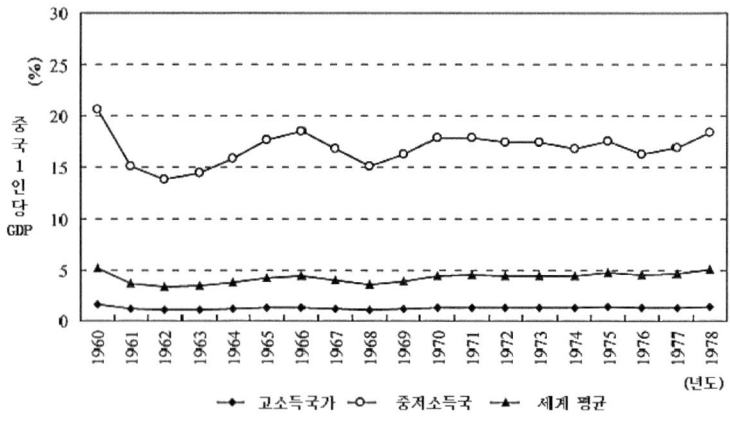

그림 5-1 개혁개방 전에 중국은 따라잡을 수 없었다

자료 출처: World Bank, World Development Indicators, https://data.worldbank.org/, 2019년 5월 27일 다운로드.

비의 비율이 심각하게 불균형해져 개혁개방을 앞두고 1인당 소득수준의 성장 속도가 매우 느린 것으로 나타났다. 이 시기 중국 경제는 심하게 폐쇄됐고 1978년 수출입 총액이 GDP에서 차지하는 비중은 9.7%에 그쳐 이 중 47.2%가 수출이었고, 절반 이상이 초급제품이었다. 1983년에야 실제 외국 자본을 이용하는 금액은 22억 6000만달러, 외국인 직접투자는 9억 2000만달러에 그쳤다.

경제구조와 생산성 변화라는 측면에서 보면 계획경제 모델을 실행해 자원배치의 효율성이 떨어지고 경제 발전의 성과가 저조하다는 방증일 수도 있다. 통계 데이터에 따르면 1952년 중국의 농업 노동력 비중은 82.5%로 나타났다. 이원 경제 발전의 논리에 따르면 풍부한 노동력은 자본보수 체감 현상을 지연시켜 비교적 높은 자본수익률을 유지하며, 공업화 추진에 따라 잉여 노동력을 농업에서 빼내면 자원 재배치 효율성을 얻을 수 있다.

이와 함께 약 1960년대 중반 소년아동 부양비 하락에 기여한 인구부양비가 낮아지면서 자본축적과 인적자본 개선에 유리한 인구순익이 이론적으로 형성됐다. 그러나 이 시기 경제 성장에 도움이 되는 요소들은 자원이 잘못 배치되어 제대로 활용되지 못하였다.

중국의 1인당 GDP 성장률이라는 구성요인도 구분하여 개혁개방 이전의 경제 성장의 특징을 살펴볼 수 있다. 주효동은 1952-1978년간에 1인당 평균 2.97%의 GDP 성장률 중 노동참여율의 기여는 3.63%, 자본산출비의 기여는 116.15%, 인적자본의 기여는 평균 52.25%로 추정했는데 이 기간 전체 요소 생산성 증가율이 1인당 GDP 성장에 기여한 것이 -72.03%로 나타났다[1]. 또 이 시기 산업구조가 근본적으로 변하지 않아 1977년 농업노동력 비중이 여전히 무려 74.5%에 달하였다.

3. 개혁개방의 논리와 과정

일반적인 규율에 따르면 한 나라의 성공적인 경제 발전은 체제적으로 물질자본과 인적자본의 축적과 배치 문제를 해결해야 하기 때문에 메커니즘, 신호, 효율성, 인센티브 문제를 다루어야 한다. 이런 문제를 해결할 수 없는 계획경제 체제에서 초기 시동을 걸기위해서는 넘어야 할 산

---

[1] Xiaodong Zhu, "Understanding China's Growth: Past, Present, and Future", *Journal of Economic Perspectives*, Vol.26, No.4, pp.103-124. 소수의 연구를 제외하면 개혁개방 이전 중국의 전요소생산성 증가율이 마이너스라는 결론을 뒷받침하는 게 대다수 연구다. 각각 Anton Cheremukhim, Mikhail Golosov, Sergei Guriev, Aleh Tsyvinski, "The Economy of People's Republic of China From 1953", NBER Working Paper, No.21397, 2015; 양견백, 〈속도, 구조, 효율〉, 〈경제연구〉 1991년, 제9기, 그리고 Dwight Perkins, "To View China's Economic Growth from Historic and International Perspective", *Economics* (quarterly), the first volume of the 4th edition.을 참고하였다.

이 많고 정치적으로 실현가능하게 운영되려면 최소한 다음과 같이 세 가지 조건이 충족되어야 한다. 첫째, 개혁이 특정 근로자, 미시적 단위, 사회적 집단에 수익을 가져다줄 때 개혁의 기본 동기가 형성된다. 둘째, 파레토Pareto 개선이라면 어떤 사회단체의 이익에도 직접 저촉되지 않는다. 셋째, 이 개혁은 잠재적으로 중요한 변혁의 톱니바퀴를 움직여 논리적 체인의 다른 분야로의 개혁을 추진한다. 그러나 사건 전 시점에서 보면 이 마지막 조건은 알 수 없는 경우가 많다.

농업에서 가정단위농업생산도급제를 실시하고 인민공사 폐지를 위한 개혁은 이러한 전제조건에 가장 부합한다. 1970년대 말부터 가정단위농업생산도급제 개혁은 일부 지역에서 조용히 시행되기 시작하였다. 이런 자발적 개혁 실험은 앞서 말한 안후이성의 샤오강촌이나 봉양현에 국한된 것이 아니라 중국 공상당의 제11기 3중전회를 앞두고 안후이, 사천四川, 내몽골內蒙古 등 성의 농촌 빈곤지역에서 대거 등장하였다.

1980년대 초 불과 몇 년 사이에 중앙정책은 이전의 경험에 대해 암묵적으로 동의하고, 빈곤지역 실험 허용하며, 전국적으로 추진하는 등 여러 단계의 변화를 거쳐 농업경영체제의 개혁을 신속하게 이루어냈다. 1984년 말 전국 농촌의 모든 생산팀과 농가 98%가 가정단위 농업생산도급제로 운영되면서 인민공사 체제도 공식적으로 폐지됐다.

이 개혁은 장기적으로 지속되어 온 농업노동과 경영인센티브 문제를 한 번에 해결하고 농가가 나머지 청구권을 얻으면서 생산요소에 대한 배치권과 경영활동에 대한 자주권도 점차 확대시키기도 하였다. 가정단위 농업생산도급제가 추진된 지 몇 년 만에(1978-1984년) 곡물의 단위면적당 생산량은 42.8% 증가해 총생산량은 33.6%, 농업증가율은 실제로 52.6% 증가했다.

계량 분석에 따르면 이 기간 농업생산 증가의 46.9%는 가정단위농업

생산도급제 제도 개편에 따른 것으로 나타났다[1]. 같은 기간 농민 1인당 소득 명목은 166% 증가해 빈곤 기준이 1인당 연간 100위안에서 200위안으로 높아진 가운데 농촌 절대빈곤인구는 2억5000만명에서 1억2800만명으로 줄었다[2]. 이 같은 변화는 도시 농산물 공급을 대폭 늘려 몇 년 뒤 식량 배급제를 없앨 수 있는 여건을 마련하였다.

이전의 일부 연구에서는 1980년대 초 중국 경제개혁에서 유일하게 가정단위농업생산도급제를 핵심으로 한 농촌개혁이 가시화됐고, 도시경제는 실질적 개혁이 없었다고 분석하였다[3]. 사실은 이런 분석은 일종의 관찰적 실수이다. 방식과 효과가 비슷한 개혁은 공기업에서도 일어난다. 1978년 기업의 성과급제가 부활하여 사실상 임금제도의 권한을 하부기관에 이양하고 임금제도의 개혁를 통해 근로자의 근로인센티브 문제를 해결하고, 노사 관계까지 관련짓게 하였다. 이와 함께 지방정부에게 권한을 대폭 이양하는 것을 주요 내용으로 하는 기업개혁을 시작하고, 기업과 경영자의 인센티브를 중점적으로 해결하며 기업과 시장, 국가와의 관계도 언급하였다.

요약하자면, 도시경제 개혁의 핵심인 기업개혁은 세 가지 주요 노선을 따라 진행되어 시간적 계승관계이자 공간적 병존관계로 표현된다.

첫째, 공기업에 경영자주권을 부여하고 계속 확대해 나가는 것부터 시작해 활력 있는 경영 주체를 점차적으로 세웠으나 현대적 기업제도인 회사제 개편에 그쳤다. 1979년부터 기업의 자주권 확대 시범사업을 시작했고 이를 다 다룰 수 있을 만큼 시범사업을 확대하여 기업에 임금 인상, 성

---

[1] Justin Yifu Lin, "Rural Reforms and Agricultural Growth in China", *American Economic Review,* Vol.82, No.1, 1992, pp. 34-51.

[2] 차이팡, 〈중국 경제 발전의 수수께끼를 풀다〉, 중국사회과학출판사, 2014, p. 5.

[3] Yasheng Huang, *Capitalism with Chinese Characteristics: Entrepreneurship and the State,* Cambridge, New York: Cambridge University Press, 2008.

과급 지급, 직원 고용과 해고 결정, 물자 구입, 제품 판매와 가격 책정, 자기 자본금 사용 등의 자주권을 부여하였다.

지방정부에게 권한을 대폭 이양하는 개혁의 심화와 제도화 모색으로 공장장(매니저) 책임제, 기업도급제, 자산도급경영제, 임대제, 주식제 등 다양한 형태를 시범적으로 시행하였다. 1990년대 말까지 대기업을 따라잡고 소기업의 권한 이양을 추진하면서 현대의 기업 제도 요구대로 회사제를 개편하는 것이 공기업 개혁의 기본 방향이 되었다.

둘째, 공기업과 국가의 관계를 재지정하는 일이다. 최초 개혁은 국가가 기업에 권리와 이윤을 양도하는 것을 특징으로 하고, 이윤분산, 이윤을 세금으로 바꿈, 지출금을 대출금으로 바꿈 등 개혁조치를 각각 취함으로써 기업이 시장경제 주체로서 갖는 책임을 강화하고, 국가가 공기업을 관리하는 방식을 조정하였다. 국무원은 1988년에 국유자산관리국을 설립하였다. 2003년 3월 16일 국유자산감독관리위원회가 설립되어 국가를 대표하여 출자자 직책을 수행하였으며, 이들이 감독하는 것은 중앙소속기업(금융관련기업 제외)의 국유자산이다. 지방정부도 해당 기관을 만들어 지방소속 기업의 국유재산을 관리하였다. 현재 추진 중인 개혁은 자본관리 위주로 국유자산 감시를 강화하고, 국유자본 수권경영 체제를 개혁하며, 몇몇 국유자본 운영회사를 만들어 조건부 공기업을 국유자본 투자회사로 개편하는 것을 지원하는 방향으로 추진하고 있다.

셋째, 비국유적 경제 발전을 허용하고 장려하며, 대기업을 잡고 소기업의 권력을 이양하면서 외국인 직접투자를 유치하여 공기업에 경쟁압력과 경영동력을 제공했다. 소유권제도와 지배구조 개편과 함께 다양한 소유기업 간 경쟁, 혼합소유제의 형성은 공기업이 시장주체가 되고 효율성을 높이는 키포인트가 될 것이다. 통계적으로 볼 때 다양한 소유제와 혼합 소유제가 병존하고 경쟁 발전하는 구도가 기본적으로 이미 구축되어 있다.

2017년까지 연간 주영업 활동수입 2000만 위안 인민폐(규모 이상) 이상의 공기업 가운데 국유 공기업으로 등록한 기업은 전체 주영업 이익의 3.4%에 그쳤고, 기타 부문(96.6%)은 사영공기업, 유한책임공기업, 외국인투자공기업, 중외합자경영공기업 등을 포함한 20여개 유형의 등록 기업이었다.

농가와 기업의 인센티브 메커니즘을 갖춘 상황에서 정확한 시장신호가 있어야 시장주체의 위치를 제대로 확립하고 생산요소와 자원의 합리적 이동과 재배치를 촉진할 수 있다. 즉, 논리에 따르는 이후의 개혁 과제는 반드시 제품의 성장과 요소시장의 합리적 배치를 통해 왜곡된 가격 신호를 수정하는 것이다. 제품의 계획 가격을 정하는 것에서 시장에서의 가격결정까지 제품과 생산자재의 계획적인 분배에서 시장 자유 거래까지, 생산요소의 통일적인 배치에서 요소 시장을 통한 자유로운 유동까지 이러한 결정적인 변화는 대부분 이중궤도 시스템인 계획경제시스템과 시장경제 메커니즘으로 점차적으로 변화하게 되어 계획경제시스템의 감소와 시장경제시스템의 증가가 나타나게된다.

이처럼 계획경제를 시장경제로 바꾸는 논리에 부합하는 개혁 과정을 통해 물적 자본과 인적 자본의 축적된 인센티브와 시장 배치 메커니즘을 점차 수립하고 상응하는 거시적인 정책 환경을 조성하게된다. 중국의 경제개혁은 다방면적이고 전방위적이지만 여러 방면에서 중요한 개혁들은 기본논리를 둘러싸고 속속 드러나는 개혁의 새로운 문제점을 대응하며 관련 분야에서 적절한 방식으로 추진되고 완성되고 있다고 볼 수 있다.

특히 정부 기능의 전환이나 정부와 기업, 시장의 관계 개선이 지적됐다. 전체적으로 정부는 경제활동에 대한 직접 참여에서 벗어나 재분배를 통한 사회발전 기능을 담당하고 있다. 하지만 중국 정부, 특히 지방정부의 경제 발전에 대한 높은 관심은 지방정부 간 지방GDP 성장과 재정능력 경쟁은 오랜 기간에 걸쳐 나타났다.

이런 정부의 역할 방식은 개혁 형성의 인센티브를 성장 속도로 바꾸는 데 긍정적인 역할을 했으며, 이와 함께 정부가 직접적인 자원 배치에 과도하게 개입해 시장 메커니즘에 방해하는 역효과도 있다. 중국 경제가 뉴노멀(새로운 상태)로 접어들고, 간소화된 정치, 권한 이양의 개혁이 깊이 있는 발전을 지향하고 정부의 기능은 교육 발전 촉진, 사회 보호 강화, 시장 질서 유지, 거시경제 통제 등과 같은 공공재의 공급 등의 책임으로 갈수록 확대되고 있다.

대외개방과 이 같은 경제개혁 과정의 관계를 우리는 다음과 같이 4가지 차원에서 파악할 수 있다. 첫째, 개방과 개혁은 추진논리 방면에서 일치성을 갖는다. 둘째, 두 과정은 시간적으로 병행해도 서로 저촉되지 않는다. 셋째, 효과방면에서 둘 사이에는 서로 조건이 있고 상호 촉진되는 것이다. 넷째, 두 과정은 추진 방식은 동일하게 점진적인 방식을 취한 것이다.

국제무역 확대, 외국인 직접투자 유치, 기업 대외투자, 글로벌 경제관리 참여, 그리고 최근 '일대일로' 프로젝트 등을 통해 경제 글로벌화에 중국이 최대한 참여할 수 있도록 했고, 국내 각 경제지역도 개방 수준을 현저히 높였다. 개방은 기업이 경쟁주체가 되고, 해외기술과 관리경험을 수용하며 경제 성장에서 인구 순익을 실현하고 산업발전에서 비교우위 달성 등 연속적인 개혁과 발전에 대한 목표 달성에 기여하였다.

4. 개혁개방에서 인구 순익의 실현

중국의 개혁개방은 인류 경제 발전 역사상 보기 드문 고속 경제 성장을 가져왔다. 1978-2018년간에 중국의 실질 GDP는 연평균 9.4% 성장해 동일 기간 세계에서 가장 빠른 속도로 성장했다. 2012년 성장 속도가 늦춰지기 전인 33년 동안 연평균 9.9%의 높은 성장률을 보였다. 이와 함께 예사롭지 않은 빠른 인구전환 과정이 발생하였다. UN 데이터에 따르면 중국의 총 출산율은 개혁 시작 전후의 2.5-3.0에서 1990년대 초기에는 2.0으로 떨어져 교체 수준이 되었고, 1990년대 후반 이후 1.5 정도의 수준으로 안정화되었다.

21세기 들어 많은 학자들과 정책연구자 사이에서 중국의 출산율에 대해서는 의견이 분분하다. 인구조사나 1% 인구 표본조사 데이터를 그대로 따지면 중국의 출산율은 이미 믿기 어려울 정도로 낮은 수준이다. 예를 들어 2000년 제5차 인구조사에서는 1.22로 나타났고, 2005년 1% 표본조사에서는 1.34로, 2010년 제6차 인구조사에서는 1.19로 나타났다[1]. 수치에는 어느 정도 오차가 있다는 가정에 따라 수정하더라도 많은 학자들은 실제 출산율이 UN 데이터보다 낮다고 보았다. 즉 여러 해 동안 1.4를 유지하고 심지어 더 낮은 수준[2]을 기록하다가 첫 단계에서 부부 가운데 한쪽이 외동인 가정에서 둘째를 낳을 수 있도록 허용하고, 두 단계에 모든 부부에게 둘째를 낳을 수 있도록 허용하는 중국 정부의 출산 완화정책을 실시한 뒤에야 출산율은 짧은 기간동안 소폭 상승하였다.

그러나 출산율이 얼마든지 중국의 출산율이 교체 수준의 인구 전환단계 보다 낮은 단계에 진입한 기간이 25년정도가 되었음은 자명한 사실이다. 이렇게 빠른 인구전환에서 결국 불가피하게 경제 성장에 불리한 인구의 고령화가 되기 전에 근로자 인구가 빠르게 증가하고 인구부양비율이 현저히 떨어지는 인구전환 구조인 잠재적 인구 순익환경을 형성하는 데 일정 기간 도움을 준다.

---

1 곽지강, 와봉, 채영, 〈중국의 저출산율과 인구의 지속가능성〉, 중국사회과학출판사, 2014, p. 21.
2 곽지강, 와봉, 채영, 〈중국의 저출산율과 인구의 지속가능성〉, 중국사회과학출판사, 2014. 책 속에서 매우 상세하고 설득력 있는 토론을 했다.

경제학자들이 경제 발전에 대한 인구 순익에 대해 관심을 갖는 가운데, 연구자들은 중국의 개혁개방 시절에 인구 순익의 상황을 거쳤음을 관찰하였고, 경험적으로 인구 순익이 경제 성장에 얼마나 기여하는지를 추정하였다. 예를 들어 왕평과 엔드류 메이슨Andrew Mason이 인구부양비율을 인구 순익의 대리지표로 제시한 1982-2000년간 인구 순익이 중국 경제 성장에 기여한 몫을 15%로 추정하였다.[1] 차이팡과 왕덕문은 같은 기간 부양비율 감소가 1인당 GDP 성장에 26.8% 기여한 것으로 분석하였다.[2]

표준 코브 더글러스 생산함수 $Y=A^*F_{(K,L)}=K\alpha_{(AL)}1-\alpha$(알파)에서 Y는 생산GDP 성장, K는 자본 투입, L은 노동 투입, 노동력 수량과 인적 자본으로 분해되며 A는 전 요소 생산성으로 분해돼 자원 재배치의 효율성과 잔차가 된다. 일부 경제학자들은 '오른손잡이 투사'의 전통도 형성하고 있으며 성장회귀를 할 때 공식 오른쪽에 많은 해석 변수를 추가하였다. 이렇게 추가된 변수들은 이론적으로 의미가 있고 통계적으로도 유의미하다.[3]

인구부양비율을 대리변수로 삼는 것은 인구 순익 기여도를 밝히기 위한 시도다. 실제로 넓은 의미에서 인구 순익을 인식하는 것이 성장률 기여요인으로 작용한다면, 그것들은 생산함수의 거의 모든 해석변수에 나타난다. 양육비율을 변수로서 추정하는 기여율은 그저 인구 순익 기여의 잔차에 불과하다.

---

[1] Feng Wang and Andrew Mason, "The Demographic Factor in China's Transition", in Loren Brandt and Thomas G.Rawski (eds.), *China's Great Economic Transformation*, Cambridge, New York: Cambridge University Press, 2008, p. 147.

[2] Fang Cai and Dewen Wang, "China's Demographic Transition: Implications for Growth", in Garnaut, Ross and Ligang Song (eds.), *The China Boom and Its Discontents,* Canberra: Asia Pacific Press, 2005.

[3] T.N.Srinivasan and Jagdish Bhagwati, "Outward-Orientation and Development: Are Revisionists Right?", *Economic Growth Center Discussion Papers,* No.806, Yale University, 1999.

동아시아 경제와 중국 경제 발전의 실제 경험을 활용하고 이원적 경제이론을 흡수하는 등 신고 성장 이론의 틀을 넓히며 인구 보너스 기여에 대한 새로운 가설과 해석을 할 수 있다. 인구와 관련된 경제 성장 요인을 요약하고, 관련 문헌이 제시하는 경험적 증거에 의거하여 보다 전면적인 인구 순익 효과를 분명하게 나타내 보일 수 있다.

중국 개혁개방의 성공은 서방 선진국 주류 경제학의 패러다임에 따른 일련의 예상을 깬 것이다. '워싱턴 컨센서스'를 지지 하는 학자들이 개발도상국과 공산주의 국가의 개혁을 위해 선험적인 체제 목표를 설정한 것처럼 신고전 성장 이론을 굳게 믿는 학자도 서양의 경제 발전 경험으로 독단적으로 규범을 설정해 중국의 개혁과 발전을 비교한 것이다. 이러한 선험적 논점은 중국의 개혁성과를 설명하려는 많은 문헌들이 핵심적인 문제들에 대해 납득할 만한 답을 제시하지 못하게 하였다.

예를 들어 미국 경제학자 양Alwyn Young과 폴 크루그먼Paul Krugman 등은 일관된 이론적 출발점과 경험방법을 따라 중국의 개혁기간의 성장은 수년 전 그들이 비판했던 동아시아 경제처럼 자본과 노동에만 의존했을 뿐 생산성 향상이 뒷받침되지 않아 조방성과 지속가능성이 없다고 판단하였다[1]. 이러한 판단은 중국이 처한 이원적 경제 발전 단계의 특성을 완전히 무시하고 동아시아 경제에 대한 그들의 판단과 마찬가지로 그 정확성은 이미 사실에 의해 부정되고 있다.

또한 많은 연구자들이 중국의 개혁방식의 차이점을 고찰하였지만 이러한 개혁방식의 선택과 개혁의 출발점이 논리적으로 관계되었다는 점을

---

[1] 양은 작은 기교 하나만으로 중국의 발전 경험을 신비로움을 썩은 것으로 만들 수 있다고 직언했다. 이런 선입견 때문에 그는 중국 경제 성장에 실질적인 생산성 향상과 기여를 부인하고 있다. Alwyn Young, "Gold into the Base Metals: Productivity Growth in the People's Republic of China during the Reform Period", *Journal of Political Economy*, Vol.111, No.6, 2003, pp. 1220-1261.

발견하지 못하였다. 중국의 개혁개방은 전체 주민의 생활수준 향상을 지향하는 특성과 고용확대와 노동력 재배치를 핵심으로 하는 발전경로라는 점을 간과하였다. 그래서 결국 공유형 경제 발전의 특징을 갖게된다[1].

중국의 개혁개방은 계획경제에서 모든 자원을 동원할 잠재력이 바닥난 배경과 조건에서 시작한다. 일반적인 성장조건으로 중국의 이원적 경제 발전 잠재력과 인구 순익, 그리고 계획경제 시기에서 심지어는 초기에 축적된 동등한 소득수준 이상의 국가로부터의 인적 자본의 소유는 모두 개혁개방 때 풀리기 시작하여 경제 성장의 원천이 되었다.

바로 중국 경제가 이런 잠재력을 갖추고 개혁개방의 조건하에서 인구 순익을 실현하면 높은 잠재성장률을 달성할 수 있고, 높은 실질성장률을 달성할 수 있다는 것이다. 만약 어떤 경제 이론의 교조에 얽매이지 않았다면, 중국이 40년간 겪어온 개혁개방 발전과 공유의 과정을 무시할 수 없고 이 같은 실천이 경제학 논리와 일반적 발전 논리에 모두 부합한다는 것을 부인할 수 없다.

첫째, 낮고 계속 하락하는 인구부양비는 높은 저축률을 달성하는데 유리하고, 노동력 무한공급 특성은 자본 이윤의 체감현상 발생을 지연시켜 자본축적이 경제 성장의 주요 엔진이 되게 하였다. 세계은행의 초기 연구에서는 1978-1995년 GDP 성장에서 물질자본 축적의 기여율이 37%인데[2] 뒤늦게 진행된 다른 연구들은 이보다 더 높은 기여율을 예상하였다[3].

이원적 경제 발전 단계를 이해하지 못하거나 인정하지 않는 경우, 이런

---

[1] Cai Fang (ed.), *Transforming the Chinese Economy*, 1978-2008, Introduction, Leiden, Boston: Brill, 2010.

[2] World Bank, China 2020: *Development Challenges in the New Century*, Oxford University Press, 1998.

[3] Fang Cai and Wen Zhao, "When Demographic Dividend Disappears: Growth Sustainability of China", in Aoki Masahiko and Jinglian Wu (eds.), *The Chinese Economy: A New Transition*, Basingstoke: Palgrave Macmillan, 2012.

경제 발전 모델은 지속가능하지 않다는 점을 알게된다. 그러나 중국을 포함한 동아시아의 경험은 루이스의 이원적 경제 발전 단계가 있었음을 증명하고 그것은 노동력의 무한 공급 특징을 가지고 있다. 이 노동력의 무한공급 특징이 자본이윤의 체감현상을 일정 기간에 지연시키고 있다는 문헌도 있다. 예를 들어 백중은 등의 연구에 따르면 개혁개방의 오랜 기간 동안 중국 자본의 수익률이 높은 수준을 유지하다가 노동력의 무한공급 특성이 사라지기 시작하면서[1], 루이스의 전환점을 넘어선 후 자본수익률이 급격히 떨어진다는 것이다[2].

둘째, 유리한 인구 요인은 노동력의 양과 질이 경제 성장에 크게 기여하는 것을 확보해야한다. 대부분의 연구들은 노동력의 수적 풍부함이 경제 성장에 기여하는 것에 주목하였고, 계량분해도 이를 증명한다. 경제학자들도 인적 자본의 기여를 중시한다. 예를 들어 월리 등은 인적자본 기여율이 11.7%로 추정되지만 교육수준 향상이 생산성을 개선하는 효과를 감안하면 38%까지 끌어올릴 수 있다고 추정하였다[3]. 그러나 노동력의 질과 인구구조의 상관관계를 간과하는 경우가 많아 인적자본적 요인도 인구 순익의 중요한 부분으로 보지 못하였다.

중국은 특히 유리한 인구구조 조건이 신성장 노동력의 지속적인 진입

---

[1] 루이스식 이원 경제 발전은 무한공급으로 임금이 변하지 않는 노동력을 공급하기 때문에 농업에서 비농산업으로의 원천이 끊임없이 이동하는 것이 특징이고, 그래서 이 시점을 노동력 부족과 임금 상승이 안정되면 루이스 전환점이라고 부른다. 중국이 이 전환점에 대한 논의는 Cai Fang, Demystifying China's Economy Development, Beijing, Berlin, Heidelberg: China Social Sciences Press and Springer-Verlag, 2015를 참고한다.

[2] Chong-En Bai, Chang-Tai Hsieh, and Yingyi Qian, "The Return to Capital in China", NBER Working Paper, No.12755, 2006; 백중은, 장경, 〈중국의 자본수익률과 그 영향 요인 분석〉, 〈세계경제〉, 2014, 제10기.

[3] John Whalley and Xiliang Zhao, "The Contribution of Human Capital to China's Economic Growth", NBER Working Paper, No.16592, 2010.

을 보장하고 있는데, 개발도상국에는 노동력 전체의 인적 자본의 개선이 이러한 신성장 노동력을 증가시키는 경로에 의하여 실현된다. 예를 들어 2010년 중국 도시근로자조사CULS 결과[1]에 따르면 농민노동자의 평균 교육연한은 9.5년이지만 도시지역 근로자는 12.1년이다. 그러나 농민노동자와 도시근로자의 연령 중위수는 각각 33세와 40세였다. 젊은 농민노동자가 높은 연령의 도시근로자를 대체할 때 전체 취업자의 교육수준이 향상된다.

그림 5-2에서는 두 집단의 연령 분포와 연령별 교육연한을 보여준다. 제로점을 기점으로 그림의 윗부분은 농민노동자의 연령구성 및 연령별의 교육연수, 그림의 아랫부분에는 도시지역 근로자의 연령구성 및 연령별의 교육연수 등을 나타낸다. 농민노동자 연령이 낮고 특정 연령대가 높은 교육수준을 갖고 있기 때문에 매년 노동시장에서 퇴출되는 도시근로자를 대체하면 전체 노동력의 인적 자본을 늘릴 수 있다는 것이다. 예를 들어 21-25세 농민노동자의 교육수준이 13.3년으로 55-59세의 도시근로자(교육수준 10.1년)을 대체하면, 도시 전체 근로자의 교육수준을 늘리는 효과가 크다[2].

셋째, 생산성 향상의 경로를 따라 신성장 노동력이 들어오든, 장기간 축적된 도시와 농촌의 잉여 노동력이 산업, 업종, 지역 사이를 이동하는

---

[1] 이 조사는 2009년 말부터 2010년 초까지 중국사회과학원 인구노동경제연구소가 상하이, 우한, 심양, 푸저우, 시안, 광저우 등 6개 도시에서 실시한 노동력 조사 자료이다. 이 조사는 단계별 무작위 표본 추출 원칙에 따라 도시가구 700가구와 실외 인구 600가구(농민노동자)를 도시별로 표본 추출했다.

[2] Cai Fang, Guo Zhenwei, Wang Meiyan, "New Urbanisation as a Driver of China's Growth", in Song Ligang, Ross Garnaut, Cai Fang, and Lauren Johnston (eds.) *China's New Sources of Economic Growth, Vol.1: Reform, Resources, and Climate Changes*, Canberra and Beijing: Australian National University Press and Social Sciences Academic Press, 2016.

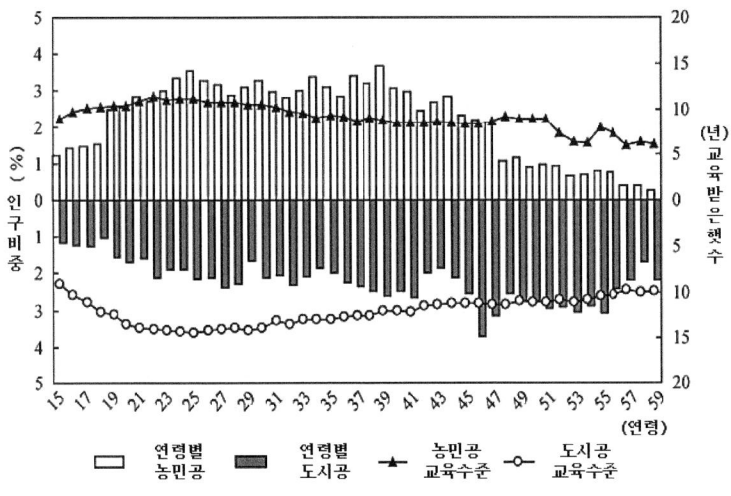

그림 5-2 농민노동자와 도시근로자: 연령과 교육수준의 분포

자료출처: Cai Fang, Guo Zhenwei, Wang Meiyan, "New Urbanisation as a Driver of China's Growth", in Song Ligang, Ross Garnaut, Cai Fang, and Lauren Johnston (eds.) China's New Sources of Economic Growth, Vol.1: Reform, Resources, and Climate Changes, Canberra and Beijing: Australian National University Press and Social Sciences Academic Press, 2016.

구조적 조정일 뿐 아니라 자원 재배치의 효율성을 창출하여 전요소생산성과 노동생산성의 주요 구성요소가 되고 있다.

예를 들어 세계은행은 초기 연구에서 전 요소 생산성을 자원 재배치 효율성과 잔차 등으로 더 분류하였고, 노동력은 생산성이 낮은 부문(노동력 잉여 농업과 국유기업)에서 생산성이 더 높은 부문(비농산업과 신생기업)으로 전환하면서 생산성이 높아졌으며, 이러한 자원의 재배치에 따른 효율이 경제 성장에 기여하는 비율은 16%로 추정하였다[1]. 차이팡과 왕덕문이 추정

---

[1] World Bank, China 2020: *Development Challenges in the New Century*, Oxford University Press, 1998.

한 노동력은 농업에서 비농산업으로 이동해 전 요소 생산성 향상으로 이어져 경제 성장에 기여하는 비율이 21%에 이르는 것으로 나타났다[1].

중국의 40년 고도성장의 성과는 개혁개방이 특정한 발전 단계의 우위 요소들을 불러일으킨 결과임을 알 수 있으며, 즉, 미시적 인센티브 메커니즘 개선, 가격신호 교정, 제품시장 육성, 생산요소 흐름의 체제장애 제거, 정부 경제기능 전환, 대외 개방을 통해 기술 자금과 경쟁 도입, 국제시장을 개척함으로써 인구 순익을 발전 단계의 높은 잠재성장률로 실제로는 고속성장으로 전환한 것이다[2].

마지막으로 글로벌화 과정에서 미국 등 선진국의 고용 추세와 비교적으로 중국은 개혁개방을 통한 고속 경제 성장과 함께 도시와 농촌 취업의 전반적인 확대[3], 노동력 배치구조의 고도화, 무역 부문과 비무역 부문 취업의 균형성장을 이룩하였다. 대규모 고용확대와 노동력 재배치가 지속되면서 산업구조 혁신이 추진되고 자원배치의 효율성이 높아지면서 노동자들의 소득이 크게 높아져 개혁개방의 성과에 대한 도시와 농촌 주민의 참여와 공유가 가능해졌다.

국가통계국의 데이터에 따르면 도시와 농촌 취업 총규모는 1978년 4

---

[1] 차이팡, 왕덕문, 〈중국 경제 성장의 지속가능성과 노동공현〉, 〈경제연구〉1999, 제10기.

[2] Fang Cai and Yang Lu, "The End of China's Demographic Dividend: the Perspective of Potential GDP Growth", in Garnaut, Ross, Fang Cai and Ligang Song (eds.), *China: A New Model for Growth and Development,* ANU E Press, Canberra, 2013, pp. 55-74.

[3] 스펜스 등은 1990-2008년 미국의 가치사슬이 낮은 제조업이 해외로 많이 이동되면서 이에 대응한 일자리가 없어지고 이 기간 신규 취업이 거의 서비스업 위주의 비무역부문에서 이뤄졌다는 사실을 발견해 "산업해외이동이 미국 경제를 망쳤다"고 결론지었다. Michael Spence and Sandile Hlatshwayo, "The Evolving Structure of the American Economy and the Employment Challenge", *Working Paper*, Maurice R.Greenberg Center for Geoeconomic Studies, Council on Foreign Relations, March, 2011.

억200만 명에서 2017년 7억7600만 명으로 증가했으며 농업노동력 비중은 69.6%에서 27.0%로 낮아졌다. 실제 상황을 추산해보면 진실한 농업노동력의 비중이 이보다 10%포인트 더 낮을 가능성이 크다[1].

여러 가지 지표로 나타나는 소득격차의 확대를 겪었지만, 전반적으로 중국 도시와 농촌 주민들은 시기별로 세 가지 경로나 효과를 통해 개혁개방과 경제 발전의 성과를 공유하였고, 개혁개방에 대한 중국 인민들의 지지를 얻었으며, 막대한 내수소비를 창출했다. 첫 번째는 고용 확대 효과다. 노동집약형 산업을 발전시켜 일자리를 더 많이 만들었고 소득 격차는 커졌지만 각 집단의 소득은 눈에 띄게 늘었다. 둘째는 임금률과 고용의 질 향상 효과이다. 루이스 전환점을 맞으면서 일반 근로자 가정의 임금소득이 빠르게 늘고 있다. 2009년 이후 주민 소득 지니계수Gini coefficient와 도시와 농촌의 소득 격차는 계속 줄어드는 추세다. 셋째는 재분배 정책력 강화 효과이다. 기본 공공서비스의 균등화를 촉진하기 위한 중앙과 지방 정부 노력의 효과를 나타낸 것이다. 이런 개혁개방의 논리와 과정은 발전의 선순환을 형성하였다.

5. 맺음말

중화인민공화국의 70년 경제건설 역사와 40년 개혁개방의 발전 과정을 돌이켜보면, 성공의 경험과 성공하지 못한 교훈을 중국 특색의 발전과 변형 이론으로 이끌어내었다. 이는 이론적 혁신의 필요성은 물론 현재의 발전 단계를 진단하고 개혁이 직면한 새로운 과제의 성격을 파악하며, 중국 경제의 비전을 전망하는 것에 대한 필요에 의한 것이다. 대부분의 경

---

1 차이팡, 〈중국 경제개혁효과분석—노동력 재배치의 시각〉, 〈경제연구〉 2017, 제7기.

제학자들은 중국 경제가 개혁개방 40년 동안 체제 모델에서 계획경제에서 시장경제로, 성장 유형이나 발전 단계에서 이원 경제 발전에서 신고전 성장으로 두 가지 중요한 전환을 하고 있다고 보고 있다. 실제로 이 두 과정과 관련하여 높은 출산율 단계에서 낮은 출산율로의 전환, 그리고 그 후속 단계로 계속 안정화되면서 새롭게 많이 변화되고 있다.

개혁개방에 의한 빠른 경제 성장은 생산요소의 축적과 효율적 배치를 위한 지속적인 체제환경을 통해 인구 순익을 실현하는 과정으로 볼 수 있다. 논리적으로 개혁개방이라는 충분 조건이 없다면 중국 경제가 과거의 성장 궤적을 바꿀 수 없고, 인구 순익이라는 필요조건이 없었다면 1978-2010년간의 성장은 그렇게 빨리 나타날 수 없었을 것이다.

지금까지 인센티브 메커니즘, 기업 관리구조, 가격 형성 메커니즘, 자원 배치 모델, 대외 개방 체제와 거시 정책 환경의 개혁은 모두 일정한 경제 발전 단계 특수 제도의 수요에 맞추어 추진되었다. 현재를 살펴보고 미래를 전망해보면 개혁의 중점과 문제점, 추진 방식, 나아가 발전 단계의 변화에 맞춰 조정해야만 한다. 한편, 중국이 중소득에서 고소득 국가로 가는 단계에 진입함에 따라 경제 성장 방식은 생산률을 높이는 방식으로 전환해야 한다. 또 다른 한편으로는 사회주의 시장경제체제가 성숙하고 정형화된 단계로 접어들수록 개혁의 난도는 더욱 높아진다.

중국 경제가 노동력 부족과 임금 상승을 특징으로 하는 루이스 전환점을 넘어서면서 인구 순익이 빠르게 사라지면서 기존의 경제 성장 요인은 줄어들고 잠재성장률은 낮아져 이례적인 성장속도는 더 이상 유지되지 않고 있다. 중국 경제의 잠재성장률을 떨어뜨리는 요인을 살피면 다음과 같다. 노동력 부족은 임금 상승 속도를 지나치게 높여 노동생산성 증가를 지탱할 수 있는 능력을 초과하였고, 자본노동비율이 지나치게 빨리 높아져 투자수익률이 대폭 하락하였으며, 신성장 노동력 감소로 인적자본 개선 속도가 느려지고, 농촌 노동력의 이동 속도가 느려지면서 자원 재배치 효과가 줄어들어 전 요소 생산성 증가율이 떨어지게 되었다.

이처럼 중국 경제가 성장 속도는 느려지고 산업 구조조정과 발전방식이 가속화되는 것을 특징으로 하는 뉴노멀(새로운 상태)에 진입하였다. 차이팡과 육양은 중국 경제의 잠재성장률이 2010년 전 약 10%에서 중국 제12차 5년 계획요강 기간(2011-2015년)의 7.6%로, 중국 제13차 5년 계획요강 시기(2016-2020년)의 6.2%로 떨어진 것으로 추정했다[1]. 이후 잠재성장률은 계속 하락해 중국이 완전히 현대화된 뒤에야 평균치로 되돌아갈 수 있다[2]. 현재까지 실제 성장과 감속의 궤도과 리듬, 추세가 이러한 추정을 입증해준다. 이는 산업구조조정에 긴박한 요구를 하는 것이지만, 도전에 대응하는 것은 경제 개혁을 심화시키는 토대 위에 수립되어야만 한다.

성장 이론 예상과 각국의 발전 경험에 따르면 뛰어난 유형인 이원적 경제 발전에서 신진적인 기술인 신고전적 성장으로 전환하는 과정에서 성장 속도의 둔화는 거의 불가피하다[3]. 그러나 잠재성장률 얼마나 큰 폭

---

1 Fang Cai and Yang Lu, "The End of China's Demographic Dividend: the Perspective of Potential GDP Growth", in Garnaut, Ross, Fang Cai and Ligang Song (eds.), *China: A New Model for Growth and Development*, ANU E Press, Canberra, 2013, pp. 55-74. 학자와 기관에 따라 예상 숫자는 다르지만 중국이 잠재성장률이 떨어졌다는 판단은 여전히 주류를 이룬다.

2 프리쳇과 서머스는 어떤 것이든 평균을 넘는 모든 성장 속도 현상은 다 이상하다며 규칙에 따라 결국 평균치로 회귀해야 한다고 주장했다. 이들의 논리대로라면 여기서 '평균치'란 세계 경제의 평균 성장률이다. 그러나 차이팡과 육양은 2050년까지 중국의 잠재성장률이 3%를 넘어설 것으로 예상하였다. Lant Pritchett and Lawrence H.Summers, "Asiaphoria Meets Regression to the Mean", *NBER Working Paper*, No.20573, 2014;Fang Cai and Yang Lu, "Take-off, Persistence, and Sustainability: Demographic Factor of the Chinese Growth", *Asia & the Pacific Policy Studies*, Vol.3, No.2, 2016, pp. 203-225.

3 Robert J.Barro, "Economic Growth and Convergence, Applied Especially To China", *NBER Working Paper*, No.21872, 2016; Barry Eichengreen, Donghyun Park, and Kwanho Shin, "Growth Slowdowns Redux: New Evidence on the Middle-income

으로 낮아져 실질경제 성장이 얼마나 둔화되어 국가 간에 큰 차이가 나는 것 또한 판이한 장기적 결과를 초래할 수 있다[1]. 중국의 경우 경제체제 개혁을 심화시킴으로써 발전방식의 전환을 촉진하고, 전통적 성장동력의 잠재력을 발굴해 새로운 성장동력을 양성하며, 적절한 잠재성장률을 유지하고 중고속의 실질성장을 이루어야 중소득의 함정에 빠지지 않고 국가의 현대화라는 목표를 달성할 수 있다.

일반적에서 장기적으로는 인센티브 부족에 따른 비효율적인 경제체제에 대한 개혁은 이 악순환의 고리를 깨는 미시적 인센티브 부족에서 시작되고, 빌프레도 파레토Vilfredo Pareto 개선 경로에서 개혁을 추진하기가 쉽기 때문에 자원 배치 방식을 바꾸고 자원이 잘못 배치된 상황을 수정할 수 있다. 개혁이 더욱 심화되면서 어떤 집단도 피해를 보지 않는 파레토 개선의 기회는 갈수록 줄어들고 있다. 개혁을 추진하고 나가겠다는 정치적인 결심과 갈등을 적절히 처리하는 정치적 지혜가 발휘되어야 이러한 문제를 해결할 수 있다.

중국의 진일보한 개혁은 몇 가지 어려운 점에 당면해 있다. 우선, 개혁 과정에서 이익 구조에 불가피하게 심도있는 조정이 필요한 경우에 기득권 집단의 제지와 간섭을 받을 수 있다. 둘째, 적자생존의 창조적 파괴경쟁 환경을 조성하는 과정에서 일부 근로자와 경영자가 실질적인 어려움에 빠질 수 있다. 셋째, 개혁의 자본금 부담 주체와 개혁 수익의 획득 주체가 완전히 대응하지 않아 인센티브로 서로 대립하는 문제가 생길 것이다. 이런 문제점들은 개혁비용 분담과 개혁 순익 분담하기, 새로운 체제 구축에 필요한 재정지출 책임의 재분류, 피해를 입은 당사자에게 필요한

Trap", *NBER Working Paper,* No.18673, 2013.

[1] Barry Eichengreen, Donghyun Park, and Kwanho Shin, "When Fast Growing Economies Slow Down: International Evidence and Implications for China", *NBER Working Paper,* No. 16919, 2011.

보상, 특히나 노동자에 대한 사회 정책의 가장 기본적인 보장에 주안점을 두어야 한다.

많은 연구에서 개혁과 비개혁이 중국 경제의 성장 전망을 크게 다르게 만든다고 하였다. 예를 들어 체르무짐Cheremukhim 등의 연구에서 1978-2012년 간의 경제 성장과 1966-1975년 간의 경제 성장이 각각 개혁이나 비개혁의 참조모델로 2050년 중국 경제 성장을 시뮬레이션한 결과 이 둘의 차이가 큰 것으로 나타났다[1].

전반적으로 개혁과 성장은 이분법적 관계가 아니며, 개혁은 경제 성장을 촉진하는 뚜렷한 효과가 있다. 중국의 개혁개방의 경험과 논리는 결국 개혁 순익이 경제 성장과 인민생활 향상에 영향을 끼치는 것을 보여준다. 후속 장에서는 어떤 방면에서 보다 더욱 깊이 있는 개혁 과정을 서술하고, 예상되는 개혁 순익을 상세하게 살펴보고자 한다.

---

[1] Anton Cheremukhim, Mikhail Golosov, Sergei Guriev, Aleh Tsyvinski, "The Economy of People's Republic of China From 1953", *NBER Working Paper*, No.21397, 2015.

제6장

농촌 개혁의 배경, 논리와 공헌

1. 머리말

아시다시피 가정도급책임제 실행을 표적으로 하는 농촌개혁은 중국 경제개혁의 시작점입니다. 그러나 이 단계개혁이든, 그 이후의 농촌경제 개혁이든 그 효과와 의의가 과소평가되어 있다. 예전에 가정도급책임제를 중국 경제개혁의 시작점으로 말하자면, 대부분의 경우 개혁의 시간적 순서를 놓고 얘기한다. 가정도급책임제가 인민공사 체제 대체에 미치는 역사적 배경과 이론적 논리를 결합해야만 이후 농촌개혁에 미치는 영향을 이해할 수 있으며, 나아가 중국의 개혁개방과 그 발전 및 공유효과에 대해 철저히 이해할 수 있다.

농업, 농촌, 농민 '3농'문제와 관련된 개혁은 많은 분야에 걸쳐서 경제학이 연구할만한 대상이자 경제학 발전의 양분을 공급받는 원천이다. 이전의 경제학 특히 발전경제학은 일찍이 각각 임대차, 산업 변천, 이원 경제 구조, 노동력 이동 등의 문제에 대해 이론적 구축을 진행하였다. 그러나 지금까지 경제학자들은 하나의 완전한 경험 기반 위에서 이 모든 이론적 가설을 전면적으로 검사와 점검할 기회가 없었다.

이것은, 중국이 농촌에서 시작한 개혁과 발전 실천의 완전성은 발전경제학에 전대미문의 경험적 기초를 제공할 뿐만 아니라, 당연히 그것에 혁명적인 기여를 하는 것이 당연하다. 완전한 발전 역정은 원인후과가 있을 뿐만 아니라, 그에 상응하는 경험적 논리도 맥락이 있다. 이 개혁 발전 경험의 완전함 특히 세계적인 의의를 충분히 제시하기 위해서, 우리는 역사를 돌이켜보고 이론적으로 해석할 때, 왜 인민공사화됐는지, 왜 이 체제가 실패할 수밖에 없는지, 개혁은 어떤 논리의 사슬에 따라 이뤄져야 하는지 분명히 밝혀야 한다.

가정도급책임제를 시작으로 한 농촌개혁은 중국의 이원 경제 발전 과정을 시작했다는 데 가장 큰 의의가 있다. 그리고 이후 40여 년 동안 일련의 개혁개방 조치와 과정도 논리적으로 이원 경제 발전을 중심으로 진행되었다. 이원 경제 발전은 중요한 전환점인 루이스의 전환점을 넘었지만 아직까지는 끝나지 않았다.

제 4 장에서 설명한 바와 같이, 각국의 경제 발전의 공통적인 단계는 농업 내권화이다. 그것은 전통 농업의 특징을 가지고 있지만, 이원 경제 발전으로 전환할 기회가 있기 때문에 더 이상 맬서스의 함정에 처하지 않는다. 그러나, 각국은 이원 경제 발전 단계를 거치는 방식이 다르다. 하나는 공업화 대량생산을 통해 소농경제를 짓누르고 후자의 양극화를 초래하는 고전적 모델이라고 할 수 있으며, 또 다른 모델은 농업 잉여 노동력 이동의 리듬에 따라 점진적인 방식으로 진행되는 쿠즈네스의 과정이라고 할 수 있다.

이 두 가지 모델은 모두 시장 메커니즘의 작용을 전제로 하기 때문에, 계획경제와 어울리지 않기 때문에, 소련, 동유럽 국가로부터 중국에 이르기까지, 고도의 집중을 추진하는 계획경제 실천에서 제 3 의 모델, 즉 농업집단화의 모델을 채택하였다. 이러한 방식은 국가의 강제력을 통해 소농경제를 대규모의 농업생산과 경영으로 통합하였다. 이 도로의 이론적 근거는 농업생산에 막대한 규모의 경제잠재력이 있다는 것이고, 집단화는 규모의 경제를 활용할 수 있을 뿐만 아니라 농민의 시장 분화를 일으키지 않으며 동시에 공유 시스템의 이상적인 모델에도 부합한다.

그러나 집단농업의 태생적 결함은 생산노동의 인센티브 문제를 해결하지 못하고 미시적 측면의 비효율을 초래하는 것이다. 동시에 집단농장이나 인민공사는 계획경제 체제의 구성부분으로서 집단농업을 계획경제의 구성부분으로서 거시적 측면의 자원배치 문제도 해결하지 못한다. 따라서 이러한 농업경영체제는 모든 국가에서 실패하고 막대한 인적자원과 물질생산요소의 대가를 치르고 결국 개혁의 대상이 된다.

이 책의 제 1 편 각 장은 이미 중국의 경제 발전을 위한 역사와 이론의 토대를 마련하였기 때문에 농촌 개혁과 그에 따른 지속적인 영향에 대해 회고하고 총결산할 때, 본 장은 역사 논리와 현실 논리가 일치하는 서사적 방법을 채택하려고 시도하였다. 이를 위해, 두가지 일반적인 반성 방법과 채택해야 할 방법에 대한 의심의 가능성을 미리 해석할 필요가 있다.

계획경제 시기에 형성된 전통적인 체제에 대해, 사람들은 소련식 모델을 받아들였다는 것을 가장 흔히 이야기한다. 비록 사회주의 계획경제 모델은 확실히 많은 공통점과 유사점이 있지만, 이러한 간단한 복제설은 중국 지도자들의 문제 지향 의식을 과소평가한다. 사실, 대부분의 경우 체제의 형성은 특정 목표를 향하거나 특정 문제를 해결하는 데 서비스를 제공한다. 예를 들어, 인민공사 체제는 소련 집단 농장과는 큰 차이가 있으며, 추진 방식은 훨씬 더 천차만별이다.

이와 관련, 다른 설은 어떤 체제가 형성되었거나 정치적 의사결정이 이루어졌거나, 아니면 머리가 뜨거워진 결과였다. 예를 들면, 일부 지역에서 인민공사나 그 모태가 급진적으로 세워져 공유화 정도가 높은 이데올로기에 부합하고, 앵가연무의 기쁨이 가득한 효과를 거두었기 때문에 모택동의 찬사를 받았다면, "인민공사가 좋다"는 말은 동원령이 되었다. 이러한 말은 사실의 추궁을 견디지 못하며, 사건의 전개 전후의 연관성과 일관성을 충분히 이해하면 비록 잘못된 선택이고 시행착오의 대가를 치르더라도 의사결정 과정은 맹목적이거나 임의적이거나 무작위적인 결과가 아닌 경제 이론이나 이념에 내재되어 있음을 알 수 있다.

계획경제 조건에서 전통농업을 탈피해 이원 경제로 나아가는 길을 모색하는 등 농업 집단화를 추진하는 내재 논리가 존재한다고 해도, 그러나 정책 결정자가 이 논리를 진정으로 이해하고 있다고 어떻게 확신할 수 있는가, 또 어떻게 복잡한 이론 모델과 고도로 현실화된 정책 결정을 결합할 수 있는가?

경제이론은 규칙적인 현실의 추상이고 이론모형은 정책수립의 논리적 기초가 되어야 한다. 그러므로 이론의 정확성, 해석력의 크기와 관계없이 모두 특정 현실에 대한 굴절과 특정 문제에 대한 반응이다. 따라서, 정책 결정자가 어떤 이론을 알지 못하거나 이해하지 못하더라도, 사실 그들에게 닥친 것은 결국 몇 세대, 심지어 십여 세대에 걸친 실천과제였다. 즉, 이론가와 실천가의 사고 깊이는 결코 높은 차이가 없고 다만 전자가 전문용어를 빌리거나 포맷화 또는 모형화된 표현에 불과하다.

실제로 소련은 농업 집단화 이전에도 내권화된 농업 현실을 직시했다. 유명한 농민문제 전문가인 차야노프A Chayanov는 대규모 조사를 통해 얻은 데이터를 분석해 소련 농민들의 가정농장의 특징을 상세히 묘사했다. 그는 이러한 가정농장과 자본주의 대농장의 차별성을 지적하면서 중요한 저서인 〈농민경제조직〉 속에서 이러한 가정농장의 규모를 가정소비수요와 가정노동력의 관계에 의해 결정된다는 특수한 성질을 부각시켰고, 동

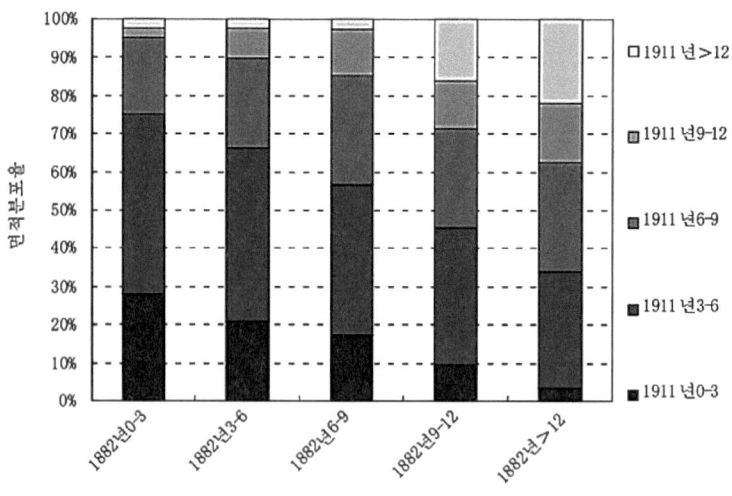

그림 6-1 러시아 시대 농가의 분화 상황

자료출처: A·차야노프 〈농민경제단체〉, 중앙편찬출판사 1996년판, 38페이지.

시에 내부 롤 농업의 몇 가지 기본 특징이 드러났다[1].

우선, 가정농장의 분화가 뚜렷하지 않고 평균값으로 회귀하는 추세이다. 차야노프A. Chayanov는 1882년(기점)부터 1911년(종점)까지의 토지 분포 변화 데이터를 제공하였고(그림 6-1), 우리는 전체적으로 다음과 같은 해석을 토대로 인식할 수 있다. 첫째, 시작 연도의 규모가 작은 농가는 그 다음에는 규모를 늘리는 경향이 있고, 시작의 규모가 큰 농가는 그 규모를 축소하는 추세이며; 둘째, 5종류 농가 중 중간 세 가지 토지 규모(3~6 러시아 묘, 6~9 러시아 묘, 9-12러시아 묘)의 경우를 '균등치'로 가정하면 시작의 여하를 막론하고 농가는 모두 균등치 회귀하는 경향이 있다.

---

[1] [러시아]A. 차야노프 〈농민경제조직〉, 중앙편찬출판사 1996년판. 케인스는 1925년 소련을 방문한 뒤 인구 증가가 너무 빨라 생존 수단에 큰 부담이 된다는 결론을 내렸다. [폴란드]이삭·도이처 〈무장해제된 선지자: 트로츠키 1921-1929〉, 중앙편집출판사 2013년판, p. 168.

둘째, 차야노프는 농부 가족의 노동력에 대한 자기개발을 설명했는데, 그 정도가 노동자들이 겪는 가계의 소비 욕구로부터의 압박에 크게 좌우된다는 것이다. 인구와 생산재(토지)의 불일치 때문에 가구원의 생존수준의 소비만 유지하더라도 노동자의 생리적 한계가 제약이 될 때까지 노동시간 투입과 노동강도를 더 높이도록 강요한다. 동시에, 그는 인구 출산율 내에서 맬서스 억제의 법칙인 가족 경제 규모에서 태어났다는 것을 발견했다.

셋째, 농민 가정의 노동력의 이러한 자기개발 동기는 한정된 토지에서의 보다 집약적인 경작을 의미한다. 즉, 가계의 소비에 대한 강성수요를 충족시키기 위해서는 노동력의 효율적 이용도를 높여야 하기 때문에, 농가는 자본주의 농장 조건에서는 취하지 않는 토양개량 조치를 더 많이 취하게 된다. 이것이 바로 내권화 농업에 대한 고전적인 이성적 반응이다.

이러한 소농경제의 토대 위에서 소련 농업을 상상 속의 사회화 대생산으로 유도하기 위해서는 논리적으로 농업 집단화라는 선택을 할 수 있었다. 또한, 그 정책은 당시 경제 이론의 일부 지지를 받기도 했다. 대표적인 주장으로, 소련 공권력 경제학자 플레오브라진스키Евгений Алексеевич Преображенский 에서 유래하였으며, 소농을 박탈하는 방식으로 사회주의 원시 축적을 주장하였다[1]. 그는 경제적으로 낙후될수록 비사회주의적인 성분으로부터의 축적을 강제하고, 경제적으로 발달할수록 사회주의적인 성분 자체의 잉여생산품에 의존해야 한다고 설명했다.

이 논리는 농업이 아직 비사회주의 경제 성분 상태에 있을 때, 그것을 원초적인 축적원으로 강제하는 것이다. 동시에, 사회주의 경제 성분으로 빨리 전환시켜, 사회주의 경제 성분으로의 자기 축적로 전환시키는 것이

---

1 [러시아]예·아·플레오브라진스키 〈뉴 코노믹스: 소비에트 경제에 대한 이론적 분석의 시도〉, 생활·독서·신지 삼련서점 1984년판.

다. 프레오브라진스키는 소생산(소농 경제)의 세 가지 비전을 제시하며, 각각 소생산적 지위 유지, 자본주의화, 연합을 위해 사회주의 성분이 된다. 그는 당연히 세 번째 방법을 택했고 사회주의적인 요소가 많을수록 좋다고 주장했다. 확실히, 그 후의 소련 집단 농장은 사실상(토지) 국가 소유제와(다른 생산재) 집단 소유제의 혼합체였다.

또 다른 이론은 차야노프 자신에서 나온 것이다. 농민들의 내부 조직 방식에 대한 분석으로 소규모 농가가 경제적 합리성이 있다는 결론을 내릴 수 있을 것 같다. 그러나 차야노프 역시 자본주의 생산 방식이 이미 존재하는 조건에서 농민가정 농장과 자본주의 농장은 사실상 동일한 외부 환경에 대해 다르게 반응하는 것에 불과다는 것을 인정하고 있다. 동시에 그는 가족의 소비 강성수요를 충족시키기 위해 노동 강도가 항상 생리적 한계에 도달하는 것과 같은 전자의 어려움을 잘 알고 있다. 하물며 전형적인 현상은 아니지만 가정농장은 여전히 분화 가능성에 직면해 있다.

차야노프는 규모의 경제를 부정하지는 않았다. 그러나, 그가 〈농민경제조직〉 책을 쓰면서 그가 구상한 농업에서의 규모의 경제 이용 경로는 농산물을 원료로 다른 산업과의 연계를 통해 협동조합의 제도적 형태를 통해 농민농장을 농업의 수직적 통합과정에 포함시키고 농업 경제를 계획경제의 궤도에 올려놓았다. 이렇게 함으로써 양극화의 결과를 초래하는 수평적 일체화 과정을 피하게 되었다.

차야노프는 1922년에 〈농업 기업들에 가장 적합한 규모〉 발표할 때와, 그리고 1925년에 〈농민경제조직〉을 재판할 때, 비교적 소규모의 농민가정 농장이 가장 경제적인 단위라고 주장하기도 했다. 그러나 그는 소련의 농업 집단화가 시작된 1929년에 이르러 대규모 농업 경영의 고취자로 탈바꿈했다. 그는 미국 기계기술인 트랙터, 콤바인, 카트리지와 같은 대규모 기계화 경작이 다른 모든 농업 기구 형태보다 압도적으로 우위를 점하다고 주장한다. 그는 심지어 밀을 전문적으로 재배하는 농장 규모가 10만 헥타르가 가장 적당하다고 주장했다[1].

차야노프가 정치적 투기로, 혹은 정치적 압력으로 농민 가정 농장을 숭상하는 대표적인 인물에서 대규모 농업경영의 논증자로 변모했다고 생각할 수도 있다. 이러한 정치적 요인의 영향을 배제하지 않고, 그 당시 그곳에서는 이러한 가설이 더 논리적으로 부합하지만, 그러나 차야노프의 이론적인 논리에서 대형 농기계가 생기면 규모의 경제가 매우 현저하며 농장 규모가 클수록 좋다는 결론을 도출할 수도 있었다.

이와 같은 두가지 이론의 병합은 계획경제 조건 하에서 내권화된 농업의 필연적인 길인 집단화에서 벗어나고, 그 핵심적인 특징이 이미 드러나고 있는 후일 인민공사체제가 보여 주는 '1대2공'을 제시하고 있다. 농업집단화의 정책선택에서 비롯된 것이든 인민공사라는 체제의 폐해에서 필연적으로 실패할 수밖에 없는 결말에서 비롯된 중국과 소련의 실천에서의 유사성은 처음에는 문제를 해결하려는 공통성에서 비롯되었으며, 이후 선택한 길과 목적지 사이의 내재적 모순에 직면했다. 결국 개혁의 종착점이 된 셈이다. 중국에서는 가정도급책임제를 인민공사 체제로 대체하는 것이다.

가정도급책임제의 시행은 일회성 사건이 아니라 중국 전체의 개혁개방의 시작이다. 뒷장의 장에서 우리는 또한 노동력이 저생산성 부문에서 퇴출될 것이고 도시와 농촌간, 그리고 산업간의 이동, 그리고 도시의 고생산성 부문으로의 진입이라는 완전한 과정의 각도에서 개혁이 어떻게 경제 성장의 필요 조건을 실제 고도성장으로 전환시킬 수 있는지를 설명하였다. 이 장은 뒷부분에는 농업의 몫이 낮아진 배경에서 농업잉여노동력이 어떻게 저생산성 농업과 농촌산업을 '퇴출'하는지에 대해 기술하고,

---

1 [미]나움·자스니(Naum Jasny): 〈소련의 사회화 농업: 계획과 결과〉(상권), 상무인서관 1965년판, p. 29.

농촌의 그에 따른 개혁과 그 과정과 결과를 관찰하고 돌아보며, 경제학을 발전시키는 의미를 요약하여 향후 더욱 개혁과 발전을 위한 정책을 제안한다.

2. 인민공사의 흥쇠: 유토피아실험

'경작하는 자는 그 밭이 있다耕者有其田'는 농민들의 요구에 부응하여 전국적인 토지개혁 이후 약 60~70%의 소지 또는 무지 농민들이 약 7억묘의 경작지를 무상으로 제공받게 되었다. 당시의 언어로는 토지개혁 이후 농촌은 부농의 자본주의 소유제와 왕양대해와 같은 개인농민의 소유제로 구성되어 있었다[1]. 즉, 지주의 토지를 박탈하고 수천만 무지농민과 소작농민을 개인농가로 변화시켰으며, 토지개혁은 지권의 집중, 농민생활의 양극화의 폐해를 해결하고 농가의 기타 생산재원을 증가시켜 농업생산의 의욕을 불러일으켰다. 예를 들어 1949-1953년 동안 식량 총생산량을 47.4% 증가시켰다.

그러나 토지개혁은 소농경제로 이루어진 농업경제구도를 해결하지 못하였다. 이렇게 본질적으로, 토지개혁 이후의 중국농업은 오랜 내권화의 특징을 이어왔음에 틀림없으며, 재배구조는 가능한 한 노동집약적으로 변화하여 극히 소규모의 토지면적에 조밀하게 노동을 투입하고, 가정의 보조노동력을 최대한 동원함으로써 노동수가가 감소하였다[2]. 토지개혁 이후 한 조사에 따르면 당시 형성된 소농경제 규모는 매우 제한적이었고 현대화 투입요소가 없는 조건에서 확대재생산의 잠재력도 제한되었다(그

---

[1] 소성: 〈우리나라(중국) 농업의 사회주의적 개조〉, 인민출판사 1980년판, p. 11.
[2] 황종지 〈발전인가 내권인가? 18세기 영국과 중국 – 평평무란(대분기: 유럽, 중국 및 현대 세계 경제의 발전)〉, 〈역사 연구〉 2022년 제4호.

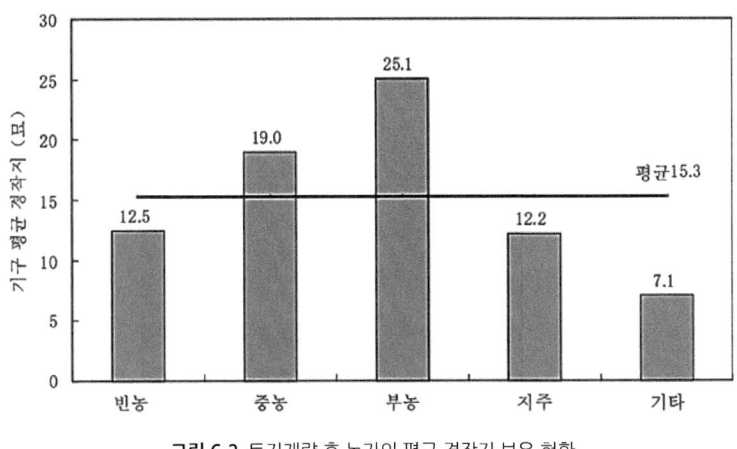

그림 6-2 토지개량 후 농가의 평균 경작지 보유 현황

자료출처: 수성: 〈토지개혁 이후 우리나라 농촌사회주의와 자본주의의 두 가지 길을 위한 투쟁〉 〈경제연구〉 1965년 제7호.

림 6-2). 따라서 정책결정권자의 입장에서 이러한 농민개체경제는 살길이 없고 필연적으로 파멸의 운명을 결정하게 되었다[1].

외부환경에서도 농업경제체제에 대한 변화를 요구하였다. 1953년부터 첫 5년간의 계획을 실행하였고 경제건설의 총과제는 중국을 낙후된 농업국가에서 점차 강대한 공업국가로 변화시키는 것이었는데, 이 목적을 달성하기 위해서는, 국가는 중공업 우선 개발전략을 확정하였다. 공업화 축적을 가속화하기 위해서는 노동비용을 절감하고 낮은 임금제를 실시함으로써 중공업발전의 비용을 절감해야 한다. 이에 따라 농산물 가격을 낮추면서 동시에 농산물 공급을 보장해야 한다. 이에 따라 일괄구매 일괄판매 정책, 호적제도와 인민공사제도 '삼두마차'의 제도적 필요성이 제기되

---

[1] 한 연구자가 모택동의 〈농업협력화 문제에 대하여〉를 공부한 결과다. 소성 〈토지 개혁 후, 우리나라 농촌 사회주의와 자본주의의 두 가지 길의 투쟁〉, 〈경제연구〉 1965년 제7기.

었다.

1953년 식량수매계획과 공급계획제도가 생겨났다. 그리고 이후 포함되는 기타 중요농산물 등의 내용이 추가되어 장기간에 걸쳐 실시되어 온 농산물 일괄구매 일괄판매제도가 형성되었다. 만약 농업생산이 합리적인 수익을 얻지 못할 경우 농촌의 생산요소, 특히 노동력이 외부로 유출될 우려가 있으며, 이를 방지하기 위해 농업생산의 정상적인 진행을 보장하기 위해서는 자금과 노동력을 포함한 농촌생산요소에 대한 제도적 이동 제한이 필요하다.

1953년 중국공산당 중앙에서는 많은 농민들이 잇달아 도시로 빠져나간 것을 감안하여, 한편으로는 도시의 실업이 우려되고, 다른 한편으로는 농업생산에 나쁜 결과를 초래할 것을 우려하여, 농민들의 무분별한 도시유출을 중단하라는 지시를 내리고, 농민들의 농촌 이탈을 막고, 무분별한 외출자들의 귀향을 만류하는 6가지 조치를 취하였다. 몇 년 후인 1958년, 전국인대 상무위원회는 〈중화인민공화국 호적등기조례〉를 통과하였는데, 이 중 "공민은 농촌에서 도시로 이주하기 위해서는 반드시 도시 노동부의 임용증명서, 학교의 입학증명서, 또는 도시 호적등기기관의 전입허가 증명서를 소지하고 상주지 호적등기기관에 전출수속을 신청해야 한다."라고 규정하였다[1]. 이것은 주민들을 도시와 농촌에 따라 분리하여 관리하는 호적 제도가 본격적으로 정착되었음을 나타낸다.

토지개혁이 전국적으로 완료됨에 따라 농업협업화가 시작되었고, 각각 상호협력조, 농업생산협동조합(초급사), 고급농업생산협동조합에서 인민공사에 이르는 변천과정을 거쳤다. 그 중 상호조합과 초급사는 여전히 농민들의 자발적 생산협업이며, 고급사 단계에 이르러서는 농업의 집단화

---

[1] 당대 중국연구소편: 〈중화인민공화국사 편년〉 (1958년권), 당대중국출판사 2009년판, p. 30.

가 시작되었음을 의미한다. 모든 과정은 점차 가속화되고 빨라지는 추세이며, 생산관계의 변동은 생산력의 요구를 현저히 뛰어넘는다.

전국적으로 토지개혁이 거의 마무리된 1952년에는 농업생산조합 참가 농가가 전국 농가 수의 39.9%, 농업생산협동조합(모두 초급사) 참가 농가가 전체 농가의 0.1%에 불과하였다. 1955년에는 농업생산조합에 참여하는 농민의 비율은 50.7%, 초급사에 참여하는 비율은 14.2%로 증가했으며 이 두 가지는 여전히 농업 협력의 주요 형태이다.

그러나 이후 협동화와 집단화의 속도가 매우 빨라져 추진 속도가 예사롭지 않다. 1956년 초 농업생산협동조합 참가농가가 80.3%로 증가하였고, 그해 말에는 96.3%로 증가하였다. 이 중 고급사에 참가농가가 연초 30.7%에서 연말에는 87.8%로 급격히 증가하였다[1]. 1958년 여름부터 불과 몇 달 만에 그해 말까지 전국의 74만 개 이상의 농업생산협동조합이 26,000개 이상의 인민공사로 통합되어 1억 2천만 개 이상의 농가를 포함했으며 전국 전체 농가의 99% 이상을 차지했다.

공업화의 가속화를 목표로 하는 인민공사화는 너무 급하고 너무 빠른 속도로 진행될 뿐만 아니라, 더 나아가 그 '1대2공'(대규모, 공농상학병결합, 정사합일)의 성격과 이로 인해 정상적인 인센티브가 부족하여 농민의 생산과 노동의욕을 크게 상하게 할 뿐만 아니라, 공공식당 실험의 실패로 대중들의 영양실조를 초래하고 농업생산이 재앙적인 손실을 입게 되었다.

식량생산의 경우, 총생산량은 1958년 19,766만 톤에서 1961년 13,651만 톤으로 급감하였고, 단위면적당 생산량은 1958년 헥타르당 1549kg에서 1961년 헥타르당 1124kg으로 각각 31%와 27% 대폭으로 감소하였다. 당시 국민경제가 농업위주였기 때문에 농업증가치가 GDP에서 차지하는 비중이 1/3이 넘었기 때문에 농업이 심각하게 감산하여 국민경제의 큰

---

[1] 소성: 〈우리나라(중국) 농업의 사회주의적 개조〉, 인민출판사 1980년판, p. 156.

폭으로 하락하였고, 실질 GDP는 1960년에 제로 성장, 1961년과 1962년에 현저한 마이너스 성장을 기록했다.

당시의 특수한 역사적 조건에서 '대약진'은 국가의 공업화를 가속화하기 위한 현실적 필요성과 동시에 농업 '1대2공'에 대한 이론적 믿음 위에 세워졌다. 여기서 '크다'는 규모의 경제에 대한 확고한 믿음을 보여준다. 실제로 훗날 부풀리기 풍조가 만연하고 식량 생산량을 부풀려 선전하는 것도 이 신념에 바탕을 두고 있다. 미국식 대형 농기계가 10만 헥타르의 농장 규모를 필수로 만든 것처럼 태양 광합성의 원리는 1묘당 만근의 수확량을 더 이상 어불성설로 만들지 않다.

예를 들어, 1958년 8월에 개최된 중국공산당 중앙정치국 확대회의(베이다이허 회의라고도 한다)에서 중심 의제는 철강 생산과 인민공사 설립이었다. 회의는 규모가 작은 농업 생산 협동조합을 대규모 인민공사를 합병하고 변경하는 것은 농촌 생산의 비약적인 발전의 불가피한 추세라고 판단하였다. 여기에 기초하여 회의는 그해 농업 생산의대약진을 위해 설립되었던 목표로서, 식량 총 생산량은 전년보다 60~90% 증산, 목화 생산량은 두배 이상 증가하였다[1].

1961년 국민경제 조정을 시작하여 기본 건설 규모를 축소하고 공업 특히 중공업의 발전을 통제함으로써 산업 구조의 지속적인 불균형 추세를 어느 정도 역전시켰다. 농촌에서는 생산단위를 다시 작게 하여 '3급 소유, 생산대 기반'의 체제인 공사, 생산대대, 생산대 3급 소유제를 확립하였으며, 생산대(즉 생산소대)를 기본 정산단위로 하여 독립채산, 자부담 손익을 직접 조직생산과 수익분배하였다.

이 조정의 결과, 1958년에 형성된 각 공사 6,700명의 사원이라는 초대

---

[1] 당대 중국연구소편: 〈중화인민공화국사 편년〉 (1958년권), 당대중국출판사 2011년판, p. 538.

규모가 조정되어 1961년에 이르러서는 평균 30명의 사원으로 600만개의 생산대가 형성됨으로써 인민공사 체제의 '기반'이 되었다. 인민공사 체제는 변하지 않았으며, 국가가 여전히 농업생산과 농산물 분배, 소비에 대한 통제를 유지하였지만, 당시 생산단위 규모에 대한 이러한 조정은 농업생산량을 어느 정도 회복시켰다는 데 중요한 의의가 있다.

이번 조정과 효과 그리고 중요한 계발은 우리가 오늘날의 시각에 서도록 도와주고, 왜 '1대2공'의 인민공사가 이론적으로 존재하는 규모의 경제를 현실에서는 실제로 이용할 수 없는가를 인식한다. 첫째, 당시 농업 생산자재의 성격과 실제 장비수준은 이러한 대규모의 경영단위에 어울리기에는 턱없이 부족했다. 둘째, 농업생산의 특수한 성격은 노동과정과 최종성과 사이의 연계가 매우 긴밀하지 못하기 때문에 매 특정한 노동단계에서 노동자의 노력 정도와 작업의 질을 판단하기 어렵고, 경영 단위의 규모가 갈수록 커지고 있어 노동감독과 평가의 어려움도 높아지게 되었다. 이러한 상황은 집단노동과정의 일을 나가지만 열심히 하지 않거나 게으름을 피우는 현상을 초래하여 체제적으로 효과적으로 차단되지 못한다.

'3급 소유, 생산대 기반' 체제가 확립되고 안정되기는 했지만 인민공사 체제의 근본적인 인센티브 결함은 근본적으로 해결되지 못했다. 특히 농업 집단화 이후 농민이나 사원의 '탈출권'이 박탈되면서 노동 인센티브 체제상의 자연적 폐해를 억제할 수단이 없었다.

인민공사(생산대) 체제하에서 생산대는 노동력별로 노동분 표준을 미리 정한다. 연말에는 전체 생산대의 생산량에 따른 총수입을 계산하고 물적 비용 등을 공제하여 순수입을 형성하며, 전체 기록된 노동분수량에 따라 각 노동분의 가치를 계산한다. 각 사원은 자신이 벌어들인 노동분 수치에 따라 상응하는 배분을 받는다. 하루의 노동분을 미리 정해두고, 힘을 많이 내거나 적게 내거나, 힘을 내거나 힘을 내지 않거나, 설령 전체 생산대의 최종 생산량에 영향을 준다 하더라도, 생산대장이 누가 이 손실을 입혔는지 밝힐 수 없는 한, 이 손실은 모든 구체적인 사람에게 분배되며, 이는 노력 정도와 무관할 수 밖에 없다.

예를 들어, n명으로 구성된 생산대에서, 한 사람은 100% 게으름을 피울 수 있고, 이로 인한 생산 손실은 $1/n$만 부담하고, 일에 최선을 다하는 다른 한 사람은 그 공헌의 생산 증가분의 $1/n$밖에 얻을 수 없다. 따라서 경제학자들은 이 인센티브가 태생적으로 게으름을 피우도록 권장한다고 생각한다. 이 설명은 물론 경제이성의 논리에 매우 부합하고 사람들도 수년동안 이 견해에 동의해 왔다. 그러나 모든사람들이(즉, 생산대의 모든 사원) 시시콜콜 따지고 간통하고 심지어는 이기적인 성품을 타고났다고 가설하고 처음부터 게으름 피우기 전략을 세워도 납득하기 어렵다.

엄격한 해석을 내리면, 전통적인 경제학의 물건만을 보고 사람을 보지 않는 필터를 버리고, 일반적인 '일을 나가지만 열심히 하지 않다'는 행위와 거시적 차원의 자원 미스매치, 생산 단위의 비효율, 그리고 일부 노동자들의 게으름뱅이 행위와 결합해서 관찰해야 한다. 첫째, 국민경제 측면에서 국정을 고려하지 않고 중공업을 우선으로 하는 방향으로 농업정책 측면에서 '양식을 요점으로 하고 전면적인 소탕'방침을 추진하여 모두 거시적인 자원 미스매치를 초래하였다. 둘째, 생산중의 맹지휘는 미시적 비효율을 초래하여 총생산량을 저하시켰음에 틀림없다. 셋째, 결국 일부 사람들은 농업노동을 남용하여 감독하기 어려운 특성을 가지고 집단노동에서 게으름을 피우게 된다. 이는 모두 생산대의 실제 생산 결과로 이어지며 결국 생산 가능성의 경계에서 멀어지게 된다.

1970년대 중국은 세계에서 가장 가난한 나라로, 1인당 국민총소득은 아프리카의 가난한 나라 평균보다 낮았다. 따라서, 이때의 농업 생산가능성의 경계도 기껏해야 최저 생존 수준에 불과했다. 실제 산출이 생산가능성의 경계에서 멀어졌을 때(낮다), 반드시 완료해야 할 일괄구매의무를 제거한 후 생산대에서 분배할 수 있는 산출잉여금은 배불리 충족되지 않는다. 전체적으로 1인당 연간 100위안의 소득수준에 따라 1978년 전국적으로 2억 5천만 명의 농촌인구가 기본 생계유지에 필요한 최저 수입 한계선 이하에 생활하였다.

미시적인 측면에서 생산대 분배 결과를 열량 등의 영양기준으로 환산하면 많은 경우 일을 하고 힘을 내는 실질적인 소모를 보상할 수 없다. 만약 천성적으로 부지런한 농부들이 생산대 노동을 아끼지 않으면서도 필요한 보상을 받지 못하면 열량 지출과 섭취 불균형으로 노동력의 재생산이 유지되지 못했다. 당시 자주 발생하던 상황은 노동력이 1년 동안 일해서 식량비를 벌지 못했다는 것이고, 즉 노동으로 인한 체력지출이 벌어들인 '열량'에 보상되지 않는다는 것이다. 따라서 도덕적 해이가 있는 상황에서 일을 나가지만 열심히 하지 않는 전략을 세우기도 하지만, 이는 일련의 반복적인 게임 끝에 자기 뜻대로 되지 않는 결과인 경우가 많다.

개혁이 준비되고 있을 때에도 지도자들은 매우 실제적인 판단을 하였다. 위광원의 회고에 의하면, 당의 11기 3중전회 이전의 중앙공작회의에서, 기등규는 당시 농민들의 식량이 300근도 안되고, 배가 부르지 못한 수준이었다고 지적하였다. 호요방의 발언도 '문화대혁명'으로 인해, 우리의 원기가 많이 상하고 노동력의 체질이 나빠졌으며, 적극성도 떨어진다고 지적하였다[1].

비록 중국의 전통체제 하에서 생산대의 노동방식과 인센티브 메커니즘은 결국 일을 나가지만 열심히 하지 않다는 것으로 요약될 수 있지만, 인간적인 게으름으로부터 직접 이 결론을 추론해서는 안 된다. 한편으로는 생존을 위한 게임 결과 노동의욕성 부족과 농업생산 저하의 악순환을

---

[1] 위광원於光遠: 〈1978: 내가 겪은 그 역사의 대전환 11기 3중전회의 무대전막후〉, 중앙편역출판사 2008년판, pp. 41, 44.

초래한다. 다른 한편으로는, 생산대장은 어쩔 수 없이 가끔씩 소단 도급 방식을 시도할 때마다 돼지우리를 치우거나 밭을 한 고랑 파면 일을 끝낼 수 있다고 규정하면, 사람들은 작업성과와 노동분 보수의 직접적인 대응관계를 보고, 종종 상상하지 못한 속도로 공사를 끝낸다. 이는 대도급식의 개혁을 암시하며, 일찍이 농민과 기층 간부들 사이에서 정도 차이의 운용을 받거나 준비를 해왔음을 시사한다.

3. 농촌 개혁은 퇴출 조건을 어떻게 만드는가?

1980년대초부터 광범위하게 시행되기 시작한 가정도급책임제는 흔히 가정 단위 생산 도급제라고 불리지만, 사실 정확한 표현은 가구 단위 경영관리 도급제(또는 '전면 도급제')이다. 가정 단위 생산 도급제와 가구 단위 경영관리 도급제의 공통점은 집단토지가 인구와 노동력에 따라 농가에 도급되고, 집단은 토지를 청부하기 위해 산출요구를 규정하여 더 이상 집단일괄노동이 없으며, 집단도 생산과정에 관여하지 않는다는 점이다. 두 가지 차이점은 가구 단위 경영관리 도급제 이후 농민이 농업세를 납부하고 국가 통매 파견 구매 임무를 완료하고 집단공제를 납부한 후 남은 제품을 모두 획득하여 더 이상 생산대가 일률적으로 분배하지 않는다는 것이다. 가정도급책임제는 결국 가구 단위 경영관리 도급제 형태로 전국적으로 보편적으로 시행되었다.

이 개혁형태를 경제학에서 이미 비교적 성숙된 분석틀을 가지고 있는 개념과 비교한다면, 가정 단위 생산 도급제가 일부 가산출금(고정비율에 따라)만 도급자에게 귀속시키는 '분임세' 형태와 유사하다고 할 수 있으며, 가구 단위 경영관리 도급제가 모든 추가 생산량은 도급자에게 귀속되는 '고정세' 형태에 가깝다고 할 수 있다. 일부 연구에서는 후자가 생산 활동에 더 분명하고 직접적인 인센티브 효과가 있음을 보여주었다.

따라서 가정도급책임제가 이처럼 신기한 효과를 낼 수 있었던 것은 '직래직거불곡'의 방식으로 '국가에 넉넉히 넘기고, 단체로 남겨두고, 나머지는 모두 자기 것' 실현되었고, 즉 농민에게 잉여청구권claimants right on residual을 부여하여 농업노동과 생산격려를 획기적으로 개선하는 효과를 나타냈다. 초기 문헌은 이를 권위 있게 해석하고 실제로 이 개혁 효과의 정량화를 추정했다[1].

그러나 이 개혁이 인센티브 효과만 그친다면 생산가능성의 경계에 대한 회귀에 불과하고, 농업증산효과로 인한 경제 전반의 성장에 대한 효과는 일회성에 불과하다는 것을 의미한다. 이는 농촌개혁의 거시적 기여를 크게 과소평가하는 것이며, 이후 개혁과 초기개혁 사이의 논리적 관계도 간과하고 있다.

실제 농민들은 추가 노력으로 얻은 생산증량에 대한 잉여청구권을 획득하고, 개혁이 진행됨에 따라 생산요소를 자유롭게 배치할 수 있는 권리를 획득하게 된다. 토지도급 이후 농가와 생산대의 '2중 경영'이라는 말이 있기는 하지만, 실제 생산자재의 매입, 투입수준, 노동력, 노동시간의 배치는 전적으로 농가 스스로 결정하게 된다. 노동의욕성과 노동능률이 향상됨에 따라 산출의 현저한 증가에 따라 단위토지면적에 사용되는 노동시간이 현저하게 감소하였다(그림 6-3). 과거에 은밀하게 존재했던 노동력의 잉여현상이 드러났다. 다만 노동요소를 지배하는 자주권을 갖게 되어 농민들은 비로소 저생산성 부문에 대한 '퇴출'을 시작하게 되었다고 할

---

[1] Justin Yifu Lin, "Rural Reforms and Agricultural Growth in China", *The American Economic Review*, Vol. 82, No. 1, 1992, pp. 34-51 ; John McMillan, John Whalley, and Lijing Zhu, "The Impact of China's Economic Reforms on Agricultural Productivity Growth", *Journal of Political Economy*, Vol. 97, No. 4, 1989, pp. 781-807.

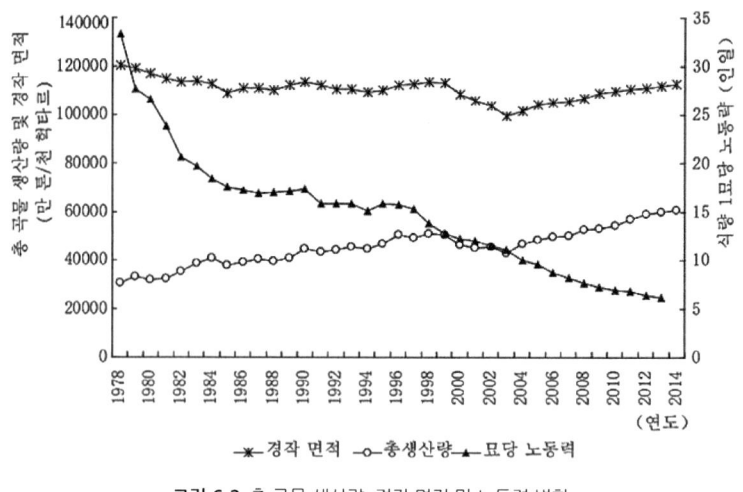

그림 6-3 총 곡물 생산량, 경작 면적 및 노동력 변화

자료출처: 국가통계국 홈페이지: http://data.stats.gov.cn/easyquery.htm?cn=C01.

수 있다.

따라서 궁극적인 개혁효과로 볼 때, 인센티브의 변화가 노동의욕을 동원하여 농업생산의 대폭적인 향상을 가져온다면, 초기단계에서 혁명적인 의의를 가지고, 농민들의 생산요소 배치권 획득이 이후의 경제 발전에 미치는 영향에 대해 더욱 웅대하고 장기적인 것은 틀림없다.

가정도급책임제의 시행은 분명히 개인적 관점에서 측정한 노동효율을 뒷받침하고 있으며, 이에 따라 농업에서 노동력이 과잉되어 한계생산력이 저하되는 현상을 현저화하고 노동력 이탈을 촉진한다. 그러나 노동력의 이탈은 오히려 서로 다른 단계로 이루어진 연속 과정인데, 단편적인 식량생산에서 재배업까지 다양한 경영과 농림어업 전반의 발전, 그리고 향진 기업, 소도시, 각급도시로 이어지는 단계마다 기존의 저생산성 부문에 대한 퇴출이다. 가정도급책임제 개혁의 효과는 일회성이기 때문에 노동력이 저생산성 부문에서 퇴출되는 추진력은 필연적으로 진일보한 개혁이 뒷받침되어야 한다.

사실, 가정도급책임제 개혁의 일회성 효과가 나타나자 정책 결정자와 연구자 모두 농업생산과 농민소득에서 오락가락하는 것을 관찰하였다. 1980~1984년에는 가정도급책임제가 급속히 보급되면서 농산물 수매가격이 전례 없이 대폭 인상되었다(1979년 농산물 생산가격 22.1% 인상). 이러한 격려효과로 노동력 사용량과 파종면적이 현저히 감소된 가운데, 식량 총생산량은 연평균 2.2%의 속도로 증가하였다. 그러나 이후 4년간 노동력 사용량과 파종면적이 모두 매우 안정된 가운데, 식량 총생산량은 오히려 연평균 1.8%의 속도로 감소하였다(그림 6-3). 가정도급책임제 개혁이 일회성 효과를 나타낸 전후의 이러한 변화로, 이 시기 개혁효과의 특성을 볼 수 있다.

이러한 상황에 대한 긍정적인 반응으로 1980년대 후반부터 관련 연구자들은 '농촌 두 번째 단계의 개혁'이라는 명제를 제시했고, 실천자들은 다양한 시도를 했고, 정부에서도 많은 개혁 조치를 내놓았다. 이러한 탐색과 실험의 영향력은 가정도급책임제보다 훨씬 떨어졌기 때문에 학술연구문헌에서 뚜렷한 위치를 차지하지 못했으며, 심지어는 잊혀지기도 했다.

그러나 이러한 모든 개혁은 미시적인 측면에서는 농민들이 더 많은 소득을 올리기 위해 시도하는 부분적인 실험이고, 거시적인 측면에서는 농업의 안정적인 성장을 위한 각급 정부의 인정이나 격려를 받았고, 역사적인 측면에서도 많은 부분들은 오늘날의 관련 개혁과 일맥상통하는 관계를 가지고 있다. 우리는 토지제도의 개혁 모색을 예로 들어 설명하겠다.

가정도급책임제에서 토지를 나누는 방법은 농가당 인구수와 노동력수에 따라 양자에게 각각 다른 가중치를 부여하여 균등하게 분배하는 것이다. 그리하여 농촌의 1인당(또는 노동균등)토지가 적은 자원의 소질 조건하에서 좁은 토지경영규모를 형성하게 된다. 더 나아가 토지의 구획에 따라

품질이 다르기 때문에 '공평'의 필요에 따라 토지를 분할할 때 각 가정에 가능한 한 동일한 조합을 주어야 하는 경우가 많아 토지의 구획이 더욱 세분화된다.

농업노동력의 잉여현상이 점차 나타나면서 노동력 이동압력이 점점 높아짐과 동시에 규모의 경제를 이용할 필요가 생겨났고, 그에 따라 토지유전에 대한 요구가 형성되었다. 실제로 이것은 한가지 제도수요이며, 토지유전을 촉진하는 메커니즘을 요구하였다. 당시 이러한 제도수요는 어느 정도 규모의 경영을 실현하기 위해서라기보다는 차라리 잉여노동력의 퇴출을 위한 조건을 만들었다.

당시 이에 따른 제도혁신은 크게 두 가지 형태로 이루어졌다. 첫째는 농가간 자발적 합의로 도급토지에 대한 하도급이었다. 하도급토지는 사실상 도급토지의 권리(잉여청구권)와 책임(세수, 일괄구매공매임무와 집단공제)을 동시에 양도하는 것이기 때문에 지역에 따라서는 서로 다른 조건인 권리와 책임의 상대적 분량에 따라 토지의 하도급 '가격'이 형성되었다. 두 번째는 집단으로 나서서 토지 도급에 대한 경영권을 재분배하는 것이다. 전형적인 형태는 '양전제兩田製'로, 즉 토지는 자가용 곡식 밭口糧田과 국가나 집단에 대해 책임전責任田으로 구분되며, 전자는 여전히 인구와 노동력 수량에 따라 균등하게 분배되고 후자는 규모화 입찰로 운영된다.

그만큼 토지유전을 촉진하기 위한 개혁은 일찍부터 시작되었고 농업노동력 이동이 계속 진행됨에 따라 이 방면의 개혁실험도 중단되지 않았다. 오늘날에 이르러 토지하도급의 제도형태가 더욱 정비되고 패러다임도 다양해져 토지하도급의 규모와 범위가 현저하게 확대되었다. 토지유전을 더욱 강력하게 추진하고 토지자원의 효율적 배치를 촉진하기 위해 '13차5개년계획' 이래 농촌의 토지소유권, 도급경영권, 경영권 삼권분치 개혁이 활발히 추진되고 있다. 2016년 6월 말까지 전국 2억 3,000만 농가 중 토지유전이 발생한 농가는 7,000만이 농가로 전체 농가의 30%를 넘고, 이 중 연안 선진지점의 비율은 50%를 넘는다[1].

4. 발전 결과로의 농업 점유율 하락

얼마 동안 경제학 문헌에서는 농업이 경제 발전에 기여하는 문제에 대해 상당히 냉랭한 경향이 있었다. 초기의 경전 문헌은 주로 자원 이동 관점에서 농업이 경제 발전에 기여하는 것을 요약하고, 예를 들면 어떤 학자가 직접 관찰할 수 있는 생산품 기여, 혹은 농업 인구가 많은 시상 기여를 할 수 있는 것을 제외하고는 노동력 기여, 자본 기여, 외환 기여를 요약하였다[2]. 이 논리에 따르면, 농업생산성이 향상되면 비농업산업과 도시화에 기여하는 것이 또한 문제에서 있어야 되는 의리이다. 이러한 것들은 농업이 전체 경제 발전에 실질적으로 기여하는 요소이기도 하고, 동시에 확실히 한때는 매우 두드러지며 일부는 심지어 오늘날에도 여전히 중요한다.

개혁개방 이전에, 중공업 우선 개발전략과 계획경제 실시를 위해 일괄 구매 일괄 판매, 인민공사, 호적제도 3종 마차가 농촌 노동력을 농업생산에 꽁꽁 묶어 대규모로 축적된 잉여노동력이 이동되지 못했기 때문에, 노동력 기여는 실제로 나타나지 않았다. 개혁개방 이래로 잉여노동력이 대

---

[1] 국무원 뉴스사무실: 〈농촌토지 ("삼권분치" 의견)정책해독〉, 국무원 뉴스사무실 홈페이지: http://www.scio.gov.cn/34473/34515/Document/1515220/1515220.htm, 2016년11월3일.

[2] Pei-kang Chang, *Agriculture and Industrialization: The Adjustments That Take Place As An Agricultural Country Is Industrialized*, Ⅱ, Cambridge, Mass: Harvard University Press, 1949; Bruce F. Johnston and John W. Mellor, "The Role of Agriculture in Economic Development", *The American Economic Review*, Vol. 51, No. 4, 1961, pp. 566-593.

규모로 이동되었다.

농촌에서 외출을 하고 주로 도시로 취업하는 노동력은 1997년 3,890만 명에서 2018년 1억7,300만명으로 증가하여 현재 도시 전체 고용의 1/3 이상을 차지하고 있다. 또한 1억명이 넘는 농촌노동력이 본지에서 비농직에 종사하고 있다. 그 지역에서 이동과 본 향진 떠난 농민 노동자를 합하면 2018년에는 2억8,800만명으로 달해서 비농산업 발전을 위한 막대한 노동력을 충족시키고 있다.

일찍이 계획경제시대에 비록 농업생산력 수준이 매우 낮았지만, 수억명의 농촌인구가 먹고사는 것을 실현하지 못했으나, 국가는 여전히 공업 및 농산물의 가격 차이와 농업세를 통해 농촌에서 도시로, 농업에서 산업으로 자본의 대규모 이동을 실현하였다. 경제학자들의 추계를 종합하면, 계획경제시기의 몇십 년 동안, 여러 경로로 국가들을 통해 농업으로부터 총 6,000억 - 8,000억 위안의 공업화 축적를 획득하였다[1].

개혁 이후 오랜시간동안에도 농업과 농촌자원이 비농업산업과 도시로 일방향이동하는 국면도 아직 반전되지 않았다. 어떤 학자들은 1980 - 2000년동안 2000년동안 2000년의 가격불변으로 농업에서 1조2,900억 위안의 잉여를 조달하여 산업발전을 위해 사용했다고 추정한다. 만약 도시와 농촌관계로 본다면 같은 기간동안 대략 2조3천억 위안의 자금이 농촌에서 도시부서로 유입된 것으로 추정한다[2].

유사하게, 농림어업제품은 상당한 시간 동안 수출총액의 중요한 몫을 차지한다. 예를 들어, 광물연료, 윤활유 및 관련원료를 제외한 일차 제품

---

[1] 차이팡: 〈민생경제학 - "삼농"과 고용문제의 해석〉, 사회과학문헌출판사2005년판, p. 78.

[2] Jikun Huang, Keijiro Otsuka, and Scott Rozelle, The Role of Agriculture in China's Development, Presented at the workshop "China's Transition: Origins, Mechanisms, and Consequences," Nov. 5-7, 2004, Pittsburgh.

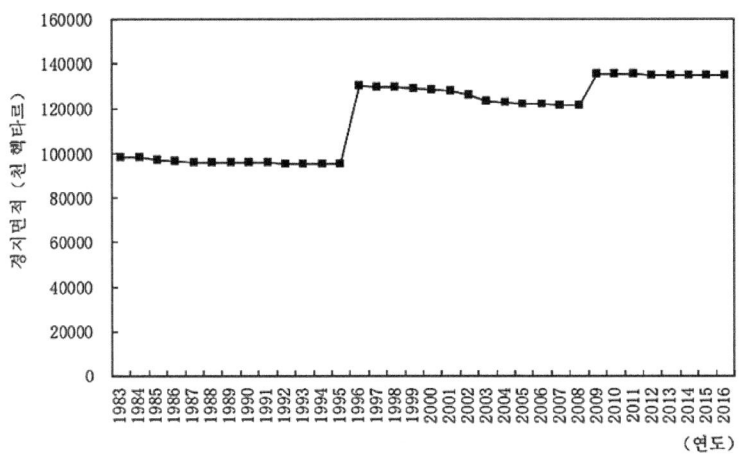

그림 6-4 전국 경작지 수 변화

출처: 글로벌 경제 데이터베이스CEIC사이트: http:// www.ceicdata.com , 다운로드 시간: 2018년 8월 1일.

(대체로 농산물로 간주할 수 있다)의 수출은 국가 전체 수출액의 비중을 1990년 이전까지 20% 이상 차지했다. 초기 외화부족 조건에서, 이 외환의 기여는 확실히 현저하다.

농업생산성 향상을 전제로 각지에서 경쟁적으로 공업화가 추진되면서 경지도 비농업산업으로 대거 전환되어 사용되고 있다. 전국의 경지면적의 변화를 직접 살펴보면 그 추세를 알 수 없을 것 같다. 통계수치로 볼 때, 2016년은 1983년에 비해 전국 경지면적이 3,656만 헥타르 증가하여 37.2%의 증가폭을 보이고 있다. 실제로 이는 통계오차 때문이다.

그림 6-4를 보면 제1차와 제2차 전국토지조사 결과 각각 1996년과 2009년에 경지 수치가 크게 뛰어오른 것으로 나타난다. 그러나 각 신구경의 수양에 기초하여 모두 경지 면적의 감소가 나타난다. 예를 들어, 1983-1995년 사이에 경지는 338만6,000헥타르가 감소하였고 연평균 0.29%가 감소하였고, 1996-2008년 사이에 경지는 832만3,000헥타르가

감소하였고 연평균 0.55%가 감소하였고, 2009-2016년 사이에 경지는 46만4,000헥타르가 감소하였고 연평균 0.05%가 감소하였다.

그러나 이와 같은 요소기여 중심의 귀납만으로는 농촌개혁이 경제 성장에 미치는 실질적인 기여를 정확히 인식할 수 없다. 한편으로는 그 요소기여가 여전히 발전정책에서 도시편향이나 공업편향을 대표하고 있으며 그 자체로도 개혁의 대상이 되고 있으며, 다른 한편으로는 농업분율 하락의 법칙이 발생과 다른 요소들의 역할에 따라 이러한 기여가 점차 미미해지고 소멸되기 마련이기 때문에 농업과 농촌이 경제 발전에 현저한 기여를 하지 못하는 것 같다.

우선, 잉여 노동력의 이동의 결과로 농업 노동력의 수가 대폭 감소하였고, 그 비중이 현저히 감소하였다. 수년 동안 농촌 신 성장 노동력의 절대다수가 외출하여 사업에 종사를 선택했기 때문에, 농사를 짓는 노동력도 고령화가 되었다. 그리고 인구 전환의 결과로 농촌 신 성장 노동력의 수도 감소하기 시작하였다. 예를 들어 농촌의 16-19세 인구는 2014년에 정점을 찍은 후 마이너스 성장을 보이고 있다. 인구 전환 추세는 돌이킬 수 없기 때문에, 미래 농업이 경제 성장에 기여하는 노동력이 점차 약화되고 사라질 것이다.

둘째, 공업과 농산품 간의 사실상 평등한 교환이 이루어져야 하기 때문에 농업에 대한 보호성향이 뚜렷해지고, 게다가 농업의 증가치가 국민경제에서 점점 작아지고, 농업의 경제 성장에 대한 자본 기여도 사라지게 된다. 2006년 농업세를 전면 철폐하는 것을 표적으로, 정부가 농업, 농촌, 농민에 대해 '더 많이 주고 덜 취한다' 혹은 '도시가 농촌을 지원하고, 공업은 농업을 반포한다'는 정책을 시행하는 것이 일상화되었다. 동시에, 농림어업제품의 수출도 이미 미미하여 농업의 외화 기여는 더 이상 특기할 만한 현상이 아니다.

셋째, 식량안보를 위한 강력한 조치로 중앙정부가 가장 엄격한 경지보호정책을 실시하여 경지와 기본농지의 '붉은 선'을 그어놓았는데, 적어도 외연상 '농지를 비농지로 바꾸'는 공간이 매우 제한되어 농업이 경제 성장에 기여하는 토지기여는 더 이상 바람직하지 않다. 그림 6-4에서 보듯이 2009년 이후 경작지 감소폭은 이전에 비해 현저히 줄어들었다.

발전경제학 문헌에서 루이스와 같은 경제학자들은 농업이 경제 발전에 (자본과 노동) 요소기여하는 동시에 경제 구조의 변화를 가져오는 것이 중요하다는 점을 강조하기도 했다. 그리고 쿠즈네츠는 이러한 구조 변화 현상의 이면에 노동 생산성이 그만큼 높아지는 본질을 보았다. 그래서 아오키는 농업 노동력의 이동과 상대적 몫 감소에 따른 산업 구조의 변화를 쿠즈네츠 과정이라고 불렀다[1].

이러한 구조변화의 근본적인 특징은 농업(생산액과 고용) 몫의 장기적인 감소추세이다. 중국의 개혁개방이 발전과 나눔을 촉진하는 모든 과정에서 농업분 감소라는 발전현상이 항상 수반된다. 예를 들어 그림 6-5에서 3개 산업의 경제 성장 기여율 증가와 감소추세를 볼 수 있다. 이론적 전망에 부합하고 경험적으로 명백히 보이는 것은 2000년대 들어 농업 증가치가 GDP 성장에 기여율 모두 5% 이하라는 것이다.

비록 농업 생산량의 비중이 감소하는데 크게 뒤떨어졌지만, 농업 노동력의 비중은 여전히 현저하다. 중국 국가통계국에 따르면 농업 노동력의 비중은 1978년 70.5%에서 2018년 27.0%로 감소했다. 그러나 저자의 예상에 의하면, 현재 농업 노동력의 비중은 공식 수치보다 10% 정도 더 낮아질 가능성이 높다[2].

---

[1] Masahiko Aoki, The five Phases of Economic Development and Institutional Evolution in China, Japan, and Korea, in Masahiko Aoki, Timur Kuran, and Gérard Roland(eds.), *Institutions and Comparative Economic Development*, Basingstoke: Palgrave Macmillan, 2012, pp. 13-47.

[2] Fang Cai, *China's Economic Growth Prospects: From Demographic Dividend To*

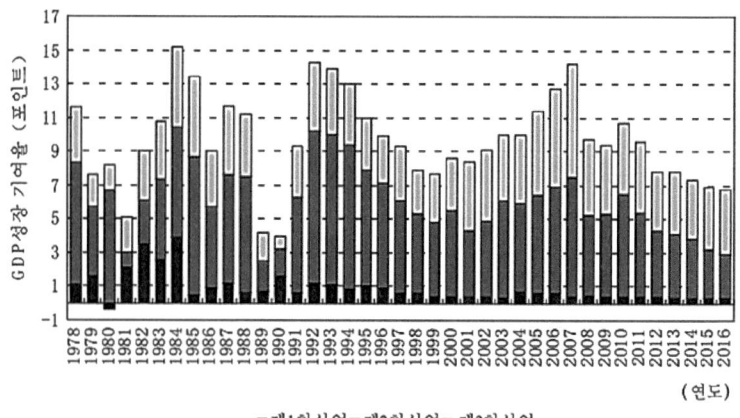

그림 6-5 GDP에 대한 세 산업의 기여율 변화

자료출처: 국가통계국 홈페이지: http://data.stats.gov.cn/easyquery.htm?cn=C01, 다운로드 시간: 2018년 7월 21일.

또한, 개혁개방과 발전 공유는 인과관계를 갖는 두 과정으로서, 서로 조건부, 상호 촉진적 관계를 가지고 있다. 즉, 한편으로는 노동력을 저생산성 부문에서 퇴출시켜 도시와 농촌 간, 지역 간, 산업 간 이동을 촉진시키고, 나아가 도시 고생산성 부문으로의 진입에 대한 제도적 장벽을 제거하며, 농업의 몫을 감소시키는 과정을 진정한 쿠즈네츠 과정으로 만드는 것이다. 그중에서도 농촌이나 농업개혁의 일련의 조치는 농업과 농촌으로부터 잉여노동자의 '퇴출'을 허용하고 촉진하는 역할을 한다. 다른 한편으로는 농업 몫이 하락과정에 의한 고용확대와 생산성향상이 통합되어 개혁개방으로 인한 고속성장은 물론 그 발전결과를 충분히 공유하게 된다.

사람들은 흔히 농촌개혁의 초기에 농업생산액이나 증가치가 비교적

Reform Dividend, Cheltenham, UK: Edward Elgar, 2016.

그림 6-6 산업별 부가가치 증가 추세

자료출처: 국가통계국 홈페이지: http://data.stats.gov.cn/easyquery.htm?cn=C01.

빠르게 증가하여 국민경제에서 차지하는 비중이 높아졌다고 생각한다. 사실 이것은 단지 농산물의 가격인상 요인으로 인한 표면적인 현상일 뿐이다. 만약 가격요인의 영향을 제외한다면, 실제로 농업생산액의 비중이 높아지는 현상은 나타나지 않는다. 이것은 거의 개혁초반부터 농업 몫이 감소하는 추세가 곧 나타날 것이다. 또한 이 농업 몫이 하락하는 과정은 동시에 자원 재배치의 과정이기도 한다.

우리는 그림 6-6에서 재배업, 임목어업, 제2차 산업과 제3차 산업의 연평균 증가율을 보여주고 있으며, 3년 이동 평균 증가율을 매끈하게 나타낸다. 그 중 재배업과 임목어업 증가치는 농업 생산액 중 2종 부문의 몫을 가중치로 하며, 제1차 산업 증가치에 근거한 근사 지표이다. 그림과 같이 1970년대 말부터 1980년대 초까지 가정도급책임제가 급속히 추진되는 과정에서 농업 증가치가 비교적 빠르게 증가했지만, 제2차 산업과 제3차 산업의 증가 속도를 넘어서지는 않았다. 그림에서 보여지는 몇 가지

산업의 성장 속도를 비교하는 것에서 일부 의미 있는 특징을 볼 수 있는데, 우리는 이를 요약하면 다음과 같다.

첫째, 재배업은 최초 감속 부문인데, 임목어업은 가속성장 후 1차 증가속도가 감소하면 재배업보다 늦어져서 처음 최저점까지 2년이나 지체된, 즉 재배업 증가속도의 첫 바닥이 1985년에 나타났고, 임목어업은 1987년에 발생하였다. 이는 비농업 일자리가 창출되기 전에 임목어업이 재배업의 잉여 노동력을 흡수하는 역할을 한다는 것을 보여준다. 이는 농촌의 비농산업 일자리가 증가함에 따라 1985년부터 농촌에서 농림어업에 종사하는 노동력의 비중이 현저히 감소하기 시작하여 비농산업에 종사하는 노동력의 수가 크게 증가하였다. 이 기간은 마침 향진 기업 발전의 정점이었다.

중국 국가통계국 자료에 따르면 1978년 농촌사회 총생산액에서 향진 기업의 생산액이 차지하는 비중은 1/4 미만이었고 최근 10년간의 급속한 발전을 거쳐 1987년에는 처음으로 농업 총생산액을 초과하여 농촌사회 총생산액의 비중이 52.4%에 달했다[1]. 또 1980-1985년과 1985-1990년 사이 명의성장구경계는 향진기업 산업생산액이 각각 2.59배, 2.31배 증가한 반면 이 두 시기 국유 기업 산업총생산액은 각각 60.95%, 1.07배 증가하는 데 그쳤다고 밝혔다[2]. 1993년까지 전체 사회 산업 총 생산량에서 향진 기업의 비율은 국유 기업을 약간 초과했다. 그 후 소유제는 더욱 다양해지고 비공유 경제는 더욱 확대되었다.

둘째, 농업에서의 임목어업 변화 추세는 재배업과는 달리 2차, 3차 산

---

[1] 중국 국가통계국:《신중국 50년 시리즈 분석보고서의 6-향진기업 이군돌기》, 1999년, 국가통계국 홈페이지: http://www.stats.gov.cn/ztjc/ztfx/xzg50nxlfxbg/200206/t20020605_35964.html.

[2] 차이팡:〈민생경제학 - "삼농"과 고용문제의 해석〉, 사회과학문헌출판사2005년판, p. 108.

업의 증가 속도의 변화와 일치하여, 농업의 몫이 감소함과 동시에 식량과 재배업에 기울어진 자원배치 구조를 기점으로 농업 내부에서도 산업구조 조정을 겪게 되었다. 2003년 이후 중국 경제는 루이스의 전환점을 넘었으며, 노동집약도가 높은 임목어업은 심각한 노동력 부족에 직면하여 생산액 증가율이 크게 감소하였고 연간 성장률은 다시 재배업과 동일하였다.

셋째, 농업 몫이 하락을 기본특징으로 하는 산업구조 조정도 시작되었고, 제2차 산업과 제3차 산업 부가가치의 증가속도는 제1차 산업보다 빨랐다. 특히 1992년 등소평 남방담화 이후, 비농업 산업의 성장속도는 계속 높아졌고, 제1차 산업을 크게 뒷전으로 밀어냈다. 이는 세 산업 생산액의 상대적인 증가 추세에서도 나타나고, 세 산업 고용의 상대적인 변화 추세에서도 나타난다. 그 결과 농업 생산액과 고용이 지속적으로 감소하고 있다.

이 산업구조의 변화는 쿠즈네츠 과정으로서 자원 재배치 효율을 현저히 발생시켰고 개혁개방기의 노동생산성 향상에 크게 기여했으며, 그리고 이 자원 재배치의 효과는 지금까지 미미한 경향을 나타내지 않았다. 우리는 제8장에서 이 문제를 더 논의할 것이다.

5. 규모 경제의 회귀

중국농업의 귀결이 어디에 있는지는 피할 수 없는 문제이다. 많은 선진 농업대국들은 토지의 풍부한 자원소질의 우위를 가지고 있으며 대규모, 고도의 기계화된 현대화 농업을 형성하고 있다. 그러나 중국의 자원소질의 유사성, 예를 들면 일본, 한국, 중국대만과 같은 동아시아 경제체들은 대부분 농업보호주의 정책을 채택하고 가격 메커니즘의 작용에 제약을 받고 있으며, 농업규모는 상대적으로 협소하다. 비록 물적 장비수준에서 농업현대화를 실현했다고 볼 수 있지만 농업 경쟁력은 결국 향상되기 어렵다.

중국이라는 인구대국에서 1인당 경작지가 세계 평균보다 현저히 낮은 상황에서 농업현대화의 길은 과연 어떻게 가야 하는가 하는 매우 특수한 문제이다. 일반적인 법칙에 따르면 농업노동생산성 향상은 현대화의 근본표지이다. 그러나 토지 경영규모는 농업노동생산성이 더욱 향상되는 장애가 된다. 농업 경영규모라는 실천에서 떠나지 않고 이론적으로 논쟁이 끊이지 않는 문제는 회피할 수 있는가?

중국의 농업경제문제 토론에서, 두 이론의 전통은 매우 유행하고 있으며, 하나는 슐츠를 이론적 연원으로 하는 농업에서 규모의 경제가 특수성을 갖는다는 견해와, 다른 하나는 이론과 정책계에서 일반적으로 받아들이는 농업이 산업적 약질성을 갖는다는 견해이다. 비록 중국 농업경제에 존재하는 문제들이 얼마나 이 두 가지 이론인식에 영향을 받고 있는지는 그 자체로도 깊이 토론할만한 문제이지만, 다음의 토론은 이 두 가지 인식이 중국 농업정책방향의 이론논의와 실제조정에 있어 지금까지 불리한 영향을 미치고 있음을 시사한다.

(1) 농업 생산 요소 '가짜 불가분성'의 신화

슐츠Theodore W. Schultz는 트랙터를 예로 들며 규모의 경제가 존재하는 근거인 생산요소의 불가분성이 농업에는 존재하지 않는다는 이른바 '가짜 불가분성'을 증명했다[1]. 그는 트랙터를 토지 경작면적에 따라 규격과 모델별로 제작할 수 있어 매우 크기도 하고 작기도 할 수 있다고 지적했다. 더

---

[1] Theodore W. Schultz, *Transforming Traditional Agriculture*, Chicago and London: University of Chicago Press, 1983, pp. 110-127.

나아가 트랙터에서 유도된 '가짜 불가분성'을 사실상 다른 생산요소로 확장했는데 예를 들어 겸업이라는 농업노동력 배치 방식이 노동자를 '가분성'으로 만들 수 있다고 생각했다.

물론 농장규모가 전통농업이나 현대농업의 기본적인 경제적 특성을 결정하는 것이 아니라는 그의 견해는 옳고, 노동력이 상대적으로 가격이 낮거나 높은 경우에는 소형 또는 대형 트랙터를 사용하는 것이 합리적이지만, 전반적으로 그는 농업에서 규모의 경제적 특수성을 지나치게 일반화하여 더 나아가 절대화시켰다는 점을 인정하였다.

이러한 논증은 농업에서 규모의 경제가 결코 뛰어나지 않다는 이론에 착안하여 1980년대 초 중국 농업에서 가정도급책임제(즉, 대규모 생산대 경영을 사소한 가정경영으로 분해하는 것)를 실시했을 때 개혁의 합법성을 배서하는 데 사용되었으며, 당시 중국 농업이 처한 발전단계에서도 이 설은 상당히 중요하고 강력한 이론적 근거를 제공하였다. 그러나 시간이 흐르고 상황이 변해 중국 농업에서 각각 식품 공급 문제와 농민 소득 문제 해결을 위한 단계적 과제를 수행한 후 너무 작은 경영 규모는 농기계 사용에 방해가 될 것이 틀림없다.

우리는 소규모 농업경영이 어떻게 거래비용을 상승시켜 규모의 경제적 손실을 초래하는가를 볼 수 있는 현실의 농업경영 사례를 살펴본다. 비록 표면적으로는 농업기계의 상업성이나 협력적인 서비스, 즉 농민들이 농기계를 직접 구입하지 않고 농업기계 서비스 회사나 농업기계 협동조합의 사회화된 서비스를 구입하여 농업기계의 '가짜 불가분성'의 가설을 계속 유지할 수 있고,[1] 그러나, 농업 경영에서 생산 비용과 거래 비용을 결합시켜 보면, 농업 경영 규모가 농업 생산성 향상에 현실적인 제약

---

[1] 중국 농민들이 전문 기계화 서비스 구매를 크게 늘리는 현상은 대형 트랙터와 그 보조 농기구가 더 이상 중요하지 않은 것이 아니라 현 단계에서 농업 생산에 필수적인 투입 요소가 되었음을 보여준다.

이 되고 있음을 알 수 있다.

첫째, 농업 생산 요소의 가짜 불가분성에 대한 하나의 견해는 소규모 농가가 농기계를 소유하지 않고 사회적인 농기계 서비스를 구매할 수 있다는 것이다. 그러나 좁은 농가 평균 규모 및 토지 구획 분포의 분산성은 대규모 농기계 서비스의 사용을 제한한다. 이론적으로는 인접 구획 도급농가 간의 협업으로 농기계 서비스의 규모 문제를 해결할 수 있다고 하지만, 가정 단위의 토지 도급과 운영으로 농가의 재배작물 및 품종이 천차만별일 수 있고, 한 도급농가와 인접 구획 도급농가 간의 협상 난도가 매우 높을 수밖에 없으며, 이는 농기계 서비스 구매에 따른 거래비용을 현저히 높일 수밖에 없다.

둘째, 농민들이 산전, 산중, 산후에 생산수단과 관련 서비스를 구입하는 활동도 규모의 경제가 존재한다. 이러한 규모의 경제를 이용하는 것은 흥정, 정보수집, 평가결과, 그에 따른 거래비용을 지불하기 위한 능력과 인센티브가 필요하며, 토지 면적은 운영규모의 협소함과 잔인함으로, 필연적으로 거래비용을 상승시켜 인센티브가 감소한다. 예를 들어, 농민들은 종자 시장에서 종종 수많은 선택지들에 직면하고 있으며, 질 나쁜 것, 심지어 가짜 종자의 속임수에 직면하고 있으며, 충분한 경영규모가 없다면, 그들이 원하는 시간과 정력, 재력을 들여 효과적인 선별과 선택을 할 수 있으리라고는 상상하기 어렵다.

마지막으로 정치경제학에서 소농협상의 지위가 약하다는 '수량역설'이 시사하는 바와 같이[1], 협소한 경영규모로는 기술변화의 효과적인 유인장치를 형성하기 어렵다. 생산요소들이 상대적으로 희소성이나 시장수요는 항상 시간과 지역에 따라 달라진다. 대규모 경영의 조건 하에서 이러한

---

[1] 이 이론은 농민들이 이익 집단으로서 많은 수를 가지고 있지만 이러한 '양적' 특성과 관련된 일련의 요인으로 인해 의사 소통과 집단 행동을 형성하기 어렵다는 것을 지적한다. [미] 올슨 〈집단행동의 논리〉, 상해인민출판사1995년판.

변화는 생산요소의 상대적인 가격변화를 통해 또는 생산경영비용의 변화를 통해 유도신호를 형성하며, 희소요소를 절약하거나 시장의 요구에 부합하는 방향으로 기술을 변화시킬 수 있다. 그러나 생산자가 시장신호에 효과적으로 반응하는 것은 협소한 경영규모에서 어렵다. 예를 들어 세금을 인상하는 방법은 농약 사용을 줄일 수 있지만 이에 따라 농업생산비를 높일 수 있다. 대농장에서는 등화유충과 같은 집중적인 퇴치를 취할 수 있지만 한집 한집의 소농가에서는 해충을 누구의 땅으로 유도하는 것과 같은 문제에 대해 합의하기 어려워서 대체 기술 채택을 방해하는 셈이다.

(2) '농업 약세 산업론'에 대한 논의

오랫동안 중국의 농업 경제학자들은 대부분 농업이라는 산업의 '약질성'을 변명하지 않는 전제 및 농업에 대한 보호의 근거로 삼았지만, 그것에 대한 경험적인 검증은 거의 없었다. 대체로 사람들은 세 가지 방면의 이유를 제시했다[1]. 첫째, 농업은 자연재생산과 경제재생산이 교차하는 과정으로 노동력이 생산기간 동안 충분히 활용되지 못한다. 둘째, 농업은 더욱 강력한 자연요인의 영향을 받아 생산결과의 불확실성을 형성한다. 셋째, 한편으로는 농산물의 공급은 어느 정도 '거미줄 효과'가 있다. 다른 한편으로는, 일정 단계에 접어들면 농산물 수요의 소득탄력성이 1보다 작아, 모두 생산자의 수입에 안정적인 보장이 결여되어 있다.

위에 세 가지 이유는 통념의 다시 문제 삼는 것에 불과하여 현대 금융보험 제도와 더 높은 상품 시장 형태 아래 필요한 정부 조정 기능을 더하면 적어도 이 세 가지 측면은 농업 산업의 '약질성'에 대한 강력한 논거가 되기 어렵다는 것이 명백하다.

보다 설득력 있는 논의는 농업의 약질적인 보편성에 초점을 둔 것이

---

[1] 고범 〈중국 농업 약질의 근거, 의미 및 변화 경로〉, 〈원난사회과학〉 2006년 3호.

아니라, 전통적인 농업 유형의 국가, 특히 사람-토지의 비율이 높은 특징을 가진 국가와 토지 소질이 뛰어난 신대륙 국가를 비교하여 농업 비교우위론을 정적인 이유로 제시하였고, 그리고 동적인 이유인 농업 노동력 비중론을 두 논거가 결합하여 어느 정도 중국 농업 특수론을 형성하였다[1].

이러한 관점에 따르면, 첫째, 농업자원의 소질은 미국, 오스트레일리아와 같은 국가와 경쟁할 수 없으며, 둘째, 너무 거대한 농업노동력의 규모를 한꺼번에 배치하기 어렵기 때문에, 일반적인 경영규모 확대의 길이 통하지 않는 것처럼 보이며, 여전히 농업에 대한 보조와 보호를 위해 국제규칙을 이용해야 한다.

국제 경제학계의 농업보호에 관한 경험 연구, 이러한 중국 농업 특수론에 대한 지지와 부정도 있다. 예를 들어, 마사요시·혼마Masayoshi Honma와 속수Yujiro Hayami의 계량분석에 따르면[2] 한 나라 농업의 비교우위가 낮을수록 그 나라 농업의 보호수준이 높아지는 것이고, 동시에 농업분율 감소는 비농업인구가 농업에 보조할 수 있는 능력과 의지의 향상을 의미하기 때문에 농업노동력 비중이나 생산액 비중이 낮아짐에 따라 농업보호수준이 향상된다.

그러나 결국 농업보호로 인한 효율손실은 엄연한 사실이기 때문에 농업보호수준이 무조건 높아지지는 않는다. 경험에 의하면 농업노동력 비중이 6~8%로 떨어지거나 농업생산액 비중이 4%대로 떨어졌을 때 변곡점이 생겨 농업보호수준의 상승이 멈춘다. 농업에 대한 보조금이나

---

1 진석문〈중국 농업 발전의 초점〉,〈농업 기계 과학 기술 보급〉2015년 제7기.

2 Masayoshi Honma and Yujiro Hayami, "The Determinants of Agricultural Protection Levels: An Econometric Analysis", in Kym Anderson and Yujiro Hayami, *The Political Economy of Agricultural Protection*, Chapter 4, Sydney: Allen & Unwin, 1986.

'반포'는 특정 발전단계상의 현상이고, '농업약세산업론'은 단계적 한계를 허물고 보조금과 보호를 고착화하거나 영원화하는 경향이 있다는 의미다.

예를 들어 속수의 구분에 따라 일본 농업도 식품문제 단계와 빈곤문제 단계를 거쳤지만 이후 논리에 따라 농업생산방식의 문제 단계로 가지 않고 갈림길의 반대편인 농업보호정책으로 방향을 틀었다[1]. 농업분율 감소의 임계점에 도달한 후에도 일본 농업은 보호의 방향을 따라가고 있다. 속수 일련의 연구들은 농업보호에 따른 능률대가와 복리후생 대가에서 시작하여 일본과 같은 경제국들의 농업을 효율성 향상을 위한 조정문제로 유도하고 싶어한다. 농업 비교우위가 부족하다고 여겨졌던 많은 국가들은 결국 보다 효율적이고 경쟁력 있는 농업생산방식을 확실히 구축하게 된다.

비교우위가 부족한 나라에서 어떻게 농업을 발전시킬 수 있는가는 단순한 산업정책문제일 뿐만 아니라 사회, 민생, 식량안보 등의 문제에 관한 것이다. 그러나 현대화된 농업생산방식은 결국 상술한 문제들을 포괄적으로 해결하는 근간이다. 특히 농업을 약질산업으로 보호할지는 결국 농민들의 기대와 정부의 여망에 달려있지 않고 국제 농산물 가격 천장, 국내 농산물 생산원가 마루, 세계무역 기구 규칙 노랑선, 토지 자원 붉은 선 등 사람의 의지로 전이되지 않는 일련의 요소들에 제약을 받고 있다. 나를 위해 사용할 수 있는 모든 해결책을 모색하면서 농업경영의 규모를 확대하고 자본보수 체감을 억제하는 것은 피할 수 없는 길임에 틀림없다.

---

[1] Yujiro Hayami, *Japanese Agriculture under Siege: The Political Economy of Agricultural Policies*, New York: St. Martin's Press, 1988.

(3) 중국 농업 경영 규모 현황

1980년대 중반 이후부터 가정도급책임제 개혁의 결과, 농가는 중국 농업의 기본 경영단위가 되었고, 원래 생산대에 의해 일괄적으로 경작되던 토지는 농가 구성원 수와 노동력 수의 일정 비율에 따라, 그리고 좋은 토지와 나쁜 토지를 매칭하는 원칙에 따라 각 농가에 분배되었다. 이러한 개혁 성과를 공고히 하기 위해, 국가는 가정 경영을 농업기본 경영제도로 확정하고, 도급 기간을 30년으로 연장하였다.

그 토지는 아주 좁은 규모로 형성되었을 뿐만 아니라, 집집마다 토지가 분산되어 있는 경우가 많다. 이 토지의 분할도 도로, 논두렁, 도랑 등의 과다로 인해 농경지 이용률이 떨어졌다. 그리고 노동력 부족에 따른 토지 집중의 내재적 요구도 현행 호적제도로 인해 농민들의 영주권 변경이 어려워지므로 토지 운영의 규모가 실질적으로 커지기 어렵고, 가정와 토지의 분리는 말할 것도 없고, 충분한 유동과 집중할 수 없기 때문에 토지 방치나 조방 경작을 초래한다.

미국의 작가 소로는 〈발덴 호수〉에 자급자족하는 농업 생산 방식을 묘사하여, 한 사람이 간단하게 살려면 자기가 수확한 곡식만 먹는다면, 그는 단지 몇 제곱대(제곱대 당 약 $25.3 m^2$)의 땅을 경작하기만 하면 충분하고, 삽으로 소로 가는 것보다 훨씬 싸고……표 6-1에서와 같이 중국 농가의 평균 토지 규모는 구미 선진국, 동유럽 국가, 라틴아메리카, 아프리카 국가뿐만 아니라 아시아 인접 국가보다도 현저히 작다. 중국의 농가마다 토지가 여러 곳에 분산되어 있기 때문에 농가당 평균 5, 6필지, 그 이상의 토지가 분산되어 있어[1] 소로가 묘사하고 있는 상황과 거의 차이가 없다.

---

[1] Liangliang Gao, Jikun Huang, and Scott Rozelle, " Rental Markets for Cultivated Land and Agricultural Investments in China", *Agricultural Economic*, No. 43, 2012, pp. 391-403.

표 6-1 평균농장(호)규모의 국제비교

	인구 조사 연도	평균규모(헥타르)	중국상당(%)
중국	1997	0.67	100.0
남아시아:			
파키스탄	2000	3.09	21.8
인도	2000/2001	1.33	50.6
선진국:			
일본	2000	1.20	56.2
프랑스	1999/2000	45.04	1.5
미국	2002	178.35	0.4
영국	1999/2000	70.86	0.9
아프리카:			
나미비아	1996/1997	2.89	23.3
우간다	2002	3.25	20.7
동유럽:			
헝가리	2000	6.67	10.1
루마니아	2002	2.93	23.0
라틴 아메리카:			
니카라과	2000/2001	31.34	2.1
브라질	1996	72.76	0.9

자료출처: Food and Agriculture Organization of the United Nations, 2000 World Census of Agriculture: Main Results and Metadata by Country (1996-2005), Food and Agriculture Organization of the United Nations, Rome, 2010.

지적할 점은 표 6-1의 중국농가 토지규모는 1997년 제1차 농업센서스 결과이다. 중국이 2006년 제2차 농업센서스를 실시했지만 비교가능성이 있는 정보가 없어 농가 평균 토지규모에 대한 수치를 얻을 수 없었기 때문에 표에서 1차 농업센서스 자료만을 제공하여 비교가 용이하다는 것이다. 1차 농업센서스 이후 정부의 노력으로 토지유전이 추진되었으며, 상황은 아마 비교적 큰 변화가 생겼을 예상할 수 있다.

예를 들어 진석문이 제공한 숫자에 따르면 최근 몇 년간 토지 도급권과 경영권 분리 등 인센티브 정책을 통해 토지의 유전을 촉진시켰다. 13억 묘가 넘는 도급지 가운데 현재 3억8,000만 묘가 유전을 이루고 있으며 9억4000만 묘가 유전을 하지 않고 있으며, 유전을 하는 부분이 약 28%에 달한다. 농가별로는 약 1억 7천만 농가가 아직 토지를 유전하지 않고 있으며, 6,000만 농가의 일부 또는 전체 토지만이 유전되어 26%의 비중을 차지하고 있다[1]. 또한 시기별 표본조사를 포함하는 바에 의하면 농가 자기도급토지 경작 대비 전입토지의 비율은 1996년 97:3에서 2008년 81:19로 변경되었다[2]. 전입지의 더 큰 비율을 농사짓는다는 것은 토지가 집중되는 추세이고 경영 규모가 확대되었다는 것을 의미한다.

그러나 일부 연구에서 농가경영규모 확대를 뒷받침하지 않는 결론도 있다. 예를 들어 중국 농촌토지를 조사한 결과 강소성, 사천성, 산시성, 지린성, 허베이성 등의 농가 샘플을 채택했는데, 5성 전체 샘플의 평균수준을 보면 농가경영규모가 2007년 0.59헥타르에서 2013년 0.62헥타르로

---

[1] 요원, 한묘: 〈진석문 토지유전담: 함부로 나누어 먹는 것을 피하고 농민들이 스스로 선택할 수 있도록 한다〉, 2015년, 신화망, http://news.xinhuanet.com/fortune/2015-03/06/c_1114552132.htm.

[2] Liangliang Gao, Jikun Huang, and Scott Rozelle, "Rental Markets for Cultivated Land and Agricultural Investments in China", *Agricultural Economic*, No. 43, 2012, pp. 391-403.

규모가 작으면서도 아주 작은 증가폭에 그쳤다[1]. 이 조사를 실시한 연구자들은 이 데이터는 전국 대표성을 가지고 있다고 주장하요, 그 수치가 신뢰도에 관계없이 농가의 평균 경영 규모가 1997년 전국 농업 센서스 수준보다 작다고 주장하였다.

세계은행의 한 연구에서 경작지 보유규모가 2헥타르 이하인 농가를 소토지 보유자로[2] 정의한다면 0.6헥타르 정도밖에 되지 않는 농가를 극소토지 보유자라고 할 수 있을 것이다. 국제기준상 중국농업의 토지규모와 이로 인한 농업경영규모가 매우 협소하다는 것은 의심할 여지가 없는 사실이다. 이러한 상황은 농가의 농업생산성 향상을 미시적으로 저해하고 전체적으로 중국농업생산방식 현대화에 장애가 되고 있다.

(4) 농업 발전 단계에 대한 실증 검증

일부 연구자들은 농업생산함수를 추정하여 중국의 농업발전단계에서 일어나는 변화를 실증적으로 부각시키려고 시도한다. 그러나 계량모델에 사용되는 농업노동력 투입수치는 실제상황과 상당히 동떨어져 있기 때문에 종종 변화의 정도를 과소평가하여 농업발전단계에 대한 판단이 정확하지 못하기 때문에 그 결론은 중국 경제가 직면한 심각한 문제와 새로운 도전을 은폐하는 경향이 있다[3].

---

[1] Xianqing Ji, Scott Rozelle, Jikun Huang, Linxiu Zhang, and Tonglong Zhang, "Are China's Farms Growing?", *China & World Economy*, Vol. 24, No. 1, 2016, pp. 41-62.

[2] 인용자: Xianqing Ji, Scott Rozelle, Jikun Huang, Linxiu Zhang, and Tonglong Zhang, "Are China's Farms Growing?", *China & World Economy*, Vol. 24, No. 1, 2016, pp. 41-62.

[3] 예를 들어 난량진과 마힌신은 공식 통계에 발표된 농업 노동력 수의 추정 농업 생산 함수를 사용하여 중국이 아직 루이스 전환점에 도달하지 않았다는 결론을 내렸다. Ryoshi Minami and Xinxin Ma, "The Turning Point of Chinese Economy: Compared with Japanese Experience", *Asian Economics*, Vol. 50, No. 12, 2009, pp.

전국 농산물원가수익 조사에서 물적, 서비스비용 및 사용수량은 실제 투입되는 데이터를 반영하기 때문에, 차이팡과 왕미연은 이러한 데이터를 이용하여 계량분석하여 이전의 추정상의 문제를 해결하고 그에 따른 오판을 방지하려고 시도하였다[1]. 메벼, 옥수수, 밀의 세 가지 식량 작물로 대표되며, 중국 농업 생산 함수를 추정하며, 추정 결과에 따라 세 가지 작물의 자본과 노동 한계 생산력(표 6-2)을 계산하여, 여기서 몇 가지 결론을 얻을 수 있다.

표 6-2 자본과 노동의 한계생산력(킬로그램)

	1978-1984년	1978-1990년	1991-2006년	2007-2013년
메벼				
자본 한계 생산력	9.461	8.422	6.732	6.186
노동 한계 생산력	-1.369	0.219	4.306	11.261
옥수수				
자본 한계 생산력	10.177	9.351	8.273	6.672
노동 한계 생산력	0.589	2.378	6.005	19.206
밀				
자본 한계 생산력	6.537	6.126	5.624	4.983
노동 한계 생산력	-0.366	0.361	2.322	20.070

2-20. 농업 노동력의 양적 변화를 이해하지 못하고 유사한 결론에 도달하는 많은 관찰자가 있다. 이를 고려하여 차이팡은 농업에서 노동력 사용의 실제 상황을 소개하고 논의하고 기존 연구와 결합하여 재평가했다. Fang Cai, *China's Economic Growth Prospects: From Demographic Dividend To Reform Dividend*, UK, USA: Edward Elgar Publishing Limited, 2016.

1 차이팡, 왕미연: 〈가난한 경제에서 규모의 경제로-발전 단계의 변화가 중국 농업에 던지는 도전〉, 〈경제연구〉2016년판 제5기.

자료출처: 차이팡, 왕미연: 〈가난한 경제에서 규모의 경제로-발전 단계의 변화가 중국 농업에 던지는 도전〉, 〈경제연구〉2016년판 제5기.

우선 1984년 개혁효과가 나타나기 전까지 중국 농업은 식품문제 해결 단계에서 전형적인 이원적 경제특징을 보였고 노동으로 표현된 한계생산력은 매우 낮았으며 1978-1984년 메벼와 밀의 노동 한계생산력은 모두 마이너스였고 옥수수의 한계노동생산력도 0에 가까울 정도로 낮아 루이스의 '제로노동' 가설에 부합했다. 현대적인 생산 요소가 결여된 저급한 발전 단계에 대응하여 자본의 한계 생산성이 높은 것도 이론적 예상에 부합한다.

둘째, 1978년~1990년을 기점으로 세 가지 식량작물 모두 자본의 한계 생산력 체감 추세와 노동의 한계생산력 증가 추세가 뚜렷하다. 특히 2007년-2013년 사이, 메벼의 자본 한계 생산력은 27% 감소하였고 같은 기간 옥수수와 밀의 자본 한계 생산력은 각각 29%와 19% 감소하였다. 이에 대비하여, 메벼의 노동 한계 생산력은 같은 기간 50배 증가하였고, 옥수수와 밀의 노동 한계 생산력은 각각 7배와 55배 증가하였다. 세 가지 식량 작물의 노동 한계 생산력의 증가폭은 자본 한계 생산력의 감소폭보다 훨씬 크다.

마지막으로, 우리는 루이스의 전환점을 맞이한 이후 중국 농업의 자본 한계 생산력이 계속 감소 추세를 보이고 있는 것을 관찰할 수 있으며, 따라서 생산요소의 상대적으로 희소성으로 인해 상대적으로 가격이 변화하는 조건에서 농업경영의 규모가 협소한 것이 하나의 제약요소가 되어 자본보수체감과 투자수익률의 하락을 초래하고 있음을 설명할 수 있다. 슐츠의 이론과 정책적 의미에 따르면, 전통 농업을 개조하는 키 포인트는 현대화된 생산 요소를 도입하는 것이지만, 이러한 새로운 생산 요소는 결국 효율적인 배치가 가능한 임계 최소 경영 규모를 필요로 한다.

6. 맺음말

과거 70년 동안 인민공사 실험의 실패와 농촌 경제 개혁의 성공에 수반하여, 중국은 굴곡 속에서 일반 경제 발전의 주요 단계를 거쳤으며, 이미 이원 경제 발전의 전 과정을 점점 완전하게 연기하는 동시에 합리적인 경제 체제와 메커니즘을 검증하고 생산 동력, 노동 인센티브, 규모의 경제 이용 및 자원 배치에 대한 불가결한 역할을 수행하게 되었다.

중국 농업의 현황은 여전히 소규모 농가가 경영하고 있다. 이러한 생산 방식은 개혁개방 이전과 같은 내권화 농업의 단순한 재현은 아니지만, 현대화 농업과는 아직 상당한 차이가 있다. 한 가지 측면에서 보면, 노동력의 자유로운 이동과 농업의 극히 낮은 비교수익으로 농업은 집약적 내권화의 방식으로 생산성을 향상시키기를 기대할 수 없다. 또 다른 측면에서 볼 때, 현행 토지제도와 호적제도는 여전히 토지유전을 저해하고 있어 생산적인 경영자에게 집중시킬 수 없어서 규모의 경제를 최대한 활용하기 위해서다. 농업이라는 안정된 균형상태를 타파하고, 경영규모를 중심으로 노동생산성을 높이는 것이 농업과 농촌의 현대화를 실현하고 농업 생산 방식의 순환을 깨는 반드시 거쳐야 할 길이다.

개혁개방 시대에 따른 급속한 경제 성장의 두드러진 현상은 농업 지분의 현저한 감소이다. 이러한 현상은 전통적으로 농업이 경제 발전에 기여하는 방식에도 중요한 변화를 가져왔으며, 요소 기여의 상대적 중요성이 감소하였고, 노동력 이동을 특징으로 하는 자원 재배치 효과가 가장 큰 기여 방식이 되었다.

이 쿠즈네츠 과정과 관련된 개혁은 바로 노동력이 저생산성을 가진 부문에서 퇴출되어, 도시와 농촌 간, 지역 간, 산업 간 이동 및 높은 생산성으로 진입하는 도시 부문과 비농업 산업에서 일어난 것이다. 그 동안 농촌 개혁의 주선은 잉여 노동력이 생산성이 낮은 농업 및 농촌 산업에서 퇴출할 수 있는 동력과 메커니즘 조건을 창출한다.

일반적인 법칙과 국제 발전 경험에 의하면, 중국의 농촌 노동력 이동의 잠재력은 여전히 매우 크고, 이에 따라, 잉여 노동력을 방출하기 위한 농촌 개혁도 아직 완성되지 않았다. 우리는 중국 경제가 처한 발전 단계에서, 농업 노동력의 비중이 여전히 높은지 국제 비교에 근거해 볼 수 있다. 중국의 농업노동력 비중을 1인당 GDP가 중국보다 높은 다른 중위편상 소득국가와 비교해보면 중국의 농업노동력 비중이 이들 국가 산술평균치 보다 여전히 매우 높은 것으로 보인다[1]. 즉, 중국이 가까운 장래에 고소득 국가 대열에 진입하기 위해서는 고용 분포라는 산업 구조의 특징에서 이들 국가와의 격차를 현저하게 줄여야 한다.

비록 완수하지 못한 개혁은 체계적이고 전방위적인 것이어야 하지만, 이 장의 논리적 안목에서 보든 문제지향적 원칙에서 보든 노동력 퇴출을 촉진하는 것을 내포적으로 농촌개혁을 규정함으로써, 당면한 시급한 과제에 더욱 초점을 맞추고 더 나아가야 할 시급한 과제에 더욱 명확하게 천명하는 데 도움이 될 것이다.

역사는 유사성을 가지고 있으며, 항상 순환성을 가지고 있다. 경제 발전에서 농업 규모의 경제를 이용하는 방식에서도, 끊임없이 출발점으로 돌아가고 있다. 그러나 농업 생산 방식 자체에서나, 처한 외부 환경으로 보나, 각 출발점은 새로운 것이다. 중위 편상 소득 국가에서 고소득 국가로 이행하는 발전 단계에서, 중국은 현재 농업 규모의 경제를 어떻게 실현할 것인가에 대한 새로운 도전에 직면해 있으며, 일반적인 법칙에 따르는 전제 하에, 국정에 맞는 특수한 길을 나서다.

중국공산당의 19대 보고서가 제시한 농촌진흥전략은 전면적으로 개혁

---

[1] 차이팡: 〈농업 노동력의 이동 잠재력이 소진되었는가?〉, 〈중국농촌경제〉2018년판 제9기.

을 동력으로 하고 도시와 농촌의 일체화를 특징으로 하며 농업농촌의 현대화를 목표로 하는 정책요구 및 실행전략을 배치하였다. 이 전략의 유리한 지대를 차지하는 것은 '3농'문제의 근본적 해결과 중국 경제 전체의 장기적인 지속 가능한 발전에 밀접하게 결합하는 것이다. 따라서 경영규모를 확대함으로써 농업노동생산성을 높이고 농업 노동력이 저생산성 고용에서 벗어날 수 있는 여건을 조성하는 것은 의심할 여지 없이 이 전략을 실행하는 주제에서 당연한 의리이다.

제7장

개혁개방 발전 중의 도시화

1. 머리말

중국의 개혁개방은 유례없는 고속 경제 성장을 가져왔다. 1978~2018년 동안 중국의 실질 GDP는 연평균 9.4% 성장하였으며, 이 시기 세계에서 가장 빠르고 오래 지속된 성장 속도다. 동기간 중국의 도시화 속도 또한 세계에서 가장 빨랐음을 간과할 수 없다.

이 기간 중국은 도시화율이 17.9%에서 59.6%로 매년 3.1%씩 높아져 고소득 국가 평균(0.33%)과 저소득 국가 평균(1.39%)은 훨씬 빠를 뿐만 아니라, 분명히 더 비교 가능한 의의를 가진 인구전환 단계인 '말기 인구배당금 국가' 평균(1.75%)[1]은 빠르고, 그리고 같은 경제 발전 단계인 중위소

---

[1] '말기 인구 배당금'(late-dividend countries)의 국가 범주에 대해 세계 은행의 정의 기준은 1985년 출산율이 교체 수준 이상이었고 노동 연령 인구 (15-64세)의 비율은 2015-2030년 동안 감소하거나 변하지 않았다. The World Bank Group and the International Monetary Fund, *Global Monitoring Report* 2015/2016: *Development Goals in an Era*

득 국가 평균(1.65%)보다 훨씬 빠른 것으로 나타났다. 이 시기의 세계 도시 인구의 증가는 25.6%의 기여가 중국에서 일어났다. 그러나 중국의 이 시기의 도시화와 경제 성장은 밀접한 관련이 있어 상당 부분 전자는 인구 배당금이라는 필요 조건을 현실 경제 성장으로 실현하는 후자의 실현 방식이다. 따라서 두 '기적'은 사실상 같은 사물이다.

중국의 고도성장에 대한 일부 연구는 이 성장의 필요조건을 무시한[1] 채 40년간 고도성장에 대한 자신의 해석력을 떨어뜨리거나, 아예 필요조건의 존재를 부인해[2], 거듭된 판단 착오에도 불구하고 중국 경제를 계속 쇠락시키고 있다.[3] 뿐만 아니라 중국 경제 성장의 필수 조건을 적절히 찾아내지 못하고, 과도한 경제 성장의 수요 시각을 강조함으로써 공급 시각을 간과하고, 적어도 두 가지 측면에서 중국 경제에 대한 오독과 오판을 초래하고 있다.

첫째, 이원 경제 발전 단계에서 중국이 가지고 있는 노동력의 무한한 공급특징과 이러한 소질이 비교우위로 전환되는 중국특색방식을 정확히 인식하지 못하고, 중국의 노동집약적 제조업이 획득하는 국제경쟁력에 직면했을 때, 국제적으로 일부 경제학자들은 200년동안 믿었던 비교우위 원리의[4], 수정까지 시도하거나, '자유무역을 굳게 믿겠다'고 자명한 자신

---

of Demographic Change, International Bank for Reconstruction and Development/The World Bank, 1818 H Street NW, Washington, DC 20433, 2016, p. 268.

[1] 예를 들어 Loren Brandt and Thomas G. Rawski, "China's Great Economic Transformation", in Brandt, Loren and Thomas G. Raswski (eds.), China's Great Economic Transformation, Cambridge, New York: Cambridge University Press, 2008.

[2] Alwyn Young, "Gold into the Base Metals: Productivity Growth in the People's Republic of China during the Reform Period", Journal of Political Economy, Vol. 111, No. 6, 2003, pp. 1220-1261.

[3] Paul Krugman, "Hitting China's Wall", New York Times, July 18, 2013.

[4] 예를 들어, Paul Samuelson, "Where Ricardo and Mill Rebut and Confirm Arguments of Mainstream Economists Supporting Globalization", Journal of Economic

의 맹세를 아예 포기하려 하고 있다. 이에 따라 세계경제의 불균형이나 서방, 특히 미국 사회의 양극화를 중국의 발전모델 탓으로 돌리고 나로드니키주의 정치와 보호주의 정책 성향이 강해지는 가운데 중국을 겨냥한 경제무역 마찰이 빚어지고 있다.

둘째, 중국의 고도성장의 공급측 구동력과 그에 따른 발전단계의 변화를 정확히 인식할 수 없고, 중국의 경제 성장이 감속되는 상황에서 일부 중외경제학자들은 수요측에서 답을 찾거나, 경제 성장을 수출에서 소비로 견인해야 하는 이치에 치우치지 않으면서도 증상에 직접 대응하지 않는 조언을 얻거나, 정부가 투자에 대한 자극력을 높여야 한다는 결론을 내림으로써 수요회귀 이전의 성장속도를 기대하기도 한다. 경제 성장의 공급측을 의도적으로 무시하거나, 발전 조건과 그 변화를 무시한다는 인식에 근거한 정책 제안은 연목구어에 다름없다.

개혁개방시기와 인구전환이라는 특수단계의 고도로 겹친다는 것을 알면 중국 경제 성장의 필수조건을 더 잘 인식할 수 있다. 1980~2010년 동안 중국의 15-59세 노동연령인구는 연평균 1.8%의 속도로 증가하는데, 이 연령 이외의 의존형인구는 기본적으로 제로성장상태(-0.2%)이다. 두 부류의 인구 증가가 만들어낸 이러한 가위차이 양상은 인구부양비의 지속적인 하락으로 나타나 이 시기만의 인구 기회 창구를 만들었다.

중국의 이 천혜적이고 기회를 놓쳐서는 안되는 인구배당금은 단지 노동력의 충분한 공급으로 나타나는 것이 아니라 경제 성장을 묘사하는 총생산함수 등식의 오른쪽 거의 모든 해석변수에서 나타난다. 첫째, 비교적 낮고 지속적인 부양비율은 높은 저축률을 실현하는데 유리하며, 노동력의 무한공급특징은 자본보수체감현상의 발생을 지연시켜 자본축적을 경제 성장의 주요 동력으로 작용하게 한다. 둘째, 유리한 인구 요인은 충분

Perspectives, Vol. 18, No. 3, 2004, pp. 135-146.

한 노동력과 질적 개선이 경제 성장에 크게 기여하도록 보장한다. 그 다음에는, 잉여 노동력과 초과 노동력은 생산성이 낮은 순서대로 산업, 업종 및 지역 사이를 이동하여 자원 재배치의 효율성을 가져오고 전체요소 생산성의 주요 구성 요소가 된다.

경제학자들은 중국의 경제 성장의 요인을 분해할 때, 일반적인 생산 요소와 생산성에 기여하는 것으로 보이지만, 일단 이러한 일반적인 변수에 대한 인구 요인의 의미를 이해하면, 모든 관련 연구는 앞서 말한 가설을 각각 실제로 검증하는 것과 같이, 인구배당금이 중국의 고속 성장을 위한 필수 조건임을 증명한다.

그러나 개혁개방 이전의 중국이나, 인구변화와 유사한 특징을 가지고 있으면서도 뚜렷한 성장성과를 거두지 못한 다른 국가들은, 모두 현실적인 근거를 제공하였고, 단지 발전의 필요조건만을 가지고 고속성장에 부족하고, 또한 효율적인 생산요소 축적의 인센티브와 생산요소 배치의 경제체제를 요구함으로써, 유리한 인구구조적 특성을 그에 상응하는 경제 성장으로 바꾸고 있다.

다시 말해, 경제 개혁이야말로 중국이 자신의 잠재력을 실현하기 위한 충분한 조건이다. 동시에 필요조건과 충분조건[1]을 인식하여 중국의 경제 성장에 대한 해설이야말로 과학에 부합하며, 우리가 과거 40년간의 성장 과정을 더 잘 인식할 수 있도록 현재 경제 상황을 정확히 판단하고 미래에 대한 정확한 전망을 제시하며, 관련 정책적 함의를 제시할 수 있도록 한다.

지난 40년 동안 중국의 급속한 도시화로 나타난 인구의 농촌에서 도시

---

[1] 중국 경제보다 형식논리에 집착할 수 있는 독자들이 있다는 점에서 필자는 개혁개방이 있으면 잠재성장능력에 부합하는 경제 성장이 반드시 일어날 수 있기 때문에 개혁개방은 충분조건이라고 강조하지만, 인구배당금이 없었다면 잠재성장률은 그렇게 높지 않았을 것이기 때문에 우리가 본 지난 수십 년 동안의 고속성장은 나타나지 않았을 것이다.

로의 이동과 농업에서 비농산업으로의 노동력 재배치는 생산요소의 이동과 재배치를 가로막는 체제 장벽을 제거하여 유리한 인구 특징을 고속 경제 성장, 현저한 구조조정, 심각한 사회 변천으로 바꿀 수 있는 관련 개혁을 전면적으로 부각시켰다. 따라서 도시화가 추진되는 과정과 그에 의해 밝혀지는 체제 변화, 구조 전환, 성장 기여 및 공유 효과는 개혁개방 발전이 공유되는 전과정의 전면적인 축소판이 될 수 있다.

본 장에서는 노동력이 저생산성 농업 및 농촌산업에서 '탈퇴'exit, 농업과 비농업산업간, 도시와 농촌간, 지역간의 '이동'mobility, 주거, 고용, 사회적 신분 등에서 '진입'entry 도시 및 그 부문과 사회의 세 가지 관점에서 개혁과정과 발전과정이 동시에 이루어지는 중국 특색의 도시화를 서술한다. 여기서 가장 대표적인 세 개의 역사적 순간(사건)을 선택하여 광대한 개혁개방발전의 역사화면을 조명하고, 경제학적 관점에서 관련 특징화 사실을 요약하여 중국의 경험을 중국의 지혜로 향상시키기 위한 단계적 노력으로 시도한다.

잠재적인 인구배당금가 존재했던 어떤 경제 국가에서도, 설령 충분히 활용된다고 하더라도, 이 유리한 발전 조건은 시간에 따라 미약하게, 그리고 소멸될 것이다. 중국도 이러한 발전단계에 있다. 이에 따라, 경제 성장의 여러 요인의 작용은 필연적으로 변화할 수밖에 없어 상대적인 의미 뿐만 아니라 방향성의 역전이다.

예를 들어 노동연령인구 마이너스 성장 조건에서 경제 성장에 대한 노동력 수의 기여도가 부정적으로 변할 수 있는 가장 분명한 상황이고, 물적자본, 인적자본, 전요소생산성과 같은 다른 성장 요인의 기여 변화는 더 복잡하다. 어쨌든 전통적 성장의 원천은 결국 새롭고 지속 가능한 성장의 원천으로 바뀌어야 한다. 이러한 점을 감안하여 본 장에서도 개괄적인 특징화된 사실들을 확장하고, 이에 따라 새로운 성장 동력을 얻기 위한 도시화의 새로운 내포를 창조하기 위한 정책 제안이 시작되었다.

2. 개혁의 세 가지 역사적 순간

역사 프로세스는 물론 내재적인 발전 논리에 따라 연속적으로 발생하지만, 그 중 일부 중요한 역사적 사건들은 종종 독립적으로 나타나, 앞과 뒤를 잇는 상징적인 노드를 형성하며, 전체 역사 프로세스에서 기념비적인 의미를 갖는다. 중국의 개혁개방 과정에서 이러한 상징적인 의미의 시간 노드는 셀 수 없이 많다.

본 장에서는 개혁개방시기의 도시화에 중점을 두고 있으므로 우리는 도시화의 출발점, 추진과정, 기폭점을 크게 반영할 수 있는 세 가지 사건에 착안하여 중요한 전환적 의미와 서사적 특성이 강하고 또한 경제학의 개념으로 표현하기 쉬운 역사적 사건을 선택하여, 개혁과정 전반에 걸쳐 내재적 논리에 따라 이런 클래식한 순간들로 각 시기별, 분야별, 독립적 판들을 연결하여 개혁과정을 서술할 때 역사논리와 이론논리의 통일을 구현한다.

(1) 개혁 역사 중의 첫 번째 순간

안후이성 봉양현鳳陽縣은 중국 남북방 자연분계인 화이허淮河의 변두리에 위치해있다. 봉양은 명태조 주원장의 고향으로, 봉양화고는 더욱 유명해졌다. 명나라, 청나라부터, 봉양은 '3년 악수 3년 가뭄, 3년 메뚜기 피해가 끊이지 않는다'는 연중 재해와 극빈곤궁으로 유명했다. 떼지어 사는 이재민들이 화고를 지고 도망가서, 봉양 화고는 가난한 봉양현의 문화 아이콘이 되었다. 그러나 1970년대 말에 이르러, 봉양은 인민공사체제가 초래한 빈곤의 악과를 축소판일 뿐이다. 1978년, 전중국 농촌의 연간 1인당 평균 소득 100위안 미만의 절대 빈곤인구는 무려 2억 5천만 명에 달했다.

1978년 12월 어느날 소강춘小崗村의 농민들은 다년간의 관습에 따라 나가서빌어먹어 자구를 준비하였다. 그러나 1978년은 분명 예사롭지 않은 해였다. 12월 18일부터 22일까지 1천여 킬로미터 떨어진 곳에서 중국공산당 중앙 11기 3중전회가 베이징에서 개최되어 중국공산당의 해방사상, 실사구시적인 사상노선을 재정립하고, 중국공산당의 업무중점을 경제건설로 옮기기로 결정하여 개혁개방의 이론적 기반을 마련하였다.

소강촌의 촌민들은 그 회의의 개최와 회의에서 어떤 문제가 논의되었는지 알 리가 없고, 그리고 실제로 당시 회의에서 채택된 공문도 어떤 개혁도 명시적으로 인정하지 않았다. 그러나, 정치 분위기는 이미 다르다. 이번에 촌민들은 피난처와는 다른 선택지라고 느끼고 생산대의 호롱 노동 방식을 배제하기 시작했다. 그 시대에도, 이것은 여전히 온 세상의 비난도 꺼리지 않는 행동이었다. 그래서 18개의 농가가 증서를 썼는데, 각 집안의 세대주가 종이에 싸인하고 붉은 인주로 지장을 눌러서, 일괄적으로 가정 단위 도급 생산을 결정하고 가능한 정치적 결과를 감수하기로 결정했다.

가정 단위 도급 생산 또는 그 보다 철저한 형태로 가정 단위 도급 운영 관리하여 농촌 가정도급책임제라고 통칭한다. 사실 소강춘에서 18가구의 농민들이 분전하면서 호적에 올리고, 전국 각지, 특히 사천, 안후이, 내몽골의 많은 곳에서 소리없이 이러한 실험이 시작되었다. 이후 몇 년 동안 전국적으로 추진되었고 인민공사 체제가 폐지되었다.

1980년 초 1.1%에 불과했던 전국 가정도급책임제 실시한 생산대가 같은 해 말에는 20%로 증가하였고, 1984년 말에는 100% 생산대와 97.9%의 농가를 커버하였다. 농촌의 이 개혁은 전통적인 계획경제 체제에 대한 최초의 돌파이다. 소강춘의 파괴적인 제도 혁신은 당연히 중국의 경제 개혁이 선행된 실천으로 여겨진다.

가정도급책임제 실시의 직접적인 목적은 농업 생산과 노동에 대한 인센티브 제도를 개선하고, 농가에 경영 자주권과 잉여 생산품에 대한 청구권권을 주는 것이다. 나아가 이 인센티브 제도의 개선과 농업 성장을 자극하는 현저한 효과가 나타난 후, 이러한 개혁의 내면적 논리 및 이후 실제 발생 상황에 비추어 볼 때, 이 개혁의 핵심은 농가에 생산 요소를 배치할 수 있는 자주권을 부여하는 것이다. 즉, 농업에서 노동력의 잉여가 현저화되면서 노동력은 생산성이 낮은 농업에서 벗어나 비농업 산업과 농촌 외로 이동하고, 이동 규모는 작은 것에서 큰 것으로 점차 이동하기 시작했다.

(2)개혁 역사 중의 두 번째 순간

일찍이 개혁 초기인 1979년에 등소평鄧小平의 제의로 중국의 정책 결정층은 광둥성의 선전深圳, 주해珠海, 산터우汕頭 그리고 푸젠(福建)성의 샤먼廈門에 수출특구(이후 경제특구라고 불림)를 건설하기로 결정하고, 이어서 1984년부터 연해 개방도시들을 잇달아 확립하여, 1988년에는 해난海南성을 설립하여 경제특구로 삼았다. 몇 년 후, 이러한 경제특구와 연해 개방도시의 발전효과는 어떠한가, 어떤 총결산하고 보급할 만한 경험이 발생하였으며, 전체 중국의 개혁개방에 어떠한 시사점이 있는가?

1992년 1월 17일, 88세의 나이로 이미 지도직에서 물러난 등소평은 남행열차에 올라 1개월을 넘긴 남방 방문을 시작하였다. 1월 18일부터 2월 21일까지 등소평은 우창武昌, 선전深圳, 주해珠海, 상해上海 등지를 차례로 시찰하였다. 그 중 심천深圳과 주해珠海는 가장 먼저 세워진 경제특구에 속하며, 상해上海는 가장 큰 연해 개방도시이다. 중국의 개혁개방 역사에 기록되어 등소평이 남행 도중에 발표한 일련의 중요한 담화이다.

남방 담화에서 가장 귀가 번쩍 뜨이고 당시 중국에 대해 가장 표적화된 그 후에도 개혁 지도 사상이 되었다는 내용을 요약하면 등소평은 다음과 같은 핵심 질문에 답했다고 할 수 있다[1]. 첫째, 개혁은 무엇이며 무엇

---

[1] 등소평: 〈우창, 선전, 주해, 상해 등지의 담화 요점〉, 〈등소평 문선〉(제 3 권), 인민출판

을 위해서인가. 개혁은 바로 생기와 활기에 찬 사회주의 경제 체제를 세우고 생산력을 발전시키고 해방시키는 것이다. 둘째, 개혁의 성공과 실패, 얻은 것과 잃은 것을 어떻게 판정하느냐. 사회주의 사회의 생산력을 발전시키는 데 도움이 되는가, 사회주의 국가의 종합 국력을 증강시키는 데 도움이 되는가, 인민의 생활 수준을 향상시키는 데 도움이 되는가 하는 것이다. 셋째, 어떻게 개혁의 속도를 높여야 하는가. 성이 '자'인지 '사'인지 논쟁하지 말고, 시장은 한 가지 경제 수단이며, 사회주의에도 시장이 있다. 이러한 담화는 중요한 메시지를 전달하여, 즉 등소평의 일관된 요구이고 개혁개방의 스텝은 가속화되어야 하며 발전은 확고한 도리이다.

등소평의 연설이 낳은 진동효과는 놀라운 것이고 최고지도부에서도 적극적인 응답을 받아서 이때부터 개혁개방 발전의 보폭은 대폭적으로 빨라졌다. 경제 성장속도지표를 관찰하거나, 외국인직접투자증가, 수출증가 등 경제의 외향적 수준을 반영하는 지표들을 관찰하거나 등소평 남방담화의 현저한 발동 작용을 볼 수 있다. 연해지역의 외향형 노동집약형 제조업의 빠른 발전으로 대량의 일자리가 창출되고, 농촌 노동력에 대한 거대한 수요가 발생하였다.

바로 이때부터 농업 노동력의 이동은 단지 잉여 추진형이 아니라 새로운 수요의 인장력이 추가되었다. 같은 시기에 농업 노동력의 이동을 가로막는 체제 장애가 대폭 제거되었고, 예를 들면 식량 배급표 등의 증명 제도가 없어졌으며, 노동력의 이동 범위와 규모는 모두 현저히 증가되었고, 특히 각급 도시에 들어가 거주하거나 고용하는 데에 더 이상 유형적인 장애가 없다는 것을 보여주었다.

사1993년판, pp. 370-383.

(3) 개혁 역사 중의 세 번째 순간

1958년에 시작된 호적제도는 인구의 거주와 고용을 국가 계획에 포함시키기 위하여 인구와 노동력의 지역간, 특히 도시와 농촌간의 자유로운 이동과 이동을 제한하기 위한 것이다. 연구자와 관측가들은 이 제도에 대한 이해도 한때는(여태까지 이런 것이 아니라면) 단순화된 경향이 있었고 주로 이 단일 인구 등록제도로는 인구 이동과 이동을 정부 의욕에 도달할 수 있을 정도로 천하를 지배할 수 있다고 생각했다.

이것은 두 개의 오도를 초래한다. 첫째는 호적제도와 조합된 많은 정책과 제도의 형식을 볼 수 없고 모두 외곽에서 동일한 유동 제한 작용을 발휘하고 있다. 둘째는 관련 정책의 개혁이 점차 호적제도의 내실을 비우고 기능을 약화시키므로 그 자체도 호적제도 개혁의 과정이다.

2003년 3월 17일, 대학 졸업 후 광주에서 그래픽 디자이너로 일하던 27세의 손지강은 거리에서 경찰의 검문을 받고 임시 거주증을 발급받지 못해 수용되어서 광주 수용인원 구조소에 구금되었고, 그 동안 간병인과 일부 수용인원의 구타를 받고 3일 후에 비정상적으로 사망하였다.

이 사건이 폭로된 후 전국을 놀라게 하였는데, 사후에 12명의 당사자가 판결을 받았고(한 명의 사형을 포함) 20명의 공무원들은 행정 처벌과 처분을 받았다. 중앙정부는 이 안건을 매우 중시하고, 문제 발생에 따른 제도의 폐해를 심각하게 ㄴ인식하여, 3개월 후에 손지강을 수용하는 근거에 의거한 20년간의 국무원 〈도시 유랑구걸인원 수용 송환 방법〉을 폐지하였으며 〈도시의 생활이 막막한 유랑구걸인원 구조 관리 방법〉을 대신하였다.

정부 법규의 실시 목표와 내포는 '수용 북송'에서 '구호'로의 변화는 노동력이 퇴출, 이동에서 진입으로 이어지는 제도 환경의 중대한 돌파를 상징한다. 호적 제도는 지역적으로는 농촌 인구를 농촌으로 제한하고, 취업 유형상으로는 농촌 노동력을 농사를 짓는 것으로 제한하며, 노동 장소에서 농민을 토지로 제한하는 것은 인민공사 체제와 티켓 제도 등과 같은 일련의 부대 체제를 통해서 실현된다. 인민공사의 폐지는 우선 농민들에게 다른 산업으로 취업할 권리를 부여하고, 티켓 제도의 취소는 농촌 노동력의 이동지역 범위를 확대하였다. 따라서 손지강 사건을 비롯한 이번 제도의 변혁은 실제로 이와 같은 일련의 돌파구를 포함하는 중요한 도시화의 전환점이 되었다.

손지강 사건이 발생한 같은 해에 발표한 한 편의 글에서 필자는 1978년 농촌 개혁이 시작될 당시의 도시와 농촌 소득 격차를 기준으로 하여 다음 단계는 도시와 농촌 관계에 관련되는 근본적인 제도 변혁으로, 도시와 농촌 소득 격차가 이 기점 수준으로 회귀하는 즉, 이 글이 발표된 후 1, 2년 후에 일어날 것이라고 예측하였다[1]. 사후에, 필자는 2004년을 중국 경제가 루이스의 전환점에 도달한 해로 판정하고, 이 전환점은 단지 노동력 부족과 일반 노동자의 임금 상승을 상징할 뿐만 아니라, 일련의 제도 변화와 정책 조정도 수반한다고 지적하였다[2]. 도시화의 진입 장벽의 철거는 이러한 변화들 중에서 가장 역사적인 일련의 조치들이다.

3. 중국 특색 도시화의 특징화 사실

지난 40년 동안의 개혁개방 과정 중에서 뽑힌 상술한 세 가지 역사적 사건은 각각 개혁은 노동력의 퇴출, 이동, 진입의 체제 장벽을 어떻게 해소하는가를 의미한다. 이 세 가지 사건을 다루고 되돌아보면 비록 개혁과정의 여러 시각 중 일부만을 관찰하고 인식할 수 있지만 개혁에 대해 '편

---

[1] 차이팡: 〈도시와 농촌 소득 격차와 제도 변혁의 임계점〉, 〈중국사회과학〉2003년 제5기.
[2] Fang Cai, *China's Economic Growth Prospects: From Demographic Dividend To Reform Dividend*, Cheltenham, UK: Edward Elgar, 2016.

리적인' 오독을 초래하지는 않을 것이다.

경제 발전은 총량성장과 구조변화로 구성되어 있고 성장의 중요한 원천은 생산성이고, 생산성의 핵심은 배치효율이고, 구조변화는 더욱 직접적으로 쿠즈네츠과정을 내포하고 있다. 그러므로 생산요소 특히 노동력의 이동을 촉진하는 것이 발전의 키 포인트이며 도시화의 핵심이기도 하다. 개혁은 발전을 억제하는 동기기제와 자원의 합리적 배치를 저해하는 체제장벽을 제거하기 위한 것이고, 그러나 이러한 제도적 장애는 퇴출, 이동, 진입에 대한 방해로 집중된다. 아래에 이러한 방면을 둘러싸고 중국 특색도시화(상당 부분도 중국의 개혁과정)의 세 가지 특징화된 사실을 요약한다.

(1) 사실1: 농업에서 장려하여 생산성이 개선되는 것은 노동력 퇴출의 전제이다

인민공사 체제는 계획경제하의 모든 체제의 폐해를 일신한다고 할 수 있다. 제6장에서 이미 지적한 바와 같이, 중공업 우선 발전전략의 추진으로 자원배치가 당시의 비교우위[1]를 벗어나 농업방침에 있어서 일방적으로 '양식을 요강으로 하다'고 규정함으로써 농업경제에서의 자원 잘못된 배분을 초래하기도 한다. 농업에서 집단노동형태는 미시적 생산단계의 비효율성을 야기하고 또한 총생산량에서 가장 큰 효율 손실을 야기한다. 인민공사화로 인해 체제의 불가역적인 즉, 농민들의 비효율적인 조직형태에 대한 퇴출권을 박탈하고, 일부 사원들은 농업노동은 감독하기 어려운 특성을 남용하여 집단노동에서 게으름을 피운다.

이것은 모두 인민공사 체제하의 농업경제로 하여금 한편으로는 극히

---

[1] 린이푸 등은 인민공사 체제가 퇴직 중공업 우선 발전 전략의 불가피한 선택이라고 밝혔다. Justin Lin, Fang Cai and Zhou Li, The China Mirale: Development Strategy and Economic Reform, Chapter 2, Hong Kong: Chinese University Press, 2003.

저하의 생산가능성 경계를 가지게 하였으며, 다른 한편으로는 생산가능성 경계를 더욱 심하게 벗어나게 하였다. 이는 노동자의 일하러 가서 힘을 쓰기가 먹고사는 데 필요한 보상을 받지 못한다는 것을 의미하고, 즉 노동으로 인한 열량지출은 분배받아 얻은 열량섭취와 불균형이 생겨 노동력의 단순 재생산을 유지할 수 없고 확대 재생산은 더 말할 것도 없다. 따라서 무임승차는 필연적으로 보편적인 현상이 되고 저하의 격려는 필연적으로 극히 낮은 생산율을 초래하게 된다.

가정도급책임제의 급속한 보급은 정부의 허가와 정책 추진의 결과일 뿐만 아니라, 많은 농민들이 실제 생산량과 노동생산성 향상 효과를 보고 자발적으로 선택한 결과이다. 가장 철저한 가정도급책임제는 가구 단위 생산 도급제이고, 이는 모든 인구와 노동력의 수에 따라 집단토지를 세대에게 분배하는 것이고, 도급계약은 반드시 완수해야 할 농업세, 일괄구매 수량, 집단공제, 그 밖에 증가된 생산량은 완전히 농가에 귀속되어 자유롭게 지배한다.

이러한 격려 메커니즘의 변화는 집단노동의 무임승차역설을 타파하고 농업의 노동생산성을 극대화하였으며, 장기간 생산성이 정체되고 심지어 후퇴하는 상황과 대조된다. 예를 들면 농업증가치와 식량단위면적당 생산량의 연평균 증가율은 각각 1975-1980년 기간의 0.9%, 3.1퍼센트에서 1980-1984년 기간의 9.9%, 7.2%로 향상되었다. 이에 따라 농촌 빈곤발생률이 대폭 감소하였다.

초기의 연구는 대부분 가정도급책임제가 농업 증산에 미치는 현저한 효과를 격려 개선의 관점에서 관찰하는 데 치중하였다. 만약 이 단계 개혁과 이후의 발전 과정 사이의 연계를 보면, 장려 개선이 농업 노동 생산성의 향상을 초래하고, 비농산업과 농촌 이외의 지역으로 노동력을 이동시키는 데 필요한 조건을 만들었다는 중요한 사실을 볼 수 있으며, 가정도급책임제 시행은 필연적으로 초래되는 인민공사의 완전한 폐지는 노동력 이동의 첫 번째 체제 돌파이다.

중국의 개혁과 발전은 서로 촉진되기 때문에 시장지향적인 경제체제의 전환은 루이스식의 이원적 경제 발전과 함께 얽혀있고, 이 노동력의 이동은 체제의 속박을 돌파하는 표현일 뿐만 아니라 농업의 잉여 노동력을 소화하는 현상으로 쿠즈네츠 과정의 시작이고 농업 노동생산성이 비농산업에 비해 현저히 낮다는 것은 바로 그 발전경제학에서 말하는 토다로식의 '추력'이다.

허시먼Albert Hirschman이 말한 '탈퇴'는 조직의 불만족에 따른 당사자들의 행동 선택을 강조하는 데 초점이 맞춰져 있다[1]. 여기에서 단지 절반의 의미에서만 이 개념을 사용하여 즉, 확실히 체제상의 돌파를 실현해야만 농업 노동력이 퇴출할 권리를 얻을 수 있다. 이를 전제로, 다른 절반의 의미에서는 이 장의 초점은 이러한 사실을 묘사하는 데 농업 노동과 생산 장려의 개선, 노동력의 잉여성을 현성화하여 실질적으로 생산성이 낮은 농업의 퇴출이 시작된다. 후자 의미에서는 '퇴출'과정이 더욱 일반적인 발전 경제학의 함의를 가지며, 두 가지 의미를 모두 고려할 때 개혁과 발전이 서로 통일되고 중국 특색을 띤 퇴출 과정이 있다.

(2) 사실2: 경제 성장과 비농 고용 확대가 노동력 이동을 촉진하다

중국 경제가 개혁 시기에 고속 성장을 하는 것은 단지 오래된 성장 일상(또는 생산 가능성의 경계)에 대한 회귀가 아니다. 사실 이 시기에 형성된 인구 기회의 창구는 요소의 축적과 배치 및 생산성의 향상 등의 측면에서 중국 경제가 더욱 높은 잠재 성장률을 형성하는데 도움을 주었다.

체제 개혁이 이 잠재 성장 능력을 방출하고, 또한 수요 요소(도시와 농촌

---

[1] Albert Hirschman, *Exit, Voice, and Loyalty: Response to Decline in Firms, Organizations, and States*, Cambridge, MA: Harvard University Press, 1970.

의 고용 확대와 소득 증대가 끊임없이 증가하는 소비 수요, 경제 성장에 따른 막대한 투자 수요, 대외 개방으로 얻은 외부 수요)의 협조하에 잠재 성장률은 실제 고속 성장을 실현한다. 따라서 노동력을 생산성이 더 높은 고용 영역으로 재배치하거나 노동력의 이동을 촉진하는 것이 인구배당금을 실현하는 키 포인트이다.

계획경제 조건 하에서, 인민공사의 체제와 호적제도, 그리고 티켓 제도 '삼두마차'는 농촌 노동력을 생산대의 집단 노동으로 엄격히 제한하고 산업 이동과 지역 이동을 허용하지 않았다. 미시적 격려의 개선과 함께 노동력의 잉여가 급속히 현성화되었다. 1980년대 중반 중국 농촌에서는 대략 30~40%의 노동력이 잉여였으며, 절대인원은 1억에서 1.5억에 달했다[1]. 잉여 노동력의 이동 압력은 일련의 체제성 장애의 점진적인 철거를 촉진하였고, 마침내 노동력을 재배치할 수 있게 됐다.

토다로를 비롯한 많은 연구는 농촌 추력과 도시의 인장력 형성이 합세하여 노동력 이동 과정과 그 특징을 창조하였다. 특정 시기 농업 노동력의 잉여 상황과 비농산업이 창출한 노동력에 대한 수요는 중국 노동력 이동의 동력과 방향을 결정하였다. 농업 잉여 노동력의 이동은 '양식을 요강으로 하다'에서 다양한 경영으로, 단일 재배업에서 농림부어까지 전면적인 발전, 농업에서 향진 기업으로 '이토불출향離土不離鄕'에서 소도시로 진입하여 더 나아가 대중도시 비농산업으로의 재배치를 거쳤다.

그러나 중국의 특수한 임무는 노동력의 재배치 과정을 거치면서 동시에 계획에서 시장으로의 체제 전환을 진행하고 있다. 비록 이전의 연구도 노동력의 이동 과정 중의 각종 제도적 요소에 주의를 기울였지만, 경제 체제의 전면적인 전환 사례로서 중국이 직면한 개혁 과제는 더욱 어렵고,

---

[1] J. R. Taylor, "Rural Employment Trends and the Legacy of Surplus Labor, 1978- 1989", in Y. Y. Kueh and R. F. Ash (eds.), *Economic Trends in Chinese Agriculture: The Impact of Post-Mao Reforms*, New York: Oxford University Press, 1993.

개혁 과정은 더욱 복잡하기 때문에, 그래서 사후 시선에서도 중국의 경험은 더욱 시사적이다.

다음의 몇 가지 핵심 개혁은 노동력의 이동을 촉진하는데 있어서 획기적인 의의가 있다. 첫째, 농산물 생산량이 대폭 증가했기 때문에 농민들은 1983년에 농산품의 장거리 운송과 자체 판매를 허용받았고, 처음으로 고용의 지역 제한을 돌파했다. 둘째, 1988년부터 정부는 농민들이 식량을 가지고 인접 도시에 취업을 할 수 있도록 허용했고, 처음으로 도시와 농촌의 고용 울타리를 돌파했다. 셋째, 1990년대 초에 식량표 등의 티켓 제도가 없어짐에 따라 농촌 노동력이 각급 도시에 들어와 거주하면서 고용도 더 이상 유형적인 장애를 겪지 않았다.

국가 통계청에 따르면, 본 향진을 떠난 지 6개월 이상 된 농촌 노동력은 2018년에 이미 1억 7,300만 명에 이르고, 그 중 78.2%가 도시 거주와 고용에 들어갔다. 이 수치를 도시와 농촌의 고용 구조 변화와 결합하면 쿠즈네츠 과정의 효과를 볼 수 있다. 공식 수치와 다른 추산에 따르면[1] 농업 노동력의 비중은 1978년 70.5%에서 2015년 18.3%로 낮아졌다. 인류 평화 역사상 최대 규모의 노동력 이동과 그에 수반되는 자원의 재배치는 중국 경제의 고속 성장과 노동 생산성의 대폭적인 향상에 현저한 공헌을 하였다.

(3) 사실3: 제도의 장애를 제거하여 노동력을 도시 부문으로 진출시키다

계획경제 시기에 도시와 농촌 사이에는 노동력의 자유로운 이동이 존재하지 않으며, 주로 농촌 인구와 노동력이 도시로 자유롭게 이주하지 못

---

[1] Fang Cai, "How has the Chinese economy capitalised on the demographic dividend during the reform period?", in Ross Garnaut, Ligang Song, and Fang Cai (eds.), *China's Forty Years of Reform and Development*: 1978-2018, Canberra: Australian National University E Press, 2018.

하는 것으로 나타난다. 따라서 농업 노동력의 비중이 높은 것을 표지로 하여 산업구조는 장기간 경직되고 변하지 않는다. 이와 동시에 도시민의 고용은 전면적으로 보장되며, 거의 전부가 국유경제와 집단경제에 흡수된다.

예를 들면 1978년 국유경제 고용원이 전체 도시 취업 인원의 78.3%를 차지하였고 집단경제 고용원까지 합치면 두 가지 공유제 경제의 고용 비중은 99.8%에 달한다. 농촌 노동력이 도시로 옮겨 취업할 때, 매우 오랜 시간 동안 단지 새로운 비공유경제 기업으로 진입할 뿐이다. 도시 노동시장의 발육과 국유기업 고용제도의 개혁만이 도시 부문의 진입 장벽을 헐어버리고 노동력은 도시와 농촌과 지역의 경계를 넘어 서로 다른 산업과 기업 사이에 재배치될 수 있다.

만약 전통 체제가 농업 노동력의 퇴출 장애의 초기 의도가 농업의 불평등한 교환 조건 하에서 공업화의 축적에 대한 생산품의 공헌과 자본의 공헌을 확보하기 위한 것이었다면, 이 체제가 도시와 그 부문에서 농민 노동자를 위한 진입 장애는 도시의 기본적인 공공 서비스의 배타적인 공급과 고용의 전면적인 보장을 실시하기 위한 것이다. 그에 따라 두 가지 장애가 점차 해소되는 순서도 각 개혁 사이의 상호 촉진 관계와 경제 발전 단계의 요구에 의해 결정된다.

1980년대에는 향진기업은 여전히 농업 이동의 노동력을 흡수하는 주요한 부문이었다. 1992년 이후 연해지역의 노동집약적 제조업, 특히 비공유경제가 급속히 발전하여 대규모의 지역간 이주노동력을 흡수하기 시작하여 최초의 민공조가 형성되었다. 1990년대 후반까지, 국유기업은 심각한 경영난의 추진아래 과감하게 고용제도의 개혁을 진행하였으며, 이로써 수십 년 동안 존속되어 온 고용의 '철밥통'鐵飯碗을 깨뜨렸다. 실직 근로자들이 일정한 사회보장을 받는 조건하에 노동시장을 통해 재취업을 실현해야 함과 동시에, 신성장 노동력도 자주적인 직업선택을 통해 시장에 노동 자원을 배치하는 메커니즘이 점차 형성되었다.

이것은 미처 예상하지 못한 결과를 낳았고 즉 농민공도 이에 상응하여 나날이 균등한 경쟁과 고용의 기회를 얻었다. 그러나 노동시장의 발달은 도시 내부의 노동시장 접근과 기본적인 공공서비스 권익 사이의 분리를 초래하였다.

2018년 전체 고용 이동이 실현된 2억8,800만 명의 농민공 중 40%는 향촌에 있고 60%는 향촌을 떠나며(이 중 78.2%는 각급 도시로 진출하고 44.0%는 성 간 이동), 27.9%는 제조업에 취업하고 18.6%는 건설업에 취업하고 50.0%는 제3차 산업에 취업하고 있다. 근래 몇 년 동안 농촌에서 이동된 노동력이 전체 고용에서 차지하는 비중은 이미 1/3을 넘었다. 농민공은 그 규모와 연령의 우세(반수를 넘는 40세 이하)로 도시경제의 노동력 공급을 보장하였다. 따라서 개혁시기 중국 특색의 도시화는 고속 경제 성장의 실현방식일 뿐만 아니라, 이 성장기적과 같은 명성을 누리기에 충분하여 경제사에 응당한 필적을 그렸다.

중국의 경제 총량이 일본을 추월하여 세계 제2위의 경제체가 된 2010년, 중국의 인구 변화도 전환점을 넘었다: 노동 연령 인구의 증가가 정점에 도달한 후에, 이어서 마이너스 증가 단계에 들어가서 인구 부양비의 하락은 바닥에 닿았다가, 그 후에 빠르게 향상되었다.

이 인구 구조의 변화 추세는 노동력 공급, 인적 자본의 개선, 자본의 수익률, 그리고 자원 재배치 등으로부터 잠재 성장률에 대한 실제 성장률에 대한 부정적인 영향을[1] 뿐만 아니라 도시화 속도를 늦추는 경향이 있다. 2010~2017년 동안 도시화율은 여전히 높아지고 있지만 매년 증가 속도

---

[1] Fang Cai and Yang Lu, "The End of China's Demographic Dividend: The Perspective of Potential GDP Growth", in Fang Cai, R. Garnaut and L. G. Song (eds.), *China: A New Model for Growth and Development*, Australian National University EPress and Social Sciences Academic Press(China), 2013, pp. 55-74.

는 연 6.7%로 줄어들어 도시화율의 연간 성장률은 3.33%에서 2.04%로 낮아졌다.

인구 추이를 보면, 농촌의 16~19세 인구는 2014년에 정점을 찍은 후 지금까지 이미 마이너스 성장에 처해 있다. 이 연령대의 인구는 농촌의 중·고등학교 졸업자와 맞먹으며 매년 도시로의 농민공 증가량의 주요 원천이기 때문에, 이 부분의 인구 총 규모의 감소는 필연적으로 매년 농민공 증가량을 감소시킨다. 도시화의 둔화는 순전히 인구 요인에 의한 것임을 알 수 있다.

일반적인 발전 법칙에 따르면, 일인당 소득 수준이 높아짐에 따라 도시화율도 함께 높아진다. 그러므로 중국은 고소득 국가 대열로 가는 과정에서 도시화율을 높이는 것은 여전히 갈 길이 멀다. 도시화율 지표로 볼 때, 중국은 자신이 처한 소득 그룹(세계은행이 정한 중간 편중소득 국가)의 평균 65%에 도달하려면 아직 몇 퍼센트 정도의 차이가 있어 고소득 국가의 도시화율 평균 수준은 84퍼센트에 이른다.

과거 40년 동안 제도적 장애를 제거하여 노동력을 저생산성부문에서 퇴출시키고, 도시와 농촌간, 지역간, 산업간의 이동을 촉진하고, 고생산성 부문으로의 진입을 특징으로 하는 중국특색의 도시화도로는 이원적 경제 발전단계의 효과적인 경험이다. 인구변화와 경제 발전단계의 변화에 따라 이러한 경험은 마땅히 내재적 논리에 따라 업데이트되어야 하고 도시화의 고속 확장에서 고품질 향상으로의 전환을 촉진한다. 아래에 우리는 세 측면에서 중국특색의 도시화도로에 응당한 새로운 내실을 개괄한다.

4. 농업 노동 생산성을 어떻게 향상시키는가?

개혁개방 과정을 돌이켜 볼 때, 우리는 주로 관련 생산성의 향상을 장

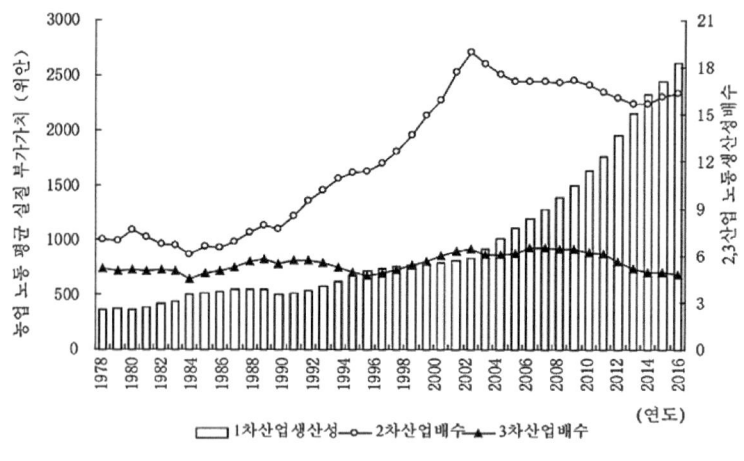

그림 7-1 농업 노동 생산성 및 비농업 산업과의 관계

출처: 국가통계국 자료에 따르면 국가통계국 홈페이지: http://www.stats.gov.cn /.

려하는 관점에서 농업 노동력의 퇴출 동력을 논의한다. 현 단계에는 농업 생산 방식을 바꾸는 관점에서 농업 노동 생산성을 어떻게 향상시키는가에 대하여 논의해야 한다.

이전 장에서 논의된 농촌개혁이 국민경제에 기여한 공로는 결국 모두 농업노동생산성의 향상을 빼놓을 수 없다. 1978~2017년 기간에 노동력 당 평균생산의 농업증가치를 불변가로 계산한 농업노동생산성은 6.26배 향상되었고 연평균성장률은 5.2%였다. 서로 다른 시기에 관찰된 농업노동생산성의 증가특성은 개혁과 발전의 단계적 특징을 표현한다(그림 7-1).

가정도급책임제가 급속히 보급된 해인 1980-1984년 기간에 농업노동생산성의 향상은 비교적 빨랐다. 그러나 이 개혁은 일회성 효과만을 가지고 있었기 때문에 1980년대 중반 이후 농업노동생산성의 향상은 더디게 진행되었다. 1992년 등소평 남방 담화 이후, 연해지역의 제조업 발전은 노동력에 대한 대량의 수요를 발생시켜 잉여 노동력의 이동속도는 비교적 빨랐고 농업노동생산성의 향상은 하나의 정점을 이루었으며 이어서 도시 국유기업이 감원증효개혁을 실시했기 때문에 고용압력이 증가하여 농업 노동력의 이동속도가 느려지고 생산성의 향상속도도 다시 느려졌다.

2001년 중국이 세계무역기구에 가입한 후, 대외 지향형 제조업의 노동력의 수요는 다시 팽창하였고 또한 2004년 중국 경제는 루이스의 전환점을 맞이하였고 노동력 부족과 비숙련 직원의 임금 상승은 이때부터 일상화되었다. 농업노동생산성의 증가속도를 다시 한번 가속화하였다. 이러한 속도는 지금까지 이미 여러 해 동안 지속되어 왔으며, 아직 완화되는 추세가 없다.

농업노동생산성의 대폭적인 향상은 노동력의 농업 이동과 상주인구의 도시화를 앞당길 수 있는 기초를 다졌고 사실 또한 전체 개혁개방 시기에 중국 경제가 고속성장을 할 수 있는 기초적인 보장이기도 하다. 여기에 더해 인구배당금은 비로소 현금으로 교환할 수 있고 각각 노동력의 양적인 공급, 노동력의 질적(인적자본)의 개선을 가속화하고, 낮은 인구부양비가 높은 저축률에 유리하여 자본축적, 노동력의 충분한 공급은 자본보수의 체감현상을 늦추는데 도움이 되고 높은 투자수익률의 보장 및 잉여노동력의 이동으로 인한 자원재배치의 효율화, 전요소생산성이 향상시키다.

비록 농업노동생산성이 매우 빠르게 증가하였고, 일부 연도, 특히 루이스 전환점 이후 심지어 제2차 산업과 제3차 산업까지도 빠르게 증가하였지만, 그 동안의 기복 배회는 전체적으로 비농산업 노동 생산성의 증가 속도를 향상시키지 못하였고, 농업과 비농산업 노동 생산성의 차이를 현저하게 줄이지 못하였다. 예를 들어 1978-2017년 동안 제2산업 노동평균증가치는 연평균 7.5%로 농업노동생산성 향상 속도보다 훨씬 빨랐고 제3산업 노동평균증가치는 연평균 5.0%로 농업노동생산성 향상 속도보다는 느리지만 농업이 추월할 만큼 느리지 않아 농업이 비농산업에 비해 노동생산성 격차가 유지됐다.

예를 들어 1978년 제2산업과 제3산업 노동생산성은 각각 제1산업의 7.0배와 5.1배였다가 이후 낮은 수준으로 축소된 적도 있지만, 높은 수준에 도달한 적도 있어 2003년 제2산업과 제3산업의 노동평균 증가치가 각각 농업의 19.0배와 6.4배에 달했다. 2017년 이 두 산업의 노동생산성은 여전히 각각 농업의 16.4배와 4.8배에 달한다. 이러한 상황은 도시와 농촌협조화와 중국의 경제 성장을 지속적으로 건강하게 유지하는 데 하나의 장애요인이 되고 있어 중대한 돌파가 시급하다.

2000년대에 들어 중국 정부는 일련의 농민 우대 정책을 실시하여 농업에 대한 재정 투입과 생산자에 대한 직접 보조금이 현저히 증가하였으며, 토지 소유권, 도급권, 경영권의 분치개혁도 토지 유동의 체제 조건을 창조하였다.

그러나 삼농정책의 방향은 여전히 많이 취하고 적게 주는 것에서 많이 주는 것에서 적게 취하는 것으로 전화하고, 그러나 농업생산방식을 개조하고 현대화하는데는 초점이 맞지 않는다. 농업생산방식의 현대화는 한편으로는 이 산업의 자체의 발전능력과 경쟁력의 향상과 다른 한편으로는 노동력의 이동으로 자원의 재배치 효율이 향상되는 기초가 되고, 따라서 삼농정책은 생산방식 자체에 더욱 초점을 맞춰야 하여 정부의 각종 투입은 토지규모의 확대를 지향해야 한다.

필자가 루이스 전환점을 제기하고 논쟁하고 연구할 때, 주된 업무는 루이스의 첫 번째 전환점이 도래했다는 판단을 내리는 것이고 당시 주요 변화는 노동력 부족과 임금 상승 문제였다. 일부 학자들은 루이스 전환점이 농업과 비농산업의 노동 한계 생산력의 동등성을 나타내는 것으로 오해했기 때문에 루이스 전환점의 도래를 부정하고, 따라서 개념의 혼동을 피하기 위해서 어느 정도 이전의 논의에서 필자는 두 번째 전환점의 문제를 의도적으로 회피했다.

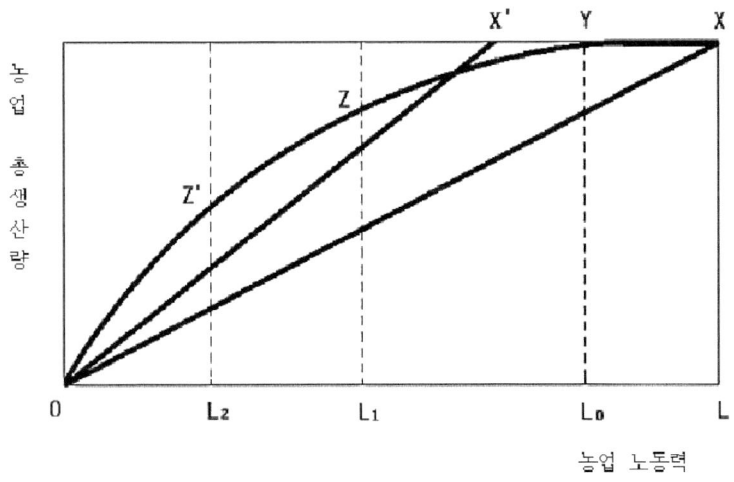

그림 7-2 농업노동력 이동의 몇 단계와 그 특징

노동 생산성의 동치 역설 현상은 첫 번째 전환점 이후에 더욱 두드러지게 나타나는데, 왜냐하면 이전의 관심사는 노동력이 과잉되어 농업 노동의 한계 생산력이 극히 낮은 문제를 해결하는 데 있었고, 그러나 그 후에는 점점 더 많은 노동력이 투입되어 농업 생산의 증가 문제를 해결하는 데 있기 때문이다. 이것은 이론적으로 제2의 전환점과 밀접한 관련이 있는 농업 노동 생산성과 노동력의 이동의 관계에 대한 논의의 중요한 화두를 제시하였다. 비록 여기에서 제2의 전환점이 도래했다는 판단을 내릴 필요는 없지만, 그것에 대한 논의의 시기는 이미 무르익은 것 같다.

우리는 그림 7-2를 이용하여 이원적 경제 발전을 잉여노동력에서 노동력으로 무한히 공급되는 특징이 없어지는 전 과정을 보여 준다. 그중 OYX는 농업총생산곡선으로 되어 있다. 이 발전과정의 시작점은 과잉노동력이 존재하며 OL로 처음 사용한 모든 노동력을 나타낸다. 노동력이동 즉 L에서 왼쪽으로 이동하며 L_0점까지 노동의 한계생산력은 모두 0이다. 총산출곡선을 보면 Y점 왼쪽부터 노동한계생산력이 정수이고, 즉 곡선상의 각 점의 기울기가 0보다 크다. 그러므로 L_0 또는 Y점은 첫 번째 루이스 전환점을 의미한다. 이 점 이후 노동력이 계속 이동함에 따라 노동한계생산력이 점차 향상되고 OX곡선의 기울기로 대표되는 노동평균생산력이 가까워지고, 즉 노동력이 이동하는 L_1점(산출곡선에 대응하는 Z점 즉 두 번째 루이스 전환점을 의미하고, 이때 노동한계생산력과 노동평균생산력이 같고, 즉 Z점의 기울기는 OX와 평행하다. 이것이 소위 두 번째 루이스 전환점(또는 상업화점)으로 이원적 경제 발전의 종식을 나타낸다. 그 후 노동력이 계속 이동하면 노동 한계 생산력이 노동 평균 생산력보다 커지기 시작하면 농업에서의 임금은 더 이상 제도에 의한 노동 평균 생산력의 나눔이 아니라 노동 시장에서 한계 생산력에 의해 결정된다.

문제는 첫 번째 루이스 전환점으로부터 노동력의 한계 생산력이 더 이상 제로(0)가 되지 않기 때문에, 더 이상의 이동 요구(평균) 노동 생산율의 향상을 요구한다면, 이 전환점은 라니스와 파인징한에[1] 의해 불행하게 언급되어 식품의 단점이 되었다. 그만큼, 이 전환점은 중요하고 이전에 노동력의 이동은 노동 생산성을 향상시켰으나, 그 후에는 생산 방식의 현대화로 노동 생산성이 향상되어 노동력의 지속적인 이동을 지탱할 것을 요구한다.

농업노동생산성의 향상 요구는 노동력의 이동의 진행에 따라 끊임없이 강화되었다. 두 번째 루이스 전환점에 도달한 후 이원 경제 발전이 솔로식의 신고전적 성장이 되었고, 이미 루이스와 같은 발전경제학자들이 토론할 관심거리가 아니다. 그러나 농업노동생산성의 문제는 이렇게 중요한데, 따라서 구조 이론 모델에 만족하지 않고 경제 발전 자체에 진정으로 관심을 갖는 경제학자는 충분한 주의를 기울여야 하고, 첫 번째 전

---

[1] Gustav Ranis and John C. H. Fei, "A Theory of Economic Development", *American Economic Review*, Vol. 51, No. 4, 1961, pp. 533-565.

환점에서 두 번째 전환점 내지 그 후는 반드시 노동생산성의 문제를 매우 중시해야 한다.

그래서 필자는 그림 7-2에 곡선 OX'를 추가하였고 농업노동의 평균 생산력이 OX기반에서 향상되었음을 나타낸다. 이렇게 되면 노동생산성 향상으로 뒷받침되는 농업노동력의 이동은 계속될 수 있다. 그림에서 볼 수 있듯이 노동력은 L_1에서 L_2로 더 이동될 수 있으며, 이에 대응되는 총 생산곡선의 Z'는 이 지점의 접선은 새로운 노동 평균 생산성 곡선 OX'와 평행한다. 즉, 농업고용의 감소는 끝이 없다. 현재 세계은행이 정의한 1인당 국민총소득이 12,300달러 이상인 고소득 국가에서는 평균 농업노동력의 비중이 4%에 불과하다. 농업노동생산성의 지속적인 자발 증가는 지속적인 노동력 이동이나 농업고용분 하락을 뒷받침한다.

이전의 연구에서 필자는 중국이 이미 2004년에 루이스 전환점을 맞이했다고 논증했다[1]. 이 전환점은 일반 노동자의 공급 부족과 임금 상승을 특징으로 하는 것이지 농업과 비농산업 노동의 한계 생산력이 동등하다는 것을 의미하지 않고, 따라서 여기서 루이스 전환점은 발전경제학에서 소위 첫 전환점이라고 한다. 그 후 노동력 부족과 임금 상승 추세는 점점 더 심해지고, 특히 노동 연령 인구가 2010년 이후에 마이너스 성장으로 접어들면서 노동력의 무한 공급의 특징은 점점 더 빠르게 사라지고 있다.

중국 경제가 두 번째 전환점을 맞았다는 의미일까? 경제학의 각도에서 보면, 이것은 당연히 경험적인 연구로 답해야 할 문제이다. 그러나, 이 질문은 조작적인 측면에서 보면 대답하기 어렵다.

본질적으로 농업노동의 한계생산력이 제로인지를 첫 번째 전환점으로 판단하는 근거와 농업노동의 한계생산력이 비농산업과 동등한지 여부를

---

[1] Fang Cai, *China's Economic Growth Prospects: From Demographic Dividend to Reform Dividend*, Chapter 10, UK, MA, USA: Edward Elgar Publishing, 2016.

두 번째 전환점으로 삼는 근거는 모두 이론적인 의미에서의 규정이고 통계적 의미에서는 이렇게 간단하게 확정되지 않는다. 결국 생산함수 중 하나는 경제활동 그 자체를 완벽하게 부각시키는 것을 의미하지 않고 각종 제도 안배와 기타 교란요소는 통계표징과 경제현실을 괴리시킬 수 있다.

다른 한편으로 보면, 경제현실에 대하여 말하자면 노동 한계 생산력을 추산하는 방식으로 전환점이 도래하는지의 여부를 판단하는 것도 결코 필요하지 않고 결국 경제현실 특히 노동력 시장의 실제적 표현은 경제학자가 추산한 생산함수 중의 계수보다 더 믿을 만하다.

먼저, 첫 번째 전환점은 이전에 발생한 적이 없었던 노동력의 보편적 부족, 특히 이로 인한 일반 노동자의 임금 상승으로 자신을 증명할 것이다. 수요에 따라 전환점이 왔는지를 식별해야 하는 이유는 이원 경제 발전의 서로 다른 단계를 나타내거나, 더 정확하게 말하면 이원 경제 발전은 하나의 중요한 발전 단계의 종료를 상징하기 때문에 경제와 사회 정책에 대해 완전히 새로운 의미를 가진다.

둘째, 두 번째 전환점이 오면, 결국 농업은 더 이상 노동력을 밖으로 내보내는 산업이 아니며, 취업자의 진입과 퇴출은 더 이상 추세적인 것이 아니라, 일상적인 직업 선택으로 나타날 것이며, 비농산 산업과 언제 어디서나 쌍방향의 이동이 일어날 것이다.

게다가, 전환점은 경제 발전 사실에 대한 경제학자들의 특징적인 개괄일 뿐이며, 그 정책의 의미는 특정 발전기의 가장 뛰어난 문제를 인식하고 제약을 타파할 수 있는 길을 찾는 데 있다. 따라서, 두 번째 루이스 전환점을 논한다는 것은, 도래할 것인지의 판단을 의미하는 것이 아니라, 이 책 역시 농업과 비농산업의 노동한계 생산력을 추산하는 것이 아니라, 농업의 고용 점유율 하락을 지속적인 과정으로 관찰하고, 다양한 단계의 이론과 현실 요점 및 그에 따른 정책적 함의를 제시하는데 초점을 맞추고 있다.

일반발전 법칙에 따르면 노동생산성을 향상시키는 방법은 세 가지이다. 첫째는 자본의 심화를 촉진하는 것이다. 자본투입을 확대함으로써 자본의 노동비율을 높이면 각 노동자가 설비하는 기계설비가 더 많기 때문에 노동 평균생산성 증가의 효과를 얻을 수 있다. 둘째는 인력자본을 향상시킨다. 노동자의 교육수준 향상이나 기능개선은 다른 요인불변조건에서 노동평균의 생산량을 증가시키는 것이다. 셋째는 전요소생산성을 향상하는 것이다. 요지는 생산요소투입수준이 변하지 않는 조건 하에서 투입품을 더욱 효율적으로 사용함으로써 노동자의 생산을 증가시킨다.

농업 노동생산성의 향상은 의심할 여지없이 이 몇 가지 경로를 따르고, 동시에 이 산업의 특징에 영향을 받아야 하며, 또한 현재 체제 중의 문제에도 제한을 받는다.

우선 루이스 전환점 이후 농업 기계화 수준이 대폭 향상되어 농업노동생산성 향상에 중요한 추진력이 되었다. 예를 들면 1978~2017년 기간에는 농업기계 총동력이 연평균 5.6%의 속도로 증가하였다. 농촌에 노동력 부족 현상이 나타나면서 노동생산성을 높이는 요구가 날로 절실해졌고 2003~2017년 기간에는 노동절약기능을 갖춘 농업용 중대형 트랙터와 그 부속 농기구의 수량이 연평균 성장률은 14%를 웃돈다. 이는 전형적인 노동력 부족이 노동절약형 기술의 변천을 유발하는 과정이자 자본심화의 일반적인 규율에 부합한다.

그러나 농업 물질 투입의 대폭적인 증가는 또한 투자 수익률의 저하 문제를 가져온다. 경제학에서 자본 보수 체감은 다른 생산 요소의 병목 제약 때문에 규칙적인 현상이다. 농업 생산은 주로 자본, 노동, 토지 세 가지 생산 요소를 투입하여 결정한다. 비록 노동력의 무한공급의 특징은 점차 사라지고 있지만, 27%에 달하는 농업노동력이 GDP의 7.6%만을 생산한다는 것은 노동요소가 아직 농업발전의 제약을 이루지 못하고 있다는 것을 말해준다.

토지는 중국에서 확실히 일종의 유한하고 희소식 생산요소이고 그러나 여기서는 경지자원의 총량을 말하는 것이 아니라 의미가 있는 것은 토지의 경영규모이다. 토지의 유전이 아직 원활하지 않고 경영집중도가 높지 않기 때문에 중국의 각 농가가 경영하는 토지의 규모는 이미 작고 분산되어 있다. 제6장에서는 토지경영규모가 협소하여 투자수익률이 현저히 떨어지는 문제를 이미 상세하게 논의하였다.

둘째, 중국의 노동 연령 인구의 교육 수준이 향상됨에 따라 인력 자본은 현저하게 개선되었다. 그러나 농촌 노동력의 배치 왜곡으로 농업 노동력의 인력 자본은 오히려 약화되는 경향이 있다. 현재의 호적 제도와 노동력의 이동 상황 하에서 호적 등록지는 농촌의 노동력이 두 집단으로 분리되어, 일부분은 농촌에 남게 되었고, 대부분 농업 노동력으로 볼 수 있고, 또 다른 일부는 외지로 나가서 일을 하여 본 향진 내와 본 향진을 떠나는 농민공이 되었다.

전체적으로 농업의 이동 노동력은 젊고 높은 교육수준을 가지고 있어, 예를 들면, 2018년 현재 전체 농민공 중 40대 이하 52%, 중학교 졸업 이상 83%의 교육수준을 가지고 있다. 이 중 본 향진에 떠난 외출 농민공은 더 생산적인 인구 특성을 가지고 있다. 반면 농촌에 남아 농사를 짓는 노동력은 나이가 많고 교육수준이 낮다. 호적제도의 존재로 농가 구성원을 각자의 생산적인 특성에 따라 경제활동과 취업지역에서 분할하여 따라서 농촌 노동력 배치의 왜곡된 상황에 대한 제도적 원인이 되었다.

마지막으로, 전요소생산율을 높이는 방법은 체제 개혁, 기술 혁신, 자원 재배치를 포함한다. 과거 40년간의 개혁은, 활력 있는 농업 생산 경영 장려 체제를 확립했고, 농업 과학 연구와 기술의 보급 응용도 매우 진보했다. 현재의 가장 큰 제약 요소는 토지 자원이 경영자들 사이에서 충분히 유동되지 못하기 때문에 보다 효율적인 배치를 위해 가장 유능한 경영자의 손에 집중되지 않았다.

실제로 1980년대 후반부터 농업노동력의 잉여현상이 점차적으로 나타나면서 노동력의 이동압력이 점차 증대함과 동시에 규모의 경제를 이용해야 하는 수요도 생겨났고, 이에 상응하여 토지유동에 대한 요구가 형성되었다. 이것은 바로 제도에 대한 수요로 일종의 토지유동을 유발하는 메커니즘이다.

다년간의 탐구를 통해 농민, 자치 단체와 지방 정부도 많은 경험을 축적하였다. 중국공산당의 19대 보고서는 농촌 토지 제도의 개혁 방향으로서 도급지 '삼권'(소유권, 도급권 및 경영권) 분할 제도를 보완하는 것을 제시하여, 이러한 제도 혁신 실천 경험의 결정체이다. 또한 토지 경영 규모가 확대되는 정도도 농업 노동력의 이동 속도와 안정성과 상호 조건, 상호 제약이 있다.

토지경영의 규모가 협소한 것은 자본보수체감의 법칙이 농업노동생산성의 향상을 제약하고 있다는 것이고, 그러나 노동력의 이동이 철저하지 못하여 인적자본의 축적과 전요소생산성의 측면에서 농업노동생산성의 향상을 제약하고 있다는 것을 알 수 있다.

상술한 두 가지 방향에서 문제 해결을 추진하는 정책은 중국공산당 중앙, 중국국무원이 2019년 4월 15일에 공포한 〈도시와 농촌의 융합 발전 체제와 정책 체계에 대한 건전한 의견〉 수립에 충분히 반영되어 있어, 즉 첫째, 힘이 있게 질서 있고 효과적으로 호적제도의 개혁을 심화시키고, 개별적인 초대도시를 제외한 도시의 정착 제한을 완화하고, 둘째, 농촌의 도급지 '삼권분치' 제도를 완비하고, 법에 의해 집단소유권과 농가도급권을 보호한다는 전제 하에, 토지경영권을 평등하게 보호하여 더욱 활성화시킬 수 있다. 이 두 가지 요구를 실제로 잘 실천해야만 농업노동생산성의 지속적인 향상을 유지할 수 있고, 도시와 농촌의 융합 발전을 지탱할 수 있다.

5. 가로 유동에서 세로 유동으로

중국의 경제 발전은 이미 이러한 단계에 이르렀고 즉 노동력 이동의 목표는 반드시 가로 위주에서 가로유동으로 야기되는 세로유동 궤도로 옮겨져야 한다. 도시와 농촌의 노동시장이 날로 성숙해지는 조건 하에서 농민공은 이미 더 큰 지역 범위 내에서 유동하고, 전체적인 방향은 중서부 지방에서 연해지역으로 흘러 농촌에서 각급 도시로 들어간다.

예를 들어, 2018년 향진에 떠난 지 6개월 이상 된 1억 7,300만 명의 농민공들 중 44%가 경계를 넘고 있는데, 그 중 중부지방에 나가 있는 농민공들의 성간 이동 비율은 60.6%, 서부지방은 49.6%에 이른다. 실제로 이 비율은 몇 년 전에 더 높아졌고 제조업이 연해지역에서 중서부지역으로 이동함에 따라 중서부지역에서 더 많은 일자리가 생겨서 게다가 노동력 부족으로 농민공의 연령이 노화되었고 고향에서 멀리 떨어져 있는 기회비용과 심리비용이 모두 증가하여 성내의 노동력 이동비율이 높아졌다.

노동력 이동과 이동범위가 확대되면서 도시와 농촌의 소득격차가 줄어들 뿐만 아니라 지역 간 임금격차도 눈에 띄게 줄어들었다. 도시주민 소득 대비 농촌주민 소득비율은 2009년 최고수준인 2.67에서 2018년 2.32로 떨어졌다. 2018년 중부지역과 서부지역 농민공 평균임금은 각각 동부지역 평균임금 수준인 90.2%, 89.1%로 임금동일 추세가 더욱 강해졌다.

그러나 이것은 단지 노동력의 가로유동의 효과만을 설명할 수 있다. 사회 이동의 경우에, 완전한 과정은 가로유동의 확대를 통해 사회 계층이 다른 위치에 있는 개인과 가족을 계층 구조 중의 계단을 따라 상승하는 즉, 사회 신분 변화가 나타내는 세로유동의 기회를 더 많이 가져야 한다.

일반적으로 가로유동은 물론 세로유동의 전제조건이지만 필연적으로 세로유동의 원인이 되는 것은 아니다. 우리는 한 사회 집단이 세로유동의 확률을 다음과 같은 몇 가지 요인의 함수로 볼 수 있다. 첫째는 인적자본을 포함한 집단 인구의 특징, 예를 들면 인구 특성, 교육 연수, 기능 등, 둘째는 고용의 성격과 상황, 셋째는 그들이 얻을 수 있는 상승의 기회이다. 마지막으로 그들이 처한 상태가 안정성 또는 동태성을 갖는지 여부이다.

전체적으로 농민공은 이러한 요인면에서 많은 개선을 이루었으나, 호적제도가 도시시민이 되는 것을 막았기 때문에 도시에서의 취업과 생활은 도시호적 인구에 비해 많은 열약한 특징을 가지고 있기 때문에 사회통합, 기회획득, 상승확률 등의 측면에서 더 큰 장애에 직면하게 되었고, 따라서 사회적 세로유동 측면에서 여진히 불리한 위치에 있다. 한 표본조사 결과를 통해 묘사적인 통계 분석[1]을 통해 우리는 몇 가지 측면에서 관찰할 수 있다.

우선 취업의 성격상 현행 체제와 사회환경에서 취업의 부문별, 단위유형, 소유제적 성격과 업종별 특성 모두 특정 근로자 집단의 사회적 계단 위치와 상승 전망을 어느 정도 제시할 수 있다. 이러한 측면에서 농민공은 6년 전(2016년 대비 2010년)에 비해 크게 개선되었다. 그러나 시간이 지남에 따라 농민공의 개선 폭은 농민공과 도시 호적 거주자의 격차만큼 크지 않는다.

행정 및 사업체, 공유제 기업과 비교적 대규모 기업에 진입하는 상황을 한 가지 세로유동 지시기로 본다면, 농민공은 이러한 면에서 개선됨과 동시에 도시 호적 인구와 여전히 차이를 유지하고 있다. 예를 들어, 행정 및 사업체의 고용 비율은 농민공이 2.5%에 불과하지만, 도시 호적 주민 비율은 17.8%에 달한다. 국유기업이나 집단기업에서 취업하는 비율은 농민

---

[1] 2016년, 중국사회과학원인구와 노동경제연구소는 상해, 우한, 선양, 복주, 시안, 광주 6개 도시에서 노동력 조사(약칭 CULS)를 진행했다. 상해와 광주에서 목표 표본 크기는 현지 호적 가구 700가구, 외래 인구 가구 500가구, 선양, 복주, 우한, 시안에서 목표 표본 크기는 현지 호적 가구 600가구, 외래 인구 가구 400가구를 포함한다.

공이 7.4%인데 반해 도시 호적주민은 24.5%이다. 20인 이상 규모의 기업의 취업비중은 농민공이 45.7%이고 현지 주민이 73.5%이다.

두 번째는 노동보수, 사회보장, 기타 처우를 보면 농민공의 평균임금 수준은 6년 전과 비교해 현저하게 향상되었는데, 2010년 2,855위안에서 2016년 4,965원으로 인상폭이 73.9%에 달했다. 이와 동시에 농민공과 도시 호적을 가진 노동자 간의 임금격차도 줄어들어 2016년 도시 호적노동자 평균임금은 5,528위이었다. 임금 중위수로 보면 농민공은 6년 동안 두 배로 높아졌고, 이미 도시 호적노동자 수준과 비슷한 수준이 되었다.

그러나 농민공의 고용 안정성은 상상한 바와 같이 여전히 미흡하다. 근로계약을 체결한 농민공 비율은 24.1%에서 39.0%로 높아졌지만 여전히 도시 호적 노동자보다 31.4% 낮다. 농민공의 사회보험 가입 비율은 크게 높아졌지만 여전히 도시 호적공보다 현저하게 낮다. 단 한번도 주택을 분배받은 적이 없기 때문에 보조금을 받을 기회가 없고, 주택 구입할 능력이 없고 예상도 없으며, 농민공의 주택의 자가 임대 비율은 매우 높다(표 7-1).

표 7-1 농민공과 도시지역근로자의 사회보험 참여율(%)

	농민공		현지주민
	2010	2016	
사회노령보험	10.84	32.52	74.02
의료보험	9.43	31.48	70.69
실업보험	7.17	25.76	54.32
산재보험	8.55	27.53	52.96
자가임대율	79.61	76.09	12.01

자료출처: 2017년 CULS 데이트로 계산.

마지막으로 인적자본의 재질을 보면, 기타 인구 특징과 같이 농민공의 평균 교육 정도도 개선되었고 동시에 도시 지역 노동자들과는 일정한 차이가 있다(표 7-2). 대략 추산한 1인당 교육 연수면에서는 이것을 분명히 볼 수 있다. 그러나 특히 농민공의 교육 분포는 경미한 양극화 추세, 즉 초등학교 및 이하 부분은 감소하지 않고 중·고등학교 부분은 감소하였으며, 전문대학 및 그 이상의 부분은 현저하게 증가하였음에 주목한다. 이 것은 실제로 농민공의 연령 구성의 변화 추이를 반영하였고, 즉 농촌 고등학교와 중학교의 신입 졸업생 수가 감소함에 따라 농민공의 연령 교체 속도가 느려지고 연령이 노화되는 경향이 있다. 따라서 한편으로 젊은이들의 교육 수준이 갈수록 높아지고, 다른 한편으로 연령이 비교적 높고 교육 수준이 낮은 농민공의 비중은 증가하여 현재와 같은 인적자본의 분포를 이루었다.

표 7-2 농민공과 도시지역 노동자의 교육구성

	농민공		도시현지주민
	2010	2016	
초등 및 이하	14.0	14.5	2.4
중등학교	52.3	43.2	19.6
고등학교나 중등기술	25.0	22.3	33.4
전문대학 및 이상	8.8	19.9	44.6
교육 연수(연)	9.9	10.5	13.9

비고: 교육연수과 저자는 다음과 같은 가정에 따라 '초등학교 이하'는 6년, '중학교'는 9년, '고등학교 또는 중기술'은 12년, '전문대학 이상'은 농민공과 도시민에 대한 교육연수 권한을 각각 15.5년과 18년으로 추정한다(그 이유는 농민공이 이 그룹에 더 많은 전문대생이 있는 반면 도시 거주자는 그룹 전체에 더 많은 대학원생이 있다고 가정하기 때문이다).
자료출처: 2017년 CULS 데이트로 계산.

또 서비스업을 저기능, 중등기능과 고기능으로 구분해 농민공은 6년 전(2016년과 2010년)에 비해 중등기능, 고기능 업종에 더 많은 비율을 취업하는 것을 볼 수 있다. 그러나 도시 호적 노동자의 취업보다 농민공은 여전히 저기능 업종에 더 집중하고 있다. 예를 들어 농민공의 고기능 업종 취업 비율은 2010년 9.6%에서 2016년 15.0%로 높아졌지만 여전히 도시 호적 노동자보다 23.6% 낮다.

보다 거시적인 측면에서 볼 때, 다음과 같은 사실들도 대규모 도시진출 농민공들은 충분한 세로유동 기회를 얻지 못했다. 2018년 농민공의 월평균 임금은 3,721위안이고 그 중 향진에 떠난 외출 농민공의 평균 임금은 4,107위안이다. 그들의 가족부양계수를 고려하더라도, 어떤 정의에 따르면, 이 수입은 통상적인 의미의 중위소득집단의 기준에 도달한다[1]. 그러나 호적제도의 한계로 인해 그들은 도시의 기본적인 공공 서비스를 균등하게 누릴 수 없었고, 소비성향을 개발하지 못한 후유증을 가지고 있었기 때문에 진정한 의미의 중위소득층이라고는 할 수 없었다.

마찬가지로 호적제도로 인해 외출 농민공의 자녀는 고향에 남아 잔류 아동이 되든지, 또한 부모에 따라 이주하여 이동 아동이 되든지, 획득된 의무 교육 기회와 질은 모두 부족하기 때문에, 쉽게 세대 간의 직업이 고착화되어 사회 계층이 고착화되는 결과를 낳게 된다. 또한, 외출 농민공의 거주와 취업의 기대는 불안정하고, 교육을 받을 기회는 적고 의욕도 낮기 때문에 직업 발전의 공간이 크게 줄어들게 된다.

도시화가 사회 이동의 기능을 더욱 충분히 발휘하기 위해서는 노동력의 가로유동에 기초하여 인구와 가정의 세로유등을 추진해야 한다. 사회의 공평한 정도를 반영하는 사회(세로) 유동성은 전체 사회 정책의 종합

---

[1] 차이팡: 〈중위소득층을 어떻게 육성하는가〉, 차이팡 〈중국 이야기에서 중국의 지혜로〉, 쓰촨인민출판사 2019년판, pp. 219-230.

적인 결과이자 정책 조정의 중요한 근거가 된다. 소득분배 상황을 현저히 개선하고 기본적인 공공서비스의 차별을 축소 내지 제거하는 사회정책목표를 실현하기 위해서 가장 중요한 단계와 기대효과의 가장 뚜렷한 역점은 바로 기본 공공서비스 수요를 만족시키고 인구이동의 체제적 폐해를 제거하는 것에서부터 시작하여 농민공과 그 가정을 진정한 의미의 중위소득층으로 육성하는 것이다.

6. 농민공의 정착을 촉진하는 체제 개혁

2018년 전체 1억 7,300만 명의 외출 농민 노동자 중 78.2%가 각급 도시에 들어갔고 총수는 1억 3,500만 명이다. 현재 문제는 그들이 주로 도시 진입을 영주권자가 아닌 임시 노동자로 하는 것이다. 중국에서 현재 해결해야 할 문제로 볼 때, 이러한 진입 신분 전환은 점점 더 두드러지는 절박성을 가지고 있다.

현재 중국에서 노동력의 세로유동을 늘리는 관건은 농민공 집단이 도시의 취업 부문과 사회 생활로 편입될 수 있는 문을 보다 고차원적이고 심도있게 열어주는 것이다. 일반적으로 일정한 경제 발전 단계에서 노동시장 자체는 발전 성과를 공유하게 할 수 있다. 예를 들어, 이원적 경제 발전 시기에 산업화와 함께 고용이 확대됨으로써, 노동자들의 비농산업에 대한 참여가 대폭적으로 증가되고 임금 노동자가 됨으로써 가계 소득이 증가하게 된다. 그리고 경제 발전에서 루이스의 전환점을 넘어서게 되면, 일반 노동자와 저소득 가정은 임금 상승으로 이익을 얻을 수 있다.

그러나 경제 발전이 갈수록 신고전적 성장특징을 가지게 됨에 따라, 즉 이때 생산요소의 축적이 더욱 엄격한 제약을 받게 되고 생산요소의 재배치 공간도 현저히 줄어들게 되며, 그에 따라 체제개혁도 더 이상 파레토 개선의 성격을 띠지 않게 된다. 일반적으로 생산성의 향상에 필요한 창조적 파괴과정이나, 개혁에 의해 불가피하게 피해를 입는 사람의 성격은 소득분배의 개선과 기회균등화에 의존하여 재분배정책을 점점 더 필요로 하게 된다.

중국의 특수국정 하에서, 한편으로는 여전히 수입과 나눔의 기회를 개선할 여지가 존재하지만, 다른 한편으로는 사회정책의 보호수준을 점차 확대해야 하여, 양 측면 모두 노동력의 가로유등 경로를 더욱 소통시킴과 동시에 사회의 세로유등의 사다리를 건설하는데 있다. 이 두 가지 이동방향을 저해하는 체제기제의 장애를 타파하는 핵심조치는 바로 호적제도의 개혁이다. 왜냐하면 이 제도는 존재 자체가 아직 진입이 불충분하다는 것을 의미할 뿐만 아니라, 또한 일련의 기타 기본적인 공공서비스의 불균등을 초래하는 제도적 근거이기 때문이다.

호적제도의 개혁은 결코 철판같은 것이 아니며 또한 시종일관 규탄할 만한 중대한 돌파구가 없다. 만약 호적제도를 '내핵'과 '외곽'의 두 부분으로 구성한다고 본다면, 사실 이 개혁은 줄곧 외곽에서 적극적으로 추진되고 있다. 예를 들면 인민공사 체제, 티켓 제도, 도시 취업 제도 등 방면의 성공적인 개혁으로 인해 농민공의 도시 장기 취업과 주거를 실현하고, 상주 인구의 도시화율을 대폭 향상시켰다.

지금까지 호적제도는 여전히 도시에서의 노동력의 안정적 정착과 고용을 저해하는 기능을 발휘하고 있다. 도시화의 속도는 유례가 없고 그러나 호적제도의 개혁은 점진적인 추진방식을 채택하고 있어, 양자의 리듬은 완전히 동기화되지 않았다. 오랫동안 외출 농민공과 그 이주 가족은 상주 도시 인구로 집계되었지만 도시 호적을 얻지 못해서, 이 도시화 과정은 미시적인 측면에서 농민공 개인의 평생 취업 주기의 '왔다 갔다래' 패턴을 보였다. 농민공의 시민화를 핵심으로 하는 호적 제도의 개혁을 추진하고 완성해야만 노동력 이동을 지속적으로 진행하여 농민공과 그 가정을 도시에 가라앉힐 수 있다.

그러나 농민공들이 완전한 의미의 도시민이 될 수 없다는 사실은 호적제도의 핵심이 아직까지 근본적으로 와닿지 않고 있다는 것을 말해준다. 따라서 농민공의 도시진출은 취업자로서의 신분일 뿐 호적주민으로의 진입로는 끝내 열리지 않는다. 통계적으로도 상주인구 도시화율과 호적인구 도시화율 사이에 계속 구멍이 뚫려 2017년 전자는 58.5%, 후자는 42.4%였다.

만약 과거 40년 동안 도시화를 촉진한 호적제도의 개혁이 '외곽'에서 '내핵'으로 가는 경로를 따랐다면, 지금은 '내핵' 부분의 돌파를 위한 집중 공략이 필요하다. 호적제도의 가장 중요한 개혁인 농민공의 시민화가 어려운 이유는 개혁수익과 개혁비용의 관계 비대칭성 때문이다. 연구에 따르면 호적제도 개혁은 비농산업에 대한 노동참여와 자원 재배치 효율을 높임으로써 중국 경제의 잠재성장률을 현저히 높일 수 있다[1]. 호적 제도 개혁은 눈에 띄는 개혁 배당금을 낳을 수 있다는 것을 의미한다.

그러나 이러한 실질적인 개혁배당금은 오히려 개혁비용의 직접지불책임을 지고 있는 지방정부로부터 배타적인 방식으로 얻을 수 없기 때문에 중앙정부와 지방정부의 개혁 추진문제에 대한 격려가 서로 맞지 않게 되었다. 따라서 호적제도의 개혁을 추진하여 농민공과 그 가정이 시민으로 도시에 진출하는 관건을 실현하고 중앙정부에서는 개혁에 대한 최상층 설계를 진행하고 개혁비용의 분담과 개혁수익의 나눔을 혁신적으로 안배하여 격려의 용납을 형성하였다.

호적제도의 개혁으로 얻은 잠재적 수익을 고려할 때, 중국 경제의 지속

---

[1] Fang Cai and Yang Lu, "The End of China's Demographic Dividend: The Perspective of Potential GDP Growth", in Fang Cai, R. Garnaut and L. G. Song(eds.), *China: A New Model for Growth and Development*, Australian National University E Press and Social Sciences Academic Press, 2013, pp. 55-74.

가능한 성장과 중국 사회의 공평하고 정의로운 향상에 커다란 정외적 효과가 있고 이 개혁은 사실상 전국적 범위와 최고 차원의 공공재 성격을 가지고 있다. 따라서 중앙정부가 더 큰 지출 책임을 지고 필요한 개혁 비용을 매몰시키는 것은 진정으로 개혁을 추진하여 효과를 거둘 수 있는 기폭점이 될 수 있다.

7. 맺음말

1970년대 말에 시작된 중국의 경제 개혁은 생산 요소의 축적과 배치의 체제 장벽을 단계적으로 타파하여 중국 경제의 고속 성장의 충분한 조건을 창조하였고, 특정한 인구 전환 단계는 개혁 시기의 고도로 중복되어 고속 성장에 필요한 조건을 제공하였고, 중국의 특색 있는 도시화는 개혁, 발전과 나눔을 같은 과정으로 융합하여 잠재 성장률을 경제 발전 기적의 과정 캐리어로 전환시킨다.

농업 잉여 노동력이 저생산성 농업에서 퇴출되어 도시와 농촌간, 지역간, 산업간 이동하게 되고 나아가 고생산율이 도시부문에 진입하게 됨으로써 중국 특색의 도시화의 과정과 내실을 구성하게 됨은 물론 중국 경제 발전의 성공담을 설명하고, 그 발전경제학의 일반적인 의의를 제고시키며, 나아가 개혁과 발전 논리를 더욱 발전시키는 유익한 각도를 제시하게 된다.

먼저 이러한 경험이 중국 자신의 지속적인 발전에 대한 함의를 살펴보았다. 중국 특색의 도시화의 경험은 중국의 경제 발전은 전통 체제에 대한 개혁 중에 실현된 것이며, 미시적인 격려를 창조할 뿐만 아니라 거시적인 능률을 얻었고, 거의 모든 경제 성장, 구조 조정과 사회 변천 법칙에 부합할 뿐만 아니라, 또한 중국 국정과 밀접하게 결합되었고, 중국의 특정 시기에 처한 경제 발전 단계, 인구 전환 단계 및 당면한 체제 유산과 상응한다. 같은 논리를 따르며 이미 성공한 경험은 발양될 수 있다.

이와 동시에, 중국의 경제 발전 단계는 결국 중대한 변화가 발생하였고 객관적으로는 중국이 변화된 상황에 순응할 것을 요구하며, 기존 경험의 내실을 새롭게 하고, 미완의 개혁, 도시화 나아가 경제 발전 과제를 완수하기 위해서다.

다음으로 이러한 경험들이 어떤 더 일반적인 의미를 가지고 있는지 본다. 각국은 모두 자신의 발전에 필요한 조건이 존재하며, 그리고 항상 독특한 것이다. 이 장에서 비교우위가 아닌 경제 성장의 필요조건이 강조된 것은 비교우위라는 개념과 비교하여 필요조건은 개념적으로 내용이 더 풍부하고 외연이 더 풍부하기 때문이고, 그러나 실천적으로 말하면 필요조건은 공급측 요인만 고려하면 되어 수요측과 주기적인 요인을 고려하지 않아도 되기 때문에 구체적으로 파악할 수 있다.

이로부터 출발하여 중국은 도시화로 대표되는 개혁과 발전경험에 대하여 아래의 질문에 답함으로써 일반적인 발전문제를 해결할 수 있다. 첫째, 개혁을 통해 생산요소의 축적된 격려문제와 생산요소의 재배치 메커니즘 문제를 해결하고 필요조건을 실제 경제 성장으로 전환한다. 둘째, 노동력의 재배치에 입각하여 더욱 충분한 고용을 촉진하고 개혁, 개방, 발전과 나눔을 일체화하여 사회 전체의 개혁에 대한 공감과 지지를 얻어 지속적으로 추진할 수 있다. 셋째, 발전단계 변화에 따라 경제 성장의 새로운 조건을 유지하고 발굴하기 위해 끊임없이 개혁의 중점적인 발전방식을 조정한다.

그러나 도시화는 유익한 것이라고 말할 때, 더욱 중요한 것은 발전의 일반적인 규율을 구현하는 과정이고 자신들은 마땅히 시대와 함께 발전하는 품질을 가져야 하고, 즉, 상이한 발전의 임무에 직면하면 모두 독특한 작용을 발휘하여 경제 사회 발전의 목표를 하나로 융합시킬 수 있다.

자원의 재배치 운반체로써 중국의 고속성장 시기에 인구배당금을 실현하는 것을 돕는 임무를 완성한 후, 더 높은 발전 단계의 도시화는 경제일체화와 사회통합의 기능을 수행하여야 하며, 중국이 중위소득함정을 넘어서 성장중의 고민을 극복하도록 추진해야 한다. 그러나 과업의 중점이 어떻게 변하든 상관없이 다음 단계의 도시화는 여전히 자원을 붉은 선으로 재배치하여 노동생산성의 향상을 목표로 한다.

제8장

개혁의 자원 재배치 효과

1. 머리말

1978년 중국공산당 제11계3중전회 소집을 시작으로 중국의 개혁개방은 이미 40년의 과정을 거쳤다. 공자가 말한 '40불혹'을 여기에 사용, 40년 정각에 개혁개방에 대한 총화를 진행한다는 것은 20년과 30년 시기와는 달리 더욱 완전한 과정과 더욱 확실한 사실이 우리의 인식을 더욱 분명하고 심각하게 하는데 도움이 될 것이다. 특히, 점점 더 풍부한 경험적 증거는 경제 성장과 개혁의 관계뿐만 아니라 개혁의 내용과 방식 및 성장 성과와 그 정도와의 관계를 설명하는 데도 도움이 될 것이다.

앞 장에서 서술한 도시화 과정은 물론 뚜렷한 중국 특색을 가지고 있지만, 우리는 여전히 더욱 일반적인 내의를 추출해 내야 한다. 예를 들면, 도대체 중국 특색의 도시화 과정은 어떤 방면에서 얼마나 많은 부분을 개혁 시기의 고도 성장에 동력 에너지를 제공하였는가 하면, 이것은 충분한 풍부한 경험 소재와 충분한 심후한 역사 안목을 가지고 있어야만 분석이 철저하고 더욱 일반적인 결론을 얻을 수 있다.

지금까지 경제학에서는 이미 풍부한 문헌을 축적하여 중국 경제 개혁을 연구하기 시작했다. 전반적으로 국내 학자들은 일차 자료를 파악하는 우세를 갖추고 개혁 과정에 대해 기술하거나, 계량 방식으로 경험 총화를 진행하는 문헌이 많다. 그러나 국외에는 계량 연구 외에도 일부 영향이 있는 연구들도 비교의 시각을 통해 중국 개혁을 일반적인 발전과 제도의 변천 법칙과 관련지어 더욱 많은 관심을 받게 되었다.

도시화는 개혁의 촉진발전과 나눔의 핵심 과정이기 때문에 이는 자원 재배치 효과이다. 이 방면에 있어서 지금까지 많은 영향력 있는 연구는 바로 개혁의 자원 재배치 효과를 충분히 제시하지 못했기 때문에 그 해석력이 부족을 초래하다. 이와 동시에 우리도 관련 연구 패러다임을 기준점으로 삼을 수 있고 일단 자원 재배치 내핵에 들어가면 경제학의 개혁개방 발전 공유에 대한 해석력이 더욱 강해지는지를 볼 수 있다.

중국의 개혁에 대하여 '워싱턴 컨센서스'의 신봉자들은 선험적인 체제 목표 모델을 제시하였고 간단하게 신고전적 성장 이론을 채용한 학자들도 서양의 경제 발전 경험을 과감하게 규준을 설정하였고 이로써 중국의 개혁이 철저하고 성공적이었는지에 비추어 볼 때 중국의 성장은 '기적'이라고 할 수 있는가? 지속가능성이 있는가?

예를 들어, 양과 크루그먼 등은 중국 개혁 기간의 성장은 수년 전에 그들이 비판한 동아시아 경제와 유사하며, 조방하고 지속 불가능하다는 일관된 이론의 출발점과 경험 방법을 따르고 있다[1]. 이러한 판단은 중국이 처한 이원적 경제 발전 단계의 특성을 완전히 무시한 것이고 동아시아 경

---

[1] Alwyn Young, "Gold into the Base Metals: Productivity Growth in the People's Republic of China during the Reform Period", *Journal of Political Economy*, Vol. 111, No. 6, 2003, pp. 1220-1261; Paul Krugman, Hitting China's Wall, *New York Times*, July 18, 2013.

제에 대한 그들의 판단과 마찬가지로, 그 정확성은 이미 사실로 부정되었다. 이들 연구자들은 노동력의 무한공급이 자본보수의 체감율을 막을 수 있다는 법칙의 작용을 이해하지 못했을 뿐만 아니라 자원의 재배치가 전 요소생산성을 높이는 효과도 간과하였다.

이러한 연구에는 중국 개혁이 따르는 자신의 논리와 독특한 방식을 충분히 제시하지 못한 단점도 있다. 비록 일부 연구자들은 중국 개혁 방식을 상세히 설명하려고 시도하거나[1], 사실과 국제 비교 결과 앞에서 중국 개혁 방식의 성공을 인정하려고 시도하지만[2], 또한 종종 중국의 개혁개방 시기에 인민 생활이 현저하게 개선됨과 동시에, 오히려 거대한 수입 격차의 모순 현상을 형성했다는 것을 설명할 수 없다. 그들은 이러한 해석상의 철저하지 못한 존재를 내버려두고 종종 '단서적' 방식으로 성취와 문제점을 병렬한다.

자원재배치 과정을 똑똑히 설명해야만 경제 성장의 기적과 민생 개선의 사실을 동시에 설명할 수 있다. 비록 소득분배에는 영향을 미치는 요소가 많지만 자원재배치에 따른 요소가격균등화효과는 결국 효과를 발휘하게 된다. 또한 점진적 개혁 성공의 요지는 관련 당사자에게 심한 충격을 주지 않으면서 비효율적인 저축량을 언제 어디서나 재배치하여 경제성장의 원천으로 전환하고, 개혁의 지속적 추진을 역으로 뒷받침하며 개혁과 개방의 정치적 공감대를 증진시키는 것이다.

장기적으로 신고전적성장이론을 변호하는 바로 등은 제도적 요소를

---

[1] Justin Lin, Fang Cai and Zhou Li, *The China Miracle: Development Strategy and Economic Reform*, Hong Kong: Chinese University Press, 2003; Barry Naughton, *Growing Out of the Plan: Chinese Economic Reform*, 1978-1993, Cambridge University Press, 1996.

[2] Jeffrey Sachs, Lessons for Brazil from China's Success, transcript, São Paulo, November 5, 2003.

포함한 일련의 변수를 성장 회귀에 포함시켜 조건의 동일 요소 중 하나로 삼는다[1]. 그러나 그들 모델에서 선택된 제도 변수는 반드시 중국 경제 개혁의 대상이 되는 체제 요소와 일치할 수 없다. 예를 들어 체제 요소에 대하여 그들은 종종 정부 지출의 비중을 부적절한 개입의 대리 변수로 삼는다. 이것은 아마도 일부 개발도상국에 대해 부정적인 요인이 될 것이고, 그러나, 중국의 개혁개방 시기에 고속성장의 중요한 특징은 정부가 적극적인 역할을 발휘한다는 것이다. 따라서, 소위 동조하는 철칙을 간단하게 적용해서 중국 경제에 대해 잘못된 예측을 하였다[2]. 이 모델들 중 중국에 대한 설명력이 있는 부분이라 하더라도 동성성장의 일부 필요조건만 보았을 뿐 배후에서 가장 중요한 핵심인 커널-자원 재배치 효과는 볼 수 없기 때문에 중국의 고속성장의 원천을 설명할 방법이 없다.

일부 경제학자들은 중국이 가지고 있는 유리한 인구조건을 보고 인구배당금의 성장중의 작용을 제시하였으나[3], 끝내 중국식의 이원적 경제 발전의 메커니즘은 꿰뚫고 있지 않았고, 유리한 인구구조가 어떤 경로를 통해서 인구배당금으로 실현되고, 나아가 고속 경제 성장으로 전환되는지에 대한 문제를 명확하게 설명하지 않았다.

이러한 연구에서 결여된 것은 경제 발전 단계의 시각이다. 신고전적 성장 이론에서 출발하여 노동력의 무한 공급 특징을 갖는 이원적 경제 발전 단계 하의 특별한 성장 원천인 인구배당금, 특히 중국의 인구배당금과 그것을 성장 원천으로 실현하는 경로를 알지 못하기 때문에 요소를 투입하

---

[1] Robert J. Barro and Xavier Sala-i-Martin, *Economic Growth* (Second Edition), Cambridge London: The MIT Press, 2004.

[2] Robert J. Barro, "Economic Growth and Convergence, Applied Especially To China", *NBER Working Paper*, No. 21872, 2016.

[3] Feng Wang and Andrew Mason, "The Demographic Factor in China's Transition", in Loren Brandt and Thomas G. Rawski (eds.), *China's Great Economic Transformation*, Cambridge, New York: Cambridge University Press, 2008.

여 구동하는 경제 성장 성과와 지속 불가능한 것처럼 보이는 성장 방식 사이의 모순을 이론적으로 일치되게 설명할 수 없다.

발전경제학의 전통은 구조 진화 법칙론이다. 쿠즈네츠와 첸나리 등은 이 전통을 개척하여 생산성 향상을 유도하는 산업 구조의 변화가 경제 발전에 미치는 의의를 제시하였고[1], 아오키 마사히코도 중국 경제가 겪고 있는 쿠즈네츠 과정에 대해 중국을 포함한 동아시아 경제 연구에 적용했다[2]. 이런 연구는 더욱 경험에 치중하고, 선험적 결론과 고유의 선입견에 구애받지 않는다. 그러나 이러한 구조적인 진보 법칙이 널리 받아들여진다 하더라도 현실에는 거대한 국가 차이가 존재하고[3], 중국의 진면적인 연구로 인해 독특한 진로에 대한 인식은 여전히 부족하다고 생각한다.

본 장에서는 기존 연구의 부족을 보충하는데 착안하여 중국이 개혁 시기에 처한 경제 발전 단계와 그 변화에 입각하여 노동력 자원의 재배치 관점에서 관련 개혁 과정을 설명하고, 경험적으로 그것이 가져온 경제 성장과 구조 조정의 효과를 제시하였다. 특히 중국 경제 발전의 기적에 대한 충분한 조건, 메커니즘, 구조적 시각과 단계의 변화, 그리고 그것의 추가적인 개혁과 발전에 대한 함의에 대하여 대답하려고 하였다.

---

[1] 시몬·쿠즈네츠 〈각국의 경제 성장: 총생산액과 생산구조〉, 상무인서관1985년판; [미]홀리스·첸나리, [미]모이언·셸쿤: 〈발전의 모델 1950-1970〉, 경제과학출판사1988년판.

[2] Masahiko Aoki, "The Five Phases of Economic Development and Institutional Evolution in China, Japan, and Korea", in Aoki, Masahiko, Timur Kuran, and Gérard Roland (eds.), *Institutions and Comparative Economic Development*, Basingstoke: Palgrave macmillan, 2012, pp. 13-47.

[3] [미] 홀리스·첸나리, [미]모이언·셸쿤: 〈발전의 모델 1950-1970〉, 경제과학출판사1988년판, p. 14.

2. 자원 재배치는 왜 중요한가?

연구가들은 중국의 개혁개방과 그에 따른 경제 성장성과에 대하여 대량의 연구를 진행하였는데, 관련 경제학 문헌은 일반적으로 중국의 고속 경제 성장이 왜 발생하는지, 개혁은 어떻게 추진되고 있는지, 그리고 통계적 의미에서의 경제 성장성과는 어디에서 왔는지에 대한 세 가지 질문에 집중한다. 세 번째 즉 '어디서 왔는가'의 질문은 이미 제 5 장에서 상세하게 토론하였는데, 여기서 주로 '왜'와 '어떠한가'의 질문, 즉 고속성장의 발생과 추진 메커니즘에서 출발하여 자원 재배치의 의의를 인식하게 된다.

'왜'의 질문에 대답하는 것은 바로 중국 경제가 왜 개혁 동안에 전례 없는 고속 성장을 이루었는지를 상세히 설명해야 하는 것이고, 즉 개혁과 성장 성과와의 관계이다. 발전경제학, 제도경제학과 성장 이론 문헌은 모두 지적 재산권 보호와 경쟁을 촉진하는 체제 환경 및 정부의 기능을 적절하게 규정하는데 유리하며, 모두 경제 성장에 유리하며, 낮은 발전 수준에 있는 국가의 선진국으로의 생활 수준 추이를 돕는다. 따라서, 성장을 저해하는 핵심 요소를 찾아내고 이를 바로잡기 위한 경제 개혁은 전통적인 체제의 폐해를 제거하거나 약화시키기 때문에 성장 속도를 높이는 효과를 기대할 수 있다.[1]

절대다수의 연구들은 이 성장성과가 개혁개방의 결과, 즉 미시적 단계의 동기부여 메커니즘의 개선, 가격신호의 교정, 제품시장의 발달, 생산요소의 유동적인 체제장애의 제거 및 대외개방을 통한 기술, 자금 및 경쟁 도입으로 이 발전단계에서의 중국의 잠재성장능력을 향상시켰으며 실제성장을 실현하였다. 예를 들면, 중국 경제의 전환에 관한 한 저서에서,

---

[1] Loren Brandt and Thomas G. Rawski, "China's Great Economic Transformation", in Loren Brandt and Thomas G. Rawski (ed.), *China's Great Economic Transformation*, Cambridge·New York: Cambridge University Press, 2008, p.9.

중외 45명의 작가는 중국 경제가 이룬 현저한 성과는 계획경제에서 시장 메커니즘으로, 단일 공유제에서 각종 소유제의 병존, 폐쇄에서 경제 글로벌화에 참여하기 위한 중대한 전환에 귀착되어야 한다는 데 인식을 같이 하였다[1].

개혁 전에 중국이 실행한 계획경제 모델의 폐해는 일련의 체제 요인이 경영자와 노동자에 대한 격려 메커니즘을 손상시켰을 뿐만 아니라 자원의 비효율, 무효 내지 심지어 잘못된 배치를 초래하였다는 데 있다. 전통 체제가 형성되었을 때 중국은 이미 전반적으로 경제의 내권화 과정을 완성하였고, 즉 농업에 대량의 잉여 노동력을 축적하여 이원 구조 사회와 불균형한 자원 배치 구조를 형성하고 노동력의 이동을 특징으로 하는 이원 경제 발전을 시작해야 한다.

그러나 급하게 공업화 국가를 따라잡는 데 강력한 희망, 게다가 공업화에 대한 인식의 오도와 제한된 선택 공간은 계획경제 체제에 대한 선택을 야기하고 생산 요소의 흐름을 방해함으로써 쿠즈네츠식의 산업 구조가 변천한다. 이러한 체제하에서의 자원 오배분의 구조는 도리어 무효한 동기부여 메커니즘을 규정함으로써 저하의 생산성과 성장 표현을 초래하고 악순환을 초래한다.

일반적으로, 장기간의 동기 부여 메커니즘의 결핍으로 자원 배치의 효율을 억제하는 경제 체제에 직면하면, 이 악순환에서 미시적인 동기 부여의 부족을 타파하는 단계에서부터 시작하여, 파레토의 개선된 방식으로 개혁을 추진하고, 나아가 자원 배치 방식을 변화시켜 자원 배치의 잘못된 구조를 교정할 수 있다. 과거 40년간의 중국 경제 개혁은 기본적으로 이 경로를 따라서 진행되었는데, 이로써 인구배당금을 현금으로 바꾸었으

---

[1] Loren Brandt and Thomas G. Rawski, "China's Great Economic Transformation", in Loren Brandt and Thomas G. Rawski (ed.), *China's Great Economic Transformation*, Cambridge·New York: Cambridge University Press, 2008, p.9.

며, 중국 경제의 잠재 성장률을 변화시켰고 인류 역사상 보기 드문 고속 성장을 실현하였다. 이것이 바로 생산력을 해방하고 성장을 촉진하는 경제학의 이치이다.

'어떻게'의 질문에 대한 대답은 중국의 개혁방식이 어떤 독특한지를 비교에서 제시한다. 초기 관찰은 이러한 개혁경로가 예전과 연결됨을 강조하고, 예를 들면, '계획에서 자라났다'는 노튼Barry Naughton의 유명한 새로운 체제 표현[1], 그리고 연구자들이 일반적으로 관찰한 개혁의 점진적 성격과 증량개혁에 초점을 맞춘 특징[2], 이것은 러시아와 폴란드가 동시에 가격을 풀고 국유기업을 사유화하는 '쇼크 요법'과 다른 계획경제국가의 궤도와 구별된다. 나아가 연구자들도 중국의 개혁은 경제 성장을 쇠퇴시키지 않았기 때문에 시종일관 기본적인 민생을 보장했을 뿐만 아니라 개혁 자체도 전체 주민의 생활 수준을 향상시키는 것을 지향하는 특징을 가지고 있다고 관찰하였다[3].

이와 관련 있는 중요한 문제는 즉, 중국 발전의 포용성에 관한 문제는 때때로 연구자들에게 무시되거나 논리에 부합되지 않는 결론을 얻어낸다. 대부분의 학자들은 중국이 주민 소득의 전반적으로 향상됨과 동시에 소득 분치의 불균등도가 높아지는 추세를 보이고 있으며, 지금까지도 여전히 매우 높은 수준에 있다는 것에 주목한다.

중국 국가통계국이 발표한 데이터에 따르면, 2018년 중국의 주민소득 지니계수는 0.474이다. 일부 학자들은 자신의 연구 결과를 통해 중국 주

---

[1] Barry Naughton, *Growing Out of the Plan: Chinese Economic Reform*, 1978-1993, Cambridge University Press, 1996.

[2] Justin Lin, Fang Cai and Zhou Li, *The China Miracle: Development Strategy and Economic Reform*, Hong Kong: Chinese University press, 2003.

[3] Fang Cai (ed.), *Transforming the Chinese Economy*, 1978-2008, Introduction, Leiden, Boston: Brill, 2010.

민들 사이의 실제 소득 격차가 훨씬 더 크다고 주장했다. 예를 들면, 소득 분포의 빈부 양단 데이터를 더 완전하게 얻으려고 하여, 왕소루는 통계수치에서 포착되지 않은 대규모 회색소득[1]을 제시했고, 감리 등은 2010년의 지니계수가 0.61에 더 높았다는 것을 계산했다[2].

각종 수입의 불균등 정도를 나타내는 지표에 따르면, 우리는 물론 개혁개방 시기에 수입격차가 확실히 확대되어 가는 것을 인정해야 하고, 또한 국제기준에 의하면 중국은 비교적 높은 수입격차 수준을 가지고 있다. 그러나 전체적으로 말하면 중국 도시와 농촌주민들은 시기별로 각각 혹은 동시에 몇 가지 서로 다름을 통해 발전단계에 맞는 형식으로 경제 성장의 성과를 공유하였다.

중국의 개혁개방 과정 중의 공유성에 대한 정확한 인식을 얻으려면, 다음 몇 가지 사실을 소홀히 해서는 안 된다[3]. 첫째, 소득 격차가 확대되는 추세에 있어서, 각 소득 그룹의 주민 집단은 모두 소득의 급속한 증가를 경험했다. 둘째, 소득 그룹의 높낮이와 두 끝 부분의 극단값을 발굴한 결과, 비록 인식과 분석 문제에 도움이 되긴 했지만, 각 국가의 소득 통계에 모두 양 끝의 정보가 누락되어 있기 때문에 국제 비교는 적합하지 않았다. 사실, 중국의 수입 조사에서도 또 다른 기술적인 문제가 존재하여 농가 소득에 대한 저평가와 도시 상주인구 소득에 대한 높은 평가를 야기함으로써 도시와 농촌의 소득 격차를 과장하는 문제를 야기시켰다. 마지막으로 중국의 포용적 발전의 논박할 수 없는 증거는 수억 명의 인구가 절대 빈곤 상태에서 벗어나 세계에서 공인된 빈곤 구제 성과를 창조했다는 데 있다.

---

1 왕소루: 〈국민소득분배전략〉, 학습출판사, 해남출판사2013년판.
2 김리, 윤지초, 가남, 서서: 〈중국 가정 금융 조사보고서〉, 서남재경대학교출판사2012년판, p. 153.
3 Fang Cai, *China's Economic Growth Prospects: Form Demographic Dividend to Reform Dividend*, Chapter 10, UK, MA, USA: Edward Elgar Publishing, 2016.

전형적인 이원 경제 발전 단계에서 노동력의 무한 공급 특징은 비록 임금 수준의 향상을 저해하지만, 노동 집약적인 산업의 비교 우위와 국제 경쟁력을 유지하고 강화하여 더 많은 일자리를 창출하고, 비농산 산업의 고용 참여도가 현저히 향상됨으로써 도시와 농촌 주민의 소득을 높이고, 각 그룹별 가정들이 이익을 얻게 되었다.

국제적인 학자들은 보편적으로 지난 수십 년 동안 미국뿐만 아니라 많은 다른 선진국에서는 고용 확대 경험이 부족하다. 오토르David Automor 등은 미국 노동시장의 양극화 추세, 즉 고기능형 일자리와 하위 부문의 비숙련 일자리는 비교적 빠르게 증가하고 중간 계층의 일자리는 상대적으로 감소하며, 원래 중간 계층의 일자리에 있었는데 고등교육 학력이 없는 노동자들은 하위 계층의 일자리로 '강등화'되는 것을 관찰하였다[1]. 펜스 Michael Spence 등은 1990년부터 2008년까지 미국의 신규 고용 증가가 더디고 제조업 등 무역 가능 부문에서 거의 나오지 않았다고 결론지었다[2].

이와는 대조적으로, 중국의 비농업 일자리는 대폭 확대될 뿐만 아니라 무역 가능 부문과 비무역 부문에서 균형을 유지하고 있으며, 2004년-2013년 사이에 각각 연평균 6.9%, 4.7%의 증가율을 보였다. 이 증가 속도를 고려할 때 20% 정도 저평가된 2013년 비농업 일자리의 숫자로 계산하면 실제 고용 증가는 더욱 두드러질 것이다[3].

2004년 중국 경제는 노동력 부족과 임금 상승을 특징으로 하는 루이

---

[1] David H. Autor, Lawrence F. Katz, and Melissa S. Kearney, "The Polarization of the U. S. Labor Market", *NBER Working Paper*, No. 11980, 2006; David H. Autor, "Work of the Past, Work of the Future", *AEA Papers and Proceedings*, Vo. 109, 2019, pp. 1-32.

[2] Michael Spence and Sandile Hlatshwayo, "The Evolving Structure of the American Economy and the Employment Challenge", *Working Paper*, Maurice R. Greenberg Center for Geoeconomic Studies, Council on Foreign Relations, March, 2011.

[3] 제12장에서 우리는 더 자세한 비교와 데이터 설명을 수행할 것이다.

스 전환점을 맞이하였고, 이전에는 소득 격차가 뚜렷하게 확대되었지만 양극화 추세는 나타나지 않고 각 소득 그룹의 소득 수준이 향상되었으며, 그 후, 일반 노동자의 임금은 저소득 가구의 소득을 빠르게 증가시켰고, 2008년 이래로 각종 지표는 소득 격차의 감소 추세를 보여주고 있다.

루이스의 전환점에 도달한 시점과 맞물려 중앙과 지방정부는 모두 현저히 재분치 정책의 강도를 높였고, 특히 두드러진 방법은 농촌주민의 최저생계비 제도와 기초노령연금제도 등을 수립했고, 기본적인 공공서비스의 공급이 더욱 충분해졌으며, 도시와 농촌, 지역과 사회집단 간에 기본적인 공공서비스를 누리는 것이 더욱 균등해져 노동시장제도가 빠르게 건설되어 경제 발전의 공유정도를 현저히 높였다[1]. 호적제도와 관련된 개혁이 빠르게 추진되고 노동 이동의 정책 환경도 눈에 띄게 개선되었다.

3. 노동력의 이동 및 배치

생산 요소, 특히 노동력의 이동에 유리하고 재배치되는 개혁은 미시적 단계와 거시적 차원의 여러 분야에 걸쳐 있다. 이러한 개혁들을 시간순으로 서술하는 것은 자원 재배치 측면에서 이론적으로 어떤 개혁의 의미를 부각시키기 어렵다. 개혁기간동안 체제개혁과 정책조정을 통해 일련의 제도적 장애물을 제거함으로써 노동자들은 고용 기회와 상대적 소득의 시장신호에 의해 원래 있던 낮은 생산성의 고용분야에서 벗어나 지역과 산업간의 이동을 통해 새롭고 생산성이 높은 고용분야로 진입할 수 있다는 결과를 직접 관찰해 보자.

---

[1] Fang Cai, *China's Economic Growth Prospects: Form Demographic Dividend to Reform Dividend*, Chapter 11, UK, MA, USA: Edward Elgar Publishing, 2016.

아오키 마사히코는 동아시아(주로 중국, 일본, 한국)의 경험에 비추어 발전 단계를 나눌 때, 산업 구조의 변화를 특징으로 하는 쿠즈네츠 단계(또는 약칭 K단계)를 제시하였다[1]. 다른 학자들도 노동력의 이동은 자원의 재배치 효율을 형성하며 아시아 경제체의 산업구조변화의 전형적인 특징[2], 또한 중국의 개혁개방시기 전요소생산성으로 인해 노동생산성이 향상되는 중요한 부분[3]을 구성하고 이 시기의 경제 성장에 현저한 공헌을 하였다는 것을 인정한다[4].

관련 분야의 개혁은 일련의 제도적 장애를 해소하고 산업과 지역 사이에서 노동력을 생산성이 향상되는 방향으로 재배치하는 것을 촉진했다. 이로 인해 개혁 이후 중국의 경제 성장은 쿠즈네츠 과정을 거쳤는데, 즉 자원 배치의 효율성이 지속적으로 향상되고 전요소생산성의 중요한 부분을 차지하여 이 기간 동안 급속한 성장을 지원했다. 이러한 의미에서 40년의 경제 개혁 성과는 경제 총량 성장과 산업 구조조정의 유기적인 결합이라고 할 수 있다.

아래, 우리는 이전에 발표된 연구 성과에 근거하여 이러한 개혁에 따른 노동력의 이동 양상과 그에 따른 자원 재배치 효과를 경험적으로 살펴본다[5].

---

1 Masahiko Aoki, "The Five Phases of Economic Development and Institutional Evolution in China, Japan, and Korea", in Aoki, Masahiko, Timur Kuran, and Gérard Roland (eds.), *Institutions and Comparative Economic Development*, Basingstoke: Palgrave macmillan, 2012, pp. 13-47.
2 Margaret S. mcMillan and Dani Rodrik, "Globalization, Structural Change and Productivity Growth", *NBER Working Paper*, No. 17143, 2011.
3 Barry Bosworth and Susan Collins, "Accounting for Growth: Comparing China and India", *NBER Working Paper*, 12943, 2007.
4 도양: 〈노등시장 변화와 경제 성장의 새로운 원천〉, 〈개방 가이드〉 2014년 제3기.
5 차이팡: 〈중국 경제 개혁 효과 분석 - 노동력 재배치의 시각〉, 〈경제 연구〉 2017년 제7기.

경제 발전의 일반 법칙에 따르면 농업 생산액과 취업 점유율은 일인당 소득 수준이 높아짐에 따라 하락하였다. 30여 년의 경제 발전, 인구 변화 및 이에 수반되는 고용 확대를 거쳐 중국 도시와 농촌의 총 고용 규모는 1978년 4억200만 명에서 2015년 7억7500만 명으로 증가하였다.

이와 함께 대규모 농업 노동력 이동의 결과로 1차산업 고용비중은 70.5%에서 28.3%로 낮아졌고, 2차산업 고용비중은 17.3%에서 29.3%, 3차산업은 고용비중은 12.2%에서 42.4%로 각각 높아졌다. GDP의 총량이 고속으로 증가하고 비농산업 증가치가 더 빠르게 증가하고 노동재배치 조건에서도 3개 산업 생산성과 그 향상속도가 다르지만 전체 노동생산성은 크게 향상되었다.

하지만 데이터를 사용하여 그 과정과 결과를 더 보여 주기 전에 공식 통계 수치를 어느 정도 수정하고 공식 데이터와 대조하는 데이터 시리즈를 만들어야 한다.

우선 1990년 이전의 도시와 농촌의 전체 고용 규모를 일정하게 평활화 처리하였다. 공식 통계 데이트에 따르면, 고용 총수는 1990년에 이상 폭등하여 1989년 5억5,300만에서 1990년 6억4,700만명으로 단번에 증가폭이 17%가 되었다. 이 급격한 고용 증가는 1년 동안에 실제로 일어난 것이 아니라 1990년 4차 인구 조사 데이트에 의해 조정된 결과이다.

이미 충분한 근거 설명과 적절한 이 이상치를 처리하지 못했다면, 우리는 그것을 매끄럽게 처리하였고 즉, 해당 연도의 취업자 수의 일회성 증가를 1978-1989년 기간의 각 년도에 적절하게 분배하였고 그러나 1990년 이후 각 연도는 여전히 공식적인 통계 수치를 채택하였다.

둘째, 더욱 실제상황에 가까운 가설에 따라 농업노동력의 수와 비중을 낮게 처리하였다. 몇 가지 고려는 우리로 하여금 공식 데이트에 나타난 농업노동력의 비중이 너무 높다고 생각하는 경향이 있다. 첫째, 농업에는 여전히 대량의 잉여노동력이 존재한다는 판단은 개혁개방기간의 노동력이 대규모로 이동한다는 사실과 서로 일치할 수 없다. 둘째, 중국은 고속성장과 산업구조의 급격한 변화기 동안 농업노동력의 비중이 매년 하락하는 속도가 일본과 한국의 해당기간의 절반에도 못 미치고 논리적으로도 통하기 어렵다. 셋째, 이전의 연구는 많은 증거를 제공하였고 혹은 중국의 농업노동력 비중이 이론예상[1]보다 비정상적으로 높다는 것을 발견하였고 혹은 통계 데이트에서 나타난 농업노동력의 비중이 일찍부터 과대평가되었다고 생각한다[2].

이전의 한 연구는 국가 통계청의 농업 노동력에 관한 정의를 합리적으로 수정함으로써 2009년의 실제 농업 노동력을 재평가하여 공식 숫자가 농업 노동력 비중을 약 13.4% 높게 평가했음을 보여주었다[3]. 그 결과는 브랜드와 주소동이 다른 데이터 소스를 사용한 추정치와 일치한다[4].

본 장에서는 이러한 결과를 이용하여 2009년 공식 데이터의 과대평가의 폭을 이전과 이후의 각 해로 균등하게 분담한다. 구체적으로, 우리는 2009년 기준으로 과대평가된 농업 노동력을 이전 해로 균등하게 분담하고, 또한 과대평가된 정도에 따라 조정한 후 각 연도의 데이터를 재조정한다. 이에 따르면, 2015년 실제 영농 노동력의 비중은 18.3%로 공식 수치보다 적어도 10% 낮았다[5]. 통계 수치와 조정된 수치 사이의 차이는 2

---

[1] International Monetary Fund, Asia Rising: Patterns of Economic Development and Growth, Chapter 3, *World Economic Outlook*, September 2006, pp. 1-30.

[2] Thomas Rawski and Robert Mead, "On the Trail of China's Phantom Farmers", *World Development*, Vol. 26, No. 5, 1998, pp. 767-781.

[3] Fang Cai, Yang Du and Meiyan Wang, "Demystify the Labor Statistics in China", *China Economic Journal*, Vol. 6, No. 2-3, 2013, pp. 123-133.

[4] Loren Brandt and Xiaodong Zhu, "Accounting for China's Growth", *Working paper*, No. 395, 2010, Department of Economics of University of Toronto.

[5] 국가통계국의 데이터가 업데이트됨에 따라 일반적으로 우리는 여전히 최신 데이터에 따라 실제 농업 노동력의 비율이 통계에 표시된 것보다 10% 낮다고 생각할 수 있다.

차 산업과 3차 산업의 연도별 데이터에 해당 가중치에 따라 할당된다.

이와 같이, 우리는 공식 통계 수치와 조정된 데이터를 각각 세계 평균 및 각종 소득 분조 국가의 평균 수준과 비교할 수 있다(표 8-1). 발표된 통계 수치를 보면, 중국의 3개 산업 간의 고용 분포는 여전히 비정형화된 구조적 특징을 가지고 있고 특히 농업 노동력의 비중이 너무 높거나 제3차 산업 노동력의 비중이 낮은 것을 나타낸다. 그에 비해 조정된 수치는 체제 개혁과 구조조정의 효과에 대한 기대에는 더 부합하지만, 고소득 국가 및 지역에 비해 농업 노동력의 비중은 여전히 너무 높으며, 3차 산업의 고용 비중은 아직 낮다.

표 8-1 3개 산업별 노동력 분포의 국제비교(%)

국가와 지역	제1산업	제2산업	제3산업
중국(통계 데이트)	28.3	29.3	42.4
중국(조정 데이트)	18.3	33.4	48.3
중국ILO	28.9	23.7	47.3
세계 평균	29.5	21.5	48.9
저소득 국가	68.5	8.3	23.2
중하위권 국가	40.4	21.3	38.3
중상위권 국가	23.9	24.0	52.1
고소득 국가	3.1	22.5	74.3
동아시아의 고소득 경제체	4.1	35.3	60.3

비고: 처음 두 줄은 각각 통계 데이터와 조정 데이터 구경에 따른 데이트이고, 나머지는 ILO가 모델을 통해 추정한 데이트다.
자료출처: ILO(2017), 국가통계국(역년)과 저자의 추정.

4. 노동 생산성의 증가 및 원천

노동력 재배치 과정과 효과를 살펴본 후 전체와 산업별 노동생산성을 계산하기 위해 산업별 증가치 감축지수를 이용하여 산업별 연도별 실제 증가치를 산출한다. 감축이 진행된 후 산업별 증가치의 합이 실제 GDP보다 크기 때문에 우리는 전자를 연도별 실질 GDP의 대리 데이트로 사용한다. 이로써 우리는 총 고용량, 3개 산업별 고용량, 3개 산업별 실질 증가치 및 이를 합친 GDP 타임라인 데이터의 두 세트를 가지고, 이를 통해 각각 전체 노동생산성과 3개 산업의 노동생산성을 계산하게 된다.

그림 8-1에 나타낸 바와 같이 통계 데이트 구경에 따르면 1978-2015년 기간에 중국의 노동생산성(노균 GDP)은 실제로 16.7배 향상되었고 그중 제1차 산업은 5.5배 향상되고, 제2차 산업은 13.5배 향상되고, 제3차 산업은 5.2배 향상되었다. 조정된 데이터에 근거해 계산한 결과 전반적인 변화는 이와 일치했고 다만 제1차 산업은 더 큰 노동생산성 향상폭을 보였다.

40년 가까이 산업구조 조정과 전반적인 노동생산성 향상에도 불구하고 3개 산업, 특히 제1차 산업과 제2차 산업 간의 노동생산성 격차는 줄어들지 않았다. 통계 데이트를 보면, 1978-2015년에 제1차 산업의 노동생산성은 제2차 산업의 백분율에서 14%에서 6%로 감소하였고, 제3차 산업에 대한 백분율은 19%에서 28%로 증가하였다. 제3차 산업의 노동생산성은 제2차 산업의 백분율이 73%에서 31%로 축소된 것과 같다. 조정된 데이트로도 생산성 격차의 변화는 대체로 비슷하다.

노동 생산성의 원천을 분해하고, 각각의 구성 요소와 그에 대한 상대적 기여를 살펴보면, 일반적으로 두 가지 방법이 있는데, 각각 다른 관심사에 대응한다.

첫 번째는 기능적 분해에 따라 전요소생산성, 자본노동비율, 인적 자본

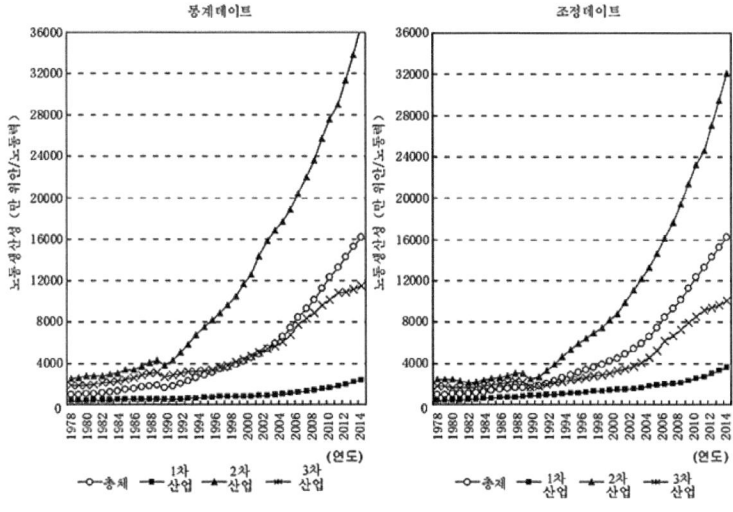

그림 8-1 총체적 및 산업별 노동생산성

자료출처: 국가통계국(역년)의 데이터와 저자의 추정에 근거한다.

등의 요소를 갖추는 것이다. 예를 들어 가우루이Louis Kuijs의 추정에 따르면 [1] 1978-1994년 동안 중국의 노동생산성은 연평균 6.4%증가했는데, 위의 세 가지 요인 기여는 각각 46.9%, 45.3%, 7.8%, 1995-2009년 사이에 노동생산성은 연평균 8.6%, 세 가지 요인 기여는 각각 31.4%, 64.0%, 3.5% 였다.

두 번째는 구조적으로 다른 산업이나 업종에 기여하는 것으로 분해하는 것이고, 예를 들면 제1, 2, 3차 산업의 기여이다. 다음 계산 요구사항의 데이터는 비교적 쉽게 구할 수 있고, 추정 방법은 비교적 간단하며, 결론은 직관적이고 간결하며 적절하게 사용한다면, 그 해석력은 어느 정도 전

---

[1] Louis Kuijs, "China Through 2020-a Macroeconomic Scenario", *World Bank China Research Working Paper*, No. 9, 2010.

자를 포함할 수 있다.

티모르Marcel Timmer와 길마이Adam Szirmai에서 아시아 일부 경제국의 제조업 노동생산성 증가표현에 대한 비교연구를 진행할 때, 노동생산성 향상요인을 분해하는 계산식을 제공하며[1], 우리가 3개 산업의 전체 노동생산성에 대한 기여와 3개 산업간의 노동력 이동을 위한 전반적인 노동생산성에 대한 기여, 즉 재배치효과를 차용할 수 있다. 공식은 다음과 같다.

$$LP^t - LP^o = \sum_{i=1}^{3}(LP_i^t - LP_i^o)S_i^o + \sum_{i=1}^{3}(S_i^t - S_i^o)LP_i^o + \sum_{i=1}^{3}(S_i^t - S_i^o)(LP_i^t - LP_i^o)$$

그 중 LP는 노동생산성이고, 아래에 적은 문자i는 각각 3개의 산업을 대표하며, S_i는 어떤 산업의 노동력 비중을 대표하고, o와 t는 각각 시찰의 시작 연도와 종료 연도를 의미한다.

이 공식 등호 왼쪽은 총체적 노동생산성의 증가를 나타내고, 등식 오른쪽의 제1항은 각 산업의 노동생산성 향상이 총체적으로 기여하는 것을 나타내며, 제2항과 제3항은 산업구조변화가 총체적 노동생산성에 기여하는 것을 나타내며, 그 중 제2항은 정적이전 효과, 즉 노동생산성이 비교적 높은 산업으로의 노동력 이동의 기여, 제3항은 동태전이 효과, 즉 노동생산성 향상속도가 비교적 빠른 산업으로의 노동력 이동의 기여를 나타낸다.

우리는 전체 기간과 기간을 나누어 통계를 산출하고, 조정된 데이터는 이미 평활화되어 있기 때문에 여기에서는 이 기간 계산에만 사용되며 더 이상 분할 계산에는 사용되지 않는다(표 8-2). 전술한 바에 의하면, 세 개의 산업 중에서 제2차 산업과 제3차 산업의 노동 생산성이 개혁 초기

---

[1] Marcel P. Timmer and Adam Szirmai, "Productivity Growth in Asian Manufacturing: the Structural Bonus Hypothesis Examined", *Structural Change and Economic Dynamics*, No. 11, 2000, pp. 371-392.

에는 모두 제1차 산업보다 현저히 높았고, 또한 전체 개혁 기간 동안 제1차 산업보다 증가 폭이 더 컸으며, 그 중 제2차 산업의 성과가 더 두드러졌다.

계산 결과에 따르면 1978-2015년 기간의 총체적 노동생산성 향상에서 산업별 노동생산성 향상 기여는 구조변화에 의한 노동생산성 향상 기여보다 크다. 구조변화 효과에서 동적 효과는 주요한 기여 요소이며 정적 효과 기여 작용은 적다.

표 8-2 중국의 노동생산성 향상과 그 기여분화(%)

	노동생산성 총성장	산업내 기여율	구조변화 기여율	그 중: 정적 효과	동적 효과
1978-2015	1671.3	55.1	44.9	4.6	40.2
	(1671.3)	(56.0)	(44.0)	(5.5)	(38.6)
1978-1990	77.5	60.8	39.2	25.8	13.4
1991-2003	205.2	86.2	13.8	7.0	6.8
2001-2015	173.5	66.9	33.1	15.9	17.2

비고: 괄호 내 숫자세는 조정 데이터로부터 추정한 결과.
자료출처: 국가통계국의 〈중국통계연보 2016〉과 저자는 계산한다.

1978-1990년, 1991-2003년, 2004-2015년 세 시기를 각각 계산했을 때, 우리는 첫 번째 시기와 세 번째 시기, 구조 변화 효과가 비교적 현저하게 나타났고, 그 중 첫 번째 시기의 구조 변화 요인(39.2%)에서 정적 효과 기여가 두드러져 25.8%이다. 중간 그 시기에는 산업 기여가 압도적으로 우세했다. 세 번째 시기에는 구조 변화 기여율이 다시 높은 수준으로 돌아왔다.

3개 산업이 각각 전반적인 노동 생산성의 향상에 기여하는 것을 좀 더 관찰하기 위해서 우리는 보즈워스Barry Bosworth와 콜린스Susan Collins의 분해법을 참고할 수 있다[1]. 이 방법은 각 산업의 기여도를 개별적으로 나타낼 수 있으며, 3개 산업이 전체 노동생산성에 기여하는 것 이외의 잔차를 자원 재배치 효과의 한 가지 메트릭으로 사용할 수 있다. 그 계산식은 다음과 같이 기술할 수 있다.

$$G_o^t = \sum_{i-1}^{3} G_{i,}^o {}_tS_i^o + R$$

이 중 G_o^t 는 기간 노동생산성의 증가율을 조사하기 위해 아래에 표시된 i는 1, 2, 3각각 3개의 산업을 대표하고, S_i는 어떤 산업의 증가치 비중을 의미하며, o와 t는 각각 조사의 시작연도와 종료연도를 나타낸다. R은 잔차항이고, 총체적인 노동생산성 증가가 산업노동생산성의 증가에서 설명되지 않은 부분에 해당한다.

이러한 다소 주먹구구식 방법을 이용하여, 우리는 제1, 제2, 제3차 산업의 노동생산성(노동평균 증가치)이 각각 향상되고 잔차 항목이 전체 노동생산성(노동평균 GDP) 성장률에 기여하는 퍼센트를 추산한다(표 8-3). 우리는 여전히 개혁이래를 세 시기로 나누어서 각각 자원배치의 개선잠재력을 방출하는 시기, 경제 성장 및 구조조정이 안정적으로 추진되는 시기, 그리고 루이스 전환점 이후의 시기를 나타낸다. 마찬가지로, 우리는 주로 공식 통계 데이터를 사용하여 계산하고, 조정된 데이터는 전체 시기의 상황을 관찰하는 데만 사용되며, 분할 계산은 하지 않아도 된다.

---

[1] Barry Bosworth and Susan Collins, "Accounting for Growth: Comparing China and India", *NBER Working Paper*, No. 12943, 2007.

표 8-3 3개 산업 및 재배치가 노동생산성에 기여(%)

	연평균 성장률	1차 산업 기여율	2차 산업 기여율	3차 산업 기여율	배당 기여율
1978-2015	8.08	17.73	44.22	15.39	22.66
	(8.08)	(21.86)	(42.53)	(14.53)	(21.08)
1978-1990	4.90	15.65	34.46	16.57	33.32
1991-2003	9.75	7.44	61.30	16.71	14.55
2001-2015	9.58	6.68	48.69	20.27	24.36

비고: 괄호 내 숫자계는 조정 데이터로부터 추정한 결과.
자료출처: 국가통계국의 〈중국통계연보 2016〉과 저자는 계산한다.

표 8-3의 계산 결과를 보면 1978-2015년 기간의 전체 노동생산성 증가율은 연평균 8.1%인데 비해 분기로 볼 때 첫 번째 시기에는 성장이 더디고 그 후의 두 시기에는 속도가 현저히 높아진다는 것을 알 수 있다. 그중 제1차 산업의 기여도가 안정되고 저하되어 각 시기마다 1% 미만이 되었고, 제2차 산업의 기여도가 대폭 향상되어 각 시기 노동생산성 향상에 가장 큰 공헌부문이 되었고, 제3차 산업의 기여율도 향상되었지만, 기여율은 제2차 산업에 비해 현저하게 낮았고, 자원 재배치 기여도 현저하지만, 중간 시기에는 비교적 부진했다. 조정된 데이터를 사용하여 전체 시기를 계산한 결과, 현저한 차이를 발견하지 못했다.

5. 역쿠즈네츠 과정 방지

인구배당금을 마음껏 누리며 고속성장을 이룬 후, 2000년대 초부터 중국 경제는 각각 몇 가지 상징적인 전환점을 겪었다. 첫째, 2004년 주강 삼각주 지역에서 처음으로 민공황기가 발생하였으며, 이로 인해 현재에 이르고 있는 전국적인 노동력 부족과 임금 상승 현상이 발생하였다. 이러한 현상은 이원 경제 발전 이론의 고전적 정의에 부합하기 때문에, 우리는 이를 루이스 전환점이라고 부른다. 둘째, 2010년 15-59세 노동 연령 인구가 정점에 달한 후, 마이너스 성장 단계에 들어서고, 인구 고령화가 가속화되며, 이것은 인구배당금의 소멸 전환점이라 할 수 있다. 셋째, 농촌의 16세에서 19세 사이의 인구는 도시로 이동하는 주요 구성 요소로서 2014년에 정점에 달하고, 이어서 마이너스 성장으로 접어들어 이것을 우리는 노동력 이동 감속 전환점이라고 부른다.

이 세 가지 전환점은 실제로 같은 과정의 세 가지 다른 관찰 관점에서 요약되고, 또한 그 과정이 계속 증가하는 세 단계를 반영하고 있어 그 결과, 인구배당금의 급속한 감소가 나타났다. 그에 따라 인구 요인과 관련된 모든 경제 성장에 유리한 변수들이 역전되어 필연적으로 경제 성장을 감속하게 된다. 연구자와 정책결정자 모두 전통적인 경제 성장 요인의 약화를 인식하여 경제 성장 동력, 즉 생산 요소 구동형에서 노동 생산성 구동형으로의 조속한 전환을 요구하고 있다.

그러나 두 가지 문제는 주목할 필요가 있다. 첫 번째, 우리는 이원적인 경제 발전 단계를 관찰할 때, 반드시 두 가지 중요한 요소를 인식해야 하고, 각각 저장량과 증량 관점에서 노동력의 무한 공급을 유지하고 있어, 첫째, 농업에서 대량의 잉여 노동력이 축적되었고, 둘째, 노동 연령 인구의 급속한 증가이다. 노동력 부족의 출현은, 사실상 주요한 인구 요인 작용의 결과이며, 잉여 노동력은 거의 다 흡수되지 않았다. 두 번째, 중국 경제가 일련의 전환점을 넘은 후에 성장 동력 전환이 실현될 수 있을지는 일련의 관련 요인들의 조정에 의존할 것이다. 그 중, 매우 중요하나 항상 우리가 간과하고 있는 측면은 농업 노동 생산성의 높이는 방법이다. 이

점을 강조하기 위해서는 농업 노동 생산성의 작용에 대한 우리의 인식이 강화되어야 한다.

우리는 개혁개방 기간 적어도 30여 년의 고속성장이 인구배당금이라는 필요조건에서 비롯되었다고 말하는 것에 익숙하다. 필자도 계량적 추정결과를 반복하여 이 결론을 증명하였다. 그러나 우리도 인구특성과 관련된 생산요소의 공급과 배치에 유리하여 고속 경제 성장을 촉진하는 여러 가지 요인이 결국은 농업노동생산성의 지속적인 향상을 통해서 성장 동력에너지로 전환될 수 있다는 것을 보아야 한다. 노동력이 대규모로 지역과 산업을 초월하여 노동 공급이 증가하든 자원 재배치의 효율적이든 모두 반드시 농업 노동 생산성의 향상 위에 세워져야 한다.

이원 경제 발전 과정에서 주도적인 위치를 차지하는 농업 노동 생산성은 두 가지 서로 다른 향상 메커니즘이 있다. 루이스 전환점과 기타 일련의 전환점 이전에 농업 노동 생산성은 수동적으로 향상되는 성격을 가지고 있다. 계획 경제 시기에 인민 공사 체제와 호적 제도는 노동력의 이동을 방해하기 때문에 장기간 농업에 많은 잉여 노동력을 축적하게 되고, 이로부터 비농산업의 발전과 도시화는 잉여 노동력을 얼마나 흡수할 수 있는지, 농업 노동 생산성은 어느 정도 향상될 수 있다.

전술한 각종 전환점을 거친 후 농업 노동 생산성의 상승은 반드시 더욱 자신의 힘에 의지해야 하고, 농업 생산 방식의 상승에 의지한다. 다시 말해서 농업 노동 생산성이 얼마나 더 향상될 수 있을 것인가에 따라 중국인의 밥그릇 안전 보장 문제가 결정될 뿐만 아니라 노동력의 이동도 얼마나 빨리 갈 수 있는가, 얼마나 오래 갈 수 있는가 그리고 얼마나 멀리 갈 수 있다.

비록 수십 년의 농업 노동력 이동을 겪었지만, 우리는 농업 중의 잉여 노동력이 이미 다 이동되었다고 말할 수 없고, 왜냐하면 농업 설비 수준과 물질 투입 수준에 비추어 볼 때 농업 노동 생산성의 잠재력이 충분히 발휘되지 않았기 때문이다. 이러한 노동생산성 향상 잠재력을 발굴해냈지만 농업노동력은 여전히 거대한 이동 잠재력을 가지고 있다. 표 8-1 중국 경제가 처한 발전 단계에 따라 진행된 국제 비교를 보면 중국의 농업노동력 비중이 여전히 매우 높다는 것을 증명할 수 있다.

우리는 더욱 문제지향적인 방식으로 농업노동력을 계속 이동시켜야 하는가에 대해 대답한다. 최근 농업노동력의 이동속도가 이미 현저히 둔화되었고, 예를 들면, 본 향진을 떠나는 농민공의 연평균 증가율은 2000-2009년 기간의 7.1%에서 2009-2018년 기간의 1.9%로 대폭 감소하였고, 노동력부족과 임금상승의 문제는 매우 두드러지고, 장기간 노동력이 풍부하다는 이 자원의 품성으로 승승장구하던 제조업의 비교우위와 경쟁력을 현저하게 약화시켰다.

이것은 바로 기존의 제조업 생산능력과 투자의 증가량이 불가피하게 외부로 이동하게 되는 추세를 의미한다. 일부 제조업이 연해지역에서 중서부지역으로 이동하게 되는 동시에, 노동비용이 적게 드는 국가로 이동하는 것을 간과해서는 안 되는 부분이 있다.

하나의 직접적 결과는 제조업의 성장 속도가 둔화되어 제조업 비중이 낮아지는 것이다. 비록 제조업 비중이 반드시 한 국가의 공업화 정도와 산업 수준을 완전히 반영할 수는 없지만, 제조업의 비중 변화는 방향에서 공업화 추세를 제시할 수 있다. 각국의 경험에 비추어 볼 때, 국가의 공업화는 결코 직선적인 궤적을 따라 추진하는 것이 아니라, 불규칙한 역U자형의 곡선 변화에 따른 것이다.

예를 들면, GDP에서 제조업 증가치가 차지하는 비중은 일반적으로 점차 상승하는 과정을 먼저 겪으며, 일정한 발전 단계에 도달한 후에 그 비중은 정점에 달한 후에 서서히 하락하는 것으로 전환된다(그림 8-2)[1]. 중국

---

[1] 이 부분에서 수행한 관련 계산의 데이터 출처는 주로 세계은행 데이터베이스 및 M. P.

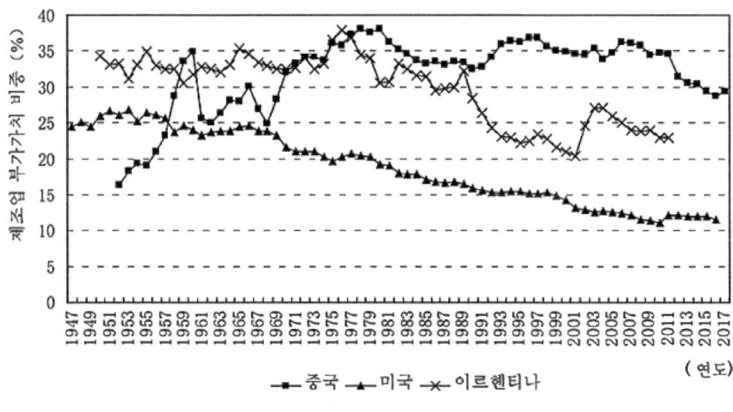

그림 8-2 제조업 비중 하락 국제비교

자료출처: M. P. Timmer, G. J. de Vries, and K. de Vries, "Patterns of Structural Change in Developing Countries", in J. Weiss and M. Tribe eds., Routledge Handbook of Industry and Development, Routledge, pp. 65-83.

의 제조업 비중은 1996년에 36.8% 수준에서 이미 정점에 달했고, 그러나 이후의 10년 동안은 확실히 감소하지 않고 비교적 안정적으로 유지되었다. 2006년 이후에야 겨우 36.2% 수준에서 계속 하락하였다.

중국의 제조업 비중이 떨어지는 것은, 수박 겉핥기 식으로 익는 자연스러운 현상인가, 아니면 조숙한 성질을 가지고 있는가? 제조업의 비중이 낮아지는 현상은 높은 공업화 단계에서 산업 구조가 자연스럽게 진전된 결과일 수도 있고, 여건이 성숙되지 않은 때 이른 '탈공업화'일 수도 있다. 일찍이 제조업 발전의 중요한 지위를 얻은 많은 나라들은 이미 제조업 비중이 떨어지는 과정을 겪었고, 그 경험과 교훈은 매우 교훈으로 삼을 만하다. 우리는 중국의 상황을 두 그룹의 국가들과 비교할 수 있다.

Timmer, G. J. de Vries, and K. de Vries, "Patterns of Structural Change in Developing Countries", in J. Weiss and M. Tribe (eds.), *Routledge Handbook of Industry and Development*, Routledge, pp. 65-83.

첫 번째 참조는 선진국인 미국과 일본이다. 1953년에 미국의 제조업 증가치가 GDP에서 차지하는 비중이 26.8%에 달했을 때 하락하기 시작했고, 2010년에 불변가격에 따르면, 그 해에 미국의 1인당 GDP는 16,443달러였으며, 농업 노동력이 전체 노동력에 차지하는 비중은 7%까지 떨어졌을 것이다. 일본의 제조업 비중은 1970년 34.1% 수준에서 하락하기 시작했고, 1인당 GDP는 18,700달러에 이르고 농업노동력 비중은 19%에 이른다. 이 두 나라 모두 제조업 비중이 낮아지는 전환점에서 고소득 국가 대열에 진입했고, 농업 생산액과 노동력 비중은 모두 낮다.

두 번째 그룹은 라틴 아메리카 국가인 아르헨티나와 브라질이다. 아르헨티나의 제조업 비중은 1976년 37.9%에서 하락하기 시작했고, 당시 1인당 GDP는 7,292달러, 농업 노동력의 비중은 15%였다. 브라질의 제조업 비중은 1980년 30.3% 수준에서 감소하기 시작했고, 1인당 GDP는 8,317달러이고, 농업 노동력의 비중은 38%에 이른다. 즉, 두 나라 모두 중위소득수준에서 제조업 비중이 낮아지기 시작한 것이다.

전술한 제1종류 국가의 제조업 비중의 하락은 자연히 이루었다고 할 수 있다. GDP에서의 비중이 하락한 후에 제조업은 전세계 가치사슬에서의 위치를 오히려 빠르게 향상시켜 전체 경제의 노동생산성이 지속적으로 향상되어 지금까지 여전히 선진적인 제조업 대국의 지위를 유지하고 있다. 제2종 국가의 제조업 비중 하락은 미숙한 성격을 띠고 있다. 제조업 비중이 하락한 후에 제조업의 업그레이드는 성공하지 못했고, 국제경쟁력은 떨어져서 노동생산성의 향상속도는 경제가 지속적으로 건전하게 성장하는데 충분하지 않다. 1인당 GDP 기준으로 판단하면, 많은 이런 나라들은 지금까지 고소득 국가 대열에 들지 못했다.

이것은 몇 가지 경험과 교훈을 요약할 수 있다. 먼저 1인당 GDP는 하나의 상징적인 지표로서 일정한 발전 단계에서 고속 공업화의 전통적인 원천이 점차 미미해지고 혁신과 업그레이드를 내포하는 공업화 단계로 전환될 때 제조업의 비중이 떨어지는 것은 필연적이라는 것을 밝혀냈다. 둘째, 농업비중이 낮은 수준으로 떨어지면 농업 잉여노동력의 이동압력이 더 이상 존재하지 않는다는 것을 의미하며, 동시에 제3차 산업도 높은 위치에 있기 때문에 제조업의 비중이 낮아지는 것은 역쿠즈네츠 과정, 즉 노동생산성의 하락을 초래하지 않을 것이다. 셋째, 제조업의 비중이 낮아지는 것은 결코 산업의 중요성이 떨어지는 것을 의미할 수 없고, 반면 새로운 공업화 단계는 제조업의 가치사슬을 상승시키는 중요한 계단의 시기이다.

국제 경험에 비추어 볼 때, 중국의 제조업 비중의 하락은 너무 일찍 찾아왔다. 1996년 제조업 비중이 최고점에 이르렀을 때, 2010년 불변가로 계산하면, 중국의 1인당 GDP는 겨우 1,335달러로, 막 중하위소득 국가의 문턱을 넘었고, 농업 노동력 비중은 51%에 달했고, 2006년 제조업 비중이 하락하기 시작할 때, 1인당 GDP도 3,069달러로 여전히 중간 편하 소득 국가 대열에 있어 농업 노동력 비중은 여전히 43%에 달한다.

2017년 중국의 1인당 GDP가 7,329달러에 달했을 때 제조업 비중은 29.3%로 낮아졌고 농업노동력 비중은 27%였다. 발전단계와 산업구조적 특성지표를 보면 미국과 일본의 제조업 비중이 낮아졌을 때와 차이가 컸고 아르헨티나와 브라질의 제조업 비중이 낮아지기 시작할 때와 비슷한 수준이었다. 중국의 제조업 비중이 지나치게 높은 것을 감안하더라도, 어느 정도 조정이 필요하다 하더라도, 현재 도달한 수준은 여전히 경계선으로서 계속 하락하는 추세를 억제할 필요가 있다는 것이다.

섣부른 탈공업화 현상을 방지하는 것은 한편으로는 제조업의 기술집약적 고도화, 농업 잉여 노동력의 이동, 서비스업의 발전과 노동생산성의 향상에 충분한 시간을 주기 위한 것이고, 다른 한편으로는 핵심기술을 혁신하고 핵심경쟁력을 높이기 위해서 산업고단에서의 새로운 글로벌 가치사슬의 위치에 충분한 공간을 남겨두기 위해서이다. 이 필수적인 '시간'

과 '공간'이 없다면 역쿠즈네츠 현상은 발생할 수 있다.

6. 노동력 이동 미완성 단계

물론 한 나라의 경제 발전은 영원히 인구배당금을 누릴 수 없으며 노동력의 무한공급 특징도 결국은 없어질 것이다. 이에 상응하여 경제 성장의 장기적인 지속 가능한 원천은 전요소생산성의 향상에 있다. 문제는 중국의 노동력 이동의 잠재력이 정말 소진되었는가, 노동력의 공급을 개선하고 재배치할 여지가 여전히 존재하는가? 아래에, 우리는 데이터를 통해 이 경험적인 질문에 답하기 위해 중국을 좀 더 맞춤형 국제 비교 시야에 둔다.

데이터의 가용성에 근거하여, 우리는 그림 8-3에 89개 국가와 지역의 1인당 GDP와 농업 노동력 비중 사이의 관계를 표시하였다. 그림 8-3-a와 그림 8-3-b는 모두 동일한 사실을 나타내려고 시도하였다. 첫째, 그림 8-3-a는 1인당 소득수준이 높아짐에 따라 농업노동력의 비중이 낮아짐을 보여준다. 이것은 발전경제학의 일반적인 규율(역할경제학자가 이렇게 단호하기 때문에 이 규율은 또한 철칙이라고도 불린다) 즉 경제 발전 수준이 높아짐과 동시에 농업의 몫이 낮아지는 것이다. 둘째, 우리는 같은 데이터를 그린 도형을 부분 확대해서, 즉 그림 8-3-b를 얻음으로써 중국이 처한 위치를 두드러지게 할 수 있다.

그림 8-3에서 볼 수 있듯이 처한 발전단계에 비해 중국의 농업노동력 비중은 여전히 높은 편이다. 필자가 다시 계산한 숫자대로 해도 예를 들면, 농업노동력의 수와 비중은 여기에서 나타낸 숫자보다 약 10% 낮다고 해도, 여전히 높은 수준에 머물러 있다. 더 나아가 중국 농업노동력의 비중이 계속 떨어지는 것은 매우 절박성을 가지고 있다.

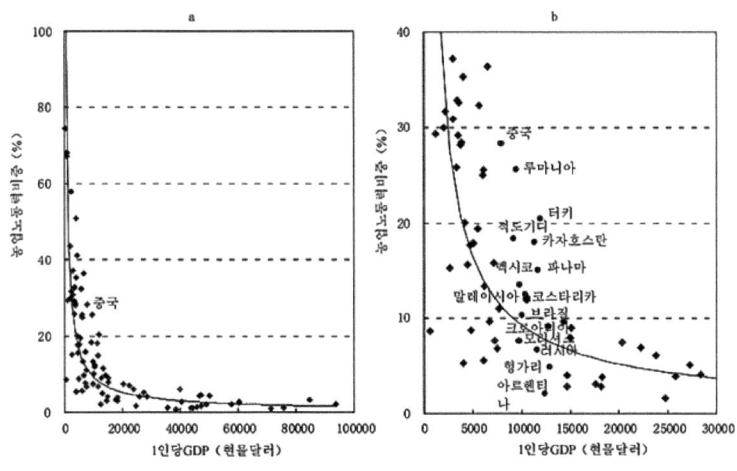

그림 8-3 경제 발전 수준과 농업노동력 비중

자료출처: 세계은행 데이터베이스: https://databank.worldbank.org/data/home.aspx.

중국은 현재 중상위소득 국가의 대열에서 고소득 국가 대열로 이행하는 단계에 있다. 그림 8-3-b에서 필자는 2015년 1인당 GDP가 중국 수준 이상에서 13,000달러(당시 약 12,600달러는 세계은행이 중위소득에서 고소득으로 정의한 경계선) 아래 구간의 국가 표시를 하였다. 이 중 모든 국가의 농업노동력 비중은 중국보다 현저히 낮고, 중국 외 14개국의 산술평균치를 계산해 보면 고소득 국가의 대열에 진입하는 입장권은 농업노동력 비중이 12.6% 정도로 떨어진다. 즉 중국이 이 수준을 따라잡으려면 15.7%를 더 낮춰야 한다. 설령 필자가 추산한 농업노동력 비중을 감안하더라도 중국은 아직 약 6%의 거리를 줄여야 한다.

만약 이 나라들을 앞으로 몇 년 동안 1인당 소득을 추월할 대상으로 삼는다면, 이들도 또한 고용 구조 변화의 직접적인 참조로 삼아야 한다. 즉, 중국은 고소득 국가 대열에 진입하는 과정에서 피할 수 없는 임무 중 하나는 농업 노동력의 비중을 더욱 낮추는 것이다.

문제는 농업노동력의 비중이 여전히 높을 때 왜 중국의 노동력 이동속도가 느려졌는가 하는 것이다. 표면적으로 보면 이 노동력 이동속도의 감소는 경제 발전 수준에 따라 농업지분의 하락 법칙을 제고하는 일종의 예외적인 상황이 된 것 같다. 토지경영 규모가 너무 작아 농업노동생산성의 향상속도가 느려지고 농업노동력의 비중이 낮아지는 것을 제약하는 것은 바로 이 '예외'에 대한 해석이고, 따라서 중국 경제 특히 농업분야의 제약요인을 찾을 수 있어 노동력의 추가이동의 병목을 타파하기 위해서이다.

발전경제학 문헌에는 루이스Arthur Lewis, 토다로Michael Todaro, 구스타브·라니스Gustav Ranis, 존·파이John Fei 등 세 가지 고전적 노동력 이동 모델이 독창적으로 제시되어 있으며, 서로 간의 상호보완성이 동시에 있다[1]. 이 세 모델 모두 그 자체의 목적상 노동력 이동의 전과정을 이론적으로 기술한 것이지, 각기 다른 발전 시기나 이전 단계에 대응하고 있는 것은 아니라는 점이 지적해야 한다.

그러나 모델마다 가장 두드러진 기여점은 다르고, 루이스 모델은 농업노동의 한계 생산력 제로를 강조했고, 따라서 공업이 확장되는 과정에 불변 임금 수준으로 충분한 노동력을 공급받을 수 있었고, 토다로 모델은 노동력 이동(농촌으로부터)의 추력과 (도시로부터) 인장력, 그리고 다양한 힘의 균형에 따른 이전 과정의 영향을 강조했고, 페-라니스 모델은 첫 번째 전환점(또는 그들이 '식품 단점'이라고 부르는 경우) 이후 농업 노동 생산성 향상의 중요성을 강조했다.

---

[1] Authur Lewis, "Economic Development with Unlimited Supply of Labor", *Manchester School*, Vol. 22, No. 2, 1954, pp. 139-191; Gustav Ranis and John C. H. Fei, "A Theory of Economic Development", *American Economic Review*, Vol. 51, No. 4, 1961, pp. 533-565; M. P. Todaro, "A Model of Labor Migration and Urban Unemployment in Less Developed Countries", *American Economic Review*, Vol. 59, No. 1, March, 1969, pp. 138-148.

단지 이러한 의미에서, 각각의 모델들이 가장 두드러진 공헌점을 포착하고, 중국 노동력의 이동 과정에 있는 특징적인 사실들과 대응되는 도전들을 보다 잘 요약하고 부각시키기 위해서, 노동력의 이동이나 이동 과정을 '루이스의 이동', '토다로의 이동', '페 라니스 이동'이라고 부르는 단계별로 구분한다[1].

첫 번째는 루이스의 이동단계이다. 이 단계의 특징은 농업노동의 한계생산력이 제로라는 것이고, 따라서 이동 노동력의 임금수준은 항상 일정하게 유지되고 있으며 노동력의 감소는 농업생산에 악영향을 미치지 않는다. 따라서 이 시기의 노동력의 이동은 '조건없는' 것이다. 중국에서 이동 과정은 1980년대 초에 가정도급책임제가 국지적으로 개발되어 전국적으로 확산되던 시기에 시작되었고, 2004년에 종료되었고, 노동력 부족과 임금 상승을 특징으로 하는 루이스의 첫 번째 전환점이나 식품 단점이 찾아왔다.

구경에 일치하는 외출(혹은 향촌을 떠나는) 농민공의 수를 조사한 것은 1997년으로 거슬러 올라간다[2]. 우리는 그것을 수정한 후 2001년 이래로 국가통계국이 발표한 연속 데이트와 서로 연결되고(그림 8-4), 우리도 2001년 이후의 농민공 월 임금 데이트를 얻을 수 있다. 비록 이전에는 얻을 수 있는 임금 데이터가 없었지만, 국가통계국 책임자가 2004년 조사를 소개한 바에 따르면, 이전 20년간 농민공 임금은 실질적인 증가 없이 600위안 정도에 그쳤다[3]. 이 생각대로 우리는 매년 1%의 성장률과 2001년 실제 조사 수치와 맞물리는 1997년 농민공 평균 임금 수준을 가정했

---

[1] 이해의 편의를 위해 독자는 제7장의 그림 7-2를 참조할 수 있으며, 여기서 감소된 각 단계는 해당 간격과 중요한 단계의 변화를 나타내는 전환점이 있다.
[2] 차이팡: 〈과학발전관과 성장지속가능성〉, 중화서국2009년판, p. 147.
[3] 〈임금 20년 거의 변치 않는 이덕수, 민공황의 경제적 원인〉, 2005년, 인민망, http://politics.people.com.cn/GB/1027/3149315.html.

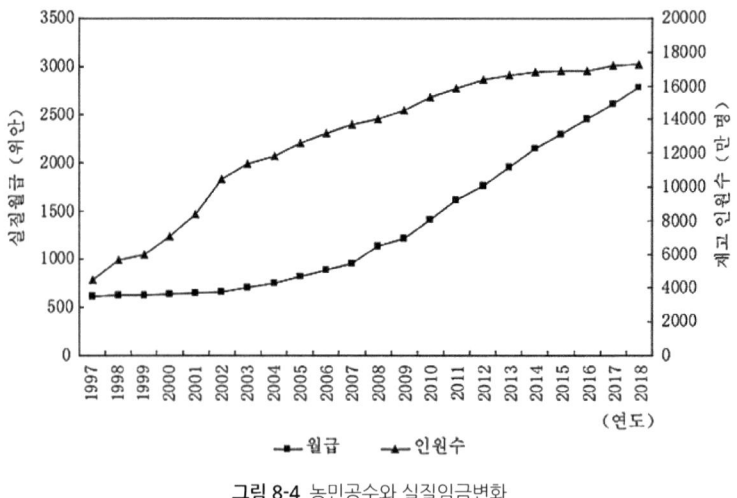

그림 8-4 농민공수와 실질임금변화

2001년 이후의 데이터는 국가통계국의 〈농민공 모니터링 조사 보고서〉(역), 1997-2000년 외출 노동력의 평균 임금은 '중국 도시 노동력 조사'에 따라 조정되었으며, 1997-2000년 이주자 수는 차이팡의 〈과학발전관과 성장지속가능성〉, 중화서국 2009년판, pp. 147을 참조한다.

다. 이렇게 되면 우리는 2004년을 전환점으로 이전의 노동력 무한 공급과 임금의 불변 특징, 그리고 이후 노동력 공급의 탄력성 감소와 임금의 급속한 상승 추세를 관찰할 수 있다.

두 번째는 토다로의 이동 단계이다. 즉 루이스의 첫 번째 전환점을 넘은 후 농업 노동의 한계 생산력이 플러스로 나타나기 시작했지만, 여전히 평균 노동 생산력보다는 적었다. 비농산 산업의 노동력 이동에 대한 수요가 강했기 때문에 노동력 부족과 임금 상승이 지속되었다. 2004년 루이스의 첫 번째 전환점을 넘은 후, 중국의 노동력 이동은 계속 이 단계에 처해있다. 그림 8-4에서 농민공으로 대표되는 비숙련 노동력의 공급 증가의 둔화와 임금의 급속한 상승은 노동력 이동 단계의 특징을 적절하게 부각시켰다.

이때 농업에는 이미 자본이 노동을 대체하는 현상이 나타나 농업 노동 생산성 향상 추력과 비농산업 임금 상승의 인장력이 동시에 양립하는 국면이 형성되었다. 또한 노동력 이동의 추력과 인장력은 일련의 체제 요소에서 오는 것이며, 또한 종종 기대하는 방향이 아니다. 예를 들면 호적제도에 근거하는 도시의 대외 노동력에 대한 배척정책은 노동력 이동에 불리한 반추력을 낳게 된다. 따라서 이 단계에서 개혁을 추진해야 노동력 이동이 원활해질 수 있다.

세 번째는 페-라니스 이동 단계이다. 즉 루이스의 두 번째 전환점을 넘은 후에 농업 노동의 한계 생산력은 이미 평균 노동 생산력보다 크다. 이론에 따르면 이 단계에 이르면 농업과 비농산업의 노동 한계 생산력은 이미 동등해졌고, 노동력의 이동은 더 이상 체계적이고 일방적인 농업에서 비농산업으로, 상응하는 자원의 재배치 공간도 더 이상 존재하지 않으며, 단지 오락가락하는 쌍방향 유동이기 때문에, 본래 특별한 노동력의 이동 단계를 다시 나눌 필요가 없다.

그러나 두 가지 이유가 우리가 여전히 이 단계에 관심을 가져야 하고 심지어 이 단계에 앞서야 한다. 첫째, 서로 다른 발전 단계 사이의 빈틈없는 연결을 실현하기 위해서 이론적으로 이루어진 발전 단계를 분리하여 현실에서 돌파하고 그 경계를 모호하게 할 것을 요구한다. 둘째, 실제 고소득 국가에서는 농업 노동력 비중의 하락이 하한선이 거의 존재하지 않을 뿐만 아니라, 심지어 각 산업 노동의 한계 생산력과 동등도 단지 이론적인 의의를 가질 뿐이다.

따라서 우리는 여전히 농업 노동력의 지속적이고 큰 폭의 이동을 기대할 수 있다. 이 단계를 '페-라니스 이동'이라고 이름 붙인 이유는 농업 생산 방식의 현대화와 노동 생산성의 향상으로 노동력 이동을 지탱하고 구동해야 한다는 것을 강조하기 위해서이다. 따라서 농업 생산 방식의 현대화를 실현하기 위해서 그리고 농업 노동 생산성이 비농산업과 동떨어지지 못한 상황을 타개하기 위해서 우리는 이 단계를 거점으로 논의를 진행하지만, 이 임무는 모든 단계를 일관됨을 강조하기 위해서이다.

7. 맺음말

1978년부터 중국 경제 개혁은 많은 분야에서 실질적인 진전을 이루었고, 점차 노동력의 이동을 저해하는 체제 장애를 제거하였고, 이원 경제 조건하의 잉여 노동력은 순차적으로 원래의 배치 구도에 대한 철수권, 생산성의 원칙에 따라 재배치되는 유동권, 생산성과 그 성장 속도가 더 높은 부문에 대한 진입권을 획득하였다. 물적 자본과 인적 자본의 축적을 극대화하는 동시에, 노동력 재배치는 생산성을 현저히 개선시키고 고속 경제 성장에 중요한 기여 요소가 되었다.

본 장에서는 노동력 재배치 차원에서 해당 분야의 개혁과정을 정리하고, 개혁시 노동생산성 향상 원천을 정량적 관점에서 분석하여 3개 산업의 총 기여, 개별 기여 및 노동력 기간에 재배치 기여에 대해 제시한다. 비록 이 분석 경로는 개혁 효과에 대한 연구 방법의 하나일 뿐 다른 틀에서 행해지는 연구를 대체할 수는 없지만, 한편으로 자원의 재배치 시각은 경제 발전 연구에 없어서는 안 되고, 다른 한편으로 이 장의 연구도 다른 연구에 대한 기본적인 결론을 자기 각도에서 입증하고 있다. 더 중요한 것은 자원 재배치 시각의 연구는 자원 천품이 변화하는 조건에서 중국 경제의 미래의 성장 원천을 인식하는데 도움이 될 것이다.

중국이 장기간 저출산의 인구전환 단계에 들어서면서 노동력 수급관계가 양적 변화에서 질적으로 변화하였다. 2004년 루이스 전환점을 뛰어넘은 데 이어 2010년 노동연령인구가 정점에 도달하고 인구부양비 하락세가 바닥을 찍었다는 것을 상징으로 중국 경제 성장의 공급측 조건이 변화하였고, 고성장을 실현한 인구배당금은 빠르게 사라지기 시작하였고, 자본 축적과 노동력 투입에 의해 지탱된 성장 모델은 더 이상 지속가능성을 갖지 못해서 경제 성장은 갈수록 노동생산성의 향상으로 구동되어야 한다.

이와 동시에, 이동 가능한 노동 총수의 감소의 결과로, 이전의 그러한 명백한 자원 재배치 효과는 이미 약화되는 추세를 보이고, 생산성을 향상시키는 난이도가 현저히 증가하였다. 이 장에서 분해한 노동 생산성의 향상 요소는 미래의 생산성 향상 잠재력을 찾는 데 유익한 시사점을 제공할 수 있다.

3개 산업간의 특히 농업과 비농산업 간의 생산성의 격차가 여전히 매우 크다는 사실은 농업 노동생산성이 매우 높은 잠재력을 가지고 있으며 자원 재배치 효율도 여전히 기대된다는 것을 의미한다. 농촌의 16-19세 연령대 인구가 2014년 이후 마이너스 성장으로 접어들면서 농촌에서 도시로 노동력이 이동하는 속도가 현저히 둔화되었다. 그러나 산업간의 생산성 차이가 존재하는 이상, 노동력 이동을 위한 정책 환경을 더욱 개선함으로써 제조업의 비중이 너무 빨리 떨어지는 것을 방지하고, 2차 산업의 노동생산성 향상에서 지속 불가능한 요인을 극복하면 예를 들어, 과도하게 의존하는 자본노동비율 향상 등, 전체적인 노동생산성의 지속적인 향상을 유지할 수 있다.

우선 호적제도의 개혁을 통해 농업 노동력의 이동에 대한 격려의 강도를 높인다. 비교적으로 현재 중국의 농업 노동력 비중은 이미 중상위소득 국가 평균보다 낮고, 고소득 국가 평균과 동아시아의 고소득 경제체 평균과 비교하면 여전히 상당한 차이가 있다. 이는 중국이 여전히 농업 노동력의 비중을 더욱 낮출 필요성과 시급성을 가지고 있다는 것을 의미하며, 동시에 향후 한 시기의 구조 변화 목표와 임무를 명확하게 보여 준다.

둘 번째, 초소농업경영 규모의 제약을 돌파한다. 토지가 이동되지 못하고 초소농업규모 경영이 이루어지는 이유 중의 하나는 호적제도가 노동력의 철저한 이동을 저해하기 때문이다. 우리는 농민공의 구성으로부터 불완전한 이동이 토지유전에 대한 장애를 조성하는 것을 볼 수 있다. 2017년 2억8,700만 명의 농민공 중 40.0%는 단지 본 향진 내에서 비농산업으로 옮겨 취업하고, 농업 생산도 병행할 것이고, 46.6%는 향진을 떠나 고용된 가정 구성원으로 가정 구성원이 여전히 농촌에서 농사를 지어야 한다는 전제 하에, 13.3%만이 가외 이동[1]으로 토지전출할 의향이 있을 수 있다.

셋째, 전요소생산성에 의존하여 공업 노동 생산성 향상의 지속성을 유지할 수 있다. 노동력 부족과 임금 상승의 경우, 기업은 자본이 노동을 대체하는 방식으로 노동 생산성의 향상을 더 많이 한다. 그러나, 그 과정이 노동자의 질적 요소 등과 조화를 이루지 못하면 자본노동비가 너무 빠르게 상승하면 자본의 보수 감소를 초래할 수 있다.

이 방면에서 일본은 배울만한 교훈을 제공했다. 인구배당금을 상실한 후 일본 경제는 전요소생산성이 아닌 자본에 의존해 심화돼서 자본노동의 비율이 노동생산성에 대한 기여는 1985-1991년 기간의 51%에서 1991-2000년 기간의 94%로 높아졌고, 반면 전요소생산성의 기여는 37%에서 -15%로 낮아져 잠재성장능력의 저하를 초래했다[2].

농업 노동력의 비농산업으로의 이동속도가 현저히 느려지는 상황에서, 제2차 산업내의 각 산업간 및 하나의 공업 업종내 기업간의 노동력 재배치는 혁신적 발전을 촉진하는 동력이며, 또한 전요소생산성이 향상되는

---

[1] 국가통계국의 〈국가농민노동자 모니터링 조사보고서〉(국가통계국 웹사이트: http://www.stats.gov.cn/)는 이전 버전에서 210-2014년 이주 데이터를 제공했으며 이후 이 정보는 제공되지 않았다. 당시 비율과 연평균 증가율을 바탕으로 저자는 2017년 이러한 이주 인구가 약 3,825만 명인 것으로 추정한다.

[2] Asian Productivity Organization, *APO Productivity Databook 2008*, Tokyo: Asian Productivity Organization, 2008.

중요한 원천이다. 동일 업종내의 기업간에 생산성의 차이가 존재한다면, 생산요소가 아직 최적배치에 도달하지 않았다는 것을 의미한다. 따라서 이원적인 경제 발전 단계가 끝난 후에 생산성의 향상은 기업의 진입, 퇴출 또는 신생, 죽음, 즉 창조적 파괴의 과정을 통해 생산 요소를 보다 효율적인 기업으로 유동하는 방식에 따라 촉진된다. 연구에 따르면 미국 같은 선진국에서 이러한 원천이 생산성의 향상에 기여하는 공헌은 1/3에서 1/2[1]에 달하고, 그러나 중국은 이 방면의 잠재력이 여전히 매우 크다[2].

마지막으로 자원재배치의 생산성 원칙을 고수한다. 현실에서 3개 산업 간의 노동생산성의 높낮이는 제1, 제2, 제3 등의 순이 아니다. 전체적으로 제3차 산업의 노동생산성은 제1차 산업보다 높지만 제2차 산업보다 훨씬 낮다. 예를 들어 노동력 평균생산의 증가치로 계산하면 제2차 산업을 1로 하면 2018년 제1차 산업과 제3차 산업의 노동생산성은 각각 0.19와 0.76에 불과하다.

따라서 농업에서 서비스업으로 노동력이 이동함에 따라 생산성이 향상되는 것은 틀림없지만, 제조업에서 서비스업으로 노동력이 이동함에도 생산성의 전반적인 개선은 반드시 수반되지 않는다. 최근 제조업 비중이 낮아지는 가운데, 제3차 산업은 고용비중이 증가하는 동시에 노동생산성은 오히려 배회하는 국면이 나타나다. 따라서 서비스업의 발전과 비중을 높이고, 생산성 향상원칙에 따라 추진되어야 하고, 생산성이 높고 성장이 빠른 현대 서비스업에 중점을 두고 있다.

---

[1] Lucia Foster, John Haltiwanger, and Chad Syverson, Reallocation, Firm Turnover, and Efficiency, "Selection on Productivity or Profitability?", *American Economic Review*, Vol. 98, 2008, pp. 394-425.

[2] Chang-Tai Tsieh and Peter J. Klenow, "Misallocation and Manufacturing TFP in China and India", *The Quarterly Journal of Economic*, Vol. 124, No. 4, 2009, pp. 1403-1448.

제9장

중국의 빈곤 구제 이념, 실천 및 글로벌 공헌

1. 머리말

1978년 등소평이 일본을 방문했을 때 유명한 신칸센 열차를 탔다. 기자가 그의 느낌을 물었을 때, 그는 간결하고 간곡하게 "빨리, 정말 빨리!"다고 말했다[1]. 그 후 40년 동안 등소평이 직접 시작한 중국의 개혁개방사업은 경제를 발전시키고 빈곤을 탈피하고 국력과 인민의 생활수준을 향상시키는데 있어서 세계경제사상 보기 드문 기적을 창조하였다. 이에 대한 평가를 진행할 때, 중국의 고속철 운행속도를 마주하는 것처럼, 어떠한 외부관찰자도 등소평의 그 해라는 간결한 표현을 기꺼이 사용할 것이다.

전문적인 연구자이든 더 광범위한 관찰자이든, 중국의 경제 발전 성과에 대해 모두 일치된 칭찬을 한다. 특히 중국 경제 성장의 속도를 말할

---

[1] 푸고의: 〈등소평 시대〉, 풍극리 역, 생활 독서 신지 삼련서점2013년판, p. 303.

때, 의심의 여지없이 매우 드물다. 그러나, 중국 경제 성장의 원인, 과정과 결과를 설명할 때, 흔히 일치된 결론을 내릴 수 없고, 어떤 학자들의 관찰이나 편파적인 부분이 있고, 어떤 관점에서는 심지어 오해가 존재한다.

예를 들면, 많은 경제학자들이 중국 경제 개혁의 전체적인 성격을 정확하게 파악하지 못하고, 심지어는 어떤 경제 성장 기본 조건의 중요성을 과소평가하기 때문에 경제 성장 지속 가능성에 대해 오판을 한다. 중국 경제 발전이 충분한 포용성이나 공유성을 가지고 있는지에 대해서도 다른 견해가 존재한다. 어떤 연구자들은 소득 분배의 불균등한 지표 변화를 근거로 이러한 충분한 포용성이나 공유성의 존재를 부정한다.

전술한 두 가지 오해로 인해 일부 연구자들은 중국의 경제 성장 수요 측 요인에 대해 사이비판단을 내리는데, 즉 국내 수요, 특히 주민의 소비 수요가 발휘하는 중요한 역할을 부인하고, 심지어는 이로 인해 불합리한 추론과 정책의 함의까지 도출하였다. 이와 같이 중국의 빈곤 감소 성과를 진심으로 찬탄하는 관찰자들일지라도 논리적인 일치성을 가지고 빈곤 감소 효과와 경제 발전의 성과를 동일 과정으로 간주하여 빈곤 구제 경험과 성장 모델을 결합시켜 이해할 수는 없다.

메이너드 케인스에는 명언이 있어, 실천자들은 자신이 어떠한 지식 사조의 영향도 받지 않는다고 주장하지만, 사실 그들은 종종 어떤 죽은 경제학자들의 사상 포로이다. 현실에서는 확실히 두 명의 죽은 경제학자들이 당대의 연구자들에게 인용되고 있으며, 중국의 경제 발전 경험을 어떻게 평가해야 하는가에 여전히 적지 않은 영향을 미치고 있다. 그러나 과거 40년간의 개혁개방 과정과 그로 인한 발전과 공유 결과를 보면, 이러한 죽은 경제학자들의 사상적 근원이 정확하든지 아니든지 간에, 그것을 중국의 경험을 설명하는데 응용하면, 항상 사실에 대한 왜곡된 인식을 조성한다. 그러나 이러한 영향도 학술적 가치가 적지 않고, 왜냐하면 그것은 의외로 더 깊은 토론을 불러일으킬 수 있기 때문이다.

우리는 먼저 프리드리히·하이에크의 영향을 살펴보았다. 오스트리아계 경제학자의 공헌은 사상방법의 확대에 대한 것이라고 한다. 사회현상을 인간의 행위에 전혀 관여하지 않는 자연의 결과와 인간이 의도적인 결과물이라는 전통적인 이분법을 기초로 하여, 그는 세 번째 종류 즉 인간의 무의식적인 행동의 뜻밖의 결과를 식별해냈다[1].

하이에크의 논술을 명문으로 인용하든 자기도 모르게 이 관념의 영향을 받든 간에, 황아생, 장오상, 로날드·코스, 왕녕 이렇게 중국의 개혁개방과 그로 인한 발전적 성과를 극찬하는 경제학자들은 실제로 중국의 경험을 이러한 '인류행위의 뜻밖의 결과' 이론의 아주 훌륭한 사례로 삼았다[2]. 즉, 국외자로서 볼 수 없었기 때문이든, 아니면 선입견에 얽매여 보기 싫었든 간에, 그들은 모두 중국의 개혁개방의 근본적 출발점에 대한 이해가 부족한다.

등소평이 일본 신칸센열차의 '진짜 빠르다'를 찬탄하는 순간, 그는 이미 중요한 결론을 얻어: 가난은 사회주의가 아니다. 분명히 중국 인민을 빈곤에서 벗어나 생활수준을 끊임없이 개선시키자는 이 초심은 처음부터 개혁개방의 유전자가 되어 시종 일관되었다. 후에 그의 유명한 남방담화에서 등소평은 '세 가지 유익성의 여부' 기준을 제시하고, 생산력을 발전시키고, 국력을 증강시키고, 인민의 생활수준을 향상시키는 것이 개혁에 따르는 원칙이며, 이후 시종 견지되고 관철되었다. 중국공산당의 18대 이래 중국 특색사회주의는 새로운 시대로 접어들었다. 인민 중심의 발전사

---

[1] Friedrich Hayek, *Studies in Philosophy, Politics and Economics*, Chapter 6, London: Routledge and Kegan Paul, 1967.

[2] Yasheng Huang, *Capitalism with Chinese Characteristics: Entrepreneurship and the State*, Cambridge, New York: Cambridge University Press, 2008; Steven Cheung, *The Economic System of China*, Beijing: China CITIC Press, 2009; Ronald Coase and Ning Wang, *How China Became Capitalist*, Palgrave Macmillan, 2012.

상을 견지하여 시진핑 신시대 중국 특색 사회주의 경제사상의 초석을 삼았으며 인민 대중을 개혁과 발전의 주체이자 공유의 주체이자 궁극적인 수혜자로 삼았다. 분명 중국의 40년 개혁개방 과정은 결코 '의도하지 않은 행위'가 아니며, 경제 성장과 빈곤 감소의 기적 또한 '의외의 결과'가 아니다.

많은 경제학자들은 중국개혁 시기의 소득분배 문제를 연구하여 지니계수와 같은 일부 소득불균등 지표의 상승 추세를 발견하였기 때문에 이 시기 중국의 발전은 공유성이 부족하다고 생각한다. 이는 이론적으로 불일치성을 가질 뿐만 아니라 통계적 의미에서도 오독과 오해가 존재한다. 이 밖에 중국 발전의 공유성을 정확하게 인식하지 못하는 것 또한 빈곤 감소의 성과에 대해 일치성 있는 해석을 하기 어렵다. 더 중요한 것은 이 방면의 사실과 그 배후의 논리는 의심할 여지없이 개혁 실천이 목적성과 자각성을 가지고 있다는 가장 유력한 증거이다. 본 장은 이에 대해 해명하고 설명하려 한다.

홀리스·첸나리의 영향을 다시 보자. 이 전 세계은행의 수석 경제학자는 어떤 발전 조건은 다른 조건이 아직 갖추어지지 않은 조건 하에서 단기간에 단독으로 작용하여 경제 발전을 촉진할 수 있다고 생각했다[1]. 이 영향을 받으면 중국 경제 발전의 기본 조건을 나열하는 연구 경향을 발생시킬 수 있고, 모든 발전 조건은 경제 성장을 촉진하는 데 있어서 서로 다른 중요성 때문에 서로 다른 발전 조건을 창조하는 개혁 또한 서로 다른 현저성을 가지고 있다고 생각한다[2].

---

[1] Hollis B. Chenery and Alan M. Strout, "Foreign Assistance and Economic Development", *The American Economic Review*, Vol. LVI, No. 4, Part 1, September 1966, pp. 679-733.

[2] Loren Brandt and Thomas G. Rawski, "China's Great Economic Transformation", in Loren Brandt and Thomas G. Rawski (ed.), *China's Great Economic Transformation*,

어떤 연구자는 심지어 이에 근거하여 1980년대 초 중국 경제 개혁에서 오직 가정도급책임제를 핵심으로 하는 농촌 개혁만이 타당하다고 주장하였으며, 나아가 기타 방면의 개혁에 대한 평가는 공평하지 못하다고 하였다[1]. 개혁이 경제 성장을 자극할 수 있는 인센티브와 같은 문제를 해결했다고 하더라도, 개혁의 전체적인 논리와 내재적 연관을 볼 수 없기 때문에, 이 시기의 경제 성장에 필요한 조건을 알지 못하며, 개혁에 따른 성장효과를 일회성 생산가능성의 한계로 간주해 경제 성장의 장기적 지속가능성을 부정하기 쉽다[2].

실제로 개혁개방시기와 특정 인구기회창구의 중복을 알지 못하고, 신고전성장이론 가설을 사용하여 중국의 이원적 경제 발전과정을 설명하면 공급측면에서 중국 경제의 잠재성장률과 그 지속가능성을 과소평가하게 될 뿐만 아니라, 소비수요의 중요한 작용을 소홀히 하거나 수요측 요인에 대해 일치성 있는 해석을 할 수 없게 된다.

국내외 학자와 관측자들은 중국이 개혁개방 기간에 실현한 고속 경제 성장에 대해 일반적으로 공감하고 있으며, 또한 동기부여 메커니즘을 개선하는 것을 목표로 하는 개혁이 그 안에서 발휘하는 역할을 보았다. 중국의 이 시기의 빈곤 감소 성과는 또한 국제 사회의 높은 찬사와 중시를 받았다. 그러나 다른 분야의 개혁, 특히 자원의 재배치를 촉진하는 각종 개혁에 대한 연구가 약간 미약하기 때문에 연구자는 이론 논리적으로 개

Cambridge·New York: Cambridge University Press, 2008, p. 9.

[1] 예를 들어, Yasheng Huang, *Capitalism with Chinese Characteristics: Entrepreneurship and the State*, Cambridge, New York: Cambridge University Press, 2008.

[2] 크루그먼과 양은 이런 관점의 대표적 인물이다. Alwyn Young, "Gold into the Base Metals: Productivity Growth in the People's Republic of China during the Reform Period", *Journal of Political Economy*, Vol. 111, No. 6, 2003, pp. 1220-1261; Paul Krugman, "Hitting China's Wall", *New York Times*, July 18, 2013.

혁, 발전과 공유를 일치성의 내적 연관을 세울 수 없고, 왜 중국의 빈곤 감소 실천이 이렇게 성공했는지를 설명할 때 이론가들은 매우 난처함을 보일 것이다. 이것이 바로 연구 문헌의 관점에서 경제 전환, 경제 성장, 빈곤 감소 및 개발 분야가 서로 단절된 이유이다.

경제학자가 모르거나 잊어버린 것은 또 다른 고故 카를·마르크스의 말이었다. "가장 어설픈 건축가가 처음부터 가장 날렵한 벌보다 뛰어난 것은 그가 봉랍으로 벌집을 짓기 전에 이미 자신의 머릿속에 그것을 건설했다"이다고 말했다[1]. 모든 절차에서 모든 항목의 개혁개방 발전으로 성과를 공유하는 가장 좋은 것은 모두 이 단락의 말도 '세 가지 유익성'과 입증은 인민 대중 중심의 가장 발전된 사상에서 충분히 보여 주었다.

본 장에서는 중국 경제 개혁이 어떻게 고용 부족의 역사적 유산과 인구 전환 특징을 경제 성장의 원천으로 전환시킬 수 있는지 약술하고, 40여 년간 고속 성장을 지속하면서 동시에 발전의 공유성을 구현하여 세계인이 주목하는 빈곤 감소의 성과를 거두었다.

우리는 먼저 노동력의 재배치를 특징으로 하는 경제 발전은 고용을 촉진하고 노동자의 수입을 증가시키는 표현으로 인해 그 자체가 공유의 성격을 띠게 된다는 것을 밝혀냈고, 나아가 인민생활의 향상을 기점으로 하는 개혁과 인민중심의 발전사상을 견지하고, 중국정부는 지속적으로 농촌의 빈곤한 인구를 향한 빈곤구제 공격전략을 실시하였으며, 또한 단계적 특징의 변화에 따라 이 전략은 끊임없이 혁신적으로 향상되어 빈곤구제 효과의 한계점수감 미사를 타파하였고, 마지막으로, 본 장에서는 중국의 빈곤 감소 이념과 실천의 세계 의의를 제시하고, 향후 빈곤 감소 구도

---

[1] 마르크스: 〈자본론〉 (1권), 인민출판사 1975년판, pp. 202. 물론 경제학자들이 모두 마르크스의 논단을 간과한 것은 아니다. 사실 오경련은 한 책의 서문에서 개혁개방 과정의 내적 논리를 설명하는 이 구절을 인용했다. 판강, 역강, 우소링, 쉬선다, 차이팡 편집장: 〈50명의 20년〉, 중신출판사 2018년판을 참조한다.

에 대한 전망을 제시하며, 정책 건의를 제기한다.

2. 널리 공유하는 고속 성장

　1978-2018년 40년 동안 중국 GDP는 연평균 9.4%의 속도로 증가하였고, 같은 기간 도시와 농촌 주민의 소비 수준은 16배 이상 향상되었고, 또한 노동 생산성의 17배 향상도 뒷받침되었다. 이러한 경제 발전의 성적은 분명히 원원천이 없는 물은 쌀이 없으면 밥을 짓는 것이 아니라, 사람들에게 잘 알려진 경제 발전의 일반적인 법칙에 부합할 뿐만 아니라, 매우 뚜렷하게 중국 경험의 독특한 특성을 구현했다. 비록 이론과 경험상 경제 성장이 필연적으로 빈곤의 감소를 초래한다고는 할 수 없지만, 큰 케이크를 만드는 것은 결국 케이크를 잘 나누는 데 없어서는 안 될 전제가 된다.
　예를 들면, 우리는 국제 비교에서 뚜렷하게 볼 수 있어, 한편으로는 중국의 고속 경제 성장은 현저한 빈곤 감소 효과와 대응하고 있고, 다른 한편으로는 중상위소득 국가 (중국을 포함하지 않음)의 비교적 온건한 경제 성장은 비교적 평범한 빈곤 감소 효과 (그림 9-1)에 대응하고 있다.
　중국은 과거 40년의 개혁 발전 기간 동안 적어도 30년의 시간(1980-2010년)에 매우 독특한 인구 변화 과정을 거쳤는데, 15~59세의 노동 연령 인구는 지속적으로 고속으로 증가하였고(연평균 1.68% 증가), 이 연령 이외의 의존성 인구는 증가하지 않았다(연평균 0.01%의 속도로 감소). 선진국의 평균상황 즉, 노동연령인구는 연평균 0.44%, 의존성인구는 연평균 0.47%, 중국을 포함한 개발도상국의 평균상황 즉, 노동연령인구는 연평균 2.44%, 의존성인구는 연평균 1.43% 증가하는 것과 대조되고, 이는 중국이 '태어나는 사람은 많고 먹는 사람은 적다'는 인구구조 특징을 갖추고 있기 때문에 경제 성장에 유리한 인구 기회의 창구기에 있다는 것을

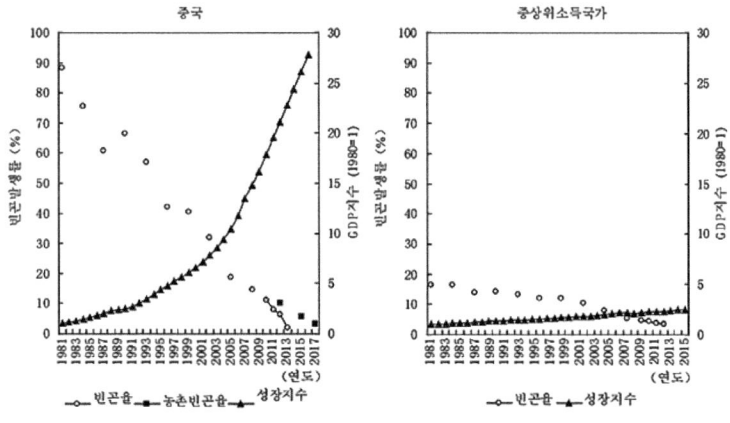

그림 9-1 국제 비교에서 경제 성장과 빈곤 감소 효과의 관계를 본다

자료출처: 세계은행 데이터베이스: http://datacatalog.worldbank.org/dataset/poverty-and-equity-database; 국가통계국:〈중국통계연감〉, 중국통계출판사 역년, 리커창:〈정부업무보고〉, 2018년.

의미한다.

개혁 초기, 심지어 더 오랜 기간 동안, 이러한 잠재적 인구배당금은 분명히 인식되지 않았고, 연구자들과 정책 입안자들은 오히려 인구가 많고 노동력이 남는 것을 역사적 짐으로 간주하여, 당시 직면했던 거대한 도전으로 간주하였다. 사실, 외동자녀정책은 개혁개방을 막 시작했을 때인 1980년부터 엄격하게 실시되었다. 비록 사후적으로 이러한 인식은 피할 수 없는 역사적 한계를 가지고 있지만, 상응하는 정책조치와 개혁조치를 취함으로써 오히려 반드시 표적성과 긍정적인 효과가 없는 것은 아니다.

엄격한 출산 계획 정책은 인구 통제 문제의 공과 효과와 관계없이, 결국 어느 정도 인구 변화가 고출산, 저사망률로 고성장 단계에서, 저출산, 저사망률로 저성장 단계로의 전환을 가속화시켰기 때문에 중국의 인구배당금은 비교적 일찍 방출될 수 있었다. 그러나 논의의 초점은 여기에 있지 않고 개혁이 노동력 이동을 촉진해 경제 성장과 고용 확대를 촉진하는 효과를 살펴보는 데 있다.

초기 농촌에 보편적으로 존재했던 빈곤현상과 가정도급책임제 시행 이후에 나타난 노동력 잉여현상에 직면하여, 이후의 농촌개혁은 노동력을 핵심으로 하는 농촌생산요소가 생산성이 낮고 수익률이 낮은 산업에서 퇴출되도록 촉진하고, 체제와 메커니즘으로 생산요소를 충분히 유동을 창출하여 생산성과 수입이 더 높은 산업으로 이동하는 것이다. 이러한 논리에 따라 진행된 개혁은 멈추지 않고 오늘날에 이르고 있다.

우선 가장 철저한 농촌 개혁은 20여 년간 이어져 온 인민공사 체제를 폐지한 것이다. 가정도급책임제가 전국적으로 신속하게 실시됨에 따라 1982년 말에 개정된 〈중화인민공화국 헌법〉에서는 촌민위원회를 정식으로 촌민자치조직으로 규정하였고, 1983년에 중국공산당 중앙, 국무원은 〈정부와 공사 분리, 향정부 수립에 관한 통지〉, 정부와 인민공사 분리, 향정부 수립을 요구했다. 이에 따라 기존 생산대대 1급에 행정촌을 건설하고 생산대를 기초로 하여 촌민소조를 설립하였다. 농촌 촌민자치제도와 더불어 가정도급책임제를 핵심으로 하는 농촌기본경영제도도 근본적으로 토지집단소유전제하에 농가가 생산요소를 자주배치할 수 있는 권리를 확립하였으며, 개혁성과는 전체와 장기적으로 이익이 된다.

둘째, 노동력의 배치를 제한하는 정책이 점차 완화되어, 생산 활동 사이, 3개 산업 사이와 도시와 농촌 사이의 이동 장애가 차례로 철폐되었다. 농촌 노동력은 먼저 식량 작물 재배에서 다양한 경영으로, 단일 재배업에서 농림어업으로 전면적으로 발전하였고, 농업에서 '땅은 떠나지만 고향을 떠나지 않는다'의 향토 기업으로, 이어서 소도시로 들어가 대중 도시까지 비농 취업에 종사하였다.

가정도급책임제를 추진하는 과정에서 중국공산당 중앙문서에서 '할 수 있다'는 용어가 중요한 역할을 하였듯이(예: '도급받을 수 있다') 체제의 노동력 이동에 대한 방해를 해소하는 것은 정책의 일련의 '허용'에도 나타나 있다. 예를 들면, 1983년부터 농민에게 농산품의 장거리 운송과 자가 판매를 허용하여 처음으로 취업의 지역 제한을 돌파하였고; 1988년부터 농민들이 식량을 가지고 인접 도시로 가서 취업하는 것을 허용하였으며, 처음으로 도시와 농촌의 취업 울타리를 돌파하였고; 1990년대 초반에 식량표 등의 티켓 제도가 없어짐에 따라 농촌의 노동력 이동은 사실상 각급 도시로 들어가 거주와 취업을 하는 것을 '허용'하게 되었다.

다음, 호적제도와 그것을 둘러싼 일련의 관련 체제 개혁이 점진적으로 전개되어 노동력의 이동과 이동의 범위가 점점 넓어지고 있다. 이러한 개혁은 주로 하나는 국유기업과 도시 고용제도의 개혁이 노동시장의 발육을 촉진하고, 또 다른 하나는 주민의 호적신분에 의거한 도시와 농촌의 분할된 사회보장체계가 점차 일체화, 균등화 되는 두 가지 측면을 나타낸다.

1990년대 후반 국유기업의 '철밥통'을 타파하기 위한 취업 체제 개혁은 비록 일시에 비교적 대규모 실업과 심각한 도시 빈곤 현상을 야기하였으나, 대응 과정 중에 노동력의 배치가 계획 체제에서 시장 체제로의 전환을 실현함과 동시에 도시에 사회 보장 체계를 세웠다. 이러한 개혁은 더 나아가 연쇄 효과를 낳게 되는데, 한편으로 농촌의 노동력 이동은 더욱 공평한 경쟁의 일자리를 얻게 되었고, 다른 한편으로는, 사회 보장 제도의 건설은 점차 농촌에까지 확대되었고, 도시와 농촌의 통합 수준은 대폭적으로 향상되었다.

나중에 보면, 전술한 개혁의 추진과정은 농촌 잉여 노동력과 도시기업의 중복된 인원을 비효율적인 배치에서 퇴출시킬 수 있게 함으로써, 각각 도시와 농촌 간, 지역간, 산업간, 기업간의 이동과 재배치를 진행함으로써 생산성이 더 높은 영역으로 진입할 수 있으며, 요소 축적과 자원 재배치를 통해 인구배당금을 고속 경제 성장으로 전환시킬 수 있다. 한 연구에 따르면 1978-2015년의 16.7배의 노동생산성(노균 GDP 증가에서 44%

는 이러한 노동력 자원의 재배치에 기인한다고 한다[1].

개혁 과정과 경제 성장을 촉진하는 효과를 돌이켜 보면, 우리는 개혁이 어떻게 생산 요소의 이동을 저해하는 제도적 장애를 단계적으로 제거함으로써 계획 경제 유산인 농촌 잉여 노동력과 도시 기업의 잉여 노동력을 유리한 성장 요소로 전환시킬 수 있으며, 더 일반적으로 말하면, 특수 인구 전환 단계의 유리한 인구 요소를 인구배당금으로 바꾸어 고속 경제 성장을 실현시킬 수 있는지를 볼 수 있다.

이러한 시각에서 체제개혁과 그에 따른 경제 발전을 살펴보면 포용과 공유는 그 내재적 성격도 발견할 수 있다. 즉, 이 경제 성장의 모든 과정은 비농산업 노동참여율의 향상과 고용의 확대를 수반하며, 각각 이러한 재배치 효과와 양적 효과로 노동자와 그 가정이 경제 성장으로부터 소득을 향상시켜 생활수준을 향상시켰다.

중국 사회는 확실히 수입 격차의 확대를 경험한 적이 있다. 동시에 우리는 반드시 지수에서 나타난 수입 격차의 확대에 대해 통계적 요인과 관련되는 고평가 성분이 존재한다는 것을 인정해야 한다. 또한 여기에서 관심사는 개혁개방에서 경제 성장의 전체적인 공유 성질이기 때문에 단계적 문제와 추세적 문제를 각각 분석해야 한다. 이렇게 해야만 성과를 과소평가하거나 태평스럽게 꾸미지 않을 수 있다.

일부 연구들은 소득법 GDP에서 노동보수 비율이 하락함에 따라 소득 분배 상황이 악화되었다고 결론내렸다. 이 지표를 보면 2003년부터 확실히 하락세를 보이다가 2011년에 최저점(45.8%)으로 내려갔다. 그러나 이후 이 비중은 매년 높아져 2015년에 51.1%로 복귀했다. 이 비중의 하락은 적어도 일부 원인이 노동보수 비중이 높은 농업지분의 하락이기 때문

---

[1] 차이팡: 〈중국 경제 개혁 효과 분석-노동력 재배치의 시각〉, 〈경제 연구〉2017년 제7기.

에 결코 소득분배의 악화를 의미하지는 않는다고 해석하는 학자도 있다[1]. 이 관찰은 농업지분의 하락이라는 규칙적인 변화요인을 고려해서 개혁과 발전 과정의 공유 성격을 다시 인식해야 함을 시사한다[2].

경제 발전 과정에서 농업 생산액과 고용지분이 돌이킬 수 없이 하락하는 것은 공인된 법칙이고 심지어 '철칙'이다. 농업지분이 하락하는 과정에서는 선진국의 초기 경험이나 개발도상국의 현실을 막론하고 농업 고용지분의 하락이 생산지분 하락에 뒤떨어지는 특징을 보인다[3]. 호적제도 등의 체제요인의 존재로 인해 중국의 이러한 특성은 더욱 두드러진다. 그럼에도 불구하고 농업 노동력의 비중은 결국 현지하게 감소하였다.

국가통계국 데이트에 의하면 농업노동력 비중은 이미 1978년 70.5%에서 2018년 27%로 낮아졌다. 필자의 연구에 따르면 현재 농업노동력 비중은 공식 수치보다 10% 정도 더 낮아질 가능성이 높다[4]. 분명히 이것은 농촌노동력이 대규모로 도시의 비농산업으로 이동한 결과이다.

비교적 짧은 기간에 이루어진 이러한 대규모 노동력의 이동은 전형적인 루이스식의 이원적인 경제 발전 과정을 형성하는데 도움을 주었고, 이로써 농민공은 농사를 지어 얻은 것보다 더 높은 임금성 일자리를 얻게 되었고 전체적으로 농촌의 빈곤 수준을 낮추게 되어 도시와 농촌의 소득

---

[1] 백중은, 전진걸: 〈누가 주민의 소득을 쥐어짜고 있는가: 중국 국민소득분배구도 분석〉, 〈중국사회과학〉2009년 제5기.

[2] 예를 들어, 경제 성장의 주요 수요 구성의 관점에서 볼 때 농업 생산 가치의 비중, 농업 노동력의 비중 및 농촌 인구의 비율이 크게 감소하고 농촌 주민들의 소비 기여도가 감소하는 것은 합리적인 결과이다.

[3] Christopher B. Barrett, Michael R. Carter, and C. Peter Timmer, "A Century-Long Perspective on Agricultural Development", *American Journal of Agricultural Economic*, Vol. 92, No. 2, 2010, pp. 447-468.

[4] Fang Cai, *China's Economic Growth Prospects: From Demographic Dividend to Reform Dividend*, Cheltenham, UK: Edward Elgar, 2016.

격차를 줄이는 효과를 가져왔다. 한편, 임금률이 변하지 않더라도 노동력 이동 규모의 확대는 농민 가정의 소득을 현저하게 증가시키기에 충분하다. 다른 한편으로는, 빈곤 농가는 노동력 외출 경로를 통해 가정의 1인당 순수입을 현저하게 높일 수 있다. 예를 들면, 한 연구에 의하면 외출 일하는 게 농촌 빈곤 가정의 1인당 순수입의 증가폭은 8.5%에서 13.1%에 달할 수 있다[1]. 아래에서 우리는 노동력 이동을 통한 빈곤 감소의 몇 가지 중요한 사실을 요약한다.

먼저, 2013년 이전에는 공식 통계 시스템 내의 거주자 조사는 도시와 농촌으로 분리되어 독립적으로 진행되었기 때문에, 이주 농촌 가정과 외근 농가의 구성원들은 한편, 종종 표본 추출에 들어갈 수 없기 때문에 도시 표본 추출에서 현저하게 제외되었고, 또 다른 한편으로는 장기간 외출이 농촌에 더 이상 상주하지 않기 때문에 농촌 표본 거주자의 조사에서는 대폭 배제되었다. 일부 연구자들은 국지적인 조사를 기초로 실제 도시와 농촌의 가구 조사에 누락된 농민공의 소득을 추산하였다. 그 결과 공식 통계 시스템의 가구 조사 표본과 정의의 문제 때문에 도시 거주자의 평균 가처분 소득은 13.6% 높게 평가되었고 농촌 거주자의 평균 순 소득은 13.3% 낮게 평가되었으며 도시와 농촌의 소득 격차는 평균 31.2% 높게 평가되었다[2].

우리는 소득 격차가 종종 여러 가지 요소로 이루어져 있고, 그에 따라 소득 불평등한 소득 정도를 나타내는 지표는 통계적으로도 분해될 수 있다. 어떤 연구에서는 소득 불평등 지수의 기여 요인을 분해하려고 시도했

---

[1] Yang Du, Albert Park, and Sangui Wang, "Migration and Rural Poverty in China", *Journal of Comparative Economics*, Vol. 33, No. 4, 2005, pp. 688-709.

[2] 고문서, 조문, 청길: 〈농촌 노동력 이동이 도시와 농촌 주민의 소득 격차 통계에 미치는 영향〉, 차이팡 편집장 〈중국 인구 및 노동 문제 보고서 No. 12 - "12차 5년 계획" 시기 도전: 인구, 고용 및 소득 분배〉, 사회과학문헌출판사 2011년판, pp. 228-242.

을 때, Theil index로 측정한 전체 소득 격차에서 도시와 농촌의 소득 격차의 기여율은 40~60% 사이라는 것을 발견했다[1]. 따라서 통계적으로 도시와 농촌의 소득 격차의 높은 평가 상황을 바로잡을 수 있다면, 전체 소득의 불평등 정도(예를 들면 지니계수에 나타나는 것)도 그만큼 줄어들 것이다.

또한, 일부 연구들이 추산한 소득 불평등 지표의 수치는 매우 높아서 여론의 관심을 끌었다[2]. 이러한 연구는 비록 나름대로 특별한 가치가 있지만, 사용하는 방법은 극단적인 통계 수치를 발굴하는데 초점을 맞추고 있기 때문에, 얻은 결론은 대폭 할인해야 한다. 일반적으로 수입 분배 상황은 정규 분포를 따르지만, 표본의 두 끝 부분 즉 가장 부유한 사람과 가장 가난한 사람을 관찰할 때, 통계 조사는 종종 정확한 정보를 수집하기 어렵다. 이 조사 통계의 난제는 각국의 통계 시스템에 공유되어 있다. 분명히 이러한 특별한 추계 방법으로 얻은 중국의 수치는 다른 나라에서 발표한 통계수와 간단히 비교할 수 없으며, 또한 이로 인해 일반적인 추론을 내릴 수도 없다.

둘째, 비록 일정기간 이동 노동력의 임금은 눈에 띄게 상승하지 않았지만, 비농산업 노동 참여율의 향상과 농촌 노동력의 고용이 더욱 충분했기 때문에 농가 소득 중 임금성 소득의 총량이 현저하게 증가하였고, 비중도 그만큼 높아졌다. 예를 들어 1997-2004년 농민공의 임금이 실질적

---

[1] Ravi Kanbur and Xiaobo Zhang, "Fifty Years of Regional Inequality in China: A Journey through Central Planning, Reform, and Openness", *United Nations University, WIDER Discussion Paper*, No. 50, 2004; Guanghua Wan, "Understanding Regional Poverty and Inequality Trends in China: Methodological Issues and Empirical Findings", *Review of Income and Wealth*, Serries 53, No. 1, March, 2007.

[2] 왕소루는 통계에 잡히지 않는 고소득층의 보이지 않는 막대한 소득을 발견했고, 간리는 0.61의 지니계수를 추정했다. 왕소루〈회색 소득과 국민 소득 분배: 2013년 보고서〉,〈비교〉2013년 제5기; 감리 등의 〈중국 가정 금융 조사 보고서 2012〉, 서남재경대학교 출판사 2012년판을 참조.

으로 증가하지 않은 상황에서 노동력 외출 규모가 4,000만명 미만에서 1억명 이상으로 증가했기 때문에 농민공이 벌어들인 임금 총액은 연평균 14.9%의 증가 속도를 실현했고, 따라서 농가의 임금성 수입은 저평가되어도 농가 순수입에서 차지하는 비중이 24.6%에서 34.0%로 현저히 높아졌다[1].

그리고, 2004년 중국 경제가 루이스 전환점을 맞은 후, 이원 경제의 일부 특징이 점차 사라짐에 따라 노동력 부족이 일상화되었고, 노동자들의 고용 시장에서 협상 지위가 현저히 향상되었으며, 일반 노동자들의 임금과 저임금 가정의 수입이 빠르게 향상되었다.

예를 들어 농민공 실질임금은 2003-2018년 사이 9.6%로 증가했다. 일반 근로자 임금 상승이라는 루이스 전환점의 특징은 소득격차 정점을 이끌었고, 이 추세가 지속된다면 소득분배 쿠즈네츠의 전환점이 될 수 있다.

그러나 이러한 추세가 지속될 수 있을지는 관찰하고 생각할 가치가 있는 문제이다. 불변가로 계산한 도시와 농촌 소득격차(도시 주민 소득과 농촌 주민 소득 비율 대비)는 2009년 최고점인 2.67에서 2018년 2.32로 13.1% 낮아졌고, 전국 주민 소득의 지니계수는 2008년 최고점인 0.491에서 2015년 근년 저점인 0.462로 낮아졌다가 다시 상승하여 2018년 0.474를 기록했다.

농촌주민의 수입이 도시주민의 소득보다 빠른 속도로 증가하여 도시와 농촌의 소득격차는 축소되는 추세를 유지하고 있지만 지니계수는 오히려 반등하였다. 이 사실은 첫째, 도시와 농촌의 소득격차의 지니계수 중 기여분이 다소 감소하였음을 설명하고 있으며, 이에 따른 소득격차 축

---

[1] 차이팡, 도양, 고문서, 왕미연: 〈노동경제학-이론과 중국 현실〉, 베이징사범대하교출판사2009년판, p. 220.

소대책을 찾기 위하여 더 관찰하고 연구할 필요가 있고; 둘째 노동시장의 역할만으로는 쿠즈네츠 전환점을 맞이할 수 없으며, 각종 재분치 성격을 갖는 사회정책이 갈수록 없어지면 안된다.

마지막으로, 루이스의 전환점이 도래한 시기와 맞물려, 중앙정부와 지방정부는 분명히 재분치 정책의 시행을 더욱 강화하였고, 기본적인 공공서비스 공급의 충분화와 균등화를 추진함으로써 경제 발전의 공유 정도를 더욱 향상시켰다. 도시 근로자와 주민의 사회 보장 커버리지 수준이 대폭 향상되었을 뿐만 아니라, 2004년 이후 정부는 사회보장제도 건설의 중점을 농촌에까지 연장하였고, 도시의 사회 보호 정책도 점점 더 많은 농민공과 그 이주 가구원들, 그리고 미취업자들까지 광범위하게 커버하였다. 노동력시장 제도와 사회 보장 체계 건설이 가속화되고 경제 발전과 사회 발전이 더욱 조화되어 중국의 경험 속에 내재된 광범위한 포용성을 더욱 두드러지게 하였다.

3. 개혁 시기의 빈곤 감소 실천과 효과

개혁개방은 농촌 경제 발전과 전체 국민 경제의 고속 성장을 촉진하고 고용 확대와 노동 보수의 증가를 이끈 게, 빈곤 문제 해결의 관건임에 틀림없다. 그러나 경제 발전은 소득 분배 개선의 필수 조건은 결코 충분조건이 아니다. 경제 학자들이 전 세계적으로 관찰한 바와 같이 경제 발전은 물론 빈곤의 감소를 가져올 수 있지만, 결코 자연스레 '낙수 효과'를 낳지 않는다.

따라서 전문적인 빈곤 구제 전략을 실시함에 있어 공유와 빈곤 감소 목표를 달성하는 데 없어서는 안 된다. 중국의 빈곤 감소 성과는 동시에 실시되는 전문 빈곤 구제 전략과 그 효과와 불가분의 관계에 있다. 40년

간의 개혁개방을 배경으로 중국 농촌의 빈곤 감소 과정은 발표되지 않은 실제 빈곤 감소 과정과 명확하게 발표되는 빈곤 구제 전략의 실행 과정을 포함하여 3단계로 관찰할 수 있다.

1980년대 초반부터 1980년대 중반까지의 한동안은 빈곤 감소의 첫 단계였다. 이 시기에는 빈곤 감소 전략이 명확하게 발표되지 않았다. 농촌 경제 체제의 전면적인 개혁은 이 시기 농촌 경제와 국민 경제의 급속한 발전을 촉진하는 주요한 동력이 되었고, 농촌 주민의 전반적인 수입이 증가하여 이 시기 빈곤 감소의 주요 요인이 되었다. 농촌의 기본 경영 제도의 개혁은 농민의 생산 적극성을 크게 불러일으켰고, 농산물 가격 인상, 농업 구조 조정 가속화 및 농촌 공업화 등과 더불어 농촌 경제의 활력을 전면적으로 증강시켰고, 또한 인력 자본의 소질이 높은 농촌 노동력을 위해 고용 경로를 넓히고 빈곤에서 벗어나 부유해질 수 있도록 하여 더 많은 기회를 창출하였다.

1978-1985년 기간 동안 전국 농업 증가치는 55.4% 증가하였고, 농업 노동 생산성은 40.3% 증가하였으며, 농산물 종합 수매 가격 지수는 66.8% 증가하였다. 같은 기간 각종 농산물 생산량의 급속한 성장과 함께 농민 1인당 순수입은 2.6배 증가하였고 농민 1인당 섭취 열량은 1978년 1인당 하루 2,300킬로칼로리에서 1985년 2,454킬로칼로리로 증가하였다. 같은 기간 빈곤의 기준이 2배로 높아진 가운데 절대빈곤선 이하에 사는 농촌인구는 2억5,000만 명에서 1억2,500만 명으로 떨어지고, 농촌인구에서 차지하는 비율이 14.8%로 낮아졌고 빈곤인구는 매년 평균 1,786만 명씩 감소하고 있다.

1980년대 중반부터 20세기 말까지 이 시기는 빈곤 감소를 위한 2단계이자 공식적으로 발표된 빈곤 구제 전략의 시작 단계라고 볼 수 있다. 정부는 빈곤 구제 전문 기구를 설립하고, 특별 자금을 여러 경로로 배정하여 상응하는 우대 정책을 제정하였으며, 전통적인 빈곤 구제식 빈곤 구제 방침을 철저히 개혁하고 개발형 빈곤 구제 방침을 확정하였다. 일련의 정책과 조치를 통해 계획적이고 조직적이며 대규모의 개발적인 빈곤 구제를 실시한다. 이 단계에서의 빈곤 구제는 농촌의 특정 계층을 대상으로 하는 정부의 빈곤 구제를 위한 노력이라고 볼 수 있으며, 특별히 지적할 만한 두 가지 특별한 경험이 있다.

첫째, 지역 개발 방식의 빈곤 구제에 대한 전반적인 생각을 확정한 후, 빈곤 구제를 위한 자금을 집중적으로 사용하고 빈곤 인구를 효과적으로 지원하기 위하여 중앙정부는 통일된 표준을 제정함으로써 국가가 빈곤현을 중점적으로 지원하는 것을 확정하였다. 즉 현 단위로 1985년 농민의 연간 1인당 순수입이 1,150위안을 밑돌았고, 정부는 1986년에 592개 국이 빈곤현을 중점적으로 지원하도록 확립했고, 전국의 현급 행정단위의 거의 1/5을 차지한다. 이후 경제 발전 특히 빈곤지역의 경제상황이 개선됨에 따라 빈곤현의 표준도 제때에 조정되었다.

둘째, 1993년 국가는 "국가 '87' 빈곤 구제 돌격계획"을 제정하여 공포하였다. 이 계획은 20세기 내 마지막 7년 동안, 거의 모든 역량을 집중하여 당시 전국 농촌 8,000만 빈곤 인구의 먹고사는 문제를 해결하려고 노력하였다. 이 계획은 중국 사회의 비교적 강한 동원력과 비교적 높은 공감도를 이용하여 비교적 짧은 기간 내에 최대의 빈곤 구제 효과를 거둘 수 있도록 노력하였다. 1997년-1999년 3년 동안 매년 800만 명의 빈곤 인구가 생활 문제를 해결하였으며, 1990년대에 들어서는 농촌의 빈곤 감소 속도가 가장 빨라졌고, 또한 이번 빈곤 구제를 최고조로 끌어올렸다.

계획을 실시한 결과, 7년 동안 농촌 빈곤 인구가 5,000 만명 감소하였고, 농촌 빈곤 발생률은 8.7%에서 3.4%로 감소하였다. 1986년부터 2000년까지 국가는 중점적으로 지원하는 빈곤 현의 농민 1인당 순수입이 206위안에서 1338위안으로 증가하였으며, 전국의 빈곤 인구는 1억 3,100만 명에서 3,209만 명으로 감소하였다. 빈곤 집중 지역의 각종 사회 사업의 발전이 개선되었다. 예를 들면, 이 시기의 노력으로 빈곤 지역의 기반 시설, 교통, 통신, 전기, 학교 등의 보유율 지표가 비빈곤 지역에 근접하게 되었다.

"국가 '87' 빈곤 구제 돌격계획"이 완성됨에 따라 기본적으로 소기의 목표를 달성하였으며, 정부의 빈곤 구제 전략은 2001년부터 제3단계로 접어들었다. 전 단계의 정부의 빈곤 구제 노력을 통해 농촌 빈곤의 전반적인 분포는 현저하게 변화되었고, 지역의 특징은 더욱 뚜렷해졌다. 동부 경제발달 지역에서는 빈곤발생률이 이미 현저히 감소하였으며, 빈곤은 자연조건이 열악한 중서부지역에 더욱 집중되었다. 이러한 분포의 새로운 특징에 근거하여 중앙정부는 중서부지역에서 592개 국가 빈곤개발사업 중점 현을 확정하였다. 2002년 중점 현에서는 절대 빈곤인구가 전국 총수의 62.1%, 저소득인구가 전국총수의 52.8%를 차지하고 있다.

2000년부터 농촌 지역의 빈곤 발생률이 거의 같은 수준을 유지하고 있으며, 이후 10년 동안 총 521만 명의 빈곤 인구가 감소하였다. 국가가 매년 투입하는 빈곤 구제 자금이 증가하고 있는 것을 고려할 때 지역 개발계획이 이전처럼 뚜렷한 빈곤 구제 효과를 가지고 있지 않다는 것을 의미한다. 지리, 기후 등 자연 조건과 가정 및 개인의 능력에 의한 장기 빈곤은 농촌 빈곤의 주요 특징인 소외빈곤이 되었다.

이러한 새로운 상황은 빈곤 거버넌스 수단의 대변화를 부르고 있고, 즉 지역 개발을 통해 빈곤 지방 산업 발전을 촉진하는 방법은 이미 이 일부 소외된 빈곤 인구를 우대하기 어렵게 되었다. 비록 빈곤 현내에서 빈곤층과 비빈곤 인구의 공간의 분화가 점점 뚜렷해지고 있다. 지역 경제의 성장이 과연 빈곤층에 혜택을 줄 수 있는지, 빈곤자금의 사용이 진정한 빈곤층을 겨냥할 것인지의 여부에 대해 점점 엄중한 대답을 필요로 하는 문제가 되고 있다. 따라서 빈곤 정책 대책은 더욱 초점을 강화해야 하고, 빈곤자금의 사용 효율화는 시급히 높여야 비로소 빈곤자원이 진정으로 빈곤자의 수중에 도달할 수 있다.

2001년에 중국 공산당 중앙, 국무원은 〈중국 농촌 빈곤 구제 개발 요강(2001~2010년)〉(이하 "요강"라 한다)을 제정하여 공포하고 시행하였다. 이 〈요강〉의 두드러진 특징은 빈곤 구제를 마을로 간다는 것이며, 그에 따른 실행 방법은 "마을 전체의 빈곤 구제를 위한 전략"이라고 불린다. 2001년부터 현을 기본 단원으로 하고 빈곤한 농촌을 기초로 하는 업무 방침을 실시하여 생산, 생활 및 지리적 환경 영향을 받는 경제 사회 상황의 각종 지표에 따라 빈곤현 외에서도 중점 빈곤촌을 확정하였으며, 전국 도합 14만 8천 개의 중점 빈곤촌을 식별하였다. 이렇게 함으로써 빈곤 지역을 겨냥할 뿐만 아니라 빈곤 집단을 더욱 세밀하게 선별하여 정밀 빈곤 구제의 효율을 제고하였다.

이 시기에 빈곤 구제를 실시한 마을의 전체 소득증가는 매우 큰 효과를 거두었다. 이 요강을 실시하는 과정에서 빈곤중점촌의 농가소득 증가 속도는 빈곤현 평균보다 월등히 높았고, 전국 평균보다 높았다. 마을 전체가 추진하는 농가 소득 증가는 마을 전체가 추진하지 않는 농가 소득 증가보다 8~9% 높다. 이 기간 동안 빈곤 지역의 각종 사회 사업도 많은 발전이 있었다. 빈곤촌은 생산적인 기초 시설과 생활 서비스 시설 방면의 개선이 마찬가지로 현저하게 나타났으며 관련 지표의 향상 폭이 빈곤 현의 평균 수준을 훨씬 웃돌았다.

2010년 말까지 전국의 빈곤인구가 더욱 감소하였고, 또한 유엔의 천년 개발 목표 중 빈곤인구의 절반 감소 목표를 선도적으로 실현함에 따라, 국가는 즉시 〈중국 농촌의 빈곤 개발 요강(2011-2020년)〉을 실시하기 시작했고, 집중적인 빈곤 지역을 빈곤 지원의 핵심으로 정하고, 이들 지역의 빈곤 지원 사업에 더욱 강력한 정책 보장과 자금 지원을 제공하였다.

〈요강〉는 연편 극빈 지역을 확립했다. 육반산구, 진파산구, 무릉산구, 우먼산구, 전계검석막화구, 전서 국경 산구, 대흥안 영남록산구, 연산-태

행산구, 여량산구, 대별산구, 나사오산구 등의 연편 극빈 지역과 이미 특수 정책을 명확하게 시행하고 있는 티베트, 4성장구, 신장 남강 3지주는 빈곤을 구제하기 위한 주요 전쟁터이다.

동시에 국가가 빈곤 구제 기준을 국제통행기준 이상으로 높인 것도 정부가 자신의 빈곤구제 책임을 강화했다는 것을 나타내고, 더 많은 농촌 저소득 인구를 빈곤 구제 범위에 포함시키고 빈곤 지역과 빈곤 인구를 더 많이 지원하며 연편 극빈 지역에 대한 투자와 지원을 늘리고 중앙 재정 특별 빈곤 구제 자금의 새로운 부분은 주로 연편 극빈 지역에 사용된다.

중국공산당이 제18차 대표 대회를 개최한 이래, 중국은 새로운 공격전의 자세로 빈곤 구제 공사를 더욱 힘써 실시하여 정밀 빈곤 구제, 정밀 빈곤 탈출, 빈곤 가정을 분류하여 부양함으로써 빈곤 구제와 빈곤 탈출의 새로운 성과를 거두었다. 더 높은 빈곤 기준 하에서 농촌 빈곤 인구는 2012년 9,899만 명에서 2018년 1,660만 명으로 매년 평균 1373만 명이 감소하여 이 영역의 한계 빈곤 구제 효과가 점차 감소하는 '규칙'을 타파하였다.

2016년부터 시행된 제13차 5개년 계획은 더욱 거대한 빈곤 구제 목표를 확립하였고, 즉 현행 빈곤 구제 기준(물가지수 등의 조정으로 2020년에는 1인당 연수입이 4,000위안 미만이 될 것으로 예상된다) 2020년에는 농촌 빈곤인구 모두가 빈곤 탈출[1]를 달성하고 빈곤현 모두 퇴치하고 지역적인 빈곤현상을 해소한다. 실제로 2016년에는 28개의 빈곤현들이 적법한 절차를 거쳐 탈모하여 빈곤퇴출 제로 돌파를 달성하였으며 2020년에는 빈곤퇴치 목표를 달성하는데도 좋은 시발점이 되었다.

---

[1] 실제로 화폐 형태의 '현행 기준' 외에도 빈곤 구제 목표에는 먹을 염려가 없고, 입는 염려가 없고, 의무 교육, 기본 의료 및 주택 안전을 보장하는 보다 구체적인 물질 기준인 '양불우삼보장'이 포함된다.

4. 중국 빈곤 감소 성과의 세계적 의의

개혁개방 이래 중국은 세계에서 가장 빠른 경제 성장을 이룩하고, 인민 생활 수준을 최대로 개선했을 뿐만 아니라, 세계에서 가장 규모가 큰 빈곤 구제 및 빈곤 감소를 실현하였다. 1978년 당시 중국 정부가 정한 빈곤 기준 즉 1인당 매년 100위안을 통계로 잡았는데, 먹고살기 부족한 농촌 빈곤 인구는 2억5,000만명으로 농촌 총인구의 30.7%를 차지했다. 1984년 빈곤 빈곤 기준은 1인당 매년 200위안으로 높아졌고, 빈곤 인구는 1억 2800명으로 떨어지고 빈곤 발생률은 15.1%로 낮아졌다.

그 후 국가는 빈곤 구제 개발 전략을 실시하여 빈곤기준이 지속적으로 향상됨과 동시에 빈곤인구는 지속적으로 감소하였다. 2010년 빈곤 구제 기준 1274위안에 따라 매년 1인당 통계로 볼 때 농촌 빈곤인구는 2000년 9,422만명에서 2010년 2,688만명으로 감소하였고, 이에 따라 빈곤발생률은 10.2%에서 2.8%(그림 9-2)로 감소하였다.

2011년 중앙정부는 국가의 빈곤 구제 기준을 2010년 불변가기준의 2,300위안으로 2009년 대비 92% 향상시켰다. 이 새로운 기준이 마련되어서 2010년 2,688만 명이었던 전국의 빈곤인구수가 1억2,800만 명으로 확대되었다. 국제 비교 가능한 구매력 평가법에 따르면, 이 새로운 빈곤 구제 기준은 1인당 하루 1.8달러에 해당되며, 세계은행이 2008년에 제정한 하루 1.25달러의 국제 빈곤 기준을 초과한다. 이 새로운 기준 하에서 농촌 빈곤 인구는 계속 대폭 감소한다(그림 9-2). 2012-2018년 6년 동안 8,239만의 농촌 빈곤 인구가 빈곤에서 벗어났고, 새로운 기준에 따라 계산한 빈곤율은 10.2%에서 1.7%로 감소하였다.

중국의 빈곤 구제 개발 및 전체 방면에서 천년 발전 목표를 앞당겨 달성한 거대한 성과는 국제 사회의 일치된 찬사를 받았고, 일반적으로 중국의 빈곤 구제가 성취한 성과는 국제 사회에 심각하게 영향을 미치고 있

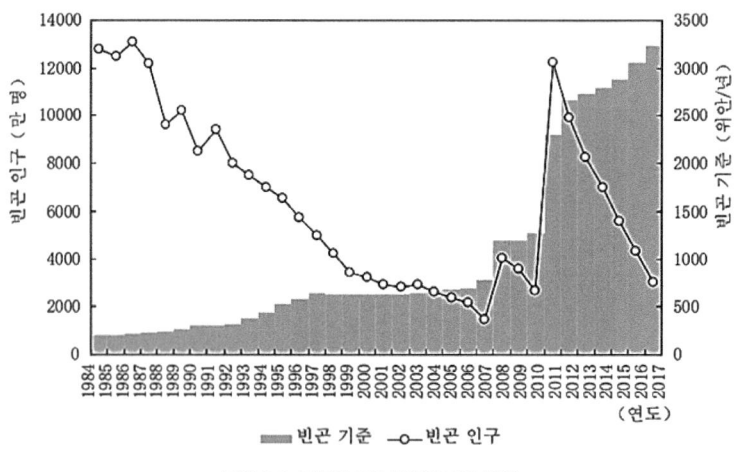

그림 9-2 빈곤기준과 빈곤인구의 변화

자료출처: 국가통계국: 〈중국통계연감〉, 중국통계출판사 역년; 리커창: 〈정부업무보고〉, 2018, 2019년.

고, 또한 직접적으로 전 세계의 빈곤 감소에 수량 공헌할 뿐만 아니라 개발도상국 심지어 세계 전체에 참고할 만한 경험 모델을 제공하였다.

1981-2015년 기간에 세계은행 표준에 의거 전세계 절대빈곤인구 즉, 매일 1.9국제달러(2011년 불변가) 미만의 소득을 올리는 인구는 18.93억에서 7.53억으로 감소했고, 같은 기간 중국은 8.78억에서 959.9만(그림 9-3)으로 감소했고, 이것은 중국의 전세계 빈곤 구제에 대한 직접적인 기여율은 76.2%이다. 이것은 중국의 국제 빈곤 구제와 발전사업에 대한 큰 공헌이자 인류문명과 진보사업에 대한 큰 공헌이다.

실천에 의해 증명된 유익한 지식과 이념은 특정한 유형의 공공재이다. 따라서, 중국의 성공적인 실천경험이나 중국의 이야기를 중국의 지혜로 상승시키고, 중국방안의 형식으로 개발도상국에게 제공하는 것은 가능한 발전로의 선택이고, 이것은 의심할 여지없이 중국이 인류에게 더욱 큰 공헌을 하는 주요한 방식이어야 한다. 분명히 가장 의심할 여지가 없는 중

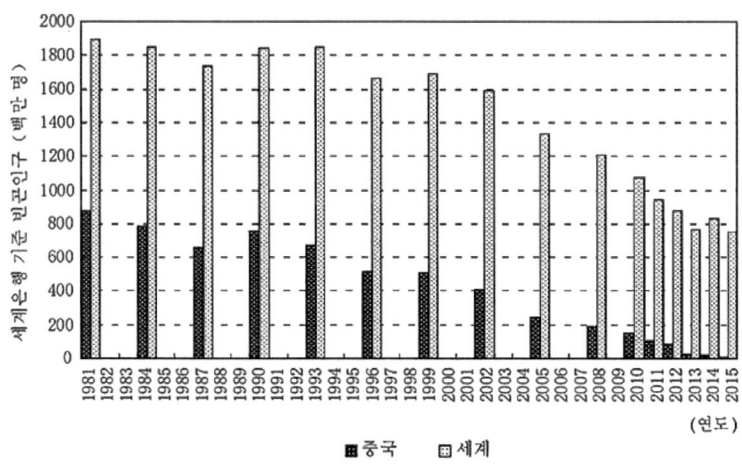

그림 9-3 세계빈곤인구의 감소와 중국 공헌

자료출처: 세계은행 데이터베이스, https://data.worldbank.org/.

국의 지혜는 중국의 성공적인 빈곤 감소 경험 속에 구현되었다.

등소평은 '세가지 유익성' 개혁 표준을 따르고, 시진핑은 인민 중심의 발전 사상을 견지하며, 근본적으로 개혁개방 발전 공유가 하나의 일체이며, 상호 내적 논리를 가지고 필연적인 인과관계를 형성할 것을 보장한다. 이 전체 관계에서 빈곤 구제 전략을 실시하는 것은 공유 이념과 민생 개선 노력을 실현하는 중요한 구성 부분이며, 중국 인민의 의식 행동이지 의도하지 않은 행동이 아니라 정부와 사회의 능동적인 행동이며, 단지 시장의 낙수효과만이 아니다.

아래에, 우리는 빈곤 구제 효과의 한계 체감율을 깨뜨리는 예를 들면, 인민 중심의 발전 사상을 설명하며, 그것이 중국의 지혜와 중국 방안의 핵심 위치에 있다고 말할 수 있다.

세계 각국의 빈곤 구제 실천 과정에서 연구자와 실천자들은 보편적으로 한계효과가 점차 감소하는 현상을 관찰하였는데, 심지어는 '규칙'이라고 일컬어지기도 하였고, 즉, 빈곤 구제 행동의 추진에 따라 빈곤자 수가 감소하였고, 마지막으로 그 소규모 빈곤 인구는 지리적으로 생태, 생산, 생활 조건이 열악한 지역에 집중적으로 거주하였기 때문에, 장애, 질병, 노령, 교육 수준 저하 등 노동 능력 부족 등의 인구 특징을 가지고 있기 때문에 빈곤 탈출의 난이도가 현저히 증가하였다. 이 때문에 빈곤 구제를 위해 마지막 킬로미터를 끝까지 가는 보폭은 매우 어려워서 대부분의 개발도상국들 심지어 많은 선진국들도 이 완고한 빈곤의 보루를 정복하지 못하고 있다.

개혁개방 이래의 빈곤 구제 실천을 보면, 중국 농촌 빈곤 인구의 지속적인 감소 과정에서도 이러한 한계 효과의 체감 현상에 부딪히고 있다. 예를 들면 그림 9-2에 의하면 빈곤 구제 기준은 끊임없이 향상되고 있다. 그러나 지금까지의 매 단계마다 비록 빈곤 구제 노력은 조금도 약화되지 않았지만, 결국 그 적은 수의 농촌 빈곤층의 빈곤 탈출 문제는 줄곧 철저하게 해결되지 않았다.

우리는 최근 중앙재정 빈곤구제자금의 증가와 그 빈곤감소 효과를 예로 들 수 있고, 이러한 한계빈곤 감소효과의 체감현상을 인식한다. 중앙재정 빈곤구제자금 매 1억위안 농촌 빈곤인구수가 2011년 87만 8000명에서 2014년 31만 7000명으로 더 나아가 2017년 6만 8000명으로 감소하였다[1].

물질 생산 분야에서, 투자 활동이 한계 보수 체감의 현상에 부딪히면, 통상적으로 정지하고 다른 분야로 이동한다. 그러나, 빈곤 구제란 일반 투자 활동과는 달리, 물질 투자 분야의 법칙을 따라서는 안 된다. 하지만 실제로 이 일을 할 수 있다면 이 분야의 가장 현저한 중국 특색임에 틀림

---

[1] 주링, 허위: 〈공업화 도시화 과정의 농촌 빈곤 감소 40년〉, 〈노동경제 연구〉2018년 제 4기.

없다. 2010-2017년 동안 중앙 재정 빈곤 구제 자금 규모는 여전히 연평균 21.3%의 속도로 안정적으로 증가하였다.

인민을 중심으로 이 근본 인식론을 발전시켜야 비로소 이와 같이 지속적인 빈곤 구제 노력과 철저히 빈곤 탈출을 엄숙히 약속할 수 있다. 이로부터 빈곤의 감소는 바로 빈곤 구제이라는 사람이 투자 사업을 진행하는 수익률이고, 빈곤 한계 효과가 점차 감소하는 '규칙'은 중국에서는 적용되지 않는다. 바로 2020년 전면적인 소강小康사회 건설 목표가 다가옴에 따라 '하나도 없어서는 안 된다'는 임무가 갈수록 어렵고 현실적이며, 중국공산당 중앙에서는 현행 기준 아래 농촌 빈곤 인구가 모두 빈곤에서 벗어날 수 있다는 장엄한 약속과 전략과 전술 배치를 하고 있다.

인민 중심의 발전사상의 지도하에 개혁개방 발전의 공유과정에서 중국이 전문적인 농촌빈곤전략을 실시하여 얻은 빈곤구제와 빈곤탈출 성과와 그 주요경험을 다음과 같은 방면으로 개괄할 수 있다.

첫째 전국 체제의 장점을 충분히 발휘하여 사회 역량을 최대한 동원하여 전방위적 및 전 사회의 빈곤 구제를 실현한다. 1980년대 중반부터 중앙정부 차원에서 상설적인 빈곤 구제를 위한 업무 지도기구를 설립하였다. 빈곤 구제를 기정 전략이 되어 꾸준히 실시할 뿐만 아니라 '8 7' 공격 계획 및 10년 농촌 빈곤 구제를 위한 개발 요강 형태로 각 단계마다 독특한 중점 과제와 목표를 가지고 있다. 전문적인 빈곤 구제 자금을 중앙 및 성급 정부 예산에 포함시켜 총규모는 향상되었다.

또한 도시와 농촌의 최저 생활 보장 제도, 사회 구조 등 기타 사회 보호 체제의 수립과 자선 사업의 발전과 맞춤형 빈곤 구제 체제의 완벽은 구제 전략과 상호 보완 관계 맞 합친 힘을 형성하였다. 개혁개방 이래, 특히 중국공산당의 18차 당대회 이래, 온 당, 전국과 전체 사회 역량을 동원하여, 정밀한 구제와 빈곤 탈출을 견지하여, 전 세계가 주목하는 사회 개입 실험이 되었다.

둘째, 경제 발전 단계의 변화에 따라 끊임없이 빈곤 구제 사업의 중심을 조정하고 정책과 조치는 빈곤 인구에 더욱 초점을 맞추었다. 빈곤 인구가 광범위하게 분포되어 나날이 취약 지역과 취약 가정으로 집중됨에 따라 빈곤 구제 전략도 그에 상응한 변화를 이룩하였고, 최초 지역성 개발 빈곤 구제 전략부터 국가급 중점 지원 빈곤현을 식별하여 빈곤촌을 중점적으로 육성하고 촌 전체 구제 전략을 추진하였고, 모든 빈곤 가정을 위한 서류철을 만들어 지원책을 직접 사람을 정확하게 하였다. 상황에 따라 소외된 빈곤층에게 정부는 각각 생산과 고용을 지원하며 이주정착, 기초생활보장정책 바닥화, 의료구호 지원 등의 정책 수단을 통해 빈곤 구제를 돕는다.

또한 2000년부터 실시된 서부 대개발 전략과 중부 굴기 전략 등의 지역 조화 발전 전략은 더욱 거시적인 지역 발전 측면에서 인력 자본, 기초시설, 체제 메커니즘 등의 방면에서 농촌 빈곤 인구의 빈곤 구제 장애를 제거하였다. 이러한 지역 발전 전략 하에서 빈곤 지역, 빈곤 중점현, 중점촌에서 빈곤 가정에 이르기까지 거시부터 미시 계층에 이르기까지 조준하고 정교한 시책을 시행하였다.

마지막으로, 매 단계에서 얻은 경험과 교훈을 새로운 단계의 빈곤 구제 전략으로 흡수하고, 끊임없이 업무 메커니즘을 완벽하게 형성한다. 전체적 측면과 최종 목표를 볼 때, 중국 정부의 빈곤 구제 업무는 온갖 고난을 다 겪으며, 성적이 우수하고, 탐색 과정 중에 성공 경험도 있고, 얻을 만한 교훈도 있다. 이러한 경험과 교훈은 충분한 반성을 얻어 새로운 전략적 사고 속으로 흡수되어 점차 효과적인 작업 체제를 형성하였고, 중국공산당 18차 당대회 이래 중앙총괄 성에서 총책임을 지고, 시와현에서 실천하는 업무 체제를 견지하고, 공산당과 정부의 책임자가 총책임을 지는 책임제를 강화하며, 대빈곤 구도를 견지하고, 빈곤 구제와 신념을 수립하고 지혜를 부양의 결합을 중시하며, 동부와 서부의 빈곤 협력, 심도 빈곤 지역의 빈곤 구제 임무를 중점적으로 공략하는 작업을 실시하였다.

5. 맺음말

개혁개방의 큰 배경에서, 공유 성격을 지닌 경제 발전과 전문적인 빈곤 구제 전략을 실시함으로써, 중국은 40년 동안 인류 역사상 최대 규모의 빈곤 감소를 실현하였으며, 또한 세계 빈곤 인구의 감소에도 커다란 공헌을 하였다. 시진핑 주석은 세계경제포럼 2017년 연례총회 기조연설에서 국제적십자사 창립자인 두난의 말을 인용해 "진정한 적은 우리의 이웃 국가가 아니라 굶주림, 가난, 무지, 미신과 편견"이라고 표현했다. 오늘날 세계에 대한 이 말은 여전히 명백한 표적성을 지니고 있다.

세계은행의 데이트에 따르면 2015년 전 세계 7억5,300만 명의 사람들이 여전히 매일 1.9달러 미만(2011년 구매력 적정가격)을 벌고 있어 이 가난한 사람들 중 36.4%가 전 세계 인구비율이 8.4%에 불과한 저소득 국가에서 살고 있다. 이를 감안하여 2015년 발표한 〈2030년 지속가능발전 어젠다〉는 여전히 '전 세계에서 모든 형태의 빈곤을 없애자'를 17가지 지속가능발전 목표 중 으뜸으로 꼽았다. 따라서 중국의 빈곤 구제 실천은 의심할 여지없이 인류 사회의 발전 법칙에 대한 성공적인 탐구이며, 이로 인해 형성된 중국 이야기, 중국의 지혜와 중국 방안은 중국과 광대한 개발도상국의 공통적인 정신적 자산이 되어야 한다.

실천에는 끝이 없고 탐구에는 끝이 없다. 우리는 정확한 지도사상과 정해진 업무방법을 견지하면 2020년까지 반드시 마지막 농촌 빈곤인구의 안정을 빈곤에서 벗어나 전면적인 소강小康의 '하나도 빠짐없이'는 목표를 달성할 수 있다고 굳게 믿는다. 그러나 민생보장과 개선에는 끝이 없고, 다만 계속되는 새로운 출발점만 있다. 빈곤구제도 이와 같은 몇 가지

방면에서 시작하여 미리 방비하게 빈곤 구제와 탈출 전략의 '후202020 업그레이드판'을 강구해야 한다.

첫째, 정책의 안정과 지속 가능한 유지, 빈곤 탈출 성과를 공고히 한다. 농촌 빈곤 인구 전원의 빈곤 탈출을 실현하는 마지막 단계에서 행하는 일은 의심할 여지없이 전력 질주하는 특징이 있다. 목표에 도달한 후에는 성과를 확고히 하여 큰 폭의 빈곤 복귀를 방지해야 하고 여전히 해야 할 어려운 일이 있다. 빈곤 탈출 목표에 도달하는 것은 안정한 빈곤 탈출 능력을 형성하는 것과 같지 않다. 소득수준이 빈곤선에 가까운 농가의 경우 빈곤으로 돌아갈 확률이 높은 것도 정상이기 때문이다.

예를 들어 2017년 최저 20% 소득분위 농가의 1인당 가처분소득은 3,302위안으로 그 해 빈곤기준(3,242위안)을 약간 높았다. 장기적인 요인이나 예를 들면 농촌의 인구변화로 인한 외출 노동력 증가속도의 저하와 주기적인 요인, 예를 들면 농산물 가격의 변동과 같은 소득분위 농가의 빈곤복귀가 초래될 수 있다. 따라서 정책의 핵심은 빈곤 탈출과 빈곤복귀의 역동적인 균형을 잘 파악하여 빈곤탈출율이 항상 빈곤복귀율보다 높아지도록 하는 것이다.

둘째, 새로운 빈곤요인에 대해 예의주시하고 적극적으로 대응한다. 인구의 고령화가 심화되고 노인인구와 장애인구의 규모가 커짐에 따라 에너지 상실인구가 증가하고 새로운 빈곤인구의 원천이 형성된다. 노령화 그 자체와 그 파생된 에너지 손실문제는 모두 노동능력을 상실하거나 약화시킨다. 청장년 노동력의 외출로 노령화의 정도는 농촌에서 도시보다 더욱 심각하다.

예를 들면, 2015년 인구 1% 표본조사 데이터에 따르면 65세와 65세 이상 인구가 전체 인구에서 차지하는 비중(고령화율)은 도시에서는 7.7%, 농촌에서는 10.1%에 달한다. 이것은 빈곤 탈출 성과를 공고히 하기 위한 심각한 도전을 구성하고, 인구 고령화 대응 전략에서 고려해야 할 뿐만 아니라 이미 우리가 가지고 있는 빈곤 구제 경험과 작업 메커니즘은 시대에 발맞춰 발전할 수 있도록 요구한다.

또한, 위험충격형 빈곤현상에 대응한다. 일반적으로 금융위기 같은 주기적인 충격은 피할 수 없고, 이로 인한 빈곤현상은 여전히 반복되어 반빈곤은 추호도 게을리해서는 안 된다. 그러나 농가는 각종 위험에 직면하는 취약성이 특히 두드러진다. 2017년 농가처분가능소득 중 임금소득과 경영순이익의 비중은 78.4%에 달하는데, 이 두 부분의 소득은 모두 시장 위험의 영향이 뚜렷하다. 특히 소득수준이 빈곤선에 가까운 저소득농가는 각종 외부충격에 더 취약하다. 예를 들면 기시경제주기현상 외에도 빈곤농가가 특히 쉽게 영향을 받을 수 있으며 농업의 자연위험, 농산물시장과 관련된 위험, 노동력 외출환경, 노동력 수급관계 변화 등이 있다.

마지막으로, 장기적인 지속가능한 빈곤 감소 전략을 모색한다. 비록 영원하지 않더라도 적어도 빈곤 현상은 장기간에 걸쳐 존재할 것이라고 말할 수 있다. 빈곤의 절대성 혹은 상대성을 둘러싸고 이론계에는 오래 지속된 논쟁이 존재한다. 한 가지 관점은 빈곤 현상을 절대 유형과 상대 유형으로 구분한다. 중국의 '후 2020년 시기'에 있어서 상대적 빈곤 현상은 장기적으로 존재할 것이고, 그러나 그 대응 메커니즘은 절대 빈곤을 제거하는 메커니즘과 서로 다르고, 혁신을 통해 체제 메커니즘의 변화를 실현해야 한다. 다른 관점은 발전단계나 소득수준에 따라 다른 절대빈곤기준을 설정하자고 주장한다. 예를 들어 세계은행은 2017년 10월부터 저소득국가, 중하위소득국가, 중상위소득국가, 고소득국가를 위해 2011년 불변가로 구매력 적정가격 소득기준을 정립했는데 절대빈곤선으로는 각각 하루 1.9달러, 3.2달러, 5.5달러, 21.7달러이다[1].

---

[1] Francisco Ferreira and Carolina Sanchez, "A Richer Array of International Poverty Lines, *Let's Talk Development*", October 13, 2017. http://blogs.worldbank.org/developmenttalk.

지적할 만한 것은 중등소득국가와 고소득국가를 위해 별도의 빈곤 기준을 확립하는 것은 결코 더 높은 빈곤 탈출 수준이 아니며, 발전 단계에 따른 1인당 평균 소득 수준에서 동일한 빈곤 퇴치 효과를 달성하려면 지불해야 할 비용이 더 높기 때문이다. 세계은행 데이터에 따르면 2018년 중국의 1인당 GNI는 9,470 현재 가격으로, 중상위소득국가에서 상위 수준에 근접하는 수준에 속한다.

만약 5.5 구매력 적정가격 달러의 이 빈곤 기준을 적용한다면, '중국의 현행 기준'(1.9-3.2 달러 사이에, 2020년에는 4,000위안)에 따라 농촌 빈곤 인구가 모두 빈곤에서 벗어난 후에도 여전히 어려운 빈곤 감소 임무를 직면하게 될 것이다. 만약 2020년 혹은 그 이후에 중국의 1인당 GNI가 중위소득국가와 고소득국가의 경계 수준(예: 12,235 달러)을 초과한다면[1], 우리는 분명히 더욱 어려운 도전을 맞이해야 할 것이다.

---

1 World Bank Data Team, "New country classifications by income level: 2018-2019", July 1, 2018, http://blogs.worldbank.org/opendata/new-country-classifications-income-level-2018-2019.

제10장
중국 경제 성장의 감속을 인식하기

1. 머리말

1970년대 말 개혁개방 정책을 실시한 이래로 중국 경제는 30여 년 동안 고속 성장을 이룩하였고, 1978-2011년 기간의 연평균 성장률은 9.9%이다. 비록 그 동안 여러 차례의 경제 변동과 성장 속도가 낮은 수준으로 떨어진 경우도 여러 차례 있었고, 예를 들면 1982년 경제 성장 속도가 9%를 넘어선 이후 각각 1989년과 1990년에 8%를 밑돌았지만, 대부분의 연도와 전체로 볼 때 이 시기는 전례 없는 고속 경제 성장기에 속한다.

중국 정부가 장기간에 걸쳐 '바오8(성장 속도를 8% 미만으로 낮추지 않도록 보장한다)'를 실질적인 성장 목표의 마지노선[1]으로 삼고 있는에 비추어 볼

---

[1] 5개년 계획과 연간 계획에서 경제 성장률 목표는 8% 미만인 경우가 많은데, 예를 들어 '12차 5개년 계획'과 '13차 5개년 계획'에서 정한 예상 지표인 성장률은 각각 7.5%와 7%이다. 그러나 집행에서는 1990년대 말 아시아 금융위기와 2008~2009년 전 세계적 금융위기가 발생했을 때 중앙정부가 8%의 성장률을 확보하는 등 사실상 마지

때, 우리는 지속적으로 8% 미만으로 떨어지는 시작 연도인 2012년을 경제의 현저한 감속 전환점으로 삼았다. 2012년과 2013년 성장률이 7.7%로 떨어진 이후 2014년 7.3%, 2015년 6.9%로 더 떨어졌고, 2016년 6.7%, 2017년 6.8%, 2018년 6.6%였다.

중국의 경제 성장이 감속한 이래, 어떻게 이 성장 속도의 뉴노멀을 인식하느냐는 국내외 경제 학자들의 쟁점이 되었다. 논쟁 중에 사람들은 경제학 이론의 비축된 열여덟 가지 무기를 사용하려고 시도하여, 중론이 분분하고 일치된 결론을 내릴 수 없는 국면을 형성하였다. 전체적으로 이러한 다른 관점은 세 가지 경제학 패러다임의 영향을 반영하였다. 아래에 우리는 가장 영향력 있는 경제 학자들의 관점을 예로 들어 간단한 소개와 논평을 더함과 동시에, 이 장의 다른 부분의 정면 서술에 학술 논쟁 배경을 깔았다.

첫 번째 패러다임은 '필립스 트레이드'Phillips trade-off이다. 경제학계에서 잘 알려진 '필립스 곡선'은 미국 경제학자 그레고리 맨큐Gregory Mankiw가 경제학 10대 원리 중의 하나로 꼽은 경제학에서는 적어도 단기적으로는 인플레이션율과 실업률 사이에 대체적인 취사관계가 있다고 생각한다. 중국 경제의 감속도를 인식하는 분석틀로서 이러한 감속은 주기적인 문제로 간주한다는 것을 의미한다.

린이푸은 바로 금융위기 이후 순수출이 대폭 축소된 수요측 원인(이것도 주기적 원인)으로 중국 경제의 성장속도를 설명한다[1]. 통상 수요측 요인에 의한 주기적 문제 분석에서 거시경제학자들이 습관적으로 사용하는 국민경제항등식 즉 Y=C+I+G+(E-M), 또는 소위 '삼두마차' 분석방법[2]은 대

노선으로 삼고 있다.

[1] Justin Yifu Lin, "China and the Global Economy", *China Economic Journal*, Vol. 4, No. 1, 2011, pp. 1-14.
[2] 주민소비수요(C), 투자(I), 정부소비(G), 순수출(E-M)에서 GDP를 분리해 구성하는 것이다.

응 정책경로와 정책수단을 찾을 수 있다. 이러한 논리에 따르면, 일단 수요의 병목을 깨뜨릴 수 있으며, 예를 들면, 린이푸가 건의한 투자 자극을 더욱 강화하면, 주기는 풀릴 수 있어 중국 경제는 여전히 원래의 궤도로 돌아갈 수 있고, 8%와 같은 높은 성장 속도를 실현할 수 있다.

경제체계의 1인당 GDP가 미국 수준에 상당하는 백분율을 발전 단계의 판단 기준으로 삼음으로써 린이푸은 당시 중국의 1인당 GDP가 미국의 20%에 해당한다는 것을 알게 되었고, 따라서 이 발전 단계는 일본의 1951년, 싱가포르의 1967년, 중국 대만 지역의 1975년과 한국의 1977년에 해당한다. 데이터에 따르면, 경제 국가들은 이 시점에 도달한 후 20년 동안 각각 9.2%, 8.6%, 8.3%, 7.6%를 경제 성장률을 달성했다. 따라서 중국 경제는 여전히 고속 성장 잠재력을 가지고 있다고 결론 내렸다.

그러나 이러한 경제 발전 단계를 비교하는 방법은 인구 요인이 경제 성장에 미치는 작용과 중국의 '미부선로'의 특징을 간과하고 있다. 경제사는 인구 변화가 노동 연령 인구가 지속적으로 증가하고 인구부양비 상응하는 떨어지는 단계에 있을 때 인구 요인이 비교적 빠른 경제 성장 속도를 실현하는데 유리하기 때문에 충분히 높은 잠재 성장률을 형성한다고 설명한다. 이것이 바로 인구배당금이다. 중국은 2010년 이전이 인구의 배당을 받는 시기이기 때문에 잠재성장률과 실질성장률이 모두 매우 높을 수 있고, 그러나 이후 인구배당금이 가속 소멸되면서 잠재성장률이 하락하여 실질성장률이 낮아졌다.

즉, 1인당 GDP수준에 상응하여 중국의 인구변화의 속도는 유난히 빠르며 인구배당상실의 전환점은 더욱 일찍 다가온다. 감속전 30여 년의 고속 경제 성장의 인구배당에 대한 높은 의존성과 인구배당금의 이르고 빠르게 사라져 이러한 요인들을 고려할 때, 중국 경제의 잠재성장률은 공급 측면에서 인식해야 하고, 따라서 린이푸의 연구와 비교할 때 필연적으로 일치하지 않는 예측결과를 도출하게 되고, 나아가 크게 상이한 정책적 함의를 야기한다. 또한 중국 경제감속의 주기요인해석을 부정한다.

두 번째 패러다임은 '카니만 회귀'Kahneman regression이다. 행동경제학자로서, 카니만은 경제현상을 인식하는 데 도움이 되는 '평균치로의 회귀' 현상을 제시했는데[1], 일부 경제학자들도 중국 경제 성장의 감속도를 설명하는데 이용되었다. 예를 들어, 프리쳇Lant Pritchett과 서머스Lawrence H. Summers는 평균 이상의 성장 속도는 모두 이상하며, 법칙에 따라 결국 평균치 수준으로 회귀해야 한다고 보았다[2].

저자의 논리에 따르면, 여기서 소위 '균등치'는 세계 경제의 평균 성장률이다. 이 인식에는 또 하나의 연원이 있고, 즉, 유명한 '골튼스패러시'Galton's Fallacy : 확장 가구의 평균 신장이 장기적으로 특별한 상황을 유지할 수 없고, 전체 인구의 평균으로 회귀하는 경향이 있듯이, 경제 성장률도 이 통계 법칙을 따르는 것 같다. 따라서 그들이 예측한 중국의 경제 성장률은 2013-2023년 동안 5.01%로 하락할 것이고, 2023-2033년 동안에는 3.28%로, 즉 소위 '균등치'로 떨어질 것이다.

서머스는 선진국이 문제에 직면하게 된 원인은 공급측보다는 수요측이라고 못박았다. 구체적으로는 '장기침체'라는 표현을 본인이 들고 나왔고, 문제를 '중성' 실질금리 탓으로 돌렸기 때문에 전통적인 통화정책은 해법이 안 된다[3]. 우리는 서머스와 같은 판단을 선호하지만, 중국 경제가 '균일치로 회귀한다'는 주장은 이런 '장기침체'와 같은 과도하고 부적절한 추론에 가깝다.

---

1 Diniel Kahneman, *Thinking, Fast and Slow*, Chapter 17: Regression to the Mean, London/New York: Penguin Books, 2012.

2 Lant Pritchett and Lawrence H. Summers, "Asiaphoria Meets Regression to the Mean", *NBER Working Paper*, No. 20573, 2014.

3 Lawrence H. Summers, "The Age of Secular Stagnation: What It Is and What to Do About It", *Foreign Affaires*, Vol. 95, No. 2, 2016, pp. 2-9.

이 두 학자와 같이 표면화된 통계 법칙을 언제 어디서든 회피할 수 없다고 선언하는 것은 많은 국가의 오랜 지속적이고 다채로운 성장 실천을 패널 데이터 속에 파묻는 것 뿐만 아니라, 특히 개발도상국이 가지고 있는 추월 특성을 간과하는 것이다. 이 논리가 일본이나 아시아의 네 마리 용과 같은 과거 경제를 따라잡고, 중국이 지난 30여 년간 어떻게 고속성장을 했는지, 그리고 중국 경제의 감속에 대한 합리적인 설명을 제공하지 못한 이상, '균일치로 회귀한다'는 말은 납득할 수 없다.

더 나아가 이러한 연구 방식으로 중국 경제가 앞으로 20년 동안 예측해 낼 성장 포인트는 세계의 수천수만의 남녀노소 사이즈에 따라 '평균값'이라 불리는 신발을 만들어 내고, 이것이 살아있는 어떤 개인에게나 적용되는 프리사이즈라고 선언하는 것과 같이, 명백히 '잘 잰 사이즈를 믿을지언정 자신의 발은 믿지 않는다寧信度, 無自信也'식의 방법론 오류를 범하게 되므로, 그것에 대해 맞춤형 정책의 의의를 제공할 것이라고는 기대할 수 없다.

세 번째 패러다임은 '솔로동일'Solow convergence이다. 중국은 지난 몇 십 년 동안 경제 성장이 동일해지는 과정에 있었기 때문에 이러한 패러다임은 맞춤형이며, 이를 통해 자연스레 경제 성장 감속과 관련된 해석이 나올 수 있다. 예를 들어, 바로Robert Barro는 2016년 이전에 이미 서머스와 비슷한 예측으로 중국의 경제 성장률이 곧 3-4% 수준으로 현저히 떨어질 것이며, 따라서 공식적으로 정해진 '13 계획' 시기(2016~2020년)에 예상했던 6-7%의 성장률 목표를 달성할 수 없을 것이라고 결론내렸다[1].

바로의 근거는 '조건의 동일성' 가설과 그 분석 틀에서 나온 것이다. 그의 성장 회귀 모델에서, 경제 성장률을 결정하는 요소는 두 가지를 나눠

---

[1] Robert J. Barro, "Economic Growth and Convergence, Applied Especially To China", *NBER Working Paper*, No. 21872, 2016.

있어, 하나는 동일성 효과와 (로그 형식의) 초기 1인당 GDP를 독립변수로 하고, 다른 하나는 성장 안정 상태를 결정하는 해석 변수(또는 X 변수)다. 수없이 많은 성장 회귀를 거쳐, 그는 자신이 '동일 철칙'을 얻었다고 확신했고, 즉, 한 국가가 장기적으로 2% 이상의 비율로 선진 경제체이나 자신의 안정성과 일치할 수 없다는 것이다. 이미 이전의 중국 경제가 모델이 예측한 성장 속도보다 현저하게 빠른 것을 이 철칙에 따르면, 앞으로 이전의 성장세를 유지할 가능성은 거의 없다.

  1인당 소득수준의 향상으로 인해 동질적 공간이 줄어들게 됨에 따라 경제 성장속도가 느려지는 것은 분명 일반적인 규율에 부합한다. 그러나 설사 바로의 동질 분석틀에 동의하더라도 '동일적 철칙' 이외에도 여전히 많은 X변수가 존재하여 경제 성장속도에 영향을 준다. 바로도 구체적인 개별 경제체에는 소위 '철칙'이나 '균치'와 다른 독특한 X변수나 국가적인 의미의 특성요소가 있을 수 있다는 것을 인정한다. 극단적으로 말하면 바로와 그 협력자들은 일찍이 그 성장 회귀 모델에 100가지가 넘는 해석변수를 넣은 적이 있고 모두 현저성을 발견하였다[1].

  중국의 경제 성장 이야기는 일반적인 의의일 뿐만 아니라 더욱 독특하고, 그 특유의 요소를 간과하거나 무시하면 중국 경제의 성장 잠재력을 낮게 평가하여 그 감속의 시간과 폭을 오판하게 된다. 예를 들면 해석변수와 그 추출가치에 대한 잘못된 선택으로 인해 바로가 예측한 2015년 중국의 1인당 GDP 성장률은 3.5%로 그 해 실제 6.9%의 성장률을 크게 밑돌게 된다. 실제로 그가 예측한 각 시기의 중국 1인당 GDP 성장률과 실제상황과 비교하면 시종 큰 차이가 있음을 볼 수 있다.

  아이켄그린Barry Eichengreen과 그 협력자들도 같은 패러다임을 분석틀로

---

1 Robert Barro, and Xavier Sala-i-Martin, *Economic Growth*, New York: McGraw-Hill, 1995.

삼았지만, 그들은 어떤 경제 성장 둔화의 철칙이 존재한다는 것에 동의하지 않았다[1]. 경제 성장과 전요소생산성이 감속되는 국가별 요인을 식별하는데 특별한 노력을 기울였다. 이 작가들은 2005년 구매력 적정가격으로 계산한 사람들의 1인당 GDP를 평균 10,000-11,000달러와 15,000-16,000달러의 두 구간에서 한 경제체는 보통 두 차례씩 둔화를 겪는 것을 발견했다[2].

2013년 논문에서, 이 저자들은 수렴과 관련된 '평균으로 회귀' 효과, 인구 고령화로 인한 인구배당금 소멸, 지나치게 높은 투자율로 인한 수익률 하락, 환율 저평가로 인해 산업 구조의 더 높은 기술 사다리 등반을 지해하는 몇 가지 일반적인 요인을 식별하고 더 나은 인적 자본 비축과 같은 감속 확률과 폭을 줄일 수 있는 요인도 지적했다. 비록 그들은 이러한 요인들 중 일부와 감속 자체의 인과 관계를 명확하게 설명하지 못했고 주기적인 요인과 성장 요인을 완전히 구별하지 못했지만 2011년 논문에서 그들이 도출한 중요한 결론은 전요소생산성의 감소가 경제 성장의 85%의 둔화를 설명할 수 있다는 시사점을 가지고 있다.

상술한 이러한 전통 패러다임의 관점에 기초하면, 그 중국 경제의 감속 원인을 오판하든, 아니면 그가 중국의 미래 경제 성장 잠재력을 충분히 설명하지 못했든, 모두 중국 경제의 과거 성장 원천에 대한 설명이 부족하고, 중국 경제가 처한 발전 단계에 대한 정확한 판단이 결여된 것과 관련된다. 이전 장에서는 이미 이전의 경제 성장 원천에 대해 설명하였고,

---

[1] Barry Eichengreen, Donghyun Park, and Kwanho Shin, "When Fast Growing Economies Slow Down: International Evidence and Implications for China", *NBER Working Paper*, No. 16919, 2011.

[2] Barry Eichengreen, Donghyun Park, and Kwanho Shin, "Growth Slowdowns Redux: New Evidence on the Middle-income Trap", *NBER Working Paper*, No. 18673, 2013.

본 장의 아래 부분은 상술한 패러다임에서 벗어나 역사 논리에 근거해 중국 경제의 현재 성장 감속에 대해 설명하고 나아가 미래를 전망하고자 할 것이다.

2. 경제학자들은 왜 주기적 시각을 고집하는가?

경제 생활에서 마주치는 문제는 어떤 부분적이고 우발적인 단기적인 교란 현상으로 표현되며, 통상적으로 경제 주기 이론 연구의 대상이며, 또 어떤 부분에서는 전역적이고 일정한 법칙에 따라 필연적으로 발생하는 장기적인 추세로 경제 성장 이론 또는 경제사의 연구 대상이다. 후자의 상황을 이해하려면 판단에서 명석한 인식과 전략적 힘을 유지하고 행동에서 올바른 대응 전략을 선택하고 채택하기 전에 사유에 대한 역사적 통념이 필요한다.

연구 패러다임은 서구 주류 경제학의 주도를 받기 때문에, 후자는 또 경제 발전 단계의 변화가 발생하지 않기 때문에 장기간 성장 안정 상태에 있는 선진 경제를 연구 대상으로 하고, 경제 성장 속도를 주기 각도에서 해석하는 것은 통상 경제 학자들이 가장 습관적으로 하는 사고방식이다. 거시경제학은 경제 주기의 각종 표현과 형태를 경험적으로 개괄하여 이론적으로 경제 주기 현상을 관찰하기 위해 다양한 분석틀을 제공하여, 정책 도구 상자에는 반주기 조치를 실시하는데 사용할 수 있는 18개의 병기가 소장되어 있다.

경제학 설사에서, 사람들은 각각의 관찰에 근거하여 각기 다른 시기에 3-4년에 걸쳐서 키친 사이클이라고 불리는 단주기가 나타났으며, 9-10년에 걸쳐 주그라 사이클이라고 불리는 중주기, 20-25년에 걸쳐 쿠즈네츠 사이클이라고 불리는 중장주기, 그리고 50-60년에 걸쳐 콘드라키예프 사이클이라고 불리는 긴주기가 나타났다[1]. 자본주의 국가의 경제 발전 과정에서는 각종 유형의 경제 주기가 경제 위기를 수반하여 교체되고 중복되어 발생하는데, 이를 피할 수 없다고 말할 수 있다. 바로 이러한 이유로, 위기나 주기 문제는 거시 경제학의 탄생의 촉매가 되며, 학문 발전의 오랜 지속적 과제가 된다.

만약 우리가 잠재성장률을 정해진 경제 발전단계에서 생산요소 소질과 전요소생산성 향상잠재력이 뒷받침할 수 있는 경제 성장 안정상태로 본다면, 마이너스성장률의 격차는 통상 수요측에 주기적인 교란이 일어나 실제 성장률이 잠재성장률에 도달하지 못하고, 생산요소가 충분히 활용되지 못하는데, 이는 종종 주기적인 실업현상과 같은 생산능력 활용이 불충분하다는 것을 의미한다. 이와 반대 상황 같은 이치로는 실질성장률이 잠재성장률을 웃돌면서 생긴 플러스 성장률의 갭은 경기과열에 따른 것으로 인플레이션이나 경제거품으로 나타나는 경우가 많다.

대부분의 경우에 경제주기는 수요측면의 충격으로 야기된다. 외부로부터의든 내부로부터의든 교란성 충격으로 총수요의 부족이 이 정도로 심각해지면 실제 성장속도가 잠재성장률보다 현저하게 낮아지게 되면 성장률의 결점이 형성된다. 대부분의 거시경제학자들은 이러한 상황에서 총수요를 자극하기 위한 거시경제정책, 즉 완화적 통화정책이나 확장적 재정정책과 그에 배합하여 사용하는 다른 정책, 예를 들면 산업정책이나 심지어 지역정책은 반주기적인 기능이 있기 때문에 경제 성장을 자극하여 성장률의 결점을 해소하는 효과를 얻을 수 있다고 생각한다.

중국 경제는 개혁개방 시기의 유례없는 고속 성장 기간에도 몇 차례의 주기적인 감속을 겪었으며, 그에 따라 성장률 결점이 형성되었다. 우리의 추계는 1979-1994년 기간과 1995-2010년 기간 중국의 잠재 성장률이

---

1 [노르웨이]라스베이거스 〈탈출할 수 없는 경제 사이클〉, 중신출판사2008년판.

각각 9.66%와 10.34%였다[1]. 이 기간의 역년 실제 성장률에서 대응한 평균 잠재 성장률을 뺀다면 각 연도의 성장률 결점을 얻을 수 있을 것이다.

계산은 2010년 이전의 30여 년 동안 중국의 경제 성장에는 대체로 세 개의 파동 주기가 형성되어 각각 네 개의 파곡 즉 최대폭의 성장률 결점을 형성하였고, 즉 1981년에는 -4.42%, 1990년 -5.82%, 1999년 -2.72%, 2009년 -1.13%이다. 재미있는 것은 매 두 파곡 사이의 길이는 대체로 9년에서 10년이며 일반적으로 생각하는 주그라 주기의 특징(그림 10-1)에 부합한다는 것이다.

개혁개방 시기의 경제 발전 과정을 돌이켜 보면, 우리는 그동안 몇 차례의 경제 성장이 감속하여 발생하였을 때, 모두 논리에 부합되게 생산요소의 이용 부족 현상이 나타났고, 예를 들면, 비교적 심각한 고용 충격으로 나타났다. 마찬가지로, 매번의 구체적인 형식과 강도는 서로 다르지만, 전체적으로 말하면, 거시 경제 정책은 모두 경제 성장을 자극하는 방식으로 개입하여, 결국 평탄 주기에 도달하여 실제 성장 속도를 잠재 성장률로 회귀시켰다[2].

이번에는 분명히 다르다. 중국 경제는 2012년 현저하게 감속한 이래 GDP 성장률이 끊임없이 하향추세에 있다. 만약 이전의 경험에 비추어 볼 때, 즉 잠재성장률이 여전히 10%라고 가정한다면, 2012-2018년 기간 동안 실질성장률이 매년 하락하는 상황에서 점차 커지는 성장률의 결점이 형성되어 대략 2-3% 정도이다. 그러나 우리의 추산과 예측은 중국의 잠

---

[1] Fang Cai and Yang Lu, "The End of China's Demographic Dividend: the Perspective of Potential GDP Growth", in Garnaut, Ross, Fang Cai and Ligang Song(eds.), *China: A New Model for Growth and Development*, ANU E Press, Canberra, 2013, pp. 55-74.

[2] 차이팡: 〈거시경제 정책은 어떻게 더 많은 고용을 촉진합니까? - 문제, 증거 및 정책 선택〉, 〈노동경제 연구〉2015년 제3기.

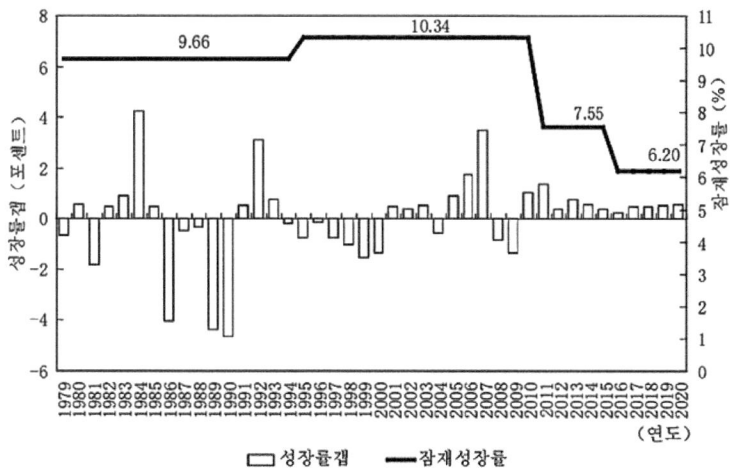

그림 10-1 중국 경제잠재성장률과 성장률결점

자료출처: Fang Cai and Yang Lu, "The End of China's Demographic Dividend: the Perspective of Potential GDP Growth", in Garnaut, Ross, Fang Cai and Ligang Song eds., China: A New Model for Growth and Development, ANU E Press, Canberra, 2013, pp. 55-74. 국가통계국홈페이지: http://www.stats.gov.cn/.

재성장률이 이미 "제12차 5개년 계획" 시기의 평균 7.55%와 "제13차 5개년 계획" 시기의 6.20%로 감소하였다. 만약 이것이 실제성장률과 비교하면 성장률의 결점은 없다. 그렇다면 중국 경제의 잠재성장률은 왜 이렇게 가파르게 하락할 것인가?

린이푸은 금융위기 이후 많은 국가의 경제 성장이 현저하게 감소했다는 것을 열거하면서, 만약 중국의 경제 성장 감속이 주기적인 요인이 아니라면 어떻게 이런 많은 국가들이 함께 감속하는 현상이 나타날 수 있느냐고 반문했다[1]. 확실히 역사적으로 매 위기 이후와 같이 경제 성장 감속

---

[1] 린이푸 교수의 관련 논점과 논거에 대한 논의는 차이팡의 〈중국 경제 성장 잠재력을 어떻게 인식하느냐: 인구배당금 해석에 대한 린이푸의 비판에 응답하라〉, 〈비교〉 2019년 제2기를 참조.

이 필연적으로 발생했으며, 심지어는 절대다수의 경우 위기 이후의 경제 성장은 거문고의 줄을 튕기듯 자연스레 반등하지 않을 것이다[1].

 2008년 금융위기로 인해 다국적 경제가 신속하게 전체 세계 경제가 마이너스 성장을 하였으며, 그 후 겨우 1년 만에 다시 장기간 회복 불능 상태에 빠졌다. 그러나 한 차례의 유행성 감기로 인해 같은 병의 환자가 매우 많았으나, 여전히 다른 병에 걸린 것처럼, 대량의 국가는 금융위기의 영향을 받아 주기적 감속 상태에 빠졌고, 모든 감속 국가가 직면하는 것은 주기적, 수요측 충격이다[2].

 바로 각국이 국제금융위기의 충격을 경험함과 동시에 중국에서는 인구전환 단계의 변화가 발생하였고, 장기간 고속성장을 지탱해 온 인구배당금은 빠르게 사라졌고, 인구전환 단계의 변화를 보면 2010년 이전 30년과 이후 중국은 세계 절대다수 경제체와 확연히 다른 추세를 보이고 있다. 인구전환 특정 단계 중 출산율이 현저히 떨어진 결과 1980-2010년 기간에 중국의 15-59세 노동연령인구는 연평균 1.8%의 속도로 증가하였고, 반면 이 연령 이외의 의존형 인구는 기본적으로 제로 성장상태(-0.2%)에 머물러 있다.

 같은 시기에 선진국을 전체로 하든 중국을 포함하지 않은 개발도상국을 전체로 하든 노동 연령 인구와 의존적인 인구의 상대적 증가세는 모두 중국보다 훨씬 덜 유리하다. 예를 들어 같은 시기(1980-2010년) 선진국 평균으로 보면 노동연령인구와 피부양자 증가 속도가 거의 같고 중국을 포함하지 않은 개발도상국 평균으로 보면 노동연령인구 증가 속도가 더 빠르지만 피부양자 증가율도 두드러진다. 2010년 이후에 이르러 중국의 노

---

[1] Carmen Reinhart and Vincent Reinhart, "The Crisis Next Time: What We Should Have Learned From 2008", *Foreign Affairs*, Vol. 97, No. 6, 2018, pp. 84-96.
[2] 실제로 다른 많은 나라들도 주기적인 충격 이후 오랜 구조적 고질병을 드러내고 있어 장기적으로 지속 가능한 성장이라는 문제는 부양책의 한 도구에만 의존할 수 없다.

동 연령 인구 증가는 플러스에서 마이너스로 전환되고 인구부양비율은 하락에서 상승하여 그러나 다른 국가 특히 개발도상국에서는 이러한 뚜렷한 전환이 일어나지 않는다. 따라서, 같은 경제 성장 속도를 둔화는 서로 다른 인구에서 특징적인 변화를 이해해야 한다.

린이푸는 평론에서 또 다른 설문을 하였고, 만약 중국의 경제 성장 속도가 잠재성장률보다 높다면 인플레이션이 나타나야 하지만, 우리는 인플레이션을 보지 못했다. 확실히 관찰 및 추산에 의하면 2008년 이후의 중국 경제의 실제 성장은 확실히 잠재성장률보다 약간 높은 경향이 있고 이것은 그림 10-1에서 플러스 성장 결점으로 나타난다. 그렇다면 왜 인플레이션율 여전히 낮은 수준을 유지할 수 있는가?

이 의문을 해석하려면, 우리는 여기에서 성장 결점과 인플레이션의 관계를 먼저 해명해야 한다. 이미 경제학의 원리를 이용하면, 우리는 경제 성장 속도를 이해할 수 있어 생산 요소의 이용 충분 정도를 이해할 수 있고, 적어도 어느 정도 (예를 들면 단기적으로) 인플레이션 수준과 어떤 대체적인 관계가 있다. 즉, 마이너스 성장 결점이 존재하는 상황에서 실업 현상이 나타날 수 있듯이, 실제 성장률이 잠재 성장률보다 높으면, 즉 플러스 성장 결점이 존재하는 상황에서 인플레이션이 발생할 수 있다.

경제학자들은 일반적으로 인플레이션이 결국 유통중인 화폐가 실수요를 초과했기 때문이라고 생각하기 때문에, 경제의 과열이나 플러스 성장 결점은 화폐의 과도한 발행을 의미하기도 한다. 그러나 비교적 성숙된 현대 경제에서 화폐의 초과발행이나 과잉유동성으로 인한 결과는 소비자물가지수가 나타내는 일반적인 인플레이션 현상보다 훨씬 더 복잡하다.

중외 경제 발전의 실천에 따르면, 만약 경제체의 정부나 거시경제 조정 당국이 과도하게 자극적인 정책 수단을 채택한다면 화폐 공급과잉과 유동성의 과잉이 나타날 수 있고 이 상황에서 인플레이션 현상이 발생하는 것을 관찰할 수 있다. 이것은 바로 왜 미국 연방준비제도가 인플레이션

목표제를 채택하고 경제 성장이 개선되고 실업률이 낮은 지위로 떨어진 상태에서 이자율 인상과 축소대차대조표를 단행하여 더욱 적극적으로 양적완화 정책을 탈퇴하는 것을 보게 되는 것이다.

그러나 화폐발행의 과도함은 인플레이션율만 높아지는 것이 아니라 자산가격의 팽창으로 더욱 자주 나타난다. 결국 증발된 과도한 화폐는 반드시 출처를 찾아야 하고 보통 상품이 만든 실물경제에 강한 수요가 없는 상황에서 (통상 실질성장률이 잠재성장률과 일치한다는 것을 의미한다) 이러한 과도한 유동성은 부동산, 주식, 재테크 등의 분야로 이동하게 되고, 자산가격의 팽창을 조장할 뿐만 아니라 금융불안과 체계적인 위험의 유인이 된다. 예를 들면, 미국에서 최근 발생한 두 차례의 경기 침체는 모두 전통적인 통화팽창률이 비교적 안정된 상황에서 자산시장의 가격이 파괴적으로 상승한 후에 발생한 것이다[1].

경제 발전 단계에서 비교 우위가 변화된 상황에서 이러한 현상은 더욱 쉽게 발생할 수 있다. 예를 들면, 일본은 1980년대 후반부터 인구 기회의 창구가 점점 닫히기 시작하여 제조업의 비교 우위가 빠르게 사라졌다. 그러나 정부는 잠재성장률이 떨어지는 현실을 인정하거나 받아들이려 하지 않았고, 따라서 지속적인 부양책을 실시하여 통화량이 초과되고 유동성이 과잉되었다. 제조업 분야의 투자 적극성과 대출의지가 부족하고, 또한 인프라 건설이 파생적인 수요로서도 부진함을 나타냈고, 이러한 완화 정책으로 인한 과잉 유동성은 부동산, 주식 시장, 해외 자산, 심지어는 예술품 시장 등의 비실물 경제로 들어가 결국 거대한 경제 거품을 축적하였고, 1990년경에는 결국 거품이 붕괴되어 일본 경제는 '잃어버린' 10년, 20년, 심지어 30년 동안 빠져들었다.

---

[1] Joseph Carson, "Inflation Indices Should Add House Prices to Prevent Bubbles", *Financial Times*, December, 2018.

중국은 1990년대 중반에 현저한 인플레이션이 발생한 이후 소비자물가지수의 변동이 전반적으로 안정되어 최근 몇 년간 낮은 수준에 머물러 있다. 그러나 각종 경제표상으로부터 통화정책이 완화되는 경향을 볼 수 있다. 예를 들면 광의통화(M_2) 공급량과 명목 GDP의 비율(일명 마셜 K값이라고도 한다)은 1990년 0.81에서 2000년 1.34, 2010년 1.76과 2017년 2.04로 각각 향상되었다.

이것은 바로 현재의 거시경제 태세의 특징은 갈수록 대규모의 통화량으로 동일한 경제 성장을 촉진하는 것이다. 인건비가 상승하고 제조업의 비교 우위가 빠르게 상실되는 상황에서 수요를 초과하는 통화는 비교 우위 및 경쟁력과 무관한 투자 영역으로 더 많이 이동한다. 그 결과 전체 경제의 실속을 벗어나 허위로 나아가고, 금융업의 자기 서비스, 자기 순환, 심지어는 과도한 부채와 각종 금융 난리를 초래하고, 경제 거품을 축적하고, 나아가 체계적인 금융 위험을 조성한다.

3. 발전단계 변화의 상징적 전환점

종합하면, 중국의 경제 성장 감속을 인식하는 것은 물론 발생할 수 있는 수요 충격을 주목해야 하지만, 현재 발생한 상황에 대해 전반적으로 '삼두마차' 분석 틀에서 답을 찾는 것을 포기해야 한다. 반면, 생산 함수($Y = A*F_{(K,L)} = K^{\alpha}*(AL)^{1-\alpha}$)로부터 분석을 시작해야 한다[1]. 중국의 특수한 언어 환경에서 이러한 분석은 인구배당금과 그 소멸 요인 및 경제 성장 변수로써의 구체적인 표현을 충분히 고려해야 한다.

---

[1] 이 공식에서 Y는 산출물 또는 GDP, K와 L은 각각 자본과 노동 요소(인적 자본과 같은 다른 생산 요소도 포함할 수 있음)를 나타내고 A는 기술 진보 또는 전요소생산성을 나타낸다.

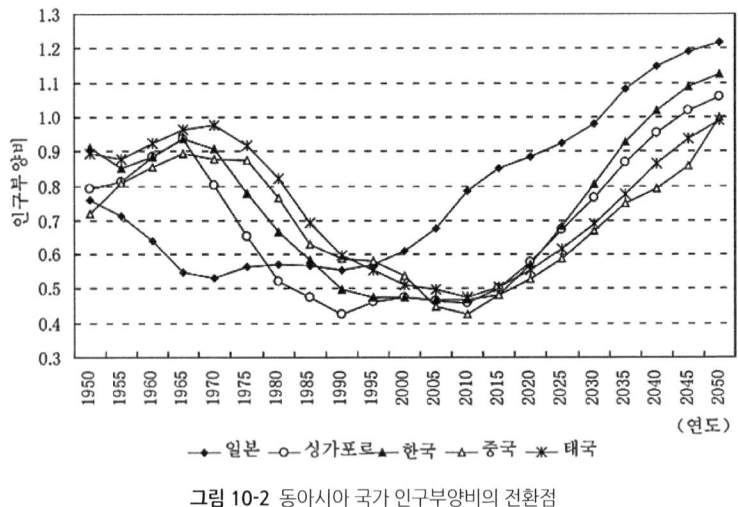

그림 10-2 동아시아 국가 인구부양비의 전환점

자료출처: United Nations, Department of Economic and Social Affairs, Population Division(2015), World Population Prospects: The 2015 Revision, CD-ROM Edition.

구체적으로 말하면, 우리는 15-59세의 노동 연령 인구가 최고점에 도달한 시점(이로써 이어서 마이너스 성장으로 들어가는 시점)을 비교 기준으로 삼았고, 2010년 중국의 발전 단계는 사실상 일본의 1990-1995년, 한국의 2010-2015년, 그리고 싱가포르의 2015-2020년에 해당한다. 인구부양비율(14세 이하와 60세 이상 인구 대비 15-59세 인구 비율)을 인구배당금의 한 대리지표로 삼는다면 일본, 한국, 싱가포르의 부양비율이 현저하게 상승하는 시점도 1인당 소득수준에 따라 정의하는 시점보다 훨씬 늦을 것이다(그림 10-2).

그림에서 볼 수 있듯이 일본의 인구부양비율은 이미 1970년경 최저점으로 내려갔지만, 부양비율이 실제로 현격히 상승하기 시작한 것은 1990년대이다. 한국과 싱가포르의 부양비도 중국보다 훨씬 앞서고 저점에서 비교적 오랫동안 안정되었기 때문에, 이 두 국가의 부양비율 상승은 대체로 중국과 태국과 같다. 일본 등 동아시아 선진국과 이러한 비교는 중국의 미부선로특징을 충분히 제시하였다.

인구 전환 단계의 변화 과정 혹은 전자의 결과로서 경제 현실에서도 상응하는 전환 징후를 보이고 있다. 구체적으로 말하면, 중국의 경제 발전은 이 단계에서 두 가지 가장 중요한 전환점을 거쳤기 때문에 인구 전환 과정의 변화를 대응 경제 발전 단계의 변화로 바꾸어 놓았다.

우선, 일단 노동 수요 증가가 노동 공급 능력을 초과한다면, 중국 경제가 장기간에 걸쳐 가지고 있던 노동력의 무한 공급 특징이 더 이상 두드러지는 특징을 갖지 못한다는 것을 의미하며, 루이스 식의 이원적인 경제 발전은 후반 단계에 접어들었다. 따라서 우리는 이 전환점을 루이스전환점이라고 부른다. 경제학 문헌과 경제 발전 경험에 비추어 볼 때, 이 전환점은 노동의 한계 생산력을 추산하여 검증하는 계량 경제학 방법을 사용할 필요가 없고, 따라서 노동력 부족과 임금 상승이 일상화되었는지를 관찰하기만 하면 된다. 이에 따르면 2004년이 전환점의 대표적인 해가 될 수 있다.

둘째, 노동연령인구가 마이너스로 돌아서면서 인구부양비율이 하락에서 상승으로 전환되고, 인구전향과정이 양적변화에서 질적변화로 도약하게 된다. 즉, 인구특성과 관련된 모든 고속성장에 도움이 되는 변수들이 경제 성장에 도움이 되지 않는 효과가 있기 때문에 인구배당금이 빠르게 소멸하게 된다. 우리는 이 변화를 인구배당 소멸의 전환점이라 부르며 2010년에 발생하였다.

중국 경제가 노동력 부족과 임금 상승을 특징으로 하는 루이스의 전환점과 노동 연령 인구의 마이너스 성장, 인구 부양비의 향상을 특징으로 하는 인구배당금의 소멸전환점을 넘어서면서, 이전의 경제 성장을 촉진하는 요인이 더 이상 현저하게 작용하지 않게 되었고, 이로 인해 잠재 성장률이 떨어지게 되었고, 더 이상 비정상적인 성장 속도를 유지할 수 없게 되었다.

경제 이론에 근거해서 우리가 예상할 수 있는, 그리고 지금까지 관찰된 일련의 요소들이 중국 경제의 잠재성장률을 하락시켰다. 첫째는 노동력 부족에 따른 임금 상승 속도가 너무 빨라 노동 생산성의 증가 속도를 능가하는 지지 능력를 초과하고, 둘째는 자본 노동비의 지나친 상승에 따른 투자 수익률의 대폭 감소, 셋째는 신성장 노동력의 감소로 인력 자본의 개선 속도가 느려지고, 넷째는 농촌 노동력의 이동 속도가 둔화되어 자원 재배치의 효과가 감소하여 전요소생산성의 성장률이 하락했다. 중국 경제는 성장 속도 하방, 산업 구조조정과 발전 방식의 변화가 가속화되는 것을 특징으로 하는 새로운 상상에 진입하였다.

우리의 예측은 중국 경제의 잠재성장률이 점차 하락하여 중국이 완전히 현대화된 후인 2050년경까지 그 때가 되면 서머스의 소위 '균일치'로 되돌아갈 것이다[1]. 지금까지 실제 성장감속의 궤적, 리듬, 추세는 이미 이 예측을 입증했다. 이것은 산업구조조정에 대한 절박한 요구이며, 도전에 대응하려면 경제개혁을 심화시키는 기초 위에 세워야 한다.

많은 사람들이 인구는 느린 변수이지만 관찰된 경제 성장 감속은 단기간에 발생한다고 믿고, 따라서 인구 요인으로 경제 성장 감속을 설명하는 것은 논리에 맞지 않는다고 생각한다. 예를 들면 사람들은 노동 연령 인구가 마이너스로 접어들어도 이 인구 집단의 총 규모는 여전히 거대하다

---

[1] 폴리쳇과 서머스는 평균을 초과하는 모든 성장 속도가 비정상적이며 법칙에 따라 결국 '평균으로 회귀'해야 한다고 믿는다. 이들의 논리대로라면 여기서 '평균치'란 세계경제의 평균 성장률이다. 차이팡과 육양의 추정에 따르면 2050년까지 중국의 잠재성장률은 여전히 3%를 웃돌 것이다. Lant Pritchett and Lawrence H. Summers, "Asiaphoria Meets Regression to the Mean", *NBER Working Paper*, No. 20573, 2014; Fang Cai and Yang Lu, "Take-off, Persistence, and Sustainability: Demographic Factor of the Chinese Growth," *Asia &the Pacific Policy Studies*, Vol. 3, No. 2, 2016, pp. 203-225.

고 논쟁할 것이고, 그러나 인구 부양비율은 상승 국면에 있더라도 한동안 낮은 수준을 유지할 것이다. 이와 같은 의문과 배후의 사유 논리가 대표적이며 인구배당금 작용 메커니즘에 대한 투철한 이해가 결여되어 있음을 반영한다.

인구배당금이란 인구학적 개념으로 볼 것이 아니라 장기적인 경제 성장의 틀에 넣어 경제학적 개념으로 논의해야 한다. 경제 성장이란 GDP의 매년 증가량과 총량의 관계를 말하는 것으로, 총 경제 규모의 즉시변동률이다. 비록 특정 연도의 인구 총량 변동률이 반드시 직접적으로 경제 성장률을 바꿀 필요는 없지만, 인구 전환 단계에 따른 생산 요소의 공급과 생산성의 향상 추세는 경제 발전 단계의 변화를 나타내며 필연적으로 잠재 성장률을 변화시킬 것이다.

그림 10-2에 나타난 바와 같이 중국의 인구부양비율은 2010년 이전에 줄곧 하락하였고, 바닥에 도달한 후에는 빠르게 향상되어 상응하는 노동연령인구의 변화도 유사하고, 2010년에 정점에 도달하기 전에 급속하게 증가하였다가 후에는 마이너스 성장으로 들어간다. 이러한 인구구조의 방향성의 변화나 플러스 마이너스 부호간의 전환은 노동력의 양과 질에 대한 공급능력, 저축률과 자본수익률 수준, 그리고 전요소생산율의 향상 난이도를 근본적으로 변화시켰다.

한 발 물러서서 말하면, 경제사에서 흔히 볼 수 있는 사례들은 장기 추세의 필연성은 종종 천천히 나타나는 것이 아니라, 항상 특수한 단기 유인의 작용에 의해 단번에 나타나서 그러나 이 단기 유인의 형성은 오히려 항상 장기 필연성에 대해 정확한 판단을 내리지 못하는 것과 관련된다.

예를 들면, 1970년대 이후 일본의 인구배당금도 점차 사라지고 경제 성장도 서서히 감속하기 시작하였다. 그러나 바로 일본의 경제학자들과 경제정책 입안자들이 거의 일치된 의견으로 감속은 수요측 요인에 의한 것이라고 주장하였기 때문에 거시경제정책은 자극적으로 전환되었다. 특히 1980년대에 이르러 정부는 가지각색의 자극정책을 채택하여 각 분야에서 경제거품을 발생시키고, 거품 붕괴로 인한 급격한 경기하락과 장기적인 성장침체에 이르게 되었다.

반면 싱가포르는 인구배당금이 사라질 조짐이 보이자 의도 있게 의도치 않게 공급측에서 정책을 펴면서 경제 성장의 지속가능성을 유지하려 했다. 예를 들어, 외국인 노동자의 고용에 대한 규제를 완화하여 인구 인구배당금을 지연시키고, 시간을 벌어 전요소생산성 향상을 위한 노력을 효과적으로 수행함으로써 성장 속도를 안정시키고, 급격한 감속을 방지하고, 궁극적으로 새로운 성장 원천을 획득하여 세계에서 가장 경쟁력 있고 혁신적인 국가 중 하나가 되었다.

4. 인구 배당금에서 개혁 배당금으로

경제학은 경세제민의 학문이고, 그러므로 경제현상에 관한 해석의 불일치는 물론 경제학술계의 평상시에 속하지만 동시에 정책의 함의와 정책실시의 결과에 이르기까지 필연적으로 나타난다. 수요측에서 중국 경제를 감속하고 정책결론은 자극적인 거시경제정책과 산업정책을 실시하는 것에 착안한다. 일단 중국 경제의 감속 원인이 공급측에 있다는 것을 인식하면, 상술한 방법은 단지 실제성장률을 잠재성장률 이상으로 끌어올릴 뿐이며, 정책의 초심와 그 결과 달라 추론하기 어렵지 않다. 반면 공급측에서 출발한 정책 노력은 잠재성장률을 높이는 데 초점이 맞춰져 있다.

성장 이론의 예상과 각국의 발전 경험에 의하면 추월형의 이원적 경제발전에서 기술의 선두에 있는 신고전적 성장으로 전환하는 과정에서 성장 속도가 느려지는 것은 불가피하다[1]. 그러나 잠재성장률이 어느 정도 감소하여 실제 경제 성장이 어느 속도로 둔화되느냐에 따라 국가 간에 오히려 크게 상이하기 때문에 완전히 다른 장기적인 결과를 초래할 수 있다[2]. 이 단계의 변화에 직면한 중국의 입장에서 보면, 경제 체제 개혁을 심화하여 발전 방식의 전환을 추진하고, 전통 성장 동력에너지의 잠재력을 발굴하고, 새로운 성장 동력에너지를 배양하며, 합리적인 잠재성장률을 유지하고, 중고속 실질 성장을 실현해야만 장기적으로 중간 소득 단계에서 정체되는 것을 피하고, 기한 내에 국가 현대화 목표를 실현할 수 있다.

많은 연구는 개혁과 그렇지 않은 완전히 다른 중국의 경제 성장 진망이 형성되었다고 말했다. 예를 들면, 체레무짐Anton Cheremukhim 등의 연구는 1978-2012년 기간과 1966-1975년 기간의 경제 성장을 각각 개혁 혹은 개혁하지 않은 것을 참조 상황으로 삼았고, 따라서 2050년 중국의 경제 성장에 대해 시뮬레이션을 하는 것은 둘 사이의 큰 차이를 나타낸다[3]. 더욱 중요한 정보는 개혁과 성장 사이에는 결코 이것저것 다른 대체 관계가 존재하지 않고, 개혁은 경제 성장을 촉진하는 뚜렷한 효과가 있다. 중국 개혁개방의 경험과 논리는 개혁 배당금은 결국 경제 성장을 촉진하고 인민 생활 수준을 개선하는 데 반영될 것이다.

---

1 Robert J. Barro, "Economic Growth and Convergence, Applied Especially To China", *NBER Working Paper*, No. 21872, 2016; Barry Eichengreen, Donghyun Park, and Kwanho Shin, "Growth Slowdowns Redux: New Evidence on the Middle-income Trap", *NBER Working Paper*, No. 18673, 2013.

2 Barry Eichengreen, Donghyun Park, and Kwanho Shin, "When Fast Growing Economics Slow Down: International Evidence and Implications for China", *NBER Working Paper*, No. 16919, 2011.

3 Anton Cheremukhim, Mikhail Golosov, Sergei Guriev, Aleh Tsyvinski, "The Economy of People's Republic of China From 1953", *NBER Working Paper*, No. 21397, 2015.

앞의 분석은 이미 중국 경제의 잠재성장률을 높이는 두 가지 원천이 있다는 것을 보여주었다. 첫째는 전통적인 성장동력을 유지하는 것이다. 이것은 전통적인 요소를 투입하는 구동형 경제 발전 방식을 유지하는 것을 의미하는 것이 아니라 생산요소 특히 노동력 공급 잠재력을 발굴하고 인구배당을 연장하는 것이다. 둘째는 새로운 성장동력을 가동하는 것이다. 이것은 주로 인적 자본의 축적 강도를 증가시키고 전요소생산성 증가율 및 경제 성장에 대한 기여율을 높이는 데 있다. 이 두 가지 경제 성장의 원천은 구체적으로 다음과 같은 몇 가지 측면에서 볼 때, 공급측으로부터 구조적인 개혁을 추진하여 개발되어야 한다.

먼저, 노동자의 높은 생산성 부문에서 참여율을 높인다. 왜냐하면 거의 모든 중국 경제의 잠재성장률을 하락시키는 요인은 결국 노동력의 무한공급 특징의 소멸과 관련되기 때문에 노동력의 공급을 증가시키면 잠재성장률의 하락을 현저하게 늦출 수 있다. 인구연령구조 변화의 결과로서 15-59세 노동연령인구는 이미 마이너스로 돌아섰을 뿐 아니라 현행 노동참여율을 감안하더라도 15-59세 경제활동인구는 2017년 이후 마이너스로 진입했다. 따라서 노동력 총량은 더 이상 성장잠재력이 없으며 노동력 공급잠재력을 발굴하는 유일한 길은 노동참여율을 높이는 데 있다.

중국의 노동 연령 인구의 총량이 매우 크기 때문에, 노동 참가율 1퍼센트는 2015년에 이미 900여만 명의 경제 활동 인구에 대응하고 있다. 중국 정경에서 노동 참여율을 높이는 독특하고 잠재력이 매우 큰 원천이 있고, 즉 농업 노동력을 계속 비농산업 노동력으로 전환하고, 이미 비농산업에 취업한 농민공을 도시민으로 전환시키는 것이다. 시뮬레이션에 따르면 2011-2022년 사이 비농산업의 노동참여율이 매년 1퍼센트씩 높아지면 0.88퍼센트의 추가 잠재성장률을 얻을 수 있다.[1] 비농산업 노동참여

---

[1] Fang Cai and Yang Lu, "The End of China's Demographic Dividend: the Perspective

율의 최대 추력인 호적제도 개혁, 호적인구 도시화율을 높이고, 도시경제와 비농산업에서의 농민공의 고용안정에 기여한다.

둘째, 합계출산율total fertility rate 또는 약칭 TFR을 높이고 미래의 인구연령구조를 균형있게 한다. 중국과 국제경험에 따르면 출산율 하락은 경제사회 발전의 결과이며 출산정책 자체가 할 수 있는 역할은 사실상 제한적이다. 하지만 중국이 1980년부터 35년간 "한 아이" 위주의 계획출산정책을 시행해 왔기 때문에 둘째 아이 출산 허용 개혁은 일정기간 출산율을 높이는 효과를 기대할 수 있다.

일반적으로 현재 중국의 합계출산율은 1.5이며, 출산정책 조정은 2.1%의 대체수준으로 출산율을 접근시키기 위해 크거나 작을 것이라고 생각한다. 정책 시뮬레이션은 합계출산율이 1.8에 가까운 수준으로 높아지면 합계출산율이 1.6인 경우와 비교하여 2036-2040년 기간에 잠재성장률을 0.2퍼센트 높일 수 있음을 나타낸다[1]. 특히 출산율 하락은 정책의 결과만이 아니라 균형 잡힌 인구발전을 위한 개혁이며 출산정책 조정에 그칠 것이 아니라(우리는 당연히 출산정책이 빠른 시일 내에 자주 출산 단계로 넘어갈 것을 기대한다) 가정에서 아이를 키우는 비용을 줄이고 특히 젊은 부부의 걱정을 해소함으로써 정책이 허용하는 한도 내에서 가정에서 원하는 만큼 가정의 아이 수를 결정할 수 있도록 다른 공공서비스 공급체계의 보완도 포함돼야 한다는 지적이다.

셋째, 인적자본의 축적속도를 유지하다. 아오키 마사히코는 동아시아

---

of Potential GDP Growth", in Garnaut, Ross, Fang Cai and Ligang Song(eds.), *China: A New Model for Growth and Development*, ANU E Press, Canberra, 2013, pp. 55-74.

1 Fang Cai and Yang Lu, "Take-off, Persistence, and Sustainability: Demographic Factor of the Chinese Growth", *Asia & the Pacific Policy Studies*, Vol.3, No.2, 2016, pp. 203-225.

경제 발전의 경험에서 발견하였고, 어느 나라나 지역이나 쿠즈네츠식의 구조조정을 특징으로 하는 경제 발전단계를 거친 후, 인구전환단계에 진입하기 전에 모두 인력자본으로 구동되는 경제 발전단계를 거쳐야 한다[1]. 중국에게 있어서 이 단계전환의 시기는 우리가 이미 관찰한 루이스의 전환점이어야 한다. 이렇게 되면 발전단계에 있어서 중국은 이미 인력자본에 의존하여 성장의 원천을 얻어야 하는 시대에 들어섰다는 것을 의미한다.

전술한 2016년 기사에서 차이팡과 육양은 교육과 훈련 발전을 통해 합리적인 가설을 세운 후에 전체 인력 자본 수준이 특정 정도의 향상을 얻을 수 있을 것으로 기대하였고, 따라서 미래에는 GDP 잠재 성장률을 약 0.1% 높일 수 있을 것이다. 이 개혁 배당금은 중국 언어환경에서 중고속 성장을 유지하는 것과 같이 너무 일찍 중속 내지 중저속 성장에 빠지는 것을 피할 수 있는 중국 경제 발전의 뉴노멀에 있어서 무시할 수 없는 수치이다.

사실 우리의 상술한 시뮬레이션은 단지 인적자본의 양적 직접적인 기여만을 고려한 것이다. 다른 많은 연구에서 밝힌 바와 같이 첫째, 인적자본의 대리변수로서의 교육수준은 경제 성장에 직접적으로 기여하는 것 외에 생산성 개선의 효과가 있기 때문에 총 기여율은 대폭적으로 향상될 수 있고[2], 둘째, 교육의 질을 고려할 때 경제 성장에 대한 인적자본의 역

---

[1] M. Aoki, Five Phases of Economic Development and Institutional Evolution in China, Japan and Korea, Part I, in Aoki, M., T. Kuran and G. R. Roland(eds.), *Institutions and Comparative Economic Development*, Basingstoke: Palgrave Macmillan, 2012.

[2] 월리 등은 중국 인적자본의 경제 성장 기여도를 추정해 본 결과 교육수준 향상으로 생산성 개선 효과가 있다는 점을 고려해 인적자본의 총 기여율을 직접기여율 11.7%에서 38%로 높일 수 있었다. John Whalley and Xiliang Zhao, "The Contribution of Human Capital to China's Economic Growth", *NBER Working Paper*, No. 16592,

할은 더욱 현저하게 향상될 것이고 생산성의 기여보다도 더 뛰어날 것이다[1].

넷째, 전요소생산성을 높이고 더욱 지속가능한 성장의 원천을 얻을 수 있다. 이론적으로 예상할 수 있어 기존의 계량분석에서도 발견되고 있고 (전술 차이팡과 육양의 2016년 글과 같이), 비록 비농산업의 노동참여율을 높이면 잠재성장률을 높이는데 도움이 되겠지만 시간이 지날수록 이러한 효과는 점차 감소하는 추세이며, 전요소생산성 향상은 잠재성장률에 대한 추진작용으로 먼저 즉각적인 효과를 나타내게 되고, 그 후로도 오랫동안 쇠퇴하지 않는 특성을 나타낼 것이다.

나날이 신고전적 성장 단계로 전환함에 따라, 한편으로 중국 경제는 갈수록 과학 발전, 기술 혁신에 의지하여 경제 성장 지속성을 유지하고 있고, 다른 한편으로는, 체제성 장애의 제거를 통해 자원 재배치 효율을 얻을 수 있는 공간은 여전히 거대하다. 2013년 글에서 차이팡과 육양의 시뮬레이션에 따르면 2011-2022년 기간에 전요소생산성의 연평균 성장률이 1% 높아지면 잠재성장률은 0.99% 높아지는 것에 대응할 수 있다.

차이팡과 육양은 2016년 글에서 호적제도 개혁, 교육과 훈련제도 개혁, 국유기업개혁 등 비농산업 노동참여율, 인적자본과 전요소생산성에 대한 기여효과를 가정한 후 강도별 출산정책 조정과 조합해(다른 출산율 시나리오), 미래에 개혁 배당금을 얻을 수 있는 다양한 시나리오를 시뮬레이션한 결과 개혁이 개혁되지 않거나 개혁 강도가 크거나 작으면 최근과 미래에 잠재성장률의 명백한 차이가 있음을 발견했다.

주기적으로 발생하는 수요측 충격현상에 부딪혀 발전단계상의 어떤 유형의 경제체라도 반드시 불가피하다는 것을 인정해야 한다. 예를 들면,

---

2010.

[1] Rodolfo Manuelli and Ananth Seshadri, "Human Capital and the Wealth of Nations", *The American Economic Review*, Vol. 104, No. 9, 2014, pp. 2736-2762.

글로벌화가 역풍을 맞고, 보호 무역주의가 대두되어 무역마찰조치가 심화되고, 심지어 미국이 중국을 겨냥한 무역전쟁을 일으킨다면 중국 경제의 수출은 저해되고, 외수는 자연히 현저하게 줄어들게 되며, 자연히 거시경제에 대한 수요측 충격이 생기게 된다.

그러나 여기에는 두 가지 상황이 구분되어야 한다. 첫째, 충격을 받는 상황에서 외수의 감소폭과 잠재성장률의 감소폭은 대응되어야 하고, 이 경우 여전히 지나치게 강한 자극적인 거시경제 정책을 채택할 필요가 없다. 둘째, 외수의 감소폭이 실제 경제 성장을 잠재성장률보다 낮게 만들기에 충분하기 때문에 충분한 고용이 이루어지지 않을 경우, 수요를 자극하여 성장속도가 잠재성장률로 복귀할 수 있도록 하기 위한 거시경제 정책의 조절이 필요하다. 경제 발전 단계의 변화가 잠재성장률을 변화시켰다는 점과 새로운 잠재성장률이 도대체 몇 퍼센트인지를 고려했을 때, 더구나 잠재성장률 전망이 여전히 낮아진다는 점을 고려할 때, 우리는 더 이상 연간 성장 속도 변화에 따라 거시경제 상황을 판단하기 어렵다. 이때, 고용 상황을 반영한 지표는 실업률을 조사하여 자연 실업률 이외의 주기적인 실업이 발생하는지 보는 것이 보다 과학적이고 신뢰할 수 있는 경제 상황을 판단하여 거시경제 정책의 방향을 결정하는 근거이다.

국가 통계청이 발표한 두 가지 실업률 지표는 각각 도시 등록 실업률과 도시 조사 실업률이고, 후자는 조금 늦은 시기에 발표되기 시작했다. 필자의 추산에 따르면, 도시 조사 실업률은 2000년에 최고점에 도달한 후 즉 약 7.6%이고, 후에 매년 감소한다. 2008년 이래 경제 성장에는 주기적인 변화가 발생하지 않으면서 조사 실업률은 줄곧 5% 내외를 유지하고 있다. 국가통계청이 이 지표를 발표한 이래, 2018년 1월부터 2019년 3월까지 조사실업률은 겨우 4.9%와 5.3% 사이에서 변동하였고, 평균치는 4.98%이다. 그래서 전반적으로 중국 도시 조사 실업률이 최근 기본적으로 5% 내외에서 안정되고 있고, 등록실업률은 4% 이하이다(그림 10-

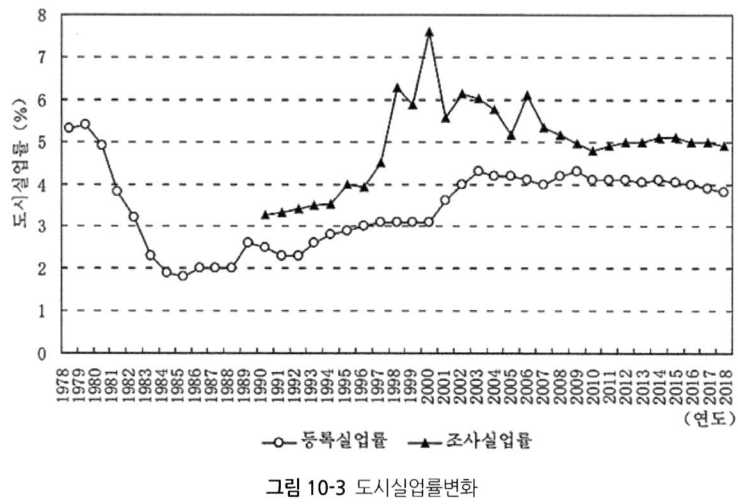

그림 10-3 도시실업률변화

자료출처: 도시 등록 실업률 데이터는 수년 동안 국가 통계국의 〈중국 통계 연감〉에서 가져온 것이며, 도시 조사 실업률의 초기 데이터는 최근 몇 년 동안 뉴스 보도와 국가 통계국에서 발표한 데이터를 기반으로 수집했다고 저자는 추정한다.

3). 그렇다면 이 실업률 수준은 노동시장 상황을 어떻게 반영하고 있는가? 그 뒤에서 담긴 정책적 함의는 무엇일까?

자연실업률(즉, 주기적 요인의 영향을 받지 않는 실업률)의 정의에 따르면, 중국의 현재 자연실업률은 조사실업률이 5% 내외이고 등록실업률은 4% 내외의 수준에 있다고 결론 내릴 수 있다. 따라서 도시 조사실업률이 5%를 넘지 않는 한 주기적 실업이 없음을 의미하며, 또한 성장속도가 잠재성장률에 부합하고 경제가 충분한 고용상태에 있음을 설명할 수 있다. 즉, 중국 거시경제에는 지금까지 뚜렷한 주기적인 문제가 나타나지 않았다. 따라서 경제학자나 정책 결정권자가 중국의 현재 잠재성장률에 대해 합의하지 못했다 하더라도, 도시의 실업률이 자연실업 수준이라는 현상에서 경제 성장 속도가 잠재성장률 이하로 떨어지지 않았다는 판단을 내릴 수 있다.

결국 단기간의 수요측 충격은 중국 경제가 처한 발전단계를 변화시키지 않을 것이고, 후자는 더욱 장기적이고 안정적인 성격을 가진다. 따라서 충격에 대응하는 거시경제정책은 개혁중심의 장기적인 해결책을 대체할 수 없을 뿐만 아니라 경제 성장에 대한 자극도 단지 변화된 잠재성장률을 참조할 뿐이다. 또한 완화형 및 확장적인 거시경제정책을 실시할 때에도 투자가 부적절하게 과도한 부채와 생산율을 낮추는 현상을 방지해야 한다[1].

5. 고소득 클럽의 '문턱 함정'

2018년 중국의 1인당 GDP는 이미 9,771달러에 이르렀다. 같은 성장속도로 추산하면 2020년에는 12,158달러에 이를 것으로 예상된다. 세계은행의 분조기준으로 1인당 GDP가 12,235달러를 넘어서면 고소득 국가의 대열에 진입한다. 그렇다면 최근 연구자와 정책결정자들을 위해 열렬히 논의되고 있는 '중위소득함정'이라는 명제는 중국에 더 이상 표적화되지 않는 것이 아닐까?

국제 경험에 대한 깊은 관찰로, 이 명제가 여전히 의미 있다는 결론을 내릴 수 있을 뿐만 아니라, 우리에게 더욱 표적적인 새로운 명제를 제시할 수 있다. 순전히 토론의 편의를 위해서, 여기서는 우선 그것을 "문턱의 함정"이라고 부른다. 이런 개괄은 중위소득의 함정과 완전히 다른 어떤 현상을 제시한다고 할 수도 없고, 따라서 새로운 개념을 제시한 것도 아

---

[1] 일부 연구자들은 2008년 이후 부양책의 시행 효과를 검토했을 때 과도한 부채로 인한 불리한 결과를 발견했으며 투자율과 총요소 생산성 사이에는 음의 상관관계가 있음을 발견했다. 백중은, 장경: 〈중국 생산성 추정과 그 파동 분해〉, 〈세계 경제〉2015년 제12기.

니라 다만 중위소득함정이라는 개념이 통상적으로 주목하는 문제를 특별히 중상위소득국가 범위 내에 초점을 맞추기 위해서이다. 구체적으로 우리는 통계적 의의로 한 차례 그래서 국가가 고소득국 대열에 진입하거나 막 진입하기 직전에 이러한 새로운 순위를 영일하게 누릴 수 있는지를 보려고 한다.

여기서 특별한 중점을 둔 것이 있다면, 1인당 GDP가 12,235달러에 이른다는 것을 하나의 평가 기준으로 삼아 비록 한 국가가 중상위소득그룹에서 고소득그룹으로 분류하지만, 이 구분은 결국 인위적인 임의성을 가지고 있고, 예를 들면 1인당 소득 12,234달러와 12,236달러의 실질적인 차이가 있다고 말하기는 어렵다는 점을 제시하려는 시도이다. 이후의 분석은 그 기준이 단지 문턱에 불과할 뿐, 국가가 이로부터 어떤 안정적인 지위의 '귈값'이나 임계점에 도달하는 것을 결코 보장할 수 없다는 것을 보여준다.

우리가 관찰할 때 사용하는 수치는 세계은행이 발표한 1960-2018년 각국이 2010년 불변가 달러로 계산한 1인당 GDP이다. 여기서 관심사는 첫째, 이미 중상위소득 국가에 진입한 국가들이, 몇 십 년 후에 고소득 국가 대열에 처할 기회가 얼마나 되느냐 하는 것이고; 둘째, 고소득 국가 그룹에 새로 진입한 국가들이 이후의 경제 성장을 어떻게 보일 것인가이다.

우리는 먼저 '문턱 밖' 국가의 상황을 관찰합니다. 우리는 모든 데이터를 갖춘 국가 중에서 1960년 아직 고소득그룹(2010년 가격으로 12,000달러를 계산함)에 들어가지 않았지만 1980년 현재 적어도 중상위소득그룹(2010년 가격으로 4,000달러를 계산함)에 들어간 국가를 선별한다. 이 범위에 해당하는 29개국 중 14개국이 2018년 이미 고소득 국가에 속한다.

즉, 수십 년의 시간(구체적으로 38년에서 58년 사이의 기간)에 중상위소득 국가에서 고소득국가의 문턱을 넘거나 넘지 못할 확률은 대략 반반이다. 다시 말해 1960-1980년 사이의 중상위소득국가들을 50%의 확률로 문턱함정에 빠뜨리는 관건은 이들 국가가 최소 38년 동안 1인당 GDP를 연평균 2.93%의 실질 성장률(1980-2018년 사이 1인당 GDP를 4,000달러에서 12,000달러로 올리는 데 필요한 소득 증가 속도)을 달성하지 못했다는 것이다.

우리는 더 나아가서 '문턱 안' 국가의 상황을 관찰한다. 1980년에 이미 고소득 단계에 진입한 37개국 중 14개국은 '신진 회원'으로 간주될 수 있고, 즉 그 해 1인당 GDP가 고소득 국가의 평균 수준(2010년 가격으로 계산하면 23,096달러)보다 낮는다. 그 중 싱가포르와 아일랜드 두 나라만이 성장 기적으로 꼽혔던 나라가 그 후 가장 성공적으로 추월하여 2018년에는 고소득 국가 중 고소득 국가가 되었고, 즉 1인당 GDP는 이 그룹의 평균을 넘어 각각 2010년 가격으로 계산한 5만8,248달러와 7만8,765달러에 이르렀다. 다른 1980년의 신진 회원국들은 2018년까지도 1인당 소득이 고소득 국가의 평균치 이하에 머물렀다.

더 나아가 우리는 1980년의 신진 회원들의 향후 시기 경제 성장이 어떻게 나타나는지를 수렴 관점에서 관찰할 수 있다. 수렴의 통계학적 의미는 한 국가의 초기 1인당 소득 수준이 이후의 경제 성장 속도와 반비례 관계를 나타낸다는 것이다. 그림 10-4에서, 우리는 고소득 국가 그룹의 초기 1인당 소득과 관찰기 성장 속도의 관계를 묘사하였다. 둘 사이의 기울기가 마이너스라는 점에서 볼 때, 적어도 설명적 통계적 의의에서 볼 수 있고, 우리는 1980년 이래로 이미 고소득 그룹에 가입한 국가 사이에 많든 적든 따라잡기 관계가 존재하므로, 매우 현저한 수렴 효과가 나타나지 않는다고 볼 수 있다.

이와 함께 우리는 선진국의 전체적으로 미약한 추세와 함께, 오래된 고소득국가를 단독으로 관찰하든, 신진국가를 단독으로 관찰하든, 두 국가 내에서는 어느 정도의 분화 경향을 보이고, 그 중에서도 신진국가의 추이 성향은 더욱 뚜렷하게 나타난다. 즉, 1980년에 1인당 소득이 고소득국 평균보다 낮았던 국가를 단독으로 관찰한다면, 그 초기 소득수준과 이후의

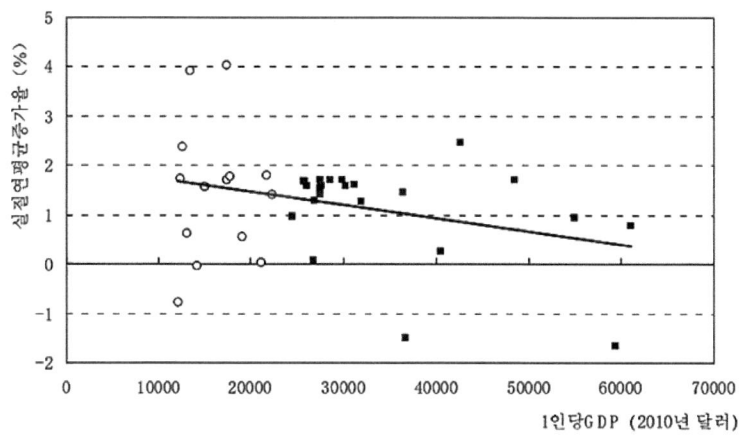

그림 10-4 고소득국가의 성장률

자료출처: 세계은행 데이터베이스: https://data.worldbank.org/.

성장속도 사이에는 전혀 부정적인 상관관계가 없고, 즉 추월 및 수렴현상이 발생하지 않았다.

지적할 만한 것은, 관찰한 모든 국가 중 4개국이 1980-2018년 동안 마이너스 성장을 기록했는데, 그중 신진 회원(가봉과 베네수엘라)과 오래된 고소득 국가(브루나이와 사우디아라비아)가 각각 절반을 차지했다. 경제 체제와 정책 면에서 이들 국가의 폐해에 대해 경제학자들이 말할 것도 있고, 대표적인 '자원의 저주' 사례로 꼽을 수 있는 절호의 기회를 놓치지도 않을 것이 분명하다.

경제학자가 일종의 경고성 예측을 할 때, 그들이 자신의 예언이 실현되기를 기대한다는 것을 의미하지는 않는다. 마찬가지로, 그들이 사람들의 뜻대로 되지 않는 상황을 개념화할 때, 목적은 단지 정책 입안자들에게 경고하는 것이고, 이런 상황의 발생을 피하다. 중위소득의 함정도 좋고, 특수 표현인 '문턱의 함정'도 좋고 모두 이러한 출발점의 개념적 산물이다. 즉, 곧 고소득 국가 대열에 진입할 것과 이 상태는 안정적이고 고소득 국가 대열에 있는 상태와 비교하여 더욱 불확실한 성장 전망을 가지고 있다.

중국의 개혁개방이 가져온 고속 경제 성장은 끊임없이 생산요소의 축적과 효율적 배치를 위한 적절한 체제환경을 창조함으로써 인구배당금을 실현하는 과정으로 볼 수 있다. 지금까지 동기부여 메커니즘, 기업관리구조, 가격형성 메커니즘, 자원배치 모델, 대외개방 체제와 거시정책 환경의 개혁은 모두 일정한 경제 발전 단계의 특수한 제도적 요구에 부응하여 제안되고 추진되었다.

그러나 현재를 살펴보고 미래를 전망하며 개혁, 발전과 나눔의 중점, 난점, 추진방식, 심지어 취향을 유지하는 것은 발전단계 변화에 따라 조정되어야 한다. 비록 이러한 방면의 임무가 반드시 지나치지 못할 고비가 될 필요는 없지만, 그 난이도는 이전보다 확실히 크게 강화되었다. 발전 경험으로 볼 때 이러한 어려움이 나타나서 어느 정도 필연적인 발전규칙을 가지고 있다. 새로운 발전단계에서의 임무난도의 강화와 그 필연성은 각각 다음의 세 가지 방면을 나타낸다.

첫째, 중국은 중상위소득에서 고소득 국가로 가는 단계로 진입함에 따라 지속가능한 성장을 유지하는 데 어려움이 가중되고 경제 성장 방식은 생산성 구동으로 전환해야 한다. 한 가지 추계에 따르면[1], 중국의 경제 성장이 인구배당금에 힘입은 1979-2010년 기간에 연평균 9.9%의 실제 성장률에서 인구배당금과 관련된 변수가 84%의 공헌을 하였다. 이러한 요인들을 제외하고, 전요소생산성 기여율은 16%이다. 비록 우리는 인구배당금의 소멸과 잠재성장률의 하락이라는 현실을 받아들여야 하고, 미래에도 여전히 원래의 성장속도를 유지할 것이라고는 기대하지 않지만, 전

---

[1] Fang Cai and Wen Zhao, "When Demographic Dividend Disappears: Growth Sustainability of China", in Aoki Masahiko and Jinglian Wu (eds.), *The Chinese Economy: A New Transition*, Basingstoke: Palgrave Macmillan, 2012.

요소생산성의 향상속도와 기여수준을 어떻게 가속화하느냐는 고소득국가에 진입하기 전과 후에 중국의 지속적인 경제 성장을 유지할 수 있느냐에 달려 있다. 이 과제는 더 큰 개혁개방의 의지와 혁신역량이 있어야만 완성할 수 있다.

둘째, 사회주의 시장경제 체제가 성숙하고 정형화된 단계에 임박할수록 개혁을 추진하는 난이도는 더욱 커질 것이다. 일반적으로 장기간 동기부여 부족으로 비효율적인 경제체제에 직면하게 되면 개혁은 이 악순환에서 미시적인 동기부여 부족의 고리를 타파하는 것에서부터 시작하여 쉽게 파레토 개선의 경로에서 개혁을 추진하게 되며, 나아가 자원배치의 방식을 변화시켜 자원오배치의 구조를 교정하게 된다. 개혁이 급진적으로 추진되면서 어떤 집단도 피해를 입지 않는 파레토의 개선 기회가 점점 줄어들고 있다. 즉, 개혁이 불가피하게 이익 구도에 대한 심도 있는 조정이 불가피하게 될 경우 개혁의 인센티브가 부족해지고 기득권 세력의 반발과 교란으로 이어질 수 있다.

특히 개혁비용의 부담주체와 개혁수익의 획득주체가 완전히 대응되지 않는 상황에서 개혁을 추진하는 것은 동기부여가 되지 않는 문제에 직면하게 된다. 이러한 난점에 직면하게 되면 개혁비용의 분담과 개혁배당금의 나누기, 새로운 체제구축에 필요한 재정지출책임의 재분립, 그리고 피해당사자에 대한 필요한 보상, 특히 충격을 받을 수 있는 노동자에 대한 사회정책의 밑거름을 준다. 그리고 개혁을 추진하는 정치적 결의를 다져야 할 뿐만 아니라 갈등을 적절하게 처리하는 정치적 지혜를 발휘해야 한다.

셋째, 더 나은 발전 단계와 더 깊은 개혁 과정에서 중국의 추가 개혁과 발전은 더 많은 성장 고민에 직면할 것이다. 우승열패의 창조적 파괴경쟁환경 형성과정에서는 일부 노동자와 경영자가 실제 곤경에 빠질 것이다. 시장기제 자체의 소득분치 개선효과는 약화될 것이고 생산성 향상 원천도 산업간의 자원재배치에서 경영주체간의 우승열패로 전환될 것이고 창조적 파괴기제의 작용은 강화될 것이고, 더 높은 발전 단계에서 전세계 가치사슬 분업에 참여하면 선진국과의 경쟁 효과는 상호보완효과보다 클 것이다. 이것은 인민 중심의 발전사상통령 하에서 포용성을 더욱 진보적인 개혁개방 발전의 전 과정에 구현하고 정부의 재분치 역량을 높이고 사회정책의 밑받침 기능을 발휘할 것을 요구한다.

성장 속 고민을 극복하는 데 주저앉는 방식을 취해서는 안 된다. 예를 들어 이 발전 단계에서 경쟁 심화는 수시로 고용에 충격을 줄 수 있다. 일자리 보호에 입각하면 필연적으로 기업에 대한 보호로 이어질 것이고, 경쟁력이 없는 업종과 기업을 퇴출시키기 어렵다. 또 한편으로는 시장의 자발적 일자리 파괴를 방치하면 일부 근로자와 그 가정이 어려운 상황에 처할 수 있다. 이러한 딜레마를 돌파하는 관건은 일자리를 보호하는 것을 노동자 자체를 보호하는 것으로 바꾸고, 사회 보호망을 구축하다. 사회정책의 기초가 튼튼할수록 퇴출은 걱정 없이 이뤄질 수 있다.

6. 맺음말

2012년부터 시작된 중국의 성장감속은 인구전환단계에 따른 경제 발전단계의 변화와 함께 형성된 뉴노멀로, 주요 발생 원인이든 표현형태든 이전의 주요한 수요측 충격으로 야기된 주기현상과 모두 완전히 상이하다. 상응하여 대응정책의 착안점이나 우선 순위, 그리고 구체적인 정책수단의 선택과 모두 매우 달라야 한다. 듣자니 미국의 경제학자 James Tobin은 "한 무더기 '하버그 삼각지'가 있어야만 '오컨 갭' 하나를 채울 수 있다"다고 말했다. 그가 말한 두 가지 경제학 개념은 전자는 독점, 가격 왜곡 등의 체제 요인으로 인한 복지 손실을 가리키고, 후자는 실제 경제 성장이 잠재 성장 능력보다 낮은 갭을 가리키고, 모두 사회 총생산GDP의 특정한 폭의 감소를 나타낸다.

연구자원과 정책자원이 모두 희박하기 때문에 그것을 어느 분야에 배치하는가는 틀림없이 수익극대화원칙을 따라야 한다. 따라서, 토빈의 이 말은 분명히 사람들에게 공리주의의 관점에서 볼 때 거시경제 문제에 관심을 가지는 것이 체제 문제에 관심을 가지는 것보다 더 의미있고, 정책자원은 수요측 요인에 의한 '오컨 갭'의 축소 노력에 배치되어야 한다는 것을 일깨워준다. 이러한 견해는 명백히 분명하지 않다. 왜냐하면 그것은 경제체기 직면하는 도대체 어떤 유형의 문제인지를 구분하지 못하기 때문이다. 만약 이러한 견해를 일반적인 원칙으로 삼는다면, 명백히, 거시경제학자의 지나친 공리화 추구를 용인할 뿐만 아니라 정책 입안자들이 생각이 나태해지는 경향이 생기도록 장려하기도 하고, 자극적인 정책이 단기적으로 효과를 볼 수 있기를 바란다.

문제는 중국 경제의 감속 원인은 잠재성장률의 하락이지 실제 성장속도가 잠재성장률보다 낮기 때문에 뚜렷한 '오켄 갭'이 없다는 것이다. 거시경제 정책을 동원해 경제 성장을 자극하는 데 집착하는 것은 '토빈 환각'일 뿐 장기적인 효과를 유지할 수 없고 오히려 개혁 지연과 부채축적 등 많은 부작용을 낳고 있다는 점이다. 일본의 교훈으로 보면, 이러한 환각 아래 거시경제 정책을 수립하고 장기화하는 것이 '고소득의 함정'에 빠지는 원인이 된다. 일본 사례와 같은 논리로 판단하면, 고소득 국가 대열에 진입할 국가나 그 대열에 속한 신진 회원들에게 이러한 환각에 빠지면 '문턱의 함정'에 빠질 위험이 커진다.

따라서, 반대로 행하면, 중국 경제가 장기적으로 지속가능한 성장을 모색하는 관건은 거시경제학의 일반적인 수요측 자극 수단을 운용하는 데 있지 않고, 공급측면에서 착안하여 생산 요소의 충분한 공급과 효율적 배치를 방해하는 체제적 장애물을 겨냥하여 구조적인 개혁을 추진하고, 체제 잠재력을 방출하여 잠재성장률을 높이는 목표를 달성해야 한다. 이를테면 무릇 공급측면에서 생산요소의 공급량과 품질을 증가시켜 생산원가를 낮추어 산업의 비교우위를 유지하고, 거래비용을 낮추기 위한 정부기능의 전환과 전요소생산성 향상에 의한 산업과 기업의 정책조정과 체제개혁은 모두 구조개혁의 범주에 속하고, 잠재성장률의 향상에 유리한 기대효과에 따라 그 출범의 우선순위와 추진력을 안배해야 한다.

제3편

신기술 혁명과 하이버전 글로벌화

제11장

글로벌화, 수렴과 중국 경제 발전

1. 머리말

반세기 가까운 역사를 가진 세계경제포럼 혹은 스위스의 스키 리조트에서 개최된 것으로 알려진 다보스포럼은 그 의제설정이 가장 광범위한 관심을 가지고 있는 것으로 유명하다. 2019년 새해 벽두부터 열리는 이번 연차총회는 "글로벌화 4.0: 제4차 산업혁명 시대의 글로벌 구조를 만들어라"라는 주제로 진행된다. 즉, 회의주제의 설계자는 산업혁명과 글로벌화를 관련지어 인식과 토론을 주장한다. 이 화제는 상당부분 오늘날 세계의 거의 모든 이슈와 관련되어 있기 때문에 많은 정치인, 기업가, 학술연구자, 싱크탱크 학자들이 부지런히 찾고 있는 의문을 포함하고 있다.

다보스포럼의 창립자이자 현 집행위원장인 클라우스 슈와브Klaus Schwab 박사는 최근 출판한 저서에서 생산기술의 특징을 채용하는 관점에서 역사상 4차 산업혁명을 구분하고 대략적인 역사적 시기를 제시하였고: 제1차 산업혁명은 대략 1760년에서 1840년 사이에 발생하였으며, 물과 증기

동력을 이용하여 기계생산을 하는 것이 특징이며; 제2차 산업혁명은 19세기 말에 시작되어 20세기 초까지 이어졌으며, 전기를 사용하여 대량생산을 하는 것이 특징이고; 제3차 산업혁명은 1960년대에 시작되어 전자정보기술로 자동화생산을 촉진하는 것을 특징으로 하고 있으며; 현재 발생하고 있는 제4차 산업혁명은 물리, 디지털 및 생물 경계를 허무는 혁명으로 표현되어 인터넷이 유비쿼터스하고 이동성이 대폭 향상되었고; 센서의 부피는 갈수록 작아지고 성능은 오히려 갈수록 강대해지며, 비용은 나날이 저렴해지고; 인공지능과 기계학습은 발전하고 있어; 그리고 내포는 더욱 광범위한 방면에 있다[1].

슈밥이 보기에 글로벌화는 기술변혁으로 인한 현상으로, 창의력, 인력과 화물이 전 세계범위의 운동이며, 따라서 산업혁명의 일종의 글로벌 프레임이기도 하다[2]. 그러나 그는 4차 산업혁명과 글로벌화 4.0과의 관계를 다루듯이, 글로벌화 4.0 이전의 각 판본 글로벌화의 시간구간을 명확하고 완전하게 제시하지는 못했다. 사실, 그렇게 하는 것도 상당히 난이도가 높다. 그러므로, 우리는 먼저 사고방식에 있어서, 산업혁명과 글로벌화라는 두 현상 사이에 내재적인 관계를 가지기만 하면 된다. 또한, 이렇게 하는 것은 적어도 우리의 표현상의 편의에 도움이 된다.

그러나, 우리는 여전히 역추적 방법과 논리를 채택하여 대체적으로 이전의 글로벌화의 대략적인 시간 범위를 제공할 수 있다. 지금까지의 이번 경제 글로벌화 즉, 글로벌화 3.0은 1990년대부터 중국, 인도, 중동유럽 국가들이 글로벌 가치사슬 분업에 참여하기 시작했음을 나타낼 수 있다. 이전의 한 시기, 즉 제2차 세계대전의 종전으로 거슬러 올라가 브레튼 우즈

---

1 [스위스] 클라우스·슈밥: 〈4차 산업혁명: 변혁의 힘〉, 중신출판그룹 2016년판, p. 4.
2 Klaus Schwab, "Globalization 4.0-What Does It Mean?" World Economic Forum Official Website: https://www.weforum.org/agenda/2018/11/globalization-4-what-does-it-mean-how-it-will-benefit-everyone/.

체계가 주도하는 글로벌 경제체제가 형성될 때까지를 글로벌화 2.0이다. 아마 15세기 지리대발견에서 20세기 초까지는 글로벌화 1.0의 전형적인 시기로 볼 수 있을 것이다. 이 연대를 보면, 그 동안 글로벌화는 상당히 큰 기복과 낙하를 거쳤거나 혹은 중단되었음을 알 수 있다.

사실, 현재 만들어지고 있는 글로벌화 4.0 이전에 정의가 명확하고 공감대가 있는 3.0, 2.0, 1.0 등의 판본이 존재하는지 여부와 관계없이, 이러한 서로 다른 판본 글로벌화의 시간구간을 어떻게 정의하든, 우리는 모두 부인할 수 없는 결론을 도출할 수 있어 중국 경제 발전은 제1차 산업혁명과 제2차 산업혁명, 그리고 글로벌화 1.0과 글로벌화 2.0의 따라잡기 기회를 놓쳤으나, 제3차 산업혁명과 글로벌화 3.0에서 기회를 포착하여, 두각을 나타내며, 일약 글로벌 리더와 최대의 이득자가 되었다.

중국의 개혁개방 이래의 성공적인 경제 발전은 이미 40년의 과정을 거쳤으며, 그 동안 중외 경제학자들은 여러 방면에서 열띤 토론을 진행하여 각종 이론 설명을 내놓았는데, 관련 문헌은 많다고 할 수 있다. 다수의 학자도 중국의 경제개혁과 발전성공은 전세계 분업체계의 참여와 같은 일반적인 결론 덕택이라고 생각하고, 그러나 중국의 경제 발전을 같은 시기의 글로벌화 및 공업혁명의 시야에 둔 깊은 연구는 여전히 부족한 것으로 보인다. 변화된 글로벌화 추세와 그에 따른 엄중한 도전을 초래하는 상황에서 이러한 현 상황은 새로운 상황을 인식하는 이론준비가 불충분하고 새로운 상황에 대처할 정책 비축량이 부족할 수 있다.

산업 혁명과 경제 글로벌화 사이에는 비록 시간적으로 엄밀하게 대응하지는 않지만 논리적으로 긴밀하게 관련되는 특징이 있기 때문에, 간편함을 위해, 우리 아래의 토론에서는 비록 두 가지 역사적 과정에 대해 언급할 수 있지만, 서술에서는 경제 글로벌화로부터 더 많은 것을 시작하는 것은, 비록 이것이 산업 혁명에 대한 무시를 의미하는 것은 아니다. 동시에, 우리가 토론하는 중점이 산업혁명과 글로벌화 배경하의 중국 경제 발전인 만큼, 여기에서 중점은 각각 지난 번 경제 글로벌화의 몇 가지 특징과 중국 경제가 어떻게 글로벌화의 기회를 포착하여 더욱 선진경제국에 추월할 수 있는지를 밝히는 데 있다.

2. 리카도로 회귀: 글로벌화의 특성 변화

데이비드 리카도는 당연히 국제무역이론의 아버지로 존중되어야 하고, 혹은 현대무역이론의 기초는 리카도의 비교우위원리를 근원으로 하며, 한 세대와 또 한 세대의 걸출한 경제학자 공헌을 가미하여 형성된 '헥셔-오린-사무엘슨'모형이다. 이 이론은 국가간에 무역을 진행하고, 모두 거기에서 이익을 얻는 결정적 요소는, 각국이 서로 다른 생산요소의 자질을 갖추고 있다고 생각한다. 다시 말하면, 서로 다른 제품에서 응축된 요소의 강도가 다르기 때문에, 국제 무역은 국가 간에 상대적으로 부족한 생산 요소를 자신의 풍부한 생산 요소로 교환하는 것과 다름없으며, 이로 인한 요소 가격의 균등화 결과를 통해 각각 이익을 얻는다.

서로 다른 산업이 서로 다른 성질의 생산 요소를 사용하는 경향이 있기 때문에, 예를 들어 전통 중공업에 더 많은 물질 자본이 응집되어 전통 경공업이 더 많은 노동 집약형에 속하며, 현대 정보산업은 더욱 집약적으로 기술과 인적 자본을 응집하고, 또한 각국이 서로 다른 요소에서 서로 다른 품성을 가지고 있기 때문에, 우리는 비교 우위 원리에 근거하여 진행하는 국제 무역은 반드시 산업 간 무역에inter-industry-trade 속해야 한다고 예상한다.

그러나, 많은 상황에서 우리가 관찰할 수 있는 것은 산업 내 무역intra industry trade이고, 즉 국가 간에 같은 유형의 제품을 교환하고, 특히 요소의 질적 동질성을 가진 선진국 간에 같은 유형의 제품의 무역을 한다. 예를 들면, 같은 고소득국가에 속하는 일본과 독일은 모두 자동차를 생산하며, 또한 서로 자동차 무역을 한다. 이러한 상황은 적어도 1990년대 이전의 글로벌화에서는 비교적 보편적이었다. 그래서 경제학자들 또한 그때부터 잇달아 이론 모델을 구축하여 비교우위 원리에 위배되는 현상에 대해 새로운 해석을 시도하였다.

제2차 세계 대전 이후, 세계 경제 시스템은 동시에 두 가지 분리 상태에 놓여, 각각 동서간과 남북간의 분리 양상으로 표현되었다.

첫째, 미국 소련간의 냉전상태를 지표로 하여 선진자본주의국가와 계획경제를 실행하는 사회주의국가 사이에 분리상태가 있으며, 전자의 유형국가 간에 분업과 무역을 진행하고, 후자의 진영국가 간에도 국지적인 합작이 이루어지는데, 예를 들면 소련 주도의 경제상호위원회국가 간의 분업과 무역이 있다.

둘째, 제2차 세계대전 후에 독립을 쟁취한 일부 개발도상국들은 한편으로는 식민지 시대의 무역에 대한 쓰라린 기억에서 비롯되었고, 다른 한편으로는 '의존 이론'과 '중심-주변 이론'과 같은 급진적인 발전경제학 사조의 영향 아래에서도 선진국과 자유무역을 하는 것을 배척하였으며, 또한 중저소득 국가 간에도 무역이 없었다고 말할 수 있다. 따라서, 그 시기의 국제무역은 주로 선진 자본주의국가들 사이에서 발생하였다. 예를 들면, 세계은행 데이터에 의하면 1960년 고소득국가의 상품수출은 전 세계 상품무역 총액의 95.4%를 차지하였으며, 그 중 70.6%의 무역은 고소득국가 자체에서 발생하였다.

그렇다면 동일하거나 유사한 생산요소의 소질을 가진 선진국 사이에서 무역을 할 수 있는 이론적 근거는 무엇일까? 사람들의 현실관찰에 부합하여 널리 받아들여지는 이론은 이른바 '신무역 이론'이다. 이러한 이론은 각국이 전문화된 생산을 진행하는 것은, 각각 상대적으로 풍부한 생산요소의 천부적 우세를 발휘하는 것이 아니라, 각각 다른 보수체증효과와 네트워크network효과를 이용하는 데 있다고 주장한다. 비록 선진국은 동일한 자본요소의 풍부한 특징을 가지고 있지만, 서로 다른 규모의 경제와 산업의 조합수준은 비교우위와 유사한 효과를 발생시켜 여전히 무역수익을 얻을 수 있다. 따라서 산업내 무역은 존재할 수 있고, 또한 그 존재의 일리가 있다.

1990년대 이래 중국은 개방을 확대함으로써 점차 관세와 무역에 관한 일반협정의 창설국 지위를 회복하고, 이어서 세계무역기구WTO 체약 회원국이 되는 노력을 강화하였으며, 소련과 동유럽 국가 및 베트남 등의 경제 전환도 대외개방을 확대하였으며, 인도 등 신흥 경제국들도 국제 산업사슬 분업에 적극적으로 참여하였다. 한 가지 상징적인 사건은 1995년대에 관세와 무역에 관한 일반협정을 대신한 WTO가 정식으로 운영되었는데, GATT에서 회원국으로 전환된 국가 및 많은 저소득 국가를 포함하여, 그 해 회원국의 총수는 이미 112개국에 이르렀다.

이들 국가는 방대한 경제규모와 노동력의 총량을 가지고 있으며, 다수는 각각 중위소득 혹은 저소득국가를 가지고 있다. 계획경제에서 시장경제로 전환한 국가의 인구만을 예로 들면 중국, 베트남, 몽골, 소련 및 유럽의 계획경제국가는 1990년 총인구 규모가 대략 16.3억 명으로 전 세계의 비중이 30.8%에 달하며, 15-59세의 노동연령인구는 10.1억 명으로 전 세계의 비중이 32.8%에 이른다. 만약 인도와 중남미 국가들을 더하면, 점차적으로 전세계 분업의 총 노동력 규모가 얼마나 되는지 상상할 수 있다. 따라서 그 이후의 세계무역은 점차 리카르도 모델로 회귀하고 있으며, 더욱 비교우위 원리의 예상에 부합하여 점점 더 많은 생산요소를 교환하는 산업간 무역으로 나타나고 있다고 판단하기는 어렵지 않다.

제프리·삭스Jeffrey D. Sachs 등은 한 연구를 하였고, 직접 개방경제에서 생활하는 인구비중의 변화를 추정하였다. 그들은 '제2차 세계대전'이 끝난 후의 세계경제는 전체적으로 폐쇄적이어서 1960년까지 대략 20%의 세계인구만이 개방경제에서 생활하였고, 1993년에는 이 인구비중이 겨우 50%를 넘었고, 1995년에는 중국과 러시아가 개방경제국이 되면서 개방경제국에서 생활하는 인구가 87%에 이르렀다. GDP로 이 개방경제의 확장과정을 측정한다면, 가시적인 변화추이도 일치한다[1]. 실제로 1995년 이후의 경제 글로벌화 추세는 더욱 빨라졌고, 세계경제 분업에 참여하는 국가의 수의 증가로 나타날 뿐만 아니라, 예를 들어 WTO의 과반수가 넘는 회원국이 1995년 1월 1일 이후에 조약을 체결하였으며, 또한 그들이 전 세계 분업에 참여하는 정도가 심화되었음을 나타낸다.

고소득 국가를 기준으로, 그것을 전체로서의 수출입 방향의 변화를 관찰하면, 전술한 추세가 세계 무역 구조의 특징에 미치는 영향을 보다 직접적으로, 명확하게 관찰할 수 있다(그림 11-1). 수출과 수입의 두 가지 방향(즉, 그림 11-1-1과 그림 11-1-2)으로 볼 때, 고소득 국가 간의 무역은 전 세계의 비중을 차지하며, 1980년대 말까지는 완만하게 상승하다가, 그 이후부터는 안정적 하강기에 접어들기 시작하고, 약 세기가 바뀔 무렵에는 더 빠른 속도로 감소하기 시작하여, 피크에서 가장 가까운 데이터 포인트(2017년)까지 총 감소폭은 10%를 넘는다. 고소득 국가 대 중저소득 국가의 수출입 구조에서 같은 요인에 의한 역방향 대응 변화를 볼 수 있다.

경제학에서 '안진모델'의 도리에 따르면[2], 외국인 직접투자의 발전은 마찬가지로 국제무역에 준거한 비교우위의 원칙을 구현하기 때문에, 전 세계 외국인 직접투자의 총량 확대와 지역 흐름의 변화는 필연적으로 전 세계 무역규모의 확대 및 패턴의 변화와 일치한다. 예를 들면, 세계은행

---

[1] Jeffrey D. Sachs and Andrew Warner, "Economic Reform and the Process of Global Integration", *Brookings Papers on Economic Activity*, Vol. 1995, No. 1, 1995, pp. 12-13.

[2] Kiyoshi Kojima, "The 'Flying Geese' Model of Asian Economic Development: Origin, Theoretical Extensions, ans Regional Policy Implications", *Journal of Asian Economics*, No. 11, 2000, pp. 375-401.

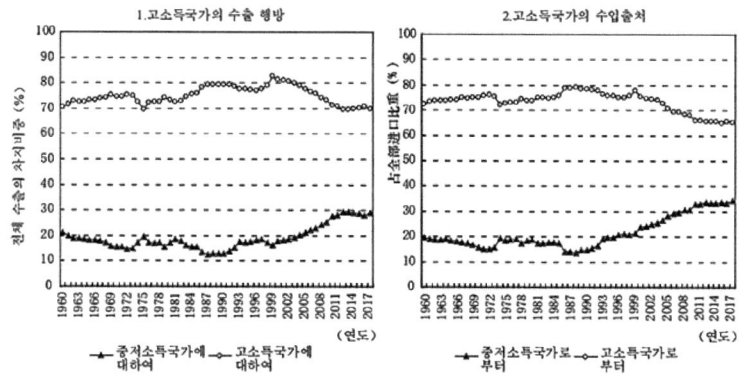

그림 11-1 고소득국 수출입방향의 변화

자료출처: 세계은행 데이터베이스, 세계은행 공식 웹사이트: https://data.worldbank.org/.

데이터에 의하면, 현재가격의 달러로 계산한 저소득 및 중간소득 국가의 외국인 직접투자의 순유입 총량은 1970-1990년 기간의 연평균 명목성장률이 13.5%이며, 1990-2008년 기간은 21.4%로 대폭 향상되었으며, 2008년 국제금융위기 발생 이래 비교적 큰 변동 속에서 마이너스 성장세를 보이고 있다.

서로 다른 경제 글로벌화유형은 세계경제 전체와 참가국가에 주는 결과가 크게 상이하다. 구체적으로는 선진시장경제국가간에 행해지는 산업 내 무역을 특징으로 하는 글로벌화와 더 넓은 국가유형을 포함하고 산업 간 무역을 특징으로 하는 글로벌화는 서로 다른 생산요소의 가격균등화효과를 초래하고, 따라서 무역에 참여하는 국가 및 세계 각국에 대해서도 완전히 다른 수입분배결과를 낳는다.

간단히 말해서, 산업 내 무역은 주로 참가국 간에 생산요소의 교환을 하는 것이 아니기 때문에 각국의 국내 생산요소의 상대보수를 바꾸지 않는다; 산업 간 무역의 본질상으로는 서로 다른 요소의 재능을 가진 참가국 간에 생산요소를 교환하고, 상응하는 만큼 각 나라 국내 생산요소의 상대보수도 달라졌다.

비교우위에 근거하여 국제분업을 진행하는 상황에서 노동력이 풍부한 개발도상국과 자본이 풍부한 선진국은 무역을 하면 필연적으로 개발도상국의 노동력의 상대적 희소성을 높일 수 있으며, 이로 인해 노동자는 더욱 높은 수익을 얻을 수 있으며, 동시에 선진국 자본의 상대적 희소성을 높여 자본 소유자는 더욱 높은 수익을 얻을 수 있다. 이는 노동력이 풍부한 개발도상국에서는 노동시장의 자발적 힘이 노동자에게 유리한 소득분배효과를 낳는다고 하면 선진국에서는 자본소유자, 특히 다국적기업이 이번 글로벌화에서 많이벌어들일 수 있지만, 필요한 재분치정책이 부족하면 이들 국가의 노동자가 손해를 보게 된다는 것을 의미한다.

선진국에서 일반적으로 관찰할 수 있는 소득불평등도의 증가요인 중 상당부분은 가장 부유한 사람들의 소득분율 상승에 기인한다. 반면 부유한 사람들일수록 그 소득총액에서 노동보수가 차지하는 비중이 낮다. 예를 들면, 일반적으로 소득의 가장 높은 10%에 있는 사람들은 비노동소득이 그 총소득의 약 30%를 차지하는 반면, 가장 부유한 1%의 사람들은 비노동소득이 전체소득의 약 50%만을 차지한다.[1]

이것은 왜 미국을 대표로 하는 일부 선진국에서, 정치적으로 민족주의와 포퓰리즘이 대두함과 동시에, 약속이나 한 듯이 보호 무역주의로 전향하여, 반경제 글로벌화의 정책성향을 낳는지 이해하기 어렵지 않다. 따라서, 이번 글로벌화는 지금 그 역풍을 맞고 있을 뿐만 아니라, 반글로벌화의 힘에도 근본적인 변화가 일어났으며, 즉 주로 후발국에서 미국으로 대표되는 선진국으로 전향했다.

---

[1] Era Dabla-Norris, Kalpana Kochhar, Nujin Suphaphiphat, Frantisek Ricka, and Evridiki Tsounta, Causes and Consequences of Income Inequality: A Global Perspective, IMF Staff Discussion Note, SDN/15/13, June, 2015, p. 11.

조지프 스티글리츠의 논란이 많은 저서[1]는 저개발국가의 입장에서 이 글로벌화의 대표작을 정확하게 질의한 것이다. 재미있는 것은 이 노벨경제학상 수상자가 필자가 말하는 '맬서스식 히스테리시스'현상을 재현한 것이고[2], 즉 극의 줄거리는 이미 변화하고 심지어 역전된 상황에서 자신과 타인이 장기간 사고한 결과에 기초하여 이전에 장기간 축적된 경험적 관찰에 근거하여 격세대의 역사에 대한 히스테리시스적인 반성을 하였다. 이러한 연구는 물론 학술적 축적 및 교훈을 받아들여 각도에서 모두 필요하고 정확하지만, 더 이상 시효성과 표적성을 가지고 있지 않다. 즉, 우리가 이번 글로벌화를 연구하고, 글로벌화 4.0의 운명을 생각하는 것은 반드시 새로운 추세에 입각해서 진행해야 한다는 것이다.

3. 클럽 수렴에서 새로운 대수렴으로

솔로Robert Solow로 대표되는 신고전적 성장 이론은 자본보수 체감의 법칙에서 출발하여 경제가 낙후된 국가가 발전에 필요한 자금을 일단 획득하면 선진국보다 빠른 경제 성장을 실현할 수 있을 것으로 예상할 수 있으며, 이 따라잡기의 결과는 각국의 경제 발전수준의 수렴이다. 기타 경제 발전 이론도 이 판단을 뒷받침할 수 있으며, 예를 들어, 사람들은 후

---

1 [미]조지프·스티글리츠: 〈글로벌화와 그 불만〉, 이양, 장첨향 역, 기계공업출판사2004년판.
2 맬서스의 생애(1766-1834년)는 1차 산업혁명이 시작되고 점차 가경에 접어드는 시대였지만, 그가 얻을 수 있는 자료와 그에 따른 사고의 한계로 인류 사회에 일찍이 없었던 밝은 전망을 제시하지 못한 채 (장기간에 걸친)산업혁명 전 시대의 중요한 특징적인 사실을 뽑아냈다. 물론 뒤처져야 할 학문적 우롱 현상이 불멸의 맬서스를 이뤘다. 차이팡 〈어떻게 맬서스가 가장 '장수'한 경제학자가 되었는가?〉, 기재 차이팡〈천한 자가 가장 총명하다〉, 사회과학문헌출판사2017년판, pp. 188-196.

진국이 선진국으로부터 원조, 투자, 기성기술을 얻을 수 있기 때문에 발전의 '후발적 우위'를 가지고 자신의 경제 추월을 실현할 수 있다고 생각한다.

제2차 세계 대전 후, 많은 개발도상국들이 국가의 독립을 이룬 후, 대부분 강력한 발전의 염원이 있었고, 또한 축적률을 높이고 자금원조를 받음으로써 어느 정도의 투자조건을 창조했다. 그러나 이론의 기대와 선한 염원과 반대로 전후 20세기 후반까지 수십 년 동안 절대다수의 빈국들은 여전히 빈곤의 함정에 깊이 빠졌으며, 세계경제에 큰 수렴이 나타나지 않았으며, 남북간의 빈부격차도 결코 좁혀지지 않았다.

바로 Robert J. Barro 등의 경제학자들은 내생성장 이론의 도전을 받은 신고전적 성장 이론을 구하기 위해 '조건 수렴' conditional convergence 가설을 제기하였으며, 즉, 초기 1인당 소득과 같은 수렴요인 외에 일련의 경제 성장과 관련된 요소들이 실제 추월 효과에 영향을 줄 수 있다. 계량적인 의미에서 일련의 경제 발전에 필요한 조건의 변수를 통제하면, 수렴의 결과를 볼 수 있다. 현실로 해석하면, 한 개발도상국이 그러한 변수가 대표하는 필요한 발전조건을 갖추면, 선진국보다 더 빠른 성장속도를 얻을 수 있고, 따라서 따라잡는 목표를 달성할 수 있다[1]. 이러한 '필요한 발전조건'에는 당연히 한 경제체의 개방도와 같은 변수가 포함된다.

사람들의 경제 성장 및 수렴 혹은 변이 문제에 대한 인식을 증진시키는 방면에서, 이러한 연구들은 확실히 도움에 되는다. 그러나 적어도 두 가지 측면에서 볼 때, 그 중에서 얻어지는 관련 해석은 아직 우리의 호기심을 완전히 만족시킬 수 없으며, 정책의 의미에 있어서도 분명 불명확하다. 첫째, 이 연구자들은 백여 개의 해석변수를 제시하려고 시도하였으

---

[1] Robert J. Barro and Xavier Sala-i-Martin, *Economic Growth*, New York: McGraw-Hill, 1995.

며, 또한 그것이 회귀에서 현저성을[1] 나타냈다는 것을 발견하였으나, 사람들이 이렇게 많은 요소로부터 발전의 병목현상을 타파할 수 있는 것을 찾지 못하였으며, 나아가 경제 추월을 실현할 수 있는 정책 건의를 얻으려고 하였다. 둘째, 이러한 연구들은 왜 세계적인 수렴현상이 나타나지 않았는지를 설명하려고 하였고, 1950년 이래 세계가 일대 수렴을 거쳤다는 판단과 모순돼[2] 옳고 그름을 가릴 길이 없다.

경제학자들은 수렴 혹은 변이 문제에 관한 연구를 진행할 때, 재미있는 현상을 발견하였고, 비록 세계경제는 전체 수렴의 현상이 발생하지는 않지만, 일부 동질적 특성에 따라 분류하는 국가 그룹 내에서 수렴의 추세를 확실히 발견하였으며, 즉, 1인당 소득수준의 기점이 낮은 국가는 후속 시간 동안 더욱 빠르게 성장할 수 있다. 이러한 그룹 내 국가 간의 수렴은 통상적으로 "클럽 수렴"이라 불린다. 이하, 우리는 관련 연구 결과에[3] 근거하여 각각 고찰과 해석을 실시한다.

먼저, 클럽내의 수렴의 상황. 1950년에서 1980년 사이의 데이터에 대하여 회귀를 실시하여 보니, 높은 1인당 소득을 기점으로 하는 공업국가 간에 명확한 수렴이 발생하였고, 결과적으로 차이가 현저하게 축소되었고; 소련을 포함한 계획경제국가간에도 수렴현상이 발생하였고, 비록 이전 그룹만큼 현저하지는 않았지만, 격차도 그만큼 축소되었다. 이 두 그룹 내에서, 국가간은 발전조건상 비교적 큰 동질성을 가지고 있음은 분명

---

[1] Xavier Sala-i-Martin, "I Just Ran Two Million Regressions", *American Economic Review*, Vol. 87, No. 2, 1997, pp. 178-183.

[2] Michael Spence, *The Next Convergence: The Future of Economic Growth in a Multi-speed World*, Part One, Farrer Straus and Giroux, 2011.

[3] 특별히 설명하지 않는 한, 아래의 세 가지 자연 단락에서 개괄한 클럽이 수렴하거나 다른 방향으로 수렴하는 상황은, 경험적 관찰에 근거한다. William J. Baumol, "Productivity Growth, Convergence, and Welfare: What the Long-Run Data Show, *The American Economic Review*", Vol. 76, No. 5, 1986, pp. 1072-1085.

하다. 게다가 그룹내에서는 다소나마 국제무역을 진행하는데, 예를 들면 공업국가간에는 자유무역원칙에 의거한 산업내 무역이 이루어지고, 계획 경제국가간에는 코메콘의 틀로 산업분업과 산업간 무역이 이루어진다.

둘째, 시작점이 저소득 국가인 경우이다. 같은 기간, 저소득 국가 그룹 내에서는 어떠한 수렴의 징후도 보이지 않고, 즉, 1인당 소득수준의 낮은 시작점이 이들 경제국에 후발 추월의 우위를 제공하지 않는다. 결과적으로 이 그룹 내부의 격차는 30년 후에 오히려 확대된다. 일반적으로 저소득 국가에서 생산하는 제품은 모두 가치사슬의 저단에 위치하여 기술혁신을 유도하기 어렵다. 또한 이들 국가는 대부분 경제를 폐쇄적으로 유지하고 세계경제의 분업에 참가하지 않기 때문에, 더 많은 선진국으로부터 기술변혁의 파급효과를 공유할 수 없으며, 무역과 외국인 직접투자가 가져올 수 있는 요소의 가격균등화 효과도 얻을 수 없다.

마지막으로, 일부 비정상적인 관측치outliers의 상황이이다. 우리는 이 시기에 일본과 아시아의 네 마리의 용은 고속 성장으로 선진국을 따라잡았고 유명한 동아시아의 기적을 창조했다[1]. 이 경제국들은 어떤 수렴 클럽과 같은 수렴 성장 특성을 나타내지 못했지만, 실제로 공업국가에 대한 추월을 실현했다. 그러나, 한 모델에 이상 관측치를 나타내며, 다른 모델에 의해 설정된 경우에는 합리적인 해석을 기대할 수 있다. 또한, 특정 조건에 의해 성공적으로 따라잡은 국가 샘플이 존재하기 때문에, 테스트 조건 수렴 회귀 모델은 예상 결과를 얻었다.

예를 들어, 색소폰과 같은 전문적으로 개방 경제를 모델로 회귀하는 것은 수렴의 증거를 발견한다[2]. 이러한 연구 사고방식은 어느 정도 조건 수

---

[1] The World Bank, *The East Asian Miracle: Economic Growth and Public Policy (A World Bank Policy Research Report)*, Oxford·New York: Oxford University Press, 1993.

[2] Jeffrey D. Sachs and Andrew Warner, "Economic Reform and the Process of Global Integration", *Brookings Papers on Economic Activity*, Vol. 1995, No. 1, 1995, pp. 12-

렴 가설을 가진 경제학자들과 궤를 같이 한다. 즉, 대외개방 자체가 후발 우위를 이용하는 것과 밀접하게 연결되어 있는 이상, 국내경제의 체제개혁을 진행하는 것과 상호 촉진되므로, 개방경제를 함께 놓고 비교하는 것은 대외개방을 하나의 수렴 제도조건으로 하는 것이나 다름없으며, 계량과정에서는 그것을 해석변수나 제어변수로 취급하는 것과 유사하다.

실제로 마이클·스펜스Michael Spence가 말한 1950년 이후에 발생한 세계적인 대수렴은 공업국가 간의 클럽수렴 및 일본과 아시아의 네 마리 용과 같은 경제체가 선진국에 대한 추월을 실현한 결과이다. 이 결론은 클럽이 수렴한다는 결론도 배제하지 않고, 또한 많은 서소득 국가가 선진국과 격차를 벌린 경우를 포용할 수 있다. 그러나 통계적으로 볼 때, 상기 이상치로서의 사례는 아직 전 세계의 판도를 바꾸기에 충분하지 않고, 이 시기에는 세계적으로 수렴 현상이 발생하지 않았고, 예를 들어 지니계수로 표시되는 총체적인 발전 격차도 좁혀지지 않았다.

그 시기의 세계 경제의 수렴 혹은 변이의 원인과 메커니즘을 이해하면, 1990년대 이래의 상황이 매우 많이 다르다는 것을 어렵지 않게 볼 수 있다. 인구분포에 따르면, 1950년대에는 소수의 공업국가에서 시장경제를 재건함과 동시에 세계 인구의 대다수는 시장기제를 이용하여 경제를 발전시키는 것을 거부하는 국가에 살고 있으며, 즉, 대략 1/3의 인구가 계획경제국가에 있고, 절반 이상이 정부 주도의 공업화도로를 선택하였다면, 1990년대 이래 더욱 많은 경제국의 확대개방과 이와 상호 촉진관계를 갖는 국내경제체제 개혁에 따라, 점점 더 많은 국가가 시장경제의 궤도로 전환하였다[1]. 개혁과 개방의 결과가 경제 성장의 성과에 나타나면서 각국

13.

[1] Jeffrey D. Sachs and Andrew Warner, "Economic Reform and the Process of Global Integration", *Brookings Papers on Economic Activity*, Vol. 1995, No. 1, 1995, pp. 12-13.

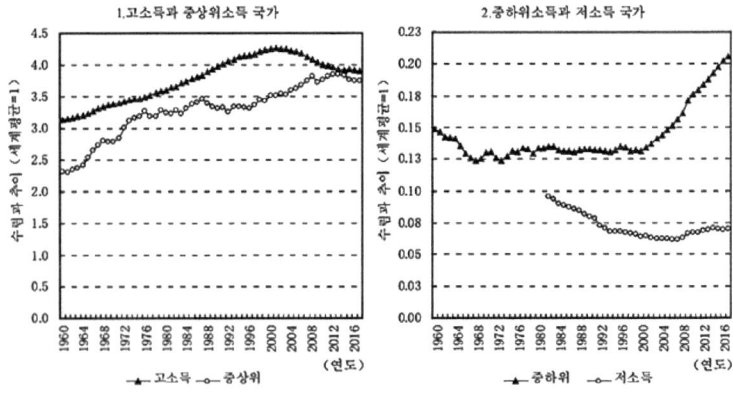

그림 11-2 세계경제의 수렴과 변이

자료출처: World Bank, World Development Indicators, 세계은행 공식 홈페이지: https://data.worldbank.org/.

의 경제 성장이 수렴되었다.

우리는 세계 경제가 어떻게 시간 변화의 관점에서 격차가 줄어드는 과정을 거쳤는지 살펴볼 수 있다. 세계은행은 1인당 국민총소득GNI 또는 1인당 GDP에 따라 각국을 각각 4개의 소득그룹으로 나누며, 고소득국가, 중상위소득국가, 중하위소득국가, 저소득국가이다. 우리는 2010년 불변가격의 1인당 GDP 데이터를 사용하여, 세계 평균을 비교의 기준으로 삼았고, 즉 해당 그룹의 1인당 GDP와 세계 평균의 비교를 통해, 이 그룹들 사이의 1인당 소득 상대적인 변화를 보았다(그림 11-2).

그림 11-2의 첫 번째 그림에 따르면 2001년이 최고조에 달할 때까지 고소득국가의 상대적 소득은 지속적으로 증가하였으나, 1990년대에는 증가폭이 비교적 완만해졌고, 2000년대에는 급격히 감소하기 시작하였다. 중상위소득 국가의 상대적 소득은 1990년대에 안정세를 보였고, 그 후 한동안 증가했으나, 2000년대 둘째 10년 동안 하향 추세를 보이기 시작했다.

그림 11-2의 두 번째 그림에 따르면 중하위소득 국가의 상대적 수입은 장기적으로 안정된 21세기부터 급속히 증가하기 시작한다. 저소득 국가의 상대적 소득은 1990년대 동안 감소 속도가 둔화되는 추세를 보였으나, 21세기부터는 지속적인 하향 추세를 멈추고 덜 현저하게 증가하는 경향을 보였다.

서로 다른 시기에 각각 나타나는 변이와 수렴의 특징을 더욱 직접적으로 관찰하기 위해서, 분기의 다국적 데이터를 이용하여 우리는 여기에서 주목하는 β형 수렴에 대하여 서술적인 통계 검사를 진행할 수 있다. 성장 이론은 일반적으로 수렴을 두 종류로 나누는데, 각각 α수렴과 β수렴이고, 전자는 국가간의 소득수준 이산정도의 축소추세에 기인한 것이고, 후자는 시작점에서 소득수준이 더 낮은 국가에서, 더욱 빠른 성장속도를 실현한 결과이다.

그림 11-3에서 우리는 각 나라의 시작점(각각 1960년과 1990년)의 1인당 GDP 수준을 다음 특정 기간의 1인당 GDP 연평균 성장률에 대응해서 즉, 각각 1960-1990년 기간의 상황(첫 번째 그림)과 1990-2017년 기간의 상황(두 번째 그림)을 관찰한다. 분명히, 이 도표법은 β수렴을 표현하는 것으로, 즉 관찰 시작점의 1인당 소득수준이 어떻게 이후의 성장속도에 영향을 미치는 것이다. 게다가 다른 해석변수나 제어변수를 추가하지 않고 회귀를 진행하므로, 여기에서의 표현은 절대 수렴 혹은 무조건 수렴에 가깝다.

그림 11-3중의 1인당 GDP는 2010년 불변가격이다. 첫 번째 그림에서 표시한 1960-1990년 기간에 대하여 우리는 91개 국가와 지역의 샘플을 얻었고, 이 시기에 우리는 출발점의 1인당 소득수준과 후속성장속도의 부정적인 상관관계를 관찰하지 못했고, 즉, β수렴이 발생하지 않았다. 뿐만 아니라, 양자간에 도리어 현저하지 않은 양의 상관 관계가 나타났다. 두 번째 그림에 의해 표현된 1990-2017년 기간에 대하여 우리는 190개

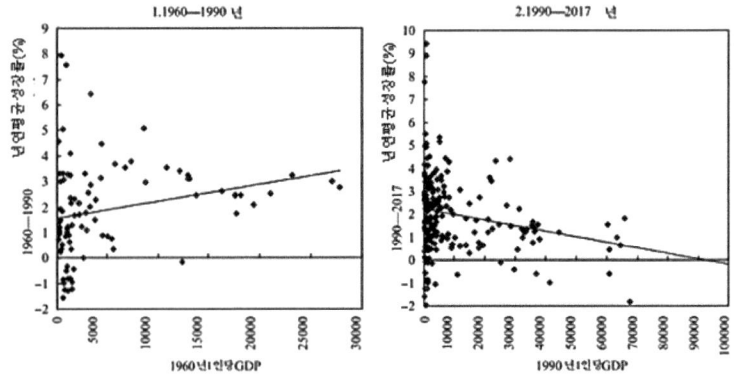

그림 11-3 세계경제의 시기별 수렴 표현

자료출처: World Bank, World Development Indicators, 세계은행 공식 홈페이지: https://data.worldbank.org/.

국가와 지역의 샘플을 얻었으며, 그 중에서 출발점의 1인당 소득수준과 그 후의 연평균 성장률의 부정적인 상관관계를 관찰하였다. 적어도 서술적 통계의 정도에서, 우리는 이 시기에 β수렴현상이 발생하였다고 말할 수 있다.

한 가지 더 단도직입적인 사실은 1980년대 초부터 세계 빈곤층의 하강 속도가 점차 빨라지고 있으며, 이후 갈수록 사람들의 주목을 끄는 효과가 나타나고 있다는 것이다. 세계은행의 데이터에 따르면 1981-1993년 기간에 전 세계 빈곤인구는 총 4,417만 명 감소, 연평균 빈곤감소 속도는 0.2%이며, 1993-2005년 기간에 전 세계 빈곤인구는 5.16억 명 감소, 연평균 빈곤감소 속도는 2.7%이며, 게다가 2005-2015년 기간에 전 세계 빈곤인구는 5.79억 명 감소, 연평균 빈곤감소 속도는 무려 5.5%에 이른다. 1990년대 이래의 전 세계의 빈곤 감소 속도는 의심할 여지 없이 세계 경제 역사상 미증유의 성과이다. 빈곤 감소 효과는 전 세계 범위의 수렴의 증거와 결과로서 동시에 동시에 글로벌화 모델의 중요성을 나타내었으며, 서로 다른 세계의 분업 유형이 서로 다른 수렴 결과를 초래한다.

4. 글로벌화 배경 하의 중국 경제 발전

만약 중국이 제1차 산업혁명과 제2차 산업혁명 및 글로벌화 1.0과 글로벌화 2.0의 낙오자라면, 중국은 1980년대 이래 지속적으로 추진되고 끊임없이 심화되는 개혁개방을 통해 글로벌화 3.0이 제공하는 기회를 충분히 이용하였으며, 경제 성장의 추월을 실현하였으며, 또한 제3차 산업혁명에서 중요한 지위를 획득하였다.

세계은행 데이터에 따르면 1978년, 중국의 인구가 세계에서 차지하는 비중은 22.3%, GDP 총량이 세계에서 차지하는 비중은 1.1%, 2017년 중국의 인구 비중은 18.4%로 떨어졌지만, 불변가격 달러로 계산하면 GDP 비중은 12.7%로 높아졌다. 1981-2015년 기간에 1인당 매일 구매력 평가(2011년 달러) 기준에 근거하여 계산한 절대빈곤인구는 전 세계가 18.9억 명에서 7.5억 명으로 감소하였으며, 중국은 8.8억 명에서 960만 명으로 감소하였으며, 중국의 세계 빈곤 감소 기여는 76.2%였다. 1990년대 이래의 이번 세계 경제의 대수렴은 중국 경제의 추월에 커다란 공헌을 했다고 말할 수 있다.

경제학자들이 성공 사례에 대해 '과연 무엇을 제대로 했는가'와 같은 질문을 던질 때, 그들은 사실 두 가지 측면에서 성공의 배후에 있는 '기본조건'을 찾는다. 첫 번째 측면에서는 경제 성장에 현저한 촉진작용을 갖는 요인, 즉 성장경제학자가 말하는 X변량을 찾아낸다. 전술한 바와 같이 바로 등은 백여 개의 변수를 발견한다. 두 번째 측면에서는 기본조건 중의 기본조건, 즉 경제 성장에 가장 중요하고 결정적이어서 기타 변수를 잠시 무시할 수 있는 요소를 찾아낸다.

고故 전 세계은행 수석이 경제학자 코노미스트Hollis B. Chenery 등은 개발도상국에서 어떤 발전조건은 기타 조건이 아직 갖추어지지 않은 조건하에서 단기간에 단독으로 작용하고, 후에 또 다른 조건의 형성을 촉진하여 경제의 지속 가능한 발전을 촉진할 수 있다고 생각한다[1].

만약 그것을 "기타 조건이 중요하지 않다"라고 이해하지 않는다면, 이 논단은 하나의 참조로서, 어떤 발전 조건이 이러한 '견발하여 온몸을 움직이는' 작용을 갖는지, 혹은 이러한 '차이나리 조건'을 찾아냄으로써, 한 나라의 경제 성장을 최초의 추진력을 얻고, 나아가 자신의 논리에 따라 계속 성장할 수 있는 다른 조건을 창조하고, 경제 발전의 선순환을 형성할 수 있다. 이러한 질문에 답하기 위해서, 우리는 중국의 경제 발전을 보편적인 발전 경제학의 틀 안에서 인식할 필요가 있다.

첸나리 본인은 외자와 외원의 사용은 이러한 중요한 발전조건이 되는 특질을 가지고 있다고 생각한다. 상당히 초기의 경험으로부터 그는 외자와 외원의 유효이용은 기술과 기능의 개선을 불러올 수 있으며, 한 나라의 외부자원에 대한 의존성을 점차적으로 약화시켜 본국의 경제 성장을 지속 가능한 궤도에 올려놓을 수 있음을 발견하였다. 색소폰은 대외개방과 무역자유화를 더욱 일반적으로 강조하여 자국 경제와 세계체계의 강력한 연계를 구축하였고, 이렇게 하면 후발우위와 분업효과 등의 개방배당금을 얻을 뿐만 아니라 국제 경쟁 압력하에서 효과적으로 국내의 개혁을 추진할 수 있다[2]. 저명한 경제평론가 마틴·울프Martin Wolf는 답안을 지

---

[1] Hollis B. Chenery and Alan M. Strout, "Foreign Assistance and Economic Development", *The American Economic Review*, Vol. LVI, No. 4, Part 1, September 1966, pp. 679-733.

[2] Jeffrey D. Sachs and Andrew Warner, "Economic Reform and the Process of Global Integration", *Brookings Papers on Economic Activity*, Vol. 1995, No. 1, 1995, pp. 12-13.

식의 전 지구적 이동에 집중하였으며, 또한 외부지식을 더 많이 도입하는 국가일수록 더욱 빠르게 특허보유량을 지표로 하는 지식대국이 될 수 있음을 사실로 증명하였다[1].

이러한 경제 발전의 핵심조건에 대한 탐구는 결국 모두 개방이라는 중요한 요소에 집중하면서 동시에 이러한 발전조건이 독립적인 사물이 아니라, 상호 추진관계를 갖는 일련의 조건과 그 시너지 작용에 의한 일련의 사건임을 나타낸다. 어느 정도 이 연구자 혹은 평론가의 발견은 백여 개의 해석변수를 구성하여 400만회의 회귀를 한 성장경제학자들보다 분명히 훨씬 높다.

그러나 이러한 토론과 그 결론을 중국의 40년 동안의 발전성과에 연결시키려면, 우선 국내개혁과 대외개방을 유기적으로 결합시킨 완전한 이야기를 서술한 후, 다시 돌이켜 그 중 '첸나리 조건'을 연기하는 요소가 도대체 무엇인지 살펴봐야 한다. 따라서, 우리는 먼저 1970년대 말과 80년대 초 개혁이 시작되기 전에 중국에서 가장 두드러진 자원의 소질 특징과 직면하는 최대 체제의 폐해를 돌아본다.

개혁개방 이전의 중국은 경제체제의 특징에서 보면 고도로 집중된 계획경제국가로, 동기부여 메커니즘의 결핍은 노동 의욕을 심각하게 억압하고, 자원을 잘못 분치하여 효율저하를 초래한다. 따라서 노동력의 무한 공급특징을 가지고 있지만, 이원적인 경제 발전을 가동할 수 없어 발전수준에서 말하자면 세계에서 가장 가난한 국가 중의 하나이다. 1978년, 82.1%의 중국 인구가 극도로 가난한 농촌에서 생활하였고, 그해 농촌 주민 가구의 평균 순수입은 단지 133.6위안에 불과했다. 전국의 70.5%의 노동력이 농업 생산에 종사하였고, 절대 수준과 상대 수준 모두에서 농업

---

[1] Martin Wolf, "Let Knowledge Spread around the World", *Financial Times*, 25 April 2018.

노동 생산성은 매우 낮았다.

우리는 한 산업의 부가가치분율과 고용분율 사이의 비율을 이 산업의 비교 노동생산성으로 삼아 농업 비교 노동생산성을 계산할 수 있는데, 1978년에는 0.39에 불과했는데, 이는 2차 산업의 비교 노동생산성의 14.2%와 3차 산업의 비교 노동생산성의 19.4%에 해당한다.

따라서, 노동자의 적극성을 동원하여 과잉생산요소인 노동력의 완전고용을 실현하고, 희소생산요소인 자본의 공급과 이용률을 증가시켜 전체 자원배치의 효율을 높일 수 있는 체제환경과 추진기제를 형성하는 것이 개혁의 출발점이자 개혁의 목적지이다. 비록 중국의 개혁은 초기 단계에서 미리 결정된 청사진을 가지고 있지 않지만, 이후에 나타난 개혁과정도 전혀 뜻대로 되지 않는 것이 not designed by human 아나고, 개혁이 최종적으로 얻은 성과는 더욱 의도하지 않은 결과가 unintended consequence 아니다[1]. 정확한 출발점은 이후의 개혁 추진 논리, 경로를 결정하여 결과를 낳는다.

가정도급책임제의 실시는 일거에 두 가지 근본적인 문제를 해결하였다. 첫째, 집단노동을 가족경영으로 전환함으로써 농업생산중의 격려문제를 해결하였고, 게다가 식량수매와 일괄구매의 수량을 대폭 감소시켜 농민들이 휴양생식을 하게 하고, 농산물의 수매가격을 높이는 등의 정책조치의 작용을 하여 매우 짧은 시간 내에 농산물 생산량을 대폭 증가시켜 농민소득을 향상시켜 농촌빈곤 발생률을 배로 낮췄다. 둘째, 농가에 생산요소, 특히 노동력의 자율권을 부여함으로써 농업 잉여 노동력의 이전을 촉진하고, 노동자의 소득증대와 노동생산성의 향상 사다리에 따라 자원의 재배치를 실현하였다.

조기 개혁의 이 두 가지 실마리가 실제로 후에 각 분야에서 진행되는

---

[1] 이 두 가지 주장은 하이에크에서 나왔고 많은 경제학자들이 중국의 개혁과 발전을 설명하기 위해 인용했다. Friedrich Hayek, *Studies in Philosophy, Politics and Economics*, Chapter 6, London: Routledge and Kegan Paul, 1967.

일련의 개혁과 점차적으로 대외 개방으로 나아가는 체제 기초를 다졌기 때문에 발전의 기본 조건의 창조 과정으로 볼 수 있으며, 그 논리도 이후의 발전 과정에 일관되게 이어져 왔다.

일련의 문제지향적 원칙에 따라 전개된 체제개혁과 정책조정은 생산요소의 이동에 대한 제도적 장애를 점차적으로 해소하고, 농업에서 비농산업으로 노동력의 대규모 이전을 촉진하였으며, 농촌과 중서부에서 도시와 연해로 노동력의 대규모 이전을 추진하였다. 인류역사상 평화시기의 최대 규모의 인구이동이라고 불리는 이 현상은 첫째, 도시경제의 확장과 연해지역 외향형 발전의 노동력에 대한 거대한 수요에 대응하였고; 둘째, 관련 분야의 개혁이 점차 심화됨에 따라 노동력 증대에 따른 경제 성장을 흡수하여 더욱 효율적인 자원재배치를 실현하였으며; 마지막으로, 인구중심으로 발생한 경제과정과 사회사건으로 인하여 효율을 높이고 성장을 촉진시킴과 동시에 자연적으로 나눔의 성격을 가지게 되었다.

이 개혁, 개방, 발전과 나눔 과정이 달성한 효과는 국내 각도에서 자원을 재배치하여 상응하는 전요소생산성과 노동생산성을 향상시켰고; 국제 각도에서 가장 풍부한 생산요소를 산업 비교우위로 전환하여 노동집약형 생산품이 국제시장에서 경쟁력을 얻게 하였고; 국내와 국제를 상호 연결하는 관점에서 노동력과 같은 풍요로운 요소를 최대한 활용하고, 외자 도입과 무역을 통해 상대적으로 부족한 자본요소를 교환하며, 목적론의 관점에서 보면, 공유성은 개방과 발전의 전 과정에 내재되어 있다.

자신의 내재된 논리와 합리적이고 적당한 리듬에 따라 점차적으로 대외개방을 확대하는 것은 사실 개혁개방 발전과 전체논리사슬을 공유하는 조목에 의해 미리 결정된 것이다. 다시 말해, 지난 경제 글로벌화 과정에서 중국은 가장 뛰어난 경제추월자가 되었고, 또한 세계경제 수렴의 직접적인 이득자가 되었다. 당연히 일부 선진국이 손을 내밀어 글로벌 공급망을 파괴하고 경제 글로벌화를 역전시키려 할 때, 중국은 글로벌화의 수호자가 되어야 한다.

5. 맺음말

본 장의 글로벌화 역사에 대한 간략한 설명과 분석은 경제 글로벌화가 반드시 세계적인 개방과 참여를 의미하는 것은 아님을 시사한다. 지금까지 우리가 관찰한 글로벌화 1.0과 글로벌화 2.0은 주로 식민주의의 역사로 단일 혹은 소수식민주의 국가 혹은 세계패권국가가 주도하는 글로벌화이고, 여기에 참여하든 배척당하든 수동적으로 들어오든 주동적으로 참여하든, 가장 넓은 식민지 반식민지 국가, '주변'국가와 개발도상국은 그것으로부터 이익을 얻지 못했다.

글로벌화 3.0 시대가 되어서야 비로소 개발도상국들이 배당금을 나눠 가지면서 전 세계적으로 빈곤이 크게 감소하는 구도가 형성되었다. 동시에, 국내에서 소득 분배 문제를 잘 해결하지 못했기 때문에, 많은 선진국의 국민들은 글로벌화로부터 이익을 얻지 못했다고 느끼고, 정치가는 기세에 이끌려, 신흥 경제국의 무역 파트너로 모순을 이끌었으며, 일부 국가의 지도자들은 심지어 반글로벌화 역류의 원인자 역할을 하며, 국제정치에서 급진적인 보호주의 행동을 하며, 국내정치에서 포퓰리즘 색채를 두드러지게 하였다.

이처럼 글로벌화를 진정으로 세계경제의 번영과 각국이 공유하는 추진체로 만들려면 선진국과 개발도상국, 그리고 글로벌 거버넌스와 국제관계 측면에서 모두 두 가지 필요한 조건을 창조해야 하여, 첫째, 개방과 포용, 각국이 보편적으로 평등하게 참여하게 하고, 둘째, 국내 국제정책의 연계상생을 실현하는 것이다. 이와 같이 외국인직접투자, 국제무역 및 지식의 글로벌 흐름 등의 개방적인 조치를 가능하게 하여 독점, 가격왜곡

교정 및 자원배치의 장애 제거 등의 국내개혁과 상호 연계하여 각국이 공유하는 글로벌 배당금을 창출할 뿐만 아니라, 국제경쟁환경과 세계분업체계의 도움을 받아 각국의 국내 경제 발전을 전면적으로 기본조건을 창조하고, 각국의 경제 발전을 실현하며, 국내소득분배기구 및 재분배정책을 통해 전 국민이 공유하는 발전을 실현한다.

마찬가지로, 역대 산업혁명의 역사는 과학적 발견, 기술의 진보와 생산방식의 혁명의 성과를 나타내며, 자연히 각국에 경제 성장과 전 국민의 공유를 가져올 수 없다. 대외적으로는 글로벌 분업과 경쟁에 참여하고, 대내적으로는 개혁을 통해 발전을 저해하는 근본적 체제의 상애를 제거함으로써 발전을 촉진하는 핵심조건을 배양한다는 전제하에 비로소 성장에 유리한 제도혁신과 기술혁신이 상시화 될 수 있으며, 글로벌화 급행열차에 오를 수 있는 것처럼 공업혁명의 기회를 포착하여 자국의 장기적인 지속가능한 성장을 뒷받침할 수 있다.

역사적으로 중국은 일찍이 글로벌화와 산업혁명이 제공하는 발전기회를 거듭 놓쳤다. 글로벌화 3.0과 병행하는 시기에 중국은 경제체제 개혁과 대외개방을 견지하여 발전에 필요한 '첸나리 조건'을 창조하였고, 인류 역사상 보기 드문 고속 경제 성장을 실현하였으며, 그리하여 제3차 산업혁명의 기회를 포착하여 점차 글로벌화 무대의 중앙과 새로운 산업혁명의 전연으로 다가갔다.

중국은 세계인구의 1/5에 가까운 인구를 가지고 있기 때문에, 중국 경제 발전의 실패 교훈, 성공 경험과 도전에 직면하는 것은 단지 하나의 일반적인 사례로서 볼 것이 아니라, 강한 인증 역량과 일반적인 의의를 발굴할 필요가 있어: 한편으로, 국제 시야를 가진 발전경제학을 풍부하게 발전시키고, 다른 한편으로는 발전경제학 논리 자체에서 다시 한 번 중국의 발전을 본떠, 그 후속으로 완전한 새로운 장을 쓸 필요가 있다.

중국의 경제 발전 수준이 갈수록 고소득 국가 대열에 진입함에 따라,

경제 성장의 감속 현상은 예정대로 온다. 중국이 곧 중소득 단계에 대한 이 사실을 완성한다는 것은 경험적 의미의 '중위소득 함정'이 더 이상 표적성을 가지지 않는다는 것을 의미하지는 않고, 사실 중국은 더욱 도전적인 문턱의 함정에 직면하게 된다.

이 명제는 우리에게 한 경제체가 더욱 높은 경제 발전 단계에 있을수록 당면한 도전은 더욱 미증유의 일이기 때문에 더욱 심각해진다. 인구배당금은 빠르게 사라져 전통적인 성장동력에너지를 약화시키고, 글로벌화의 역풍과 중국의 비교우위 변화는 전통적인 글로벌화배당금을 약화시키며, 노동수급관계 변화는 소득분배 개선을 위한 시장화 메커니즘을 약화시키고, 모두 중국 경제에 있어서 낮은 과실이 이미 바닥났음을 의미한다.

이러한 엄중한 도전과 성장중의 고민에 대처하려면, 여전히 글로벌화와 공업화의 논리와 중국 경제가 여기에 참여할 수 있는 '첸나리 조건'에서 답을 찾아야 한다. 우리가 인구배당금을 중국 경제 성장의 필수조건이라고 말할 때, 실제 중국 경제가 어떻게 평상시보다 더 빠른 고속성장을 실현하고, 따라서 영원한 발전조건이 아니라 빠른 추월을 실현하였다.

만약 동기부여효과와 자원배치효과가 결합하는 '첸나리 조건'을 강조한다면, 인구배당금의 소멸은 단지 고속성장 단계의 종말을 의미할 뿐이며, 견지하고 시대에 구애하여 '첸나리 조건'을 완성하며, 더욱 심도 있는 경제체제 개혁과 보다 전면적인 대외개방을 추진하면, 중국이 4차 산업혁명과 글로벌화 4.0이 제공하는 기회를 포착하여 장기적으로 지속가능한 경제 성장을 유지할 수 있을 것이라고 결론을 얻을 수 있다.

제12장

글로벌화의 정치·경제학 및 중국 전략

1. 머리말

1970년대 이래 전 세계 상품 및 서비스 무역 수출의 실제 증가율은 개별 연도의 변동성을 제외하고, 시종 전세계 국내총생산GDP의 증가율보다 높으며, 우리가 처한 경제 글로벌화 시대의 특징을 충분히 설명하였다. 국제 금융위기의 영향으로 세계 무역 총량은 2009년에 급감한 후, 2010년과 2011년에는 모두 회복성 성장을 얻었으며, 또한 GDP 성장 속도도 크게 상회하였다.

2012년 이래, 세계 무역의 성장률은 계속 GDP 성장률보다 낮다. 예를 들면, 세계 경제의 성장 약세 등의 수요측 경제요인과 중국 등 신흥 경제체가 내수 구동으로 전환하는 등의 공급측 경제요인은, 세계 무역의 둔화를 다소 해석할 수 있고, 그러나, 세계적인 보호무역주의의 심화는, 이러한 현상을 발생시키는 중요한 정치경제학적 요인이 되어야 한다.

더욱 광범위한 의의에서 무역 하락은 아마도 금융위기 이후 세계 경제의 회복력이 약해진 배경아래, 반글로벌화의 정치 생태계가 경제 글로벌화를 가로막는 특징적인 표현일 것이다. 동시에 발생한 것은 전세계 자본 흐름의 액수가 세계 경제 총량에서 차지하는 비중이며, 2007년의 최고수준에서 급락한 것이다.

이러한 현상은 이해하기 어렵지 않다. 국제 금융위기 이후, 세계 각국은 잇달아 새로운 무역장벽을 설정하였는데, 그중에서도 가장 선진국과 가장 큰 경제국인 미국, 독일, 영국이 각각 수백 개의 조치를 내놓았다. 이러한 정책변화는 또한 서구 정치구조의 변화, 즉 글로벌화에 반대하는 것을 핵심주장으로 하는 정치민족화와 포퓰리즘화를 반영하고, 또한 비협조적인 반글로벌화 전략과 보호무역정책으로 급속히 진화하는 추세를 반영하고 있다. 2016년까지 이러한 경향은 이미 매우 뚜렷하게 나타나고 있으며, 또한 정치의 극단화와 지향상의 수렴화가 병존하는 새로운 특징을 보이고 있다.

예를 들면, 트럼프 미국 대통령이 집권하자마자, 이민과 여행을 억제하고, 환태평양경제동반자협정에서 탈퇴하고, 중국 및 기타 국가와의 무역전쟁을 준비하며, 기후 변화 파리협정에서 탈퇴하는 등의 일련의 정책을 실시하였다. 이와는 대조적으로, 영국의 국민투표 브렉시트에 이어 유럽의 각 포퓰리즘과 같은 극단적인 정당들이 정치적으로 부상하여, 공격적 기세를 형성하였으며, 블랙스완 사건이 빈발하고, 일파만파로 번지다.

이러한 사건의 발생은 갈수록 심해져, 미국을 대표하여 일방주의가 전면적으로 글로벌화를 파괴하는 대외정책으로 전환되었다. 미국은 중국 및 기타 주요 무역상대국에 대하여 무역전쟁을 크게 벌이는 것은 타국에 대한 횡포행위일 뿐만 아니라, 전 세계의 경제무역질서를 크게 해치고, 거대한 부정적인 외부성을 조성하여, 경제 글로벌화를 가로막고 심지어 역전시키는 것을 목적으로 한다. 중국과 기타 무역상대국에 화를 전가하는 것은 두 가지 가능성, 혹은 경제학 방면의 기본상식이 결여된 것이나,

모순을 전이시켜 세계경제와 무역상대국의 이익을 해치는 대가를 아끼지 않고 자신을 위해 표를 증가시키는 것이다. 어쨌든 이런 방법은 사상방법 상 포퓰리즘, 민족주의, 보호주의이며, 다른 나라에도 좋고, 자신의 유권자에게도 백해무익하다.

국제정치경제학은 이러한 현상을 잘 설명할 수 있다. 글로벌화 자체는 결코 이익중립성이 아니라 처음에 사람들이 본 것은 선진국과 그 정치경제 엘리트와 그 싱크탱크들이 글로벌화를 주도하여 선진국에 유리한 방향으로 발전시키고 있다는 것이다. 브레튼 우즈 체제의 국제 금융과 무역 기구든, EU와 같은 일체화된 공동체가든, 의사결정을 하는 것은 생살여탈권력을 가진 대국들이 이 나라들을 대표하는 재무장관, 중앙은행 은행장 및 무역부 장관이 권력을 행사하는 것으로, 광범위한 개발도상국, 특히 최빈개도국은 글로벌화로부터 균등하게 이익을 얻을 수 없게 한다.

더 나아가 선진국 중 이익 안배를 지배하는 것은 사실 다국적기업 및 기타 대표 자본의 이익집단이고[1] 상상하기 어렵지 않아, 선진국의 중산층과 저소득 가정은 노동시장을 통해 글로벌화로부터 이익을 얻지 못하고 있다. 게다가 미국의 사회정책은 재분배 메커니즘이 부족하여, 확실히 많은 사회집단이 경제 글로벌화의 '패자'가 되었다.

만약 개발도상국의 목소리가 실질적으로 글로벌화의 진행과 방향에 영향을 주기 어렵다면, 선진국 내부의 수 많은 패자는 결국 '투표함' 체제를 통해 자신의 의사를 표현해야 하며, 결국 한 나라의 정치와 정책 성향에 영향을 준다. 그러나 이에 반응하는 많은 포퓰리즘 색채를 띤 경제정책은 왕왕 더욱 심각한 결과를 초래하여 민중의 더 큰 정치대결을 불러일

---

[1] Joseph E. Stiglitz, *Globalization and Its Discontents*, New York and London: W. W. Norton & Company, 2003; Joseph E. Stiglitz, "Globalisation and Its New Discontents", Official website of Straits Times: http://www.straitstimes.com/opinion/globalisation-and-its-new-discontents, 2016.

으킨다. 예를 들어, 미국은 부동산 거품을 자극하기 위해 신용 완화 정책을 실시하여, 서브프라임 위기와 글로벌 금융위기를 야기하고, 국내 중산층과 저소득자를 더욱 심각한 재난에 빠뜨리며, '월가를 점령하라'와 같은 대중 운동과 좌익과 우익의 극단적인 정치 세력이 대두하였다.

결론적으로 말하면, 글로벌화라는 사물 자체는 결코 틀린 것이 아니라 잘못된 것은 서방국가 주도의 글로벌화 관리와 거버넌스 방식 및 그로 인한 이익 분배의 구도이다. 그러나 기존의 이익구도를 근본적으로 조정하는 것은 전복적인 제도변화를 필요로 하는 것으로, 가장 고혹적인 공약으로 집권하거나, 한정된 임기 내에 가능한 한 낮은 정치비용, 가능한 한 높은 정치이득으로 권위를 지키기를 원하는 어떤 정당이나 정치인도 하기 어렵거나 원치 않는 일을 하는 것이다. 그러므로 모순을 경제 무역 관계의 파트너에게로 끌고 가고, 심지어는 글로벌화 자체를 겨냥하는 것은 그들이 행한 가장 정치 경제학의 논리에 부합하는 선택이다.

본 장에서는 경제이론의 전연 동태를 종합하여, 1990년 이후에 시작된 이번 글로벌화의 폭과 깊이에서의 진화를 돌아보고, 경제 성장과 경제 글로벌화의 동질성 및 상호관계를 밝히며, 바로 서방 선진국이 자국의 경제 성장과 사회 발전을 글로벌화와 양호하게 맞닿지 못하고, 중산층과 저소득자를 나날이 소외된 지경에 놓이게 하여, 경제 쇠퇴와 정치 위기를 초래하였다고 지적하였다.

서방정치체제중의 포퓰리즘 유전자는 처음에 정책결정자에게 금융완화 정책을 채택하도록 몰아넣어, 자산거품을 계속 자극하여, 글로벌 금융위기와 채무위기로 발전시켰다. 더욱이, 무소불위의 정치인들은 전향적으로 글로벌화 자체에 화살을 돌리고, 조금도 숨기지 않고 보호무역주의와 기타 반글로벌화 정책을 실행함으로써, 글로벌화는 퇴행의 위험에 직면하게 되었다.

중국은 개혁개방 기간에 이원적 경제 발전과 경제 글로벌화를 유기적으로 연결시켰고, 노동력의 재배치는 고속 경제 성장의 원천이 될 뿐만 아니라, 도시와 농촌 주민의 경제 발전 중 광범위한 참여도를 보장하였고, 따라서 이번 글로벌화에서 이익을 얻었으며, 상대적 균등한 이익분배를 실현하여 빈곤현상을 대폭 감소시켰다. 따라서 탈글로벌화 추세가 나타날 수도 있는 상황에서 잠재적 피해자로서 중국이 직면한 도전은 의심할 여지 없이 매우 크다.

본 장의 분석에 입각하여, 결론 부분에서는 중국이 응당한 전략적 높이와 역사적 종심도에 입각하여 글로벌화의 새로운 추세를 파악하고 적응해야 하며, 자신의 경제량이 방대한 우세를 이용하여 각종 글로벌 노력을 통해 새로운 경제 글로벌화를 선도하고 구축하여 자신과 많은 개발도상국에게 이익을 가져다 주어야 한다고 건의할 것이다.

2. 차별화된 글로벌화: 폭과 깊이

모든 것에 대한 개념적 정의와 마찬가지로 글로벌화에 대한 정의도 관파와 협파로 나뉜다. 이와 상응하여, 연구자들의 글로벌화가 언제부터 시작되었는지에 대한 판단도 일치할 수 없다, 서로 다른 설법은 뜻밖에도 수백 년 차이가 날 수 있다. 1492년 콜럼버스의 아메리카 대륙 발견부터, 반전운동과 사회 풍조가 서방국가에 만연했던 1968년, 정보통신기술이 전면적으로 각국의 사회생활에 영향을 미친 2000년에 이르기까지, 각종 설이 일치하지 않는다[1].

경제학자는 비교적 좁은 외연으로부터 글로벌화를 정의하는 경향이

---

[1] Alex MacGillivray, *A Brief History of Globalization: The Untold Story of Our Incredible Shrinking Planet*, London: Robinson, 2006, pp. 16-17.

있어, 다시 말해, 그들은 경제 글로벌화에 관심을 기울이는 동시에, 글로벌화가 더 넓은 내용을 포함할 수 있다는 것을 인정한다. 예를 들어 스티글리츠는 경제 글로벌화를 '상품과 서비스, 자본, 심지어 노동력의 이동 확대를 통한 세계 각국 간의 더욱 긴밀한 경제 상호작용'으로 규정하면서도, 글로벌화에는 창의와 지식의 국제적 이동, 문화 공유, 글로벌 시민 사회, 글로벌 환경 운동도 포함한다는 것을 인정한다[1]. 크루그먼은 글로벌화는 나날이 증가하는 세계무역, 각국의 금융시장 연결, 그리고 세계를 더욱 작게 만드는 많은 것에 관한 포괄적인 표현이라고 생각한다[2].

비경제학자들은 글로벌화를 더 넓은 차원으로 정의하는 경향이 있다. 예를 들면, 정치학자 스테겔은: 글로벌화는 세계의존성과 소통을 창조, 확대, 확장, 강화함과 동시에 사람들의 본토와 외부와의 관계가 날로 깊어지는 것에 대한 인지도를 일깨우는 일련의 다차원적인 사회과정이라고 개괄한다. 또한, 사람들은 사회의 차원에 종교, 전쟁, 체육, 테러활동, 환경 등의 요소를 더해야 할 수도 있다[3].

사실, 글로벌화의 정의와 시작시간에 대한 광파와 협파는 각각 각각의 사실근거와 연구 의도가 있다. 그러므로 각종의 학설을 귀납하는 가장 좋은 방법은 의식적으로 혹은 맹목적으로 변방을 선택하는 것도 아니고 절충적인 입장을 취하는 것도 아니고, 우리가 토론하고자 하는 문제의 본질과 중국에 대한 관련성에 착안하는 것이다. 역사와 논리의 통일된 각도에서, 우리는 예를 들면 무역과 자본의 흐름과 같은 경제 글로벌화의 가장 중요한 표식을 글로벌화의 동기로 삼을 수 있고, 따라서 가장 직접적

---

[1] Joseph Stiglitz, *Making Globalization Work*, London: Penguin Books, 2006, p. 4.

[2] Alex MacGillivray, *A Brief History of Globalization: The Untold Story of Our Incredible Shrinking Planet*, London: Robinson, 2006, p. 5.

[3] Manfred Steger, *Globalization: A Very Short Introduction*, New York: Oxford University Press, 2003, p. 13.

인 특징이며, 더욱이 이러한 특징들이 중요한 전환점을 보이는 시점을 글로벌화의 기점으로 삼아, 글로벌화가 어떻게 그 폭과 깊이에서 전개되고, 그 결과가 각국의 정치과정과 정책제정에 미치는 영향을 관찰할 수 있다.

이에 따르면, 경제 글로벌화의 정의, 즉 상품과 서비스 무역 및 외국인 직접투자의 확장, 지정학의 현저한 변화 및 중국이 고속성장 속에서 세계 경제를 포용하는 표현에 착안하여, 우리는 1990년 전후를 이번 글로벌화의 시작시점으로 삼을 수 있다. 한편, 중국은 1980년대 초에 개혁개방을 시작하였는데, 그 필연적인 과정과 진일보한 추진의 촉매제로서 1986년에 관세무역총협정 제약국의 지위를 회복하기 위한 신청을 하였고, 2001년에 세계무역기구WTO에 가입하였다. 다른한편, 1991년 소련의 해체는 40여년에 걸친 세계범위의 냉전의 종말을 알렸고, 그 후 구소련국가와 중동유럽국가들은 경제전환를 진행하기 시작했다. 마침 그 시기에 세계무역과 자본의 전세계 이동은 새로운 계단을 올랐고, 이러한 역사적인 사건들을 기폭점tipping points으로 삼아, 글로벌화는 이때부터 새로운 고조에 들어섰다.

그림 12-1에서 기술한 바와 같이, 1990년대 이후, 더 많은 나라들이 전 세계 분업체계에 가입함에 따라, 세계의 상품 무역 의존도는 비약적인 향상을 나타내며, 줄곧 2008년 국제 금융 위기가 발생할 때까지 상승하고 있다. 유입량에 따라 통계적으로 집계된 전 세계 외국인 직접 투자 총 규모도 1990년대 초부터 대폭 증가하기 시작하여, 금융위기가 발생하기 전에 정점에 도달했다. 국제금융위기 이후 두 지표의 가파른 상승세가 뚜렷하게 억제되고 있다. 이에 비해 중국의 상품무역의존도는 수치가 나온 이래(1980년대 초) 줄곧 증가 추세를 보이고 있어, 피크가 온 시기는 전 세계 상황보다 약간 앞서 있으며, 외국인 직접투자 순유입의 증가는 더욱 오래 지속되고 감소폭은 전 세계 상황처럼 가파르지 않다.

세계 경제사는 한 가지 특징을 나타내는데, 즉 늦을수록, 장기적인 경

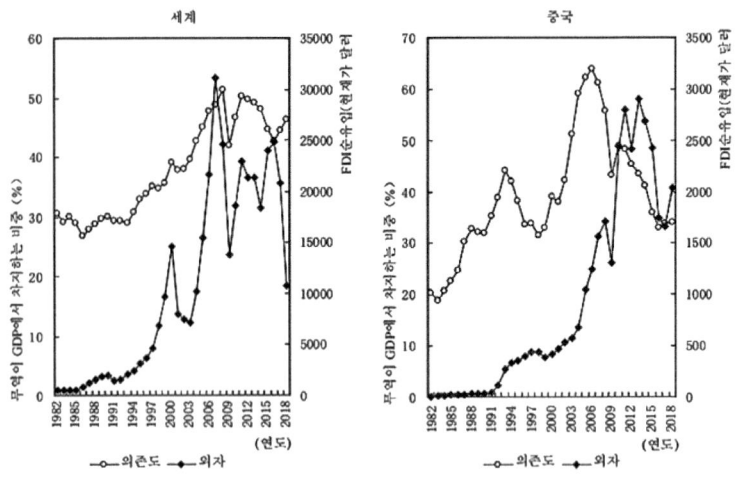

그림 12-1 무역과 자본의 흐름: 세계와 중국

자료출처: 세계은행 데이터베이스: http://data.worldbank.org/.

제 진화의 과정은 더욱 짧은 시간 안에 발생한다는 것이다(내지 완성). 후발 국가와 지역의 경제 추월 과정이 바로 그 예이다. 그 선행 국가와 지역에 비해 신대륙(유럽과 비교), 일본(미국과 비교), 아시아의 네 마리 용(일본과 비교), 중국을 비롯한 신흥 경제국(아시아의 네 마리와 비교)은 모두 더 빠른 경제 성장 속도를 달성하였으며, 게다가 신흥 경제체의 전망을 아직 알 수 없는 것 외에 이전의 추월 경제체가 공업화와 현대화를 완성하는데 필요한 시간도 더욱 짧았다. 경제 글로벌화도 마찬가지인데, 지난 20-30년 동안의 진화는 그 폭과 깊이가 역사상 어떤 시대도 뛰어넘어 예상하지 못했던 현저한 새로운 특징이 나타났다.

비록 급진적인 정도가 점점 더 많은 나라의 수용 능력을 능가하지만, 글로벌화의 폭에 대한 변화는 다소 예상할 수 있다. 서로 다른 자원에 대한 자질을 가진 각국에 대하여, 서로간에 상품 무역을 하여 이익을 얻는 것은 경제 글로벌화의 최초의 동기와 초보적인 형태이며, 이러한 무역은 제도적인 장벽이 해소되고 운송 원가가 낮아짐에 따라 끊임없이 확대된다.

서비스업과 제조업 사이의 산업 관련성이 크게 향상되고, 현대 정보기술이 통신과 거래의 효율을 높인 것을 고려할 때, 서비스 무역의 가속 발전은 또한 글로벌화의 폭을 넓혔다. 상품과 서비스 무역의 발전에 따라 자본은 유동능력이 가장 강한 생산요소로서도 전례없이 유동규모와 이동범위를 확대하였다. 국제정치지리구도의 변화에 따라 노동력과 인적자본의 이동은 더욱 글로벌화의 물결을 부채질하였다.

만약 싱술한 글로벌화 폭의 확장이 경세 글로벌화의 범주내에 국한되어 여전히 상품, 서비스와 생산요소의 글로벌범위의 이동에 불과하다면, 경제일체화정도와의 상호작용과 상호영향, 특히 일련의 글로벌과 지역 일체화 협의나 협정의 촉진아래, 글로벌화는 경제영역에서 전방위적으로 정치, 사회, 교육, 문화 등의 영역으로 확장된다. 좁은 의미의 경제 글로벌화가 직면하는 주요 방면은 호혜호리이며, 부차적인 방면은 그로 인해 생기는 마찰이라면 정의와 실질이 더욱 넓은 글로벌화는 전방위의 융합, 마찰, 심지어는 충돌을 가져온다. 더욱이, 지역성 충돌과 국제 테러 활동이 범람하는 환경하에서, 정치면에서는 테러 곤란과 난민 위기가 글로벌화에 점점 더 많은 부정적인 대가를 가져다 준다.

그러나, 진정으로 깊이 고찰할 가치가 있는 문제는 경제 글로벌화의 깊이 있는 진화에 있고, 즉, 국제 무역의 성질은 글로벌화 조건의 변화로 인하여 이전과 같지 않다[1]. 전통적으로 사람들은 국제무역이 통상 리카도에 오리지널을 따르며, 더욱이 헥셔, 오린과 사무엘손이 정형화된 비교우위 이론을 발전시킨다고 해석하고, 즉, 각국이 서로 다른 제품을 생산함에

---

[1] 자본 흐름도 유사한 성격 변화를 가지고 있으며 전통적인 '더블 갭 모델'은 더 이상 신흥 경제국에서 선진국으로의 자본 순유출을 설득력 있게 설명할 수 없다.

있어서 상대적인 생산성(혹은 상대적인 기회비용)의 차이 절대적인 차이가 아니라, 국가간에 무역을 진행할 필요성과 함께 이익을 얻는 성질을 결정한다.

초기의 국제무역경험에 따르면, 이러한 비교우위의 차이는 주로 자원(요소)의 소질상에 나타나며, 전통이론의 정확성과 해석력을 확실히 검증하였다. 그러나 사람들은 점차 자원 소질구조가 같은 국가 사이에도 대량의 무역거래가 존재한다는 것을 관찰하게 되었고, 이러한 현상은 경제학자들을 끊임없이 불러와 많은 새로운 무역이론 가설을 형성하였다.

비록 의론이 분분하지만, 새로운 무역이론의 주류는 여전히 다음과 같은 점에서 상호 동질성을 얻거나 공감대를 형성할 수 있어 즉, 보수 체증 혹은 규모의 경제, 및 learning by doing 등의 인적자본 축적, 연구개발 등의 내생적 기술의 진보 등의 각도에서 국제 무역의 원천과 동기를 추구한다. 지적할 만한 것은, 신무역이론은 비교우위 원리 자체를 변화시키지 않고, 단지 글로벌화가 더욱 광범위하고 심층적으로 발전함에 있어서, 비교우위를 단순한 요소 소질요인에서 더욱 광범위한 범주로 확대하여, 국제무역의 이론 해설과 당대의 현실에 더욱 좋은 논리를 연결시킬 뿐이다.

그러나, 글로벌화의 배경아래, 이 일련의 새로운 관측과 새로운 이론의 개괄은, 사람들이 경제 성장과 무역 발전에 대해 약간의 인식상의 진보를 얻는 것을 도와야 한다. 이하, 우리는 두 가지 방면에서 개괄하고, 그 상호간의 논리 관계를 개괄하여 공개한다.

첫째, 경제 성장의 원동력은 국제 무역의 필요성과 같은 원천이다. 오랜 시간 동안 사람들은 무의식적으로 '경제 성장의 원천에 대한 탐구'와 '국제 무역이 생긴 원인'은 별개라고 여겼고, 따라서 경제학 이론사에서 통상 스미스는 앞 명제를 해독함으로써 현대 경제학을 탄생시켰다고 생각하고, 리카도는 뒷 명제에서의 공헌으로 인해 영원히 쇠퇴하지 않는 무역 이론의 기초를 다졌다. 신무역이론과 신성장이론의 발전, 그리고 당대의 경제 발전현상을 해석하는데 응용됨에 따라, 사람들이 경전으로 돌아갈 때, 아무런 의외 없이 발견하고, 스미스는 이 두 가지 새로운 이론의 사상 원천으로 인식되어야 할 뿐만 아니라, 그의 시대에 성장이론과 무역 이론 사이에 다리를 놓으려고 시도하여 논리상과 구조상 양자는 하나로 융합되었다. 당대 연구자는 두 가지 방면에서 스미스의 이 공헌을 발굴하였다[1].

하나는, 스미스가 고취한 자유 무역 원칙은, 그의 전문화와 분업 이론의 전세계적인 응용이다. 그에게 있어서, 국내 무역과 국제 무역 양자 사이에는 결코 완전히 다른 것이 존재하지 않는다. 사람들은 스미스의 분업 이론에 대해 잘 알고 있지만, 그는 분업을 경제 성장의 원천으로 논증할 뿐만 아니라, 국제 무역의 발생을 분업(확대) 필연적인 추세로 귀속시킨다.

그 둘, 스미스는 자본축적의 경제 성장에 대한 중요성을 인식하였을 뿐만 아니라, 기술진보의 작용을 더욱 강조하였으며, 또한 그 분업개념을 통해 learning by doing와 규모의 경제를 함께 통일하였으며, 시장의 확대를 통해서만이 기술을 개선할 수 있다고 생각하였으며, 또한 반대로 시장의 더욱 확대를 추진하였다.

스미스의 영향을 받거나, 경제 성장과 글로벌화의 더욱 다채로운 현실 속에서 독자적으로 발견되든, 신성장 이론과 신무역 이론의 주류는 모두 인적 자본과 기술의 진보 안에서 경제 성장으로 태어나기 때문에, 이에 따라 분석틀에서 경제 성장과 국제 무역, 나아가 글로벌화는 불가분의 과정이 된다. 예를 들어, Romer의 경제 성장 이론과 글로벌화 주장에서 비경쟁적$_{nonrivalry}$ 특성을 가진 기술, 규칙 등의 창의$_{ideas}$는 모두 핵심의 위치

---

1 Aykut Kibritçioğlu, "On the Smithian Origins of 'New' Trade and Growth Theories", *Office of Research Working Paper*, No. 2-100, 2002.

에 있다[1].

둘째, 무역수익은 자연히 합리적으로 분배받지 못할 것이다. 국제무역과 투자가 발생한 이상 필연적으로 그 비제로섬의 성질로부터 기인한다. 그러나 이번 경제 글로벌화의 경험과 교훈은 모두 이 이론과 전체 의의에서 성립된 비제로섬의 성질은 반드시 국제분업에 참여하는 각국이 균등하게 이익을 얻는 것을 의미하지는 않으며, 더욱이 한 나라 내부의 모든 참여주체가 균등하게 이익을 얻는 것을 의미하지는 않는다. 현실에서 발생하는 전통 인식과 상반되는 일은 주류 경제학계의 이론적인 성찰을 불러일으키며, 어떤 성과는 물론 적극적인 건설적인 의의를 가지며, 어떤 성과는 보호무역주의의 학리적 근거와 행동의 집결호가 된다.

만약 국제무역이 주로 국가간의 자원소질차이에 기인한다면, 무역은 국가간의 호혜 혹은 경쟁관계로 간주되기 쉬우며, 이것이 아니면 저것은 경쟁관계를 강조하는 상황에서 극단적으로 말하면 역사상의 중상주의 사조와 정책취향을 형성하게 되는데, 그 현대판본은 '전략무역론' 혹은 '국가경쟁력론'이라고 불린다. 비록 크루그먼은 항상 이 논점의 이론 근거의 원흉으로 간주되기는 하지만[2], 그는 이 관점과 관련된 '국가경쟁력' 개념에 대해 진지하고 날카로운 비판을 가하였고, 국제무역은 제로섬 게임이 아니며, 국가간에도 이기지 않으면 지는 관계가 존재하지 않으며, 국제무역은 결코 국가간의 경쟁과 단순하게 비교될 수 없다고 생각한다[3].

그러나 이러한 관점의 유행은 또한 고려할 가치가 있어: 경제 성장과

---

[1] Paul M. Romer, "Which Parts of Globalization Matter for Catch-up Growth?", *NBER Working Paper*, No. 15755, 2010.

[2] Paul Krugman, "New Theories of Trade Among Industrial Countries", *The American Economic Review*, Vol. 73, No. 2, 1983, pp. 343-347.

[3] [미]폴·크루그먼: 〈유행하는 국제주의〉, 중국인민대학교출판사, 베이징대학교출판사 2000년판.

국제무역은 같은 근원이므로 경제 성장의 실적에 영향을 미치는 기업의 생산성, 산업구조 및 이와 관련된 자원배치의 효율은 모두 국제무역에 영향을 미쳐 분업구도에 영향을 준고; 반대로 국제분업도 한 나라의 기업과 산업구조, 심지어는 소득분배구도에 영향을 준다.

보아하니, '전략무역론'의 오류의 실체는 '국가경쟁력'이라는 표현을 사용하는 것이 아니라, 국제무역에서 기원한 것처럼 보이지만, 한 나라 내부에 뿌리박고 있는 경제 내지 사회와 정치문제를 국제경쟁 중의 실패로 돌리는 데 있다. 이러한 논조가 성행하는 한 가지 폐해는 국가를 전세계 범위 내에서 경쟁해야 하는 기업에 비유한다면, 교묘하게 다국적기업의 이익과 국가 및 전체 인민의 이익을 혼동할 뿐만 아니라, 또한 이웃을 구렁텅이로 하는 보호주의 정책의 실행에도 합리적 근거를 제공하게 된다. 사실 보호주의는 자유무역과 같이 자신은 결코 자연히 일반 국민에게 이익이 되지 않는다.

엄숙한 미국의 경제학자들은 국가경쟁력의 쇠미를 인정하기를 원하지 않으며, 보호주의의 명성을 등에 업고 싶지 않고, 필경 그들 중의 다수는 자명히 "자유무역을 믿는다"고 맹세하였고, 게다가 그들은 국제무역이 어떤 형태로 변천하더라도 무역이 발생하는 것은 필연적으로 그것이 한 나라에 총체적인 순수익을 가져다 줄 수 있기 때문이라는 것을 부인할 수 없다. 동시에, 점점 더 많은 경제학자들은 국제무역이나 글로벌화의 기타 형태가 한 국가의 이익을 가져다 줄 뿐만 아니라, 자동적으로 모든 집단을 위해 균등하고 합리적으로 나눌 수 없으며, 부속된 경제 체제와 사회 정책이 불가결하다는 것을 인정한다.

미국을 대표하여 선진국의 비교우위는 물적자본과 인적자본집약형 산업에 있기 때문에 개발도상국과 무역하는 특징은 이런 종류의 제품을 수출하는 것을 위주로 하는 동시에 단순 노동집약형 제품을 수입하는 것이다. 이러한 분업논리에 따라 진행되는 산업구조의 변화는 이들 국가의 취업구조에 영향을 미쳐 소득분배구도에 영향을 미치고, 또한 그 영향방식과 방향은 그들의 개발도상국 무역 및 투자동반자와 모두 다르다. 따라서, 이번 글로벌화는 서로 다른 발전단계에 있는 국가에 대하여 각각 다른 산업구조, 산업조직 및 소득분배구도를 형성하였다.

3. 글로벌화의 후과와 정치적 반영

제2차 세계대전이 끝난 후부터, 1990년대까지 이 일련의 글로벌화가 시작되기 전까지, 유사한 생산요소의 소질을 가진 선진국들 간에 진행되는 산업내 무역은 이들 국가 내지 글로벌 무역에서 중요한 작용을 발휘하고 있으며, 그 소득분배효과는 이번 글로벌화가 주로 신흥경제국과 선진국 사이의 무역에서 발생하는 것과 크게 다르고, 후자의 경우, 무역수익의 분배는 상대적으로 부족한 생산요소에 불리하다[1]. 다시 말해, 노동이 상대적으로 부족한 공업국가에서는 노동자의 이득이 적고, 자본이 상대적으로 부족한 신흥경제국에서는 자본 소유자의 이득이 적다. 스펜스 등은 1990-2008년 사이에 미국의 가치사슬 저점에 있는 제조업이 해외로 대거 이전하면서 이에 대응하는 일자리도 상실되었다. 따라서 이 기간 동안의 신규 고용은 거의 전부가 서비스업을 위주로 하는 비무역 부문에서 나왔다[2].

국내에 남아 있는 제조업 생산성이 끊임없이 향상되기 때문에, 비무역

---

[1] Paul Krugman, "New Theories of Trade Among Industrial Countries", *The American Economic Review*, Vol. 73, No. 2, 1983, pp. 343-347.

[2] Michael Spence and Sandile Hlatshwayo, "The Evolving Structure of the American Economy and the Employment Challenge", *Working Paper*, Maurice R. Greenberg Center for Geoeconomic Studies, Council on Foreign Relations, March, 2011.

부문의 생산성은 비교적 천천히 향상되고, 인적 자본에 대한 서로 다른 수요를 형성하며, 또한 미국 교육 발전의 양극화를 유도한다. 이에 따라 미국 노동력 시장은 양극화의 추세, 즉 하이테크 분야의 기능형 일자리와 저급 부문의 비숙련 일자리의 성장이 비교적 빠르고, 중간 계층의 일자리가 상대적으로 감소한다[1].

이러한 구도는 전통적인 의미의 중산층 소득증가 느려 심지어 정체를 초래한다. 정부가 소득분배문제를 적절한 정책 우선순위에 두지 못하여 재분배정책의 집행이 부실하고 심지어 엘리트집단으로 기울어진 상황에서 국내 소득분배상황은 필연적으로 악화된다[2]. 소득양극화와 대학비용이 높아져 교육에 양극화 경향이 생겨 사회유동성이 낮아지고 저소득 가구의 열세지위가 경화되어 심지어 세대 간에도 유전된다.

노벨 경제학상 수상자인 새뮤얼슨은 비교우위 이론을 가장 충실한 신앙인으로 자칭하며 한때 이 이론을 사회과학에서 유일하게 정확하고 중요한 이론이라고 공언했다. 그러나, 글로벌화와 그 국제국내영향의 현상에 대한 관찰은 그로 하여금 다소간 시각을 바꾸게 하여, 각국이 반드시 무역에서 균등하게 이익을 얻을 필요는 없으며, 또한 어쩔 수 없이 인정하는 바 한 국가 내부의 글로벌화 수혜자는 자동적으로 손해자에게 필요한 보상을 하지 않기 때문에, 그러한 일자리가 중국 경쟁자에 의해 대체되어 버린 미국 노동자는 의심할 여지없이 글로벌화의 대가를 감수하였다[3].

---

1 David H. Autor, Lawrence F. Katz, and Melissa S. Kearney, "The Polarization of the U. S. Labor Market", *NBER Working Paper*, No. 11980, 2006

2 폴·크로그먼: 〈미국이 왜?자유주의자의 양식〉, 중신출판사2008년판.

3 Paul Samuelson, "Where Ricardo and Mill Rebut and Confirm Arguments of Mainstream Economists Supporting Globalization", *Journal of Economic Perspectives*, Vol. 18, No. 3, 2004, pp. 135-146.

경제 성장이 '낙수 효과'를 통해 모든 국민에게 이익을 줄 수 있다는 통념을 부정하듯이, 경제학자들은 마침내 글로벌화도 모든 사람에게 자연히 이익을 줄 수 없다는 것을 깨달았다. 이것은 의심할 여지없이 이론상의 진보이다. 그러나 많은 사람들, 특히 정치인들은 여기에 그치지 않는다.

사실, 스미스 이전, 심지어 중농학파 이전에 현대 경제학(심지어 무역 이론) 유아 형태의 중상주의 및 그 정책 주장은 정치와 정책이 무역에 의해 야기될 수 있는 이익 구도의 변화를 반영하고 있다. 그 후, 스미스가 자유무역을 제창하는 것에서부터 리가도의 비교우위론을 창조하는 것, 후에 지배적인 지위를 차지한 무역이론과 그 보완적 연구에 이르기까지, 모두 이러한 정치와 경제(또는 경제학)의 작용과 반작용의 상호 작용 과정을 재현하고 있다. 따라서, 앞 절에서 글로벌화 진화의 과정을 토론하는 기초 위에서 선진국의 산업구조와 사회구조가 이에 따라 발생하는 변화 및 그것이 도대체 어떻게 경제사회정책 내지 정치기후를 영향을 미치는지 이해하는 것은 우리가 글로벌화의 가능전망에 대해 더욱 확실한 연구판단을 내리는 데 도움이 된다.

미국의 정치인들과 정치학자들은 미국 정부의 정책 결정 요인의 변화를 되돌아보면서 지난 20-30년 동안 미국 사회가 가난한 사람이나 중산층이 아닌 부자에게 유리한 방향으로 변화했음을 증명했다. 예를 들어, 길링스 등은 계량적인 방법을 사용하여 1981-2002년 기간의 1779개 항목의 수입에 영향을 미치는 정책을 분석하였고, 경제 분야의 엘리트와 재계를 대표하는 이익집단은 미국 정부의 정책에 중요한 영향을 가지며, 일반 유권자와 대중단체의 정책 영향력은 미미하다는 것을 발견하였다[1].

---

[1] Martin Gilens and Benjamin I. Page, "Testing Theories of American Politics: Elites, Interest Groups, and Average Citizens", *Perspectives on Politics*, Vol. 12, No. 3, 2014, pp. 564-581.

많은 관측자들은 글로벌화 중 어느 나라가 이익을 얻느냐가 더 이상 적절한 문제가 아니라, 강력한 협상력을 가지고 있기 때문에 정책 영향력을 가진 다국적기업이 글로벌화로부터 절대적으로 이익을 얻는데, 승자는 선진국의 1%에 불과하고, 일반중위소득과 저소득층은 소외되어 있다고 생각한다[1].

아마도, 1999년 시애틀에서 처음으로 급진적인 형태로 폭발한 반글로벌화 운동은 주로 개발도상국의 사회 활동가들과 그 동정자들의 정서, 사조 및 행동의 반영일 뿐이며, 유럽 미국 등 대국의 정부는 아직 그 심각성을 인식하지 못하였으며, 정치적으로 이용해도 주류가 되지 않을 것이다. 그러나, 서구 대의제 민주주의 체제하에서, 결국, 표를 얻는 것은 정치가의 높은 관심의 문제이다. 따라서, 정책도 국내의 소득 격차가 계속 확대되는 현 상황에 대해 필요한 대응을 하지 않을 수 없다.

예를 들어 미국에서는 신용을 확대함으로써 소비를 진작시켜 중산층과 저소득층의 깊은 불안감을 해소하려는 정부의 시도가 오랜 역사를 가진 정책 전통이다[2]. 그 결과, 즉 금융과잉발전은 물적자본과 인적자본의 미스매치를 초래하게 된다. 더욱이 "거주자 그 집이"라는 '아메리칸 드림'의 기치를 내걸고, 금융파생상품의 기술수단에 힘입어 정부의 신용배서와 느슨한 금융규제에 의지하여, 미국에서는 서브프라임 대출로 지탱되는 부동산 붐이 일게 되어, 대량의 소득수준이 높지 않고 심지어 장기침체에 빠진 일반 가정들도 잇달아 주택담보대출을 취급하게 되었다.

이러한 실제 지불능력에 의해 야기된 수요는, 서브프라임 모기지 파동

---

[1] Joseph E. Stiglitz, *Globalization and Its Discontents*, New York and London: W. W. Norton & Company, 2003; Joseph E. Stiglitz, Globalisation and Its New Discontents, 2016, Official website of Straits Times: http://www.straitstimes.com/opinion/globalisation-and-its-new-discontents.
[2] 라굴라마이·라잔: 〈단층선-글로벌 경제의 잠재적 위기〉, 중신출판사2011년판.

에 의해, 필연적으로 대규모 광범위한 거품을 야기하고, 2007년까지 미국에서 서브프라임 모기지 위기가 발생하며, 더 나아가 글로벌 금융위기로 발전한다. 사회보장체계가 상대적으로 온전하지 않은 미국뿐만 아니라, 유럽, 신흥경제국과 많은 개발도상국에서, 수천만 중산층과 저소득 가정은 이로 인해 심각한 재난 속에 빠진다.

각국이 금융위기에 대처하기 위해 여러 가지 거시경제 수단을 채택하여 미국과 유럽의 주요 경제국도 완만하고 힘없이 회복하였다. 그러나 세계 경제가 전체적으로 새로운 평범함에 빠져들면서 동시에 일반 가계의 소득증가가 정체된 상황은 해결되지 않았다. 예를 들어, 미국의 경제 성장률과 고용의 회복은 선진국에서 강하다고 할 수 있지만, 2015년 12월에 실시된 지 9년여 만에 처음으로 금리인상을 단행하고, 2018년에 이르러서는 점차 금리인상을 축소하여 양적완화정책에서 손을 뗐다. 그러나, 위기 이전에 이미 존재하고, 위기의 불씨가 된 산업구조와 소득분배 등의 문제는 실제로 해결되지 않았다.

예를 들어 미국의 실업률이 최근 몇 년 사이 낮은 수준으로 떨어지면서 1990년대 초부터 반복된 '고용 없는 회복'의 저주에서 벗어나는 듯한 데다 트럼프 행정부 한 임기 동안 실업률이 몇 년 만에 최저치로 떨어졌지만 노동시장의 또 다른 중요한 지표인 노동참여율을 보면 실업률 하락이 보여주는 것처럼 낙관적이지 않다. 2016년 현재, 16세 이상 미국 노동연령 인구의 노동 참여율은 2007년 위기 이전보다 여전히 3% 낮다[1].

미국 학자들은 이 같은 상황이 노동력 공급측 요인이 아니라 제조업 일자리의 장기 이탈과 기술 변화로 인한 중저가 기능 수요 감소 등 수요측면 요인[2], 경제 전반이 살아나더라도 일부 산업의 중공화, 노동시장, 인

---

[1] Jason Furman, "The Truth about American Unemployment: How To Grow the Country's Labor Market", *Foreign Affairs*, Vol. 95, No. 4, 2016, pp. 127-138.

[2] Jason Furman, "The Truth about American Unemployment: How To Grow the

적자본 양극화 등의 문제가 해결되지 않은 상황에서 중저가 노동력에 대한 수요가 강하지 못해 구조적 실업이 지속되면서 일부 노동자가 노동시장에서 이탈하는 이른바 '침울한 노동자 효과'가 발생한다는 것이다.

실제로, 많은 실증연구의 결과에 의하면, 우리는 심지어 문자 그대로의 의미에서도 이러한 '침울함'을 감지할 수 있다. 사람들은 통계에서 수십 년 동안 일반 노동자들의 임금이 변하지 않고, 미국과 같이 부유한 나라에서 빈곤이 대량으로 번성할 뿐만 아니라, 인류의 발전수준이 떨어지는 것을 발견할 수 있다. 노벨 경제학상 수상자인 앙구스 디튼Angus Deaton은 자살과 다른 만성 자살과 다를 바 없는 '자멸적 행위', 그리고 실제 사망률을 높이는 현상을 절망적인 죽음deaths of despair이라고 표현하는 데 가장 적절하다[1].

이 표현은 미국 사회에 존재하는 깊은 모순을 충분히 드러내는 동시에 여러 현상들 사이의 논리적 관계를 일거에 개괄하는 것이다. 예를 들어, 이전 세대의 영향을 받아 대학을 다니지 못한 보통 노동자들은 노동력시장의 충격을 가장 받기 쉬우며, 따라서 장기실업과 함께 오는 낙담한 마음가짐과 더불어 사회보호기구의 부재는 의료비용이 너무 높아서 이들 집단을 병원에 갈 수 없게 하고, 오히려 마약 남용, 음주 혹은 오피오이드 진통제 복용에 호소하며, 노동능력을 상실한 채 노동시장에서 쫓겨나게 한다.

이 인구집단의 반대편에서, 부자는 부자를 위해 인심이 없다. 자본 소유자가 글로벌화로부터 벌어들인 막대한 이윤에 대해 노동시장이나 재분

Country's Labor Market", *Foreign Affairs*, Vol. 95, No. 4, 2016, pp. 127-138.

[1] Angus Deaton, Globalization and health in American, January 14, 2018, based on remarks during a panel discussion at the IMF conference on *Meeting Globalization's Challenges* (October 2017), http://www.princeton.edu/~deaton/downloads/Globalization-and-health-in-American_IMF-remarks.pdf.

배 정책을 통해 일반 노동자에게 분배하지 않는다. 반대로, 강력한 시장 독점적 지위와 정치적 로비 능력 때문에, 부자들과 슈퍼 대기업들은 경제 사회 정책의 영향을 통해, 사회의 재산과 수입을 더욱 빼앗는다. 연구자는 미국과 같은 많은 선진국 중에서 과거에 중남미 혹은 중위소득의 함정 현상으로 여겨졌던 소득불평등의 확대추세가 형성되어 심지어는 과거에 상대적으로 평등했던 소득분배와 재산의 분배구도가 역전되었다는 것을 발견하였다. 경제학자들은 이러한 추세를 소득불평등의 "역전추월" reverse catching up 이라고 부른다[1].

미국의 상황은 다른 많은 선진국의 축소판으로도 활용될 수 있다. 허약한 수요는 계속 일반 노동자의 노동력시장에서의 교섭 지위를 억압하여, 임금과 수입이 뚜렷하게 개선되지 않을 것이며, 이민의 유입은 경쟁압력과 상대적 박탈감을 발생시켜 상황을 더욱 악화시킬 것이다. 일자리의 부족은 단지 소득부족으로 나타날 뿐만 아니라, 사람들이 깊이 체감하는 글로벌화와 그 관련정책에서 패자가 된다. 일반 가정은 물론 엘리트 계층처럼 항상 강력한 협상력을 바탕으로 정책 수립에 영향을 미쳐 자신의 이익을 보호할 수는 없지만, 그러나 그들도 반드시 어떤 방식으로 자신의 불만을 표출할 것이다.

일반적으로 서구 정치체제에서 민중과 사회는 주로 투표 vote, 호소 voice, 탈퇴 exit라는 세 가지 제도화 또는 비제도화 방식을 통해 그 불만을 표출할 수 있다[2]. 정치경제학의 각도에서 보면, 제위에 있건 재야에 있건 정치

---

[1] Jose Gabriel Palma, "Do Nations Just Get the Inequality They Deserve?" The "Palma Ratio" Re-examined, Cambridge Working Paper Economics, No. 1627, 3, May, 2016.

[2] 앨버트·O. 허시먼, 〈퇴출, 호소, 충성 - 기업, 조직, 국가의 쇠퇴에 대한 대응〉, 경제과학출판사 2001년판; Charles M. Tiebout, "A Pure Theory of Local Expenditures", *The Journal of Political Economy*, Vol. 64, No. 5, 1956, pp. 416-424.

가는 항상 주장과 정책의 정치적 이득과 정치비용을 충분히 따져 보아야 하고, 즉, 집권의 기회는 가능한 한 크고, 집권의 기간은 가능한 한 길다. 이로부터, 그들은 장기적으로 민중의 뜻을 무시해서는 안 된다.

그러나, 그들은 문제에 직면하는 진실의 위치를 볼 수 없거나, 기득권 구도를 건드리는 조정을 하기 어렵거나, 혹은 성급하게 등극하여 근원적으로 문제를 해결하기를 기다릴 수 없기 때문에, 왼쪽 방향이든 오른쪽 방향이든 포퓰리즘의 깃발을 들고, 문제를 글로벌화 탓으로 돌리는 것은, 비용도 저렴하지만, 꽤 교묘한 정략이다.

〈파이낸셜 타임스〉의 저자 바벨은 한 편의 글에서 유럽, 더 나아가 서구 전체가 그가 직면한 문화, 경제, 정치와 기술의 도전에 대처할 능력이 없다고 비판하고, 그리스의 시인 Constantine P Cavafy의 유명한 시는 〈야만인을 기다리다〉를 차용하여 한 상황을 묘사하였고: 쇠퇴하는 전도에 대처할 능력이 없는 국가나 조직은 왕왕 외부의 위협을 만들거나 과장하여 비판자와 대중의 시선을 돌리기를 희망하였다[1]. 우리는 이 시의 마지막 구절을 읽어 보는 것이 좋겠어: "야만인이 없으면 우리는 어떻게 해야 하는가? 그들, 그 야만인들은 본래 하나의 해결 방안이 될 수 있었다"[2]라고 하여 이것으로 미루어 짐작하기 어렵지 않고, 왜 서방국가에서(심지어 서방국가들에 국한된 것은 아니다) 이렇게 많고 가지각색의 포퓰리즘 정치력이 우후죽순처럼 생겨나는지.

포퓰리즘과 그 정책성향에 대해서는 때때로 명확한 정의를 내리기가 어렵다. 만약 학리적으로 정의한다면 포퓰리즘도 분분한 개념이다. 예를

---

[1] Tony Barber, "Europe's Decline is a Global Concern", *Financial Times*, 22 December, 2015.

[2] C. P. Cavafy, Waiting for the Barbarians , in George Savidis (ed.) *Collected Poems*, translated by Edmund Keeley and Philip Sherrard (Revised Edition), Princeton: Princeton University Press, 19992.

들어, 어떤 학자들은 포퓰리즘을 하나의 이데올로기로 간주하는 경향이 있어, 그 신봉자는 엘리트 계층이 일반인의 권리, 가치, 성취감, 정체성, 목소리를 무시하거나 박탈하는 행위에 대해 저항하는 것이다[1]. 그러나 현실에서 포퓰리즘은 항상 호의적인 용어로만 나타나는 것이 아니라, 정치인들은 종종 상대방의 편파적이고 당당한 정책 주장을 비판하는데 사용된다.

이 용어의 어떤 정의, 유행의 역사 및 현재의 표적성을 종합하면, 우리는 포퓰리즘을 일종의 정치 언어 체계로 간주할 수 있는데, 주로 정치가들이 서민들의 요구에 응하는 형식이나 정치 외피를 통해 특정 정치 주장을 판매하는데 사용하는데, 후자는 반드시 평민의 이익을 대표할 필요는 없을 뿐만 아니라, 정치인 자신의 이익에 기인하거나 혹은 일부 특정 이익 집단에 의해 포획되는 것이다.

이에 근거하여 보면, 우리가 오늘 맞닥뜨린 도전은 바로 서방국의 일부 정치인들은 본국의 중산층과(혹은) 약자집단이 글로벌화 속에서 이익을 얻지 못했다는 사실을 이용하여(혹은 인지) 반글로벌화 이념 및 정책의 정치사조와 정책방향을 선전하여 정치적 지지(투표)를 쟁취하였다. 비록 정치학자 후쿠야마나 경제학자 스티글리츠와 같은 많은 언론계의 엘리트들은 민족주의나 포퓰리즘이 현재의 문제의 효과적인 해결책이 아니라는 것을 인식하고 있지만, 서구 민주 정치 제도에서 내재된 자기완성보다는 표를 추구하는 성격으로 볼 때 포퓰리즘 정책의 출현과 심지어 범람은 결국 피할 수 없다.

---

[1] Daniele Albertazzi and Duncan McDonnell, "Introduction: The Sceptre and the Spectre", in Daniele Albertazzi and Duncan McDonness (eds.), *Twenty First Century Populism: The Spectre of Western European Democracy (1st Edition)*, London: Palgrave Macmillan, 2008, p. 3.

4. 글로벌화의 수혜자인 중국이 왜 다른가?

일반적으로 1978년 말 중국공산당 제11기 제3중전회 개최를 상징으로 중국은 개혁개방의 연대로 들어섰다고 생각한다. 여기서는 두 가지 함의를 강조하여, 첫째, 개혁과 개방은 동시에 발생하며, 또한 긴밀하게 연계하여 서로 촉진한다. 개혁은 개방조건하의 개혁이며, 개방도 개혁과정에서 추진될 수 있다. 그래서 국내의 경제 발전과 세계경제에의 통합은 서로 얽혀있다. 둘째, 대외개방은 또한 상대적으로 독립적이고 확실한 내용을 가지고있다. 초기의 대외개방은 실험성과 지역성을 가지고 경제특구, 연해도시와 연해성 등을 건설하는 것에서부터 시작되어 그리고 1990년대까지 중국은 WTO에 가입하기 위해 노력을 하기 위해 전방위적으로 경제 글로벌화를 포용하기 시작했다.

경제특구를 개설하고 지역개방을 넓힌 성공경험도 좋고, 외국상인의 투자유치와 대외무역의 확대효과도 좋고 이 모든 경험들은 모두 고속 경제 성장과 심층개방의 일치성을 나타낸다. 이로써 중국은 이번 경제 글로벌화의 의심할 여지없는 수혜자라는 결론을 얻을 수 있게 되었고, 이에 대하여 우리도 숨김없이 말한다.

본 절은 이론과 실증의 각도에서 왜 많은 나라에서 자신이 글로벌화에서 이익을 얻었는가에 의문을 품는 같은 시기에 중국은 개혁개방을 통해 전대미문의 고속성장을 실현하였으며, 또한 글로벌 금융위기 이후 세계경제가 새로운 평범조건으로 진입한 조건하에서 중국은 여전히 자신이 처한 경제 발전 뉴노멀에 부합하는 중고속성장을 유지하고 있으며, 경제 성장은 전체적으로 많은 인민을 위한 대중을 위한 공유의 성격을 가지고 있다.

글로벌화의 고조된 배경아래의 중국 경제는 마침 경제 글로벌화로부터 충분히 이익을 얻기에 가장 적합한 발전단계에 처해있다. 경제 발전의 역사를 길게 보면, 한 나라의 경제 발전은 통상전형적으로 혹은 비정형적으로 순서대로 맬서스 빈곤의 함정, 겔츠네롤화, 루이스 이원 경제 발전, 루이스 전환점과 솔로 신고전성장의 5단계 혹은 유형을 경험한다[1]. 중국이 개혁개방 정책을 실시하여 경제 글로벌화에 편입한 시기는 마침 그 이원적 경제 발전 단계와 맞물려 있다(후기에는 이 단계를 끝내는 루이스 전환점을 넘었다).

이 단계에서 관건이 해결되어야 할 발전문제는 자본축적을 통해 공업화과정을 촉진하고, 중국의 농업 잉여노동력의 활로를 찾아주며, 따라서 과잉생산요소를 산업비교우위로 변화시키는 것이다. 이러한 유형의 경제 발전은 신고전적 성장이론으로 해석하기에 적합하지 않을 뿐만 아니라, 중국도 확실히 신자유주의경제학의 교조 및 서방경제학자들이 사방으로 파는 '워싱턴 컨센서스'를 모범으로 삼지 않는다.

사실은 중국의 이원적 경제 발전은 시기적으로 마침 이번 경제 글로벌화와 완벽하게 대응하고 있으며, 중국의 경제 발전 모델도 글로벌화의 기회를 이용하는 것과 완전히 맞닿아 있음을 보여준다. 미국, 유럽, 일본과 아시아의 네 마리 용을 포함한 선진국은 물적자본에 비해 노동력이 희소 요소이고, 끊임없이 상승하는 임금과 복리후생 비용은 제조업의 비교우위를 약화시켰고, 글로벌화 조건하에서 노동집약형 제조업은 거위진 형태로 계속 밖으로 이동하였다.

당시 중국(주로 연해지역)은 한창 가장 유리한 산업 이전을 인수하는 발전 단계에 처해 있었고, 농업 중의 잉여 노동력은 제조업에 흡수되어 그 저렴한 원가와 상대적으로 높은 인적자본으로 제조품 속에 응축되어 누구의 의지로도 전이되지 않았으며, 글로벌 시장에서는 비교우위와 경쟁력을 나타냈다. 사람들은 보편적으로 관찰하여, 중국의 수출품 중 지배적인 위치를 차지하는 것은 제조업 제품이고, 이는 중국이 처한 특정 발전

---

[1] 차이팡: 〈이원 경제를 하나의 발전단계의 형성과정으로 삼다〉, 〈경제연구〉2015년 제7기.

단계의 비교우위를 충분히 반영한다.

중국의 대외개방 정도가 끊임없이 심화되는 외적인 표현은 무역의 존도가 대국 중 보기 드문 수준으로 현저하게 높아졌다는 것이다. 그림 12-1에 나타낸 바와 같이, 현재가격으로 계산하면, 중국의 상품무역총액과 GDP의 비율은 1983년의 18.9%에서 대폭적으로 증가하여 1990년대 초에는 40%를 넘었으며, 2006년 피크시에는 더욱 높은 64.0%에 이르렀다. 그러나, 상품무역총액과 GDP와의 비율 이런 지표는 아직 중국 대외무역의 실제 성격을 충분히 반영할 수 없다.

그림 12-2에서, 우리는 두 그룹의 현재가격에 따라 계산한 데이터를 보여주는데, 하나는 세관이 집계한 상품의 수출총액이고, 다른 하나는 지출법 GDP 구성부분의 상품과 서비스의 순수출액, 즉 순수출의 GDP에 대한 기여이다. 비록 두 구경의 계산에 근거하는 가격이 다르지만, 즉 세관데이터는 도착가격에 따라 계산되고, 지출법데이터는 역외가격에 따라 계산되며, 두 데이터 사이의 거대한 차이는 여전히 빠르게 성장하는 대규모 상품과 서비스의 수출은 같은 빠르고 대규모 수입을 지지하며, 그중에 장비 및 자본품에 포함된 선진기술은 중국의 산업구조의 부단히 업그레이드를 도울 수 있음을 나타낼 수 있다. 무역 확대가 공급과 수요 양쪽에서 급속한 경제 성장을 견인했다는 것을 알 수 있다.

비록 중국의 제조업은 장기간에 걸쳐 가치사슬의 낮은 단위에 있지만 노동집약적 제조품 위주의 수출구조는 대량의 비농산업 일자리를 창출하고 노동력의 재배치를 촉진하여 중국 이원적 경제 발전의 주요 수요요인, 산업구조 변화의 원동력과 생산성에 의한 경제 성장의 원천이다. 동시에, 대량의 외국인 직접투자도 이러한 제조업 부문으로 들어갔다. 이것은 대외 개방이 고속 성장에 공헌했을 뿐만 아니라, 이 외향적인 경제 성장이 가지는 공유의 성질을 나타냈다.

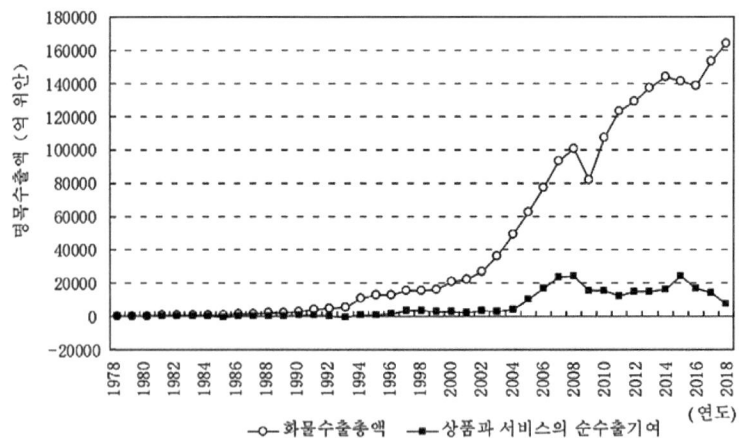

그림 12-2 수출총액과 수출입의 GDP기여

자료출처: 국가통계국 홈페이지: http://www.stats.gov.cn.

필자의 추산에 의하면[1] 1978-2014년 기간에 농업노동력의 비중은 70.5%에서 19.1%로 대폭 감소하였다. 중국 경제의 고속성장과 경제 글로벌화로부터 이익을 얻는 모든 비밀은 거의 모두 경제 발전의 철칙(즉, 농업지분이 떨어지다)에 부합되는 이 취업구조의 격심한 변화 속에 내포되어 있다.

스펜스 등은 미국의 고용구조의 변화를 분석하여 '산업외이주는 미국 경제를 망친다'는 방법과 결론에 대응하여[2], 우리는 중국의 고용구조의

---

[1] Cai Fang, Guo Zhenwei, Wang Meiyan, "New Urbanisation as a Driver of China's Growth", in Song Ligang, Ross Garnaut, Cai Fang, and Lauren Johnston (eds.) *China's New Sources of Economic Growth, Vol.1: Reform, Resources, and Climate Changes*, Canberra and Beijing: Australian National University Press and Social Sciences Academic Press, 2016, p.53.

[2] Michael Spence and Sandile Hlatshwayo, "The Evolving Structure of the American Economy and the Employment Challenge", *Working Paper*, Maurice R. Greenberg Center for Geoeconomic Studies, Council on Foreign Relations, March, 2011.

변화에 대응하여, 이원적 경제 발전 시기에 중국 경제가 전체적 차원으로서의 도시와 농촌 노동자와 주민이 개인차원에서 각각 어떻게 글로벌화로부터 이익을 얻을 수 있는지를 이해할 수 있다.

2010년 이전까지 중국의 15-59세 노동연령인구는 모두 끊임없이 증가하는 동태에 처해있어 먹는 사람은 적고, 낳는 사람은 많은 유리한 인구구조 특징을 구조하고 강화하였고, 잠재적 인구배당금을 형성하였으며 대규모로 노동력을 이전하는 노동집약형 산업의 급속한 확장은 그 생산품이 국제시장에서 방대한 점유율을 차지하고 있으며, 이는 인구배당금을 실현하는 관건이다. 우리는 스펜스 등과 유사한 분류방법을 채용할 수 있어, 중국은 각각 2004년, 2008년 및 2013년에 실시한 세 차례의 경제센서스 데이터에 근거하여 비농산업에서 법인의 단위로 통계로 고용을 진행하고 무역 가능 부문과 비무역 부문으로 분류하여 각각 그 성장 규모와 구조의 변화를 관찰할 수 있다(그림 12-3).

그림 12-3에서 볼 수 있듯이, 데이터에 의해 덮인 시기에 중국(도시와 농촌 포함)의 비농산업 고용신장은 매우 빠르게 증가하여 2004-2013년 기간의 연평균 증가율은 5.9%, 2013년에는 총 35,213만 명에 달하였고; 동시에 무역 부문과 비무역 부문의 고용 증가 속도는 상대적으로 균형을 이루었으며, 같은 시기 전자의 연평균 증가율은 6.9%, 후자는 4.7%였다.

사실, 여기에서 사용하는 법인의 단위 고용 데이터는 아직 실제 비농업 고용의 증가 상황을 충분히 반영할 수 없다. 아래에 우리는 도시의 고용에 대한 몇 가지 다른 통계의 구경을 비교해 보면, 이 차이를 볼 수 있어 즉 실제 고용과 그 증가율은 그림 12-3에 나타난 상황보다 현저히 높다.

연도별 도시 고용 통계에서, 한 가지 구경은 단위 고용이고, 법인 단위 corporation와 산업 활동 단위 establishment를 포함하고, 따라서, 이 구경에 의해 얻어지는 취업자 수는 반드시 전술한 법인 단위 취업자 수보다 많을 것이다. 이 '기본 단위 통계 보고 제도'에 따르면, 2014년 도시 단위만 취업자

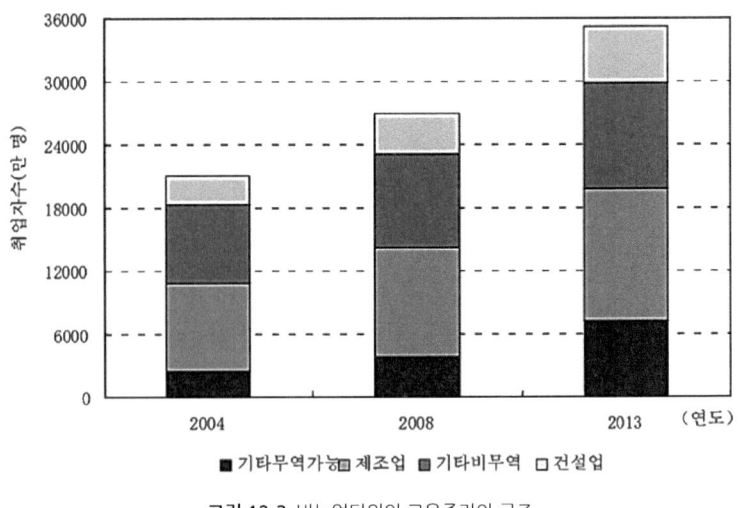

그림 12-3 비농업단위의 고용증가와 구조

자료출처: 3차 경제 센서스 데이터, 국가통계국 홈페이지: http://www.stats.gov.cn.

총수는 18,278만 명에 달한다. 뿐만 아니라, 단위 취업자 수는 아직 민간 기업과 자영업자를 포함하지 않기 때문에, 두 종류의 취업자를 통계에 포함하면 도시 취업자 수는 34,861만 명으로 달했다.

게다가, 도시 단위에서 임시 고용 인원과 파견 노동자를 많이 사용하는데, 오히려 그들을 고용인으로서 보고서에 반영하지 않기 때문에, 이러한 취업자들은 통계에서 누락된다. 따라서, 도시 거주자를 기초로 하여 국제노동기구가 추천하는 구경에 따라 조사한 결과, 실제 도시 취업자 총수는 무려 39,310만에 달하며, 단위 취업자 수와의 차이는 비정규직으로 간주될 수 있다.

이 숫자에도 불구하고 도시에 안정적으로 취업하는 농민공들이 대거 누락되어 있다. 계산에 의하면, 현재 통계의 도시 전체 취업자 수 외에 4,710만 명의 도시 농민공들이 아직 고용 통계에 잡히지 않고 있다. 환언하면, 도시에 안정적으로 취업하는 농민공들을 모두 도시 고용 통계에 포함한다면, 2014년 도시의 실제 취업자 수는 44,020만 명에 이를 것이다[1].

또한 농민을 도시 비정규직 노동자의 대표로 일하고 고용의 부문 구조를 관찰할 수 있다. 2015년 농민공 총 27,747만 명 중 16,884만 명이 이향진을 떠나 (대부분 각급 도시에 들어간다) 6개월과 이상, 전체 도시 고용의 38.4%를 차지하며, 그 외 10,863만 명이 이 도시에서 비농업에 종사하고 있다[2]. 같은 해 농민공의 2차 산업 취업 비중은 55.1%로 제조업(무역 가능 부문)에서 31.1%, 건설업(비무역 부문)에서 21.1%, 3차 산업(대부분 비무역 부문)에서 44.5%, 1차 산업에 종사하는 비중은 0.4%에 불과했다. 법인 단위, 심지어 모든 단위에서 취업하는 구조보다 건설업에 취업하는 농민공의 비중이 더 크며, 농민공 고용과 건설업 고용은 더 명백한 비정규적 성격을 지닌다고 할 수 있다[3].

자원배치의 시장화와 경제 글로벌화의 조건하에서 중국 노동력의 재배치는 고속 경제 성장으로, 충분한 노동력과 인적자본의 공급, 비교적 높은 자본수익률 및 자원재배치의 효율을 특징으로 하는 생산성의 개선 등 필요한 조건을 제공하여 인구배당금을 경제 성장의 기적으로 실현하였다. 그러나, 중국이 글로벌화의 이득자라는 결론을 얻을 때, 주로 그 수출품의 점유율과 외자 도입 규모를 볼 것이 아니라, 도시와 농촌 주민의

---

[1] Cai Fang, Guo Zhenwei, Wang Meiyan, "New Urbanisation as a Driver of China's Growth", in Song Ligang, Ross Garnaut, Cai Fang, and Lauren Johnston (eds.) *China's New Sources of Economic Growth, Vol.1: Reform, Resources, and Climate Changes*, Canberra and Beijing: Australian National University Press and Social Sciences Academic Press, 2016; 국가통계국: 〈중국통계연감 2015〉, 중국통계출판사 2015년판.

[2] 국가통계국 〈2015년 농민공 모니터링 조사 보고서'〉, 2016년 국가통계국 공식 웹사이트: http://www.stats.gov.cn.

[3] 이후 농민공의 고용구조가 크게 변화하여 2018년까지 제조업과 건설업의 고용비중이 낮고 서비스업의 고용비중이 크게 증가하여 도시 전체의 고용비중이 더욱 증가할 것이다.

개혁, 개방과 발전 성과에 대한 나눔의 정도에 근거하여 판단해야 한다.

5. 역글로벌화 배경 하의 도전과 전략 선택

정치경제학 논리에서든, 혹은 장기적인 역사로부터든, 우리는 서구방식의 대의제 민주제도와 경제정책의 관계가 유럽, 미국과 심지어 라틴아메리카의 국가가 장기간에 걸쳐 경제정책 및 글로벌화정책을 보일 때 시좌시우의 주기적인 변화를 결정함을 알 수 있다. 분명, 적어도 일정 기간이 짧지 않을 때, 서방국가의 정책견인력은 글로벌화에 불리한 방향으로 편향될 것이다.

경제 글로벌화의 역류로 중국에 대한 직접적인 충격으로 미국은 2018년 3월 22일 301조항에 의거해 중국 수입품에 대한 관세를 인상하기 시작하였으며, 그 후 1년여 동안 계속 상승하였다. 특히 여러 차례의 고위급 협상 교섭에도 불구하고, 트럼프 행정부는 독주하여 2,000억 달러 상품의 관세를 25%까지 올렸다.

이러한 불리한 글로벌화 추세가 출현하는 상황에서, 일부 국가들로서는, 스스로 문앞의 눈을 쓸어버리는 정책이 횡행할 수 있다. 그러나, 중국으로서는, 경제 발전의 유지의 목적으로, 역글로벌화의 번거로움을 피하고, 기한 내에 전면적인 소강 사회 건설 내지 국가의 현대화를 실현한다는 목표를 실현해야 할 뿐만 아니라, 글로벌 경제와 분리되는 정책을 채택할 수 없다. 정확한 선택은 자신이 세계 제2의 경제대국, 제1의 화물무역국, 대국중 대외의존도가 가장 큰 국가가 세계경제에서 차지하는 중요한 지위와 글로벌 거버넌스 속에서 나날이 상승하는 발언권을 이용하여 앞으로의 글로벌화를 선도하고 이를 광범위한 개발도상국에 유리하게 하는 것이다.

첫째, 중국은 글로벌화의 정치경제학 논리를 인식하여, 글로벌화의 퇴행 가능성을 분명히 인식함과 동시에, 자신의 정치제도적 우위를 충분히 이용하여, 일시적인 일이나 일시의 득실에 얽매이지 않고, 정책선택과 제정에 있어서, 방향은 전략적 결정력을 유지하고, 시기적으로는 역사적 인내심을 유지하며, 힘으로는 분치감을 유지하여, 다른 주요국과 함께 맹목적으로 '좌향우회전'하는 것을 피해야 한다.

기왕 국제무역이든 경제 글로벌화든 결국은 제로섬 게임이 아니므로 민족주의와 포퓰리즘 정치의 영향 아래에서의 보호무역주의와 탈글로벌화 정책은 모두 전세계 복지의 순손실을 야기하고 참가 각 방면에 상해를 입힌다. 미국이 발기하여 끊임없이 격상되는 무역마찰에 직면하여 반제를 포기하고 앉아서 죽기를 기다리는 것은, 물론, 상대방에 직면하여 무역전쟁을 일으키는 통상적인 방법은 아니며, 더욱 발전도상대국으로서의 중국의 소행은 아니다. 환언하면, 중국의 세계경제와 경제 글로벌화에 대한 공헌은 여기에 있지 않다. 중국은 전 세계의 규칙과 질서를 유지하고 세계 경제를 안정시키는 방면의 행동은 모두 견지하고 개혁개방을 확대해야 한다. 지난 40년간의 경험으로부터, 중국은 개혁과 개방이 모두 진정한 금과 은, 심지어 즉각적인 보너스를 가져다 줄 수 있다는 것을 알았으며, 즉 잠재성장률을 높이는 데 도움이 된다. 외부 압력은 약해지지 않을 것이고 오히려 우리가 더욱 개혁과 개방의 절박감을 증강시킬 뿐이다.

사실, 어떤 나라도 탈글로벌화 흐름 및 어떠한 관련 전략으로부터 정말로 이익을 얻을 수 없고 다만, 다른 나라들로서는 서로 다른 시간을 들여서 이 점을 인식해야 한다. 이 '시행착오'의 시기에는 협력의 기회의 창구가 여전히 존재하고, 모든 참여 주체가 Tiebout effect에 따라 이익을 추구하여 해를 피하는 경향이 있다. 이 효과는 대외협력의 거시정책 환경을 개선함으로써, '발에 의한 투표'에 능한 잠재적 협력자 '가까이 있는 자는 즐겁고, 멀리 있는 자는 온다'고 창조함으로써, 글로벌화의 미시적 기후를 창조하는 것이다[1]. 따라서, 더욱 높은 전략적 안목을 가지고, 진지를 안정시키고, 선의로 대하며, 비록 일방적으로 더 좋은 경제 협력 조건을 창조하더라도, 여전히 경제 글로벌화가 저조할 때, 중국은 계속해서 거기에서 이익을 얻을 수 있다.

둘째, 중국이 세계경제에서 나날이 상승하는 지위를 이용하여 세계경제무역규칙의 개혁에 적극적으로 참여하고, 글로벌 거버넌스에서의 발언권을 높이며, 많은 개발도상국, 특히 신흥경제국들의 권익을 공유하는데 유리한 원칙에 따라 글로벌화의 방향과 규칙을 조정하고, 글로벌 시장의 새로운 기회를 포착한다.

탈글로벌화의 구체적인 조치 중 하나는, 미국을 비롯한 서방 국가들은 대부분 이미 여기에 참여하고 있는 일체화 메커니즘을 성찰하거나 심지어 다시 선택하거나, 이미 서명하거나 심지어 실행한 협의에 대해 재협상을 진행하거나, WTO 규칙에 대한 개혁을 계획하고 있는 것이다. 확실히, 이러한 재선정, 재협상 및 개혁은 선진국으로 이익을 더욱 기울이는 것을 목적으로 하고 있으며, 중국, 신흥경제국 및 기타 개발도상국도 중도에서 위기를 기회로 바꿀 수 있으며, 이번 기회에 세계 경제 거버넌스에서 자신의 발언 지위를 높이고 자신의 합리적인 권익을 쟁취할 수 있다.

또한 서방국가들이 정치와 정책적으로 글로벌화의 발전을 억제하는 일부 관행이 비록 사람들이 트럼프의 정책을 관찰하는 것처럼 자본 소유자의 이익에 더욱 기울어질 가능성을 배제하지는 않지만, 일부 혹은 어느 정도 다른 상황이 나타날 가능성도 있고 즉, 공업국가의 중위소득과 저소득층의 요구에 회피할 수 없는 응답으로서 무역분쟁의 해결, 무역협정의 재협상, WTO 개혁 등의 새로운 글로벌화의 틀은 다국적기업의 기득권을

---

[1] Charles M. Tiebout, "A Pure Theory of Local Expenditures", *The Journal of Political Economy*, Vol. 64, No. 5, 1956, pp. 416-424.

억제하고, 일반 노동자와 소비자의 이익을 중시하는 결과를 낳음으로써, 그 국내 소득격차가 너무 커서 중저소득 가구의 소비력 부족을 다소 개선할 수 있다.

이렇게 하면, 한편으로는 무역 분쟁의 격렬함을 완화시킬 수 있고, 다른 한편으로는 새로운 수요 기회를 제공할 수 있다. 만약 기회를 놓치지 않고 자신의 비교 우위에 상응하는 비즈니스 기회를 포착한다면, 중국과 신흥 시장 경제는 새로운 무역과 투자 기회를 얻을 수 있다.

셋째, 중국 경제 내외의 연동을 촉진하고 대외 개방의 새로운 구도를 열어 각국이 공유, 상호 호혜호리의 경제 글로벌화에 유리한 신성장점(또는 기폭점)을 조성한다. 맥길리프레이는 글로벌화 역사상 출현한 4개의 10년 단위로 지구를 현저하게 축소시킨 상징적인 사건을 열거하였는데, 글로벌화의 기폭점으로서 각각 1490-1500년 이베리아가 세계를 분할한 것, 1880-1890년 영국국제제고점, 1955-1965년 인공위성세계 및 1995-2005년 글로벌 공급사슬을 들 수 있다[1]. 그는 또한 다음 기폭점은 소위 '열력 글로벌화' thermo- globalization 즉, 전 지구 기후 변화를 초점으로 하여 세계적인 협력의 광범위한 전개가 가능하여 새로운 글로벌화의 고조를 불러일으킬 것이라고 예측하였다[2].

중국이 전 세계에 제기한 '일대일로' 이니셔티브는 오래된 육지와 해상

---

[1] Alex MacGillivray, *A Brief History of Globalization: The Untold Story of Our Incredible Shrinking Planet*, London: Robinson, pp. 19-21.

[2] 기후변화협력이 새로운 글로벌화의 기폭제가 될지는 아직 알 수 없지만 이 글로벌 이슈를 둘러싼 협력은 글로벌화를 지키고 추진하는 역할을 할 것이다. 2016년 9월 3일 전국인민대표대회 상무위원회는 베이징에서 2020년 이후 세계 기후 거버넌스 구도를 형성하는 데 도움이 되는 〈파리 협정〉을 승인했다. 같은 날 시진핑 중국 국가주석은 버락 오바마 미국 대통령, 반기문 유엔 사무총장과 함께 항저우에서 비준문 제출식을 가졌다. 트럼프가 등장해 탈퇴한 뒤에도 중국은 계속 이 협정을 이끌고 밀어 붙였다.

실크로드라는 역사적 기호를 차용하여 연선국가와의 경제 협력 동반자 관계를 발전시키고, 정치 상호 신뢰, 경제 융합, 문화 포용 공동체를 건설하는 것을 목적으로 하며, 글로벌화의 본질적 내의를 구현하고, 참신한 글로벌 거버넌스 틀을 구축하는 데 착안하여 새로운 글로벌화의 기폭점이 될 것으로 예상된다.

이 제안은 중국 경제 발전의 내외 연동에서 착안하여 국제 범위 내에서 인프라 건설로 실물경제와 생산능력의 합작을 촉진하고 투자와 무역 관계를 발전시킨다. 세계 경제는 일찍이 몇 차례 비교우위에 따라 동태적으로 발생하는 기러기식 산업의 이동이 나타나서 중국은 대국의 경제특징을 가지고 있기 때문에 기러기 패턴은 먼저 연해지역에서 중서부 지역으로의 국내판을 경험하기로 결정했고 이어서 '일대일로' 건설을 통해 그것을 국제판으로 밀어낼 수 있다[1].

글로벌화 거버넌스체계가 아직 근본적으로 변화하지 않았으며, 또한 현행 구도가 장기간 존재할 가능성이 있는 조건 하에서, '일대일로' 이니셔티브 및 부속 아시아 인프라 투자은행 등의 추진방식은 현행 글로벌화 구도 중 신흥경제국과 기타 개발도상국의 이익을 등한시하는 결함을 보완할 수 있다. 참가 각 방면에서 서방 주도의 글로벌화보다 각국의 공동 이익에 더 관심을 갖고 서방 강대국으로 하여금 현행 규칙의 보완으로서 도전이 아니라고 믿게 하기 위해서는 전략적인 방면에서 실용적 단계에 이르기까지 기대목표가 명확하고, 단기수확과 장기성과의 결합, 실시절차가 긴밀하게 맞물려 실행중에 변형되지 않는 전체적인 메커니즘설계가 필요하다.

넷째, 자신의 일을 잘 하고, 경제 체제 개혁을 확고히 추진한다. 40년

---

[1] Cai Fang, *Demystifying China's Economy Development,* Beijing, Berlin, Heidelberg: China Social Sciences Press and Springer-Verlag, 2015, Chapter 4.

의 개혁개방은 중국 인민들에게 개혁개방 배당금이 진짜 금과 은이라고 충분히 믿게 하였다. 이 점 또한 갈수록 정책결정자에게 이해시키고, 예를 들면 중앙정부가 방관복(간소화된 행정과 방권, 방관 결합, 서비스를 최적화하다), 상사제도 개혁을 추진하는 것은 모두 경제 성장에 대한 긍정적인 효과에 대한 자신감을 나타냈다. 다른 한편으로, 자극적인 정책의 효과가 현저하게 약화된 것도 정책 입안자들에게 인식되고 있다. 따라서, 무역전쟁의 격화 기대치가 성장 속도에 충격을 주는 가운데, 구조 개혁의 절박감이 오히려 강화되었다. 예를 들어, 최근 각종 개혁조치의 밀집 배치와 적극적인 추진, 개혁조치의 표적성(잠재성장률을 높임)도 강화되고 있다. 연구에 따르면 2010년 이후 인구배당금이 빠르게 사라짐에 따라 노동력 공급, 인적자본 개선, 자본수익률, 노동력 재배치 효율 등의 성장요인이 모두 약해지는 추세이고, 따라서 중국의 경제 둔화는 공급측 요인에 의한 잠재성장률 하락이다. 정부가 물샐틈없는 관개 자극을 하지 않는 것은 실질성장률이 잠재성장률을 웃돌지 않도록 해야 한다고 거듭 강조하고, 정부가 공급측 구조개혁을 적극적으로 추진하는 것은 생산요소 공급과 생산성 향상 방면에서 잠재성장률을 높이려는 의도다.

미국의 일방주의 행위에 직면하여 중국의 가장 근본적인 방책은 바로 개방을 확대하고, 각종 형태의 보호주의 조치를 반대하고, 저항하는 것이다. 비록 글로벌화가 역풍을 맞지만, 세계경제의 구도와 형세는 여전히 나에게 유리하다. 예를 들어 1990~2017년 미국 경제의 전 세계 비중은 23.9%에서 21.6%로 떨어졌고, 개발도상국 GDP는 22.0%에서 35.3%로 높아졌으며, 미국 제조업 비중은 15.9%에서 11.6%로 더 낮아진 반면 중국은 2017년에도 29.3%나 됐다. 중국이 '내향적'으로 돌아가거나 '디커플링'을 받아들이기보다는 세계경제와의 긴밀한 관계를 강화하기 위해 충분한 신뢰와 확실한 방안을 가지고 있어야 한다는 것을 알 수 있다.

마지막으로, 신발전이념을 실천하여 경제 글로벌화에 참여하여 창조적 발전을 최대한 촉진하고, 또한 공유 발전을 통해 전체 중국 인민에게 이익을 얻게 한다. 중국이 개혁개방 기간 동안 글로벌화 기회를 충분히 이용할 수 있는 것은 국력을 대폭 향상시킴과 동시에 도시와 농촌 거민에게 분명히 이익을 가져다 줄 수 있는 근본적으로는 이 시기의 추월형 경제성장에 의해 공유 이념을 구현하였다.

세계경제가 새로운 평범함에 접어들어 심지어는 탈글로벌화 추세가 나타날 수도 있는 조건하에서 중국의 경제 발전도 루이스의 전환점을 뛰어넘었고 인구배당금이 없어짐에 따라 노동집약형 산업의 비교우위가 뚜렷하게 약화되고, 성장속도의 둔화, 성장동력의 전환과 성장모드의 전환을 특징으로 하는 뉴노멀에 들어섰다. 이 발전단계에 있어서, 경제 성장은 필연적으로 미시적 주체의 혁신과 산업 구조의 업그레이드를 수반하며, 요소 투입 구동에서 전요소생산률에 이르는 구동을 실현한다.

성숙한 시장경제국가에서 기업간의 경쟁을 통해 우승열패를 실현하면 전체적으로는 전요소생산성 향상시키는 목표를 달성할 수 있다. 중국이 진입하는 발전단계에서는 노동력 자원의 재배치와 같은 대규모 효율개선 기회도 줄어들 것이고, 생산성 향상의 원천은 갈수록 '창조적 파괴'에 의존한다. 그러나 다른 생산요소와 달리 노동요소의 운반체인 사람은 그 자체로 사회정책의 보호를 받을 뿐만 아니라 생산성이 향상된 성과를 공유해야 한다. 미국의 교훈도 노동시장 제도 등의 사회보호 메커니즘이 건전하지 않으면, 일반 노동자가 혁신에서 '패자'가 되어 경제 글로벌화에 충분히 참가하고, 국민 경제가 발전하며, 기업 전체가 경쟁력을 획득하더라도, 이를 공유 발전이라고 부를 수 없다는 것을 보여준다.

따라서, 사람 중심의 발전사상에서 출발하여 반드시 경쟁을 강화함과 동시에, 정부가 재분배를 실시하는 힘을 크게 하여, 사회정책의 밑그림을 견지하여, 일반 노동자와 중저소득 가정이 혁신 발전의 속도를 따라갈 수 있도록 하여, 새로운 글로벌화의 승자가 되어야만 비로소 전 국민이 공유하는 전면적인 소강 사회를 실현할 수 있다.

6. 맺음말

중남미 국가의 정치적 전향을 겨냥해 피녜라_{Miguel Juan Sebastián Piñera Echenique} 전 칠레 대통령이 "좋은 시절 국가는 왼쪽으로, 나쁜 시절 국가는 오른쪽으로"라고 말한 것으로 전해진다. 분명히, 어느 방향으로 향할지 정해진 것은 아니었다. 투자은행 배경의 베스트셀러 작가인 샤르마는 국가정치는 위기가 개혁을 낳는다 - 개혁이 번영을 가져오고-번영이 자만심을 낳는다-자만심이 개혁을 죽이고 또 다른 위기를 초래하는 순환을 따르는 경향이 있다고 자신의 연구로 풀이했다[1].

그러나, 디킨스의 말처럼, "이것이 가장 좋은 순간이고, 이것은 가장 나쁜 순간이다"라며, 어떤 역사적 순간이 좋은지 나쁜지를 판단하는 기준은 서로 다르고, 종종 어진 사람은 어진 사람을 보고 지혜로운 사람은 지혜를 본다. 또한, 과격한 정치 정서가 지배하고, 평화적인 마음가짐이 부족하고, 정책 집행의 형평성이 부족하기 때문에, 권력자가 개혁을 실행하려고 해도 실제로 추진하기가 어렵다. 예를 들어, 유럽에서는 노동력시장의 유연성을 높이기 위한 개혁이 일부 노동자들의 일자리 상실로 이어질 수 있기 때문에 어떻게 그러한 개혁이 그들의 지지를 받을 수 있겠는가?

결론적으로, 중남미 국가와 서방 국가를 결합시켜 관찰하면, 민의나 표의 유도를 받는 정치상의 시좌시우, 혹은 좌 혹은 우를 후퇴라고 부르든지, 개혁이라 부르든지, 실제는 광의에 있어서 포퓰리즘의 범람에 관한

---

[1] Ruchir Sharma, "Thanks to Economic Turmoil, Left-wing Latin American Countries Are Turning Right", *Time*, Vol. 187, No. 23, 2016.

정의에 부합한다. 관건은 국가의 정치나 정책이 매번 반복되는 가운데 진보하는 것인지, 아니면 시시포스Sisyphus의 불가능한 사명만 되풀이하는 것인지 여부이다.

경제 글로벌화는 확실히 '양날의 칼'이고, 적절한 이념과 효과적인 메커니즘으로 거버넌스할 필요가 있다. 자유무역도 좋고, 경제 글로벌화도 좋고, 그것의 순조로운 발전을 추진해야 하며, 국제 각도에서 정확하고 각국의 합의를 얻는 의리관이 인도되어야 하며, 국내 각도에서 보면 더욱 포용적인 경제 사회정책과 협력해야 한다. 글로벌화 거버넌스 및 국내 재분배 정책과 같은 공공재에 대하여 중국 고대 철학은 "국가는 이익이 되지 않고, 의리는 이익이 된다"고 강조하였다. 무역 전쟁의 폐해와 자신을 해치는 성질의 현현에 따라, 각국은 특히 무역 전쟁을 일으킨 국가는 반드시 자신의 글로벌화에 대한 인식을 성찰해야 하며, 더욱 포용적인 발전 이념과 국내 정책으로 돌이킬 수 없는 글로벌화 속에서 이익을 실현하고 해를 회피해야 한다.

성공의 경험을 총결산하는 각도에서나 혹은 실패의 교훈을 흡수하는 각도에서, 지난 수십 년 동안의 경험은 모두 글로벌화가 모든 국가 및 한 나라의 전체 주민에게 균등하게 이익을 가져다 줄 수 있는지를 보여 주고, 이는 충분히 글로벌화가 큰 파이를 만들 기회를 잡을 뿐만 아니라, 글로벌화를 잘 다스리고 국가를 잘 다스려 합리적으로 파이를 분배하는 방법에 있다. 중국은 지난 번 경제 글로벌화의 참가자가 되었지만, 오히려 규칙의 제정자가 아니다. 예상중의 새로운 글로벌화의 고조 속에서, 중국도 반드시 더욱 중요한 선도 작용을 발휘하고 동시에 촉진자와 규칙 제정자가 될 것이다.

중국 특색 사회주의 민주제도는 글로벌화의 새로운 추세에 대응하기 위한 정치적 보장을 마련하였으며, 개혁개방의 성공적인 실천 또한 인식, 적응 및 새로운 글로벌화를 선도하는 경험을 제공하였다. 중국이 끊임없이 상승하는 글로벌 경제지위와 거버넌스 언론권은 망자존대자본이 되지 않을 뿐만 아니라, 스스로 고수하는 구실이 되어서는 안 되며, 더욱 강한 국제책임감, 더욱 넓은 글로벌 비전과 더욱 높은 옥상옥의 대응책의 초석을 형성하여 글로벌화를 촉진함과 동시에 국내 공급측의 구조개혁을 실질적으로 추진하며, 생산성 향상과 사회보호 강화의 효과적인 결합을 미래의 글로벌화 그 자체 및 중국이 글로벌화의 실천에 참여하게 하여 더욱 포용성과 지속가능성의 요구에 부합하게 된다.

제13장

글로벌 공공재 공급과 중국 방안

1. 머리말

여기서 논의되는 주제는 '킨더버그 함정'과 '이스털리 비극'으로 요약된다. 두 명의 저명한 국제 개발 경제학자로서, 킨더버그는 개발과 관련된 함정을 세우지 않았고, 이스털리도 개발의 비극을 만들지 않았다. 이른바 킨더버그 함정이란 미국의 싱크탱크 학자 조셉·나이Joseph Nay가 다시 제기한 개념으로, 일찍이 세계 지도자의 지위를 가진 대국이 쇠락할 때에, 신흥 대국이 힘이 없거나 필요한 국제 공공재품을 제공하기를 원하지 않기 때문에, 세계 거버넌스의 리더십이 진공상태가 되는 국면을 가리킨다[1].

킨더버그는 가장 먼저 이 명제를 제시하였는데, 바로 미국이 영국을 대

---

[1] Joseph S. Nye, Jr., "The Kindleberger Trap", Jan. 9, 2017, https://www.project-syndicate.org/.

신하여 세계의 패권자로서의 지위를 얻었으나, 미처 따라오지 못하고 영국이 전 세계의 공공재를 제공하는 작용을 발휘하지 못하여 1930년대의 '재앙의 10년'을 초래하였다고 보았다[1]. 길핀도 그 주장에 동의했지만, 정치적 또는 지배자의 국익적 관점에서 문제를 인식하는 것을 더 강조했다[2]. 내는 중국의 부상과 미국의 쇠락 및 그로 인해 야기될 수 있는 '투키디데스의 함정'의 조바심에 대해, 킨더버그 함정으로 설명하면, 마찬가지로 걱정해야 할 것은 글로벌 공공재 공급을 충분히 제공할 힘이 없거나 원하지 않는 신흥 강대국인 중국이다.

이 현대판 킨더버그의 함징에 대해, 내 본인을 포함한 서양의 싱크탱크 학자들이 내뱉는 견해와 명언하지 않은 암묵적인 대사는 두 가지 의미를 갖는다.

하나는 부상하는 중국을 글로벌 공공재 공급자로서의 옵션에서 배제하기를 바라는 것이다. 편견에서든, 입장에서든, 그들은 중국이 현재 존재하는 게임의 규칙을 바꾸고, 글로벌 거버넌스를 원패주의 국익과 부합하지 않는 방향으로 이끌 것이라고 생각한다. 일반적으로 국제 정치학자들은 말하는 것이 있든 없든 간에 그러한 견해를 가지는 경향이 있다.

다른 하나는, 중국이 전 세계의 공공재 공급 문제에 있어서 순수한 무임승차자가 될 것을 우려한다. 그들은 중국이 기존의 글로벌 거버넌스 모델의 이득자이며, 책임과 (화폐로 측정하든 다른 방면의 이익 희생으로 측정하든) 이득의 정도는 매우 비대칭적이고, 결과적으로 전세계 공공재 공급 부족의 국면을 초래한다. 일반적으로 경제학자들은 태생적으로 이러한 관점의 보유자가 되기 쉽다.

투키디데스의 함정이 대국관계를 창조적으로 처리해야 함을 시사하는

---

1 [미]찰스·킨들버그: 〈1929-1939년 세계 경제 불황〉, 상하이번역출판사 1986년판.
2 [미]로버트·길핀: 〈국제관계정치경제학〉, 경제과학출판사1989년판.

역사의 거울이 제공되었듯이, 킨더버그 함정도 그 참고가치를 가지고 있다. 그러나 이 개념은 세계경제 성장에 대한 해석이 분분한 경제학 가설이 서로 일치하지 않는 것 외에, 또한 그럴듯하고, 말이 분명하지 않으며, 전통 편견으로 가득 찬 결함이 있다[1].

먼저 전세계 공공재료가 어떻게 정의되는가에 관한 것이다. 국가가 한 국가 내에서 제공하는 공공재료는 분명히 전세계 정부 조건이 없는 전세계 공공재와 비교할 수 없다. 패권국가도 좋고, '안정자'도 좋고 단지 유일할 뿐 아니라 이익에 의해 움직이는 이상, 결국 가장 많은 국가의 이익과 그 요구를 반영할 수 없고 공공재료는 어떻게 말할 것인가?

두 번째는 정말 역사상 단일 국가가 글로벌 공공재를 효과적으로 공급하던 시대가 있었는지를 물어야 한다. 실증연구는 과학적인 방법론을 필요로 하는데, 선입견에서 출발해서는 안 되며, 주관적이고 독단적으로 이것을 기껏해야 좋고 나쁨이 반반인 세계라 할 수 있거나, 공적이 공공재로 귀속되거나, 혹은 공공재가 부족하다고 탓할 수 있다.

마지막으로 현대세계의 문제는 도대체 어디에 있는가, 어떤 공공재가 진정으로 필요한 및 어떻게 제공하는가. 신흥시장국가와 개발도상국이 나날이 전세계 경제 성장의 주요 공헌자가 되고 있는 상황에서 전통적인 글로벌 거버넌스 모델은 날로 점점 더 어려워지고 있어 공공재의 공급이 수요를 벗어나고 전통적인 글로벌 공공재 공급 모델에 대한 개혁을 의미하며, 이미 현실적이고 절실한 과제가 되었다.

시진핑 주석은 2017년 세계경제포럼 연차총회 개막식의 기조연설에서 세계경제분야에 존재하는 두드러진 모순을 지적하며, 각각 (1) 글로벌 성장동력이 부족하여 세계경제의 지속적이고 안정적인 성장을 지탱하기 어

---

[1] 1929년 대공황에 대한 킨더버그의 설명은 경제학계의 수많은 가설 중 하나일 뿐이다. 주류적 관점으로 옳고 그름을 판단할 일은 아니지만 전략적으로 중요한 개념(킨더버그 함정)을 이 가설의 정확성 위에 세우는 것은 기초가 튼튼하지 못하다.

렵고, (2) 글로벌 경제관리가 늦어져 세계경제의 새로운 변화에 적응하기 어렵고, (3) 글로벌 발전이 균형을 잃어서 사람들의 아름다운 생활에 대한 기대를 충족시키기 어렵다고 말했다[1]. 만약 오늘날 세계경제가 직면한 이 세 가지 문제 중 처음 두 가지 문제 즉 성장문제와 거버넌스문제, 각각 금융위기 이후의 세계경제구조의 변화가 가져온 새로운 도전이라면, 마지막 문제 즉 발전 혹은 빈곤문제는 글로벌 거버넌스에서 가장 오래된 문제이며, 충분한 오랜 역사를 가지고 있으며, 하나의 축소판으로 우리가 과거 글로벌 공공재 공급모델의 결함소식을 인식하고 우리가 어떤 변혁을 기대해야 하는지를 제시할 수 있다.

그리고 이 세 번째 문제는 발전의 목적에 관한 이 근본이념의 문제이기 때문에 앞의 두 문제와도 밀접하게 관련되어있다. 따라서 우리는 먼저 킨더버그의 함정에 대한 대체개념인 '이스틀리 비극'을 제시한다. 그의 저서에서, 전 세계은행 경제학자 이스틀리는 세계의 가난한 사람들이 두 가지 비극에 직면한다고 말했다. 첫 번째 비극은 모든 사람이 다 안다, 즉 전 세계 수억 명의 사람들이 극도의 빈곤에 처해있다, 개발 원조를 간절히 원한다. 그러나 많은 사람들이 피하고 있는 두 번째 비극은 수십 년 중 선진국이 수조 달러의 계산적인 원조를 투자했지만, 효과가 매우 미미하다는 것이다[2].

더욱 일반적인 의의로 보면, 경제 성장, 경제 글로벌화 및 기술 진보는 의심할 여지없이 발전을 촉진하는 큰 파이를 만드는 효과를 가지고 있다고 여겨진다. 그러나 이로 인한 발전은 기대의 낙수효과를 낳지 못하고, 큰 파이를 어떻게 국가간과 국내간에 균등하게 나눌 수 있는지, 전체적으

---

[1] 시진핑:〈시대책임을 공유하고 글로벌 발전을 촉진한다-세계경제포럼 2017년 연차총회 개막식 기조연설〉,〈인민일보〉2017년1월18일.
[2] [미]윌리엄·이스털리:〈백인의 부담-왜 서방의 원조가 미미한가〉, 중신출판사2008년판.

로 볼 때 국제 및 국가면에서는 모두 문제를 해결하지 못하고 있다.

아이처럼 왕이 실제로 옷을 입지 않았다는 것을 지적할 수 있는 바로 이스털리라는 전통적인 글로벌 거버넌스 기구의 반역자이기 때문에, 우리는 '킨더버그 함정'보다 더 표적적인 글로벌 거버넌스 어젠다로 "이스털리의 비극"이라 불리는 전통 모델 하의 세계적인 빈곤의 보편적이고 완고한 존재에 전세계 공공재를 공급한다.

시진핑 주석은 연설에서 국제적십자사 창립자 뒤난의 말을 인용하며 "진정한 적은 이웃나라가 아니라 굶주림, 가난, 무지, 미신, 편견"이라고 한다[1]. 빈곤층의 빈곤과 거버넌스모형의 빈곤은 동시에 존재함을 알 수 있으나, 다만 후자는 '무식, 미신, 편견'으로 나타난다. 그러므로, '함정' 명제에서 '비극' 명제로의 전환은, 우리가 세계 경제가 직면한 도전에 더 잘 대답하고, 전통적인 글로벌 거버넌스 모델, 특히 글로벌 공공재 공급 모델의 결함을 인식하도록 도울 수 있으며, 따라서 세계 경제가 문제에 직면하는 원인과 효과적인 해결의 길을 찾을 수 있다.

중국의 40년 개혁개방 발전 나눔은 동시에 큰 케이크를 만들고 좋은 케이크를 나누는 성공적인 경험을 제공했다. 1978-2017년 기간에 중국의 GDP 총량은 실제 34배 증가하였으며 노동생산성의 17배 향상으로 뒷받침되었다. 1인당 GDP는 실제적으로 23배 증가하였으며, 도시와 농촌 주민의 실제 가처분소득은 거의 23배 증가하였으며, 총체적으로 양자간의 동기를 실현하였을 뿐만 아니라 인류 발전사에서 개혁개방 시기의 중국에서는 처음으로 최단 시간 내에 전례 없는 인민생활의 질 개선을 실현하였다는 것을 표명하였다.

공자는: 40불혹. 중국의 개혁개방발전과 나눔의 역정을 전 세계 시야

---

[1] 시진핑: 〈시대책임을 공유하고 글로벌 발전을 촉진한다-세계경제포럼 2017년 연차 총회 개막식 기조연설〉, 〈인민일보〉2017년1월18일.

에서 관찰하고 분석하여 중국의 경험과 중국이야기를 이론차원의 중국지혜로 끌어올려 중국방안의 글로벌 의의를 드러내면, '킨더버그 함정'과 '이스털리 비극'에 대한 정면대답으로 삼을 수 있다. 이 장은 이 목표아래서 초보적이고 아마도 조잡한 시도를 할 것이다.

2. 어떠한 글로벌 공공재인가?

세계 공공재의 수요와 단일 패권국가의 제공자에 관한 이 화세는 아래의 조건하에서만 의의가 있다. 첫째는 글로벌화의 형성이다. 비록 글로벌화의 출현시기는 무한히 거슬러 올라갈 수 있지만 적어도 15세기에서 17세기까지는 유럽인의 선단이 세계해역에 보편적으로 출현하는 것을 특징으로 하는 지리대발견시대에 글로벌화는 현상급이 될 것이라고 일반적으로 여겨진다. 둘째는 공업 혁명의 발생이다. 예로부터 많은 민족은 식민지를 확장하거나 심지어 개척하는 행위를 하였고, 오직 생산력이 실질적으로 향상되는 시대에서만 보편적인 해외 탐험, 개발 및 식민 거버넌스의 확대는 비로소 전세계적인 성격을 가지게 되었다. 세 번째는 어떤 단일 국가가 예를 들면 경제 총량과 군사력 하드파워 방면, 문화영향과 발언권 등의 소프트파워 방면에서 유일하거나 지배적인 세계의 영향력을 가질 수 있다는 것이다. 물론 이러한 영향력은 패권국가의 지위를 가지고 서로 촉진되고 상호 강화된다.

따라서, 경제 총량, 1인당 소득, 지역 규모는 여전히 한 국가가 패권국가가 되거나 혹은 그 지위를 상실하는 유일한 기준을 구성하기에 충분하지 않다. 예를 들어 1820년까지 중국의 GDP 총량은 여전히 세계 1/3를 차지하며, 청나라 제국의 강역도 중국 역사상 가장 광대한 시기에 있다. 그러나 생산력의 발전, 1인당 소득 및 개방수준으로 미루어 볼 때, 중국은

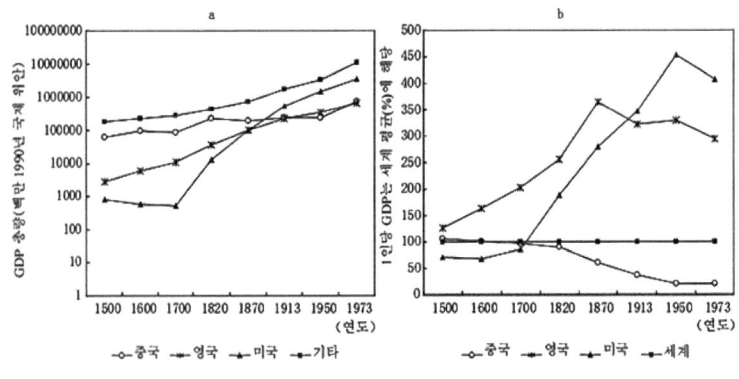

그림 13-1 경제 총량과 1인당 소득의 국제 비교

참고: 그림 13-1-a의 세로축은 로그 형식을 채택하고 가로축이 나타내는 연도 간격은 등거리가 아니라는 점에 유의한다.
자료출처: 앵거스·매디슨: 〈세계 경제 밀레니엄 통계〉, 베이징대학교출판사2009년판, pp. 266-267, 270-271.

분명히 패권국가의 지위와 거리가 멀고, 그 이후 점점 더 멀어지고 있다.

또한 오스만제국은 지리적으로 아시아, 유럽, 아프리카의 세 대륙에 걸쳐 있어 군사적으로는 서유럽국가에 도전하는 힘을 가지고 있어 문화적으로는 이슬람세계와 기독교세계에서 영향력을 가지고 있다. 그러나 그 경제규모와 1인당 소득수준으로 볼 때, 1820년 터키의 GDP는 세계의 1% 미만이고, 1인당 GDP도 세계 평균보다 낮으며, 패권자 노릇을 할 자격을 갖추지는 못할 뿐만 아니라, 세계 경제에서의 낙오자라고 할 수 있다.

산업혁명의 고향으로서, 세계에서 식민 거버넌스를 행하는 범위, GDP 총량과 1인당 수준 등의 조건(그림 13-1), 특히 그것이 세계 경제 정치에서 실제로 발휘하는 역할을 종합하여 볼 때, 영국은 적어도 19세기 중반 이후에 유일한 세계 패권국 지위를 가지게 되었다.

매디슨 데이터에 따르면 미국은 1870년 이후 경제 총량에서 영국을 추월했고(그림 13-1-a), 그러나 1인당 GDP가 국가의 부유함, 혁신능력, 생산성 수준을 대략적으로 나타낼 수 있다면 이를 고려하고 역사적 사실과 결합하여 사후판단을 하여 미국이 영국을 대신하여 유일한 패권국가가 될 수 있는 능력을 갖춘 것은 20세기 초까지 늦춰야 한다(그림 13-1-b). 동시에, 영국의 패권은 적어도 제1차 세계 대전이 끝날 때까지 유지되었다.

킨더버그는 국제 공공재를 주로 다음과 같은 방면으로 규정하였고 즉, 평화를 유지하고, 개방적인 무역체제를 유지하며, 국제 거시경제 관리 기구와 메커니즘을 형성하였다. 그는 단지 후자의 두 방면에서 논술을 전개하였다. 예를 들면, 개방된 무역체제를 유지하기 위해서, 그는 예를 들면, 공해에서의 항해의 자유, 재산권의 명확한 정의, 국제 통화와 고정 환율과 같은 공공재의 요구를 들었다. 국제 거시 경제 정책 방면에서, 그는 경제학자들과 국제 정치학자들의 토론을 종합했고, 예를 들어, 초국가적 차원에서 교통 규칙과 같은 제도 체계를 형성하는데, 여기에는 충분한 합의를 가진 원칙, 준칙, 결정 절차 등이 포함된다. 평화 수호라는 국제 공공재는 그는 펼치지 않았다[1].

킨더버그는 경제학자로서 주제를 부각시키기 위해서든 의도적으로 장점을 발양하고 단점을 회피하기 위해서든, 일부 문제를 강조하기 위해서 다른 문제를 소홀히 하는 것은 어쩌면 그럴듯할 수도 있다. 그러나, 예를 들면 국제 범위의 빈곤문제와 그 다스림에 대해서는 한 마디도 언급하지 않았지만, 상상하기 어려운 누락이다. 분명히, 킨더버그의 시각은 냉전시대의 한계를 받아들였고, 개발도상국을 토론범위에서 제외시켰다.

이것은 우리가 세계 모든 지역을 포함하는 글로벌 시각에 근거해서 이른바 글로벌 공공재 공급 문제를 인식해야 함을 시사한다. 이에 따라 필

---

[1] Charles P. Kindleberger, "International Public Goods without International Government", *The American Economic Review*, Vol. 76, No. 1, March, 1986, pp. 1-13.

자는 후속 행문에서 킨더버그의 관심도, 즉 약간 언급한 (평화 문제)와 충분히 관심 있는 (거시경제 정책 문제)에 따라 각각 국제 공공재 공급 문제에 대해 토론을 진행할 것이다. 우리는 세계역사를 극히 간략하게 한번 돌아보면서 영국과 미국이 각각 어떤 세계적인 공공재를 제공하고, 어떤 방식으로 제공하며, 글로벌 거버넌스에 어떤 효과를 발생시키는지 살펴 볼 것이다. 킨더버그가 완전히 무시한 빈곤문제는 우리는 다음 절에서 전문적으로 토론할 것이다.

만약 서방국가의 입장에만 서 있지 않는다면, 마땅히 보아야 할 것은 식민거버넌스를 통해서든, 세계헌병이 되든, 영국과 미국의 패권적 지위는 그로 하여금 진정한 평화의 수호자의 기능을 수행하게 하지 않았다는 것이다. 유럽의 반프랑스 연합군이 워털루에서 프랑스를 대파하고 나폴레옹은 평생 세인트헬레나섬으로 유배된 이후, 영국은 강대강대한 해상 군사력, 끊임없이 확장하는 식민지 및 신기술로 생산력으로 바꾸어 나가는 능력으로 점차 세계 패권국가의 지위를 획득하였다.

그러나, 영국의 견인작용과 억지력이 정말로 평화에 이롭다면, 기껏해야, 유럽 내부의 전쟁과 충돌이 감소했다고 말할 수 있다. 동시에, 영국을 포함한 유럽 국가들은 아시아, 아메리카, 아프리카를 거버넌스하려는 목적으로 더 많은 전쟁을 일으켰다. 학자들의 귀납에 의하면, 1789-1917년 사이에 일어난 비교적 대규모의 전쟁에서 대략 2/3가 유럽 밖에서 발생하였다고 하는데, 여기에는 민족 독립을 쟁취하기 위한 전쟁이 포함되어 있다[1]. 이 방면에서 가장 잘 알려진 것은 영국이 1840년과 1858년에 중국에 일으킨 두 차례의 아편전쟁과 1857년의 인도민족대봉기를 진압한 전쟁이다.

유럽의 전쟁 혹은 유럽에서 시작된 두 차례의 세계 대전에 관하여 역

---

1 [영]닐·퍼거슨: 〈세계 전쟁과 서양의 쇠락〉, 광둥인민출판사2015년판, pp. 114-115.

사학자는 비록 여러 종류의 역사실 가정counter factuals을 할 수 있으나[1], 이러한 분석으로부터 얻어지는 대체적인 결과가 어떻든, 영국과 미국의 패권적 지위와 평화를 수호하는 공공재를 제공하는 방식은 전쟁이 근본적으로 회피될 수 있다는 가설을 부정하기에 충분하다.

예를 들면, 제1차 세계대전은 열강간들이 밖에서 아시아, 아프리카식민지를 쟁탈하고, 내에서 유럽의 소국영토를 내탈하고, 비밀협정과 맹약으로 외교중재를 하는 것이 효과가 없는 상황에서 발발한 전형적인 제국주의 전쟁이었다. 그러나 제2차 세계대전 전에 영국이 채택한 유화정책은 비록 그 제1차 세계대진 후의 국제징치경제와 군사력의 강하와 무관치 않지만, 공산주의를 제일의 위협으로 간주하여 소련의 부상을 억제하려는 강한 의도에 의한 불가피한 선택이었다. 그러므로 국제정치학자가 기대하는 평화를 지키는 국제 공공재의 실질과 제공방식에 관한 한, 혹은 그러한 공공재의 잠재적 제공자가 실제로 행하는 악인을 도와 나쁜 짓을 하는 역할에 관한 한, 어떤 '킨더버그 함정'이 존재함을 증명할 수 없다.

제2차 세계 대전 전후 지금까지의 세계 질서는 확실히 미국의 유일무이한 패권적 지위의 주도를 받았고, 그러나 의심할 여지없이 전쟁이든 평화든 간에, 비록 항상 유엔의 이름으로 하지만, 비록 결국은 미국과 그 동맹의 이데올로기와 국익을 구현하였을 뿐이다. 전반적으로 말하면, 미국이 이 방면에서 제공하는 국제 공공재는 장기간의 냉전의 방식으로 세계 평화를 '보호'하고 있으며, 사실 미국이 북대서양조약기구를 발기하여 설립을 발동한 것은 바로 동기로부터 바르샤바조약기구의 성립을 촉발시켰다. 이 구도를 뒷받침하는 것은 필연적으로 군비경쟁, 핵무기개발과 외공경쟁이며, 동시에 외지에서는 각종 국지전 빈도를 나타내어 결국 생령이

---

[1] [영]앤드루·로버츠: 〈히틀러 치하의 영국-만약 히틀러가 1940년에 영국을 침공했다면?〉, 닐·퍼거슨 편집장 〈가상 역사〉를 싣고, 중신출판사2012년판.

도탄에 빠진 것이다.

냉전시대 가장 유명하고 규모가 가장 큰 두 차례의 실전-조선전쟁과 베트남전쟁은 각각 3년과 20년 가까이 소요되었는데, 그 두 진영간에 세력범위를 다투는 성격에 착안하였기 때문에 미국은 제지를 하지 않았을 뿐만 아니라 오히려 주요 교전측이 되었으며 심지어는 제2차 세계대전 패전국인 일본과 독일이 헌법을 어기고 해외파병을 종용하였다. 이 두 차례의 전쟁은 사람의 생명, 경제민생, 국제관계 등의 방면에서 막대한 대가를 치렀으니 국제 공공재를 말할 필요가 있겠는가?

석유 동기에 의한 것이든, 테러를 명분으로 하여든, 미국이 직접 발동한 걸프전, 아프가니스탄전, 이라크전 등에 대해서는 모두 음의 공공재 public bads로 정의할 수 있다. 이스털리의 말대로 "새로운 군사 간섭은 냉전시대의 군사 간섭과 거의 같다. 신제국주의자와 구시대 식민자의 환상도 다르지 않다[1]."고 했다.

예를 들면, 미국이 테러를 이유로 발동한 아프가니스탄전쟁은 2001년부터 2019년까지 18년간 계속되어 이길 수도 없고 끊어질 수도 없다. 그 동안 버락 오바마 전 미국 대통령이 전쟁종료를 선언하고 철수를 보류할 때까지의 격렬한 비판과 신임 도널드 트럼프 미국 대통령의 취임전 결정까지의 깊은 개입과 재배치는 전통적인 패권관념이 자동적으로 사라질 수 없다는 것을 증명하고 있으며, 또 어떠한 평화유지 효과도 달성할 수 없다는 것을 증명하고 있다.

할리우드 영화 〈전쟁기계〉의 한 구절인 외음은 미국이 직면한 이 모순된 상황을 가장 형상적으로 드러낸다: 아, 미국. 당신은 부르자마자 뼈대이고 당신은 세계에 평화와 선의를 가져다주는 사자이다. 당신이 이길 수

---

[1] [미]윌리엄·이스털리: 〈백인의 부담-왜 서방의 원조가 미미한가〉, 중신출판사2008년판.

없는 전쟁을 하고 있을 때 당신은 어떻게 해야 하는가? 물론, 당신은 이길 수 없는 그 남자를 철수시키고 다른 한 남자를 재장전시켰다. 2009년, 그 전쟁은 아프가니스탄이었고, 다른 한 사람은 그린이었다[1].

강대국들의 국방 이익에 봉사하는 이러한 외교 정책과 국제 전략은 마찬가지로 영국과 미국 양국이 세계 거시경제의 안정을 유지하는 방면에서 공공재의 공급과 그 방식을 결정한다[2]. 확실히, 해외무역의 확대와 경제자유주의(영국)의 제창과 다국적기업의 방식으로 경제확장(미국)을 실시하는 과정에서, 영국과 미국 양국은 전력을 다하여 거시경제 안정을 지키기 위한 일련의 글로벌 거버넌스 메커니즘을 확립하는데, 예를 들면, 영국이 금본위제와 고정환율제의 건설을 추진하였고, 미국이 주도하여 브레튼 우즈 체제를 건설·운영하였으며, 달러 패권을 행사하였다.

이러한 메커니즘은 양패당의 국익을 증진시킴과 동시에 세계 경제 질서를 일정 부분 안정시키는 작용을 한다. 그러나 이러한 사실은 킨더버그 함정 가설을 지지하지 않는다.

첫째, 이전의 단일 패권국가는 전세계 공공재 공급의 패턴을 주도하였으며, 또한 세계경제 및 각국 경제의 안정을 효과적으로 보호하지 못하였다. 예를 들면, 반복적인 국가 및 세계적인 경제위기의 근원이 도대체 어디에 있는지, 어떻게 통제하고 심지어 근절하는지에 대하여 지금까지 공인된 이론과 성공의 경험은 없으며, 단일국가의 글로벌 공공재 공급에 관하여 어떠한 방비할 수 있다는 공감대도 존재한다고 말할 수 없다.

경제 작가 라스·테베드의 요약에 따르면, 1557년 합스부르크 왕조의 몇몇 국가에 첫 번째 위기가 발생한 이래, 2001년까지는 모두 445회의

---

1 영화 속 그린·맥마흔 4성 제독은 전직 아프가니스탄 미군 최고지휘관 스탠리·매크리스털(Stanley A. McChrystal)을 모티브로 했다. 이 역할도 원형도 미국 대통령을 비판하다 1년 만에 사임하라는 요구를 받았다.
2 [미]로버트·길핀의 〈국제관계정치경제학〉 "머리말", 경제과학출판사1989년판.

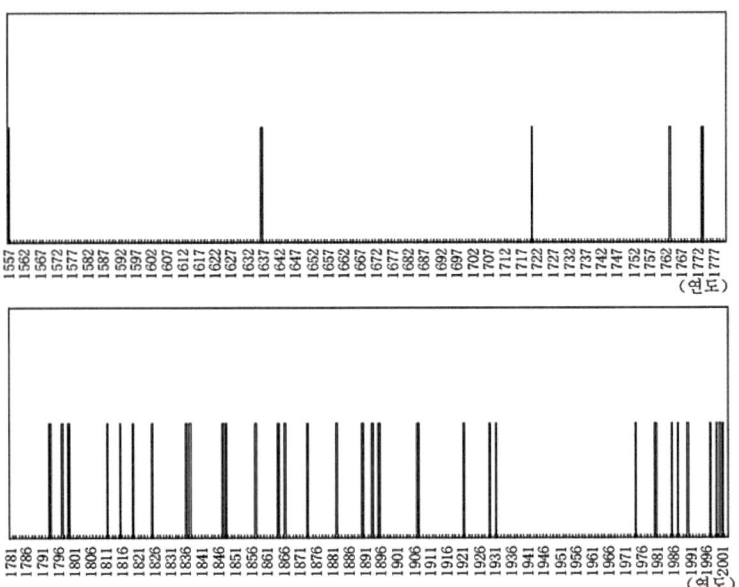

그림 13-2 역사상 대규모 금융위기 발생빈도

자료출처: [노르웨이] 라스·테베드: 피할 수 없는 경제 사이클〉, 동유평 옮김, 중신출판사 2008년판, p. 293.

대규모 경제 위기가 있었다고 할 수 있다[1]. 발생의 시간 분포를 보면 (그림 13-2) 1716년 존·로우가 오를레앙 대공의 도움으로 프랑스에서 지폐의 개념을 실천에 옮긴 후 경제위기는 곧 일상화되어 발생빈도가 갈수록 조밀해지고 있으며, 패권국가가 전 세계에 얼마나 많은 공공품을 제공하거나 어떻게 제공하는가 하는 사이의 연관성은 존재하지 않는다.

뿐만 아니라, 그림에 나타내지 않은 2007년부터 2009년까지의 국제금융위기는 바로 전 세계의 공공재 공급자에게서 비롯되었다: 직접적인 기

---

[1] [노르웨이] 라스·테베드: 피할 수 없는 경제 사이클〉, 동유평 옮김, 중신출판사2008년판, p. 293.

원(서브프라임 모기지 위기)으로 보나, 혹은 그 깊이의 국내 경제사회 모순(포퓰리즘 경제정책)으로 보나, 미국은 모두 그 책임을 면하기 어렵다[1].

둘째, 미국 주도의 세계 경제 공공재라 할 수 있는 브레튼 우즈 체제(세계무역기구, 국제통화기금, 세계은행)는 그 전략적 이념과 운영 패턴에 관한 한, 그 자체가 많은 국가의 정책 입안자와 학자들에게 비난의 대상이 되고 있다.

노벨경제학상 수상자인 스티글리츠는 일찍이 세계은행의 수석이코노미스트를 역임했는데, 그는 이러한 기구들을 "글로벌화 기구"라고 부르며, 깊이 비판하였다. 한편, 그들은 모든 국가와 모든 사람에게 약속된 이익을 가져다 주지 않았고, 예를 들면, 가난한 사람들이 빈곤에서 벗어나도록 돕고, 개발도상국의 성장을 촉진하며, 소련 모델국가의 효과적인 시장 메커니즘을 건설에 박차를 가했다. 다른 한편으로는, 이러한 기구가 실시하는 공공재 공급은, 본질적으로는 각국의 납세자의 돈을 사용하고, 장관들과 중앙은행 총재들은, 소수 선진국과 심지어 단일 패권국가의 주도하에 의사결정을 진행하며, 수출은 반드시 광범위한 개발도상국과 전환국가의 자유주의 경제모델과 정책에 적용할 수 없는 것이다[2]. 이 비판 관점은, 일찍이 비교적 역도적으로 여겨져 왔으나, 오늘날의 세계 정치경제 환경 하에서 점점 더 널리 인정을 받았다.

셋째, 만일 경제사상 강대국들이(그 경제국의 양과 영향력에 대하여 말하자면) 세계 거버넌스의 담론권상에서 독주하던 시절이 있었다면, 지금은 더 이상 사실이 아니다. 다시 말해, 단일국가가 혼자 힘으로 전세계 공공재를 제공하던 시대는 이미 영원히 지나갔다.

---

1 [인]라굴라·마이라잔: 〈단층선-글로벌 경제의 잠재적 위기〉, 유넘 등 옮김, 중신출판사2011년판.
2 [미]조지프·스티글리츠: 〈글로벌화와 그 불만〉, 이양, 장첨향 역, 기계공업출판사2004년판.

예를 들면, 패권국가가 브레튼 우즈체계의 형성과정에서 주도적인 역할이 얼마나 크고, 또 장기간에 걸쳐 얼마나 강한가를 막론하고, 현재 예를 들면, 국제통화기금, 세계은행 및 세계무역기구 등의 기구 자체의 거버넌스 방식 및 유엔 안전보장이사회 및 각종 유엔기구는 모두 거버넌스 구조와 관리체제를 완비하고, 신흥경제국의 발언권을 점차 증대시켜 미국정부의 간섭과 교란을 벗어나고 있다. 심지어, 1999년 시애틀에서 일어난 세계무역기구 총회 사건에 대한 항의 사건을 표지로 국제적으로 각종 비정부기구들도 전 세계의 공공재 공급에 영향을 주기 시작했다.

또한, 피차간에 경쟁관계를 갖는 국제기구와 기구가 대량으로 형성되어 작용을 끊임없이 확대하는데, 예를 들면 경제협력개발기구, 유럽연맹, G20, 동남아시아국가연맹, 브릭스국가협력기구, 지역개발은행 및 무수한 지역성협정과 기구는 모두 전세계 공공재를 제공하고 있으며, 자연히 단일국가의 권력도 크게 분산되었다.

마지막으로 객관적으로 한 국가가 세계경제 총량에서 절대우위를 차지하는 지위의 구도가 이미 변화하여 앞으로도 재현하기 어렵다. 우리는 세계경제 총량의 국가구성이 어떻게 변화하는지 본다. 세계은행은 주로 합계출산율과 노동연령인구 증가상황에 근거하여 각국을 각각 다른 그룹으로 분류한다. 각자가 이용할 수 있는 인구배당금 잠재력에 근거하여 우리는 비교적 확실하게 각 그룹의 국가의 미래 경제 성장세를 예측할 수 있다[1].

그림 13-3에서, 우리는 미국, 중국, 미국을 포함하지 않는 후 인구배당금 국가, 중국을 포함하지 않는 말기 인구배당금 국가, 초기 인구배당금

---

[1] The World Bank Group and the International Monetary Fund, *Global Monitoring Report 2015/2016: Development Goals in an Era of Demographic Change*, International Bank of Reconstruction and Development/The World Bank, 1818 H Street NW, Washington, DC 20433, 2016.

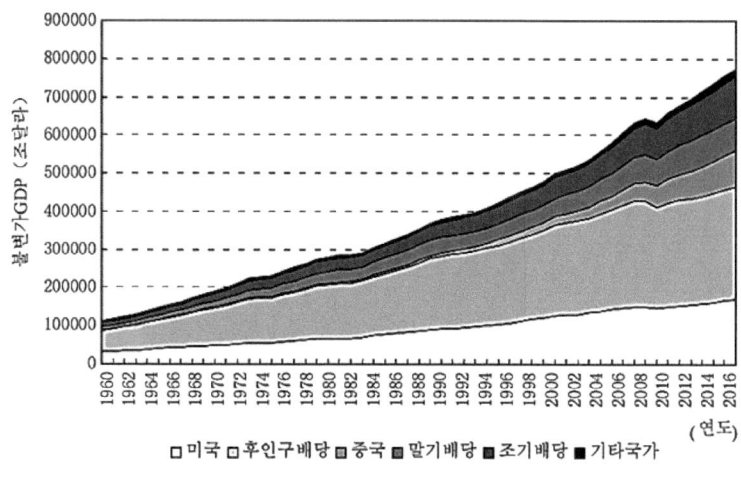

그림 13-3 세계 경제 총량의 분포 및 추세

자료출처: 세계은행 데이터베이스: http://data.worldbank.org.cn/.

단계 국가 및 (주로 인구배당금 전 단계에 있는) 다른 나라의 GDP 규모 및 세계 경제 총량에서 위치와 변화 추세를 보여주었다. 이 중에서 세계 경제 총량에서 차지하는 미국의 비중은 비록 1위를 차지하고 있고, 다른 어떤 국가보다도 훨씬 높지만, 1960년 이래 지속적으로 하락하는 추세이며, 27.5%에서 2016년 21.8%로 낮아졌다. 게다가 인구배당금이 없어짐에 따라 중국의 잠재성장률도 점차 낮아질 것이다[1]. 미래 세계 경제 총량 구성은 갈수록 점점 더 다극화될 것이다.

---

[1] Fang Cai and Yang Lu, "The End of China's Demographic Dividend: the Perspective of Potential GDP Growth", in Garnaut, Ross, Cai Fang, and Song Ligang (eds.), China: A New Model for Growth and Development, Australian National University E Press, 2013, pp. 55-73.

3. 국가의 빈곤과 통치 모델의 빈곤

비록 전쟁, 충돌, 테러리즘, 경제 불안정과 미개발 및 빈곤 문제는 서로 인과관계가 있지만, 갈수록 논거할 수 없는 사실은 일반적으로 열거하는 국제 공공재의 주요 영역에서 빈곤 문제는 평화와 거시경제보다 더 깊은 성질을 가지고 있음을 보여준다. 어떤 학자들은 테러 활동의 발생 정경과 예를 들면 1인당 소득, 성장 표현, 인구 특징, 불평등 상황, 글로벌화 참여 정도, 경제 자유화 정도, 사회 발전 및 국제 원조 등의 요소를 회귀 분석하려고 시도하여, 경제가 발전하지 않은 (또는 빈곤) 상황이 테러 활동을 야기한다는 가설을 거부하였다[1].

사실, 테러 활동과 충돌과 빈곤의 관계는 역사적 깊이와 거시적 광도를 가진 대명제이지, 미시적 분석을 할 수 있는 차원이 아니라, 일부 변수 사이의 통계적 관계로 회귀함으로써 결론을 내릴 수 있다. 이러한 곤경에 빠진 전 미국 대통령들조차도 "극도의 빈곤한 사회는 질병, 테러리즘과 갈등에 가장 이상적인 온상을 제공한다"고 인정해야만 했다[2]. 직접적 유인이 아니라 '온상'을 제공하는 각도에서 보더라도, 우리는 전 세계의 빈곤을 다스리는 것이 평화와 국제 거시경제 거버넌스를 지키는 것보다 더 시급하고 근본적인 국제 공공재임을 인식해야 한다.

첫머리에 요지를 밝히 필요로 하는 것은 영국이 세계의 패주가 되기 전, 정확히 말하자면 산업혁명이 일어나기 전에 영국과 유럽을 포함한 전

---

1 Martin Gassebner and Simon Luechinger, Lock, Stock, and Barrel: A Comprehensive Assessment of the Determinants of Terror, *Public Choice*, Vol. 149, 2011, pp. 235-261.
2 버락 오바마(전임 조지 W 부시 대통령도 비슷한 말을 했다) 말이다. "The Economist, Economic Focus: Exploding Misconceptions", *The Economist*, December 18, 2010, p. 130.

세계가 모두 맬서스의 함정 속에 처해있어 언제 어디서나 빈곤은 어디에나 있다. 그러나 바로 산업혁명이 영국과 유럽대륙 및 그 후의 신대륙 등의 지역을 급속하게 발전시킴과 동시에 유명한 '대분류'가 출현하여 많은 개발도상국들이 새로운 빈곤 악순환에 빠졌다.

그러므로 지금까지 끊임없이 이어져 온 아시아 아프리카 라틴 아메리카 지역의 지속적인 빈곤은 바로 영국과 세계의 패주가 되어 식민지를 확충한 역사가 바로 같은 조폐공장에서 비롯되었고, 동전 한 닢의 양면이다. 즉, 영국은 식민국가, 나아가 다른 빈곤국가에 대하여 책임을 지고 있었고, 그 원조의 출발점과 실시수단은 반드시 그 식민 거버넌스와 양립할 수 있었고 통치자에게 있어서, 원조의 대상이 되는 것은 '반쪽은 악마, 반쪽은 어린이'이기 때문이다.[1]

만약 영국이 주도하는 국제 공공재의 공급이 그 패턴과 빈곤 감소 효과로 말할 수 없다면, 20세기 중반 이래 미국이 주도하고 오랫동안 냉전구도 하에서 실시한 국제 공공재의 공급은 확실히 개발도상국의 빈곤 문제에 더 높은 우선 순위를 주었다. 그러나 냉전사상의 지침으로 삼은 트루먼주의든, 그와 동업한 맥나마라의 '칼을 박아 쟁기로 만드는' 행동이든, 국방장관에서 세계은행 총재로 전향하는 것은 결국 빈곤을 줄이는 데 진정으로 도움이 될 수 없다.[2]

이스털리는 전 세계의 빈곤을 줄이는 방면의 실패의 비극은 서구에서

---

[1] 식민지 시대 영국 시인 기블린의 〈백인의 부담〉에 나오는 구절이다. Rudyard Kipling, The White Man's Burden (1899), Fordham University official website, http://sourcebooks.fordham.edu/halsall/mod/kiping.asp.

[2] 사실 지금도 미국은 테러와의 전쟁을 명분으로 막대한 군사비를 지출하고 있다. 삭스가 지적했듯이 극빈지역의 불안정을 방치해 혼란과 폭력, 심지어 글로벌 테러의 천국이 되도록 내버려둔다면 군비 지출로는 결코 평화를 살 수 없다. [미] 제프리·삭스,〈가난의 종말 - 우리 시대의 경제적 가능성〉, 추광 옮김, 상하이인민출판사2007년판, p. 6.

채택한 오랜 전통이 있는 잘못된 원조 방법 때문이라고 생각한다. 이하, 우리는 일반적으로 관찰되는 이런 방법과 그 오류를 열거한다.

첫째, 원조대상의 현실국정을 고려하지 않고 희망적으로 낯선 사람-서방전문가들이 만들어 낸 빈곤퇴치 계획을 추진하였다. 여기에서 국정이라는 개념을 강조하는 것은 이러한 원조가 특정국가에 진정으로 필요한 것인지 의문을 제기하는 것이 아니라, 더욱이 이러한 국가의 현실이 이러한 큰 계획을 아주 드물게 실제로 세울 수 있도록 결정하였음을 지적하기 위함이고 원조자들이 가난한 사람들이 진정으로 필요로 하는 것을 그 손에 넣으려는 의도는 항상 허사이다.

하지만 지금도 판을 치고 있다. 예를 들어, 이스털리의 비판의 대상인 미국의 저명한 경제학자, 유엔 밀레니엄 프로젝트와 같은 국제 빈곤 퇴치 프로젝트의 책임자인 색소폰 교수도 포함되어 있다. 후자는 〈가난의 종말〉이라는 책에서, 여전히 전통 발전 경제학의 '빈곤의 함정' 가설을 계속 인용하고 확장하여, 가난한 국가를 위해 포괄적으로 큰 계획을 세우려고 시도하는데, 이러한 전면적인 계획이 특정 원조를 받는 국가의 구체적인 국정에 부합되는지를 고려하지 않고 실행하려고 한다[1].

이스털리가 대추진이라고 부르는 이런 계획은 삭스 교수가 일찍이 라틴아메리카, 러시아, 중동유럽 등지에서 추진했던 '빅뱅식' 개혁안, 일명 '쇼크요법'을 연상케 한다. 소아과 의사인 아내로부터 영감을 받아 색소폰은 의학 용어부터 심지어 방법론까지 빌려서 경제 전환과 빈곤 문제를 해결하는 것을 비교적 좋아한다. 예를 들어, 그는 빈곤 퇴치 프로젝트를 이끌면서 소위 '임상 경제학' Clinical Economics 을 창조했고, 그에 따라 전세계 빈곤의 고질병을 치유하는 처방을 내놓았다.

---

[1] [미] 제프리·삭스, 〈가난의 종말 – 우리 시대의 경제적 가능성〉, 추광 옮김, 상하이인민출판사2007년판.

그러나 빈곤을 없애는 것은 결국 의학적인 의미에서의 구명부상은 아니라 너무 의존해서는 안 되고 주로 '의사'에 의존할 수 없다는 경험까지 입증됐다. 게다가 우리가 반드시 의학 도리를 이용하여 빈곤 문제를 설명해야 한다 하더라도 화타의 환생 여부와 관계없이 치료 효과는 결국 환자 자신의 기체가 반응하고 적응하는 데 달려 있다. 사실 색소폰이 "우리 세대는 극도의 빈곤을 없앨 수 있다"고 공언한 예언과 그가 진행하는 가장 주목을 받고 또한 가장 돈이 많이 드는 아프리카의 시범사업은 모두 탁월한 효과가 증명되지 않고 오히려 매우 광범위한 의문과 비판을 불러일으키고 있다[1].

둘째, 아마도 원조를 받는 나라가 발전 궤도에 진입하려는 노력을 대신할 수 없다는 것을 깨달았을 것이고, 특히 가난한 나라가 원조자의 기대와 일치하지 않는 체제 메커니즘의 장애가 존재하는 것을 보았을 때, 국제통화기금과 같은 기구는 이른바 구조개혁을 추진하였다. 전형적인 방법은 원조를 받는 국가의 빈곤퇴치 대출과 구제성 대출에 조건을 부가하여 대출국가가 은행경제학자가 설계한 포괄적 정책을 실시하도록 요구하는 것이고 즉, 구조조정 항목이다. 따라서 빈곤퇴치의 목표와 그 시행은 원조를 받는 국가의 경제를 '워싱턴 컨센서스'에 규준한 신자유주의의 길로 인도하는 것과 일치한다.

이러한 방법은 몇십 년의 실천 과정에서 널리 지탄을 받는다. 결과는 왕왕 국가의 경제주권을 침해하여 심각한 채무문제를 야기하고, 사유화를 추진함에 따라 국유자산과 자원이 개인의 수중에 유입되어 공공목표가 사익으로 대체되고 재정긴축을 실시하는 것은 왕왕 교육, 공중위생 등의 사회보호항목을 대가로 한다. 사실은 이러한 구조 조정은 바로 개발도

---

[1] Paul Starobin, Does It Take a Village? *Foreign Policy*, No. 201, July/August 2013, pp. 92-97.

상국의 빈곤이 끊임없이 발생하는 원인이다.

셋째, 대규모 원조를 실시하느냐 아니면 남에게 강요하느냐 하는 구조조정의 오랜 순환이 반복되느냐와 마찬가지로 원조 항목이 과연 원조자에 의해 통제되어야 하는지, 아니면 본국 정부나 엘리트들에 의해 통제되어야 하는지 이런 문제에 대해서도 실천중에는 끊임없이 매달리고 인식상 반복된다[1]. 원조국과 국제기구가든 비정부기구가든 모두 지속가능한 발전이 빈곤을 없애는 근본적인 길이라는 것을 잊은 것 같고, 발전의 주체는 노동자, 농민과 기업가를 포함한 자국 국민이다. 후자는 빈곤에서 벗어나 발전 궤도에 오른 열망의 강한 동기와 창조정신은 원조 계획과 항목에서 엄중히 무시되고 있다. 근본적으로는 지플린식 식민주의자의 오만이 여전히 이러한 행동을 지배하고 있다.

빈곤을 하나의 전체개념으로 삼을 때, 우리는 확실히 색소폰 교수와 같이, 빈곤에 관한 약간의 공감대를 가지는 유인인, 예를 들면, 각종 제도의 폐해는 경영자주권과 노동 의욕을 억제하고, 생산요소, 특히 인적자본과 물적자본의 축적과 배분을 방해한다. 또한 불리한 자원과 생태조건 혹은 지리적 위치, 그리고 쇠약해진 정부 거버넌스 능력 등등.

다른 한편으로는, 톨스토이의 말처럼: 불행한 가정은 저마다의 불행이 있다. 국가, 지역, 공동체, 가정, 개인에게 빈곤은 언제나 구체적인 사건이며, 독특한 여러 요소 또는 그 조합에 의해 야기된다. 그러므로 만리 밖의 제도와 문화환경에서 성취된 전문가, 프로젝트 관리 및 자선활동자가 식별, 이해하여 특수한 문제를 해결할 수 있기를 기대할 수 없다. 월조대포는 공공재는 말할 것도 없고, 이래라저래라하고 시키면 쉽게 패권행동이 된다.

---

[1] "The Economist, Foreign Aid: Fading Faith in Good Works", *The Economist*, July 1st, 2017, pp. 50-52.

진정으로 자신이 무엇을 필요로 하는지 아는 것은 수천만 명의 실제 빈곤에 처해있는 자국민이다. 어떠한 발전전략이나 원조항목도 그들의 인정을 받고, 그들의 참여에 근거해야 비로소 행동으로 이어질 수 있고, 성공을 예상할 수 있다. 외래자는 기껏해야 특정 수요에 대해 대체 가능한, 그러나 결코 남에게 강요하지 않는 옵션을 참고로 제공할 수 있으며, 최종 효과는 반드시 본토에 입각한 유도성 제도의 변천과 발전 성과를 통해 검증해야 한다.

요컨대, 전 세계의 빈곤을 제거하기 위한 국제 행동에서, 시종일관 답습하는 전통 이념과 방안은, 한 (신진국에서 만든) 만능열쇠로 (빈곤국가의) 천만 개의 자물쇠를 열 수 있다는 강력한 신용이다. 바로 이러한 방법론상의 근본적인 착오이며, 이스털리 비극은 수십 년 백 년 동안 계속 상연되고 있다.

세계은행 데이터에 따르면, 2013년에 중위소득과 저소득 국가의 인구가 전세계 인구에서 차지하는 비중은 83.6%에 달한다. 2011년 불변 국제달러로 계산하면, 전 세계 모든 사람의 매일 수입이 1.9달러 미만인 인구는 거의 전부 이 국가에서 생활하며, 전세계 인구의 10.67%를 차지한다. 비록 전세계 빈곤 발생률이 1981년의 41.91% 기초에서 이미 현저하게 개선되었지만, 전세계 인구의 8.4%를 차지하고 절대인수가 6억을 초과하는 저소득국가에서 빈곤 발생률은 여전히 46.17%에 이른다. 시진핑 주석이 지적했듯이, 전세계 많은 가정에는 따뜻한 주택, 충분한 음식, 안정 업무는 여전히 과분한 기대를 가지고 있다. 이것은 현재 세계가 직면한 가장 큰 도전이자 일부 국가의 사회가 동요하는 중요한 원인이다[1].

---

1 시진핑: 〈시대책임을 공유하고 글로벌 발전을 촉진한다-세계경제포럼 2017년 연차 총회 개막식 기조연설〉, 〈인민일보〉2017년1월18일.

4. 중국 이야기부터 중국 방안으로

　세계은행 등의 기구가 구매력 적정 가격에 근거하여 실시하는 통계에 의하면, 이미 2014년에 중국의 GDP 총량이 미국을 추월하여 전세계 제1위의 경제국이 되었다. 비록 구매력 적정 가격의 통계방법은 아직 논의의 여지가 있지만, 환율로 계산하면 중국 경제가 미국을 추월할 날이 머지않았다. 2018년 중국의 GDP 총량은 13.6조달러로 세계 경제 총량의 15.9%, 미국 경제 총량은 20.5조달러로 세계 경제의 23.9%를 차지했다. 미국은 전반적으로 안정적인 성장 상태에 있기 때문에, 미래의 성장률이 2%에서 3% 사이에 있다고 가정할 수 있다. 반면에 중국은 경제 성장의 새로운 정상 상태에 있고, 잠재 성장 능력은 장기적인 감소 추세에 있을 것이지만, 여전히 세계 평균보다 상당히 높다[1].

　두 가지 가설에 근거하여 GDP의 잠재성장률을 예측하면, 중국 경제가 2030년 전후로 미국을 추월하고 세계 경제에서 차지하는 비중이 23%를 넘을 것으로 예상된다. 1인당 GDP를 보면 2022년 전후로 중위소득 국가부터 고소득 국가까지의 구분 문턱을 넘을 것으로 예상되지만, 중국이 고소득 국가의 평균 소득 수준에 도달하려면 적어도 21세기 40년대 중반까지는 미국을 따라잡는 것이 아직 시간표를 확정하기 어렵다.

　어쨌든, 중국 경제 총량은 2010년 이래 전 세계 2위로 안정되고, 세계 경제에서 차지하는 비중은 1978년 1.7%에서 2018년 15.9%로 증가하며, 1인당 소득은 세계 평균에 상당하는 비율을 10.4%에서 86.5%로 증가시킨다. 중국은 결코 국제 정치학에서 토론하는 그러한 단일 패권국가가 아니며, 앞으로도 이 지위를 도모할 준비가 되어 있지 않다. 그러나, 중국은

---

[1] Fang Cai and Yang Lu, "Take-off, Persistence, and Sustainability: Demographic Factor of the Chinese Growth", *Asia & the Pacific Policy Studies*, Vol.3, No.2, 2016, pp. 203-225.

전 세계의 공공재 공급에 더 큰 공헌을 하기를 원한다.

일찍이 1979년, 중국의 개혁개방 총설계사 등소평은 내방한 일본 손님들에게 소강 사회를 설명할 때: 이 (경제) 총량이 있으면 우리가 하고 싶은 일을 조금 할 수 있고, 인류에게 비교적 많은 공헌을 할 수 있다고 지적하였다.[1] 〈등소평 문선〉 제2권에 편입되었을 때, 이 문장은 정식으로 표현되었고: "그때가 되면 우리는 제3세계의 가난한 국가에 좀 더 많은 도움을 줄 수 있을 것이다[2]"고 했다.

시진핑 주석은 여러 차례 국제석상에서 중국 인민은 "자기가 싫어하는 것을 남에게 강요하지 말라"고 강조했다. 중국은 '국강필패론'을 인정하지 않았고 중국인의 핏줄에는 왕권을 제패하고 군대와 무력을 남용하는 유전자가 없다[3]. 또한 동시에 중국이 인류의 평화와 발전 사업을 위해 더욱 큰 공헌을 하려고 노력해야 한다고 지적했다. 아시아와 아프리카 등의 지역의 개발도상국의 발전을 가속화하고, 세계를 위해 각종 인류의 도전에 대응하려는 노력에서, 중국은 자신의 발전로를 하나로 정한 것이 아니며, 자신의 발전로를 남에게 강요하지도 않는다. 다만 세계경제와 개발도상국이 직면한 문제의 근원을 정확하게 찾아 자신의 발전기회를 세계 각국과 공유한다.

중국의 개혁개방은 발전과 나눔을 촉진하고, 또한 지역발전에 복제한 성공경험과 진일보한 발전은 바로 중국이 세계발전을 위해 제공하는 공공품이며, 또한 '일대일로' 건설, 아프리카국가와의 경제협력을 강화하는 등의 발상과 개방전략을 통해 각 나라, 특히 광대한 개발도상국들이 중국

---

[1] 동진서, 익뢰: 〈1970년대 말 등소평의 일본 방문과 오히라 마사요시를 만나다-왕효현 면담록〉, 〈당의 문헌〉2007년제2기.
[2] 〈등소평 문서〉 제2 권, 인민출판사1994년판.
[3] 시진핑: 〈평화공존 5원칙 고취 협력 상생 아름다운 세상 건설-평화공존 5원칙 발표 60주년 기념대회 연설〉, 인민출판사2014년판.

발전의 히치하이킹을 할 수 있도록 하였다.

과거 40년 동안 중국은 동기부여 메커니즘, 기업지배구조, 가격형성 메커니즘, 자원배치 패턴, 대외개방 체제와 거시정책 환경 등의 많은 분야에서 개혁을 추진하여 계획경제 시기에 생산요소의 축적과 배치를 저해하는 체제장애를 점차 제거하였다. 물질자본, 인적자본과 노동력 등의 전통적인 생산요소가 더욱 신속하게 축적되고 더욱 효율적인 배치를 얻었다.

이것은 개혁이 추진한 고속 경제 성장은 요소투입의 구동일 뿐만 아니라 생산성의 대폭적인 상승도 수반한다. 일부 해외학자들이 여러 차례 시도에서 실패를 거듭하면서도 중국 경제를 계속 쇠약하게 하는 하나의 중요한 원인은 바로 그들이 중국 경제 성장의 생산성향상작용을 무시하기 때문이다[1]. 국제통화기금을 포함한 많은 연구결과에서 중국의 경제 성장은 노동생산성의 향상에 의해 많은 부분에서 지지되고 있다[2]. 앞의 문장은 이미 충분한 경험 증거를 보여주었고, 중국이 이 시기에 실현한 고속 성장은 자신의 국정에 적합한 개혁개방 방식을 선택했을 뿐만 아니라 일반 발전법칙에도 부합한다는 것을 보여준다. 두드러진 표현 - 고용의 확대는 많은 도시와 농촌 주민이 직접 개혁개방과 발전과정에 참여할 수 있

---

[1] 양은 "조금만 기교를 부려도 중국 발전의 경험을 썩은 것으로 신기하게 만들 수 있다"고 직언했다. 이런 선인들 사이에서 그는 중국 경제 성장의 실질적 생산성 향상과 기여를 부인하고 있다. Alwyn Young, "Gold into the Base Metals: Productivity Growth in the People's Republic of China during the Reform Period", *Journal of Political Economy*, Vol. 111, No. 6, 2003, pp. 1220-1261; Paul Krugman, "Hitting China's Wall", *New York Times*, July 18, 2013.

[2] International Monetary Fund, Asia Rising: Patterns of Economic Development and Growth, Chapter 3 of *World Economic Outlook September*, 2006, pp. 1-30; Xiaodong Zhu, "Understanding China's Growth: Past, Present, and Future", *Journal of Economic Perspectives*, Vol. 26, No. 4, 2012, pp. 103-124.

다는 것을 의미하며, 또한 균등하게 얻은 성과를 공유했다.

중국이야기는 전국성이면서 지역성이기도 하다. 역사형성의 지역발전 격차로 개혁개방 과정도 지역상의 경사성을 가지고 있어 일정기간 경제발전 동부와 중부와 서부지역 사이의 차별을 발생시킨다. 해결방식은 초기 경제특구, 그 후 더욱 광범위한 연해지역에서 형성된 개혁개방 촉진발전과 나눔의 경험을 중서부지역의 발전에 창조적으로 복제하는 것이다. 즉 개혁개방을 점차 중서부 지역으로 깊이 파고들면서 이들 성의 인적자본 부족, 기초기반시설 취약, 산업구조가 단일하여 경제 발전속도를 제약하는 문제에 대하여 2000년대 초부터 중앙징부가 서부개발전략을 실시하기 시작하였으며, 이어서 중부굴기전략을 가동하여 기초기반시설투자와 기본적인 공공서비스투입이 중서부 지역으로 대폭 기울어져 일련의 중대건설사업의 실시에 실현되었다.

이러한 일련의 지역 발전 전략은 지금까지 뚜렷한 효과를 거두어 중서부 지역의 교통 상황, 인프라 조건, 기본적인 공공 서비스 보장 능력과 인적 자본 축적 수준을 개선하였으며, 투자와 발전 환경이 현저하게 개선되어 이들 지역의 노동자, 창업자와 기업가가 지역 발전에 참여하는 적극성과 창조력을 양호하게 동원하였다.

21세기의 첫 10년 동안, 중국의 경제 발전은 두 가지 중요한 전환점을 맞이하였고 각각 루이스의 전환점과 인구배당금의 소멸 전환점을 뛰어넘어, 새로운 발전단계에 진입했음을 표시하였다. 이러한 전환점효과는 연해지역의 노동비용의 상승으로 제조업의 비교우위가 약화되고, 경제 성장은 기왕의 속도를 유지하기 어렵다. 만약 완전히 국외발전경험을 근거로 한다면, 이른바 국제산업 이동의 기러기 패턴을 따른다면, 중국 제조업의 비교우위 하락은 산업의 대규모 노동비용의 저렴한 국가로 이동을

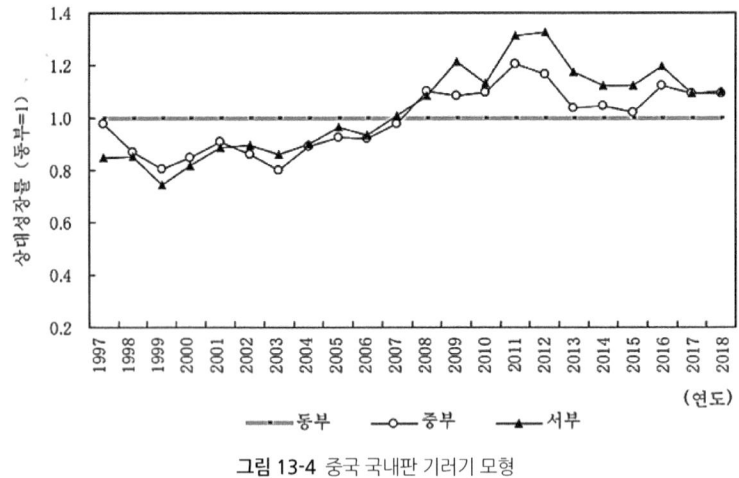

그림 13-4 중국 국내판 기러기 모형

자료출처: 국가통계국 홈페이지: http://www.stats.gov.cn/.

초래할 것이다[1].

그러나 서부개발과 중부굴기전략의 효과가 가시화되고, 게다가 이들 지역은 여전히 인건비가 낮은 특징을 유지하고 있기 때문에, 산업의 이동은 연해지역과 중서부지역 사이에 더욱 많이 발생하고, 국제간의 기러기 패턴은 중국 국내판으로 변했다[2]. 노동집약형 제조업은 중서부지역으로의 이동을 가속화하기 시작하였으며, 중서부성의 공업투자가 앞서 성장하여 이들 지역의 더 빠른 경제 성장을 촉진하였다(13-4).

경제학자들은 비교우위의 차이와 변화에 따른 동아시아 경제 간의 산

---

[1] 기러기 패턴에 대해서는 Kiyoshi Kojima를 참조한다. "The 'Flying Geese' Model of Asian Economic Development: Origin, Theoretical Extensions, and Regional Policy Implications", *Journal of Asian Economics*, No. 11, 2000, pp. 375-401.

[2] Yue Qu, Fang Cai, and Xiaobo Zhu, "Has the 'Flying Geese' Phenomenon in Industrial Transformation Occurred in China", in Huw McKay and Ligang Song (eds.), *Rebalancing and Sustaining Growth in China*, Canberra: Australian University E Press, 2012, pp. 93-109.

업 이동을 기러기 패턴으로 요약한다[1]. 이 모델은 서로 다른 경제국 혹은 다른 지역과의 관계에서 관찰하는 것에 착안하여 경제 발전의 세 가지 요점을 파악해야 한다: 첫째, 경사성, 세계 경제 혹은 지역 경제 발전에는 선행자와 추격자, 선두 기러기와 추종군이 있다; 둘째, 점진성, 경제국은 각각 자원 자질과 비교우위에 따라 발전 모델을 변화시킨다; 셋째, 동태성, 비교 우위 등의 조건의 변화에 따라 서로 다른 경제국의 상대적 지위가 변화하며 원래의 발전 패턴도 변화한다.

기러기 패턴의 고유한 경험이 아닌 내재된 논리에 따라 우리는 이미 일본이 아시아의 네 마리의 용과 후자가 아세안 국가와 중국대륙으로 산업 이동을 진행하는 기러기 패턴은 중국이 루이스 전환점을 넘어선 후에 형태 변화가 발생하여 하나의 산업이 연해지역에서 중서부 지역으로 이동하는 국내판이 될 것을 예상할 수 있을 뿐만 아니라 이미 실제로 관찰할 수 있다. 같은 논리에 따라 광대한 개도국이 처한 인구변화단계와 경제 발전단계를 결합하면 이 중국 국내판 기러기 모형은 뒤이어 당연히 새로운 국제판을 형성하게 될 것이고 – 제조업 산업은 잠재적 비교우위를 가진 국가로 이동하여 후자를 위해 인구배당금을 받을 기회의 창구를 창조할 것이다.

중국의 개혁개방 촉진발전과 나눔의 성공스토리 및 경제특구와 시험구 건설에 선행하여 지역발전전략을 실시하여 중서부지역에서의 조건을 만들어 연해지역 발전기적을 재현한 유익한 경험을 통해 중국이 더욱 경제 글로벌화와 세계경제 거버넌스에 참여함으로써 경제 글로벌화의 건전한 발전을 촉진하고, 많은 개발도상국들이 빈곤에서 벗어나 현대화로 나

---

[1] 기러기 패턴 이론의 경위와 분석 운용에 관한 간략한 문헌 총설은, Kiyoshi Kojima를 참조하기 바란다. "The 'Flying Geese' Model of Asian Economic Development: Origin, Theoretical Extensions, and Regional Policy Implications", Journal of Asian Economics, No. 11, 2000, pp. 375-401.

아가는 것을 돕는 중국의 지혜와 중국방안이 될 수 있다. 이 방면에서 가장 선도적인 전략적 틀과 행동강령은 바로 시진핑 주석이 2013년에 제안한 '일대일로' 이니셔티브이다.

'일대일로' 제안은 결코 단순히 오래된 육지와 해상 실크로드라는 부호를 차용하는 것이 아니라, 더 깊은 역사적 함의와 현실 계몽을 가지고 있다. 더 큰 역사적 깊이에서, 이 부호는 전통 서구 중심론에 대한 부정을 내포하고 있으며, 동서양 문명이 서로 교통을 소통하고, 인류 발전의 역사상에 상호 배우고, 상호 감별하는 작용을 더욱 강조하고 있다. 보다 넓은 역사적 시야에서, 이 상징은 또한 전통적인 패권국가를 중심으로 한 글로벌 공공재 공급의 내용과 패턴을 어떻게 타파하고, 모든 국가의 참여를 통해 글로벌 빈곤을 해소할 것인가에 더욱 중점을 두는 새로운 이념을 내포하고 있다.

역사학자 프랑코판은 24가지의 상징적 의미를 지닌 단어들을 사용하여 고대 실크로드의 예를 들면, 변혁의 길, 화해의 길, 다시 태어나는 길, 황금길, 또 노예의 길, 제국의 길, 냉전의 길, 패권의 길로 표현하였다[1]. 반면 '실크로드 경제벨트'와 '21세기 해상 실크로드'는 완전히 연선국가 및 관련국과의 경제 협력 동반자 관계를 발전시키는데 착안하여 정치 상호 신뢰, 경제 융합, 문화 포용 공동체를 건설하며, 동시에 글로벌화의 내실을 구현함과 동시에 내외연동에 착안하여 인프라 건설로 실물경제와 생산능력의 합작, 투자와 무역관계를 발전시켜 기러기 진식의 산업 이동 모델을 실현하는 국내판과 국제판과 서로 맞물린다. 연선국가와 관련국 대부분이 개발도상국이기 때문에, 이 건설 조치는 또한 중국지혜와 중국방안으로 개발도상국이 빈곤에서 벗어날 수 있도록 돕는 중요한 매개체이

---

1 [영]피터·프랑코판〈실크로드-한 편의 새로운 세계사〉, 소욱동, 순방 옮김, 저장대학교출판사2016년판.

자 방법이다.

물론 모든 국가는 결국 빈곤에서 벗어나 현대화를 향해 나아가기 위해서는 결국 국정에 입각하여 내면의 결의와 노력에 의지하여 기존의 발전 동력과 제도 환경 방면에 존재하는 각종 장애를 제거해야 한다. 만약 외부인이 무슨 의미 있는 일을 할 수 있다면, 그것은 의심할 여지없이 유익한 지식을 제공하는 것이고, 다른 환경에서 성공을 거둔 경험, 추구해야 할 교훈, 소프트웨어와 하드웨어 인프라 구축에 필요한 도움, 그리고 쉽게 입수할 수 있고 효과적인 시장 투자 기회를 포함한다. '일대일로'는 각국의 필요와 노력과 병행하여 공동 건설 및 공유 이니셔티브이다.

먼저, 인프라 건설을 촉진하고, 상호 연결을 실현하며, 산업 투자 환경과 무역 환경을 개선한다. McKinsey의 한 보고서는 만약 현재의 투자가 부족한 추세라면, 2016-2030년 기간 동안 전세계 인프라 투자 부족은 11%에 달할 수 있어 그중 주로 개발도상국에 존재한다. 그리고 유엔 지속가능개발목표 달성 요건(즉, 빈곤국의 인프라 투자 수요를 더 많이 고려한다는 의미)을 고려할 때 2030년까지 누적 투자 격차는 1/3에 이를 수 있다[1]. 거의 모든 '일대일로' 관련 국가에는 교통, 에너지 등의 기초 시설이 취약한 병목 문제가 존재하고 장기적으로 투자 효율과 산업 발전을 제약하며, 또한 많은 국가가 경제 글로벌화 배당금을 충분히 누릴 수 없게 한다.

중국은 아시아인프라투자은행, 브릭스개발은행, 실크로드펀드 등의 융자기구를 이용하여 관련국과 지역 간의 인프라 건설능력의 합작을 진행하면 서부개발전략에서 보듯이 개발도상국의 인프라조건을 대폭 개선할 수 있을 것으로 기대된다.

둘째, 산업의 이동을 촉진하고, 관련국들이 잠재적 인구배당금을 경제

---

[1] McKinsey Global Institute, *Bridging Global Infrastructure Gaps*, McKinsey & Company, June, 2016.

성장으로 전환하는 것을 돕는다. 대부분의 개발도상국들, 특히 동남아시아, 남아시아, 아프리카 국가들은 인구 연령 중위수가 낮고, 노동 연령 인구가 계속 증가하기 때문에, 유리한 인구 연령 구조를 가지고 있으며, 잠재적 인구배당금의 수확기에 있다.

예를 들어 세계은행과 국제통화기금IMF은 인구특징지표에서 최근까지 '인구기회창구'를 연 나라가 62개국인데 반해 앞으로 '인구기회창구'를 연 나라는 37개국, 합계는 통계가 있는 나라(192개국)의 51%에 이른다고 진단했다[1]. 투자환경과 무역환경이 현저하게 개선되면, 중국 등 국가에서 비교우위를 점차 상실해가는 제조업은 그곳으로 이동할 수 있으며, 공업화와 고용확대를 통해 현지 주민의 소득을 증가시키고, 더욱 포용적인 경제 발전을 실현함과 동시에 이들 국가가 경제 글로벌화의 배당금을 나누게 된다.

셋째, 보다 광범위한 인문교류를 통해 민심상통을 촉진하는 것은 경제협력을 위해 사회의 기초를 다질 뿐만 아니라, 관련 국가의 거버넌스 능력 건설에도 도움이 되며, 경제사회 발전을 더욱 지속 가능하게 한다. 중국이 지역 조정 발전 전략과 빈곤 구제 전략을 실행한 경험이 보여주듯이 물고기를 주는 것보다 물고기를 잡는 방법을 기르치는 것이 낫다. 연선 및 관련국가의 청년취업창업훈련, 직업기능개발, 사회보장관리서비스, 공공행정관리 및 과학기술, 문화, 교육, 보건교류, 싱크탱크교류 등 많은 사회 및 인문방면의 협력을 개척하고 추진하며, 현지의 거버넌스 능력을 향상시키고, 인적자본의 자질을 개선하여 이들 국가가 현지 실정에 맞게 자국 정부와 국민의 노력을 통해 인프라 건설과 산업투자로 인한 성장

---

[1] The World Bank Group and the International Monetary Fund, *Global Monitoring Report 2015/2016: Development Goals in an Era of Demographic Change*, International Bank of Reconstruction and Development/The World Bank, 1818 H Street NW, Washington, DC 20433, 2016.

계기를 장기적인 경제 성장과 사회발전능력으로 바꿀 수 있도록 한다.

5. 맺음말

모든 국가의 장기 역사는 모두 자신의 고난을 탐색한 결과이고, 필연적으로 실패와 성공이 함께 구성되어 있어 다만, 서로 다른 역사 시기에는 각각 실패가 성공보다 많거나 성공이 실패보다 큰 상황에 처해 있다. 따라서, 전통적인 의미, 영국 식민주의 이념 혹은 미국 예외론을 구현하는 단일 패권적 현상은, 그것이 전 세계 인류의 복지를 향상시키기 위해 국제 공공재 공급자의 기능을 제대로 수행하지 않는 것을 제외하면, 장기적인 역사적 관점에서는 결국 일시적인 현상이다.

사실 영국은 1960년대 이후에야, 미국은 1930년대 이후에야 각각 엄격한 보호무역주의 실시에서 무역자유화를 제창하는 방향으로 전환하였다. 그리고 브렉시트와 미국 트럼프 집권 후의 정책이 전환됨에 따라, 이 두 나라는 이미 더 이상 자유무역을 수호하는 기수로 여겨지지 않게 되었다. 그러므로, 그들이 일찍이 주장했던 국제 공공재의 함축은 역사의 긴 흐름으로 보아도 짧다. 그런 의미에서 미국이 일방주의를 향해 가는 것도 결코 대통령의 독주가 아니라, 피할 수 없는 필연성이 있다.

게다가, 오늘날의 세계는 이미 점점 더 한 나라의 독점이나 소수의 독점적인 공공재 공급자를 필요로 하지 않는다. 국제 업무를 독점하는 생각은 시대에 뒤떨어져 있고, 국제 업무를 독점하는 행동도 반드시 성공할 수 없다[1]. 반대로, 전 세계의 공공재 공급은 크기, 빈부, 강약, 원근의 모든

---

[1] 시진핑: 〈평화공존 5원칙 고취 협력 상생 아름다운 세상 건설-평화공존 5원칙 발표 60주년 기념대회 연설〉, 인민출판사2014년판.

국가의 공동 책임이며, 모든 구체적인 국가는 특정 공공재로부터 이익을 얻거나 얼마 되지 않으며, 또한 예를 들면 경제력, 문화영향, 국제 네트워크, 과거의 경험 등의 방면에서 각각 비교우위를 가지고 있기 때문에 책임에 약간의 차별이나 분업이 있을 수 있다.

많은 서양에서 온 당사자들은 전통적인 전 세계 공공재 공급 패턴과 실천에 대해 성찰과 비판을 했고, 예를 들어 베트남전쟁기간 동안 미국 국방장관을 지낸 맥나마라의 미국의 잘못에 대한 참회, 오랫동안 연준을 이끌었던 그린스펀의 자유시장 기능과 금융기관의 자율에 대한 성찰, 내부자인 스티글리츠의 브레튼우즈 기구의 세계경제 거버넌스 패턴에 대한 비판, 이스트리의 세계은행 반역자 신분으로 전세계 반빈곤방식에 대한 질의이다.

그러나 서양의 학계, 언론계, 정책결정권은 분명히 전통이념을 완전히 포기한 것은 아니라 즉, 반드시 단일 혹은 소수의 패권국가가 국제 공공재 공급자의 기능을 수행해야 한다. 이것이 바로 "킨더버그 함정"이라는 명제를 낸 배경과 함의이다. 세계질서는 결국 난과 치의 대립 통일 속에서 조화를 이루어야 하며, 전 세계 사무도 한 나라의 독식에서 전 세계 공치로 전환되는 것은 필연적으로 파와 대립의 장기적인 마찰을 겪을 것이다.

어쨌든, '킨더버그 함정'에 대한 걱정은 접어두고 '이스틀리의 비극'을 함께 파헤치는 데 초점을 맞추자. 지금까지, 중국은 이미 자신의 빈곤 감소 효과를 통해 전 세계의 빈곤 감소에 통계적 의미에서의 현저한 공헌을 했다. 둘째, 중국은 인류운명공동체의 이념을 따르며, 이런저런 같은 방식으로 저소득 국가의 빈곤 감소 전략에 참여하였다. 마지막으로, 전 세계의 빈곤 감소에 대한 지혜와 방안의 공헌은, 그 경험의 기초가 한편으로는 중국의 개혁개방으로부터 경제 발전과 성과 공유를 촉진하는 동시에, 지역 빈곤에 대한 빈곤 감소 전략을 실시하였다.

세계 제2위의 경제대국, 경제 글로벌화의 적극적 참여자 및 세계경제의 안정적 발전의 촉진자로서 중국은 세계경제 거버넌스에서 더욱 적극적인 작용을 발휘하게 될 것이다. 특히, 전세계의 빈곤이라는 장기간 공격해도 이길 수 없는 난제에 직면하여, 중국은 자신의 경험, 지혜와 능력으로 더욱 큰 공헌을 할 수 있는 자격과 책임이 있다.

제14장

신기술 혁명과 경제학적 반성

1. 머리말

세계경제 및 각 나라 경제의 발전과정에서 기술진보는 그림자처럼 어디에나 있는 특징을 보일 뿐만 아니라 항상 혁명적인 방식으로 집중적으로 폭발한다. 기술진보가 경제 성장을 추진하는 관건작용은 사람들의 보편적 동의를 얻기도 하고 또한 종래부터 학계와 정책권이 관심을 갖는 이슈이다. 기술진보의 점진성과 혁명성을 인식하면 왕왕 사람들의 기술진보가 경제 발전작용의 크기에 영향을 미쳐 경제 발전 전망을 예측하는 근거이다.

비주류 사상의 한 종류인 로버트·고든Robert Gordon은 그의 베스트셀러 책에서, 놀라운 사료와 이야기로 기술변혁에 있어서, 1870-1970년 사이는 독특한 세기로서, 전기, 내연기관, 실내 급수와 배수시설 등의 발명과 응용은 인류의 삶의 질 향상에 진정한 혁명적 성격을 가지고 있다고 지적하였다. 이에 비하여, 그 이후에 발생한 기술 진보는 모두 점진적이다. 그렇기 때문에 미국 경제가 장기적인 침체에 빠지는 것은 피할 수 없다[1].

좀더 주류가 되는 사상은 신기술 혁명의 도래를 알리는 데 주력하고 있다. 예를 들면, 클라우스·슈밥Klaus Schwab은 새로운 과학 기술 변혁의 각종 특징을 이용하여 제4차 산업혁명이 이미 도래했음을 선포하였다. 슈밥은 제1차 산업혁명의 특징은 철도 건설과 증기기관의 사용이 인류를 기계 생산으로 이끄는 것이며, 제2차 산업혁명은 전기와 생산라인의 출현에 의한 규모화 생산으로 나타나며, 제3차 산업혁명은 반도체, 컴퓨터 및 인터넷 발전을 위해 생겨난 컴퓨터 혁명 또는 디지털 혁명으로 나타난다라고 총결하였다.

일치성의 정의에 의하면, 현재 발생하고 있는 이번 기술변혁은 필연적으로 4차 산업혁명을 초래하게 되는데, 그 특징은 인터넷이 유비쿼터스하고 이동성이 대폭 향상되고, 센서의 부피는 갈수록 작아지고, 성능은 오히려 갈수록 강대해지며, 비용은 나날이 저렴해지고, 인공지능과 기계학습은 발전하고 있으며, 내포된 내용은 더욱 광범위한 방면에 있다[2]. 사람들은 대부분 새로운 과학 기술 혁명 혹은 산업 혁명이 도래했다는 결론을 인정하고, 동시에 보편적으로 이번 과학 기술 혁명이 지닌 새로운 특징과 더 큰 도전을 발견하였다.

첫째, 자연과학자부터 각 분야의 학자들, 심지어는 의사 결정권자까지 무시할 수 없는 하나의 특징은 현재의 기술돌파 속도가 이전에 없었던 것이다. 무어의 법칙, 쿠즈웰치 등의 이데올로기는 단지 사람들이 현실에서 체험하는 것을 정제하여 더욱 대담한 과학적 예측을 할 뿐이다.

둘째, 인공지능과 인터넷으로 대표되는 신기술은 기존의 경제활동 중의 한계비용 체증이나 투자보수 체감의 법칙을 깨뜨린 것으로, 이는 우리

---

[1] [미]로버트·고든 〈미국 경제의 기복〉, 중신출판그룹2018년판.
[2] [스위스] 클라우스·슈밥: 〈4차 산업혁명: 변혁의 힘〉, 중신출판그룹2016년판. 연이어 발생한 4차례의 산업혁명의 특징적인 개황은 본서 제1장을 참조하기 바란다.

가 반드시 리프킨식 한계비용 제로 사회에 진입하기 위해 준비를 해야 하는 것 외에 출현할 수 있는 보수체증 경제를 더욱 잘 인식해야 함을 의미한다. 노벨경제학상위원회가 기술혁신을 장기적인 거시경제 분석에 융합시켰기 때문에 2018년도 이 상을 폴 로머Paul Romer에게 수여한 것은 의심할 여지 없이 새로운 과학 기술혁명의 중요성에 대한 경제학자단체의 인식제고를 반영한 것이다.

셋째, 이번 산업혁명의 성질 때문에 기술은 모든 국가, 지역, 산업 및 경영 주체에 균등하게 침투할 수 없을 뿐만 아니라, 그로 인한 경제 성장도 자연히 낙수적인 방식으로 사회의 모든 집단에 이로운 것은 아니다. 미국의 경제학자 오토 등은 글로벌화와 기술혁명이 거성급 기업의 발전에 유리하기 때문에 그에 상응하는 업종에서 더욱 높은 제품시장 집중도를 차지한다는 것을 발견하였다. 또한 이러한 기업은 이윤 수준이 높고 노동비용의 점유율이 낮은 특징을 가지고 있기 때문에, 거성급 기업의 각 업종에서의 중요성이 부각됨에 따라, 한 국가의 전체 노동보수가 국민소득에서 차지하는 비중이 낮아지는 경향이 있다[1]. 글로벌화와 기술혁명은 잠재적으로 소득분배의 악화를 초래하는 효과를 가지고 있다.

마지막으로 4차 산업혁명은 역사적 법칙이나 현실 논리로 볼 때 글로벌화 4.0을 수반하는 것이 불가피하다[2]. 이전에 글로벌화 버전 중 어느 것도 해결되지 않은 의구심이 많았다. 예를 들어, 글로벌화는 본질적으로 모든 주도적 참여 혹은 수동적 개입의 국가들에게 균등하게 이익을 가져

---

[1] David Autor, David Dorn, Lawrence Katz, "Christina Patterson and John van Reenen, Concentrating on the Fall of the Labor Share", *American Economic Review*, Vol. 107, issue 5, 2017, pp. 108-85.

[2] Klaus Schwab, "Globalization 4.0-What Does It Mean", World Economic Forum Official Website: https://www.weforum.org/agenda/2018/11/globalization-4-what-does-it-mean-how-it-will-benefit-everyone/.

다 줄 수 있는가; 심지어 글로벌화로부터 이익을 얻는 국가들에 있어서도 모든 사회 집단 및 모든 사람들이 이익을 얻을 수 있는가; 모든 새로운 버전의 글로벌화는 반드시 이전 버전의 글로벌화보다 더 포용적이거나 공유적인가? 등등.

즉, 우리는 과학 기술의 진보와 경제 성장의 관계에 있어서, 특히 경제학이 이것에 대해 오랜 시간의 오류를 가지고 있는 상황에서, 사고 방식을 바꾸는 긴급한 도전에 직면하고 있다. 경제학자로서 필자는 결코 전복적인 태도로 경제학 자체를 통관적으로 비판할 생각이 없다. 여기서 말하는 '오류'는 실제로는 두 가지 경제학의 진통에서 나온 깃으로, 각각 '닉수 경제학'Trickle down Economics과 '침투 경제학'Penetration Economics이라고 부를 수 있다.

그러나 두 가지 경제학의 사고와 결론은 모두 전통적인 경제 이론과 그 논리적인 결론에 기초하고 있기 때문에, 즉 경제 이론은 기술 혁명이나 기술 진보를 설명할 때, 종종 가능한 '오버플로' 효과를 미리 설정하거나 조건 없이 과장함으로써 인식상의 오류를 형성하고, 정치가와 정책 결정자를 오도하는 것이므로, 이 두 경제학의 오류를 명확히 하는 동시에, 일반 경제학도 '누워있는 총탄'을 피할 수 없다.

사실, 경제사상의 진화방식 자체도 좋고, 경제학자들이 습관적으로 자랑스러워하는 연구 패러다임도 좋고, 모두 경제학의 고질적인 문제를 야기하는 유전자를 포함하고 반영하고 있다. 왜 경제학자들은 기술 진보나 경제 성장에 대해 기대한 '오버플로' 효과를 내지 못하면서, 경제학 기본 가설을 수정하기를 원하지 않는가?

사람들이 완전히 시장정보와 완전히 이성적인 가정들이 실제와 일치하지 않는다는 것을 발견했을 때, 주류 경제학은 이러한 가정들을 수정하려고 시도하지 않고, 결국 이러한 가설들을 전문적으로 연구하지 않는 어떤 새로운 경제학 부류로 상황을 연구해야 한다. 만약 여기에 더욱 심층적인 방법론의 결함이 있다면, 결국 실증경제학과 규범경제학의 싸움으로 거슬러 올라가야 한다.

본 장의 의도는 경제학자에게 새로운 사고방식으로 신기술혁명을 인식하도록 상기시키는 데 있다. 우리는 먼저 사람들이 어떻게 경제학의 각도에서 기술진보를 사고하는지 아주 간단한 회고록을 할 것이고 여기에서 토론하는 문제의 겨냥성을 강조할 뿐만 아니라, 거기에서 우리의 인식능력을 향상시키는 데 도움이 되는 사상적 연원을 찾을 것이다. 더 나아가 우리는 이론과 경험의 각도에서, 각각 낙수 경제학 및 침투 경제학 두 가지 사유 정식에 대해 성찰과 비판을 가하려고 시도한다. 마지막으로 필자는 전장에 대해 간략하게 총결산하고, 완고한 전통경제학의 패러다임에 대해 탐구를 시도하며, 동시에 초보적인 정책 건의를 제시할 것이다.

2. 기술 진보의 사상 약사

비록 인류의 경제 활동은 처음부터 기술의 응용과 개선을 수반하였지만, 진정으로 경제 성장에 대한 실질적인 영향을 발생시켰고, 즉, '맬서스의 함정'을 타파한 기술의 진보는 18세기 말과 19세기 초의 산업 혁명 시기에 발생하였다. 그러나 인류 역사상 처음으로 발생한 이 기술의 진보와 그에 상응하는 경제 성장은 처음부터 케이크가 크다고 해서 모든 사람이 더 많은 몫을 받을 수 있는 것은 아니라는 것을 보여주었다.

디킨스의 문학사조에서도, 또 실제로 기록된 루드 운동의 역사에서도, 산업 혁명은 처음에는 노동자의 생활 상태의 악화를 수반하였다: 열악한 노동 조건, 극히 낮은 임금 수준, 성장을 수반하지 못하여 개선되지 못한 삶의 질, 그리고 산업 혁명의 중심 지대에서 낮아진 1인당 기대 수명을 동반하였다는 것을 볼 수 있다.

연구에 따르면 1880년대와 1850년대 즉 산업혁명이 한창이던 지난 반세기 동안 영국 노동계급의 생활수준은 실질적인 개선이 없었다. 예를 들어, 경제사학자들은 실업상태, 가족부양계수, 도시화 비용을 고려한 결과, 영국 노동자계급 가정의 실제 생활수준이 15% 미만으로 향상되었음을 발견했다[1]. 70년이라는 기간으로 따지면 연평균 인상폭이 0.2% 미만이라는 의미다. 이러한 사실은 맬서스가 산업혁명 시대에 살고 있지만, 생산의 산술적 급수 성장이 인구의 기하적 급수 증가를 만족시키기 어렵고, 결국 인류는 빈곤, 기근 내지 전쟁과 재난에 빠질 수밖에 없다는 결론을 얻어냈으며, 경제사회사조 내지 학술연구 중의 비관주의 인식론의 기초를 다지게 된 이유를 설명한다.

비록 메이너드·케인스는 맬서스를 대단히 숭배하지만, 그 자신은 오히려 기술의 진보와 경제 성장의 낙관주의자이며 과학과 복리는 인류의 운명을 바꿀 힘을 가지고 있다고 굳게 믿는다. 1930년 세계는 경제 대공황에 처해있어 케인스는 유명한 글을 한 편 발표했고, 비록 많은 성장중의 번뇌의 존재를 인정하였고, 예를 들면 기술진보의 속도가 너무 빨라서 한꺼번에 과잉 노동력을 받아들이기는 힘들었지만, 여전히 대담하게 자손대대의 경제 가능성에 대해 낙관적인 예측을 하였고—100년 후 생활수준은 다시 8배 향상되었다[2].

케인스가 미래의 경제 전망을 낙관할 수 있었던 것은 그가 그 시대와 이후의 기술 진보와 자본 축적의 속도를 산업혁명 이전의 긴 밤과 비교했

---

1 Charles H. Feinstein, "Pessimism Perpetuated: Real Wages and the Standard of Living in Britain during and after the Industrial Revolution", *The Journal of Economic History*, Vol. 58, No. 3, 1998, pp. 625-658.
2 John Maynard Keynes, "Economic Possibilities for our Grandchildren, 1930", in Lorenzo Pecchi and Gustavo Piga (eds.), *Revisiting Keynes Economic Possibilities for our Grandchildren*, Cambridge, Massachusetts and London, England: The MIT Press, 2008, pp. 17-26.

기 때문이다. 구체적인 숫자를 제쳐두고 말하자면, 그가 한 예측의 방향은 의심할 여지없이 정확하다. 이 예측을 한 후에 케인스는 계속 문제를 제기하는 것은 그 성격에 관해서도 정확하지만, 그러나 도전성이 풍부하기 때문에, 많은 후대의 경제학자들은 지금까지 여전히 이해할 수 없다.

하나는, 비록 '인류의 영원한 문제'에 관한 그의 경제적 목적과 비경제적 목적 사이의 구분이 정확하지는 않지만, 두 가지 목적의 내용에 관한 해석은 다소 불명확하지만, 그는 결국 중요한, 전인이 이처럼 명확하게 제기하지 않은 문제인 노동생산성이 향상되어 경제문제를 해결한 후에 인류의 생존 목적이 어디에 있는지를 제기하였다.

그 둘, 비록 그는 한 유형의 업무에서 다른 유형의 업무로 전환되는 이러한 보다 현실적인 문제를 뛰어넘어 단번에 업무상태에서 여가상태로 전환되는 이러한 더욱 궁극적인 문제를 제기하였다면, 상당히 우습게 보일 수 있으나, 그는 이미 혁명적인 이념인 일과 수입 사이에는 이미 관계가 분리될 수 있음을 암시하였다. 이것은 다시 한번 중대한 경제학적 도전을 제기했는데, 즉 인간의 행동과 활동을 지배하는 경제적 동기가 결국 어떻게 될 것인가 하는 것이다.

아담·스미스는 기계의 발명과 응용을 자신이 제창하는 분업과 결합시켜 실제로 새로운 성장 이론의 보수 체증이라는 인식의 기초를 다졌다. 동시에, 스미스는 그 성장 이론과 무역 이론을 결합시켜 일치된 해석 체계를 형성하였다[1]. 이렇게 하면, 스미스의 이론 자체가 우리가 직면한 문제에 복선을 깔게 된다.

기계의 채용과 분업의 발전으로 노동생산성이 향상됨과 동시에 노동자의 기능이 나날이 너무 전문화되고 단순화되어 단일화됨으로써 노동자

---

1 Aykut Kibritçioğlu, "On the Smithian Origins of 'New' Trade and Growth Theories," Office of Research Working Paper, No. 2-100, 2002.

의 인적자본은 오히려 더욱 취약해지고 일자리는 더욱 불안해진다. 기술혁명 내지 글로벌화의 조건하에서 이러한 인적자본의 매개체인 노동자들은 더욱 큰 충격을 받기 쉽다. 또한 복잡한 기술창조와 간단한 작업조작 사이의 비대칭은 노동자들, 특히 간단한 노동자들을 요소보수분배에서 불리한 협상지위에 놓이게 한다.

사람들은 역사와 현실에서 끊임없이 기술의 진보가 어떤 시기에도, 모든 국가 및 국내의 모든 집단에 균등하게 이익을 가져다 주지 못한다는 것을 발견하고, 기술 변혁의 속도가 비정상적으로 빠른 오늘날에도 여전히 그렇다. 과학기술 변혁의 경제 성장과 삶의 질 개선 중의 이러한 효과의 불균형한 특징에 곤혹스러워, 일부 경제학자들은 서로 다른 시기의 과학 기술 변혁을 성질상 구별하려고 시도하는데, 기술 진보는 이 라운드와 저 라운드 사이에, 아마도 서로 다른 공유성을 가질 것이라고 생각한다.

예를 들어, 타일러·코웬Tyler Cowen은 21세기의 새로운 기술의 진보는 점점 더 공공자원을 획득하여 단지 소수자에게 이득이 되는 '사제품' 분야에 투자하는 성격을 가지고 있기 때문에 일반 주민의 소득증대에 도움이 되지 않는다고 주장하면서 검증되지 않은 가설을 제기했다[1].

비록 갈수록 많은 경제학자들은 경제 성장과 기술의 변화가 모든 국가와 모든 개인에게 자동적으로 혜택을 줄 수는 없다는 것을 인식하고 있지만, 그들 중의 많은 사람들은 기술의 진보가 모든 국가, 모든 부문과 모든 생산 요소에 자동적으로 침투할 수 없다는 것을 아직 깨닫지 못하고 있다. 널리 퍼진 일화는 이 점을 어느 정도 설명한다.

듣자 하니 1960년대에 아시아의 모 개도국 정부의 고문을 맡은 밀턴·프리드먼Milton Friedman이 대형 공공 공사 항목을 답사했는데, 그는 노동자

---

[1] Tyler Cowen, The Great Stagnation: *How American Ate All the Low-Hanging Fruit of Modern History, Got Sick, and Will (Eventually) Feel Better*, New York: Dutton, 2011, pp. 20-22.

들이 불도저나 트랙터 등의 중장비 운전 대신에 삽을 휘두르며 시공하는 것을 이상히 발견하였다고 한다. 그의 의혹에 대해 지역 관리들은 그 건설 프로젝트가 "고용 프로그램"이라고 대답했다. 노동생산성을 높이는 것은 당연한 일이고, 또 생산성을 높이는 수단이 마땅히 손에 꼽을 만하다고 생각했기 때문에, 이 경제학자는 고전적이라고 할 수 있는 비아냥거림을 했다: 그렇다면, 왜 노동자들은 숟가락으로 일을 하지 말아야 하는가[1]?

비록 경제학자들은 시종 기술변혁의 경제사회적 영향 이 문제에 관심을 기울이고 있지만, 기껏해야 사람들이 이 과제에 대한 관심도가 나날이 높아지고 있다고 말할 수 있을 뿐, 이미 문제를 해결했다고는 할 수 없다. 2017년에 마틴·루터의 500년 전 방법을 모의 경제학자가 서명한 〈경제학 개혁 33개 논강〉 (이하 〈논강〉이라 약칭함)이 런던경제대학의 대문에 못박혔다.

이 〈논강〉의 제21조는 혁신 과정에 불균형이 존재함을 인정함으로써 전통 경제학에 대한 도전을 제기한다: 혁신은 경제에서 외생하는 것이 아니라 경제 활동의 내재된 구성 요소이다. 만약 혁신이 끊임없이 발전하고 불균형한 생태계에서 발생한다고 볼 수 있다면, 시장 설계에 의해 만들어진 것이며, 시장 내의 모든 참여자 간의 상호작용에 의해 형성될 수 있다면, 우리의 GDP 성장에 대한 이해력은 향상될 수 있을 것이다[2].

사실, 경제학자들만이 기술 변혁과 그 결과에 관심을 갖는 것은 아니다. 일찍이 1964년에 노벨 경제학상 수상자인 Gunnar Myrdal을 포함한, 각 분야의 인사들을 포함한 26명의 전문 위원회는 미국 대통령에게 보내

---

[1] 마틴·포드(Martin Ford)의 〈로봇의 시대: 기술, 일, 경제의 미래〉 머리말, 중신출판사 2015년판.

[2] Daniel Lapedus et al, "33 Theses for an Economics Reformation", 2017, New Weather Institute, http://www.newweather.org/wp-content/uploads/2017/12/33-Theses-for-an-Economics-Reformaton.pdf.

는 공개 각서를 하나 썼으며, 보고서 제목은 〈삼중혁명〉이다. 이 보고서는 경제학 전통 분석 수단에 대한 비판이 전술한 〈논강〉보다 반세기 앞서 있을 뿐만 아니라, 많은 판단과 인식에 있어서 상당히 선견지명이 있다.

예를 들면, 이 보고서는 자동제어혁명을 표식으로 생산의 새로운 시대가 시작되었다고 지적하였다. 이 혁명은 기왕의 농업혁명과 산업혁명이 비교할 수 없는 속도로 발생하였으며, 컴퓨터와 자동제어기기의 결합으로 표현되어, 거의 한계가 없는 생산능력의 체계를 형성하였으며, 노동력에 대한 수요를 날로 감소시켰다[1].

놀랍게도, 그 보고서는 기계가 인간으로부터 생산을 인계받기 때문에 후자는 최소한의 정부 보장에 의존하게 될 것이라고 지적했다. 이러한 사상은 오늘날 널리 실험되고 있는 이른바 '무조건 기본소득 universal basic income'으로 발전했다. 이 프로젝트는 각국에서 보편적으로 실시하고 있는 파편화된 사회보장 프로그램의 퍼즐과 비교해 적어도 두 가지 면에서 다른 점을 가지고 있다.

첫째, 이 항목의 사고방식은 이름에서 나타내듯이, '무조건' 즉 빈부 구분 없이 모든 사람을 포괄하고, '기본' 즉 최저 생활 수요를 만족시키는 지급을 한도로 하는 '소득' 즉, 현금을 직접 주는 이러한 요소를 포함하며, 사회 보험 이론과 실천의 이념 혁명이다.

둘째, 이 프로젝트의 목표는 어떻게 인공지능의 최신 발전 추세에 따라 기술적 실업에 대응하는가. 기술적 실업은 아주 오래된 현상이며 또한 오랜 시간 동안 지속되는 화제이다. 그러나 신경과학과 빅데이터, 인터넷의 융합과 결합은 인공지능의 발전을 새로운 단계로 접어들게 하고 로봇은 단순 반복적인 노동뿐만 아니라 각종 복잡한 지적형 작업도 대체할 것

---

[1] Ad Hoc Committee, "The Triple Revolution: An Appraisal of the Major US Crises and Proposals for Action", *International Socialist Review*, Vol. 24 No. 3, Summer, 1964, pp. 85-89.

이다.

파괴적인 기술 변화는 혁명적인 대응책을 필요로 한다. 비록 아직 보편적으로 받아들여지는 관념과 널리 실천되고 있는 사물이 되지는 않았지만, 무조건적인 기본소득이라는 개념은 이미 점점 더 많은 토론을 거쳐 일부 국가에서 실험에 착수하였다. 이 이념과 설계는 전통적인 방안의 결함을 타파하는 것을 목표로 하고 있기 때문에, 많은 사람들은 그것이 이번 전례 없는 기술적 실업현상의 대처 방법일 뿐만 아니라, 빈곤을 없애고, 직업을 전복시키며, 세계를 다시 바꾸는 참신한 사고와 궁극적인 방안을 포함하고 있다고 생각한다[1].

미래 로봇이 결국 상당수의 일자리를 파괴해야 한다는 데 공감한다면[2] 현행의 각종 사회보험사업은 완전적립제든 현금지급제든 그 결과에 대한 보장이 불가능하고 무조건 기본소득이 미래의 정책 옵션이 돼야 할 것 같다. 그렇다면 이 사업은 충분히 시급히 시행될 것인가?

답안도 긍정적이다. 노동자 개인의 관점에서 보면, 로봇과의 경쟁은 여전히 인적 자본의 상승에 달려 있고, 여기에는 끊임없이 새로운 기술을 습득하고 인지 능력과 비인지 능력을 향상시킨다. 그러나, 매일 생존을 위해 고군분투하는 노동자에게, 시간과 능력이 모두 시대에 뒤떨어져서 인적 자본을 개선할 수 있는 능력이 없고, 일단 직장을 잃으면, 충분한 인적 자본이 직업을 바꾸기에 충분하지 않다. 그러므로 일을 할 때 추가적

---

[1] Annie Lowrey, *Give People Money: How A Universal Basic Income World End Poverty, Revolutionize Work, and Remake the World*, New York: Crown Publishing, 2018.

[2] 맥킨지 글로벌 연구소의 보고서에 따르면 인공지능의 발전과 그로 인한 자동화는 2030년 전 세계 노동력의 3~14%(7500만~3억7500만 명)를 차지할 것으로 예상된다. 이 전환은 역사적으로 농업과 제조업의 노동력 이동 못지않게 강력한다. McKinsey Global Institute, *Jobs Lost, Jobs Gained: Workforce Transitions in A Time of Automation*, December 2017, McKinsey and Company.

인 기본소득을 얻을 수 있고, 노동자들을 위해 미리 준비를 할 수 있는 여지를 남겨두어야 한다.

3. 낙수경제학 비판

미국 사회 여론의 중국 등 신흥경제국이 일자리를 빼앗았다는 설이 경제학에 반영된 것은 신흥경제국이 값싼 생산요소 심지어는 불공정한 경쟁수단으로 무역과 산업의 이동을 통해 미국의 일자리가 해외로 유출되는 것이라는 주장이다. 이 방면에는 많은 연구자들이 증거를 제시하여, 일자리가 유실되는 것을 경제 글로벌화 과정에서의 산업 사슬 재배치 후의 무역 구도 탓으로 돌리고, 나아가 중국 등 신흥경제국에 직접 화살을 돌리고 있다[1].

이와 동시에, 이러한 선진국이 맞닥뜨린 보통 기능직의 유실은 단지 전 세계 범위의 산업 사슬 분업의 결과일 뿐만 아니라, 사실 더 중요하고, 더 오래되고, 더 보편적인 직업의 유실은 자동화 과정 중의 기계와 로봇의 응용에 있다는 연구도 적지 않다. 이 방면에서, 자동화와 그에 따른 생산성 향상이 일자리 감소의 더 중요한 요소라는 연구가 있다. 예를 들어, 한 TED강연자는 2000-2010년 동안에 미국의 570만 개의 제조업 일자리가 손실되었고, 87%는 자동화 기술을 응용하여 노동생산성이 향상되었기 때문이라고 지적하였다[2].

---

[1] David H. Autor, David Dorn, and Gordon H. Hanson, "The China Shock: Learning from Labor-Market Adjustment to Large Changes in Trade", *The Annual Review of Economics*, Vol. 8, 2016, pp. 205-240, https://doi.org/10.1146/annurev-economics-080315-015041.

[2] Augie Picado, "The Real Reason Manufacturing Jobs Are Disappearing", https://

따라서 미국의 일자리 유실 원인에 대한 연구에서는 실제로 '무역주인설'과 '기술주인설'의 대립 혹은 두 요소의 상대적 중요성에 관한 논쟁이 형성되었으며, 두 가설 모두 실증경험의 검증을 받았다. 예를 들어, 포드 등의 연구는[1] '차이나 쇼크'에 대한 단편적인 논조로, 미국의 제조업 일자리의 유실, 무역(외국 경쟁)요인과 기술(자동화)요인에 대해 중요한 역할을 한다는 것을 밝혀냈으며, 동시에 양자의 상대적 중요도가 도대체 어떤 것인지 정확하게 추정하기 어렵다는 것을 인정한다.

그러나, 이 저자들이 주목한 몇몇 사실들은, 상황이 종종 경쟁으로 인해 자동화 기술을 채용하도록 강요당하기 때문에, 기업이 생존할 수 있게 하는 동시에, 고용인원을 대폭 줄인다는 것을 발견한다. 무역요소와 기술요소 두 가지가 서로 얽혀 있기 때문에 구별하기 어렵다는 것을 알 수 있다.

현대 사회에서는, 자주 혁신이든, 혹은 참고의 도입이든, 기업의 경쟁력 부족 문제를 해결하는 기술은 항상 얻을 수 있고 설령 경쟁이 국외로부터 오는 것이 아니라도, 국내의 다른 지역이나 기타 기업에서 올 수 있다. 이것은 무역과 기술요소는 결코 명확하게 구분할 수 있는 독립적인 사건이 아니라, 좋든 나쁘든 상호 촉진과 시너지 작용에서 어떤 효과를 얻을 수 있다는 것을 의미한다.

역사의 관점에서 보면, 무역과 기술 이 두 가지 사물은 모두 회피할 수 없다. 교역과 발명과 인류의 경제활동은 원래부터 동반상생하는 것이며, 진보의 원천이고 그러므로, 그것이 존재하지 않거나 인위적으로 소멸시

---

www. ted. com/talks/augie_picado_the_real_reason_manufacturing_jobs_are_disappearing/transcript.

[1] Teresa C. Fort, Justin R. Pierce, and Peter K. Schott, "New Perspectives on the Decline of US Manufacturing Employment", *NBER Working Paper*, No. 24490, 2018.

킬 수 있는 요행을 바라서는 안 된다. 임금 정체와 일자리 유출을 기계 사용과 기술 진보로 돌리는 '러다이트 마인드셋'Luddite mindset은 오늘날에도 무역, 산업 이동(아웃소싱), 나아가 경제 글로벌화에 대한 대항으로 확대되고 있다. 정치가는 물론 이 방향으로의 노력이 결국 되돌릴 방법이 없다는 것을 알고 있지만, 표를 얻기 위해서는 결국 그들은 이 원천이 오래되고, 여러 번 시도해도 틀리지 않는 구명 지푸라기라도 잡아야 한다.

인식론의 각도에서 보면, 우리는 현재와 같은 실증주의의 연구 패러다임을 포기해야 한다. 결국, 여기에서 토론하는 것은 글로벌화와 산업혁명으로 인한 소득분배효과에 관한 것이며, 복지경제학의 문제이다. 실증연구의 각도에서 일자리의 유실과 소득분화의 원인을 찾는 것은 이미 막다른 골목이라는 것이 증명되었다.

다른 방법을 모색한다면, 우리는 더욱 더 많은 규범경제학의 각도에서 문제를 인식하고, 답안을 찾을 필요가 있다. 기왕에 우리가 직면할 수 있는 정경은 사실 글로벌화와 산업혁명의 결과, 정치적 선택이나 정책적 선택에 의해 발생하는 비용과 수익을 비교한 결과이기 때문에, 우리가 토론하는 것은 결국 정치경제학의 문제이다.

이론 기초에서 말하면, 이미 낙수경제학의 가설을 완전히 버릴 때가 되었다. 낙수경제학에도 그 깊은 역사적 연원이 있지만, 현대 경제학은 이론적으로 더욱 논증을 아끼지 않고, 정책 입안자들은 경험적으로 증명하려고 한다. 일부 경제학자들과 정책입안자들은 일단 경제활동이 어떤 부문 혹은 심지어는 단일 기업에서 시작된다면, 결국 낙수효과를 통해 경제 전체는 물론 전체 사회의 이익도 모두 얻게 될 것이라고 생각한다.

예를 들면, 프리드먼은 자유시장사회에서 합리적인 소득분배 윤리원칙은 모든 사람이 자신의 도구를 이용하여 생산한 물건을 받을 수 있도록 하는 것이라고 지적하였다. 프리드먼도 국가의 역할에 대해 이야기하였지만, 그가 강조하는 것은 재분배가 아니라 재산권의 정의와 집행이다

1. 이론적으로 이 이념을 굳게 믿고 정책을 실행에 옮긴 것은 미국 대통령 로널드·레이건Ronald Reagan으로, 그것을 '레이건경제학'의 중요한 기점으로 삼았다.

크루그먼이 미국 민주당과 공화당의 정권 교체 과정에서 소득분배를 대하는 서로 다른 정책성향과 실제 불평등의 정도와의 관계를 되돌아본 결과, 어떤 소득분배 정책을 채택하느냐가 중요한 것이 아니라, 발생한 소득분배 결과에 미치는 영향이 매우 현저하다는 결론을 내렸다[2].

크루그먼의 논리는 역설적으로 소득 분배의 결과가 정치 풍향에 영향을 미쳐 정책적 성향을 갖게 되는 유용한 것이다. 미국의 일자리 유실 문제는 바로 이러한 예이고 낙수경제학이 이론에서 실천으로, 원인에서 결과로, 전기 정책의 결과는 반대로 후속 정책 수립에 영향을 미치고, 정치 분야와 사회 분열을 초래하는 완전한 과정을 충분히 반영한다.

프랑스 경제학자 토머스·피케티Thomas Piketty와 그의 선배 앤서니·앳킨슨 Anthony Atkinson의 소득분배 문제에 대한 탁월한 연구는 소득불평등 문제를 해결하는 유일한 길은 정부와 사회가 소득에 필요한 재분배를 하는 것이라는 결론에 이르고 있다[3].

예를 들어, 피케티는 풍부한 각국의 역사 데이터를 수집하고 분석했는데, 자본 보수의 증가 속도가 경제 성장률보다 훨씬 더 빠르게 증가하여 점점 더 많은 부가 집중되는 것을 발견하였다. 이러한 추세는 각각 장기 시계열 데이터가 드러내는 역사적 궤적과 다국적 데이터가 기술하는 현

---

1 Milton Friedman, *Capitalism and Freedom*, Chicago, London: The University of Chicago Press, 1962, pp. 161-162.
2 [미] 폴·크루그먼 〈미국 왜?자유주의자의 양식〉, 중신출판사2008년판.
3 가장 영향력 있는 두 저서는Tomas Piketty, *Capital in the Twenty-First Century*, Cambridge Massachusetts: The Belknap Press of Havard University Press, 2014; Anthony B. Atkinson, *Inequality: What Can Be Done?* Cambridge Massachusetts: Havard University Press, 2015.

재 상황이기 때문에 시장 메커니즘과 시간 경간의 자연적인 힘 모두 막을 수 없으며, 사회 개입과 정부 정책은 피할 수 없다.

4. 침투경제학의 오류

오랫동안 사람들은 과학, 기술, 지식, 창의는 모두 외부성을 가지고 있다는 것을 발견해 왔다. 더 최근에 출현하여 유행하는 신성장 이론은 이 문제를 더욱 중시하고, 더 가까이에서 오버플로 효과spillover effect 혹은 비경쟁적nonrivalry이라고 부른다. 이런 성질의 표현 자체가 얻을 수 있는 추론을 내포하고 있다. 즉, 기술 변혁은도달하지 못할 곳이 없고 세심하게 침투할 수 있기 때문에, 국부적인 경제 성장이 아니라 전체적으로 바뀔 수 있다[1].

실제로, 낙수경제학의 이 개념과 그 논리는 필자가 표현하고자 하는 또 다른 의미, 즉, 기술변혁이 자연히 한 경제국 내부에 전파될 수 있으며, 따라서 부단히 모든 부문과 기업에 침투하여 최종적으로 전체 경제 범위 내에서 소기의 혁명적인 변화를 완성할 수 있다는 일종의 익숙한 경제학적 가정이 존재한다. 낙수경제학은 이미 경제 성장의 과실의 공유성과 관련된 특별한 의미를 가지고 있기 때문에, 필자는 외람되게 또 다른 개념을 창조하여 이것을 침투경제학이라고 부른다.

스티븐·코언Stephen S. Cohen과 존·기즈면John Zysman이 공저한 〈제조업은 여전히 중요하다〉라는 책은 바로 기술침투 가설 위에 세워진 대표작으로, 기술변혁이 침투하여 나아가 경제 전체의 변화를 일으키는 메커니즘을

---

[1] Richard Langlois and Paul Robertson, "Stop Crying Over Spilt Knowledge: A Critical Look at the Theory of Spillovers and Technical Change", *Journal of Public Finance and Public Choice*, Vol. 33, No. 1, pp. 63-80.

설명하려고 시도하였다¹. 그들은 부문 간의 산업 관련 성격 때문에 기술변화가 한 부문 혹은 적은 수의 부문으로 시작되더라도 전체 국민 경제로 확산될 것이라고 생각한다. 그리고 그들은 이러한 부문의 관련성이 매우 밀접하여 기업간, 제조업내 뿐만 아니라 제조업과 서비스업간에도 존재한다고 굳게 믿는다.

이와 동시에, 이 두 저자를 포함한 많은 연구자들은 이러한 가정과 어긋나는 많은 현상들을 발견했는데, 가장 전형적으로 소위 '생산성의 역설'로 나타난다. 로버트·솔로Robert M. Solow는 전술한 책에 대한 평론에서 저자는 많은 다른 사람들처럼 기술혁명이 생산성의 증대를 초래하지 않고 오히려 생산성의 증가를 둔화시키는 현상에 대해 난감하고 당혹스럽다고 비꼬았다. 솔로 교수는 컴퓨터가 어디에나 있지만 통계에서는 생산성 향상이 보이지 않는다는 생산성 역설의 의미를 한마디로 표현했다².

다양성으로 알려진 생산과 교역활동에서, 경제활동주체는 현저한 이질성을 가지고 있기 때문에, 그들 사이에는 비대칭과 대등한 관계가 있다. 이론논리나 경험증거를 막론하고, 모두 코언 등이 산업관련성을 경제관련으로 확장시키는 것, 나아가 기술변화의 광범위한 침투성을 가지는 가설을 지지하지 않는다. 실제로, '슈퍼연결'이 네트워크화된 세계를 창조하는 것에 관한 이러한 가설은, 그 이론 유전자에 비추어 볼 때, 전형적인 기술 도구론의 색채를 가지고 있으며, 그 확장된 사회적 의미에 비추어 볼 때, 일종의 유토피아적 이론 환상이며, 경험적 각도에서 보면, 우리가

---

1 이러한 관점에 대한 저자의 논술과 지지 증거는 책 곳곳에 있지만, 가장 대표적인 집중 표현은 다음과 같이 Stephen S. Cohen and John Zysman, *Manufacturing Matters: The Myth of the Post-Industrial Economy*, New York: Basic Books, Inc., 1987, pp. 100-107.

2 Robert M. Solow, "We'd Better Watch Out", *The New York Times Book Review*, July 12, 1987, p. 36.

관찰한 사회 네트워크 운영 방식과도 일치하지 않는다.

닐·퍼거슨Niall Ferguson은 소셜 네트워크의 각 노드의 위치, 그에 따른 사회적 연결성의 불균질성에 대해 간략하게 요약하면[1], 우리가 이 문제를 인식하는 데 도움이 될 수 있다. 네트워크 시스템의 모든 노드node와 연결선edge이 동일하지 않듯이, 사회 네트워크 또는 경제 관련 개인(개인, 기업, 조직 및 기타 사회 활동 참여자일 수 있음)도 같은 연결성을 가진 것도 아니다. 이러한 연결성(또는 관통성)의 차이를 만드는 요인은 각각 개인의 차이, 사회 네트워크 구조, 그리고 그것들을 지배하는 지배구조에서 비롯된다.

사실, 로머는 창의성의 비경쟁성을 강조하여 유출효과에 의한 기술변혁을 장기간 탐구하여 성장경로로 변화시킨 노벨상 수상자로도 최근 새로운 지식과 새로운 통찰력을 저해하는 자유이동정책에 대한 깊은 관심을 표명하였다고 하며, 창의성의 생산과 분배체제에 있어서 여전히 커다란 개선의 여지가 있음을 인정하였다[2]. 이 '공간'은 크거나 작거나 할 수 있고, 기술의 유출과 침투를 막을 수 있을 만큼 클 수 있다. 우리는 퍼거슨으로부터 연결성의 몇 가지 요소와 그 상호 영향 관계에 대해 사회 네트워크나 경제 관련의 관통성 문제를 더 인식하게 되고, 솔로의 '생산성의 역설'이 야기한 원인에 대해 대답하려고 시도할 수 있다.

첫째, 경제활동에서 개인의 차이는 각각의 개별주체가 서로 다른 연결성을 가지도록 결정하므로, 기술은 그 침투성을 발생시킨다. 이러한 개별적인 차이는 시장참여자의 규모 차이와 누리는 정책대우가 다르기 때문에 그들 사이에 서로 다른 정보취득 지위, 자원취득권, 시장 및 기술의 진입기회 등이 형성될 수 있다. 실제로 경제학에서 논의되고 있는 '보모어

---

[1] Niall Ferguson, "The False Prophecy of Hyperconnection: How to Survive the Networked Age", *Foreign Affairs*, Vol. 96, No. 5, 2017.

[2] Eric Jing, "Responsible Use of Technology Can Transform Millions of Lives", *Financial Times*, January, 2019.

원가병'은 바로 제품이나 서비스를 제공하는 방식의 이질성을 말하는 것으로, 이로 인해 부문 간에 서로 다른 기술 침투성을 갖게 된다. 이로부터 우리는 적어도 통계적 의미의 '생산성의 역설'을 부분적으로 해석할 수 있다.

생산성 향상요인으로는 (1) 근로자 1인당 평균 사용 자본 수 증가; (2) 생산 기술 향상; (3) 근로자 기술 향상; (4) 경영 수준 향상; (5) 규모의 경제 등이 있다. 분명히 어떤 부서도 이 다섯 가지 면에서 대등한 것은 아니다. 사실, 바우모어 본인이 설명하려고 하는 것처럼, 일반적인 서비스업도 좋고, 혹은 그 중에서도 더욱 독특한 공연예술도 좋고, 이러한 방면에서 개선의 속도와 도달할 수 있는 폭은 분명히 제조업과 비교할 수 없다[1]. 지난 수십 년 동안 구미에서 관찰된 노동시장의 양극화와 고용의 느린 성장은 거의 모두 무역불능 부문에서 발생한 현상의 이면에 상술한 원리가 작용하고 있다.

자동화가 노동자를 제조업 일자리에서 밀어낸 후, 이론적으로 노동자는 각각 네 가지 전망에 직면한다: 첫째, 인적 자본이 개선된 후에 더 높은 기능직으로 들어간다. 이것은 생산성이 그만큼 향상되기 때문에 가장 마음에 드는 경우이다; 둘째, 단기 또는 장기 마찰적 실업 상태에 있다; 셋째, 원하지 않지만 어쩔 수 없이 노동 시장에서 철수한다. 두 번째와 세 번째 상태는 모두 생산요소가 충분히 활용되지 않기 때문에 사회 전체의 생산성이 떨어지지만, 계산가능한 생산성의 지표에는 나타나지 않는다. 넷째, 생산성이 낮은 부문으로 이동 예를 들면 서비스업이다. 이것은 전형적인 생산성의 저하 상황이다.

그 중에서, 네 번째 상황은 현실에서 비교적 보편적으로 발생하고 있

---

[1] James Heilbrun, Baumol's Cost Disense, *A Handbook of Cultural Economic*, Edward Elgar, 2011, pp. 91-101.

기 때문에, 가장 주목할 필요가 있다. 기술 진보의 보수 체증 성질이 명확할수록, 노동력 대체 과정에서의 이러한 생산성의 저하 결과는 더욱 두드러지고, 생산성의 저하폭은 더욱 커진다. 게다가 노동자가 생산성이 높은 부문에서 생산성이 낮은 부문으로 재배치되는 것은 필연적으로 임금률의 저하를 수반하기 때문에, 낮은 보수와 낮은 생산성 사이에는 상호 강화의 관계가 있기 때문에, '생산성의 역설'의 악순환을 초래한다.

예를 들어, 사람들이 영국의 임금수준과 노동생산성 사이의 관계를 관찰할 때, 다수의 경제 발전과 협동조합 국가들에 비해 영국에서 더 많은 취업자들이 벌어들인 임금수준은 낮은 깃으로 나타났고, 이러한 상황은 노동자의 기능학습에 대한 부정적인 인센티브를 발생시키고, 사회의 세로 유동을 억제함으로써 노동생산성의 향상을 제약한다[1].

둘째, 인터넷, 빅데이터와 인공지능의 발전과 응용을 특징으로 하는 새로운 산업혁명의 과정에서 초대형 기업의 자연독점 성향이 극에 달하여, 그들은 알고리즘과 응용 프로그램을 통해 한편으로는 중소기업을 경쟁으로부터 배제하거나, 혹은 기술 종속으로 전락시켜 신성장기업의 혁신과 창업을 억압하고, 다른 한편으로는 노동자의 기술을 더욱 단순화하여 기술 침투에 의한 사회 생산성과 기술 진보의 관련을 끊고, 결국 사회 전반에서 기술 진보의 성과를 공유할 수 있는 통로를 차단하였다.

점점 더 많은 사실은 이번 산업혁명의 성격 때문에 기술이 균등하게 침투할 수 없을 뿐만 아니라, 사실 증명은 사생활 유출, 중독 유도, 데이터 모니터링, 아동 상해 등의 형태로 선택적으로 사용자의 권리를 침해한다. 이미 출현한 일부 사례에 대하여 사람들은 실리콘밸리를 표상으로 하는 혁신기업이나 거성기업이 존중, 나눔, 감사를 알지 못하여 심지어는

---

[1] Sarah O'Connor, "For Clues to the Productivity Puzzle, Go Shopping", *Financial Times*, 2 February 2017.

'감시형 자본주의'surveillance capitalism의 하수인이 된다고 생각한다.

마지막으로, 경제 체제와 메커니즘은 상술한 개인차이의 부정적인 영향을 확대하거나 상쇄할 수 있으며, 정부는 행동이나 부작위, 옳은 일 혹은 잘못된 일을 함으로써, 경제 관련성과 기술 투과성에 큰 영향을 미칠 수 있다. 즉, 정책성향과 규제 및 기타 제도의 안배는 기술침투성에 중요한 영향을 끼친다. 그러나 정부가 어떻게 이 오래 지속되는 쟁점으로 삼아야 하는가는 여기에서 더욱 두드러지게 나타나며, 특정한 문제와 특정한 작용방식에 따라 결정되는 것은 일정한 규칙이 없다.

이와 관련하여 폴·로머는 '기니의 역설'로 불리는 타의 추종을 불허하는 사례를 통해 문제를 제기한다. 기니 수도 코나크리의 공항 근처에서 어린 학생들은 보통 가로등 밑에서 공부한다. 그는 이 젊은이들은 모두 휴대전화가 있는데 집에는 전기가 공급되지 않거나 전기요금을 지불할 수 없다고 관찰하였다. 이 역설의 제도적 원인은 시장의 신호를 왜곡한 전기요금 책정규칙에 있다: 너무 낮은 전기요금이 전력회사에 전력공급 인센티브를 부족하게 하고, 정부가 가격결정 메커니즘(보조금을 취소하거나 줄이는)을 바꾸려 하고 이익집단(높은 협상위치의 보조금 전기요금을 이득을 얻는 사람)을 만나 전기요금이 시종 왜곡된 상태에 있으며, 전기공급이 억제되고 있다[1]. 정부가 산업 정책을 보조금 방식으로 시행하는 것이 아니라 공정한 경쟁을 촉진하는 것이 책무라는 것을 알 수 있다.

5. 경제학이 시급히 응답해야 할 문제

경제사상의 매 회 과학기술혁명이나 산업혁명의 경험은 한편, 모두 한

---

[1] [미]폴·로머, 〈특허 도시를 추진하지 않는가?〉, 〈재경〉2011년 제16기.

쪽에 이미 존재하는 기술이 모든 시간, 장소와 그리드 위에 완전히 침투하고 따라서 경제 성장을 가져오는 것이 아니라 다른 한편으로는, 기술이 경제 성장을 초래하는 상황하에서도 성장은 자동적으로 모든 집단 간의 균등한 공유로 이어지지 않는다는 것을 보여준다. 널리 퍼진 경제학 방법론과 이론적 가정은 그러한 이론과 경험 사이의 격차를 설명하는 데 있어 상당히 융통성이 없다.

사람들이 보편적으로 관찰하는 새로운 과학 기술 혁명은 그 경제 사회 결과 방면에서 유례없는 전복성을 가지고 있다는 것을 고려할 때, 경제학은 의심할 여지 없이 중대한 도전에 직면해 있으며, 반드시 한 차례의 자기혁명을 진행해야만 비로소 새로운 기회를 포착하고 잘 이용할 수 있다.

첫째, 오랫동안 경제학을 주도해 온 실증주의 방법론을 성찰한다. 밀턴·프리드먼이 제창하는 실증경제학은 낙수경제학과 침투경제학이 실패를 당하고도 여전히 활개를 치는 방법론의 근원이다. 그의 관점은 각각 하나의 진술, 하나의 판단, 하나의 예로서 해석할 수 있다[1].

경제학의 목적에 대하여 말하자면, 프리드먼이 한 유명한 진술은 이론이나 가설이 아직 관찰되지 않은 현상에 대하여 합리적이고 의미 있는 예측을 할 수 있다는 것이다. 따라서 그가 얻은 판단은 실증경제학이 규범경제학보다 사람들이 정확한 경제정책에 대하여 일치된 견해를 갖도록 도울 수 있다는 것이다. 실증경제학이 도대체 어떤 특징을 가지고 있는지에 대하여, 그는 억조된 사례를 들어, 즉 나뭇잎이 햇빛을 좇는 동기에서 자신의 행위의 조정을 통해 서로 다른 위치에 있는 다른 잎의 밀도를 형성함으로써, "가설 중의 각종 모순된 점은 모두 중요하지 않다"라는 결론을 얻었다.

---

[1] Milton Friedman, "The Methodology of Positive Economics (1963)", in Uskali Maki ed., *The Methodology of Positive Economics: Reflections on the Milton Friedman Legacy*, Cambridge: Cambridge University Press, 2009, pp. 3-44.

이러한 실증 방법론은 경제학의 변천 방향에 대하여 중요한 영향을 가지며, 또한 경제 이론과 정책이 가치 판단을 포기하는 전통적인 근거가 되며, 심지어는 경제학 연구 중의 불성실한 경향을 유도하기도 한다. 이러한 점을 감안하여 로머는 '파인만의 성실성'과 '스티글러 신념'을 서로 대립되는 학문적 양심의 신조로서 경제학에서의 이러한 나쁜 경향을 비판하였다[1].

로머가 학술생활의 지침이라고 부르는 '파인만의 성실성'은 과학적 성실성을 증거로 자신의 관점을 뒷받침하면서 동시에 자신에게 불리한 결과를 대중에게 공개하는 것을 말한다. 이와 대립되는 '스티글러 신념'은 경제학자들이 전력을 다하여 자신의 관점의 중요성과 정확성을 널리 팔고 사람들이 그의 사실을 받아들이는데 도움이 되지 않는다면, 다른 사실들은 모두 중요하지 않다고 주장한다.

경제사는 산업혁명과 기술변혁이 결코 자연스럽게 소득분배를 개선하고 기술침투를 촉진할 수 없다는 것을 보여주었으나, 경제학은 시종일관 낙수효과가 존재한다고 가정하였다. '스티글러 신념'과 프리드먼의 실증 경제학 방법론을 상호 작용하여 실증할 수 있으면, 낙수경제학과 침투경제학의 근본적인 폐해는 전력을 다하여 '아직 관찰되지 않은 현상'을 예측하면서, 애써 자신에게 불리한 모든 '이미 관찰된 사실'을 무시하거나 심지어 은폐하는 데 있다.

둘째, 이론의 표준이냐 현실의 필요냐에 따라 경제 발전 정책의 방향을 결정해야 한다. 일단 실증 경제학의 방법론의 오도를 배제할 수 있다면, 우리는 이 문제에 더 잘 대답할 수 있도록 경제학 자체를 성찰해야 한다. 경제학자들은 자신의 학문을 자원이 부족한 조건하에서 어떻게 생산

---

[1] Paul Romer, "Stigler Conviction vs. Feynman Integrity", https://paulromer.net/old-blog/stigler-conviction-vs-feynman-integrity/index.html.

을 극대화할 것인가의 문제를 해결하는 것으로 정의하고, 그에 상응하여 경제 성장 이론은 어떻게 자원을 효율적으로 동원하고 배치하여 총량 확대를 실현하는 학문이라고 정의한다.

그러나 이 경제학의 정의에서는 경제 성장을 이루거나 생산량과 총량 확대를 극대화하려는 목적 자체를 잃어버렸다. 많은 정치가와 경제학자들은 GDP라는 천덕꾸러기 유량지표에 대해 의문을 제기하였으며, 예를 들어 구매력 적정 가격에 따라 GDP, 인류발전지수, 행복지수, 종합국부, 그리고 소득균등화와 환경개선을 반영할 수 있는 많은 지표들을 더 많이 발전목적을 커버할 수 있는 기타지표를 시도하였다[1]. 지금까지 이러한 시도들이 주류가 되지 못했다는 것은 경제학이 목적보다 관심수단에 더 관심이 많다는 통념의 뿌리가 깊은 것을 보여준다.

경제학은 생산과 성장을 최대화하는 연구에 그쳐서는 안 되며, 분배와 나눔에도 관심을 가져야 하고, 규범경제학이 제시한 가치판단, 복지경제학의 착안하는 복지목표 및 정치경제학 탐구의 정책선택은 경제연구에서 잠시도 없어서는 안 된다. 특히, 경제사가 반복하여 증명한데 무조건적인 낙수 효과는 존재하지 않고, 따라서 경제정책의 수립은 특히 전통적인 경제학의 패러다임 영향에서 벗어나기보다는 사람 중심의 현실문제와 실수요에서 출발해야 한다.

마지막으로, 경제 발전에서 정부의 역할과 정부와 시장의 관계를 다시 한번 인식하라. 낙수경제학과 침투경제학은 결국 낙수효과라는 같은 가설의 두 가지 표현에 기초하고 있으며, 문제 해결의 사고방식은 공통적인 부분이 없지 않으며, 핵심은 정부와 시장 역할 사이의 균형을 잘 맞추는 것이다. 그러나, 소득분배문제와 기술침투문제에 직면하여 각각 특정

---

[1] [영]이상·마수드 (Ehsan Masood): 〈GDP 역사: 국가 메달 순위에서 도마에 오른〉, 동방출판사2016년판.

한 목표를 가지고 있고, 서로 다른 체제환경 하에서, 서로 다른 발전단계에서는 주요 모순과 모순의 주요방면도 모두 같지 않기 때문에, 문제해결의 중점도 반드시 차이가 있어야 한다. 요컨대, 정부와 시장의 관계는 영원한 공식이 아니라, 때와 장소에 따라 사람마다 달라진다.

최근 몇 년 동안 인공지능과 빅데이터의 급속한 발전에 직면하여 기업가와 경제학자 사이에 계획경제가 부활할 수 있는지에 대한 논의가 전개되었다[1]. 전통적인 경제 논증 논리에 따르면, 사람들은 일반적으로 하이에크의 관련 담론을 인용하여 계획경제의 부활 혹은 복귀를 부정한다.

예를 들어, 하이에크는 경제 계산의 근거가 되는 '데이터'는 그에 따라 의사결정을 내릴 수 있는 단일 두뇌에 의해 얻어지는 것이 아니며, 또한 결코 그렇지 않을 것이라고 지적하였다[2]. 지식과 정보는 분산되어 있기 때문에, 한편으로 모든 사회 구성원들이 가진 정보를 충분히 이용할 수 있도록 하는 것은 가격 체계나 시장 메커니즘이 반드시 필요한 길이다. 다른 한편으로 수천만 명의 기업가와 기타 당사자가 끊임없이 시행착오를 겪어야 어떤 지식과 정보가 효과적인지를 결정할 수 있기 때문에, 기업가의 선택에 실패함에 따른 피부 고통은 의심할 여지없이 필수적인 격려이다.

그러나 경제학자들이 이런 방향으로 논쟁에 참여하는 것은 막다른 골목이다. 학습 능력을 갖춘 인공지능과 무한 발전 공간의 빅데이터에 직면하여, 비록 지금은 아니더라도, 가까운 장래에 우리는 지식과 정보가 필연적으로 분산된다는 것을 이미 100% 확신할 수 없다는 것을 증명할 것이고, 그러므로 시행착오에서만 의사결정에 사용할 수 있는 정확한 정보

---

[1] 여영월 진행하는 〈"빅데이터+인공지능"이 계획경제를 지원할 수 있을까?〉, 〈산터우대학 학보〉(인문사회과학판) 제33권 제9기.

[2] F. A. Hayek, "The Use of Knowledge in Society", *American Economic Review*, Vol. 35, No. 4, 1945, p. 519.

를 선별할 수 있다고 가정할 필요도 없다.

흥미롭게도, 하이에크 자신이 자유 시장 경제 이념을 팔려고 극력 노력하면서, 고도의 집중적인 계획화에 반대했을 때, 이러한 강렬한 이데올로기에 눈이 멀지는 않았다. 그는 유일한 의사결정권자가 경제 전반을 집중계획(중앙계획)을 하는 것과 분산된 개인이 자체계획(기업결정)을 하는 것 사이에는 사실 산업과 관련한 계획권한을 조직(대기업)이 갖는 경우가 있는데, 이를 흔히 '독점' 현상이라고 지적했다.[1]

퍼거슨은 사실 몇몇 스타 사업가의 야심찬 야망과 현실의 모순을 열거하면서 네트워크 관련성에 대해 토론했다. 예를 들어 '페이스북'Facebook 창업자이자 최고경영자CEO인 마크·저커버그Mark Zuckerberg는 "세상을 연결시키는 것"이 꿈이었다고 자처하며 지식의 흐름, 무역, 이동의 힘이 권위주의, 고립주의, 민족주의 같은 억압적인 힘에 저항하지 않는다는 냉혹한 현실을 스스로도 목격했다.[2] 퍼거슨은 바로 '페이스북' 같은 기업이 이런 현실을 만들어냈다고 봤다.

창업자와 CEO들의 동기가 어떻든 간에, 이 스타 과학기술 기업들은 확실히 사회에 적극적으로 공헌하고 있다고 말할 필요가 없고 단지 이런 종류의 기업과 그들의 투자자들의 행동을 보면, 그들이 말한 비전이 아무리 아름답고 호의적으로 들리더라도, 뒷면에는 결국 어떤 규칙적인 충동이 존재함을 알 수 있다. 자기들이 의식하든 아니든, 어떤 어휘로 표현하든, 이 내재된 충동은, 그 본질은 독점이다.

예를 들어, 이미 유명해진 스타기업이나 떠오르는 스타기업이나 그들에게 거액의 자금을 쏟아붓는 벤처캐피털이나, 기업의 이윤을 따지지 않

---

[1] F. A. Hayek, "The Use of Knowledge in Society", *American Economic Review*, Vol. 35, No. 4, 1945, p. 521.

[2] Niall Ferguson, "The False Prophecy of Hyperconnection: How to Survive the Networked Age", *Foreign Affairs*, Vol. 96, No. 5, 2017.

고, 어떤 방식으로든 천문학적 액수의 투자를 끌어모으고, 의의 없이 투자한다는 공통적인 발전전략이 있다. 기업의 손익을 따지지 않는 이런 투자 행위의 목적은 무엇인가? 시장 점유율을 나 아니면 또 누가 있겠는가 만큼 충분히 큰 것을 얻는다는 다른 답은 분명히 없을 것이다.

사실 경제학은 가치 판단을 흐려서는 안 된다. 현재 소위 계획경제라는 문제를 제기하는 것은, 본질적으로 반영되는 것은, 의도적이든 아니든 간에, 신기술 발전의 주도권을 잡는 큰 스타 기업의 소유자 혹은 대리인은 모두 자신이 미래사회에서 지위를 통제하는 것에 대한 판단과 의도가 있다는 것이다. 케인스는 〈통론〉의 마지막 장에서 "아침이든 저녁이든, 좋든 나쁘든, 위험은 결국 생각이지 기득권이 아니다."라고 말했다[1]. 사실, 기득권은 반드시 사상보다 먼저 방해물을 만들어 낼 것이고, 게다가 대부분의 경우 나쁜 영향력을 대표할 것이다.

시장은 가장 효율적인 자원 배분 메커니즘이지만, 제한되지 않은 시장의 힘은 독점을 초래할 수 있다. 과학 기술 혁명이 전례 없이 파괴적인 특징을 보이고 있는 상황에서, 그것에 연결된 독점력도 전례 없이 강할 것이다. 정부가 이 문제에 대해 양면성을 보이거나, 과도한 보조금 지급으로 스타 기업의 독점적 성향에 기름을 부거나, 평등한 경쟁 환경을 유지하여 신생 기업에 급할 때 도움을 준다. 핵심은 산업정책이냐 아니냐가 아니라 산업정책이 어떻게 경쟁적 중립원칙과 발전전략목표 사이에서 합리적인 균형을 어떻게 이룰 수 있는 것이다.

---

[1] John Maynard Keynes, *The General Theory of Employment, Interest and Money*, New York: Cambridge University Press for the royal Economic Society, p. 384.

6. 맺음말

여기서 얻은 결론은 한마디로 말하자면 소위 낙수효과는 존재하지 않고 낙수경제학 또는 침투경제학은 모두 유행하는 신화일 뿐이다. 시대에 발맞춰 정부의 기능과 시장 메커니즘 사이에서 가장 적합한 균형을 이루어야 신기술 혁명과 새로운 글로벌화를 경제 성장 동력으로 바꿀 수 있으며 동시에 포용적 발전을 실현할 수 있다. 한 가지 더 자세히 설명할 가치가 있는 문제는 이 논의에서 중국 경험의 의미와 이 논의가 중국에 대한 의미이다.

슈밥의 시간 구분에 따르면, 제1차 산업혁명은 1760-1840년 사이에 발생하였으며, 제2차 산업혁명은 1891-1910년 사이에 발생하였으며, 제3차 산업혁명은 1960-1999년 사이에 발생하였으며, 21세기부터는 제4차 산업혁명에 진입하기 시작하였다[1]. 모든 산업혁명은 글로벌화의 특정 버전과 겹치거나 교차한다.

이를 통해 중국이 제 1, 2차 산업혁명이 제공할 수 있는 추월 기회를 완전히 놓쳤음이 분명해졌다. 제3차 산업혁명은 중화인민공화국이 성립된 이후에 발생하였으며, 진정으로 중국 경제 발전의 기회가 되면 1980년대 이래의 개혁개방 시기가 될 것이다. 제4차 산업혁명이 일어난 후, 그리고 다가오는 글로벌화 4.0에 직면하여, 중국은 이미 그 안에서 무시할 수 없는 추진력이 되었다.

개혁개방의 오랜 시간 동안, 비록 전체적으로는 과학 기술 발전의 최전선에 있지 않지만, 생산요소의 축적과 배치를 저해하는 제도적 장애를 제거했기 때문에, 외국인 투자를 도입하여 기술과 관리를 학습함으로써, 중국은 후발 우세를 충분히 발휘하여, 전례 없는 추월 속도를 실현하였다.

---

1 [스위스] 클라우스·슈밥: 〈4차 산업혁명: 변혁의 힘〉 제1장, 중신출판그룹2016년판.

점차 대외개방과 글로벌 분업체계의 참여를 확대하여 중국도 노동력이 풍부한 자원의 소질을 비교우위로 전환하고, 인구배당금을 성장의 원천으로 실현하였다. 1978-2018년까지 40년 동안, 중국은 어떤 다른 나라도 달성할 수 없었던 연평균 9.4%의 속도로 성장하여, 세계 제2위의 경제대국, 제1위의 공업국 및 제1위의 화물무역국이 되었다.

개혁개방과 발전의 성과가 전반적으로 공유되었다. 국정에 입각하여 점진적인 개혁개방 추진방식을 채택하였기 때문에 쇼크요법과 같이 민생에 대한 충격을 조성하지 못하였고, 개혁개방 자체는 파레토 개선의 성격을 가지고 있기 때문에 각 사회 집단의 지지를 얻게 되었다. 더욱 중요한 요인은 이 시기의 경제 성장의 원천은 주로 인구배당금에서 기인하는데, 노동력 자원의 재배치는 비교우위로 전환되어 경제 성장을 지탱할 뿐만 아니라, 고용의 수량을 확대하고 고용의 질을 높임으로써, 도시와 농촌 주민의 소득을 증가시킨다는 것이다.

비록 도시와 농촌간, 지역간, 부문간과 집단간에 모두 소득 불평등 현상이 존재하고, 예를 들면 지니계수 등의 지표도 비교적 높지만, 이러한 격차는 모든 지역과 모든 집단의 소득수준이 동시에 개선되는 경우에 형성된다. 이 시기에는 노동 시장의 발달 자체가 소득 분배를 개선하는 효과가 있었고, 재분배 정책도 긍정적인 작용을 하여 지속적으로 강화되었다.

전체적으로 과학 기술 수준이 아직 최전선에 있지 않기 때문에 후발우세를 누리는 조건 하에서 중국은 개혁개방 시기 생산성의 향상 경로가 경사도를 보이고 있다. 첫 번째 단계는 상대적으로 최전방의 지역, 부문, 기업이 국외 기술을 참고하고 흡수함으로써 비교적 적은 추격의 대가 및 혁신 위험으로 격차를 줄이는 과정에서 생산성을 개선하는 것이며, 두 번째 단계는 산업 구조조정을 통해 노동자의 고용 확대, 소득 개선과 자원 배치 효율 향상과 상통하는 쿠즈네츠 과정을 실현하는 것이다. 그 과정은 또한 파레토의 개선된 성격을 가지고 있다.

그러나 중국의 경제 발전이 새로운 단계에 진입함에 따라, 노동력의 충분한 공급, 인적자본의 개선, 높은 저축률과 높은 투자수익률 및 자원재배치에 따른 전요소생산성의 향상과 같은 '축 늘어진 과일'은 이미 다 땄고, 인구배당금에 의한 경제 성장의 원천이 신속하게 미미하게 되었다. 세계 과학 기술 수준과의 격차가 줄어드는 것은 후발 우위의 약화를 의미하며, 점점 더 자주적인 혁신의 선도가 필요하다. 전통적인 비교우위는 결국 상실될 것이며, 글로벌 분업에 참여하기 위해서는 새로운 비교우위를 육성해야 할 것이다. 신기술 혁명과 그에 수반되는 글로벌화의 새로운 판본은 중국이 고속성장을 실현하고 질 높은 발전으로 전환하는데 새로운 기회를 제공했고 그러나 이 기회를 포착하려면 개혁과 개방의 힘을 더욱 높여야 한다.

새로운 발전 단계에서 개혁개방도 새로운 도전에 직면해 있다. 특히 개혁이 갈수록 파레토 개선 효과를 갖는 상황에서 기술변혁에서 취약지위에 있는 집단의 보호 및 기술변혁의 약세시장 주체에 대한 침투력을 증진시키기 위해서는 시장 메커니즘과 정부 역할 사이의 새로운 균형점을 모색할 필요가 있다.

첫째, 생산성의 향상이 창조적이고 파괴적인 성격을 가진 자주적인 혁신에 점점 더 의존하고 있는 상황에서, 노동력시장이 가지는 소득분배 개선의 역할은 약해지는 경향이 있다. 특히 경쟁에서 상대적으로 불리한 위치에 있는 노동자 집단을 충분히 보호할 수 없다. 따라서 노동 시장 제도, 사회보장 제도, 기타 기본적인 공공 서비스를 포함하는 정부의 재분배 정책이 더 큰 역할을 할 필요가 있다.

둘째, 국가 전체의 과학 기술은 더욱 전방 수준에 접근하고, 심지어는 많은 영역이 이미 전방위적인 조건에 처해있는 상황에서 기술이 전체 경제로 침투할 수 있는지, 기술 침투의 중단 현상이 발생할 수 있는지, 독점 경향, 체제 장애와 산업 정책의 영향을 받을 수 있다. 이것은 정부의 과학 기술 정책과 산업 정책이 반드시 경쟁 중립 원칙을 더욱 구현하고, 감독과 반독점 강도를 높여 국민 경제 전체가 균형 있게 기술 변혁과 글로벌화를 얻을 수 있도록 해야 한다.

후기

　신중국 70년과 개혁개방 40년, 특히 중국 공산당의 제18차 전국대표대회 이래 중국 경제 발전의 찬란한 역정을 되돌아볼 때, 소홀히 할 수 없는 연구 업무는 그 사이에 이룩한 위대한 성취의 역사적 의의와 세계적 의의를 인식하고 드러내는 것이다. 나는 최근 몇 년 동안 줄곧 이러한 문제에 관심을 기울여서 시간과 정력을 투자하여 관련 연구를 통해 인식을 증진하고 약간의 성과도 발표하였다. 중화인민공화국 성립 70주년을 경축하는 시기를 빌어 이미 축적된 내용으로 이 책을 집필했는데 "4개 일련의 프로젝트"의 지원 과제인 〈중국 장기 경제 발전 이론과 경험〉의 연구 내용에 응당 있어야 할 의의를 가지고 있다.

　나의 성과에는 언제나 그렇듯이 많은 협력자들과 중국사회과학원 동료들의 공헌이 포함되어 있다. 이 책의 출판도 중국사회과학출판사의 지지를 받고 있는데, 특히 조검영趙劍英 사장과 왕인王茵 편집보좌관의 구체적인 도움을 받았다. 사회과학, 특히 경제학과 같은 끊임없이 변화하는 현실에 직면해야 하는 학문은 어떠한 연구 성과도 결국 단계적인 성과일 뿐이다. 그래야 저자와 독자의 인식을 부단히 심화하게 하여 더욱 많은 이론적 합의를 얻을 수 있다. 본서도 마찬가지로 저자는 책 속의 불완전한 점, 심지어 잘못된 점에 대해 책임을 지고 독자의 비평과 지적을 진심으로 기대하고 있다.

차이팡
2019년 10월 21일 베이징에서

| 저자 소개 |

차이팡蔡昉, Cai, Fang

중국사회과학원 전 부원장, 학부위원, 교수, 박사과정 지도교수. 현임 제13기 전국인민대표대회 농업농촌위원회 부주임위원, 제13기 전국인민대표대회 상무위원회 위원, 실크로드 연구원 이사장. 국가급 '뛰어난 공헌을 한 중·청년 전문가' 칭호를 받았으며, '신중국 60년 경제 건설에 영향을 미친 100명의 경제학자' 중 한 명으로 선정되었다. 주요 연구 분야는 노동경제학, 인구경제학 그리고 중국경제개혁 등이다. 주요 저서로는 『인구 보너스를 넘어서』, 『40불혹: 중국의 개혁개방 발전 경험 공유』, 『'일대일로' 매뉴얼(주필)』, 『중국지혜 (주필)』 등이 있다.

| 역자 소개 |

심향동沈向东

중국 루동대학교(鲁东大学, Ludong University) 한국어학과를 졸업한 후 한국 전북대학교(全北大學校, Jeonbuk National University) 상과대학 경영학과에서 경영학 석사 및 박사 학위를 취득하였다. 현재 쑤저우 공과대학교(苏州工学院, Suzhou University of Technology) 상과대학 부교수로 재직 중이고 화동사범대학교(华东师范大学, East China Normal University) 방문학자이다.

오옥교吴玉娇

중국 산동사범대학교(山东师范大学, Shandong Normal University)한국어학과를 졸업한 후 한국 전북대학교(全北大學校, Jeonbuk National University) 인문대학 국어국문학과에서 문학 석사 및 박사 학위를 취득하였으며, 중국 북경외국어대학교(北京外国语大学, Beijing Foreign Studies University) 아시아학원 한국어학과에서 박사후 연구과정을 수행하였다. 현재 중국 산동대학교(山东大学, Shandong University) 동북아학원 조선·한국학과에서 조교수로 재직 중이다.

중국 경제 발전의 세계적 의의
中国经济发展的世界意义

초판 인쇄 2025년 7월 20일
초판 발행 2025년 7월 30일

저　　자 | 차이팡蔡昉
역　　자 | 심향동沈向东 · 오옥교吴玉娇
펴 낸 이 | 하운근
펴 낸 곳 | 學古房

주　　소 | 경기도 고양시 덕양구 통일로 140 삼송테크노밸리 A동 B224
전　　화 | (02)353-9908 편집부(02)356-9903
팩　　스 | (02)6959-8234
홈페이지 | www.hakgobang.co.kr
전자우편 | www.hakgobang@naver.com
등록번호 | 제311-1994-000001호

ISBN 979-11-6995-693-2　93320

값 38,000원

파본은 교환해 드립니다.